Günther/Hein

Familiensachen
in der Anwaltspraxis

FAMILIENSACHEN IN DER ANWALTSPRAXIS

– Eine Einführung mit Schriftsatzmustern, Arbeitsbogen und Übersichten –

von

DR. KARL-ADOLF GÜNTHER

Rechtsanwalt

und

DR. WOLFGANG HEIN

Direktor des Amtsgerichts

VERLAG FRANZ VAHLEN MÜNCHEN

CIP-Titelaufnahme der Deutschen Bibliothek

Günther, Karl-Adolf:
Familiensachen in der Anwaltspraxis : e. Einf.
mit Schriftsatzmustern, Arbeitsbogen u. Übersichten /
von Karl-Adolf Günther u. Wolfgang Hein. – München :
Vahlen, 1988
ISBN 3 8006 1165 1
NE: Hein, Wolfgang:

ISBN 3 8006 1165 1

Satz und Druck der C. H. Beck'schen Buchdruckerei, Nördlingen

Vorwort

Wenn man in Referendararbeitsgruppen von der Erfahrung berichtet, daß sich zahlreiche Kollegen sowohl auf Straf- als auch auf Familiensachen spezialisiert haben und das eine recht geeignete Kombination sein mag, führt das regelmäßig zu Heiterkeitsausbrüchen. Unwillkürlich wohl assoziiert man die „überstreitige" Scheidung, die im Gattenmord endet und dem zweifach spezialisierten Anwalt ein Doppelmandat einbringt – natürlich nur, wenn er auf der richtigen Seite steht.

Darzustellen, was mit der Vergleichbarkeit der beiden Rechtsgebiete in der anwaltlichen Praxis tatsächlich gemeint ist, soll eine der Aufgaben unseres Buches sein. Insbesondere in den ersten zwei Hauptteilen wird die beide Materien kennzeichnende Wechselwirkung deutlich werden zwischen persönlichkeitsabhängiger Mandatsausgestaltung und Verfahrenskonzeption und dem Erfordernis individueller – mandatbezogener – Beratung einerseits und andererseits entsprechender auch außerjuristischer Ausbildung des Anwaltes, seiner Bereitschaft zu persönlichem Engagement und dem Gespür, wo dessen Grenzen liegen müssen.

Die Erläuterung der familiengerichtlichen Verfahren und Gebühren betont das Wesentliche unter Außerachtlassung seltener Detailprobleme, deren Besprechung umfassenderen Werken vorbehalten bleiben muß. Dies entspricht der Konzeption unseres Buches, das sich als Einführung in erster Linie an Berufsanfänger und an Anwälte wendet, die in ihrer Allgemeinpraxis auch Familiensachen bearbeiten und bearbeiten müssen. Wer kann heute schon einen potentiellen Mandanten wegschicken? Beide Anwaltsgruppen brauchen das im Familienrecht erforderliche Präsenzwissen griffbereit, um eine Familiensache interessengerecht, sicher und zweckmäßig abwickeln zu können. Hierfür soll das vorliegende Buch eine Orientierungshilfe sein. Die einzelnen Familiensachen sind von ihren gesetzlichen Voraussetzungen her unter Auswertung der Rechtsprechung so aufgelistet, daß deutlich werden soll, wie der zu stellende Antrag tatsächlich und rechtlich begründet werden muß.

Wir haben dabei versucht, die Praxis des Familienrechts für die Nicht-Spezialisten verständlich und anschaulich zu machen und daher sowohl die Grundgedanken des Gesetzes und die Argumentation der Rechtsprechung herausgearbeitet als auch mit Beispielen sowie wörtlichen Rechtsprechungszitaten illustriert. Weiteres Anschauungsmaterial steht in Übersichten, Strukturen, Fragebogen und Merkblättern bereit, die die Arbeit erleichtern und den Blick für das Wesentliche schärfen sollen. Davon ausgehend, daß in bedrängten Situationen Bedarf an Handlungsanweisungen besteht, haben wir auch die Aufgaben des Rechtsanwalts im jeweiligen Verfahren dargestellt und bieten Antrags- und Schriftsatzmuster an.

Alle diese in den Text eingearbeiteten Muster sind unter namentlicher Veränderung praktischen Verfahren entnommen. Sie werden nicht nur schablonenhaft als Aufbaukonzept, sondern mit meist vollständiger Begründung wiedergegeben. Kaum einmal wird es so sein, daß diese Textteile für igendein anderes Verfahren unverändert übernommen werden könnten. Wichtiger, als etwa Textbausteine zu liefern, erscheint es uns aber, neben dem juristischen Rahmen und einem zweckmäßigen Schriftsatzaufbau Möglichkeiten aufzuzeigen, wie eine Begründung aussehen kann. Alles weitere muß gerade bei der stark persönlichkeitstangierenden Materie der individuellen Konzeption zwischen Anwalt und Mandant vorbehalten bleiben.

Ein Einführungswerk kann und will nicht alles bringen. Es muß auf die Standard- und Spezialliteratur verweisen. Aber eine Einführung soll dem Benutzer auf einen Blick „in nuce" (in der Nußschale) das erforderliche Handwerkzeug vermitteln. Wer nach den Regeln des juristischen Handwerks arbeitet, wird Regreßverfahren zu vermeiden wissen. In Familiengerichtssachen droht diese Gefahr an vielen Punkten, sie wird von den Betroffenen nur meist nicht bemerkt, zum Glück oder zum Pech, je nach Standort. Auf Haftungsrisiken wird daher aufmerksam gemacht.

Bei der Ausarbeitung der einzelnen Kapitel hat Dr. Karl-Adolf Günther die Teile 1, 2 I, II 1–4, 3 I, 4 III und 5 übernommen, Dr. Wolfgang Hein die Teile 2 II 5 und 6, 3 II sowie 4 I und II.

Hanau, im Mai 1988

Dr. Karl-Adolf Günther
Dr. Wolfgang Hein

Inhaltsverzeichnis

4. Teil: Besondere Verfahren

5. Teil. Grundzüge des Gebührenrechts

Verzeichnis der Schriftsatz-Muster und Textbeispiele

Abkürzungsverzeichnis

a.A.	anderer Ansicht
a.a.O.	am angegebenen Ort
ABlAHK	Amtsblatt der Alliierten Hohen Kommission
Abs.	Absatz
a.F.	alter Fassung
AG	Amtsgericht
Anh.	Anhang
Anm.	Anmerkung
AnVNG	Angestelltenversicherungsneuregelungsgesetz
AnwBl	Anwaltsblatt (Jahr/Seite)
AO	Abgabenordnung
Art.	Artikel
Aufl.	Auflage
AVG	Angestelltenversicherungsgesetz
BAföG	Bundesausbildungsförderungsgesetz
BAV	Betriebliche Altersversorgung
BayObLG	Bayerisches Oberstes Landesgericht
BB	Der Betriebs-Berater (Jahr/Seite)
BeamtVG	Beamtenversorgungsgesetz
BFH	Bundesfinanzhof
BGB	Bürgerliches Gesetzbuch
BGBl.	Bundesgesetzblatt (I = Teil I, II = Teil II)
BGH	Bundesgerichtshof
BGHSt	Entscheidungen des BGH in Strafsachen (amtliche Sammlung)
BGHZ	Entscheidungen des BGH in Zivilsachen (amtliche Sammlung)
BKGG	Bundeskindergeldgesetz
BRAGO	Bundesrechtsanwaltsgebührenordnung
BSHG	Bundessozialhilfegesetz
BT-Dr.	Bundestags-Drucksache
BT-Drucks.	Bundestags-Drucksache
BV	Beamtenversorgung
BVerfG	Bundesverfassungsgericht
BVerfGE	Entscheidungen des BVerfG (amtliche Sammlung)
BVG	Bundesversorgungsgesetz
bzw.	beziehungsweise
DAVorm	Der Amtsvormund (Jahr/Spalte)
DFGT	Deutscher Familiengerichtstag
EGBGB	Einführungsgesetz zum Bürgerlichen Gesetzbuch
EheG	Ehegesetz
1. EheRG	Erstes Gesetz zur Reform des Ehe- und Familienrechts vom 14. Juni 1976

EStG	Einkommensteuergesetz
EuGVÜ	Übereinkommen der Europäischen Gemeinschaft über die gerichtliche Zuständigkeit und die Vollstreckung gerichtlicher Entscheidungen in Zivil- und Handelssachen
f	folgende (Einzahl)
FamRÄndG	Gesetz zur Vereinheitlichung und Änderung familienrechtlicher Vorschriften
FamRZ	Zeitschrift für das gesamte Familienrecht
ff	folgende (Mehrzahl)
FGG	Gesetz über die Angelegenheiten der freiwilligen Gerichtsbarkeit
FN	Fußnote
FRG	Fremdrentengesetz
gem.	gemäß
GG	Grundgesetz
GKG	Gerichtskostengesetz
GRV	Gesetzliche Rentenversicherung
GVG	Gerichtsverfassungsgesetz
Halbs.	Halbsatz
Hausr(ats)VO	Verordnung über die Behandlung der Ehewohnung und des Hausrats
IPR	Internationales Privatrecht
IPRax	Praxis des Internationalen Privat- und Verfahrensrechts (Jahr/Seite)
i.S.d.	im Sinne des
i.V.m.	in Verbindung mit
IZPR	Internationales Zivilprozeßrecht
JR	Juristische Rundschau (Jahr/Seite)
JurBüro	Das Juristische Büro (Jahr/Spalte)
JWG	Jugendwohlfahrtsgesetz
JZ	Juristenzeitung (Jahr/Seite)
KG	Kammergericht
LG	Landgericht
LM	Lindenmaier-Möhring, Nachschlagewerk des BGH
MDR	Monatsschrift für Deutsches Recht (Jahr/Seite)
MSA	Übereinkommen über die Zuständigkeit und das anzuerkennende Recht auf dem Gebiet des Schutzes von Minderjährigen
MünchKomm	Münchener Kommentar zum BGB
m.w.N.	mit weiteren Nachweisen
n.F.	neue Fassung
NJW	Neue Juristische Wochenschrift (Jahr/Seite)
Nr(n).	Nummer(n)
OLG	Oberlandesgericht
Rdnr.	Randnummer
RGZ	Entscheidungen des Reichsgerichts in Zivilsachen (amtliche Sammlung)

RKG	Reichknappschaftsgesetz
Rn.	Randnummer
Rspr.	Rechtsprechung
RVO	Reichsversicherungsordnung
Rz.	Randziffer
S.	Seite
SchlHA	Schleswig-Holsteinische Anzeigen (Justizministerialblatt für Schleswig-Holstein)
StGB	Strafgesetzbuch
sog.	sogenannt
u.a.	und andere
UÄndG	Gesetz zur Änderung unterhaltsrechtlicher, verfahrensrechtlicher und anderer Vorschriften vom 20. Februar 1986
v.	versus
VAHRG	Gesetz zur Regelung von Härten im Versorgungsausgleich
vgl.	vergleiche
Vorbem.	Vorbemerkungen
WM	Zeitschrift für Wirtschafts- und Bankrecht, Wertpapier-Mitteilungen Teil IV (Jahr/Seite)
z.B.	zum Beispiel
ZPO	Zivilprozeßordnung
ZPR	Zivilprozeßrecht

Literaturverzeichnis

Altfelder	*Altfelder, Stefan* Steuerliche Gestaltung des Ehegatten- und Kindesunterhalts, Köln, Berlin u. a. 1987
Arntzen	*Arntzen, Friedrich* Elterliche Sorge und persönlicher Umgang mit Kindern aus gerichtspsychologischer Sicht – Ein Grundriß der forensischen Familienpsychologie, München 1980
Basedow	*Basedow, Jürgen* Die Neuregelung des internationalen Privat- und Prozeßrechts, NJW 1986, 2971 ff., 3190.
Bassenge/Herbst	*Bassenge, Peter/Herbst, Gerhard* Gesetz über die Angelegenheiten der freiwilligen Gerichtsbarkeit (FGG). Rechtspflegergesetz (RPflG). Kommentar. 4. Auflage, Heidelberg 1986
Bauer	*Bauer, Karl-Heinz* Die steuerliche Ermittlung des Gewinns aus selbständiger Arbeit und ihre Maßgeblichkeit für den Unterhaltsanspruch, DAVorm 1987, 475 ff.
Bauer/Fröhlich	*Bauer, Regine/Fröhlich, Sven F.* Das Anwesenheitsrecht des nicht-postulationsfähigen Verkehrsanwalts bei Verhandlungen in Familiensachen, FamRZ 1983, 122 f.
Baumbach/Bearbeiter	*Baumbach, Adolf/Lauterbach, Wolfgang/Albers, Jan/Hartmann, Peter* Kommentar zur Zivilprozeßordnung, 46. Auflage, München 1988
Baumgärtel	*Baumgärtel, Gottfried* Handbuch der Beweislast im Privatrecht. Unter Mitarbeit von *Hans-Willi Launen* u. *Joachim Strieder*, Köln etc. Bd. 1 1981, Bd. 2 1985
Beck'sches Prozeßformularbuch	Beck'sches Prozeßformularbuch hrsg. v. *Locher, Horst* und *Mes, Peter*, 4. Auflage, München 1986
Beitzke	*Beitzke, Günter* Familienrecht, 24. Auflage, München 1985
Belchaus	*Belchaus, Günter* Elterliches Sorgerecht – Kommentar zum Ge-

	setz zur Neuregelung des Rechts der elterlichen Sorge, Köln 1980
Bergerfurth (Eherecht)	*Bergerfurth, Bruno* Das Eherecht – Eingehen und Auflösen der Ehe, Güterstand, Schlüsselgewalt, 6. Auflage, Freiburg 1981
Bergerfurth (Änderung)	*Bergerfurth, Bruno* Zur geplanten Änderung des Eherechts: Anwaltszwang – Prozeßkostenhilfe – Zuweisung der Ehewohnung, FamRZ 1985, 545ff.
Bergerfurth (Prozeß)	*Bergerfurth, Bruno* Der Ehescheidungsprozeß und die anderen Eheverfahren, 5. Auflage, Essen 1982
Bergmann/Ferid	*Bergmann, Alexander/Ferid, Murad* Internationales Ehe- und Kindschaftsrecht. Begründet von *A. Bergmann*, fortgeführt von *M. Ferid*. Stand: 93. Lieferung, abgeschlossen zum 31. 12. 1987. Frankfurt am Main 1988
Bergner (Versorgung)	*Bergner, Ludwig* Das Gesetz über weitere Maßnahmen auf dem Gebiet des Versorgungsausgleichs oder Das Zweite Reparaturgesetz zum Versorgungsausgleich SozVers 1987, 57ff., 85ff., 197ff.
Bergner (Renten)	*Bergner, Ludwig* Rentenauskünfte, Rentenschätzung und Parteivereinbarungen über den Versorgungsausgleich, NJW 1977, 1748ff. Versorgungsausgleichstabellen für 1979, NJW 1979, 353ff.
Bergschneider	*Bergschneider, Ludwig* Die Ehescheidung und ihre Folgen, München 1981 (mit Nachtrag 1982)
BGB – RGRK/Bearbeiter	Das Bürgerliche Gesetzbuch mit besonderer Berücksichtigung der Rechtsprechung des Reichsgerichts und des Bundesgerichtshofes. Kommentar hrsg. von Mitgliedern des Bundesgerichtshofes. 12. Auflage, Band IV, 1. Teil. §§ 1297–1563 bearbeitet von *Cuny, Anneliese/Finke, Franz-Josef/Roth-Stielow, Klaus/Wenz, Eberhard*. Berlin, New York 1984
Blomeyer	*Blomeyer, Arwed* Zivilprozeßrecht, Erkenntnisverfahren, 2. Auflage, Berlin 1985.
Böhm	*Böhm, Reglindis* Rechtliche Probleme der Anordnung, Erstellung und Verwertung von Sachverständigengutachten im Rahmen familiengerichtli-

	cher Entscheidungen in Sorgerechtssachen, DAVorm 1985, 731 ff.
Borgmann	*Borgmann, Brigitte* Neuere Rechtsprechung zum Verfahrensrecht in Ehe- und anderen Familiensachen, FamRZ 1985, 321 ff.
Borgmann/Haug	*Borgmann, Brigitte/Haug, Karl H.* Anwaltshaftung, 2. Auflage, Frankfurt 1986
Borth	*Borth, Helmut* Versorgungsausgleich in anwaltschaftlicher und familiengerichtlicher Praxis. Frankfurt am Main 1983
Braeuer	*Braeuer, Max* Das Schicksal der einstweiligen Anordnung auf Ehegattenunterhalt nach der Scheidung, – zugleich Anmerkung zum Urteil des BGH vom 9. 2. 1983 in FamRZ 1983, 355 = NJW 1983, 1330, FamRZ 1984, 10 ff.
Brudermüller	*Brudermüller, Gerd* Die Zuweisung der Ehewohnung an einen Ehegatten, FamRZ 1987, 109 ff.
Bumiller/Winkler	*Bumiller, Ursula/Winkler, Karl* Freiwillige Gerichtsbarkeit. Gesetz über die Angelegenheiten der freiwilligen Gerichtsbarkeit, 4. Auflage München 1987
Büttner (Abzug)	*Büttner, Helmut* Abzugs-, Differenz- und Summenmethode – Zur Berechnungsmethode bei der Bemessung des Aufstockungsunterhalts, FamRZ 1984, 534 ff.
Büttner (Mangel)	*Büttner, Helmut* Zur Mangelverteilung im Unterhaltsrecht, NJW 1987, 1855 ff.
Christian	*Christian, Ingeborg* Steuerliche Fragen bei der Heranziehung unterhaltspflichtiger Selbständiger, DAVorm 1986, 561 ff., 681 ff.
Christian (Herausgabe)	*Christian, Ingeborg* Die Herausgabe einer vom nichtsorgeberechtigten Elternteil oder einem Dritten entführten Kinder (In- und Auslandsfälle), DAVorm 1983, 417 ff., 689 ff.
Christl	*Christl, Gerhard* Zeitliche Begrenzung des Ehegattenunterhalts als Prozeßrisiko, FamRZ 1986, 627 ff.
Coester	*Coester, Michael* Das Kindeswohl als Rechtsbegriff: Die richterliche Entscheidung über die elterliche Sorge

	beim Zerfall der Familiengemeinschaft. Frankfurt am Main 1987
Commichau	*Commichau, Gerhard* Die anwaltliche Praxis in Zivilsachen, Stuttgart 1986
Deisenhofer/Göhlich	*Deisenhofer, Ulrich/Göhlich, Herbert* Lehrlingsvergütung und Kindesunterhalt, FamRZ 1985, 1103ff.
Derleder/Derleder	*Derleder, Annegret/Derleder, Peter* Kindesbetreuung und Ehegattenunterhalt, FamRZ 1977, 587ff.
Deutsches Wörterbuch	Deutsches Wörterbuch von Jacob Grimm und Wilhelm Grimm, Bd. 12 (= Bd. 6 L. M. bearbeitet von *Moriz Heyne,* Leipzig 1885) Nachdruck München 1984
Dieckmann	*Dieckmann, Albrecht* Nachehelicher Unterhalt und Wiederaufleben von Witwen- und Witwerrenten – § 1291 II RVO, § 68 II AVG, § 83 III RKG, § 44 II BVG, FamRZ 1987, 231ff.
Dieckmann (UÄndG)	*Dieckmann, Albrecht* Zur Einschränkung des nachehelichen Unterhaltsanspruchs nach dem UÄndG für „Berufstätigenehen", – zugleich eine Besprechung von BGH-Urteil vom 11. 2. 1987 (IVb ZR 15/86) in FamRZ 1987, 572 –, FamRZ 1987, 981ff.
Diederichsen (Ehescheidung)	*Diederichsen, Uwe* Das Recht der Ehescheidung und Scheidungsfolgesachen (RWS-Skript 37), 5. Auflage, Köln 1982
Diederichsen (Sorge)	*Diederichsen, Uwe* Die Neuregelung des Rechts der elterlichen Sorge, NJW 1980, 1ff.
Diederichsen (Unterhalt) Diederichsen, Uwe	Die Änderungen des materiellen Rechts nach dem Unterhaltsrechtsänderungsgesetz, NJW 1986, 1283ff.
Diederichsen (Verfahren)	*Diederichsen, Uwe,* Änderungen des Verfahrensrechts nach dem Unterhaltsrechtsänderungsgesetz, NJW 1986, 1462ff.
Diederichsen (Vermögen)	*Diederichsen, Uwe* Vermögensauseinandersetzung bei der Ehescheidung (RWS-Skript 128), Köln 1983
Diedrich	*Diedrich, Volker* Unterhaltsberechnung nach Quoten und Tabellen: Zur Geschichte und Methode der Konkretisierung unterhaltsrechtlicher Generalklauseln, Berlin 1986

Dopffel — *Dopffel, H. Peter*
Die Voraussetzungen der Ehescheidung im neuen Internationalen Privat- und Verfahrensrecht, FamRZ 1987, 1205ff.

Dörr — *Dörr, Claus*
Zur Abänderung von Versorgungsausgleichsentscheidungen nach § 10a VAHRG, NJW 1988, 97ff.

Durchlaub — *Durchlaub, Wolfgang*
Abschreibungen im Unterhaltsrecht, FamRZ 1987, 1223ff.

Ell — *Ell, Ernst*
Psychologische Kriterien zur Umgangsregelung, DAVorm 1986, 745ff.

Ell (Besuch) — *Ell, Ernst*
Besuch vom eigenen Kind: Die Regelung des persönlichen Umgangs mit den Kindern nach Trennung und Scheidung, Stuttgart, Berlin 1980

Ell (Trennung) — *Ell, Ernst*
Trennung – Scheidung – und die Kinder? Stuttgart, Berlin 1979

Empfehlungen — Empfehlungen des 6. DFGT, FamRZ 1986, 130ff.

Enders — *Enders, Horst-Reiner*
Die BRAGO für Anfänger, 3. Auflage, München 1984

Finger — *Finger, Peter*
Familienrecht mit familiensoziologischen und familienpolitischen Schwerpunkten, Königstein/Ts. 1979

Finger (Ehewohnung) — *Finger, Peter*
Die Zuweisung der Ehewohnung für die Dauer des Getrenntlebens nach § 1361b BGB, NJW 1987, 1001ff.

Firsching — *Firsching, Karl*
Einführung in das internationale Privatrecht, 3. Auflage, München 1987

Freund (Anhörung) — *Freund, Herbert*
Die Anhörungspflicht gemäß § 50b FGG nützliche Pflicht oder „des Guten zuviel"? Ein Vorschlag de lege ferenda, DRiZ 1982, 268ff.

Freund (Theorie) — *Freund, Herbert*
Der Versuch einer Theorie der Praxis. Funktionswandel richterlicher Tätigkeit: Von der Streitentscheidung zur Konfliktslösung, dargestellt am Beispiel des Familienrichters, DRiZ 1979, 72ff.

Friederici	*Friederici, Peter* Aktuelle Fragen zum Verfahren vor dem Familiengericht (RWS-Skript 108), 2. Auflage, Köln 1983
Gaul	*Gaul, Hans Friedhelm* Die Unwirksamkeit des Ehevertrages über den Versorgungsausgleich infolge der „Rückschlagsperre" des § 1408 Abs. II Satz 2 BGB, FamRZ 1981, 1134 ff.
Gernhuber	*Gernhuber, Joachim* Lehrbuch des Familienrechts, 3. Auflage, München 1980
Gernhuber (Zugewinn)	*Gernhuber, Joachim* Geld und Güter beim Zugewinnausgleich, FamRZ 1984, 1053 ff.
Gerold/Schmidt	*Gerold, Wilhelm/Schmidt, Herbert* Kommentar zur BRAGO, 8. Auflage, München 1984
Gießler	*Gießler, Hans* Verzug mit der Unterhaltszahlungsschuld bei sog. unbestimmter Mahnung, FamRZ 1984, 954 ff.
Gießler (NJW-Schriften 46)	*Gießler, Hans* Vorläufiger Rechtsschutz in Ehe-, Familien- und Kindschaftssachen, München 1987
Glockner	*Glockner, Rainer* Berechnung des Versorgungsausgleichs unter Einbeziehung der neuen Ausgleichsbestimmungen, FamRZ 1987, 328 ff.
Göppinger/Bearbeiter	*Göppinger, Horst* u. a. Unterhaltsrecht, 5. Auflage, Bielefeld 1987
Göppinger (Vereinbarungen)	*Göppinger, Horst* Vereinbarungen anläßlich der Ehescheidung – Die vertragliche Regelung der zivil-, steuer- und sozialrechtlichen Folgen, unter Mitwirkung von *Wenz, Eberhard* und *Märkle, Rudi W., 5. Auflage, München 1985*
Goldstein/Freud/Solnit	*Goldstein, Joseph/Freud, Anna/Solnit, Albert J.* Jenseits des Kindeswohls. Frankfurt am Main 1974
Göring	*Göring, Hans-Joachim* Die Scheidung und ihre Folgen vor und nach der Eherechtsreform, 5. Auflage, München 1976
Graba	*Graba, Hans-Ulrich* Mietfreies Wohnen und Unterhalt, FamRZ 1985, 657 ff.

Grünewald — *Grünewald, D.*
Die neue Rechtsprechung und Lehre zu § 1380 BGB, NJW 1988, 109ff.

Günther — *Günther, Karl-Adolf*
Strafverteidigung – Eine Einführung mit Schriftsatzmustern, München 1982

Häberle — *Häberle, Otmar*
Die Erweiterung der negativen Härteklausel (§ 1579 BGB) durch das Unterhaltsänderungsgesetz, FamRZ 1986, 311ff.

Haberzettl — *Haberzettl, Johann*
Streitwert und Kosten in Ehe- und Familiensachen, 2. Auflage, München 1985

Hahne (Unterhalt) — *Hahne, Meo Micaela*
Zur Auslegung der §§ 1578 Abs. 1 Satz 2 und 3 und 1573 Abs. 5 BGB i. d. F. des Unterhaltsänderungsgesetz vom 20. Februar 1986, FamRZ 1986, 305ff.

Hahne (Abänderung) — *Hahne, Meo Micaela*
Die Abänderung rechtskräftiger Versorgungsausgleichsentscheidungen gemäß § 10a VAHRG n. F., FamRZ 1987, 217ff.

Hampel — *Hampel, Herbert*
Zur Bemessung des Ehegattenunterhalts – Kritische Auseinandersetzung mit der Rechtsprechung des BGH, FamRZ 1984, 621ff.

Hanslik — *Hanslik, Dirk* u. a.
Schnellübersicht Neues Eherecht – Leitsätze und Literatur zum 1. EheRG, 1. Band 1978, 3. Band 1979, 3 Band 1980, Köln

Heinz — *Heinz, Gunter*
Fehlerquellen forensisch-psychiatrischer Gutachten. Eine Untersuchung anhand von Wiederaufnahmeverfahren, Heidelberg 1982

Heiß — *Heiß, Beate* (Gesamtredaktion)
Unterhaltsrecht – Ein Handbuch für die Praxis. Loseblattausgabe. München 1987 (Stand: September 1987)

Heiß/Heiß — *Heiß, Beate/Heiß, Hans*
Die Höhe des Unterhalts von A–Z, Beck Rechtsberater im dtv, 2. Auflage, München 1987

Henrich — *Henrich, Dieter*
Aktuelle Probleme des Unterhaltsrechts, 3. Auflage, Köln 1982

Henrich (IPR) — *Henrich, Dieter*
Das internationale Eherecht nach der Reform, FamRZ 1986, 841ff.

Henrich (Härte) — *Henrich, Dieter*
Die negative Härteklausel (§ 1579 BGB n. F.) und die Belange des Kindes, FamRZ 1986, 401 ff.

Hermann — *Hermann, Dietrich*
Standesrechtliche Fragen des „gemeinsamen Scheidungsanwalts", BRAK-Mitt. 1985, 65 ff.

Hirtz — *Hirtz, Bernd*
Darlegungs- und Glaubhaftmachungslast im einstweiligen Rechtsschutz, NJW 1986, 110 ff.

Hoppenz (Kommentar) — *Hoppenz, Rainer*
Familiensachen. Kommentar anhand der Rechtsprechung des Bundesgerichtshofs, 2. Auflage, Heidelberg 1987

Hoppenz (Rechtsmittel) — *Hoppenz, Rainer*
Zum Verhältnis von Rechtsmittelverfahren und Abänderungsklage, FamRZ 1986, 226 ff.

Hoppenz (Unterhalt) — *Hoppenz, Rainer*
Schulden im Unterhaltsrecht, FamRZ 1987, 324 ff.

Hoppenz (Verfahren) — *Hoppenz, Rainer*
Zum isolierten Versorgungsausgleichsverfahren – Verfahrensfragen auf Grund des Gesetzes über weitere Maßnahmen auf dem Gebiet des Versorgungsausgleichs, FamRZ 1987, 425 ff.

Jauernig/Bearbeiter — *Jauernig, Othmar/Schlechtriem, Peter/Stürner, Rolf/Teichmann, Arndt/Vollkommer, Max*
Bürgerliches Gesetzbuch mit Gesetz zur Regelung des Rechts der Allgemeinen Geschäftsbedingungen, 4. Auflage, München 1987

Jayme — *Jayme, Erik*
Das neue IPR-Gesetz – Brennpunkte der Reform, IPRax 1986, 265 ff.

Johannsen — *Johannsen, Kurt Herbert*
Vermögensrechtliche Auseinandersetzung unter Ehegatten nach Auflösung der Ehe beim Güterstand der Zugewinngemeinschaft, WM 1978, 654 ff.

Jost — *Jost, Fritz*
Anwaltszwang und einverständliche Scheidung, NJW 1980, 327 ff.

Kalthoener/Büttner — *Kalthoener, Elmar/Büttner, Helmut*
Die Rechtsprechung zur Höhe des Unterhalts, 3. Auflage, München 1985

Kegel — *Kegel, Gerhard*
Internationales Privatrecht, 6. Auflage, München 1987

Kemper — *Kemper, Roland*
Zum „Unterhalts-Titulierungsanspruch" in der Rechtsprechung seit 1970, DAVorm 1987, 467 ff.

Kersten — *Kersten, Thomas*
Praxis der Familiengerichtsbarkeit, Köln 1983

Klauser — *Klauser, Karl-August*
Beweislast und Beweismaß im Unterhaltsprozeß, MDR 1982, 529 ff.

Knütel — *Knütel, Rolf*
Scheidungsverzicht und Scheidungsausschlußvereinbarungen, FamRZ 1985, 1089 ff.

Krenzler — *Krenzler, Michael*
Anrechnungsproblematik gemäß § 1577 II BGB, FamRZ 1983, 653 ff.

Kropholler (Kindeswohl) — *Kropholler, Jan*
Das Kindeswohl als Rechtsbegriff (Zugleich eine Besprechung von *Michael Coester,* Das Kindeswohl als Rechtsbegriff, Frankfurt a. M. 1983), JZ 1984, 164 ff.

Kropholler (SorgeR) — *Kropholler, Jan*
Gemeinsame elterliche Sorge nach der Ehescheidung im deutschen und ausländischen Recht, JR 1984, 89 ff.

Kunigk — *Kunigk, Fritz*
Das Anwaltshonorar – gesetzliche und freiwillige Vergütung, Stuttgart 1978

Künkel — *Künkel, Bernd*
Die Titulierung des freiwillig gezahlten Unterhalts, NJW 1985, 2665 ff.

Langenfeld (Handbuch) — *Langenfeld, Gerrit*
Handbuch der Eheverträge und Scheidungsvereinbarungen, München 1984

Langenfeld (Ehetypen) — *Langenfeld, Gerrit*
Ehevertragsgestaltung nach Ehetypen – Zur Fallgruppenbildung in der Kautelarjurisprudenz, FamRZ 1987, 9 ff.

Langenfeld (Unterhalt) — *Langenfeld, Gerrit*
Vereinbarungen über den nachehelichen Unterhalt in der Praxis, NJW 1981, 2377 ff.

Lappe (Kosten) — *Lappe, Friedrich*
Kosten in Familiensachen, 4. Auflage, Köln 1983

Lappe (Tips) — *Lappe, Friedrich*
Gebührentips für Rechtsanwälte, Berlin 1985

Lempp — *Lempp, Reinhart*
Die Bindungen des Kindes und ihre Bedeu-

	tung für das Wohl des Kindes gem. § 1671 BGB, FamRZ 1984, 741 ff.
Lempp (Anhörung)	*Lempp, Reinhart* u. a. Die Anhörung des Kindes gemäß § 50b FGG von *Lempp, Reinhart/von Braunbehrens, Vera/Eichner, Ernst/Röcker, Doris,* Köln 1987
Lempp (Kind)	*Lempp, Reinhart* Die Ehescheidung und das Kind: Ein Ratgeber für Eltern, München 1976
Lempp (Lehrbuch)	*Lempp, Reinhart* Gerichtliche Kinder- und Jugendpsychiatrie: Ein Lehrbuch für Ärzte, Psychologen und Juristen, Bern, Stuttgart, Wien 1983
Limbach	*Limbach, Jutta* Das Verhältnis von Familie und Beruf im Unterhaltsrecht nach der Scheidung, NJW 1982, 1721 ff.
Lohmann	*Lohmann, Friedrich* Neue Rechtsprechung des Bundesgerichtshofs zum Familienrecht (Unterhalt und Versorgungsausgleich), 5. Auflage, Köln 1986
Lorenz	*Lorenz, Egon* Zur Zweistufentheorie des IPR und zu ihrer Bedeutung für das neue internationale Versorgungsausgleichsrecht, FamRZ 1987, 645 ff.
Lüderitz	*Lüderitz, Alexander* Die Ehescheidung nach dem Gesetz zur Neuregelung des internationalen Privatrechts, IPRax 1987, 74 ff.
Luthin	*Luthin, Horst* Gemeinsames Sorgerecht nach der Scheidung, Bielefeld 1987
Luthin (Praxis)	*Luthin, Horst* Aus der Praxis zum Sorgerechtsgesetz, FamRZ 1981, 111 ff.
Massfelder/Böhmer/Siehr	*Massfelder, Franz/Böhmer, Christof/Siehr, Kurt* Das gesamte Familienrecht – Sammlung familienrechtlicher Vorschriften mit Erläuterungen und Hinweisen (Loseblattausgabe), Band 1: Das innerstaatliche Recht der BRD, Band 2: Das internationale Recht, Frankfurt a. M. 1985
Max-Planck-Institut	Max-Planck-Institut für ausländisches und internationales Privatrecht Unterhaltsrecht in Europa: Eine Zwölf-Länder-Studie, im Institut hrsg. von *Peter Dopffel* und *Bernd Buchhofer,* Tübingen 1983
Müller	*Müller, Wigo* Mehrarbeit (Überstunden und Nebentätigkeit)

	bei der Unterhaltsberechnung, DAVorm 1987, 81 ff.
Mümmler	*Mümmler, Alfred* Kostenrechtliche Betrachtung von Familiensachen, JurBüro 1981, 1453 ff.
Münch. Komm./Bearbeiter	Münchener Kommentar zum Bürgerlichen Gesetzbuch, hrsg. v. *Rebmann, Kurt/Säcker, Franz-Jürgen,* Band 5: Familienrecht, München 1978 (Ergänzungsband: Stand April 1984)
Münder	*Münder, Johannes* u. a. Frankfurter Kommentar zum Gesetz für Jugendwohlfahrt, *von Münder, Johannes/Franz, Reinhard/Grieser, Martin/Jordan, Erwin/Kreff, Dieter/Lauer, Hubertus.* 4. Auflage, Weinheim und Basel 1988
Nickl (Ausgaben)	*Nickl, Werner* Problematische Betriebsausgabenpositionen bei der Berechnung des unterhaltsrechtlich relevanten Einkommens bei Selbständigen, DA-Vorm 1986, 103 ff.
Nickl (Steuer)	*Nickl, Werner* Die steuerliche Abschreibung bei der Berechnung des unterhaltsrechtlich relevanten Einkommens bei Selbständigen, FamRZ 1985, 1219 ff.
Oberloskamp/Altehoefer/Rogowski	*Oberloskamp, Helga/Altehoefer, Klaus/Rogowski, Alfons* Finanzielle Vorteile für Eltern und andere Erziehende, Beck-Rechtsberater im dtv, München 1987
Palandt/Bearbeiter	*Palandt, Otto* Kommentar zum Bürgerlichen Gesetzbuch, 47. Auflage, München 1988
Piltz/Wissmann	*Piltz, Detlev Jürgen/Wissmann, Eike* Unternehmensbewertung beim Zugewinnausgleich nach Scheidung, NJW 1985, 2673 ff.
Puls	*Puls, Jutta* Gerechtigkeit durch Unterhaltstabellen? Zentralblatt für Jugendrecht und Jugendwohlfahrt 1982, 603 ff.
Rabe	*Rabe, Hans-Jürgen* „Werbung um Praxis", AnwBl 1985, 360 ff.
Rahm/Künkel	*Rahm, Walter* (Begr.)/*Künkel, Bernd* (Hrsg.) Handbuch des Familiengerichtsverfahrens (Loseblattsammlung), 2. Auflage, Köln 1985 (Stand: Februar 1987)
Rechtsausschuß	Beschlußempfehlung und Bericht des Rechts-

ausschusses zum Regierungsentwurf des UÄndG, BT-Drucksache 10/4514

Reinicke/Tiedtke — *Reinicke, Dietrich/Tiedtke, Klaus*
Güterrechtlicher Ausgleich bei Zuwendungen eines Ehegatten an den anderen und Wegfall der Geschäftsgrundlagen, WM 1982, 946ff.

Rid — *Rid, Max*
Nochmals: Unternehmensbewertung beim Zugewinnausgleich nach Scheidung, NJW 1986, 1317f.

Riedel/Sußbauer — *Riedel, Fritz/Sußbauer, Heinrich*
Kommentar zur BRAGO, 5. Auflage, München 1985

Rolland — *Rolland, Walter*
Kommentar zum 1. Eherechtsreformgesetz, 2. Auflage, Neuwied u. Darmstadt 1982

Rosenberg/Schwab — *Rosenberg, Leo/Schwab, Karl Heinz*
Zivilprozeßrecht, 14. Auflage, München 1986

Rosenberg/Beärbeiter — *Rosenberg, Leo/Gaul, Hans Friedhelm/Schilken, Eberhard*
Zwangsvollstreckungsrecht, 10. Auflage, München 1987

Ruland — *Ruland, Franz*
Das Gesetz über weitere Maßnahmen auf dem Gebiet des Versorgungsausgleichs, NJW 1987, 345ff.

Ruland/Tiemann — *Ruland, Franz/Tiemann, Burkhard*
Versorgungsausgleich und steuerliche Folgen der Ehescheidung, München 1977

Schellhammer — *Schellhammer, Kurt*
Zivilprozeß. Theorie-Praxis-Fälle, Heidelberg 1983

Schlegel — *Schlegel, Bernd*
Unterhaltsansprüche erwachsener Arbeitsloser gegen ihre Eltern und subsidiäre Sozialleistungen, FamRZ 1986, 856ff.

Schlüter — *Schlüter, Wilfried*
Familienrecht, 3. Auflage, Karlsruhe 1986

Schlüter/Belling — *Schlüter, Wilfried/Belling, Detlev W.*
Die nichteheliche Lebensgemeinschaft und ihre vermögensrechtliche Abwicklung, FamRZ 1986, 405ff.

Schmitt — *Schmitt, Michael*
Der „Rang“ des Geschiedenenunterhalts, Berlin 1985

Schneider (Hinweis) — *Schneider, Egon*
Problemfälle aus der Prozeßpraxis. Die Hinweispflicht im PKH-Prüfungsverfahren bei

fehlenden Belegen (§ 117 Abs. 2 ZPO), MDR 1986, 113ff.

Schneider (PKH) — *Schneider, Egon*
Die neuere Rechtsprechung zum Prozeßkostenhilferecht, MDR 1985, 441ff., 529ff.

Schrader/Steinert — *Schrader, Siegfried/Steinert, Karl-Friedrich*
Zwangsvollstreckung in das bewegliche Vermögen, 6. Auflage, München 1981

Schulz-Borck/Hofmann — *Schulz-Borck, Hermann/Hofmann, Edgar*
Schadensersatz bei Ausfall von Hausfrauen und Müttern im Haushalt mit Berechnungstabellen, 2. Auflage, Karlsruhe 1983

Schwab (Familienrecht) — *Schwab, Dieter*
Familienrecht, 3. Auflage, München 1984

Schwab (Scheidung) — *Schwab, Dieter*
Verhinderung der „Scheidung zur Unzeit?" – Zur Funktion und Reform des § 1568 BGB, FamRZ 1984, 1171ff.

Schwab (Zugewinn) — *Schwab, Dieter*
Neue Rechtsprechung zum Zugewinnausgleich, FamRZ 1984, 429ff., 525ff.

Seago/Bisett-Johnson — *Seago, Peter/Bisett-Johnson, Alastair*
Cases And Materials On Family Law, London 1976

Sedemund-Treiber — *Sedemund-Treiber, Antje*
Änderungen des Verfahrensrechts nach dem Gesetz zur Änderung unterhaltsrechtlicher, verfahrensrechtlicher und anderer Vorschriften, FamRZ 1986, 209ff.

Spellenberg — *Spellenberg, Ulrich*
Die Neuregelung der internationalen Zuständigkeit in Ehesachen, IPRax 1988, 1ff.

Staudinger/Bearbeiter — *J. von Staudingers*
Kommentar zum Bürgerlichen Gesetzbuch mit Einführungsgesetz und Nebengesetzen, 12. Auflage, Viertes Buch: Familienrecht. Erläutert von *Ruland, Franz/Thiele, Burkhard/Thiele, Wolfgang,* Berlin 1985

Sternbeck/Däther — *Sternbeck, Elisabeth/Däther, Gerd*
Das familienpsychologische Gutachten im Sorgerechtsverfahren, FamRZ 1986, 21ff.

Ströker — *Ströker, Elisabeth*
Ich und die anderen: Die Frage der Mitverantwortung, Frankfurt am Main 1984

Thierschmann — *Thierschmann, Reinhardt*
Unterhaltsansprüche Volljähriger gegen ihre Eltern, Bielefeld 1986

Thomas/Putzo	*Thomas, Heinz/Putzo, Hans* Zivilprozeßordnung mit Gerichtsverfassungsgesetz und den Einführungsgesetzen, 15. Auflage, München 1987
Tiling/Tiling/Over	*Tiling, Johann/Tiling, Christian/Over, Kurt* Wie organisiert man einen Anwaltsbetrieb? AnwBl 1978, 85ff.
Verbandsbroschüre	Verbandsbroschüre: Versorgungsausgleich, herausgegeben von der BfA und dem VDR, 1982
Vespermann	*Vespermann, Hans-Joachim* Scheidungs- und Scheidungsverbundverfahren. Diktat- und Arbeitsbuch für Rechtsanwälte, 2. Auflage, München 1984
Vogel	*Vogel, Harald* Die Scheidungsantragsschrift – Hinweise und Anregungen aus der Sicht eines Familienrichters, AnwBl 1982, 457ff.
Wagenitz	*Wagenitz, Thomas* Die neuen Ausgleichsmechanismen im Gesetz über weitere Maßnahmen auf dem Gebiet des Versorgungsausgleichs, FamRZ 1987, 1ff.
Walter	*Walter, Gerhard* Der Prozeß in Familiensachen – Das Familiengericht und sein Verfahren, Bielefeld 1985
Walter (Verfahren)	*Walter, Gerhard* Die Änderungen des familiengerichtlichen Verfahrens durch das UÄndG, JZ 1986, 360ff.
Walter (Hausrat)	*Walter, Gerhard* Die eigenmächtige Hausratsteilung, Bemerkungen zum Beschluß des BGH vom 22. 9. 1982 – IVb ARZ 32/82 –, JZ 1983, 94ff.
Wax	*Wax, Peter* Die Rechtsprechung zur Prozeßkostenhilfe im Bereich des Familienrechts, FamRZ 1985, 10ff.
Wendl/Staudigl	*Wendl, Philipp/Staudigl, Siegfried* Das Unterhaltsrecht in der familienrechtlichen Praxis, München 1986
Weychardt	*Weychardt, Dieter* u. a. Zur Weiterentwicklung der Frankfurter Unterhaltsrechtsprechung, DAVorm 1984, 81ff., 241ff., 337ff. und im Sonderabdruck 1985, 28ff.
Weychardt (Bemessung)	*Weychardt, Dieter* Zur Bemessung des Ehegattenunterhalts: Differenz- oder Abzugsmethode? NJW 1984, 2328ff.

Weychardt (Beschwerde)	*Weychardt, Dieter* Die Beschwerdefähigkeit der gemäß § 13 IV HausrVO erlassenen Wohnungszuweisungsbeschlüsse? FamRZ 1987, 241
Weychardt (Neues)	*Weychardt, Dieter* Neues aus der Frankfurter Unterhaltsrechtsprechung, DAVorm 1987, 163ff.
Zöller/Bearbeiter	*Zöller, Richard* Kommentar zur Zivilprozeßordnung. Mit Gerichtsverfassungsgesetz und den Einführungsgesetzen, 15. Auflage, Köln 1987

1. Teil
Vorbereitung, Spezialisierung und Arbeitsmethoden

I. Berufswahl, Vorbereitung und Fortbildung

Den „Fachanwalt für Familienrecht“ gibt es nicht. Anders als etwa beim Strafverteidiger werden auch keine Versuche unternommen, die Zulassung der **Fachbezeichnung** durchzusetzen – zu Unrecht vielleicht, wenn man an den Umfang der Materie durch die Verknüpfung mit steuer- und sozialversicherungsrechtlichen Fragen und die potentielle Tragweite einer falschen Beratung denkt.

In der Praxis allerdings zeigt sich, daß dies einen guten – im eigentlichen Sinn des Wortes – Grund hat. Die beiden Gesichtspunkte, die auf anderen Gebieten für die Einführung von Fachanwaltsbezeichnungen sprechen, sind der Schutz des Mandanten vor unerfahrenen Kollegen auf der einen Seite, die Werbung für den Spezialisierten auf der anderen. Im Falle des familienrechtlich tätigen Anwaltes aber wird beiden Aspekten ausreichend Rechnung getragen durch den denkbar nachhaltigsten Spezialisierungsnachweis[1] und die sowohl allein unbedenkliche als auch effektivste Form der Werbung, die **„Mund-zu-Mund Propaganda“.** Grund hierfür sind verschiedene Besonderheiten der Materie: einmal geht es in aller Regel um Fragen, die der Mandant als ganz einschneidend, oft lebensentscheidend empfindet. Dafür wählt „man“ nicht irgendeinen Anwalt, sondern den besten. Nicht wenige bekannte Zivilrechtler im mehr wirtschaftrechtlichen Bereich haben sich so genötigt gesehen, auch familiengerichtliche Verfahren zu vertreten – im Hinblick auf den möglichen Gebührenumfang nicht nur mit einem weinenden Auge.

Weitere Besonderheit ist die für viele peinliche Kombination der Umstände, daß durch Probleme in der Zweier- oder Eltern-Kind-Beziehung intimste Bereiche betroffen sind, diese sich aber meist im Verwandten- und Freundeskreis nicht einmal geheimhalten lassen. Zusammen mit dem in solchen Konflikten natürlichen Konpensationsbedürfnis führt dies zu mehr oder weniger notwendigen bis aufgezwungenen Vorbesprechungen nichtanwaltlicher, aber meist teiljuristischer Natur: wenn der von seiner Frau verlassene Mann seine Probleme mit noch so wenigen Freunden bespricht – immer wird einer darunter sein, der „so etwas“ aus eigener Anschauung oder der Dritter kennt, unter Umständen juristische Halbwahrheiten verstreut,[2] jedenfalls

[1] Das gilt jedenfalls vom prozessualen Erfolg her, unter Umständen nicht bezüglich der Rechtskenntnisse.

[2] Regelmäßig ein nicht geringes Problem für den später beauftragten Anwalt.

aber „den" Anwalt kennt. Fragt man genauer nach, wie man es zur Eigeninformation durchaus gelegentlich tun sollte, wird man feststellen, daß nicht selten der gegnerische Anwalt aus dem eigenen Verfahren oder dem eines mitteilsamen Freundes empfohlen wird, der als (zu) starker Gegner erlebt wurde.

So hat jede Stadt ihre **„Scheidungsanwälte".** Die Familiengerichte wissen das, sehen es an der über- oder unterproportionalen Beteiligung einzelner Kanzleien an den anhängigen Verfahren. Was die Richter auch wissen ist, daß diese Form der Fachanwaltschaft nicht immer einhergeht mit überdurchschnittlichem juristischem Spezialwissen: auch der besonders kämpferische oder etwa der Anwalt mit ausgeprägtem Einfühlungsvermögen kann im Gespräch zwischen früher und aktuell Betroffenen zum „Scheidungsanwalt" werden.

Für die – anfängliche oder spätere – **Spezialisierung** führt das zu der Konsequenz, daß man für einen wirtschaftlich tragenden fachspezifischen good will Jahre (zwei bis drei mindestens) einkalkulieren muß. Allein unter Berücksichtigung der Verfahrensdauer in Familiensachen wird klar, daß diese Werbung – in ihrer saubersten Form – durch Rückkopplung naturgemäß immer langfristig angelegt ist, allerdings damit auch umso nachhaltiger und beständiger fortwirkt, wenn man durch erste Rückläufe nicht „faul" wird.

Die für die spezialisierte Strafverteidigerpraxis aus der 0-Position zu kalkulierenden 1½ Jahre[3] wird man hier verdoppeln müssen, die dort berechneten Vorlaufkosten um 50 Prozent auf etwa 120000,– DM erhöhen.

Um so mehr ist hier vom Versuch einer ausschließlichen Spezialisierung am Anfang abzuraten. Abgesehen von den wirtschaftlichen Überlegungen gilt dies auch unter dem Gesichtspunkt der spezifischen Mandatsbeschaffung: wie oben angedeutet, wünscht sich mancher z. B. den kampffreudigen Anwalt für seine Scheidung. Es liegt nicht fern, daß er dann auch gegen den Rat der Freunde zu dem geht, der ihn in einer Trunkenheitssache mit Nachdruck verteidigt oder dem bösen Nachbarn mit Deutlichkeit und Erfolg in einem Schriftsatz die Meinung gesagt hat.

Anders als bei der Mandatsauswahl gilt für die **Vorbereitung** das Gebot der Spezialisierung von Anfang an – wie auch im Regreßverfahren sich kein Anwalt damit exkulpieren kann, dies sei sein erstes Scheidungsverfahren gewesen.

Vielfältigste Angebote, zu denen ja auch das vorliegende Buch gehören soll, machen dies dem Anfänger leicht – abgesehen von dem hieraus resultierenden Auswahlproblem.

Gleiches gilt für die breite Palette an **Fortbildungsmöglichkeiten** für Kollegen, die sich aus sicher sachgerechtem Interesse oder ebenso sicher begründeter Regreßangst für Feinheiten jenseits der 08/15 Scheidung interessieren.

Der Grund für dieses erfreulich weitgefächerte Lernangebot, das das Familienrecht gegenwärtig tatsächlich weit aus allen anderen juristischen Spezial-

---

[3] *Günther* (Strafverteidigung) 13.

gebieten heraushebt, liegt natürlich maßgeblich in der Aktualität des anzuwendenden Rechtes durch die ja noch ganz jungen Normen, die dennoch bereits vorliegenden – auch politisch immens bedeutsamen – Novellierungen und die erwartungsgemäß umfangreichste Rechtsprechung. Zu diesem objektiven Informationserfordernis kommt ein subjektives Informationsbedürfnis: Familienrechtssachen sind einerseits überdurchschnittlich lukrativ, andererseits durch die grundlegenden gesetzlichen Änderungen seit 1977 allein mit Altwissen unmöglich zu bewerkstelligen. Schließlich hat man es mit durch Medien und Leidensgenossen außergewöhnlich gut informierten Mandanten zu tun, die in der Regel schnell in der Lage wären, den ,,alten Krauter" zu erkennen, dessen Literatur sich auf einen 65er Palandt beschränkt.

Ein Überblick über die Fülle der mehr oder weniger umfangreichen Darstellungen des gesamten Familienrechtes oder seiner Teilbereiche bietet das hier eingearbeitete Literaturverzeichnis. Hervorzuheben daraus ist der nun in der 2. Auflage vorliegende ,,Vespermann", der wohl als erster den inzwischen auch in anderen Gebieten vorliegenden zeitgemäßen Versuch unternommen hat, Bausteine – auch für eine elektronische Textverarbeitung – zu liefern. Wertvoller im Sinne der hier vorliegenden Konzeption erscheint das Buch durch seine gerade dem Anfänger überaus hilfreichen Aufbauanleitungen und Formulierungsbeispiele.

Um das unter Umständen durch die entsprechenden Bücher erworbene know how auf dem Laufenden zu halten, hat man – wie auf anderen Spezialgebieten auch – Rechtsprechung, gesetzgeberische Tendenzen[4] und ähnliches in Zeitschriften zu verfolgen. Aus den bereits erwähnten Gründen widmen schon die allgemein juristischen Zeitschriften der Spezialmaterie gegenwärtig einen breiten Raum,[5] so daß der, der nur ab und zu ,,auch einmal eine Scheidung mitnimmt" und dabei entsprechend vorsichtig ist, mit der NJW auskommen mag. Wer aber Familienrecht als Spezialgebiet betreiben möchte, wird an der FamRZ nicht vorbeikommen. Zu erwähnen im Bereich der Zeitschriften ist schließlich ,,Der Amtsvormund", der vielen Kollegen erst durch die unterhaltsrechtlichen Darstellungen von Weychart bekannt geworden ist, die dann allerdings regelmäßig auch als – teurer – Sonderdruck angeboten werden.

Fast noch umfangreicher als bei der Literatur ist das Informationsangebot durch Kurse und Seminare des DAV[6] unter Verpflichtung namhafter Referenten. Das ständig steigende Angebot weist auf entsprechende Nachfrage hin: so enthält z. B. das Programm für das 2. Halbjahr 1987 18 Lehrgänge im Rahmen von 22 orts- und zeitverschiedenen Veranstaltungen und ein Semi-

---

[4] Insoweit relevant für beschleunigende oder verzögernde Verfahrenstaktik.

[5] Gleiches gilt für die äußerst angenehm auch im Kraftfahrzeug konsumierbaren NJW-Kassetten.

[6] Erfreulicherweise veranstalten auch manche örtlichen Anwaltsvereine Informationsnachmittage unter Beteiligung der betreffenden Familienrichter, was naturgemäß unter verschiedenen Gesichtspunkten effizient ist.

nar mit deutlichen Hinweisen, welche Vorträge gerade für Berufsanfänger gedacht sind.

Wie auch für andere Rechtsgebiete kann der Besuch der Einführungs- und der wesentlichen Aufbauveranstaltungen nur dringend empfohlen werden. Die Referenten sind in aller Regel in der Lage, in zeitlich intensiver Form erstaunlich umfassende Überblicke zu vermitteln, die erheblich mehr Sicherheit in die eigene Arbeit bringen und die Erkenntnis, wo es noch fehlt und wo man das ,,es“ suchen und finden kann.

Abschließend ist darauf hinzuweisen, daß die spezielle Ausbildung in Familiensachen sich erfreulicherweise in den juristischen Vorbereitungsbereich vorverlagert: bereits die Universitäten bieten entsprechende Seminare – zum Teil unter Mitarbeit eines Praktikers – an, das Referendariat ermöglicht die Spezialausbildung länderabhängig in unterschiedlichem Umfang.[7]

Nicht ganz so wichtig wie in vielen anderen juristischen Spezialbereichen[8] ist die **außerjuristische Vorbereitung.**

Dies gilt bei den nicht seltenen **wirtschafts- und steuerrechtlichen Fragestellungen** allerdings nur, solange man seine eigenen Grenzen kennt, bereit ist, rechtzeitig z. B. einen Steuerberater einzuschalten, und in Kauf nimmt, auf diesem Weg das eine oder andere Mandat zu verlieren oder nicht zu bekommen, weil es eben nicht wenige Kollegen gibt, die dieses Wissen ohne kostenintensive Einschaltung anderer Fachleute mit abdecken.

Von großem Nutzen im Hinblick auf die doch sehr individuellen Lebenssachverhalte und die entsprechend persönlichkeitsabhängigen Verfahrenskonzeptionen sind jedenfalls grundlegende Kenntnisse der **Psychologie.** Welche Groborientierungen hier nützlich sind, um Mandatssituationen richtig einordnen und ,,Arbeitsfrust“ vermeiden zu können, soll später bei dem Versuch einer Mandantentypologie angesprochen werden. Im übrigen erfordern natürlich gerade die Regelungen von elterlicher Sorge und Umfangsbefugnis für eine sachgerechte Einflußnahme etwas mehr als juristische Subsumtion.[9]

Da die Familienrichter überwiegend Spezialausbildungen gerade in Bereichen entwicklungspsychologischer Fragestellungen durchlaufen haben, wird man etwa in einem Verfahren nach § 1672 BGB wenig Gehör finden, wenn man nicht in der Lage ist, die psychologischen Zusammenhänge – möglichst unter Verwendung des entsprechenden Vokabulars – darzustellen. Besonders wenig erfolgversprechend ist es dagegen, solchen Darstellungen – etwa im Schriftsatz eines Kollegen – den ,,gesunden“ Menschenverstand in der

---

[7] Warum in diesem Zusammenhang etwa in Hessen die Wahlpflichtstation ,,anwaltliche Familiensachen“ bis 1985 nur bei einem insoweit zweitinstanzlich tätigen Rechtsanwalt abgeleistet werden durfte, mag verstehen, wer will.

[8] Etwa im Strafrecht – hierzu *Günther* (Strafverteidigung) 5 ff.

[9] Hierfür gibt es auch spezielle Literatur wie z. B. *Arntzen* und die bei *Luthin* FamRZ 1984, 114 ff und *Lempp* FamRZ 1984, 741 ff genannten Darstellungen. Zur allgemeinen Einführung in die Psychologie: s. Zusammenstellung bei *Günther* (Strafverteidigung) Anm. 19.

Argumentation des eigenen Mandanten mit dem Hinweis auf eine generelle Fragwürdigkeit psychologischer Erkenntnisse entgegen zu setzen. Zu leicht gerät man damit in den Verdacht, aus der Not eine Tugend machen zu wollen.

Beispiel hierfür kann der folgende – inhaltlich verkürzte – Schriftsatz aus der Praxis sein und die im auszugsweisen Zitat anschließend wiedergegebene schriftsätzliche Stellungnahme des Prozeßbevollmächtigten des Antragsgegners:

Schriftsatz-Muster 1

An das
Amtsgericht
– Familiengericht –
6000 Frankfurt am Main

Frankfurt, den 06. 07. 1984

Antrag

gemäß § 1672 BGB

der Erzieherin Beate Wegner, Heidelberger Str. 12,
6000 Frankfurt am Main

– Antragstellerin –

Verfahrensbevollmächtigter: RA Dr. Bergmann, Poststr. 4,
6000 Frankfurt am Main 60

gegen

den kaufmännischen Angestellten Hans Wegner, Darmstädter Landstr. 18,
6000 Frankfurt am Main

– Antragsgegner –

wegen Übertragung der elterlichen Sorge.

Namens der Antragstellerin beantrage ich,

> die elterliche Sorge für das Kind Peter, geb. am 11. 02. 1980, wohnhaft bei der Antragstellerin, während des Getrenntlebens der Parteien der Antragstellerin zu übertragen.

Gleichzeitig beantrage ich,

> der Antragstellerin im Wege der einstweiligen Anordnung das Aufenthaltsbestimmungsrecht zu übertragen.

Begründung:

Nach Versuchen eines Getrenntlebens innerhalb der ehelichen Wohnung leben die Parteien seit dem 27. 03. 1984 räumlich getrennt. Es handelt sich nicht nur um eine vorübergehende Trennung. Vielmehr soll spätestens nach Ablauf des Trennungsjahres das Scheidungsverfahren eingeleitet werden.

Eine vorläufige Entscheidung über die elterliche Sorge ist erforderlich, weil es den Parteien nicht gelingt, sich über wesentliche Fragen der Erziehung und insbesondere auch der Aufenthaltsbestimmung zu einigen. Entgegen den Vorstellungen der Antragstellerin versucht der Antragsgegner nach wie vor – auch mit Hilfe psychischer Beeinflussung des Kindes –, eine genau hälftige Verteilung des Zusammenseins der Parteien mit dem Kind durchzusetzen. Über einige Wochen hinweg wurde dies sogar umtägig versucht. Peter, der seinem Entwicklungsstand nach durchaus in der Lage ist, diese Konflikte geistig miterleben, ist psychisch dementsprechend stark belastet. Verschiedene Vorfälle machen deutlich, daß es ihm gegenwärtig kaum möglich ist, seine Bedürfnisse einer in diesem Alter noch erforderlichen eindeutigen Bezugsperson zuzuordnen. Folgerichtig hat er schon mit kurzfristigen, aber erheblichen Krankheitsanfällen reagiert, die von dem in der Sache informierten Arzt als psychosomatisch eingestuft wurden. Dies ist unschwer erklärlich, wenn man weiter berücksichtigt, daß er im Haushalt des Antragsgegners darüberhinaus besonderen seelischen Belastungen ausgesetzt ist. So (...)

Hieraus begründet sich auch die besondere Eilbedürftigkeit der im Anordnungsverfahren beantragten Regelung des Aufenthaltsbestimmungsrechtes. Dies gilt um so mehr, als in diesem Zusammenhang nun kurzfristig über den nach Ansicht der Antragstellerin erforderlichen Wechsel des Kindergartens entschieden werden muß und die Parteien auch hierüber gegenteiliger Ansicht sind.

Die Übertragung der elterlichen Sorge auf die Antragstellerin während des Getrenntlebens wird dem Wohl des Kindes am ehesten gerecht. Gerade durch ihre pädagogische Vorbildung ist sie in der Lage, die aufgezeigten psychischen Belastungen bei Peter zu kompensieren.

Auch die räumlichen Voraussetzungen sind gegeben (...)

Schließlich kann sie sich auch bei weiterer Ausübung ihres Berufes – anders als der Antragsgegner – während des gesamten Zeitraumes um Peter kümmern, den dieser nicht im Kindergarten zubringt.

Die eidesstattliche Versicherung der Antragstellerin zur Glaubhaftmachung des vorstehenden Sachvortrages ist in der Anlage beigefügt.

Gemäß §§ 94 Abs. 2, 30 Abs. 2 KOstO gehe ich von einem Gegenstandswert in Höhe von 5000,– DM aus und zahle einen Kostenvorschuß von 45,– DM und Zustellungskosten von 5,– DM ein.

Rechtsanwalt

Beate Wegner
Heidelberger Str. 12
6000 Frankfurt am Main

Eidesstattliche Versicherung

In der Familiensache

Wegner

habe ich die Antragsschrift auf Übertragung der elterlichen Sorge während des Getrenntlebens und auf Übertragung des Aufenthaltsbestimmungsrechtes im Anordnungsverfahren vom heutigen Tage gelesen.

Belehrt über die Folgen einer unrichtigen oder unvollständigen Erklärung an Eides Statt, versichere ich eidesstattlich, daß der darin enthaltene Tatsachenvortrag vollinhaltlich zutrifft. Insbesondere entspricht es den Tatsachen, daß (...)

Frankfurt am Main, den 06. 07. 1984

. . . .

(Der Zurückweisungsantrag war im konkreten Fall unter anderem wie folgt begründet:

> „Das Kind ist durch den Auszug der Antragstellerin psychisch nicht belastet worden. Seit zwei Monaten funktioniert die zwischen den Parteien abgesprochene Regelung, daß das Kind teilweise im Kindergarten, in dem die Antragstellerin auch als Erzieherin tätig ist, vom Vater abgeholt wird und auch wieder zur Mutter gebracht wird, das Kind sich etwa die Hälfte der Woche bei seiner Mutter und die Hälfte der Woche bei seinem Vater aufhält, reibungslos. Es ist bedauerlich, daß in Anträgen wie in dem vorliegenden auf „psychologische Art" versucht wird, mit Umschreibungen wie „Bezugspersonen", „den Bedürfnissen des Alters entsprechend" und „verschiedene Vorfälle machten es deutlich", darzulegen, daß das Kind in irgendeiner Form gestört sei.")

Verstärkte Bedeutung kommt der Einbeziehung psychologischer Grundkenntnisse natürlich dann zu, wenn die Gerichte zunächst über die Einholung **familien-psychologischer Gutachten**[10] entscheiden, mehr noch dann, wenn diese erstellt werden und der – oft die – Sachverständige in der mündlichen Verhandlung gehört wird.[11]

[10] Informativ zu den Untersuchungsmethoden *Arntzen,* 60ff.

[11] Detailliert zur Sachverständigenbefragung *Günther* (Strafverteidigung) 103f.

II. Organisations- und Arbeitsmethoden

Anders als etwa beim Strafverteidiger, mit dem er seine Beratungsaufgabe über wichtigste persönliche Belange gemein hat, zeigt die Arbeitsweise des familienrechtlich tätigen Anwaltes keine markanten Abweichungen von der seiner allgemeines Zivilrecht praktizierenden Kollegen.

Wichtig ist natürlich – aber auch das gilt mehr allgemein – das System zur Überwachung der **Fristen und Termine.** Für Fristen muß dies wohl nicht näher ausgeführt werden.[12] Bezüglich der Termine sollte man sich vor Augen führen, daß die meisten Mandanten die mündliche Verhandlung vor dem Familienrichter als etwas sehr einschneidendes in ihrem Leben empfinden und sie auch dann für immens wichtig erachten, wenn dem Anwalt klar ist, daß dort „eigentlich nichts mehr passiert", weil alles Regelungsbedürftige unter den Prozeßbevollmächtigten ausgehandelt worden ist. Mit eine Rolle für diese starke gedankliche Gewichtung der mündlichen Verhandlung wird oft wohl auch der Umstand spielen, daß man den Partner – vielleicht nach recht langer Zeit – wiedersieht bzw. wiedersehen muß, das was man vielleicht bisher nur schriftsätzlich erfahren hat, von ihm hören wird und er die eigene Reaktion miterleben, ohne daß man die Möglichkeit hätte zu fliehen – und all dies doch in der Regel mit jeder Menge zum Teil widersprüchlicher Emotionen beladen. Einfacher verständlich wieder erklärt sich dieser wenig rationale Bezug zur mündlichen Verhandlung in streitigen Verfahren, wo entweder gestritten werden soll oder schriftsätzlich vielleicht mehr gestritten wurde, als es den Parteien lieb war, sie jetzt aber wieder persönlich mit dem „Gegner" konfrontiert werden. Vor dem Hintergrund dieser Situationsbetrachtungen muß man bedenken, was es für einen Mandanten bedeutet, wenn er vor dem Termin – nachdem der hierfür bestimmte Zeitpunkt überschritten ist – auf dem Flur in Anwesenheit des Partners und des gegnerischen Kollegen längere Zeit auf seinen Anwalt warten muß oder dieser erst nach Beginn der Verhandlung kommt

> („Wir fangen schon einmal an und machen die Anhörung.")

oder gar durch einen Telefonanruf der Geschäftsstelle erst daran erinnert werden muß zu kommen. Die für den Mandanten hieraus deutlich werdende Interessens-Diskrepanz

> („Ich konnte deswegen die ganze Nacht nicht schlafen, und der vergißt den Termin")

---

[12] Richtlinien zum Umfang der Organisationspflicht bezüglich fristwahrender Schriftsätze gibt der BGH im Beschluß vom 09. 07. 1985 (Leitsätze in FamRZ 1986, 150). So hat der Anwalt unter anderem „dafür zu sorgen, daß eine im Fristenkalender vermerkte Frist erst gestrichen wird, wenn die zur Fristwahrung erforderliche Maßnahme durchgeführt worden ist", und daß die Fristenkontrolle „anhand eines Fristenkalenders" erfolgt, „die Verwendung loser Zettel genügt dafür nicht".

wird sich im Laufe des weiteren Verfahrens – oft ist es mit dem Termin ja zu Ende – nur schwer ausbügeln lassen. Es kann sein, daß der Anwalt dennoch einen guten Prozeß geführt hat, und auch sein Honorar wird er erhalten, unter aquisitorischen Gesichtspunkten dürften seine Bemühungen aber vergebens gewesen sein. Wer sollte ihn nach diesem „Erlebnis" noch weiterempfehlen.

(„Der war eigentlich nicht schlecht, hat mich dann in der Verhandlung aber hängen lassen.")

Deswegen sollte für Termine gelten, was für Fristen ohnehin gilt: die mindestens **doppelte Kontrolle** durch den vom Büro geführten Hauptkalender und den vom Anwalt geführten Tischkalender. Bei Fristen empfiehlt sich darüberhinaus unbedingt eine gesonderte Frist-Wiedervorlage, nicht am Tage des Fristablaufes, sondern mindestens fünf Tage vorher, möglichst an gesonderter Stelle, jedenfalls aber mit einem deutlich sichtbar angebrachten Vermerkzettel „Ablauf der . . .frist am 27. 08.".[13]

Scheidungsverfahren erfordern einen recht umfangreichen Papierkrieg formaler Art, den man sich mit eigenen oder über die verschiedenen Verlage angebotenen **Formularen** etwas erleichtern kann. Allerdings sollte man schon unterscheiden: nicht alles, was angeboten wird, ist sinnvoll. So ist z. B. ein vierseitiges Formular im Handel, das alle denkbaren Anträge in sämtlichen einstweiligen Anordnungsverfahren umfaßt. Dort kann man dann in aller Regel auf der ersten Blattseite das Rubrum einsetzen, auf den folgenden ein oder zwei Kreuzchen machen und dann natürlich im erforderlichen Umfang Begründungsblätter anheften. Mehr als ¾ des Vordruckes bleiben ungenutzt. Dem Anwalt dürfte es keine Erleichterung sein, es sei denn, er wäre nicht in der Lage, etwa einen Antrag nach § 620 Nr. 4 ZPO vernünftig zu formulieren. Für die Büroangestellte bedeutet das Formular, das ja jeweils umgefalzt werden muß, Durchschriften kaum zugänglich und auch nur umständlich zu kopieren ist, mit Sicherheit mehr Arbeit.

Wenn man sich also vornimmt, sich und dem Personal die Arbeit durch Formulare zu erleichtern, sollte man nicht um des Prinzips willen alles kaufen, was auf dem Markt ist. Andererseits gibt es dort noch ganz wesentliche Lücken, die man mit selbst erstellten und kopierten Vordrucken füllen kann: so wird gegenwärtig kein den Besonderheiten des Familienrechts in allen Punkten gerecht werdendes Abrechnungsformular angeboten, obwohl es nahe liegen würde, diese nicht ganz einfache Materie den Anwälten so weitestgehend zu erleichtern und den Mandanten transparenter zu machen.[14]

Gut nutzbar sind die angebotenen **Aufnahmeformulare.** Zum Teil sind sie recht komplex gestaltet, so daß man sie durchgearbeitet haben sollte, bevor man sie das erste Mal verwendet. Sich anlehnend an die Gesetzeskonzeption und teilweise sogar Rechtsprechungsleitsätze, führen sie den Benutzer zu den wesentlichen Fragen – beispielsweise im Bereich der Scheidungsvoraussetzungen vor Ablauf des Trennungsjahres – und verhindern, daß verfahrensre-

---

[13] Farbliche Kennzeichnung schlagen *Tiling/Tiling/Over* 87 vor.

[14] Der Entwurf eines solchen Formulars findet sich im 5. Teil.

levantes vergessen wird.[15] In solcher oder ähnlicher Form – etwa einer Checkliste – sollte man dieses Hilfsmittel unbedingt benutzen: es ist schon mindestens unangenehm, den Mandanten zwecks weiterer – vergessener – Information zu einem neuen Gespräch bitten zu müssen, bevor der Schriftsatz gefertigt werden kann.

Bei den **Antragsformularen** gehen die Meinungen auseinander. Ein Teil der Kollegen ist der Ansicht, für die doch ganz erheblichen Gebühren könne man dem Mandanten „keinen Vordruck mit ein paar Kreuzchen verkaufen". Da gibt es auch kein Richtig oder Falsch. Jeder soll das für sich entscheiden. Nur zwei Dinge kann man vielleicht raten: ob mit Formular oder zusammenhängendem Schriftsatz – vom Gesamtbild her sollte ein ordentlicher Eindruck herauskommen. Für den Mandanten ist seine Scheidung meist etwas ganz außergewöhnliches und sehr beeindruckendes. Und wer gut arbeitet, um weiterempfohlen zu werden, sollte dafür sorgen, daß **Form und Schriftbild** der Qualität seiner Arbeit angepaßt sind. Juristische Laien ziehen nicht selten Rückschlüsse von der Form auf den Inhalt.

Und als zweites: Formulare, die überwiegend leer bleiben, also notwendig Nichtzutreffendes enthalten wie in dem eingangs erwähnten Beispiel, sollte man auch aus Gründen der Optik nicht heranziehen. Jeder in diesen Dingen ungeübte assoziiert einen Computerbogen und dann vielleicht Computerbearbeitung. Genau das aber möchten die meisten nicht: wo es überwiegend um ganz persönliche Belange geht, ist individuelle Beratung und Bearbeitung erforderlich und wird von den Mandanten auch erwartet. Die Schriftsätze dürfen diesen Eindruck nicht verhindern oder zunichte machen.

Mit zwei Arten von Formularen wird der Anwalt aber jedenfalls konfrontiert: einmal im Rahmen der **Prozeßkostenhilfe** die „Erklärung über die wirtschaftlichen und persönlichen Verhältnisse", die dem Bewilligungsgesuch beigefügt sein muß, zum anderen die Vordrucke zur Durchführung des **Versorgungsausgleiches.** In beiden Fällen ist es nicht unbedingt anwaltliche Aufgabe, die – gerade im Versorgungsausgleichsverfahren – recht umfangreichen Bogen mit den Mandanten auszufüllen oder dies zu überwachen. Und viele Kollegen machen es auch so, daß sie die Mandanten mit dem Prozeßkostenhilfeformular zum Sozialamt schicken und die Vordrucke zum Versorgungsausgleich lediglich mit der Bitte um Rücksendung nach dem Ausfüllen zuschicken. Ob man hier mehr tun will, ist eine Frage des **Service-Umfanges** und wird auch nicht wenig davon abhängen, wie viel man ohnehin zu tun hat und wie viel Werbung man noch benötigt. In der Sache empfiehlt sich jedenfalls eine unterstützende Beratung zu den Auskunftsvordrucken im Versorgungsausgleichsverfahren. Trotz des beiliegenden Erläuterungsheftes wird es sonst immer wieder zu vermeidbaren Fehlern kommen, die die Verfahren – etwa durch Rückfragen aus Berlin – erheblich verzögern. Nicht wenige, die mit solchen Dingen nicht vertraut sind und eigentlich auch nicht sein wollen,

(„Das hat ja immer mein Mann gemacht.")

---

[15] Muster auch bei *Rahm (Friederici)* I Rdn. 14ff.

scheinen schon durch den Umfang der Formulare einer Kapitulation zu unterliegen, nach der einfach nicht mehr alles richtig werden kann.

Diese Hilfestellungen muß der Anwalt aber nicht selbst geben. Wenn er sich soweit mit der Materie vertraut gemacht hat, daß er sie in dem für das Ausfüllen erforderlichen Umfang weitergeben kann, ist es durchaus möglich, **Personal** nach entsprechender **Schulung** damit zu beauftragen. Sinnvollerweise wird dies nur durch einen bestimmten Mitarbeiter oder eine bestimmte Mitarbeiterin erledigt, die dann mit den Mandanten nach dem Vorliegen der Formulare auch selbständig die Termine zum Ausfüllen vereinbaren kann. Zur Vermeidung eines zweiten Termins sollten die Mandanten eine schriftliche Nachricht mit der Auflistung aller erforderlichen Unterlagen erhalten.

Diese Delegation gilt natürlich nur für das Ausfüllen: Überlegungen zu § 1587c BGB, § 1587o BGB, der Bereiterklärung[16] usw. obliegen allein dem Anwalt.

Auch die Auskunftsformulare im Rahmen der Prozeßkostenhilfe können nach entsprechender Einweisung unschwer von Mitarbeitern des Büros ausgefüllt werden. Vorbehalten sollte sich der Anwalt aber jedenfalls, den Mandanten auf seine Wahrheitspflicht und die möglichen Folgen einer unrichtigen **Versicherung an Eides Statt,** mit der dieses Formular ja abschließt, hinzuweisen. In aggressiv geführten Verfahren, die ja manchmal nicht zu umgehen sind, werden solche eidesstattlichen Erklärungen nicht selten vom Gegner mit einer entsprechenden Strafanzeige der Staatsanwaltschaft zugeleitet.

Gleiches gilt natürlich für die eidesstattlichen Erklärungen in einstweiligen Anordnungsverfahren, die wegen der dort vorausgesetzten Glaubhaftmachung (§ 620a Abs. 2 Satz 3 in Verbindung mit § 294 Abs. 1 ZPO) ja das Regelbeweismittel sind.[17] Da der Anwalt nie wissen kann, ob der ihm geschilderte Sachverhalt ganz oder nur teilweise oder gar nicht den Tatsachen entspricht[18] und wie der Gegner auf die vielleicht unrichtige Versicherung an Eides Statt reagieren wird, sollte er sich vor der verbreiteten Untugend hüten, aus Bequemlichkeit für sich oder den Mandanten eidesstattliche Versicherungen abzunehmen, bevor der Bezugstext fertig ist.

(„Ich habe jetzt verstanden, was Sie wollen, und werde es so beantragen. Die eidesstattliche Versicherung können Sie ja schon einmal unterschreiben, dann geht es schneller, und Sie müssen auch nicht noch einmal herkommen.")

Die daraus folgende Möglichkeit der Einlassung im späteren Strafverfahren, der Anwalt habe eben doch das wesentliche falsch verstanden, und die damit verbundene Involvierung des Anwaltes in eben dieses Verfahren sind unbedingt zu vermeiden. Um es richtig zu machen, muß der Text ja nicht einmal

---

[16] Überblickartig hierzu *Vogel* 465.

[17] Muster auch bei *Vespermann* EV 4.

[18] Zu weiteren Recherchen etwa durch Schriftsätze fehlt im einstweiligen Anordnungsverfahren meist die Zeit.

schriftlich vorliegen. Wenn es wirklich ganz eilig ist, läßt sich der Antrag ins Gerät diktieren und die eidesstattliche Versicherung so formulieren:

„... ist der Antrag ... vollständig in meiner Anwesenheit diktiert worden. Der ihn begründende Sachvortrag entspricht vollinhaltlich den Tatsachen. Insbesondere ist es richtig, daß ... Belehrt über ..., versichere ich dies an Eides Statt."

Beachten muß man schließlich, die „richtige" **Vollmacht**[19] zu kaufen. Allerdings schließen heute auch die allgemeinen Prozeßvollmachten alle im Familienverfahren unter Umständen erforderlichen Befugnisse ein.

III. Mandantentypologie und persönliches Engagement

Typologien sind Vereinfachungen. Und Typologien haben – soweit sie sich mit Menschen befassen – einen bösen Beigeschmack – verständlicherweise, wenn man an unsere nicht allzu ferne politische, staatsrechtswissenschaftliche oder auch etwa kriminologische Vergangenheit denkt. Vor dem „Katalogisieren" von Menschen warnen unter den Gesichtspunkten der Menschlichkeit und der individuellen Freiheiten die Denker und Philosophen aller Zeiten – von der Bibel bis zu Max Frisch – und das zu Recht. Und gerade dies sei mit dieser breiten Einleitung deutlich gesagt, damit niemand in Versuchung kommt, die **Vereinfachung** zu vereinfachen: wie kein Mandat dem anderen völlig gleicht, ist erst recht jeder Mandant anders, wird von seinem Anwalt vielleicht falsch eingeschätzt, dreht sich unter Umständen im Laufe des Verfahrens um 180 Grad. An diesen Erfahrungen mag man die Relativität dieses Versuches ermessen.

Und doch zeigen dieselben Erfahrungen über die Dauer einiger Jahre verglichen, daß es da schon Schemata gibt, die nicht nur Theorie sind, daß déjà-vu-Erlebnisse auftreten, die zukünftige Verhaltensweisen erahnen lassen und sich an der Verfahrensrealität dann sogar bestätigen.

Es wird nicht möglich sein, diese Erfahrungen nun inhaltlich zu vermitteln, aber eine gewisse Hellhörigkeit, eine Vereinfachung des notwendigen psychologischen Erkennens sollte sich schon erreichen lassen – notwendig deswegen, um im Einzelfall **Intensität und Grenzen des persönlichen Engagements** abzustecken. Diese Selbstkontrolle wiederum ist unentbehrlich, um seine Kräfte zu rationieren, Frustrationen zu vermeiden und den Gerichten gegenüber, die ja über ähnliche Erfahrungen verfügen, glaubwürdig zu bleiben. Würde man etwa das familienrechtliche Verfahren allein an den ja meist mit aktuellen Emotionen behafteten Schilderungen und Wünschen der Parteien ausrichten, müßten sicher 90 Prozent der regelungsbedürftigen Fragen durch einstweilige Anordnungen entschieden werden.

---

[19] Ob diese dann auch mit dem Scheidungsantrag vorgelegt werden muß, ist umstritten. Aus der deutlich unterschiedlichen Konzeption des § 609 ZPO einerseits und § 88 ZPO andererseits dürfte das zu verneinen sein. So auch OLG Frankfurt FamRZ 1979, 323f, *Baumbach/Lauterbach (Albers)* § 609 Anm. 2 und *Rolland* § 609 Rdn. 1 m. w. N. A. A. *Göppinger* 134, *Vogel* 464 und *Rahm (Wohlnick)* III, 18.

Hier kommt dem Anwalt als in der Regel erste juristische Kontaktstelle die wesentliche **Filterfunktion** zu, die nun aber auch nicht dazu führen darf, ständig abzuwiegeln und Dinge, die dringend gerichtlicher Entscheidung bedürfen (vielleicht die vorläufige Regelung der elterlichen Sorge), in einem gefährlichen oder schädlichen Schwebezustand zu belassen. Es gibt schon Krankheiten, mit denen man zum Arzt gehen muß, weil die Hausmittel versagen. Die jeweiligen Entscheidungen lassen sich – wie gesagt – immer nur im Einzelfall treffen, wobei im Laufe praktischer Tätigkeit allein die eigenen Erfahrungen wirksam Hilfestellung geben. Letztlich sind diese ja nichts anderes als eine mehr unbewußte und nur aus konkretem Anlaß reflektierte Mandantentypologie.

Solange diese Erfahrungen fehlen, dürfte es nichts schaden, sich gedanklich mit den im folgenden dargestellten Fall- und Mandantentypen auseinanderzusetzen. In ähnlicher Form wird man sie in der Praxis wiedertreffen. Dabei bleibt die Darstellung dem Zweck entsprechend auf **Diskrepanz-Fälle** beschränkt – soweit Sachvortrag und Realität, geäußerter Wille und tatsächliche Interessen übereinstimmen und die Vorstellungen der Mandanten juristisch durchsetzbar sind, wird man keinen Anlaß haben, „tiefer einzusteigen".

Dennoch klingt das einfacher, als es ist, bereits die Abgrenzung ist schwierig. Natürlich wird man sich im Rahmen eines „völlig" einverständlichen Scheidungsverfahrens überlegen, ob nicht der Takt es verbietet, den vielleicht schweigsamen Mandanten nach Hintergründen der Trennung, nach einem neuen Partner oder dem Fertigwerden mit der Single-Situation, nach den äußeren Umständen des Zustandekommens der schon vorliegenden Vereinbarungsentwürfe nach § 630 ZPO zu fragen. Soweit man einen Überblick über die Vermögenslage gewonnen und festgestellt hat, daß nach der unterhalts- und vermögensrechtlichen Konzeption unseres Gesetzes eine wirtschaftlich sachgerechte Regelung angestrebt wird, kann man von weiteren Fragen absehen. Solange man insoweit aber nicht ganz sicher ist, muß man auf weiterer Aufklärung bestehen, um ausschließen zu können, daß der Mandant aus einer Laune heraus auf ihm zustehende Werte verzichtet oder etwa im Gegenteil von einem situationsbedingt psychisch stärkeren Partner überfahren wird. Von der Typologie her lassen sich in diesem Zusammenhang drei Gruppen unterscheiden:

1. Die Ausreißer

Bei ihnen gilt das „weg um jeden Preis", gegen das der Anwalt mit vernünftigen Argumenten angehen muß. Bezeichnend für diese Mandantengruppe sind starke innere Konflikte und Widersprüche: obwohl das Ausreißen aus der Partnersituation heraus oft wohlbegründet ist, haben sie in der Regel[20] starke Schuldgefühle, obwohl die bisherige Situation manchmal unerträglich

[20] Der insbesondere in Darstellungen der Medien zum Unterhaltsrecht beschriene Partner, der mit wehenden Fahnen vom einen zum nächsten wechselt, ist eine Ausnahme.

war, haben sie Angst vor dem neuen Leben,[21] um so mehr, je länger sie an das alte gewöhnt waren. Resultat ist eine starke psychische Überforderung, aus der heraus dann nicht selten sich nur noch zwei Leitgedanken kristallisieren: 1. ,,Schnell weg" (Flucht), 2. ,,Endgültig weg, den Partner nicht mehr sehen, keine Gespräche, keinen Streit" (Schuldgefühl). Für den Anwalt ist insbesondere das letzte wichtig, weil es auch bedeutet ,,keinen Widerspruch" und von manchen ,,gegnerischen" Partnern intellektuell oder emotional erkannt wird und ausgenutzt (oder zu Recht genutzt – je nach Standpunkt).

Findet man also seinen Mandanten in der schuldgeplagten Ausreißersituation, empfiehlt es sich, die wirtschaftlichen Regelungsvorschläge nach allen Seiten hin zu durchleuchten, auch wenn der Mandant es für überflüssig hält oder als unangenehm empfindet. Notfalls muß man ihm mit der gebotenen Zurückhaltung deutlich machen, daß die anwaltliche Haftung im Zweifel länger dauern wird als sein Schuldgefühl und man sich nach später reuiger Erkenntnis des Mandanten nicht einem Regreß wegen oberflächlicher Beratung aussetzen möchte.

Immer in diesen Fällen sollte man sich vergewissern, daß der Mandant überhaupt genaue Kenntnisse von der ehelichen Vermögenslage hat. Bei einfach gelagerten Fällen, in denen das Familieneinkommen fast ausschließlich verbraucht wurde und sonstiges Vermögen nicht vorhanden ist, kann das Gespräch mit dem Mandanten hierfür ausreichen. Wenn es ,,um mehr geht", empfiehlt sich das schriftliche Auskunftsbegehren an den Prozeßbevollmächtigten der Gegenseite.

2. Die Frustrierten

Abgesehen vom fehlenden Schuldgefühl ähnelt die für den Anwalt relevante Situation dieser Gruppe der der ersten. Auch sie sind von dem aktuellen Geschehen emotional so überfordert, vom Partner so enttäuscht, daß sie es geradezu als Zumutung empfinden, über wirtschaftliche Dinge nachdenken zu sollen.

Auf der Antragsgegnerseite handelt es sich nicht selten um Mandanten, die vom Scheidungswunsch ihres Partners gänzlich überrascht wurden, oder auch um solche, die gegen die Entfremdung längere Zeit angekämpft, dann aber aufgegeben haben, weil sie feststellen mußten, daß das Bemühen eben nur von ihrer Seite kam. Die letztbeschriebene Situation findet sich auch auf der Antragstellerseite. Hinzu kommen auch hier ,,Überraschungsfälle", in denen der Betreffende also durch ein unvorhergesehenes auslösendes Erleben zur Erkenntnis kommt, an der Ehe nicht festhalten zu wollen. Ein nicht seltenes Beispiel ist die Situation, in der der Mandant erfahren hat, daß der Partner eine weitere intime Beziehung unterhält.

---

[21] Soweit ein neuer Partner existiert, wird diese allerdings meist stark zurückgedrängt oder kommt, wenn man sich schon länger kennt, nicht auf.

Besonders bei bereits langdauernden Verbindungen wird man oft hören, daß damit „eine Welt zusammen gebrochen ist", was die Sache meist auch tatsächlich trifft, jedenfalls wenn der eine sich durch den anderen durch Aufgabenteilung, Integration im Freundeskreis und sonstigen Freizeitbereich, räumliche Fixierung usw. stark hat prägen lassen und sich darauf eingestellt hat, in dieser dem anderen angepaßten Welt bis zu Ende leben zu können, dies aber nun nicht mehr möglich ist, weil mit dem Partner auch die Lebensumstände nicht mehr existent sind.

Man muß – wenn man sie noch nicht selbst durchlebt hat – sich schon einmal in die Details einer solchen Situation hineinversetzen, verbleibende Möglichkeiten und mehr noch die Grenzen gedanklich durchspielen. Dann wird es leichter, das zu verstehen, was hier unter dem Oberbegriff Frustration zusammengefaßt wurde. Es wird einfacher, das Desinteresse des Mandanten an wirtschaftlichen Dingen nachzuvollziehen. Und es wird deutlicher, daß es gerade dann die Aufgabe des Anwaltes sein muß, sich um diese Dinge zu kümmern und so – soweit möglich – jedenfalls den finanziellen Weg aus der Frustration hinaus zu ebnen. Denn diese würde sich mit Sicherheit verdichten, wenn der Mandant im Sommer feststellen müßte, daß er nicht nur den Partner, den Freundeskreis und die Wohnung verloren, sondern sich mit seinem „Alles-egal-Unterhaltsverzicht" auch noch die Möglichkeit für die gewohnte Sommerreise genommen hat, die vielleicht jetzt gerade besonders wichtig wäre, um Abstand zu gewinnen.

3. Die Überfahrenen

Das ist die letzte der drei Gruppen, bei denen der Anwalt stärkeres Gewicht auf die wirtschaftlichen Interessen seines Mandanten legen muß, als dieser selbst das tut. Anders als bei den beiden eingangs beschriebenen Gruppen geht es nun um Parteien, die sich emotional durchaus in einer ausgeglichenen Trennungssituation – etwa nach langjährigem Auseinanderleben – befinden können.

Bezeichnend für sie ist ein intellektuelles Gefälle oder auch nur ein einseitiger Mangel an wirtschaftlichem Überblick über das Ehevermögen, das die andere Partei ausnutzt. Soweit das Scheidungsverfahren selbst ohne Streit verläuft, kommt hinzu, daß das dem intellektuell überlegenen Partner – seinerzeit zu Recht – entgegengebrachte Vertauen meist fortwirkt.

(„Er hat ja bisher die Finanzen allein erledigt und alles richtig gemacht und so gemein wird er ja nicht sein, daß ...").

Oft ist er es doch, und das muß der Anwalt merken. Maßgebliche Grundlage ist auch in diesen Fällen natürlich die umfassende Information, nur daß man sie diesmal allein aus dem Gespräch mit dem Mandanten sicher nicht erhalten wird. Umso größer ist die Gefahr, überhaupt nicht zu merken, daß jemand überfahren werden soll. Darum muß man hier übervorsichtig sein, jedes Anzeichen zum Anlaß nehmen, alle zugänglichen Informationsquellen über die wirtschaftliche Situation der Parteien auszuschöpfen. Aufmerksam werden – um es zu wiederholen – sollte man immer bei erheblichen intellektuellen- oder Erfahrungsunterschieden oder einer ehelichen Aufgabenverteilung, die einem der Partner Vermögenseinblicke vorenthält. Zusätzlich wird man im Laufe der Jahre ein gewisses Gespür dafür entwickeln, daß „eigentlich mehr da sein müßte".

Abschließend zu dieser Fallgruppe darf nicht unerwähnt bleiben, daß es Kollegen gibt, die einen traurigen Ehrgeiz darin entwickeln, das zwischen ihrer Person und dem gegnerischen Mandanten bestehende intellektuelle Gefälle auszuspielen. Also auch bei zwei gleichermaßen einfach strukturierten Partnern kann einer überfahren werden – vielleicht sogar, ohne daß es der andere so richtig will. Wenn man dann nachfragt, warum denn der Mandant so sicher sei, keinen Unterhaltsanspruch zu haben, wird man vielleicht erfahren, der Partner habe von seinem Anwalt ausrichten lassen, die Gehälter von 1700,– und 1900,– DM netto monatlich seien ja ungefähr gleich hoch und die Pachteinnahme aus dem im Alleineigentum des Partners stehenden Speiselokal von 2800,– DM monatlich gehöre nicht zum anrechenbaren Einkommen.

Anders als in den bisher behandelten Gruppen muß der Anwalt in den folgenden die Aktivitäten seines Mandanten bremsen, in sachgerechte Bahnen lenken oder auch dadurch zu unterbinden versuchen, daß er sie nicht in anwaltliche Schriftsätze umsetzt, notfalls auch auf das Mandat verzichtet.

4. Die Kämpfer

Noch ganz gut in den Griff zu bekommen sind die, die aus Prinzip alles ausgefochten haben wollen – aber auch nur wegen des Prinzips, nämlich des einer wie auch immer aussehenden subjektiven Gerechtigkeit, nicht aus Haß, Rache oder ähnlichen Emotionen heraus.

Die weit überwiegende Zahl dieser Mandanten denkt nicht entfernt daran, sich allein auf den Anwalt zu verlassen. In der Regel haben sie sich schon vor der ersten Beratung mindestens eines der gängigen Taschenbücher angeschafft, sukzessive kommen dann die Gesetzestexte hinzu, manchmal ein umfangreicheres Fachbuch, die „Spezialisten" bringen es sogar bis zu den Aufsätzen von Weychart, die für den Laien ja nur wirklich nicht ganz einfach aufzutreiben sind.

Die wenigsten haben Bedenken, den Anwalt von Anfang an rücksichtsvoll darauf hinzuweisen, da und dort „aber" – also nicht ganz übereinstimmend mit der anwaltlichen Beratung – dieses oder jenes gelesen zu haben, und „ob man nicht vielleicht doch besser . . ., wie . . . meint, es anders machen sollte."

Das ist nicht für jeden Kollegen angenehm, schadet aber unter dem Gesichtspunkt juristischer Effektivität nicht, wird den Anwalt eher zu besonderer Sorgfalt veranlassen. Und wenn er sich in das Fachgebiet in der erforderlichen Weise eingearbeitet hat, wird er die meist ja doch recht oberflächliche Kontrolle nicht fürchten müssen. Im Gegenteil gibt es auch Fälle, wo dem Mandanten, der vielleicht seine gesamte Freizeit mit seinem Problem und entsprechender Literatur verbringt, etwas auffällt, was seinem Anwalt entgangen ist.

Das ist also alles nicht problematisch. Die Schwierigkeiten entstehen bei der Frage der vernünftigen Durchsetzbarkeit vermeintlicher Ansprüche. Denn aus ihren Büchern – gerade denen mit etwas einfacherer Konzeption – haben sich die Mandanten ja nur zu einem materiell-rechtlichen Ziel führen lassen, das der Anwalt nun zu erreichen hat. Nicht berücksichtigt wurde dort, was Verfahrenswirklichkeit ist, nämlich das in den meisten Fällen erforderliche Ab- und Zugeben und damit Abweichen vom Ergebnis des Lehrbuchcomputers. Natürlich hat der Mandant in keinem seiner Bücher z. B. eine Vereinbarung „Unterhaltsverzicht gegen Zustimmung zum Scheidungsantrag" gefunden. Und ebenso selbstverständlich kann es doch sicher Aufgabe der Anwälte sein, etwas ähnliches zu einer fallgerechten Regelung zu machen. Als Beispiel läßt sich an den verlassenen Partner denken, wobei der andere schon – oder schon lange – einen neuen Lebensgefährten hat. Wenn die Trennung endgültig ist, wird man beiden Parteien doch nur wünschen können, daß die beteiligten Anwälte nicht versuchen, die ja nicht fernliegende Aggressivität zumindest eines Partners in möglichst umfangreiche streitige Verfahren umzusetzen. Nicht selten geschieht das leider doch: dem weggelaufenen Partner wird geraten, den vollen Unterhalt geltend zu machen,

(„Wir haben ja kein Verschuldensprinzip mehr")

dem Verlassenen rät man, Unterhalt generell zu verweigern

(„Sie werden doch nicht den neuen Freund ihrer Frau ernähren wollen")

und es dem anderen überhaupt ein bißchen schwerer zu machen. Da wird die Zustimmung zur Scheidung verweigert, fälschlich vorgetragen, es sei im Trennungsjahr nicht nur zu einem Versöhnungsversuch, sondern einem tatsächlichen langfristig angelegten Zusammenleben gekommen, und ähnliches mehr.

Gerade die „Kämpfer" unter den Mandanten sind es, die das von ihrem Anwalt erwarten. Als materiell-rechtliche Möglichkeit kennen sie es aus ihrem Buch, nun soll es durchgesetzt werden. Nur – mit welchem Ergebnis! Im Zweifel wird auf beiden Seiten ein bitterer Nachgeschmack bleiben, wenn nach langer Verfahrensdauer endlich ein rechtskräftiges Urteil vorliegt. Kaum ein Fall – um bei diesem Beispiel zu bleiben – der „in Richtung" des § 1579 Abs. 1 Nr. 7 BGB geht, ist von der menschlichen Konstellation her geeignet, Unterhalt in voller Höhe zuzusprechen oder ganz zu versagen.

Hier und bei vergleichbaren Sachverhalten sollte sich der Anwalt vergewissern, ob er es auf der Gegenseite mit einem Kollegen zu tun hat, der bereit ist, einen vernünftigen Mittelweg zu finden. Ist dies der Fall, muß noch der eigene Mandant von der Idee des Kampfes ums Prinzip zu der des situationsgerechten Kompromisses gebracht werden. Das gelingt nicht immer. Gute Argumente sind aber das Prozeßrisiko im Streitfall und die Vergleiche der Verfahrensdauer und der Verfahrenskosten. Aller Erfahrung nach sind diese Überlegungen meist geeignet, Prinzipien zu relativieren.

Natürlich – um das deutlich zu sagen – darf es sich der Anwalt mit so etwas nicht leicht machen wollen: der Kompromiß muß den Zweck verfolgen, zu einer sachgerechten Lösung (materiell und prozessual) für den Mandanten zu führen, nicht nur zu einem schnellen und dennoch lukrativen Verfahren für den Anwalt. Richtschnur kann vielleicht die Prognose sein, was die Parteien nach zwei bis drei Jahren, wenn die aktuellen Emotionen abgeklungen sind, selbst übereinstimmend als angemessene Regelung ansehen würden. Hat man auf der Gegenseite einen gleichgesonnenen Kollegen, lohnt sich im Interesse der Parteien der Kampf gegen den Kampf durchaus.

Weitaus schwieriger wird das aber, wenn es nicht nur „ums Prinzip" geht, sondern ganz offen negative Emotionen den Wunsch nach einem aggressiven Verfahren begründen:

5. Die Rachsüchtigen

Die Leitidee dieser Mandanten lautet – wie gesagt – ganz offen

„Wir müssen rausholen, was nur möglich ist, und es ihm richtig schwer machen. Der wird schon sehen, was er davon hat, wenn er mich ...".

Sie sind naturgemäß schwerer von sachverhaltsgerechten Kompromissen oder auch nur verfahrensrechtlich notwendigen Beschränkungen zu überzeugen als die zuvor besprochene Gruppe. Irgendwelche – auch nur ansatzweisen – Überlegungen von einer eventuellen Mitschuld an den die Trennung auslösenden Umständen gehen meistens völlig ins Leere. Gleiches gilt für den Gedanken, daß sich der Mandant für das Prozeß- oder Vereinbarungsergebnis ja auch später, wenn die Emotionen verraucht sind, vor sich und anderen nicht schämen soll.

(„Die hat ihn ausgenommen wie eine Weihnachtsgans.")

Nein, bei den Mandanten dieser Gruppe wird es in aller Regel beim Kampf bleiben – allenfalls Sparsame sind vielleicht noch umzustimmen. Erstmals innerhalb der besprochenen Mandantentypen geht es damit um Fälle, in denen der Anwalt ernsthaft überlegen muß, ob er das Mandat nicht lieber ablehnt, bevor er sich für einen Kampf einspannen läßt, den er als ungerecht oder ungerechtfertigt empfindet.

Wie man es für den Strafverteidiger deutlicher sagen muß,[22] weil es dort ja näher liegt, ist eine Mentalreservation hierbei nicht zulässig. Wenn der Mandant trotz gutgemeinter Ratschläge auf seinem prozessualen Rachefeldzug besteht und man das Mandat übernimmt, muß man ihn führen. Es dann – heimlich – anders zu machen, um den Auftrag nicht zu verlieren, verletzt den Mandatsvertrag, es von vornherein zu beabsichtigen, ist Betrug.

Richtet sich der Kampf „nur" gegen den die Aggression auslösenden Partner, läßt sich das Verfahren – mit prozeßadäquaten Mitteln – noch durchführen. Die Grenze der Mandatsübernahme sollte dort liegen, wo Dritte gefährdet, benachteiligt oder geschädigt werden sollen, um dem Partner eins aus-

---

[22] *Günther* (Strafverteidigung) 21.

zuwischen. Typisches Beispiel ist der Kampf um die Kinder,[23] nur damit sie der andere, der sie auch will, nicht bekommt. Erkennt der Anwalt, daß sein Mandant die äußeren und persönlichen Voraussetzungen für die Übernahme der elterlichen Sorge nicht erfüllt und die Kinder beim Gegner deutlich besser aufgehoben wären, sollte er den Versuch unternehmen, dies dem Mandanten schonend beizubringen, ihm – möglichst unter abstrahierenden Gesichtspunkten – zu erklären, daß das „Wohl der Kinder" die andere Regelung erfordere, und ihm im Gespräch die nötige Menschlichkeit zu unterstellen, um ihm diesen Weg zu öffnen.

(„Sie lieben ihre Kinder doch sicher und wollen nur das Beste für sie.")

Das führt immer noch erstaunlich oft zum Erfolg, allerdings nicht in jedem Fall. Manchmal auch bleibt es beim offenen Rachemotiv.

(„Die Kinder sind mir egal, ich will nur nicht, daß sie sie bekommt.")

Nicht selten aber verwandelt sich die bis dahin verbalisierte Rache nun in eine heimliche hinter dem Alibi der Kinderliebe.

(„Nein, Sie irren sich, mir geht es nur um die Kinder. Sie sind bei mir wirklich besser aufgehoben.")

Diesen Bestrebungen sollte der Anwalt auch unter dem anfangs nicht ganz leichten Verzicht auf das Honorar seine Hilfe versagen.

Gerade in den zuletzt angesprochenen Bereichen elterliche Sorge und persönlicher Umgang – vereinzelt auch bei Fragen der Scheidungsvoraussetzungen – kommt es zu Fällen, in denen der Betreffende nicht mehr in der Lage ist, objektives in seiner tatsächlichen Form subjektiv wahrzunehmen:

6. Die Neurotischen

Diese Mandanten sind dann etwa in dem zuletzt zur elterlichen Sorge angeführten Beispiel nicht mehr in der Lage, ihr Alibi als solches zu erkennen, und halten sich tatsächlich für den idealen Sorgeberechtigten.

Aber auch unabhängig von Rache-Alibi-Funktionen kommen solche Fixierungen jenseits des Realen vor. Die Folgen sind dann nicht selten Kindesentführungen, Kindesvorenthaltungen, Kindesunterbringungen, Herausgabe-, Umgangs- und Sorgerechtsverfahren durch alle Instanzen, jeweils mit kinder- und familienpsychologischen Gutachten.

Um es deutlich zu sagen: es geht hier um Formen der Neurose, ausgelöst wohl meist reaktiv durch die gegensätzlichen aber vordergründig untrennbar verknüpften Emotionen,

(„Das Kind ist ja das einzige, was mir geblieben ist.")

---

[23] Psychologische Strukturen dieses „Machtkampfes" bei *Sternbeck/Däther* FamRZ 1986, 23.

nicht also um psychotische Erscheinungen. Umso schwerer sind diese Mandanten für den Anwalt zu erkennen. Denn nach ihrer ehrlichen subjektiven Auffassung sind sie tatsächlich – um im Beispiel zu bleiben – die geeigneten Bezugspersonen für das Kind und vermitteln dieses Bild auch ihrem Gespächspartner, der erst im Laufe des Verfahrens merkt, wie die Dinge wirklich liegen. Der dann unternommene Versuch, den Mandanten wieder an die Realität heranzuführen, wird mit größter Wahrscheinlichkeit scheitern.

Wenn man sich sicher ist, es mit einem solchen Fall zu tun zu haben – aber erst dann[24] –, sollte man das Mandat nicht fortführen. Einmal kann man den Kindern schon kaum schlimmeres antun, als sie durch die verschiedenen Verfahren und Begutachtungen zu schicken. Zum anderen wäre der Mandant, dessen Interesse man dann ja vertreten müßte, zumindest in der näheren Zukunft keinesfalls die wünschenswerte Bezugsperson für das Kind: denn diese Formen neurotischer Fixierung haben einen sehr egoistischen Charakter,

(,,Ich will das Kind für mich.")

der das Kind regelmäßig als Partnerersatz mißbraucht und unabhängig vom Alter maßlos überfordert.

Andere Formen neurotischer Fixierung, denen man auch gelegentlich begegnen wird, sind für den Anwalt weniger problematisch, wenn sie sich auf die Partnerbeziehung beschränken und nicht Anlaß für einen Verfahrenswunsch des Mandanten sind, der Dritten schadet. Hier kann man das Verfahren länger führen, sollte sich nur davor hüten, wunschgemäß offensichtlichen Unsinn vorzutragen, sondern auch in diesen Fällen lieber auf das Mandat verzichten.

Nicht besprochen in diesem Versuch einer Typologie wurden die **„einfachen" Fälle,** die natürlich rechtlich nicht so einfach sein müssen: so also, wenn sich die Parteien auseinandergelebt haben oder wenn man sich den äußeren Anlaß der Trennung nicht (mehr) übel nimmt und beide an einer sach- und wirtschaftlich gerechten Regelung interessiert sind. Oder auch, wenn einer der Partner für den anderen nichts mehr empfindet und die Scheidung will, der andere diese aber ablehnt, weil er den Partner noch liebt, ohne negative Emotionen zu haben oder haben zu müssen – kein sehr häufiger Fall allerdings.

Nicht besprochen wurden auch ganz außergewöhnliche tatsächliche und psychische Konstellationen, die sich ohnehin der Typisierung entziehen. Nicht selten handelt es sich um Mischformen oder Erweiterungen der hier behandelten Gruppen.

Man darf davon ausgehen, daß diese außergewöhnlichen Fälle vielleicht fünf bis zehn Prozent der Mandate ausmachen und die ,,einfachen" Verfahren 30 bis 40 Prozent, so daß man noch über die Hälfte seiner Mandanten einer der

---

[24] Das macht schon unter Umständen eigene Recherchen erforderlich, etwa das persönliche Gespräch mit dem Sozialarbeiter, der beide Parteien kennt. Auf die Schriftsätze der Gegenseite allein darf man sich natürlich nicht verlassen.

sechs besprochenen Gruppen zuordnen kann, was diesen sonst sicher fraglichen Gruppierungsversuch vielleicht doch rechtfertigt.

Wo das **persönliche Engagement** mit Vorsicht eingesetzt werden, wo es seine Grenzen haben sollte, wurde innerhalb der Gruppen angesprochen. Nur eines soll insoweit zum Abschluß deutlich gesagt werden: persönliches Engagement bedeutet „Einsatz der anwaltlichen Person im jurisitischen Bereich“ nicht „Einsatz im persönlichen oder intimen Bereich“. Es wird immer wieder vorkommen, daß ein Anwalt ein privates Verhältnis zu einer früheren (!) Mandantin unterhält, man sich aus gemeinsamen Interessen angefreundet hat, vielleicht mehr. Dagegen ist nichts zu sagen. Auch im Berufsleben kann man sich kennenlernen. Realität ist aber auch eine naturgemäß nicht feststellbare Zahl von intimen Beziehungen während des Mandatsverhältnisses, oft kürzer als dieses. Wenn dies entgegen verbreiteter Ansicht auch weder verboten noch standeswidrig ist, sollte man schon aus optischen Gründen davon Abstand nehmen. Mit auch nur den grundlegendsten psychologischen Kenntnissen weiß jeder, daß die meisten Betroffenen durch Trennung und Scheidungsverfahren emotional stark „zerzaust“ werden, manche jeden Kontakt zu einem potentiellen neuen Partner aus hier nicht näher zu erörternden Gründen strikt ablehnen, andere geradezu zwanghafte Versuche unternehmen, wieder jemanden – oder auch mehrere – zu finden, sei es nur um abends und gegebenenfalls auch nachts nicht allein sein zu müssen, sei es als besondere Form nachträglicher Rache. Ein Abenteuer wird dem Anwalt in diesen Fällen zwar leicht gemacht, ebenso leicht kann er – wenn es „herauskommt“, und nicht selten tut es das – in den zweifelhaften Ruf kommen, auch diese Bedürfnisse seiner Mandanten zu befriedigen (oder auszunutzen). Neben den verschiedenen sachlichen sollte hier also die persönliche Grenze des anwaltlichen Engagements liegen.

IV. Standesrechtliche Fragen

Im Bereich familienrechtlicher Tätigkeit zeichnet sich nur ein einziges standesrechtliches Spezialproblem ab: die Frage der Interessenskollision beim Doppelmandat.

Alle sonstigen Überlegungen in diesem Rahmen wären allgemeiner Natur und können hier nicht erörtert werden – mit Ausnahme des Themenbereichs „Werbung“. Insoweit wird aus dem Sachzusammenhang heraus an dieser Stelle aber mehr über die standesrechtlich unbedenklichen Möglichkeiten zu sprechen sein, die eine Spezialisierung begünstigen können.

1. Das Doppelmandat

Um allen theoretischen Überlegungen die Verfahrenswirklichkeit voranzustellen: das Doppelmandat wird auf recht breiter Ebene praktiziert. Nicht gemeint ist damit natürlich etwa die gemeinsame Vertretung beider Eheleute im Scheidungsverfahren – also nach außen –, obwohl auch solche Antragsschriften von Zeit zu Zeit einmal auftauchen – zugegebenermaßen immer seltener.

Tatsächlich aber geht es um das Innenverhältnis. d. h. z. B. die gemeinsame Beratung mit dem Ergebnis der vollständigen Einigung über Scheidung und Folgesachen und die anschließende absprachegemäße Vertretung nur einer der Parteien im Außenverhältnis, d. h. gegenüber dem Gericht. In aller Regel bezwecken die Parteien neben verfahrensmäßigen Vereinfachungen eine massive Kostenersparnis, weshalb dann für die nach außen nicht vertretene Partei erst in der mündlichen Verhandlung ein von dem das „Hauptmandat" führenden Anwalt beauftragter Kollege auftritt, insoweit in seiner zu Protokoll erklärten Vollmacht wiederum beschränkt auf den Abschluß des Folgenvergleichs[25] und die Abgabe von Rechtsmittelverzichtserklärungen.

(„. . . sowie auf Tatbestand und Entscheidungsgründe zum Scheidungsausspruch.")

Der „Preis" hierfür schwankt gegenwärtig – regional verschieden – zwischen 100,– und 400,– DM für ein gebührendurchschnittliches Verfahren, bei „ganz leckeren" Sachen erwartet der sich auf das Kopfnicken beschränkende Anwalt meist eine großzügige Aufstockung.

(„Es trifft ja keinen Armen.")

In welchem Umfang das ganze dann unter Beteiligung einer buchhaltungsmäßig erfaßbaren Rechnung oder Quittung abläuft, soll hier nicht besprochen werden – jeder wird das anhand eigener praktischer Erfahrungen bald feststellen.

Abgesehen von der regelmäßig mit dem Mantel des Schweigens verhüllten letztgenannten Feinheit wird diese Doppelvertretung, wie gesagt, weitgehend praktiziert[26] und von den Gerichten auch akzeptiert, wenn man nicht wirklich einen gemeinsamen Scheidungsantrag vorlegt und sich für beide Eheleute legitimiert. Bereitet man dagegen mit beiden Parteien die Auskunftsformulare im Versorgungsausgleichsverfahren vor und reicht sie ein, begegnet auch das erfahrungsgemäß keinen Bedenken.

Schaut man sich die **§§ 356 StGB,[27] 45 Nr. 2 BRAO und 46 der Standesrichtlinien** an, müßte das verwundern, zumal § 46 Abs. 3 der Standesrichtlinien dem Anwalt gebietet, er habe „schon den Anschein der Vertretung widerstreitender Interessen zu vermeiden."

Umgekehrt legt die gesetzliche Konzeption des familiengerichtlichen Verfahrens die Beratung durch nur einen Anwalt in wirklich (!) einverständlichen Fällen geradezu nahe: so ergibt zunächst das **arg. e contr. aus § 625**

---

[25] Zur Frage des Anwaltszwanges insoweit Amtsgericht Hofgeismar FamRZ 1984, 1027 f m. w. N.

[26] Zu den kritischen Aspekten und der Haftungsproblematik *Friederici* 66 f.

[27] Informativ die hierzu ergangene Entscheidung des 5. Strafsenats – BGH FamRZ 1985, 593 – in einem Sonderfall der Verwendung von Kollegenbriefpapier für Schriftsätze des mitberatenen „Zweitmandanten".

Abs. 1 ZPO, daß der Antragsgegner im Verfahren über Scheidungs- und Folgesachen ohne eigenen Anwalt auskommen kann,[28] wenn er keine eigenen Prozeßhandlungen vornehmen will.[29] Dann schreibt **§ 630 ZPO** für die in diesen Fällen ja immer angestrebte einverständliche Scheidung Zustimmungserklärung, Regelungsvorschläge und Vereinbarungsentwürfe vor, die sich mit nur einem Anwalt zumindest schneller konzipieren lassen. Gleiches gilt schließlich für Vereinbarungen nach **§ 1587 o BGB** oder auch außerhalb eines gerichtlichen Verfahrens nach **§ 1408 BGB.**

All diese Vereinbarungen und Erklärungen sind für die Parteien – jedenfalls gebührenmäßig – billiger, wenn nur ein Anwalt beteiligt ist. Abgesehen von diesen Mandanteninteressen übernehmen Anwälte solche Fälle trotz gewisser Mehrarbeit oft nicht ungern alleine, damit nicht irgendein Kollege aus dem einfachen Fall eine streitige Scheidung mit mehrjähriger Verfahrensdauer macht

(,,Schnelles Geld ist gutes Geld")

– gebührenmäßig unter breiterem Spektrum natürlich eine etwas kurzsichtige Einstellung.

Auch die Gerichte scheinen unter dem Gesichtspunkt, daß eine einverständliche Scheidung auch einverständlich bleiben soll, diese Praxis – und auch deutliche Auswüchse – zu akzeptieren.

Gerade in der zwangsweisen Perpetuierung eines anfänglichen Einverständnisses und – zeitlich vorausgehend – seines Zustandekommens liegt aber das Problem, das nicht unbedeutende Stimmen in der Literatur veranlaßt, jede Form des Doppelmandats abzulehnen.[30] Tatsächlich spricht hierfür viel, und wer sich danach richtet, erspart sich unter Umständen einen Aufwand an Überlegungen und vorsichtigen Taktierens, um ,,beide bei der Stange zu halten". Denn bei allem ehrlichen Bemühen um die im Doppelmandat erforderliche Objektivität muß man sich doch darüber im klaren sein, es unter Umständen nicht immer hinzubekommen: zumindest unbewußt wird es jedem passieren können, von zwei naheliegenden Vereinbarungsmöglichkeiten allein diejenige als sachgerecht vorzuschlagen, die die verlassene Frau und das bei ihr lebende Kind begünstigt und den bei seiner Freundin lebenden Mann benachteiligt – unter sozial-psychologischen Gesichtspunkten gut und schön, aber hier eben beginnt der Parteiverrat.

Wenn trotz dieser und anderer Bedenken auch hier die generelle Zulässigkeit eines Doppelmandates bejaht wird, dann nur aus der praktischen Überlegung heraus, daß anderenfalls in wirklich einverständlichen Fällen die überwiegende Zahl der sonst nicht mehr vertretenen Parteien nicht einen anderen Anwalt aufsuchen, sondern das Verfahren der gesetzlichen Möglichkeit ent-

---

[28] So auch *Jost* NJW 1980, 332.

[29] Wie oben dargestellt, ist das ja gegebenenfalls ja auch über den ,,billigen" Terminsanwalt möglich. Andere Wege zur Herbeiführung des Titels gemäß § 630 ZPO bei *Jost* NJW 1980, 328 ff.

[30] So z. B. *Göppinger* (Vereinbarungen) Rdn. 137 ff m. w. N. S. auch *Herrmann* 66 f.

sprechend alleine durchstehen würde. Unter diesem Gesichtspunkt erscheint es interessengerechter, den um Objektivität bemühten Anwalt – auch bei mancher menschlichen Überforderung im Einzelfall – das Doppelmandat führen zu lassen in der deutlich zu äußernden Hoffnung, daß es dann beendet wird, wenn die ,,Einverständlichkeit" zu Ende ist[31] – und sei es kurz vor dem Verfahrensabschluß.

Insgesamt gelten aber engste Grenzen und Voraussetzungen, die – zum Teil oben schon angesprochen – noch einmal überblickartig zusammengefaßt werden sollen:

a) Einverständnis in allen Punkten,[32]

b) ständige Kontrolle der eigenen psychischen Möglichkeiten zur Objektivität,

c) wenn die Voraussetzungen nach a) oder b) wegfallen: sofortige Niederlegung des Mandats gegenüber beiden Parteien in allen Bereichen (so daß auch eine interne Beratung einer der Parteien ausscheidet),[33]

d) ebenso (c), wenn ein (Auch-)Notar zuvor eine Vereinbarung der Parteien protokolliert hat[34] oder der Anwalt eine der Parteien in einem früheren Verfahren – gleich welcher Art – gegen die andere vertreten hat,[35]

e) ausschließlich gemeinsame Beratungsgespräche (also zu dritt),

f) vor Übernahme des Doppelmandats: deutliche Hinweise auf die Voraussetzungen (a und e) und eventuelle Folgen[36] (c) sowie entsprechende Eigenkontrolle (b und d).

2. Werbung

Das standesrechtliche Werbeverbot[37] ergibt sich aus § 2 der Richtlinien:

> ,,Der Rechtsanwalt handelt standeswidrig, wenn er um Praxis wirbt. Er darf eine ihm verbotene Werbung auch durch andere nicht dulden.
>
> Bei seinem Auftreten vor Gericht und im Umgang mit Presse, Rundfunk und Fernsehen hat er den Anschein zu vermeiden, er wolle sich oder die von ihm bearbeitete Sache sensationell herausstellen."

---

[31] So z. B. auch *Diederichsen* (Ehescheidung) 14 und *Haberzettl* 97. Vgl. auch BayObLG FamRZ 1981, 608 (609 f).

[32] Hierzu deutlich BayObLG FamRZ 1981, 608 (610).

[33] Die bei *Rahm (Friederici)* I Rdn. 10 aufgezeigte Möglichkeit, in diesen Fällen zwischen beiden Parteien noch vermittelnd tätig zu sein – mit dem folgerichtigen Ausschluß einer Prozeßvertretung – dürfte mehr theoretischer Natur sein.

[34] Ebenso umgekehrt – vgl. *Göppinger* (Vereinbarungen) Rdn. 141.

[35] *Göppinger* (Vereinbarung) Rdn. 140.

[36] Auch den eventuellen Kostennachteil, insgesamt drei Anwälte honorieren zu müssen. So zu Recht *Herrmann* 67.

[37] Vgl. hierzu die ,,Tierarztentscheidung"des EGMR, dargestellt mit Fundstelle bei *Rabe* 360.

Anders als auf anderen Spezialgebieten, insbesondere natürlich dem der Strafverteidigung,[38] aber etwa auch dem des Wirtschaftsrechts, wenn man z. B. an die pressewirksamen Großkonkurse denkt, wird der Abs. 2 des vorzitierten § 2 dem familienrechtlich tätigen Anwalt kaum einmal Schwierigkeiten machen. Zu selten ist die Fallkombination, in der ein Mandant zum einen bereit wäre, die Öffentlichkeit über seine familiären Verhältnisse zu informieren, und zum anderen für solche Veröffentlichungen interessant genug. Sollte einmal nur letzteres der Fall sein, man also einen im öffentlichen Leben stehenden Mandanten vertreten, der aber sein Privatleben gerne für sich behalten möchte, ist es dem Anwalt – und nur dies ist hier zu sagen – natürlich verboten „nachzuhelfen", also etwa einem Reporter den Zeitpunkt des Scheidungstermines zu nennen, um vielleicht „mit aufs Bild zu kommen". Abgesehen von eventuellen standesrechtlichen Konsequenzen wissen sich gerade solche Mandanten in der Regel auch auf anderem Wege gut zu wehren, so daß – wenn der „Tip" herauskommt – die entsprechende Negativwerbung den ohnehin nur ganz beschränkten Positiveffekt einer einmaligen Veröffentlichung bei weitem übersteigen würde.

Werbung in anderer Weise aber muß natürlich sein. Eigentlicher Gegenstand dieser Erörterung ist es daher nicht, die Grenzen im Negativen abzustecken, sondern mehr die Möglichkeiten im Positiven aufzuzeigen. So ist § 2 Abs. 1 der Richtlinien nicht dahin mißzuverstehen, man dürfe niemandem erzählen, nun eine Anwaltspraxis zu betreiben, und müsse entsprechende Drittinformationen auch bei seinen Freunden unterbinden. Vielmehr untersagt die Vorschrift allein Werbung im Sinne von Public Relations, abgesehen von Praxiseröffnungsanzeigen und Schildern in üblichem Umfang und Größe.

Andere Aquisitions-Kontakte – persönlicher Art oder durch Mund-zu-Mund-Propaganda zufriedener Mandanten – sind dagegen erlaubt und für Aufbau und Expansion gerade eines spezialisierten Büros unverzichtbar.

Diese Werbung kann und muß ausschließlich objektbezogen ansetzen, orientiert an der Besonderheit der Fälle[39] und – dann allerdings auch mittelbar subjektbezogen – ihren psychischen Auswirkungen auf die potentiellen Mandanten und die hieraus wieder folgende Gestaltung von Lebensumständen. Primär subjektbezogen läßt sich eine Zielgruppe nicht finden, jedenfalls keine von quantitativer Bedeutung. Es bedarf keiner außergewöhnlichen Persönlichkeit, um sich von seinem Partner zu entfremden. Scheidungsmandant kann jeder sein, außergewöhnlich – weil einer meist abrupten Veränderung unterworfen – sind in einer nicht geringen Zahl der Fälle die Lebensumstände. Die mit einer Trennung einhergehenden Veränderungen sind nun nicht in allen Bereichen für den werbenden Anwalt nutzbar. So ist es wenig

---

[38] Hierzu *Günther* (Strafverteidigung) 43 f.

[39] Im folgenden werden ausschließlich Verfahren sich trennender Partner angesprochen, die allein werbespezifisch zusammenfaßbare Besonderheiten aufweisen. Dagegen hat etwa der Unterhaltsprozeß eines 22-jährigen Studenten gegen seine Eltern sicher auch seine psychologischen Spezifika, dürfte aber in der Regel das Umfeld nicht derart verändern, um dem werbenden Anwalt Ansatzmöglichkeiten zu bieten.

hilfreich, sich mit der recht wahrscheinlichen Hypothese auseinanderzusetzen, daß ein Teil der Frustration an Gaststättentheken abgeladen, ein Teil der „wiedergewonnenen Freiheit" in Diskotheken gefeiert wird – weder da noch dort kann man Werbezettel verteilen.

Anders aber ist es, wenn die Trennung für einen oder beide Partner **spezifische Gruppenzugehörigkeit** erforderlich macht oder begünstigt. Anlaufpunkte für beide Seiten können Eheberatungsstellen, Mitarbeiter der sozialen Dienste, Sozial- und Fürsorgestellen sein, soweit vorhanden auch die von den Anwaltsvereinen durchgeführten Rechtsberatungsstunden. So dürfte es sicher die Ausnahme sein, wenn der nach einer tätlichen Auseinandersetzung zwischen Eheleuten um Unterstützung angegangene **Sozialarbeiter** nicht auch nach dem „richtigen" Anwalt gefragt wird. Und der wird ebenso sicher dankbar sein, wenn er nicht auf das Telefonbuch verweisen muß sondern – mit aller gebotenen Zurückhaltung – einige Namen nennen und dabei sicher sein kann, daß dem Betreffenden dort die für diese ja meist schwierigen Fälle erforderliche Sachkunde und Geduld entgegengebracht wird. Von beiden muß der junge Anwalt die Kontaktperson natürlich erst überzeugen, wobei man sich in „sozialen" Kreisen unter Sachkunde zu Recht meist mehr als juristisches Fachwissen vorstellt. Hier sind also erste Gespräche zu führen und, wenn ein gewisses Vertrauen entstehen soll, auch weitere im Rahmen konkreter Verfahren, wo sich ja erst zeigt, ob der Anwalt wirklich um seine Mandanten bemüht ist oder nur darum, sie zu Mandanten zu machen.

Diese Kontakte können für beide Seiten äußerst hilfreich sein – nur, bevor man sich darum bemüht, muß man wissen, daß die „ganz dicke Scheidung", an der man 30000,– DM verdient, über diese Kanäle nicht kommt. Die Regel sind Prozeßkostenhilfeverfahren.

Etwas anders ist es mit den anfangs erwähnten **Eheberatungsstellen.** Aber auch hier zeigt die Erfahrung, daß Partner mit fortgeschrittenem Wohlstand die private Beratung beim Psychologen vorziehen.

Mit dem gleichen Vorzeichen unter Umständen eingeschränkter Lukrativität im Einzelfall sind Kontakte zu solchen Gruppen anzusprechen, die sich mit Trennungsproblemen oder den bedauerlicherweise nicht seltenen Begleitformen wie körperliche Aggression, psychischer Zwang usw. befassen. Entsprechend unserem sozialen Rollenbild, wonach der Mann nie der schwächere sein darf, gibt es so etwas nur für Frauen, so z. B. in Form von **Frauenhäusern** oder – hier gilt die eingeschränkte Lukrativität schon nicht mehr – speziellen Gesprächs- und Beratungskreisen innerhalb parteipolitischer oder anderer **Frauengruppen.** Es liegt auf der Hand, daß hier Werbung in schnellster und effektivster Form möglich ist: hat man einen Gruppenleiter soweit überzeugt, daß er eine Empfehlung ausspricht, und kann man dem Vertrauensvorschuß gerecht werden, oder erreicht man den gleichen Einstieg über ein Mitglied der Gruppe – in beiden Fällen setzt die Mund-zu-Mund-Propaganda im denkbar aussichtsreichsten sozialen Bereich ein und kann – bei fortdauerndem Bemühen – in ungewöhnlich kurzer Zeit zu einem großen familienrechtlichen Klientel führen, der zumindest über die Zahl der Fälle auch wirtschaftlich erfreulich ist.

Es gibt nicht wenige, die diesen Weg zumindest am Anfang gegangen sind. Aber es gibt auch drei Umstände, die die Möglichkeiten dieses Einstiegs relativieren. Zum einen der, daß es eben nicht wenige gibt, die diese Idee hatten. Zum zweiten die Tatsache, daß diese Gruppen in der Regel nicht hauptberuflich geführt werden, sondern in der Freizeit mit viel persönlichem Engagement, das man dann allerdings auch von „seinem" Anwalt erwartet. An die Geheimhaltung der privaten Telefon-Nummer nach dem Grundsatz „das Wochenende ist mir heilig" ist nicht im entferntesten zu denken. Schließlich ist dieser Weg einem Großteil der jungen Anwälte dadurch verbaut, daß gerade Frauenhäuser, aber auch die meisten Frauengruppen aus nicht fernliegenden Gründen Anwältinnen empfehlen. Wenn man diese letztgenannte Voraussetzung aber erfüllt und zu überdurchschnittlichem persönlichen Engagement bereit ist, dürfte sich hier – wie gesagt – die schnellste Möglichkeit bieten, zu einem fallspezifischen Klientel zu kommen.

Auch männlichen Kollegen offen stehen dagegen wieder die Formen der Werbung durch **unspezifische Gruppenkontakte.** Hier gilt, was zu allen Gebieten anwaltlicher Tätigkeit im bürgerlichen Bereich[40] zu sagen ist: je mehr Leuten man von sich den Eindruck eines – für den konkreten Fall – geeigneten Interessenvertreters vermitteln kann, desto mehr Mandate wird man erhalten. Erste Voraussetzung hierfür ist natürlich, näheren Kontakt zu seinen Mitbürgern zu bekommen. Dafür bietet sich jede Form von **Interessengemeinschaft** an, von der politischen Partei über konfessionelle Zusammenschlüsse zur Bürgerinitiative und natürlich alle freizeitgestaltenden Vereine. Nur sollten diese Gruppen auch für den mit Werbegedanken beitretenden Anwalt wirklich Interessen –, nicht nur Zweckgemeinschaft sein, und die Aquisitionsgedanken Aquisitionshintergedanken bleiben. In den meisten Vereinen, mehr noch bei den angesprochenen weltanschaulichen Gruppierungen, erwartet man von dem Newcomer in der Regel besonderes Engagement. Den juristisch gebildeten redegewandten „Neuen" wird man darüberhinaus gern schnell mit Führungsaufgaben betrauen. Das bedeutet Arbeit – eine anfangs unvorstellbare Menge unter Umständen –, und zwar regelmäßig in der sogenannten Freizeit: die Vorstandssitzung des Tennisclubs läßt sich nicht am sprechstundenfreien Mittwochnachmittag abhalten. Denn außer dem Vorsitzenden, der Arzt ist, und dem neu zum Schriftführer gewählten Anwalt hat dann niemand Zeit: also freitagabends. Der ist für diese Woche damit genauso „weg" wie der Samstagvormittag (Trainerstunden) und der meiste Teil des Sonntags (Turnier). Nur hat man bei all dem ja noch kaum Gelegenheit, ins persönliche Gespräch zu kommen, in das dann auch zwanglos die berufliche Tätigkeit einfließt – also auch noch der Sonntagabend im Clublokal!

Ganz abgesehen von der Frage, ob man Interesse auf Dauer vortäuschen könnte, läßt sich das eben beschriebene Wochenendprogramm langfristig nur durchstehen, wenn man mit Spaß bei der Sache ist.

Die aquisitorischen Erfolge kommen dann auch recht prompt: unter einer gewissen Anzahl Menschen, die keinen unmittelbaren Kontakt zu einem

---

[40] Ganoven fallen hier ebenso heraus wie Großunternehmer.

Rechtsanwalt hat, gibt es immer auch eine gewisse Anzahl ,,schlummernder" Prozesse, die allein der Berührpunkt mit dem neuen anwaltlichen Clubkameraden wachrufen kann. Das sind allerdings nicht immer die aussichtsreichsten Sachen, viele haben zu Recht ,,geschlummert", manche sind vielleicht vor Jahren durch einen Kollegen ,,eingeschläfert" worden. Hier muß man von Anfang an die Nerven haben, nein zu sagen. Die Rückkopplung innerhalb der Interessengruppe funktioniert im allgemeinen besser, als der Neuling vermutet, und ein schlechter Ruf verliert sich schwerer als ein guter.

Für Familiensachen besteht dieses Problem – ähnlich wie etwa für Arbeitsrechts- oder Strafsachen nicht: es schlummert nichts, anwaltliche Hilfe wird spontan benötigt. Dafür stößt man auf eine andere Schwierigkeit: selbst wenn man sich über längere Zeit glaubhaft als psychologisch und juristisch geeigneten Interessenvertreter in der Gruppe darstellen und auch noch den Eindruck vermitteln konnte, man nehme es mit seiner Schweigepflicht ernst, wird man bei einer durchschnittlich strukturierten Zusammensetzung der Gruppe erfahrungsgemäß allenfalls jedes zweite Scheidungsmandant bekommen. Das ist unschwer zu verstehen: soweit beide Partner etwa Mitglied des Vereins sind, basiert das nicht selten auf einer Übereinkunft der Parteien, die anderenfalls unter gängigen Schemata ja auch eine indirekte Vorentscheidung darüber treffen würden, wer im Falle der endgültigen Trennung in der Gruppe bleiben darf und wer sie verlassen muß. Aber auch abgesehen von diesen Konstellationen ziehen doch nicht wenige bei sehr persönlichen Problemen den anonymen ,,Beichtvater" vor, nicht einmal aus Angst, der Club-Kamerad könnte auf dem alkoholreichen Weihnachtsfest doch einmal eine Bemerkung fallen lassen, eher deswegen, um größere Distanz wahren zu können und nicht auch noch im Freizeitbereich, der gerade ablenken soll, durch die Anwesenheit des Scheidungsanwaltes an die Probleme erinnert zu werden.

Gute Chancen, ein Scheidungsmandat aus der Gruppe zu bekommen, hat man dagegen – und das ist der erfreuliche Aspekt – in unstreitigen, einverständlichen Fällen.

Auf einen Gesichtspunkt sei abschließend im Zusammenhang der Interessengemeinschaften hingewiesen, der ausschlaggebend bei der konkreten Entscheidung berücksichtigt werden muß: es ist aufwendig genug in einem 200-Leute-Club effektive Werbung zu betreiben, es muß nicht auch noch konkurrierende Werbung sein, die umso schwerer wäre, je länger der Kollege sich in der betreffenden Gruppe bereits einen guten Namen gemacht hätte. Abgesehen von der interessenorientierten Auswahl gehört also auch diese Mitgliederinformation ins ,,Vorprogramm", um diese Form von Aquisition effektiv zu gestalten.

Aber auch unter besten Bedingungen sollte man sich aus den dargestellten Gründen mehr auf mittelbare und damit auch mittelfristige Erfolge – etwa durch Empfehlung des in einer Unfallsache gut vertretenen Clubkameraden an Dritte – einstellen.

Mandate kann man schließlich auch über die Gerichte erhalten: der ,,Pflichtverteidiger" des Scheidungsverfahrens wird im **Prozeßkostenhilfeverfah-**

ren oder durch Beiordnung nach **§ 625 ZPO** bestellt, so wenn ein Antragsgegner sich trotz problematischer Fallgestaltung weigert, einen Anwalt zu beauftragen oder dem Gericht mitteilt, er möchte sich schon wehren, könne sich aber keinen Anwalt leisten. So sehr häufig kommt das nicht vor. Die Regel bildet das vom Anwalt formulierte Prozeßkostenhilfegesuch mit der Bitte, ihn als Prozeßbevollmächtigten beizuordnen. Dennoch – gerade für Kollegen, die nicht nur mit der Spezialisierung beginnen, sondern überhaupt ihre Praxis aufbauen – kann der Weg zu den zuständigen Familienrichtern schon rentieren. Interaktionsprobleme wie bei der Zuteilung von Pflichtverteidigungen[41] sind hier kaum denkbar, so daß sich der Anwalt darauf beschränken kann, Neigung, Bereitschaft sowie juristische und psychologische Eignung zu bekunden verbunden mit dem Hinweis, durch das Anfangsstadium Zeit für eine intensive Fallbearbeitung zu haben und die aus der Staatskasse fließenden Gebühren gut gebrauchen zu können. Unter normalen Gesichtspunkten[42] wird man davon ausgehen dürfen, daß der Richter eher geneigt ist, das auf diesem Wege von ihm zu verteilende Honorar dem Newcomer zukommen zu lassen als dem stadtbekannten, mit Fällen überhäuften Scheidungsanwalt, wenn er sich auch bei dem mit der Praxis beginnenden Kollegen auf eine sachgerechte Prozeßführung verlassen zu können glaubt. Nach den ersten Fällen weiß er es ja dann genau und wird seine Beiordnungspraxis darauf einrichten. Sich nur gut verkaufen zu können, wird jedenfalls hier nicht zu langfristigem aquisitorischem Erfolg verhelfen.

---

[41] Hierzu *Günther* (Strafverteidigung) 26 f.

[42] D. h. Freundschaften, Antipathien usw. außer Acht lassend.

2. Teil
Die Beratung

I. Aufgaben und Möglichkeiten außerhalb des gerichtlichen Verfahrens

1. Der Anwalt als Eheberater

In allen Bereichen seiner Tätigkeit soll der Rechtsanwalt Berater sein. Immer wieder wird es vorkommen, daß Mandanten im Wartezimmer sitzen, die noch gar nicht wissen, ob sie Mandanten werden wollen – Unwissende oder Unentschlossene, die zweifeln, ob „es“ rentiert, ob „es“ erfolgversprechend ist usw.

Diese generelle Erfahrung gilt verstärkt für Mandanten mit familiären Problemen. Denn wo sich die Wut auf den Geschäftskonkurrenten mit „zu“ ähnlichem Warnzeichen noch recht gut rationalisieren läßt, ist das nach oft monate- und jahrelangen persönlichen Partnerauseinandersetzungen regelmäßig kaum möglich. An dieser Stelle erlebt der Mandant den sowohl rechtlich als auch psychologisch richtig beratenden Anwalt nicht selten als Feind, hindert er ihn doch am endlich beabsichtigten Ausagieren durch ein kämpferisches Verfahren.

Kollegen, die die Stärke nicht besitzen, hier „die Bremse zu ziehen“, zeichnen sich deutlich durch die Vertretung einer überdurchschnittlichen Anzahl von Eilverfahren aus, die naturgemäß der Entladungssituation am ehesten gerecht werden. Neben mangelndem **Durchsetzungsvermögen** kann der Anwalt in diesen Fällen durch eine andere Form situativer Überforderung zu einem inadäquaten „Dem werden wirs schon zeigen“ veranlaßt werden, nämlich dem häufigen Rollenwiderstreit zwischen Berater und **Geschäftsmann.**

Auch diese Überlegungen kennt jeder aus Situationen der allgemeinen Prozeßpraxis, die die Fairness fordern, trotz lockender Verdienstchancen dem Mandanten gegenüber die prozessualen Erfolgsaussichten nicht um 25 Prozent aufzuwerten. Sich bei einem Gegenstandswert von 100000,– DM mit der Beratungsgebühr von vielleicht 1230,– DM[43] zu begnügen und auf die Verfahrensgebühren von schon in der ersten Instanz 6505,98 DM[44] zu verzichten, ist ja tatsächlich nicht ganz einfach und erfordert insbesondere dann eine erhebliche – aber absolut nötige – Überwindung, wenn man beruflich

[43] 5,5/10 Gebühr gemäß § 20 BRAGO, Auslagenpauschale gemäß § 26 BRAGO und 14% Mehrwertsteuer.

[44] Drei 10/10 Gebühren gemäß § 31 BRAGO, Auslagenpauschale gemäß § 26 BRAGO und 14% Mehrwertsteuer.

am Anfang steht und die fünfeinhalb Tausend Mark die gesamten Monatskosten abdecken oder dem ,,Chefkollegen" zeigen würden, daß man auch ,,etwas reinbringen" kann.

Größer noch als in der allgemeinen Prozeßpraxis wird die Versuchung dann, wenn man dem ,,geladenen" Scheidungsmandanten gegenübersitzt. Der will eigentlich ja gar nicht beraten werden, sondern verlangt, daß sein Anwalt für ihn losschlägt, nachdem er sich endlich zum ersten Schritt aus der Beziehung durchgerungen hat. Hier beginnt die besondere **Verantwortung** des familienrechtlich tätigen Anwaltes – zugleich aber auch ein gewisser Reiz, außer der Zuordnung von Paragraphen etwas ,,tun" zu können. Und gleich ist an dieser Stelle zu warnen. Denn dieser Reiz, der sicher vielen soziologisch und psychologisch interessierten Anwälten das Familienrecht erst nahebringt, birgt die Gefahr, zu viel zu tun!

Bei richtigem Verständnis des Berufsbildes kann der Anwalt mit entsprechendem Einfühlungsvermögen und Grundkenntnissen der wesentlichsten psychologischen Zusammenhänge durchaus einmal **Eheberater** sein, nie aber Analytiker oder gar Therapeut. Denn damit würde er für die Psyche seines Mandanten zu wichtig: es würden die in Analyse und Therapie temporär unausweichlichen Abhängigkeitsverhältnisse entstehen, die anwaltliches Arbeiten im eigentlichen Sinn natürlich nicht mehr ermöglichen. Die Erfahrung zeigt, daß diese Gefahren näher liegen, als man zunächst denkt, gerade bei Berufsanfängern, insbesondere wenn sie alleine praktizieren. Das ist unschwer zu erklären: zunächst fehlt es hier an einer ,,heilenden" Kontrolle, etwa durch einen Seniorchef,

(,,Was quasseln Sie denn mit der immer so lange?")

dann hat man am Anfang noch genügend Zeit, sich dieses ,,Zuviel" an individueller Betreuung zu erlauben, und auch noch den Kopf in erforderlichem Maße frei für solche nicht unmittelbar verfahrensbezogenen Umstände. Schließlich ist da noch ein in beruflichen Anfangssituationen nicht selten unbefriedigtes Selbstbestätigungsbedürfnis, das sich mit der vermeintlichen Doppelkarriere – Anwalt und Therapeut – gut trösten läßt. Denn mit dem Bedürfnis des ,,Patienten" nach Kontakt wächst automatisch die Eigenwertschätzung. Wenn es dann noch zwei hübsche, junge Augen sind, die den Anwalt-Therapeuten hilfesuchend anschauen, kann er – wenn er nicht aufpaßt – gleich in die nächste falsche Rolle rutschen, über die an anderer Stelle bereits ausführlicher gesprochen wurde.

Numerisch leicht erfaßbare Indizien zur Eigenkontrolle in diesem Zusammenhang sind Häufigkeit und Dauer der Beratungsgespräche in der Praxis, am Telefon, schlimmer – wenn man so leichtsinnig war, die Anschluß-Nummer bekannt zu geben, oder das Pech hat, im Telefonbuch auffindbar zu sein – am privaten Telefon oder gar in dieser oder jener Privatwohnung. Letzteres hat natürlich nicht nur die deutlichste Indizwirkung auf ein – vorsichtig ausgedrückt – Weggleiten aus dem anwaltlichen Bereich, es ist unter mannigfaltigen anderen standesrechtlichen und psychologischen Überlegungen, die jeder unschwer selbst nachvollziehen kann, unbedingt zu unterlassen.

2. Der Ehevertrag

Ein breiteres Feld als die rein psychologische Eheberatung wird in der anwaltlichen Praxis der Zwischenbereich zwischen diesen ganz unjuristischen Gesprächen einerseits und einer konkreten Verfahrensvorbereitung oder -durchführung andererseits einnehmen.

Die Vorschriften der **§§ 1408ff BGB** eröffnen hier recht umfangreiche und in verschiedenen Situationen sehr hilfreiche Gestaltungsmöglichkeiten.

Inhaltlich unterscheiden werden sich solche Eheverträge in der Gesamtkonzeption naturgemäß danach, welche **Beziehungssituation** sie regeln sollen. Deswegen muß man nachhaltig darauf drängen, daß der Mandant offen sagt, warum er ,,das Finanzielle einmal geregelt haben" möchte. Im wesentlichen hat man es in diesen Fällen mit drei Situationen zu tun:[45]

a) Zunächst die ganz unproblematische Situation, daß zwei Verlobte oder – meist frisch – Verheiratete, durch eigene Überlegungen oder Anregungen bzw. Negativbeispiele im Bekanntenkreis veranlaßt, für jeden Fall geklärte wirtschaftliche Verhältnisse herbeiführen möchten. Motiv für diese Mandanten, einen Ehevertrag zu schließen, ist in fast allen Fällen entweder der Wunsch nach – dann zumindest wirtschaftlich dokumentierter – Selbständigkeit[46] oder die Überlegung:

> ,,Wenn es aus irgendwelchen Gründen doch einmal nicht mehr klappt mit uns, wollen wir uns jedenfalls nicht so streiten wie die . . . ".

Auch bzw. gerade nach entsprechender Beratung legen diese in der Regel noch recht kurz liierten Mandanten neben der Gütertrennung Wert auf den Ausschluß des Versorgungsausgleichs nach **§ 1408 Abs. 2 BGB**, seltener dagegen auf die Protokollierung eines wechselseitigen Verzichts auf nachehelichen Unterhalt nach **§ 1585c BGB.** Rational läßt sich das nicht so recht begründen – und darauf sollte der Anwalt hinweisen, könnte doch ein solcher Unterhaltsverzicht aller Erfahrung nach weit besser zur Streitvermeidung beitragen als der Ausschluß des Versorgungsausgleichs. Emotional dürfte dahinter stehen, daß das Ansammeln von Rentenanwartschaften und ein eventuelles Splitting konkret wenig vorstellbar sind und – ganz anders als monatliche Zahlungen an den Partner – wenig persönlich erlebt werden. Hierüber läßt sich dadurch mit entsprechender Distanziertheit verhandeln, anders als wenn es um den täglichen Lebensbedarf geht. In diesem Zusammenhang gehört es zu den Aufgaben des Anwaltes, zumindest eine zeitliche Komponente in diese Distanz des Mandanten zu bringen und ihm zu erklären, daß Versorgungsausgleich letztlich den Lebensbedarf von Übermorgen betrifft.[47]

---

[45] Interessante Situationsgruppen unter zum Teil anderen Aspekten hat *Langenfeld* Rdn. 710ff und in FamRZ 1987, 9ff zusammengestellt.

[46] Das ist nicht ausschließlich vor einem emotionalen Hintergrund zu sehen. In manchen Fällen entscheidet z. B. auch eine erhebliche Anfangsvermögensdifferenz mit großem Wertzuwachs auf nur einer Seite.

[47] Diesbezüglich sollte man sich um auch für Nichtjuristen klar verständliche Formulierungen bemühen. Ein gutes Beispiel findet sich bei *Langenfeld* Rdn. 458: ,,Es ist

Schriftsatz-Muster 3

Verhandelt

zu ...

am ...

vor ...

erschienen heute ...

Sodann baten die Erschienenen um die Beurkundung eines Eherechtsvertrages zum Zwecke der Gütertrennung und erklärten:

Wir sind deutsche Staatsbürger, miteinander verlobt und beabsichtigen die Ehe zu schließen.

Über die Unterschiede zwischen dem gesetzlichen Güterstand der Zugewinngemeinschaft und der Gütertrennung wurden wir durch den Notar belehrt und zwar insbesondere darüber, daß im Güterstand der Gütertrennung keine Verfügungsbeschränkungen bestehen und bei einer eventuellen Beendigung der Ehe der beiderseitige Zugewinn nicht ausgeglichen wird.

Der Notar hat uns auch auf die möglichen Auswirkungen auf das gesetzliche Erb- und Pflichtteilsrecht hingewiesen, die sich aus der Vereinbarung der Gütertrennung regelmäßig ergeben.

Wir wurden über das Wesen und die Bedeutung des Versorgungsausgleiches sowie die rechtliche Tragweite seines Ausschlusses von dem beurkundenden Notar belehrt. Die Belehrung erstreckte sich insbesondere darauf, daß nach Ausschluß des Versorgungsausgleiches bei der Scheidung der Ehe kein Partner gegen den anderen Ehepartner einen Anspruch auf dessen Versorgung wegen Alters, Berufs- und Erwerbsunfähigkeit hat.

Uns ist bekannt, daß nach § 1408 Abs. 2 BGB eine Vereinbarung über den Versorgungsausgleich unwirksam ist, wenn innerhalb eines Jahres nach Vertragsabschluß einer von uns den Antrag auf Scheidung der Ehe stellt.

Der Notar hat uns auch über die Unterhaltsansprüche, die einem von uns möglicherweise nach einer Scheidung unserer Ehe gegen den anderen zustehen, belehrt.

Nunmehr erklärten die Erschienenen:

Den bei einer eventuellen Scheidung unserer Ehe regelmäßig eintretenden Anspruch auf Versorgungsausgleich schließen wir aus.

Wir wollen in unserer Ehe in Gütertrennung gemäß §§ 1414 ff BGB leben und schließen daher den gesetzlichen Güterstand für unsere Ehe aus. Wir beantra-

---

uns bekannt, daß infolge dieser Vereinbarungen bei ... (der Scheidung – § 1587 o BGB –/einer etwaigen Scheidung – § 1408 Abs. 2 BGB –) ... keinerlei Ausgleich hinsichtlich der in der Ehezeit erworbenen Versorgungsanwartschaften stattfindet, wir also insoweit auseinandergehen werden, als wären wir nie verheiratet gewesen."

gen die Eintragung unserer Vereinbarung im Güterrechtsregister. Der Notar wird angewiesen, den Antrag einzureichen, sobald wir ihm eine beglaubigte Abschrift der Heiratsurkunde überlassen haben.

Wir werden getrennte Bankkonten führen. Alleineigentümer von neu erworbenen Gegenständen soll derjenige sein, der die Gegenstände in seinem Namen erwirbt.

Unser gesamtes bisheriges Vermögen ergibt sich aus den beiden anliegenden Listen, die Bestandteil dieses Vertrages sind.

Der Erschienene zu 1) ist zusätzlich Eigentümer zweier Mehrfamilienhäuser auf dem Grundstück Bergerstr. 26 in 6000 Frankfurt 60, deren Verkaufswert auf insgesamt 1 400 000,– DM geschätzt ist. Die sonstigen Gegenstandswerte sind in den Listen enthalten.

Für den Fall einer Scheidung unserer Ehe vereinbaren wir darüberhinaus folgendes:

Wir verzichten wechselseitig auf Ehegattenunterhalt, und zwar auch für den Fall des Notbedarfs und einer Gesetzesänderung, und nehmen diesen Verzicht gegenseitig an. Dies gilt allerdings nicht für den Fall, daß der Unterhaltsberechtigte ein gemeinsames Kind versorgt.

Der Notar belehrte die Parteien darüber, daß ein Ehegattenunterhaltsverzicht für die Zeit des Getrenntlebens gesetzlich nicht möglich ist. Die Parteien bestanden daraufhin jedoch auf Aufnahme folgender Absichtserklärung:

Wir werden auch im Falle des Getrenntlebens gegeneinander keine Unterhaltsansprüche geltend machen und uns wechselseitig im Innenverhältnis davon freistellen. Auch dies gilt jedoch nicht, solange ein Unterhaltsberechtigter ein gemeinsames Kind versorgt.

Wir sind uns schließlich darüber einig, daß für den Fall, einzelne Bestimmungen dieser Urkunde sollten unwirksam sein oder werden, dies die Wirksamkeit der übrigen Bestimmungen nicht berühren soll.

Die Verhandlung wurde den Erschienenen ...

Noch wichtiger sind solche Hinweise aber natürlich bei bereits länger verheirateten Mandanten, deren Versorgungsausgleichsverzicht tatsächlich konkreter Verlust im Augenblick der Protokollierung bedeutet. Abstrakte Beratung wird hier oft nicht ausreichen. Soweit der Anwalt dann zu fundierten Kalkulationen – etwa in einfach gelagerten Fällen – nicht in der Lage ist, muß unbedingt eine Kontenklärung durchgeführt und gegebenenfalls ein Rentensachverständiger oder Rentenberater und/oder ein Steuerberater eingeschaltet werden.[48] Dies betrifft beide der noch zu besprechenden Situationsgruppen von Eheverträgen.

b) Situativ und damit auch in der juristischen Konzeption noch recht klar zu fassen sind die Verträge, die als **Getrenntlebensvereinbarungen von Scheidungswilligen** anzusehen sind. Für den (Nur-)Anwalt ist das sicher die zah-

---

[48] Einzelheiten hierzu bei § 1587 o BGB unter II.2.

lenmäßig deutlich überwiegende Gruppe der Eheverträge, da ein Großteil der Parteien der ja in der Regel unproblematischen ersten Gruppe im Hinblick auf **§ 1410 BGB** unmittelbar zum (Auch-)Notar geht.

In dieser zweiten Gruppe also geht es regelmäßig darum, das zumindest von einer Seite beabsichtigte Scheidungsverfahren

1) zu erleichtern – etwa durch die Vorwegnahme güterrechtlicher Fragen im Wege der Verteilung vor Gütertrennung anstelle des bewertungs-formell nicht ganz einfachen Zugewinnausgleichs,

2) zu entschärfen – so z. B. durch die Entproblematisierung von Neuschulden während des Getrenntlebens – oder

3) zu modifizieren – dies insbesondere durch den nach **§ 1408 Abs. 2 BGB** vereinbarten Verzicht auf die Durchführung des Versorgungsausgleichsverfahrens, der vielfach sonst im Hinblick auf die nach § 1587o BGB erforderliche familiengerichtliche Genehmigung[49] nicht oder nicht kompensationslos durchsetzbar gewesen wäre.

Im letztgenannten Zusammenhang darf keinesfalls vergessen werden, auf die Jahresfrist des **§ 1408 Abs. 2 Satz 2 BGB**[50] hinzuweisen und deutlich zu machen, daß es „auch nach diesem Jahr noch ein bißchen dauert". Denn nach ganz überwiegender Meinung bedeutet „Stellung des Scheidungsantrages" nicht das Zu-Protokoll-Erklären in der mündlichen Verhandlung, sondern die Einreichung des Antrags bei Gericht[51] bzw. seine Zustellung.[52]

Möglich erscheint in diesem Zusammenhang allerdings eine Zusatzvereinbarung, wonach im Falle eines doch innerhalb der Jahresfrist gestellten Scheidungsantrages die Regelung als Vereinbarung nach § 1587o BGB gelten soll, die dann natürlich genehmigungspflichtig ist.[53] Dem Willen der Parteien

---

[49] Im Falle von § 1408 Abs. 2 BGB ist diese auch bei bereits deutlichen Scheidungsabsichten nicht erforderlich. S. hierzu OLG München FamRZ 1981, 465f, OLG Frankfurt FamRZ 1986, 1005 und *Palandt* § 1408 Anm. 3b, bb.

[50] OLG Zweibrücken FamRZ 1985, 72 und OLG Köln FamRZ 1986, 68 gehen auch dann von einer Unwirksamkeit aus, wenn der während der Jahresfrist gestellte Scheidungsantrag zurückgezogen wird. Zum gegenteiligen Ergebnis ist der Bundesgerichtshof in seinem Beschluß vom 14. 05. 1986 (FamRZ 1986, 788) gekommen mit der Begründung, daß anderenfalls die Möglichkeit bestehe, sich durch Einreichung und anschließende Rücknahme des Scheidungsantrages innerhalb der Jahresfrist einseitig von dem Vertrag zu lösen. So bereits *Gaul* FamRZ 1981, 1137f. Zum gleichem Ergebnis kommt das OLG Koblenz FamRZ 1986, 1220 auch dann, wenn die Vereinbarung nach § 1408 2 BGB während eines Scheidungsverfahrens getroffen, der Scheidungsantrag aber danach zurückgenommen wurde.
Langenfeld Rdn. 415f schlägt für diese Fälle – bei entsprechendem Parteiwillen – eine Fortwirkungsformulierung vor.
Ausnahmefall eines Scheidungsantrages durch einen vor dem angerufenen Familiengericht nicht zugelassenen Rechtsanwalt in der Entscheidung des BGH in FamRZ 1987, 365ff mit dem Ergebenis der fortbestehenden Wirksamkeit der Vereinbarung nach § 1408 2 BGB.

[51] *Palandt* § 1408 Anm. 3b dd und *Rolland* § 1408 BGB Rdn. 6 m. w. N.

[52] BGH FamRZ 1985, 45 (46f) und KG FamRZ 1982, 823f.

[53] *Langenfeld* Rdn. 457. Näher hierzu unter II.4.

wird ein solcher Zusatz – jedenfalls im Zeitpunkt der Protokollierung der Vereinbarung nach § 1408 Abs. 2 BGB – regelmäßig entsprechen. Einen anderen Weg als die protokollierte ausdrückliche Erklärung, um von § 1408 Abs. 2 zu § 1587o BGB zu kommen, gibt es nicht. Unter verschiedenen Gesichtspunkten zu Recht wird etwa eine nachträgliche Umdeutung nicht für zulässig erachtet.[54]

Diese scheidungsvorbereitenden Verträge geben dem Anwalt in seltenem Umfang die Möglichkeit, „rechtsbefriedend" tätig zu werden, d.h. akut oder latent Streitiges außerhalb eines gerichtlichen Verfahrens beizulegen. Auch wenn diese Verträge gebührenmäßig für den Anwalt oft recht erfreulich sind, wird er in geeigneten Fällen meist (auch) schon im Mandanteninteresse den Vertrag von sich aus anregen können. Letztlich ist ja nur auf diesem Wege eine ebenso vollständige wie frühzeitige wirtschaftliche Trennung der Parteien möglich,[55] die – wenn sie entsprechend umfassend gehalten ist – erfahrungsgemäß nicht selten bewirkt, daß die Parteien über die verbleibenden nicht vermögensrechtlichen Folgesachen oder auch nicht juristische Dinge wieder erstaunlich gut miteinander sprechen können. Wenn es dann noch um elterliche Sorge und Umgangsbefugnis geht oder die Parteien sich aus anderen Gründen notwendiger Weise häufig begegnen müssen, rechtfertigen oft schon allein diese Überlegungen den Ehevertrag, nach dessen Protokollierung nicht selten der Eindruck entsteht:

„Na, eine finanzielle Katastrophe war es ja doch nicht"

und

„Er ist ja ganz fair geblieben"

und

„Jedenfalls kann jetzt nichts mehr passieren".

Diese Überlegungen zeigen schon, daß die Mandanten darauf dringen werden, in dem scheidungsvorbereitenden Ehevertrag möglichst viel zu regeln. Für den Mandanten heißt das „alles, was die Scheidung betrifft", nur das eben ist nicht zulässig, und ein „Zuviel" ohne entsprechende Absicherung kann zur Unwirksamkeit des gesamten Vertrages nach **§ 139 BGB** führen.[56] Auch wenn man sich bemühen wird, den Vertrag gesetzeskonformer Weise ohne Unwirksamkeitsgründe zu gestalten, gehört deswegen zu jedem Vereinbarungsbündel – soweit nicht Abhängigkeitszusammenhänge bestehen – die sogenannte **salvatorische Klausel** zur Positivbestätigung der in § 139 BGB formulierten Ausnahme.

Nicht ohne Grund steht dies am Anfang der inhaltlichen Erörterung. Immer wieder sieht man Eheverträge von erfahrenen Kanzleien, die aus einer auf

---

[54] *Langenfeld* Rdn. 458 und *Strobel* im Münchner Kommentar Rdn. 21 zu § 1587 o.

[55] Einschließlich der Beseitigung eventueller Unklarheiten im Rahmen von § 1357 Abs. 1 und Abs. 3 BGB und der Frage einer dementsprechenden Rechtscheinhaftung. Hierzu LG Tübingen FamRZ 1984, 50f.

[56] So für eine Folgenvereinbarung nach § 630 ZPO: OLG Stuttgart FamRZ 1984, 806ff.

Erfahrung – aber eben nicht Vollkommenheit – fußenden Überheblichkeit heraus auf die salvatorische Klausel verzichten und dann in einem vielleicht nicht allzu wesentlichen Vereinbarungsteil einen zur Unwirksamkeit dieses Teils führenden Fehler machen. Wenn einer der Parteien der gesamte Vertrag nicht mehr gefällt, kann sie nach entsprechender Beratung möglicherweise sogar dartun, daß der betreffende Teil doch nicht so nebensächlich und unabhängig im Rahmen der Gesamtvereinbarung war. Je nach Umfang der Sache kann damit ein immens teurer Regreß ins Haus stehen.

Den Parteiwünschen entsprechend wird der Vertrag **inhaltlich,** wie gesagt, recht umfassend sein und – soweit zulässig – sämtliche Folgesachen schon hier abschließend behandeln.

Das gilt zunächst für die vorhandenen Vermögenswerte – auch die Passiva – durch irgendwie geartete Verteilung und/oder Ausgleich und entsprechende Klarstellung im Rahmen der dann zu protokollierenden **Gütertrennungsvereinbarung.**

Auch wenn es arbeitsmäßig eine gewisse Belastung darstellen kann – über nichts kann man besser streiten als über den Toaster –, sollte man den **Hausrat** gleich mitverteilen: die Trennlinie zu den sonstigen Vermögensgegenständen läßt sich ohnehin nicht klar ziehen, und die Parteien sehen sowieso keinen Unterschied.

Während man diese Regelungen – abgesehen von Extremfällen etwa nach § 138 BGB – recht frei gestalten kann, galt bisher beim **Versorgungsausgleich**[57] nach überwiegender Ansicht „alles oder nichts", [58] so daß zwar der Ausschluß (§ 1408 Abs. 2 BGB), nicht aber eine Modifikation wie nach § 1587o BGB als zulässig angesehen wurde. Dies wurde nicht nur dem unterschiedlichen Wortlaut der beiden Vorschriften gerecht, sondern im Ergebnis auch den verschiedenen Gestaltungssituationen: während nach § 1408 Abs. 2 BGB jedenfalls auch Vereinbarungen für zeitlich noch nicht begrenzte Partnerbeziehungen oft ohne irgendwelche Vorstellungen über Art und Umfang von Rentenanwartschaften getroffen werden, wird nach § 1587o BGB der Versorgungsausgleich „im Zusammenhang mit der Scheidung" geregelt, im Zeitpunkt der familiengerichtlichen Genehmigung also in der Vergangenheit begründete Anwartschaften – oft exakt berechnet –, die sich naturgemäß auch für die Parteien überschaubarer modifizieren lassen als ungewisse, zukünftig zu begründende Anwartschaften.

Von diesen Überlegungen ist der Bundesgerichtshof in dem Beschluß vom 28. 05. 1986[59] abgerückt und hat mit dem Hinweis auf den Grundsatz der Privatautonomie auch Teilausschlüsse für wirksam erklärt.

Hinzuweisen ist noch auf die Vorschrift des **§ 1414 Satz 2 BGB:** schon mit dem Ausschluß des Versorgungsausgleichs tritt Gütertrennung ein. Umge-

---

[57] Zur Zulässigkeit des Ausschlusses trotz offenkundiger Scheidungsabsicht s.o. Anm. 49.

[58] Literatur-Zusammenstellung bei *Palandt* § 1408 BGB Anm. 3b bb und in der Entscheidung des OLG Koblenz FamRZ 1986, 273ff.

[59] FamRZ 1986, 890. Hierzu auch Langenfeld FamRZ 1987, 9.

kehrt gilt das nicht. Dennoch empfiehlt es sich, im Gütertrennungsvertrag ohne Ausschluß des Versorgungsausgleichs dies in einem kurzen Satz klarzustellen

(„Im Falle der Scheidung soll der gesetzliche Versorgungsausgleich durchgeführt werden.“)

Neben den güterrechtlichen Fragen wird in der Regel noch das Bedürfnis bestehen, zumindest den **Ehegattenunterhalt** mitzuregeln. Das gehört zwar dann nicht mehr in den Rahmen des § 1408 BGB, läßt sich aber problemlos mit aufnehmen. Für den Fall des Ehegattenunterhaltsverzichtes ist zu beachten, daß dieser zwar für den nachehelichen Unterhalt zulässig ist gemäß **§ 1585c BGB** („für die Zeit nach der Scheidung“), nicht aber für den Getrenntlebensunterhalt **(§§ 1561 Abs. 5 Satz 4, 1360a Abs. 3, 1614 Abs. 1 BGB.)**

Letzteres gilt unabhängig vom Leistungszeitraum in unmittelbarer Anwendung des § 1614 Abs. 1 BGB auch für den **Kindesunterhalt.** Zulässig und in entsprechenden wirtschaftlichen Situationen interessengerecht sind in diesem Zusammenhang aber **Freistellungserklärungen,**[60] durch die etwa der finanziell besser gestellte Partner, bei dem das gemeinsame Kind lebt, erklären kann, auch für den Kindesunterhaltsanteil (meist dann Barunterhalt) des anderen aufkommen zu wollen, ihn also von den dementsprechenden Ansprüchen des Kindes freizustellen.

Das spätere **Scheidungsverfahren** im Vertrag selbst anzusprechen – etwa mit einer Scheidungsabsichtserklärung[61] – erscheint in der Regel wenig sinnvoll. Anders kann es sein, wenn zu Beweiszwecken verfahrensrelevante Tatsachen fixiert werden, um eventuelle spätere Beweisaufnahmen zu vermeiden, etwa die Festlegung des **Trennungszeitpunktes** oder die gemeinsame Erklärung der Übernahme der **Ehewohnung** durch einen der Partner.

Ebenfalls nur auf Absichtserklärungen beschränkt sind im Zeitpunkt dieser Eheverträge Aussagen über die im späteren Verfahren zu regelnde **elterliche Sorge** für gemeinsame minderjährige Kinder und die **Umgangsbefugnis.**[62]

---

[60] *Palandt* § 1614 Anm. 1.

[61] Bezüglich des Gegenteils – d. h. eines Scheidungsverzichtes – hat der BGH im Urteil vom 09. 04. 1986 (FamRZ 1986, 655 ff) festgestellt:
„1. Ehegatten können die Scheidung ihrer Ehe nicht ausschließen (auch nicht begrenzt auf einen bestimmten Zeitraum).
2. Hingegen kann ein Ehegatte auf sein (schon entstandenes) Scheidungsrecht verzichten – mit der Folge, daß es erlischt, soweit es erwachsen ist, aber neu entsteht, wenn einer der im Gesetz vorgesehenen Scheidungstatbestände aufgrund einer neuen Tatsachenlage erfüllt wird.“
Ausführlich hierzu *Knütel* FamRZ 1986, 1089 ff.

[62] Zur Frage der Sittenwidrigkeit solcher Regelungen in Scheidungsfolgevereinbarungen, wenn sie mit Kindesunterhaltsfreistellungserklärungen verbunden sind, BGH FamRZ 1986, 444 ff (446): „Eine Unterhaltsfreistellung ist sittenwidrig, wenn ein damit verbundender Elternvorschlag zur Regelung der elterlichen Sorge über gemeinschaftliche Kinder sich über deren Wohl bewußt hinwegsetzt.“

Da man die diesbezüglichen aktuellen Regelungen aber ohnehin mit aufnehmen wird, sollte man ruhig auch einen Satz zu den entsprechenden Absichten der Parteien für den Fall der Scheidung sagen, allerdings nur, wenn hier bereits allseits interessengerechte Übereinstimmung deutlich wird. Die psychische Bindungswirkung solcher juristisch allenfalls indizieller Absichtserklärungen sollte man nicht unterschätzen. Gerade in Fällen einer ehevertraglichen Befriedung der Parteien in allen finanziellen Bereichen kann sie auch bei diesen rein persönlichen späteren Folgesachen Auseinandersetzungen vermeiden, weil der hiermit Unzufriedene sich durch den Gesamtregelungszusammenhang – mehr emotional – gebunden fühlt.[63].

Abgesehen von den gesetzlichen Beschränkungen[64] ergibt sich die Grenze der möglichen Vereinbarungen nur aus **§ 138 BGB,** wobei es auf eine Gesamtschau der einzelnen Regelungen ankommen wird unter ausschlaggebender Berücksichtigung ihrer wirtschaftlichen Auswirkungen,[65] so z. B. wenn sich der formaljuristisch wechselseitige Ausschluß von Zugewinnausgleich, Versorgungsausgleich und Ehegattenunterhalt wirtschaftlich als einseitiger Verzicht darstellt.[66]

---

[63] Zum Aspekt der Geschäftsgrundlage und der Folgen ihres Wegfalls s. in anderem Zusammenhang (Verfahrensbeschleunigung) die Entscheidung des OLG Hamm FamRZ 1984, 913f.

[64] Beispiel in der Entscheidung des BGH FamRZ 1984, 778ff.

[65] *Palandt,* § 1408 Anm. 3b bb, OLG Frankfurt FamRZ 1984, 486f.

[66] S. auch Anm. 91. Beispiele in den Entscheidungen des OLG Frankfurt FamRZ 1983, 176 (178), des OLG Hamburg FamRZ 1984, 1223f und des OLG Köln FamRZ 1981, 1087 („Eine notarielle Vereinbarung zwischen Eheleuten, in der sie nach 20-jähriger Ehe wechselseitig auf Zugewinn, Versorgungsausgleich und nachehelichen Unterhalt verzichten, ist wegen Verstoßes gegen § 138 BGB als nichtig anzusehen, wenn sie sich effektiv als einseitiger Verzicht der Ehefrau darstellt und wenn diese dabei ohne Gegenleistung auf beträchtliche Vermögenswerte verzichtet.“).

Verhandelt

zu ...

am ...

vor ...

erschienen heute ...

Die Erschienenen sind deutsche Staatsangehörige und haben am 01. 03. 1971 vor dem Standesbeamten in Frankfurt/Main (Mitte) die Ehe geschlossen.

Aus der Ehe ist die Tochter Petra, geb. am 30. 10. 1972, hervorgegangen.

Die räumliche Trennung der Erschienenen besteht nun seit einem Jahr und drei Monate. Petra lebt bei der Erschienenen zu 2).

Die Erschienenen beabsichtigen, ein einverständliches Scheidungsverfahren durchzuführen, und schließen für den Fall der rechtskräftigen Scheidung ihrer Ehe und – soweit gesetzlich zulässig – auch für die Zeit des Getrenntlebens folgende Vereinbarungen:

Die Erschienenen sind sich darüber einig, daß die elterliche Sorge für die Tochter Petra auf die Erschienene zu 2) übertragen werden soll. Im Scheidungsverfahren werden sie dem Familiengericht einen dementsprechenden Vorschlag unterbreiten.

Dem Erschienenen zu 1) soll eine großzügige Umfangsbefugnis zustehen. Abgesehen hiervon soll er jedenfalls berechtigt sein, Petra an jedem zweiten und vierten Wochenende im Monat von samstags 10.00 Uhr bis sonntags 18.00 Uhr zu sich zu nehmen.

Der Erschienene zu 1) zahlt für die Tochter Petra ab 01. 10. 1987 zu Händen der Erschienenen zu 2) einen monatlich im voraus fälligen Kindesunterhaltsbetrag in Höhe von 380,– DM. Das staatliche Kindergeld, das die Erschienene zu 2) erhält, ist in diesem Betrag zur Hälfte bereits angerechnet. Als Berechnungsgrundlage gehen die Erschienenen davon aus, daß der Erschienene zu 1) über ein bereinigtes monatliches Nettoeinkommen von 2100,– DM verfügt.

Die Erschienenen sind sich darüber einig, Ehegattenunterhaltsansprüche derzeit nicht geltend machen zu wollen.

Die seinerzeit gemeinsame Ehewohnung in der Homburger Landstr. 146 in 6000 Frankfurt am Main 50 ist im Zeitpunkt der räumlichen Trennung im erklärten Einverständnis mit dem Vermieter von der Erschienenen zu 2) übernommen worden. Diese stellt den Erschienenen zu 1) von allen diesbezüglichen Verbindlichkeiten frei.

Der Hausrat ist geteilt.

Die Erschienenen vereinbaren für die weitere Dauer ihrer Ehe den Güterstand der Gütertrennung gemäß § 1414 BGB und heben den bisherigen Güterstand der Zugewinngemeinschaft auf. Zur Abgeltung von Zugewinnausgleichsansprüchen und aller sonstigen finanziellen Ansprüche treffen die Erschienenen folgende Vereinbarung:

Der Erschienene zu 1) zahlt an die Erschienene zu 2) einen Betrag von 16500,– DM bis spätestens 31. 12. 1987. Dieser Betrag ist im Falle des Verzuges mit zehn Prozent jährlich zu verzinsen. Die Erschienene zu 2) wird den bei der Stadtsparkasse Frankfurt unter der Konto-Nummer 369 00 720 aufgenommenen Ratenzahlungskredit, der gegenwärtig mit 6285,– DM valutiert, alleine zurückführen und sich um die Entlassung des Erschienenen zu 1) aus den diesbezüglichen Verbindlichkeiten bemühen. Im Innenverhältnis stellt sie ihn von den entsprechenden Zahlungsverpflichtungen frei.

Der Versorgungsausgleich soll gemäß den gesetzlichen Vorschriften durchgeführt werden.

Die Erschienenen erklären noch einmal zusammenfassend, daß durch die vorstehenden Vereinbarungen sämtliche gegenseitigen Ansprüche mit Ausnahme eventueller Ehegattenunterhaltsansprüche und Versorgungsausgleichsansprüche abgegolten sein sollen.

Vom Notar über eventuelle Ehegattenerbrechte und Ehegattenpflichtteilsrechte sowie die Bestimmungen des § 1933 BGB belehrt, erklären die Erschienenen wechselseitig Erb- und Pflichtteilsverzichte und nehmen diese Verzichtserklärungen gegenseitig an.

Bezüglich der vereinbarten Gütertrennung beantragen die Erschienenen die Eintragung im Güterrechtsregister.

Die Kosten dieses Vertrages und seiner Durchführung tragen die Erschienenen je zur Hälfte.

Die Erschienenen sind sich schließlich darüber einig, daß für den Fall, einzelne Bestimmungen dieses Vertrages sollten unwirksam sein oder werden, dies die Wirksamkeit der übrigen Bestimmungen nicht berühren soll.

Hinsichtlich der einzelnen Regelungspunkte gehen die Erschienenen von folgenden Werten aus:

...

Das Protokoll wurde den Erschienenen ...

---

c) Inhaltlich kaum vorgebbar sind die Eheverträge für die dritte Situationsgruppe, die zeitlich zwischen den beiden bisher besprochenen liegt. Es sind die Verträge zum weiteren, erneuten oder späteren (Wieder-) Zusammenleben unter Absicherung einer potentiellen zukünftigen Scheidung.

Juristisch sieht das nicht anders aus als bei den anderen Vertragszwecken auch. Die doppelte Problematik ergibt sich daraus, daß die Parteien so erhebliche Schwierigkeiten innerhalb ihrer Beziehung erkannt haben, um die Erforderlichkeit einer späteren Scheidung einzukalkulieren und für diesen Fall entsprechende detaillierte Regelungen und Absicherungen verlangen, es aber trotzdem jetzt oder nach einer gewissen Trennungszeit auch später noch einmal miteinander versuchen wollen. Hier ist es zunächst Aufgabe des Anwaltes, die nicht seltenen Fälle auszusortieren zu versuchen, in denen ein

Partner die Zusammenlebensbereitschaft kurzfristig vorspiegelt, um den anderen ohnehin an der Ehe festhaltenden Partner zu einem für diesen ungünstigen Vertrag zu veranlassen. Unzumutbare einseitige Regelungsvorschläge sind erfahrungsgemäß ein recht klares Indiz für diese Fälle, wie folgendes Beispiel deutlich macht. Als Negativbeispiel wird der Text nur auszugsweise, aber mit dem sich tatsächlich auch im Original so zu findenden Widerspruch in der Versorgungsausgleichsregelung wiedergegeben.

Schriftsatz-Muster 5
(Negativbeispiel)

Verhandelt

zu ...

am ...

vor ...

erschienen heute ...

Die Erschienenen erklärten:

Wir haben am 01. 06. 1978 vor dem Standesbeamten in Frankfurt unter der Reg.-Nr. 1215/78 die Ehe geschlossen. Aus unserer Ehe ist die gemeinsame Tochter Claudia, geb. am 12. 10. 1980, hervorgegangen. Unsere Ehe ist zerrüttet. Im Hinblick auf diese Zerrüttung schließen wir die nachfolgende Scheidungsvereinbarung:

1. Wir leben seit dem heutigen Tage getrennt.
2. ...
3. Von dem Hausrat übernimmt der Erschienene zu 1) das Fahrzeug, die Stereoanlage, den Farbfernseher, die Video-Anlage sowie die Bettwäsche, die Handtücher und die Hälfte des Küchenhausrats.
   Der sonstige Hausrat verbleibt der Erschienenen zu 2). Es wird vereinbart, daß der jeweilige Besitzer der vorbenannten Gegenstände zum Eigentümer wird.
4. Die gemeinsame eheliche Wohnung ist im Haus der Eltern der Erschienenen zu 2). Die Erschienene zu 2) stellt den Erschienenen zu 1) im Innenverhältnis aus jeglicher Inanspruchnahme aus dem Miet-Nutzungsverhältnis betreffend der ehelichen Wohnung und der damit verbundenen Verträge frei.
5. Der gemeinsam angeschaffte und auf den Erschienenen zu 1) angemeldete Pkw verbleibt im Alleineigentum des Erschienenen zu 1). Die Erschienene zu 2) verpflichtet sich, die restlichen Raten zur Tilgung des Darlehens für die Anschaffung dieses Pkw's allein zu zahlen. Sie stellt den Erschienenen zu 1) im Innenverhältnis frei.
6. ...
7. Die gemeinsame Tochter Claudia verbleibt bei der Erschienenen zu 2). Die Erschienenen verpflichten sich, im Falle der Ehescheidung gemeinsam

dem Familiengericht vorzuschlagen, die elterliche Gewalt auf die Erschienene zu 2) zu übertragen. Das Besuchsrecht wird großzügig gehandhabt. Die Ausübung wird im Einvernehmen gegenseitig geregelt.

8. Der Versorgungsausgleich ist durchzuführen.
9. Für den Zeitpunkt ab heute wird Gütertrennung vereinbart.
   Gleichzeitig wird der Versorgungsausgleich ausgeschlossen.
10. Die Beteiligten verzichten gegenseitig auf alle gesetzlichen Ansprüche auf Unterhalt nach der Scheidung und für den Fall der Not und nehmen diesen gegenseitigen Verzicht an.
11. Die Erschienene zu 2) stellt den Erschienenen zu 1) im Innenverhältnis von der Unterhaltszahlungspflicht während der Ehezeit frei.
12. Die Erschienene zu 2) stellt den Erschienenen zu 1) weiterhin im Innenverhältnis von der Unterhaltszahlungsverpflichtung gegenüber der gemeinsamen Tochter Claudia frei.
13. Erbverzicht (...)
14. Sollte eine der vorstehenden Bestimmungen unwirksam sein (...)

Der Wert dieser Vereinbarung wird angegeben (...)

Vorgelesen, genehmigt ...

Wenn es beide ehrlich meinen mit der „Bedenkzeit" und dem „Noch-einmal-Versuchenwollen", wird es unschwer sein, bei entsprechender Kenntnis der persönlichen und wirtschaftlichen Situation sachgerechte Regelungen durchzusetzen.

Wichtiger als alles andere ist dabei ein sensibles Fingerspitzengefühl. Denn unter Umständen kann es im Interesse der Parteien auch einmal gerechtfertigt sein, einen gegenwärtig ohne Streit kaum zu klärenden Punkt zu übergehen, um die ohnehin stark angeknackste Beziehung nicht zusätzlich zu belasten und Versöhnungsversuche nicht zu erschweren. Ansatzweise muß ein solches Überspringen von Problemen, das ja im Falle einer später vielleicht doch durchzuführenden Scheidung folgenschwer sein kann, zur eigenen Absicherung mit dem Mandanten besprochen sein und auch mit einem Nebensatz in einem Mandantenanschreiben auftauchen.

(„Wie wir das unter Berücksichtigung der angespannten psychischen Situation in Ihrer Ehe besprochen hatten, wird der Vertrag keine Regelung von Unterhaltsfragen enthalten.")

Im übrigen aber wird sich der Vertragsinhalt nach den in dieser Gruppe sehr unterschiedlichen Situationen und Bedürfnissen der Parteien richten, wobei man – allein dies läßt sich dazu generell sagen – darauf hinwirken sollte, die nicht selten gewünschten Klauseln für die Abhängigkeit zwischen ehekonformem Verhalten und finanziellen Zuwendungen weitgehend zu beschränken, jedenfalls natürlich aus dem sittenwidrigen Bereich heraus zu halten.

Eine Gratwanderung dieser Art zeigt das folgende Muster:

Verhandelt...

zu...

am...

vor...

erschienen heute...

Sodann baten die Erschienenen um die Beurkundung eines Eherechtsvertrages zum Zwecke der Vereinbarung der Gütertrennung und erklärten:

Wir sind deutsche Staatsangehörige und haben am 12. 01. 1976 vor dem Standesbeamten in Frankfurt/Main, Heirats-Register-Nr. 39/1976, die Ehe miteinander geschlossen.

Über die Unterschiede zwischen dem gesetzlichen Güterstand der Zugewinngemeinschaft und der Gütertrennung wurden wir durch den Notar belehrt und zwar insbesondere darüber, daß im Güterstand der Gütertrennung keine Verfügungsbeschränkungen bestehen und bei einer eventuellen Beendigung der Ehe der beiderseitige Zugewinn nicht ausgeglichen wird.

Der Notar hat uns auch auf die möglichen Auswirkungen auf das gesetzliche Erb- und Pflichtteilsrecht hingewiesen, die sich aus der Vereinbarung der Gütertrennung regelmäßig ergeben.

Wir wurden über das Wesen und die Bedeutung des Versorgungsausgleiches sowie die rechtliche Tragweite seines Ausschlusses von dem beurkundenden Notar belehrt. Die Belehrung erstreckte sich insbesondere darauf, daß nach Ausschluß des Versorgungsausgleiches bei Scheidung der Ehe kein Partner gegen den anderen Ehepartner einen Anspruch auf dessen Versorgung wegen Alters, Berufs- und Erwerbsunfähigkeit hat.

Uns ist bekannt, daß nach § 1408 Abs. 2 BGB eine Vereinbarung über den Versorgungsausgleich unwirksam wird, wenn innerhalb eines Jahres nach Vertragsabschluß einer von uns den Antrag auf Scheidung unserer Ehe stellt.

Der Notar hat uns auch über die Unterhaltsansprüche, die einem von uns möglicherweise nach einer Scheidung unserer Ehe gegeneinander zustehen, belehrt.

Nunmehr erklären die Erschienenen:

Den bei einer eventuellen Scheidung unserer Ehe regelmäßig eintretenden Anspruch auf Versorgungsausgleich schließen wir aus.

Zukünftig wollen wir in Gütertrennung gemäß §§ 1414ff BGB leben und schließen daher den gesetzlichen Güterstand für unsere Ehe aus. Wir beantragen die Eintragung dieser Vereinbarung im Güterrechtsregister.

Weiter sind wir uns darüber einig, daß – abgesehen von persönlichen Gegenständen – nun alle in unserem Besitz befindlichen Sachen im Eigentum des Erschienenen zu 1) stehen sollen. Abgesehen von den nachstehend in dieser

Vereinbarung getroffenen Regelungen bestehen keine Zugewinnausgleichsansprüche. Eigentümer neu erworbener Sachen ist der Erwerber.

Für den Fall einer räumlichen Trennung treffen wir folgende Vereinbarungen:

1. Die elterliche Sorge für die gemeinsamen Kinder Brigitte, geb. am 08. 09. 1977 in Frankfurt am Main, und Robert, geb. am 12. 12. 1979 in Frankfurt am Main, soll dem Erschienenen zu 1) zustehen, der die Kinder auch versorgen und erziehen wird.

2. Er wird der Erschienenen zu 2) eine großzügige Umgangsbefugnis einräumen. Abgesehen hiervon soll sie mindestens berechtigt sein, die Kinder an jedem zweiten Wochenende zu besuchen oder zu sich zu nehmen, und zwar alternierend an einem Wochenende für einen Wochenendtag und am jeweils folgenden Besuchswochenende für beide Wochenendtage.

3. Der Erschienene zu 1) stellt die Erschienene zu 2) von Kindesunterhaltsansprüchen im Innenverhältnis frei.

4. Der Erschienene zu 1) verpflichtet sich, an die Erschienene zu 2) für ein Jahr, beginnend mit dem Zeitpunkt der räumlichen Trennung, einen monatlichen Ehegattenunterhalt in Höhe von 2500,– DM – zahlbar im voraus jeweils bis zum Dritten des betreffenden Monats – zu zahlen, sowie als zusätzliche einmalige Leistung die Kosten einer Ausbildung als Kosmetikerin (in Höhe von gegenwärtig etwa 4000,– DM) zu übernehmen. Der letztgenannte Betrag soll fällig sein mit dem schriftlichen Nachweis des Beginnes dieser Ausbildung.

   Die Zahlung des Ehegattenunterhalts in Höhe von 2500,– DM monatlich ist davon abhängig, daß die Erschienene zu 2) die Ausbildung als Kosmetikerin vornimmt.

5. Abgesehen hiervon verzichten die Parteien für den Fall der Ehescheidung gegenseitig auf Unterhalt und zwar auch für den Fall des Notbedarfs, einer gesetzlichen Änderung und der Änderung der wirtschaftlichen Verhältnisse. Sie nehmen den Unternhaltsverzicht wechselseitig an.

   Die Erschienenen sind sich beide darüber einig, daß die gezahlten Abfindungen auch den Unterhalt für den Fall des Getrenntlebens über ein Jahr hinaus abdecken sollen. Der Notar wies darauf hin, daß ein Unterhaltsverzicht, auch ein teilweiser, nur für die Zeit nach der Ehescheidung, nicht jedoch während des Bestehens der Ehe wirksam ist. Die Erschienenen bestanden dennoch auf Aufnahme der vorstehenden Erklärung.

6. Zur Konkretisierung der vorstehenden Gütertrennungsvereinbarung wird klargestellt, daß der Erschienene zu 1) im Falle einer Trennung die beiden Pkw Daimler Benz 380 SE und VW Käfer Cabrio behält.

   Auch der gequotelt auf beide Parteien lautende Vertrag nach dem Bauherrenmodell bezüglich des Objektes in Bergen-Enkheim, Am Schwimmbad, wird in diesem Falle von dem Erschienenen zu 1) alleine übernommen. Die Erschienene zu 2) verpflichtet sich, die auf sie lautenden Anteile (30 Prozent) auf den Erschienenen zu 1) zu übertragen, der sich seinerseits verpflichtet, die Erschienene zu 2) von allen diesbezüglichen Verbindlichkeiten freizustellen und für ihre Haftungsentlassung Sorge zu tragen.

Die beiden Risiko-Lebensversicherungen auf Gegenseitigkeit bei der Allianz Versicherungs AG Frankfurt werden getrennt und vom jeweiligen Inhaber übernommen.

7. Im Hinblick auf die hier getroffenen Regelungen verpflichtet sich der Erschienene zu 1), an die Erschienene zu 2) im Falle einer Trennung einen Abfindungsbetrag in Höhe von 176000,– DM zu zahlen, der sich aus folgenden Einzelabfindungssummen zusammensetzt:

Für den Verzicht auf Ehegattenunterhalt	60000,– DM
Für die Regelung des bisherigen Zugewinns	88000,– DM
Für den Verzicht auf Versorgungsausgleich	28000,– DM.

Beim Ausgleich des Zugewinns ist der good will für die Praxis des Erschienenen zu 1) mit 40000,– DM berücksichtigt.

Die Zahlung dieser 40000,– DM soll abhängig sein von der Erwerbsfähigkeit des Erschienenen zu 1) und im Falle der Minderung nach Feststellung durch das Versorgungsamt in entsprechender Relation gemindert werden.

Der Gesamtbetrag (176000,– DM) wird wie folgt fällig:

15.000,– DM mit der Trennung,
45000,– DM sechs Monate nach dem Zeitpunkt der Trennung,
60000,– DM 18 Monate nach dem Zeitpunkt der Trennung,
56000,– DM 30 Monate nach dem Zeitpunkt der Trennung.

Sollte die Erschienene zu 2) innerhalb eines Zeitraumes von zwei Jahren nach der Scheidung wieder heiraten, fällt der als Abfindung für den Ehegattenunterhaltsverzicht vorgesehene Betrag in Höhe von 60000,– DM in voller Höhe weg, und zwar in der Form, daß die dritte und vierte Rate des Gesamtausgleichsbetrages um je 30000,– DM vermindert wird. Ein Wiederaufleben der Unterhaltsansprüche ist ausgeschlossen.

Weiter entfällt mit einer Wiederheirat der Erschienenen zu 2) vor dem Beginn der vorbezeichneten Ausbildung als Kosmetikerin die diesbezügliche Kostenübernahmeverpflichtung des Erschienenen zu 1).

Desgleichen entfällt der für den Versorgungsausgleichsverzicht vorgesehene Abfindungsbetrag in Höhe von 28000,– DM, wenn diese Vereinbarung im Hinblick auf § 1408 Abs. 2 BGB durch Scheidungsantrag innerhalb eines Jahres unwirksam werden sollte und der Versorgungsausgleich im Scheidungsverfahren doch durchgeführt wird.

Für sämtliche Zahlungsverpflichtungen wird als Gleitklausel die jeweilige Veränderung der Punktwerte der ärztlichen Abrechnungen mit den RVO-Kassen (jährlich festgestellt durch Vereinbarung der Bundesärztekammer mit den Ortskrankenkassen) vereinbart.

Der Notar wies darauf hin, daß diese Klausel der Genehmigung der Landeszentralbank bedarf.

Die Parteien geben den Wert ihres gegenwärtigen gemeinsamen Vermögens mit 463000,– DM an.

Die Kosten der Vorbereitung des Entwurfes und der Protokollierung dieser Vereinbarung trägt der Erschienene zu 1).

Die Parteien werden darauf hingewiesen, daß weder der diese Vereinbarung entwerfende Rechtsanwalt noch der protokollierende Notar die vermögensrechtlichen Grundlagen dieser Vereinbarung aus eigener Anschauung kennt noch diesbezügliche Unterlagen eingesehen hat, sondern hier ausschließlich die Angaben der Parteien zugrunde gelegt wurden.

Die Parteien sind sich schließlich darüber einig, daß für den Fall, einzelne Bestimmungen dieser Vereinbarung sollten unwirksam sein oder werden, dies die Wirksamkeit der übrigen Bestimmungen nicht berühren soll.

Die Verhandlung wurde den Erschienenen ...

II. Die Vorbereitung des gerichtlichen Verfahrens

1. Der „Brief"

Gemeint mit dieser Überschrift ist das verfahrensvorbereitende Schreiben an den „Gegner".

Mit etwas Erfahrung wird man bald erkennen, warum dieses Buch solches Tätigwerden im Vorfeld trotz des ohnehin folgenden gerichtlichen Verfahrens recht breit darstellt: Grund ist die nicht zu unterschätzende Möglichkeit, das gesamte spätere Verfahren durch dieses einleitende Schreiben in Form, Inhalt und Umfang maßgeblich zu beeinflussen – ganz anders eben, als es etwa im allgemeinen Zivilrecht bei vorprozessualen Mahnschreiben der Fall ist.

Eingeschränkt ist diese Einflußmöglichkeit natürlich in den „außergerichtlich bereits laufenden" Fällen, in denen es schon vor der jetzt anzusprechenden Einleitung des Scheidungsverfahrens Trennungsgespräche und/oder Korrespondenz zwischen den Parteien und auch eventuell schon befaßten Anwälten gegeben hat, der Gegner mit „dem Brief" also ohnehin rechnet. Das Folgende gilt in diesen Fällen – mit gewissen Einschränkungen – dann aber entsprechend für die erste Kontaktaufnahme des Anwaltes in Trennungssituationen.

Hier näher zu besprechen sind also die Schreiben an die nicht oder wenig vorbereiteten Gegner, besser gesagt Ehepartner, weil oft erst dieses Schreiben darüber entscheidet, ob der Partner wirklich zum Gegner im Verfahren werden wird. Hier ist allein Fingerspitzengefühl angebracht. Natürlich gilt dies nicht für Fälle, in denen der Ehemann die Mandantin aus der Wohnung geworfen hat, um seine Freundin zu sich nehmen zu können, und ähnlichen Extremsituationen. Bei allen „Normalfällen" kann man aber von der Regel ausgehen: je weniger der Gegner – nach der Schilderung des Mandanten – äußerlich oder innerlich auf die Trennungs- bzw. Scheidungssituation vorbereitet ist, desto größere **Zurückhaltung** ist angebracht. Deutlich wird dies an der anderen Möglichkeit eines Extremfalles, in dem etwa die Mandantin erklärt:

> ,,Mein Mann weiß noch gar nicht, daß ich ausgezogen bin, ahnt es auch nicht. Schreiben Sie ihm schnell einmal einen Brief – und die Scheidung können Sie auch gleich fertigmachen."

All das, was der Anwalt – abgelesen aus Gesetzen, Büchern und Tabellen – in diesem Brief erklärt, wird vom Gegner zumindest auch teilpersönlich als Äußerung seines Partners erfahren. Vertritt man im umgekehrten Fall den Gegner, ist es bei weniger vorsichtigen Anwaltsschreiben regelmäßig schwierig, ihn wieder ,,von der Palme herunterzubringen", also zu erklären, daß es nicht unbedingt der böse Partner war, der dies oder jenes ansprechen und in dieser Weise ausdrücken wollte.

Wer in diesen Situtationen grundlos ,,zu hart rangeht" und glaubt, sich nur einen stilistischen Ausrutscher vorwerfen zu müssen, untertreibt maßlos. Es handelt sich um im Verfahren unter Umständen irreparable **taktische Fehler,** die dem Mandanten viel nervenaufreibende Zeit und Kosten, dem Anwalt eine Menge vermeidbare Arbeit bescheren können.

Natürlich wird es – fallabhängig – immer Dinge geben, die angesprochen werden müssen, auch wenn sie den Gegner ärgern. So hat es wenig Sinn, nur von einer vorläufigen Trennung zu sprechen, wenn der Mandant es sich eben nicht mehr überlegen will. Und wenn ein unterhaltsbedürftiges Kind finanziell nur durch entsprechende Leistungen des Gegners versorgt werden kann, gehört das mit Auskunftsanforderung, Fristsetzung, vorläufiger Berechnung usw. natürlich in das erste Schreiben hinein. Nur gilt auch hier, daß der Ton die Musik macht – ein Sprichwort, das in keinem anderen juristischen Bereich so treffend erscheint wie in der scheidungsvorbereitenden Korrespondenz.

Detaillierte **inhaltliche Anleitungen** lassen sich kaum geben, die anzusprechenden Punkte sind fallabhängig, der ,,Ton" situationsabhängig, wie sie sich nach der Schilderung des Mandanten darstellt. Unter mehr generellen Aspekten sollten diese Briefe aber doch regelmäßig nach folgenden Grundsätzen überprüft werden:

a) **,,Kein Öl ins Feuer gießen",** d. h. emotional belastete Fragen möglichst zurückstellen, insbesondere

b) **Trennungsgründe nicht** ansprechen, wenn nicht unbedingt erforderlich (etwa wegen § 1579 BGB).

c) **,,Kleine Schritte":** Kein Gesamtlösungspaket im ,,Haurucksystem" anbieten. Auf den Gegner, der die Trennungssituation selbst noch nicht einmal ansatzweise verarbeiten konnte, müssen Überlegungen etwa zum Zugewinnausgleich geradezu abstoßend wirken und notwendig Widerstand hervorrufen.

d) **,,Entpersonalisierung":** Bei notwendigerweise doch anzusprechenden unangenehmen Punkten (Unterhalt, Herausgabe persönlicher Gegenstände und ähnlichem) sollte man die Erklärungen weitestgehend in den juristischen Bereich – also mit Zuordnung zum Anwalt – transferieren und damit von der Person des Mandanten distanzieren.

e) **„Nicht schimpfen"**, d. h. aggressionsbelastete Gesichtspunkte des Mandanten erst nach Filtrierung verwenden, was nicht hindert, den entsprechenden Standpunkt in der Sache deutlich zu vertreten (s. o. „Der Ton macht die Musik").

f) Und schließlich das **„Bonbon"**, d. h. – abgesehen von Extremfällen – sollte immer ein Aspekt eingearbeitet sein, der es dem Gegner ermöglicht, den Anwalt als „gerechten", ausgleichenden, quasi – neutralen Gesprächspartner zu akzeptieren.

Als Beispiele können vielleicht die beiden folgenden Schreiben gewisse Anregungen geben, die aber als „Originale" aus der Praxis naturgemäß nicht alle vorbezeichneten Aspekte beinhalten:

Schriftsatz-Muster 7

Herrn
Rolf Müller
Hasengasse 12
7800 Freiburg

Sehr geehrter Herr Müller,

nachdem Sie inzwischen ja geraume Zeit getrennt leben, hat mich nun Ihre Ehefrau, Cornelia Müller, aufgesucht und mit der Vertretung ihrer Interessen beauftragt.

Die mich legitimierende Vollmacht ist in beglaubigter Ablichtung beigefügt.

Unabhängig von der von Ihnen am vergangenen Wochenende angesprochenen Frage, wie bald und in welcher Form ein Scheidungsverfahren durchgeführt werden soll, möchte ich namens meiner Mandantin vorab deutlich darauf hinweisen, daß sie in allen klärungsbedürftigen Punkten eine gütliche Regelung anstrebt und ihr gerade auch im Interesse der Kinder daran gelegen ist, die ohnehin gespannte Atmosphäre auf jedem akzeptablen Weg zu entschärfen.

Dennoch sind – und auch das im Interesse der Kinder – einige Fragen schon jetzt während des Getrenntlebens regelungsbedürftig.

Zum einen handelt es sich um das Umgangsrecht meiner Mandantin mit dem bei Ihnen lebenden Sohn Michael, das nach hier vorliegenden Informationen in der Vergangenheit von Ihnen nicht gerade gefördert wurde, obwohl nach festen familien-psychologischen Erkenntnissen fortbestehende Kontakte mit dem getrennt lebenden Elternteil – abgesehen von krassen Ausnahmefällen – dem Wohl des Kindes und seiner Entwicklung zweifelsfrei förderlich sind. Im Hinblick auf die erhebliche räumliche Entfernung hat meine Mandantin insoweit die Vorstellung, Michael in Abständen von drei bis vier Wochen, dabei insbesondere an den sogenannten langen Samstagen, jeweils für beide Wochenendtage zu sich zu nehmen, darüber hinaus in zeitlichen Teilbereichen der Schulferien. All dies sollte variabel gestaltet und im Einzelfall abgesprochen werden. Nur am Rande ist zu erwähnen, daß eine solche Regelung vom Umfang her unterhalb dessen liegen würde, was die Rechtsprechung dem umgangsberechtigten Elternteil in vergleichbaren Fällen zubilligt. Auch unter Berücksichtigung dieses Umstandes möchte ich Sie um eine kurze Stellungnahme zu der hier vorgeschlagenen Gestaltung der Umgangsbefugnis bitten.

Weiter anzusprechen sind die Unterhaltsfragen:

Ehegattenunterhalt für meine Mandantin wird im Hinblick auf die ja bekannte gegenwärtige Lebenssituation nicht geltend gemacht. Unter der Voraussetzung, daß sich diese Umstände in näherer Zukunft nicht ändern, kann in einer späteren Scheidungsvereinbarung ein Unterhaltsverzicht erklärt werden.

Anders ist dies bezüglich des Kindesunterhaltsanspruches Ihres Sohnes Werner, der bei meiner Mandantin lebt. Die von Ihnen insoweit offensichtlich geäußerte Ansicht, hierum müsse sich der neue Lebenspartner meiner Mandantin kümmern, entbehrt jeder Grundlage in Gesetz und Rechtsprechung. Vielmehr besteht eindeutig ein Kindesunterhaltsanspruch für Werner, für dessen exakte Berechnung ich aber detaillierte Auskünfte über Ihr Einkommen während der vergangenen zwölf Monate benötige. Ich muß Sie daher bitten, mir dieses durch Übersendung geeigneter Unterlagen wie etwa Gehaltsnachweise, Entnahmevereinbarungen, Einkommenssteuerbescheide etc. – berechnet nach brutto und netto – zu belegen.

Dieser Auskunftserteilung, zu der Sie gesetzlich verpflichtet sind, sehe ich

bis 26. Juni 1987

entgegen.

Bis zum Nachweis anderer Beträge gehe ich vorläufig zur Kindesunterhaltsberechnung davon aus, daß Sie aus der GmbH weiterhin monatlich 3200,– DM erhalten. Unter weiterer Berücksichtigung des Umstandes, daß Sie auch das Kindergeld beziehen, berechnet sich der Kindesunterhaltsanspruch von Werner vorläufig wie folgt:

Kindesunterhalt gemäß Gruppe V der zweiten Stufe der Düsseldorfer Tabelle (400,– DM) zuzüglich des anteiligen hälftigen Kindergeldes (40,– DM), insgesamt somit

440,– DM.

Dieser monatlich im voraus zu zahlende Unterhaltsbetrag wird rückwirkend geltend gemacht zum Zeitpunkt der diesbezüglichen Aufforderung durch meine Mandantin, d. h. beginnend mit dem Monat Mai 1987. Somit muß ich Sie auffordern, auf das Konto meiner Mandantin bei der Stadtsparkasse Frankfurt, BLZ 500 501 02 mit der Konto-Nummer 369 0047 12 zunächst die aufgelaufenen Rückstände in Höhe von 880,– DM und beginnend ab 01. 07. 1987 den laufenden Kindesunterhaltsbetrag von 440,– DM zu überweisen. Auch der Überweisung der Rückstände sehe ich innerhalb des oben genannten Zeitraumes, d. h.

bis zum 26. Juni 1987

entgegen.

Sollten Sie – wie meine Mandantin angedeutet hat – bereits feste Vorstellungen zu den Modalitäten eines Scheidungsverfahrens und der Regelung der weiteren Folgesachen, insbesondere des Zugewinnausgleiches, haben, wäre ich verbunden, wenn Sie mir auch hierzu eine Stellungsnahme zukommen lassen würden.

Mit vorzüglicher Hochachtung

Rechtsanwalt

Schriftsatz-Muster 8

Herrn
Bernhard Fischer
Gerhard-Hauptmann-Ring 106
6000 Frankfurt am Main 50

Sehr geehrter Herr Fischer,

wie Sie zwischenzeitlich sicher erfahren haben, hat mich Ihre Ehefrau aufgesucht, um die bestehenden familiären Schwierigkeiten – insbesondere auch vermögensrechtlicher Art – zu besprechen, und mich insoweit mit ihrer Interessenvertretung beauftragt.

Die mich hierfür legitimierte Vollmacht ist in der Anlage beigefügt.

Bewußt nicht angesprochen werden sollen hier die Gründe, die nach Darstellung meiner Mandantin zu einer gewissen Entfremdung geführt haben, und insbesondere der sicher unschöne Vorfall vom vergangenen Wochenende – dies allerdings unter der Voraussetzung, daß sich ein solches Geschehen nicht wiederholt.

Unabhängig von der Frage einer räumlichen Trennung – zunächst wohl im Hause meiner Mandantin – und der Möglichkeit einer eventuellen späteren Wiederaufnahme der ehelichen Lebensgemeinschaft legt meine Mandantin aus verständlichen Gründen Wert auf Klärung der aktuellen vermögensrechtlichen Situation. Dies gilt um so mehr, als sie inzwischen durch Informationen Dritter, jedenfalls in groben Umrissen, über die wirtschaftlichen Hintergründe des notariellen Vertrages vom 02. 12. 1980 unterrichtet worden ist. In diesem Zusammenhang hat meine Mandantin glaubhaft vorgetragen, über die tatsächliche Bedeutung der dort getroffenen Vereinbarung völlig im unklaren gewesen zu sein, da sie die hierfür erforderlichen Informationen – wie etwa Wert des Hausgrundstückes, Valutierung der Grundschuld, Haftung für die dieser zugrundeliegenden Verbindlichkeit, Ihr Jahreseinkommen zur Berechnung des Ehegattenunterhaltsanspruches usw. – nicht bzw. in unzutreffender Höhe erhalten habe.

Für die Richtigkeit dieser Darstellung spricht allein schon die unter Ziffer 6 vorgenommene Berechnung eines Unterhaltsanspruches meiner Mandantin – vor jeder anderen vermögensrechtlichen Absicherung – in Höhe von lediglich 1200,– DM. Nach hier inzwischen vorliegenden Informationen beträgt Ihr Bruttoeinkommen mehr als 240000,– DM jährlich. Selbst unter Berücksichtigung der entsprechend hohen Abzüge, einer Pauschale für berufsbedingte Aufwendungen und des Ihrem Sohn zugesagten Unterhaltsbetrages in Höhe von 1600,– DM verbliebe dann zugunsten meiner Mandantin ein Ehegattenunterhaltsanspruch von jedenfalls mehr als 2500,– DM monatlich. Schon diese Vergleichsberechnung zeigt also, daß meiner Mandantin die für eine soweit reichende Vereinbarung unabdingbaren wirtschaftlichen Zusammenhänge nicht, nicht vollständig oder sogar unrichtig zur Kenntnis gebracht wurden.

Wäre es zu der hier zumindest erforderlichen Aufklärung dahingehend gekommen, daß meine Mandantin allein im Zusammenhang des Ehegattenunterhaltes für die ersten Monate auf einen Betrag von mindestens 1300,– DM monatlich, inzwischen sogar auf einen Betrag von mindestens 2500,– DM monatlich verzichten sollte, würde sich auch unzweifelhaft ein dementsprechender Aufklärungsvermerk des protokollierenden Notars im Vertrag befinden.

Aus diesen Gründen erkläre ich namens meiner Mandantin bezüglich des notariellen Vertrages vom 02. 12. 1980 die

Anfechtung

sowohl wegen Irrtums nach § 119 BGB als auch wegen Täuschung nach § 123 BGB.

Diese Anfechtung wird lediglich vorsorglich erklärt, da der gesamte Vertrag nach §§ 1361 Abs. 4 Satz 3, 1360a Abs. 3, 1614 Abs. 1, 134, 139 BGB nichtig ist. Auch dies folgt aus der unter Ziffer 6 getroffenen Vereinbarung des Ehegattenunterhaltsverzichts. Mangels Differenzierung umfaßt diese Regelung – zumindest auch – den Getrenntlebensunterhalt. Damit verstößt sie gegen die gesetzlichen Vorschriften nach §§ 1361 Abs. 4 Satz 3 und 1360a Abs. 3 in Verbindung mit § 1614 Abs. 1 BGB, ist nach § 134 BGB unwirksam und führt – als wesentlicher Vertragsbestandteil – zur Nichtigkeit des Gesamtvertrages nach § 139 BGB.

Da somit dieser notarielle Vertrag nicht mehr Grundlage einer – wenn auch vielleicht nur vorläufigen – vermögensrechtlichen Auseinandersetzung sein kann, schlägt meine Mandantin vor, in allernächster Zeit eine diesbezügliche Neuregelung zu konzipieren. Gerade im Hinblick auf die ja auch von meiner Mandantin angestrebte Möglichkeit, die eheliche Lebensgemeinschaft später wieder einmal aufzunehmen, sollten die für einen neuen Vertrag erforderlichen Vorbereitungen meines Erachtens nicht nur schriftsätzlich oder telefonisch, sondern in einem gemeinsamen Gespräch erfolgen, bei dem natürlich auch Sie, sehr geehrter Herr Fischer, anwaltlich vertreten sein sollten.

Bitte haben Sie Verständnis dafür, daß ich schon für eine erste Konzeption bereits vor einem solchen Gespräch detaillierte Informationen über Ihre gegenwärtige Vermögenssituation – Grundbesitz und sonstiges Vermögen, Einkommen unter Berücksichtigung aller Zulagen und Gratifikationen – benötige und Sie um eine diesbezügliche Auskunft unter Vorlage entsprechender Belege bitten muß. Die gesetzliche Verpflichtung hierzu besteht nach § 1361 Abs. 4 Satz 3 in Verbindung mit § 1605 BGB.

Mit vorzüglicher Hochachtung

Rechtsanwalt

Bei Beachtung dieser Gesichtspunkte wird es nicht selten möglich sein, emotionsbedingte Schärfen aus Korrespondenz und Gesprächen fernzuhalten und so vielleicht ein einverständliches statt einem streitigen Verfahren zu führen. Mit ausschlaggebend hierfür wird sein, ob der gegnerische Anwalt lediglich als juristisch umsetzendes Sprachrohr des ehemaligen Partners oder mehr als rechtlich neutrales Organ erlebt wird – ein ausschließlich **subjektiv-emotionaler Aspekt** natürlich, denn auch der geschickt taktierende Anwalt muß Interessenvertreter bleiben.

Wichtig ist schließlich, daß all diese Formen der brieflichen Zurückhaltung mit ihren Gründen dem Mandanten erklärt werden müssen. Nimmt man die dargestellte Umsetzung von personeller Wut oder Gleichgültigkeit in gegnergerechte Texte ohne entsprechende Aufklärung des Mandanten vor, wird man auf Negativreaktionen bis hin zur Kündigung des Mandatsverhältnisses nicht lange warten müssen.

(,,Warum erzähle ich dem alles eine Stunde lang, wenn er dann doch nur so einen läppischen Brief schreibt, in dem nichts drin steht!")

2. Das Gespräch ,,zu viert"

Ähnliche Gesichtspunkte, wie eben besprochen, lassen im verfahrensvorbereitenden Stadium nicht selten ein Gespräch zu viert – d. h. unter Beteiligung beider Parteien und beider Anwälte – sinnvoll erscheinen. Ziel ist letztlich auch hier, zu sachgerechten Regelungen zu kommen, die über eine streitige Korrespondenz nicht möglich erscheinen, und damit vielleicht zu einer insgesamt unstreitigen Scheidung.

Aller Erfahrung nach sind diese Gespräche äußerst **zeitaufwendig,** andererseits aber auch nur sinnvoll, wenn sie zeitaufwendig angelegt sind. Hier muß sich jeder aussprechen können, hier muß verhandelt werden – manchmal auch gehandelt, unter Umständen mit Dingen, mit denen man schriftlich niemals handeln könnte. Dabei kann es zu Vereinbarungen kommen, deren Hintergründe in der schriftlichen Konzeption nur noch schemenhaft deutlich werden, deren Hauptgehalt unter Umständen in der Negativfeststellung sonstiger Ansprüche besteht, was aber inhaltlich unter Einbeziehung des sonstigen Textes ein gegenseitiges Nachgeben innerhalb der unterschiedlichsten Regelungsbereiche in einer Form beinhalten kann, die eben der Korrespondenz kaum zugänglich gewesen wäre.

Ob ein solcher Versuch Sinn hat und den Zeitaufwand rechtfertigt, wird man oft mehr erspüren als wissen können. Hilfreich ist in aller Regel ein telefonisches Vorgespräch mit dem auf der Gegenseite tätigen Kollegen, insbesondere wenn man mit dem ,,ganz gut kann". Wird dabei deutlich, daß das Gespräch nur zur Wiederholung schriftlich bereits fixierter Standpunkte führen würde, wäre es schade um die Zeit.

Der Erfahrung nach gilt allerdings: im Zweifel – ja. Nicht selten tauchen in diesen Gesprächen Reste positiver Emotionen auf, die zunächst nicht für möglich gehaltene einverständliche Regelungen unschwer herbeiführen lassen. Vielen fällt es doch wesentlich leichter, sich mit Hilfe der doppelten Distanzierung – zwei Anwälte – zu streiten als im unmittelbaren Gespräch. Und das sollte man im wohlverstandenen Interesse der Parteien nutzen.

3. Sachliche und örtliche Zuständigkeit

Am Anfang der unmittelbaren Prozeßvorbereitungen stehen Zuständigkeitsüberlegungen, die der Anwalt sinnvollerweise natürlich schon beim ersten Beratungsgespräch anstellen wird.[67]

§ 78 ZPO normiert für Ehesachen, Scheidungsfolgesachen[68] im Verbund und Güterrechtssachen mit einem Streitwert von über 5000,– DM den Anwaltszwang.[69] Schon dies zwingt in diesen zahlenmäßig überwiegenden Fällen der Familiensachen den Anwalt, sich über Zuständigkeitsfragen Gedanken zu machen. Denn Auftreten darf er dann nur beim Familiengericht des Amtsgerichts, bei dem er zugelassen ist, und bei den Familiengerichten der Amtsgerichte, bei deren übergeordnetem Landgericht er zugelassen ist.[70]

Die **sachliche Zuständigkeit** der Familiengerichte ist **in § 23b Abs. 1 GVG** in zehn Ziffern recht deutlich geregelt. Der Umfang der Streitfragen und Rechtsprechung hierzu ist daher überschaubar geblieben.

Die in Ziffer 1 der Vorschrift an den Anfang der Aufzählung gestellten ,,Ehesachen" sind in **§ 606 Abs. 1 ZPO** näher definiert als ,,Verfahren auf Scheidung, Aufhebung oder Nichtigerklärung einer Ehe, auf Feststellung

---

[67] Allerdings ist der ,,unzuständige Anwalt" durch die inzwischen auch von der Rechtsprechung ,,abgesegnete" Gebührenteilungspraxis nicht gezwungen, entweder völlig auf das Mandat und die Gebühren zu verzichten oder seinem Mandanten die Zusatzkosten durch Einschaltung eines ,,zuständigen" Kollegen zu verursachen.
S. in diesem Zusammenhang zu dem nach wie vor unterschiedlich gelösten Problem des Anwesenheitsrechts des nicht postolationsfähigen Verkehrsanwaltes *Bauer/Fröhlich* 122f, OLG Stuttgart FamRZ 1983, 523, OLG Hamm FamRZ 1982, 1094f m. Anm. von *Bosch* und OLG Koblenz FamRZ 1987, 404f.

[68] So also auch bei der Protokollierung einer Vereinbarung nach § 1587o BGB. (Vgl. OLG Zweibrücken FamRZ 1987, 84f.) Nicht dagegen z. B. bei FGG-Folgesachen im Rahmen einer Eheaufhebungs- oder Nichtigkeitsklage. S. BGH FamRZ 1982, 586f.

[69] Zur Neukonzeption des UÄndG *Bergerfurth* FamRZ 1985, 545ff.

[70] Zu Einzelfragen *Friederici* 20ff. Zur Konsequenz eines Scheidungsantrages durch einen nicht postulationsfähigen Rechtsanwalt i. R. v. § 1408 Abs. 2 S. 2 BGB s. die in Anm. 50 kurz geschilderte Entscheidung des BGH FamRZ 1987, 365. Spezielle Fragen des Anwaltszwanges im Rahmen der Rechtsmittelverfahren werden dort erörtert.

des Bestehens oder Nichtbestehens einer Ehe zwischen den Parteien oder auf Herstellung des ehelichen Lebens."

Wegen der, wie gesagt, nicht allzu starken Gewichtung muß die Darstellung problematischer Konstellationen in diesem Zusammenhang umfangreicheren Werken vorbehalten bleiben.[71] Wissenswert auch am Anfang sind aber doch einige Fallgruppen – insbesondere aus Nr. 1 und Nr. 5 der Vorschrift: Nicht als Familiensachen (hier: Ehesachen in Nr. 1) angesehen werden Auseinandersetzungen über Ausgleichsansprüche nach § 426 BGB bei gemeinsamen Schulden[72] sowie über gegenseitige Zahlungspflichten aus dem Lohnsteuerjahresausgleich[73], Mitwirkungspflichten an einer gemeinsamen Steuererklärung[74] und Schadensersatzansprüchen aus einer verweigerten Zustimmung[75], anders aber wenn die Zustimmung zum steuerlichen Real-Splitting geltend gemacht wird.[76]

Streit in Literatur und Rechtsprechung besteht in Fällen der sogenannten Ehestörungsklagen.[77]

Im Rahmen der Nr. 5 („gesetzliche Unterhaltspflicht gegenüber einem ehelichen Kind") ist es wichtig, den Text genau zu lesen: damit scheiden als Familiensachen unter anderem aus: Unterhaltspflichten der Großeltern, Unterhaltspflichten des Kindes gegenüber den Eltern,[78] Regreßansprüche eines Scheinvaters[79] und vertraglich begründete Unterhaltsansprüche,[80] nicht aber gesetzlich begründete Unterhaltsansprüche, die durch Vertrag geregelt sind. Letztere gehören zu den Familiensachen.[81]

Ganz sicher praxisrelevant ist schließlich noch die Frage, ob auch die anwaltliche Gebührenklage aus einer Familiensache vom Familiengericht zu entscheiden ist. Die überwiegende Rechtsprechung hat dies bisher – insoweit über den Gesetzestext hinausgehend – mit Hinweis auf die für die Entschei-

---

[71] Einzelfälle mit zahlreichen Literatur- und Rechtsprechungsnachweisen bei *Walter* 4ff. S. auch *Rahm* (*Wohlnick*) II.3 und *Friederici* 3ff.

[72] OLG Karlsruhe FamRZ 1985, 721 und BayObLG FamRZ 1985, 1057 (1058f) sowie OLG Düsseldorf FamRZ 1986, 180f.

[73] OLG München FamRZ 1979, 721 (722f) und OLG Düsseldorf FamRZ 1985, 82f.

[74] OLG Karlsruhe FamRZ 1979, 718, OLG Düsseldorf FamRZ 1984, 805 und *Friederici* 4f m. w. N.

[75] A. A. LG Hannover FamRZ 1985, 405 m. N. abweichender Rechtsprechung und Literatur.

[76] OLG Frankfurt FamRZ 1981, 293f, KG FamRZ 1982, 1020, OLG Köln FamRZ 1982, 383, *Friederici* 5f m. w. N.

[77] Bejahend OLG Celle FamRZ 1980, 242 (243f), verneinend KG FamRZ 1983, 616f und *Walter* 7. Zusammenstellung der Literatur bei *Baumbach/Lauterbach* Anm. 2 E zu § 606.

[78] *Kersten* 1.

[79] BayObLG NJW 1979, 1050f.

[80] OLG Karlsruhe FamRZ 1986, 819.

[81] *Rahm* (*Wohlnick*) II.8.

dung wichtige Verfahrenskenntnis des Familienrichters bejaht.[82] Zum gegenteiligen Ergebnis ist der BGH im Urteil vom 29. 01. 1986 gekommen.[83]

All diese Regelungen der sachlichen Zuständigkeit trifft das Gesetz gemäß §§ 606 Abs. 1, 621 Abs. 1 ZPO „ausschließlich" und entzieht sie damit abweichenden Parteivereinbarungen.

Ebenfalls ausschließliche Regelungen trifft das Gesetz – mit Ausnahme der sogenannten isolierten ZPO-Sachen – für die **örtliche Zuständigkeit** – differenziert nach Verfahrensstand und Verfahrensart.

Die Einzelheiten ergeben sich aus **§§ 606 und 12ff ZPO** und **36,45 FGG** und lassen sich vielleicht am übersichtlichsten durch das Schaubild auf der folgenden Seite darstellen, das auch die Ähnlichkeit der Zuständigkeitsreihenfolgen nach § 606 Abs. 1 ZPO und § 45 FGG deutlich macht.

Hinzuweisen ist auf eine Besonderheit des sogenannten ersten Hilfsgerichtsstandes in § 606 ZPO (oben Nr. 2). Wie dargestellt, ist dort Voraussetzung, daß sämtliche minderjährigen Kinder bei einem der Ehepartner ihren gewöhnlichen Aufenthalt haben. Das läßt sich eigentlich aus dem Gesetzestext auch gut herauslesen – insbesondere durch den deutlichen Anfang des Absatzes 2 in § 606 ZPO: „Ist eine Zuständigkeit nach Abs. 1 nicht gegeben ..." Dennoch kommen Anwälte nicht selten auf den Gedanken, bei einer Aufteilung der Kinder zwischen den Eltern sich den Gerichtsstand aus beiden Aufenthaltsorten der Eltern heraussuchen zu können. Wie das Zitat aus § 606 Abs. 2 ZPO aber zeigt, läßt das Gesetz dies nicht zu.[84] Vielmehr kommt der erste Hilfsgerichtsstand in Wegfall, und man hat – in der vorgeschriebenen Reihenfolge – die nächsten zu prüfen.[85] Dagegen soll nach der überwiegenden Rechtsprechung der erste Hilfsgerichtsstand dann analog zur Anwendung kommen, wenn die minderjährigen Kinder zwar verteilt, nicht aber unter den Ehepartnern aufgeteilt sind.[86]

Bei der nach § 606 Abs. 2 ZPO denkbaren Rechtshängigkeit derselben oder zusammengehöriger Familiensachen vor verschiedenen Gerichten entscheidet **§ 606 Abs. 2 Satz 3 ZPO** nach der **zeitlichen Priorität.** Dies ist im Zusammenhang zu sehen mit der im Schaubild dargestellten Wirkung des **§ 621 Abs. 2 Satz 1 ZPO,** der für „Verfahren in anderen Familiensachen" be-

---

[82] Rechtsprechungs-Zusammenstellung in den Entscheidungen des OLG Hamburg, FamRZ 1985, 409, das von einer Wahlmöglichkeit nach § 34 ZPO ausgeht, und des OLG Schleswig FamRZ 1984, 1119. S. auch BGH FamRZ 1981, 19 (21) und *Friederici* 6 m. w. N.

[83] FamRZ 1986, 347ff mit einer Anm. von *Bosch*.

[84] *Rolland* § 606 ZPO Rdn. 9 m. w. N., OLG Hamm FamRZ 1981, 476f und OLG Koblenz FamRZ 1986, 1119.

[85] Interessanter Sonderfall in der Entscheidung des OLG Frankfurt FamRZ 1984, 806 (keine Wohngemeinschaft, aber dauernde Bindung durch engen räumlichen Bereich einer dörflichen Gemeinde).

[86] BGH FamRZ 1984, 370f m. w. N., OLG Frankfurt FamRZ 1980, 376, *Rolland* § 606 Rdn. 9 m. w. N. und *Friederici* 14.

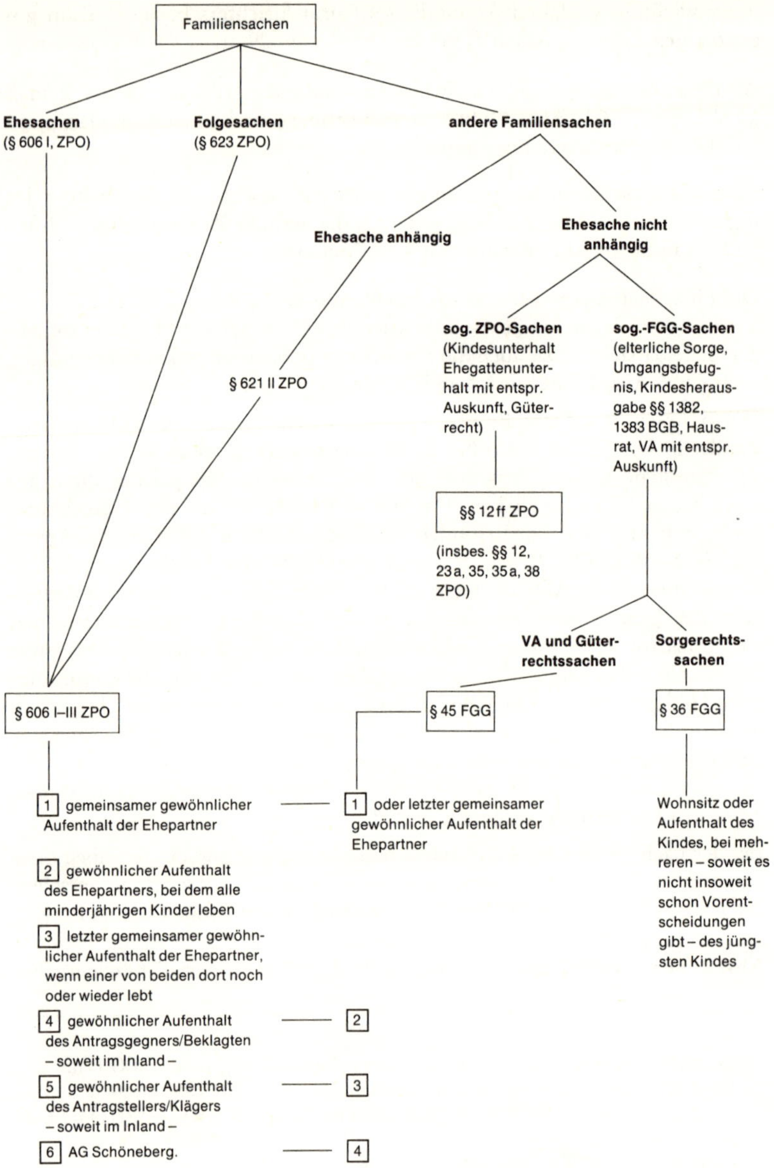
Familiensachen
Ehesachen
(§ 606 I, ZPO)
Folgesachen
(§ 623 ZPO)
andere Familiensachen
Ehesache anhängig
Ehesache nicht anhängig
§ 621 II ZPO
sog. ZPO-Sachen
(Kindesunterhalt Ehegattenunterhalt mit entspr. Auskunft, Güterrecht)
sog.-FGG-Sachen
(elterliche Sorge, Umgangsbefugnis, Kindesherausgabe §§ 1382, 1383 BGB, Hausrat, VA mit entspr. Auskunft)
§§ 12 ff ZPO
(insbes. §§ 12, 23 a, 35, 35 a, 38 ZPO)
VA und Güterrechtssachen
Sorgerechtssachen
§ 606 I–III ZPO
§ 45 FGG
§ 36 FGG
1 gemeinsamer gewöhnlicher Aufenthalt der Ehepartner
1 oder letzter gemeinsamer gewöhnlicher Aufenthalt der Ehepartner
Wohnsitz oder Aufenthalt des Kindes, bei mehreren – soweit es nicht insoweit schon Vorentscheidungen gibt – des jüngsten Kindes
2 gewöhnlicher Aufenthalt des Ehepartners, bei dem alle minderjährigen Kinder leben
3 letzter gemeinsamer gewöhnlicher Aufenthalt der Ehepartner, wenn einer von beiden dort noch oder wieder lebt
4 gewöhnlicher Aufenthalt des Antragsgegners/Beklagten – soweit im Inland –
2
5 gewöhnlicher Aufenthalt des Antragstellers/Klägers – soweit im Inland –
3
6 AG Schöneberg.
4

stimmt: „Während der Anhängigkeit einer Ehesache ist das Gericht ausschließlich zuständig, bei dem die Ehesache im ersten Rechtszug anhängig ist oder war.“ Die Ersthängigkeit der Ehesache konzentriert also die Zuständigkeit des – richtig – angerufenen Gerichtes für alle anderen Familiensachen, nach § 621 Abs. 3 ZPO sogar dann, wenn deswegen vor Rechtshängigkeit der Ehesache bereits ein anderes Familiengericht – richtig – angerufen worden war.[87]

4. Regelungsvorschläge und Vereinbarungsentwürfe nach §§ 630 ZPO und 1587o BGB

§ 630 ZPO verlangt für die im nächsten Kapitel zu besprechende einverständliche Scheidung – in drei Gruppen – Erklärungen, Regelungsvorschläge und Vereinbarungen, die Bestandteil der Antragsschrift sein müssen,[88] im einzelnen

„1. die Mitteilung, daß der andere Ehegatte der Scheidung zustimmen oder in gleicher Weise die Scheidung beantragen wird;
2. den übereinstimmenden Vorschlag der Ehegatten zur Regelung der elterlichen Sorge für ein gemeinschaftliches Kind und über die Regelung des Umgangs des nicht sorgeberechtigten Elternteils mit dem Kinde;
3. die Einigung der Ehegatten über die Regelung der Unterhaltspflicht gegenüber dem Kinde, die durch die Ehe begründete gesetzliche Unterhaltspflicht sowie die Rechtsverhältnisse an der Ehewohnung und am Hausrat.“

Erfahrungsgemäß lassen es die Gerichte ausreichen, wenn all dies einseitig vorgetragen wird,[89] wobei hierzu wegen § 630 Abs. 3 ZPO dann aber der Zusatz gehört, daß die Parteien im Termin über die Gegenstände der Nr. 3 vor dem Scheidungsausspruch einen zu protokollierenden Vergleich schließen möchten.

Unter verschiedenen Aspekten günstiger ist es aber, die entsprechenden Erklärungen und Vorschläge in **von den Parteien selbst unterzeichneten Textentwürfen** mit der Antragsschrift vorzulegen.[90] Insbesondere ist das in den oben näher besprochenen Fällen des Doppelmandates schon zur eigenen standesrechtlichen Absicherung dringend zu empfehlen. Aber auch abgesehen von diesem Aspekt sollte es – so willkommen ein schnelles und einfaches Verfahren auch sein mag – ein Gebot der Fairness sein, den Parteien nicht nur

---

[87] Einzelheiten bei *Friederici* 18.

[88] Zur dogmatischen Einordnung als materiell-rechtliche – oder Sachurteilsvoraussetzung besonderer Art *Göppinger* (Vereinbarungen) Rdn. 38 m. w. N. und *Baumbach/Lauterbach* Anm. 4 zu § 630.

[89] Für die Erklärung nach Nr. 1 genügt ja ohnehin die „Mitteilung“. *Baumbach/Lauterbach* Anm. 2a zu § 630.

[90] So mit Hinweis auf den Gesetzestext („enthalten“) auch *Rolland* § 630 ZPO Rdn. 3b m. w. N. und *Baumbach/Lauterbach* Anm. 2 zu § 630.

ein „Ja“ und „Einverstanden“ abzuverlangen, sondern ihnen den meist doch folgeschweren Inhalt dieser Worte in vollständiger schriftlicher Konzeption noch einmal nach Hause zu schicken.

Muster 9

Herrn
Rudolf Moser
Ringelstr. 9
6000 Frankfurt/M. 60

Sehr geehrter Herr Moser,

wie in meiner Praxis besprochen, übersende ich Ihnen anliegend in Ihrer Familiensache die für die einverständliche Scheidung erforderlichen Vereinbarungsentwürfe mit der Bitte, diese noch einmal genau zu überprüfen. Sollten Sie die einzelnen Regelungspunkte weiterhin akzeptieren, möchte ich Sie bitten, die Originale zu unterzeichnen und mit jeweils einer Kopie an Ihre Ehefrau weiterzuleiten, die sie dann – auch nach Überprüfung und Unterzeichnung – an mich zurücksenden sollte.

Die jeweils zweite Kopie der Entwürfe ist für Sie selbst bestimmt.

Mit freundlichen Grüßen

Rechtsanwalt

Form und Regelungsgegenstand sind durch § 630 Abs. 1 ZPO in gewissem Umfang vorgegeben. Da die Parteien jedoch regelmäßig – verständlicherweise und auch in Übereinstimmung mit der Konzeption des Gesetzgebers – den „endgültigen Schlußstrich“ ziehen wollen, veranlassen sie die Anwälte nicht selten, gerade die Vereinbarungen – d. h. Vergleichsentwürfe – nach § 630 Abs. 1 Nr. 3 ZPO mit allem „vollzupacken“, was noch klärungsbedürftig ist. Vor allem handelt es sich dabei natürlich um die in § 630 Abs. 1 Nr. 3 ZPO nicht aufgezählte güterrechtliche Auseinandersetzung. Hierbei darf der Anwalt nun weder aus Bequemlichkeit noch aus Angst, die Gerichte mit fünfseitigen Vergleichstexten zu ärgern, das ganze zu kurz und oberflächlich abfassen. Die Parteien kennen ihre Situation selbst am besten. Wenn sie auf detaillierte Aufteilungsregelungen etwa bezüglich des Hausrates Wert legen, ist das ein Hinweis dafür, daß nur so zukünftige streitige Auseinandersetzungen hierüber vermieden werden können. Das wissen auch die Familienrichter und stehen erfahrungsgemäß selbst langwierigen Detailregelungen von „Kleinigkeiten“ geduldig gegenüber.

Zu den möglichen **Inhalten** – soweit sie nicht ohnehin durch den Gesetzestext vorgegeben sind – kann im wesentlichen auf die Darstellung der Eheverträge nach § 1408 BGB in der zweiten Fallgruppe der scheidungsvorbereitenden Verträge verwiesen werden.[91]

---

[91] S. o. unter I. 2. Weitergehende Einzelfragen bei *Göppinger* (Vereinbarungen) Rdn. 203ff. Zur auch hier möglichen Nichtigkeit nach § 138 BGB: BGH FamRZ

Übersehen wird manchmal, daß § 630 Abs. 1 ZPO die verschiedenen Erklärungen nicht nur zufällig in **drei Gruppen** unterteilt: Nr. 1 handelt von einer einseitigen Erklärung – der des Antragsgegners –, die dem Gericht mitzuteilen ist, bei Nr. 2 und Nr. 3 geht es um gemeinsame Entscheidungen. Hier differenziert das Gesetz nach den Folgesachen, die durch das Gericht zu entscheiden sind, bei denen sich die Disposition der Parteien also auf ein Vorschlagsrecht beschränkt (Nr. 2), und denjenigen, über die die Parteien freie Vereinbarungen treffen können (Nr. 3). Folgerichtig findet auch nur auf die letztgenannten § 630 Abs. 3 ZPO Anwendung.

Diese gesetzliche Differenzierung sollte auch im schriftsätzlichen Vortrag bzw. den vorgelegten Entwürfen deutlich werden. Sicher ist gerade in den Fällen der ,,ganz einverständlichen Scheidung" – also der Beratung beider Parteien – die Versuchung groß, alles in eine bequeme Gesamtvereinbarung zu packen, in der sich die Parteien auch darüber einigen, daß der Antragsgegner dem Scheidungsantrag zustimmt und der Antragstellerin die elterliche Sorge über die gemeinsame Tochter übertragen wird. Nur – ganz richtig ist das eben nicht. Soweit keine Zweifel bestehen, wie das inhaltlich gemeint ist, sind die Gerichte erfahrungsgemäß zwar bereit, diese Formulierungen ,,richtig" zu verstehen. Aber wenn man sich einen ironischen Hinweis ersparen will,

(,,Über die elterliche Sorge muß eigentlich ich entscheiden, aber die Parteien haben mir das ja abgenommen.")

sollte man entsprechend dem nachstehenden Muster differenzieren nach **Zustimmungserklärung, Regelungsvorschlägen und Vereinbarungs-(Vergleichs-)entwürfen.**[92]

1983, 137ff (,,Eine Scheidungsvereinbarung, in der ein nicht erwerbsfähiger und nicht vermögender Ehegatte auf nachehelichen Unterhalt verzichtet mit der Folge, daß er zwangsläufig der Sozialhilfe anheimfallen muß, kann den guten Sitten zuwiderlaufen und damit nichtig sein, auch wenn sie nicht auf einer Schädigungsabsicht der Ehegatten zu Lasten des Trägers der Sozialhilfe beruht.") und BSG FamRZ 1983, 583 (585), VerwG München FamRZ 1985, 292f sowie BGH FamRZ 1987, 152 (154).

[92] S. auch die Muster bei *Vespermann* Z12 und VGL 13ff.

Muster 10

Rudolf Moser
Ringelstr. 9
6000 Frankfurt 60

Zustimmungserklärung

In der Familiensache

Irmgard Moser ./. Rudolf Moser

stimme ich der von meiner Ehefrau beantragten Scheidung unserer Ehe zu.

Frankfurt/Main, den ...

....
(Rudolf Moser)

Muster 11

Irmgard Moser
Frankenalle 121
6000 Frankfurt/Main 1

Rudolf Moser
Ringelstr. 9
6000 Frankfurt/M. 60

Gemeinsamer Vorschlag
zur Regelung der elterlichen Sorge und der Umgangsbefugnis

In der Familiensache

Irmgard Moser ./. Rudolf Moser

schlagen die Parteien dem Familiengericht übereinstimmend vor, die elterliche Sorge über die gemeinsame Tochter Sonja, geb. am 18. 12. 1980 in Frankfurt/Main, wohnhaft bei der Antragstellerin, auf diese zu übertragen.

Wie es bisher schon geschieht, wird die Antragstellerin dem Antragsgegner auch in Zukunft eine großzügige Umgangsbefugnis mit der Tochter einräumen, die weitestgehend an den Bedürfnissen des Kindes ausgerichtet wird. Alle Besuche werden ausreichende Zeit zuvor zwischen den Parteien abgesprochen. Der Antragsgegner nimmt Sonja in der Regel jedes zweite Wochenende – auch über Nacht – zu sich. Dies soll auch in Zukunft so gehandhabt werden.

Frankfurt/Main, den ...

....
(Irmgard Moser)

Frankfurt/Main, den ...

....
(Rudolf Moser)

Irmgard Moser
Frankenallee 121
6000 Frankfurt/Main 1

Rudolf Moser
Ringelstr. 9
6000 Frankfurt/Main 60

Vereinbarung über Unterhalt,
Ehewohnung, Hausrat Zugewinnausgleich und Verfahrenskosten

In der Ehesache

Irmgard Moser ./. Rudolf Moser

schließen die Parteien für den Fall der Scheidung ihrer Ehe folgenden Vergleich:

1. Kindesunterhalt:

   Auf der Grundlage folgender Vermögensverhältnisse:

Antragstellerin	– monatliches Nettoeinkommen von 350,– DM
Antragsgegner	– monatliches Nettoeinkommen von 2820,– DM
Kind	– ohne Einkommen, vermögenslos

   verpflichtet sich der Antragsgegner, für die gemeinsame Tochter Sonja, geb. am 18. 12. 1980, zu Händen der Antragstellerin einen im voraus fälligen monatlichen Kindesunterhaltsbetrag in Höhe von 270,– DM zu zahlen. Die hälftige Anrechnung des staatlichen Kindergeldes ist in diesem Betrag bereits berücksichtigt.

2. Ehegattenunterhalt:

   Auf der Grundlage der unter Ziffer 1 bezeichneten Vermögensverhältnisse verpflichtet sich der Antragsgegner, der Antragstellerin einen im voraus fälligen monatlichen Ehegattenunterhaltsbetrag von 756,– DM zu zahlen.

   Beide Parteien verpflichten sich wechselseitig, den jeweils anderen über wesentliche Veränderungen der Vermögensverhältnisse unaufgefordert zu unterrichten.

3. Ehewohnung:

   Die früher gemeinsame Ehewohnung in der Frankenallee 121, 6000 Frankfurt/Main 1 wird seit der Trennung der Parteien Anfang März 1984 im erklärten Einverständnis mit der Vermieterin von der Antragstellerin und dem Kind alleine bewohnt.

4. Hausrat:

   Von den größeren Hausratsgegenständen erhält die Antragstellerin die Einbauküche, den Wohnzimmerschrank, die Gefriertruhe und die Küchenstühle, der Antragsgegner das Sofa, die Stereo-Anlage mit Boxen, den Wohnzimmmertisch und das Bett.

   Die kleineren Hausratsgegenstände sind bereits bei der Trennung geteilt worden.

5. Zugewinnausgleich:

Die Parteien sind sich darüber einig, daß der Pkw Opel Kadett, Baujahr 1983, der seit der Trennung vom Antragsgegner alleine benutzt wird, diesem verbleiben und in sein Alleineigentum übergehen soll. Die Antragstellerin erhält den Prämiensparvertrag bei der Stadtsparkasse Frankfurt mit einem Einzahlungsbetrag von gegenwärtig 3500,– DM. Das Guthaben auf dem Sparbuch bei der Stadtsparkasse Frankfurt in Höhe von etwa 4800,– DM wird abgehoben und hälftig geteilt. Ebenso wird der gegenwärtig mit 12500,– DM valutierende Bausparvertrag aufgelöst und die entsprechende Ansparsumme hälftig geteilt.

Weitere Zugewinnausgleichsansprüche oder sonstige vermögensrechtliche Ansprüche zwischen den Parteien, insbesondere auch Ehegattenunterhaltsansprüche bis Ende 1986, bestehen nicht.

6. Verfahrenskosten:

Die Parteien beabsichtigen, alle im Rahmen des Scheidungsverfahrens anfallenden Kosten hälftig zu übernehmen, und beantragen beim Familiengericht eine insoweit von § 93a ZPO abweichende Kostenentscheidung.

Frankfurt/Main, den ...	Frankfurt/Main, den ...
....	....
(Irmgard Moser)	(Rudolf Moser)

Nicht ganz selten wird man mit Bedauern erleben, daß das vielleicht arbeitsaufwendige Bemühen um einverständliche Regelungen nur zu einem kurzfristigen (Schein-)Erfolg geführt hat: bewogen durch „bessere" Beratung oder einen oft von den Regelungsgegenständen ganz unabhängigen Streit „macht eine der Parteien nicht mehr mit", verweigert z. B. die früher erklärte Zustimmung zur Scheidung oder streitet über die Übertragung der elterlichen Sorge.[93] Mit gewisser Erfahrung lassen sich diese Fälle zum Teil vorhersehen, insbesondere wenn man beide Parteien kennt. Weiß man, solchen Ahnungen trauen zu können, wird man sie dadurch nutzen, daß man für getrennte anwaltliche Betreuung der Parteien sorgt, auch wenn sie noch einen ganz harmonischen Eindruck machen. Denn – wie oben breiter dargestellt – würde im Falle eines Doppelmandats das spätere Zerwürfnis der Parteien ja jedes weitere Tätigwerden des zunächst befaßten Anwaltes ausschließen – egal für welche Seite.

---

[93] Generell zur Widerruflichkeit von Scheidungsfolgenvereinbarungen *Zöller (Philippi)* Rdn. 11 zu § 630 mit Hinweis auf AG Berlin-Charlottenburg FamRZ 1981, 787 (788): „Widerruft ein Ehegatte im Laufe des Scheidungsverfahrens die Zustimmung zur Scheidung, werden die getroffenen Vorschläge und Vereinbarungen der Parteien im Sinne des § 630 Abs. 1 Nr. 2 und 3 ZPO grundsätzlich analog § 630 Abs. 2 ZPO gegenstandslos."

Weniger problematisch – jedenfalls für den Anwalt – ist der nachträgliche **Zustimmungs- oder Einigungswegfall** im Normalfall des einseitigen Mandats. Geschieht dies vor Einreichung des Scheidungsantrages, muß eben ein streitiges Verfahren mit entsprechenden Anträgen zu den Folgesachen eingeleitet werden. Endet die Einverständlichkeit während des Verfahrens, ist es nicht etwa erforderlich, eine neue – nun streitige – Antragsschrift einzureichen. Vielmehr genügt die schriftsätzliche Mitteilung, daß und warum das Verfahren nun als streitiges geführt werde, gegebenenfalls mit entsprechend ergänzendem Sachvortrag.[94]

Schriftsatz-Muster 13

Amtsgericht
– Familiengericht –
6000 Frankfurt am Main

In der Familiensache
Höfer
– 122 F 433/84 –

ist es nicht gelungen, die im Scheidungsantrag vom 18. 12. 1986 angekündigte einverständliche Regelung gemäß § 630 ZPO herbeizuführen.

Prozeßkostenhilfegesuch und Scheidungsantrag werden daher nun im

streitigen Verfahren

gestellt.

Auch hiernach sind die Voraussetzungen für die Scheidung der Ehe gegeben. Die Parteien leben länger als ein Jahr räumlich getrennt. In dieser Zeit ist von keiner der Parteien der Versuch unternommen worden, die Lebensgemeinschaft wieder aufzunehmen. Auch für die Zukunft ist der Antragsteller nicht gewillt, mit der Antragsgegnerin wieder in Verbindung zu treten.

Wenn diese nun nicht mehr bereit ist, dem Scheidungsantrag zuzustimmen, dürfte der Grund hierfür allein in den in der mündlichen Verhandlung vom 06. 04. 1987 bereits erörterten ausländerrechtlichen Problemen zu suchen sein.

Damit steht fest, daß die Ehe gescheitert ist.

Rechtsanwalt

---

[94] *Zöller (Philippi)* Rdn. 3 zu § 630 m. w. N. und *Borgmann* FamRZ 1985, 330. Interessant zum „nachträglichen" Einigungswegfall, d. h. nach Abschluß des Scheidungsverfahrens, die Entscheidung des AG Euskirchen FamRZ 1986, 1092f (Wegfall der Vergleichsgrundlage durch Aufhebung eines Steuerbescheides nach einer Betriebsprüfung).

Ebenso läßt sich durch nachträglichen Vortrag ein zunächst streitiges Verfahren in ein einverständliches überleiten.[95]

Anders als die Folgesachen in § 630 Abs. 1 Nr. 3 ZPO stellt das Gesetz den **Versorgungsausgleich** nicht zur freien Disposition der Parteien. Vereinbarungen hierüber – soweit sie die gerichtliche Entscheidung ersetzen und nicht nur eine zusätzliche Detailregelung treffen wollen[96] – regeln sich nach **§ 1587o BGB** und bedürfen unter anderem der familiengerichtlichen Genehmigung (§ 1587o Abs. 2 Satz 3 BGB).[97] Und das steht keineswegs nur auf dem Papier. Zwar deutet die Einleitung des folgenden Satzes (§ 1587o Abs. 2 Satz 4 BGB) auf eine weitgehende Zurückhaltung der Gerichte hin („... soll nur verweigert werden, wenn ..."). Liest man die Vorschrift zu Ende, wird aber der gesetzgeberische Auftrag zu einer recht umfangreichen Sozialsicherungs- und Billigkeitsprüfung („... die vereinbarte Leistung nicht zur Sicherung des Berechtigten für den Fall der Erwerbsunfähigkeit und des Alters geeignet ist oder zu keinem nach Art und Höhe angemessenen Ausgleich unter den Ehegatten führt.") deutlich, den die Gerichte erfahrungsgemäß auch ernst nehmen.[98]

Mit einer Genehmigung darf man z. B. dann nicht rechnen, wenn die Vereinbarung einen entschädigungslosen Verzicht enthält[99] oder trotz nicht unerheblicher Anwartschaften des einen Partners zum Ergebnis führt, daß der eigentlich Ausgleichsberechtigte im Alter auf die Sozialhilfe angewiesen sein würde.[100]

Inhaltlich ist die Vereinbarungsgestaltung nicht auf die Möglichkeiten der gesetzlichen Versorgungsausgleichsverfahren – etwa durch Vereinbarung des schuldrechtlichen Versorgungsausgleichs – beschränkt. Das wird schon aus § 1587o Abs. 2 Satz 4 BGB deutlich, der im Rahmen der familiengerichtlichen Überprüfung die „Einbeziehung der Unterhaltsregelung und der Vermögensauseinandersetzung" vorschreibt. Nicht selten enthalten die Vereinbarungen als Ausgleichswerte daher die Übereignung von Grundvermögen oder eine Unterhaltsverpflichtung überdurchschnittlichen Umfanges, die den Berechtigten in die Lage versetzen soll, sich – etwa durch Beitragsleistungen zu einer privaten Lebensversicherung – abzusichern.[101]

Gesetzlich beschränkt ist die inhaltliche Gestaltung der Parteien durch § 1587o Abs. 1 Satz 2 BGB, wonach die Begründung oder Übertragung von

---

[95] *Göppinger* Rdn. 43, *Rolland* Rdn. 3 zu § 630 ZPO.

[96] So in dem vom LG Freiburg FamRZ 1984, 180 entschiedenen Fall.

[97] Zur verfassungsrechtlichen Unbedenklichkeit BVerfG FamRZ 1982, 677 und 769ff und *Lohmann* 174f.

[98] Zu weitgehend daher *Palandt* § 1587o Anm. 1, der meint, die Vorschrift stelle die Privatautonomie im Bereich des Versorgungsausgleichs wieder her.

[99] Fallbeispiel in der Entscheidung des OLG Düsseldorf FamRZ 1986, 68ff.

[100] Weitergehende Fallgruppen bei *Palandt* § 1587o Anm. 3a. Umfassend *Rolland* Rdn. 23ff zu § 1587o BGB m. zahlr. w. N und BGH FamRZ 1987, 467f.

[101] Fallgruppen und Formulierungsbeispiele bei *Langenfeld* Rdn. 469ff. Weitere Möglichkeiten bei *Göppinger* (Vereinbarungen) Rdn. 434ff. Umfassendes Begründungsbeispiel bei *Strohm* im Beck'schen Prozeßformularbuch II H17.

Anwartschaftsrechten gemäß § 1587b Abs. 1 und 2 – jedenfalls bei Erhöhung gesetzlich zu übertragender Anwartschaften (sogenanntes Super-Splitting[102]) – nicht zulässig ist. Diese bleiben damit allein der richterlichen Entscheidung vorbehalten, soweit die Parteien eben nicht eine zu genehmigende andere Regelung treffen. Nicht ausgeschlossen ist dagegen die Vereinbarung einer Begründung von Anwartschaften durch Beiträge im Sinne von § 1587b Abs. 3 und 5 BGB.[103]

Bereits an anderer Stelle wurde darauf hingewiesen, daß solche Beratungen und Vereinbarungsvorschläge für den Anwalt erhebliche Haftungsrisiken mit sich bringen. Nicht nur im Interesse der Mandanten verbietet es sich daher, entsprechende Berechnungen leichtfertig ,,über den Daumen“ vorzunehmen. In aller Regel wird man sich zunächst durch Auskünfte der Versicherungsträger über die Anwartschaften zu informieren haben,[104] die man nach den Grundsätzen der sogenannten **Auskunfts VO** erhält:

§ 1 Abs. I Versicherten ist auf Antrag, der durch einen Rechtsanwalt zu stellen ist, den sie schriftlich zur Vertretung ihrer Interessen in einer Ehescheidungsangelegenheit bevollmächtigt haben, Auskunft über die Höhe (. . .) für die bisherige Ehezeit zu berechnenden Anwartschaft auf Altersruhegeld zu erteilen; dem Antrag ist die Vollmacht des Rechtsanwalts beizufügen (. . .)

Abs. III Versicherten ist auf Antrag auch dann Auskunft zu erteilen, wenn der Antrag durch einen Notar gestellt wird, den sie ersucht haben, eine Vereinbarung über den Versorgungsausgleich entsprechend § 1587o des Bürgerlichen Gesetzbuches zu beurkunden. Dem Antrag ist eine Vollmacht zur Einholung der Auskunft beizufügen.

Zur **Berechnung** der Versorgungswerte hilft die Literatur mit Tabellen und Rechenbeispielen.[105] Wer aber damit nicht zweifelsfrei klar kommt, sollte sich nicht scheuen, einen Rentensachverständigen oder Rentenberater und – bei entsprechend naheliegenden Zusammenhängen – auch einen Steuerberater zu bemühen. Diese Kosten trägt – nach Belehrung hierüber – der Mandant, die eines Regresses – jedenfalls in Höhe des Selbstbehaltes und der Negativwerbung – gingen zu Lasten des Anwaltes.[106]

---

[102] Im einzelnen hierzu *Rolland* Rdn. 13 zu § 1587o BGB. Ablehnend u. a. BGH NJW 1982, 448 (449), a. A. *Langenfeld* Rdn. 499ff.

[103] Vgl. *Göppinger* (Vereinbarungen) Rdn. 409a.

[104] Zumal die Gerichte hierzu nach überwiegender Meinung im Rahmen der Überprüfung der Genehmigungsfähigkeit nicht verpflichtet sind (so *Strobel* im Münchner Kommentar Rdn. 33a zu § 1587o BGB m. w. N.).

[105] *Bergner* z. B. in NJW 1977, 1750ff und NJW 1979, 354ff.

[106] Ausführlich zu den entsprechenden Haftungsproblemen der Notare *Langenfeld* Rdn. 515f: ,,Übernimmt er eigenverantwortlich die Ermittlung der Anwartschaften, die Beratung der Beteiligten und die Gestaltung der Scheidungsvereinbarung, so handelt es sich um die Übernahme eines Auftrages gemäß § 24 BNotO mit der Folge, daß er im Umfang der übernommenen Beratung voll haftet. Der Notar kann und sollte im Regelfall mangels ausreichender Spezialkenntnisse die Übernahme eines derartigen Betreuungsauftrags ablehnen und die Beteiligten an den spezialisierten Anwalt und/oder Rechtsbeistand für Versorgungsausgleich verweisen. Regelmäßig sollte der Notar die Einholung eines Gutachtens eines anerkannten Sachverständigen (. . .) anregen.“

Natürlich gibt es auch ganz offenkundige Fälle, in denen man unter Umständen sogar ohne Rentenauskünfte beraten kann: etwa bei fast deckungsgleichen Beschäftigungszeiten und Einkünften nach kurzer Ehedauer junger Parteien, die beide nicht im Grenzbereich einer Wartezeiterfüllung liegen. In diesen Fällen – die man aber als Ausnahmen begreifen muß – läßt sich dann einmal ohne weitergehende Berechnung ein wechselseitiger Verzicht vertreten. Allerdings muß man damit rechnen, daß das Gericht sich auf den Vortrag der Parteien nicht verläßt und vor Vorlage der Rentenauskünfte die Vereinbarung nicht genehmigt. Wenn es dann doch zum Auskunftsverfahren kommt,[107] wird der eigentliche Zweck dieser Art der Versorgungsausgleichsvereinbarungen – die Verfahrensbeschleunigung – letztlich doch verfehlt. Aber mit einiger Erfahrung kennt man ja ,,seine" Familienrichter, kann abschätzen, welche Vereinbarungen ohne Auskunftsverfahren genehmigt werden, und die Mandanten entsprechend über die Verfahrensdauer informieren.

Bezüglich der **Form** schreiben §§ 1587o Abs. 2 Satz 1 und 2 und 127a BGB die notarielle Beurkundung oder die gerichtliche Protokollierung vor, so daß es – wie bei § 630 Abs. 3 ZPO – auch hier genügt, in den Vereinbarungstext Protokollierungsabsicht und Genehmigungsantrag aufzunehmen:

Muster 14

Angelika Frey Schweizer Str. 70 6000 Frankfurt-Sachsenhausen	Herbert Frey Homburger Landstr. 80 6000 Frankfurt/M. 50

Vereinbarung
gemäß § 1587o BGB
über den Ausschluß des Versorgungsausgleichsverfahrens

In der Familiensache

Angelika Frey ./. Herbert Frey

beantragen die Parteien übereinstimmend, den folgenden Ausschluß des Versorgungsausgleichsverfahrens familiengerichtlich zu genehmigen:

> ,,Unsere Ehe besteht nun seit knapp drei Jahren, zusammen gelebt haben wir aber nur etwa ein Jahr und acht Monate.
>
> Vor Beginn unserer Ehe haben wir uns beide in beruflichen Ausbildungsverhältnissen befunden und dann einen Monat bzw. vier Monate nach unserer Eheschließung unsere jetzige berufliche Tätigkeit aufgenommen. Seit diesem Zeitpunkt verfügen wir über annähernd gleich hohe monatliche Bruttoeinkommen, deren Differenz nie größer als zehn Prozent war. Unsere Beschäftigungsverträge sind ungekündigt und auf Dauer angelegt.

---

[107] *Bergner* NJW 1977, 1753f hält dies ohnehin auch für die Genehmigung für obligatorisch.

Im Hinblick darauf, daß wir nur relativ kurze Zeit zusammen gelebt haben, unsere Ehe kinderlos geblieben ist und wir – wie bisher – weiterhin beabsichtigen, eine eigenständige, vom Partner unabhängige Existenz aufzubauen und von Alter und Ausbildung her hierzu auch in der Lage sind, verzichten wir gegenseitig auf die Durchführung des gesetzlichen Versorgungsausgleichs im Rahmen unseres Scheidungsverfahrens."

Frankfurt, den	Frankfurt, den ....
....	....
(Angelika Frey)	(Herbert Frey)

---

5. Prozeßkostenhilfe und Prozeßkostenvorschuß

a) Keine Prozeßkostenhilfe ohne Antrag, Voraussetzungen

Die Bewilligung der Prozeßkostenhilfe und die Beiordnung des Rechtsanwalts setzen immer einen Antrag voraus. Am sichersten ist es, den **Antrag für jedes Verfahren** – betreffe es eine Hauptsache, eine Folgesache (nach § 624 II ZPO erstreckt sich die Bewilligung der Prozeßkostenhilfe für die Scheidungssache nur auf die amtswegigen Folgesachen Regelung der elterlichen Sorge und Versorgungsausgleich), einen Antrag auf Erlaß einer einstweiligen Anordnung oder einstweiligen Verfügung oder eine Zwangsvollstreckungssache – **in jedem Rechtszug gesondert zu stellen.** Die Prozeßkostenhilfebewilligung und Rechtsanwaltsbeiordnung müssen **rechtzeitig** beantragt werden. In der Regel werden sie gleichzeitig mit dem Antragsschriftsatz, der Klage- oder Rechtsmittelschrift beantragt. Dabei ist deutlich zu machen, ob das Verfahren nur für den Fall der Bewilligung von Prozeßkostenhilfe oder unbedingt in Gang gesetzt werden soll.[108] Die Antragstellung im Laufe eines Verfahrens ist möglich. Wird der Bewilligungsantrag jedoch erst nach Abschluß der Instanz oder nach Rechtskraft gestellt, so muß mit der Zurückweisung des Antrags als verspätet gerechnet werden. Für das sogenannte Prozeßkostenhilfeprüfungsverfahren nach § 118 ZPO darf keine Prozeßkostenhilfe bewilligt werden.[109] Es ist aber daran zu denken, daß bis zur Klageerhebung ein Anspruch nach dem Beratungshilfegesetz bestehen kann. Für einen Vergleich im Erörterungstermin nach § 118 I S. 3 ZPO wird die Bewilligung von Prozeßkostenhilfe bejaht.[110] Also: Antrag nicht vergessen! Jeder Antrag bedarf einer **Begründung.** Aus der Begründung muß sich ergeben, daß die subjektiven und objektiven Voraussetzungen für die Bewilligung der Prozeßkostenhilfe nach § 114 ZPO vorliegen. Diese **Voraussetzungen** sind:

---

[108] BGHZ 4, 328, 333.
[109] BGHZ 91, 311 = NJW 1984, 2106.
[110] OLG Schleswig FamRZ 1985, 88. BGH NJW 1988, 494f auch für einen außergerichtlichen Vergleich im Rahmen der Prozeßkostenhilfe.

- Die antragstellende Partei muß prozeßkostenhilfebedürftig sein. Sie ist bedürftig, wenn sie nach ihren persönlichen und wirtschaftlichen Verhältnissen die Kosten der Prozeßführung nicht, nur zum Teil oder nur in Raten aufbringen kann (aa).
- Die beabsichtigte Rechtsverfolgung oder Rechtsverteidigung muß hinreichende Aussicht auf Erfolg bieten (bb) und
- darf nicht mutwillig erscheinen (cc).

aa) Prozeßkostenhilfebedürftigkeit

Zur Feststellung ihrer persönlichen und wirtschaftlichen Verhältnisse muß die antragstellende Partei den amtlichen Vordruck richtig und vollständig ausfüllen und unterzeichnen (§ 117 II, IV ZPO). **Die Erklärung der Partei über ihre persönlichen und wirtschaftlichen Verhältnisse nebst entsprechenden Belegen ist nach § 117 II ZPO** dem Prozeßkostenhilfeantrag **beizufügen.** Die Beachtung der dem amtlichen Vordruck beigegebenen Ausfüllhinweise wird empfohlen. Häufig wird das Prozeßkostenhilfeprüfungsverfahren dadurch verzögert, daß der Vordruck nicht sorgfältig, insbesondere unvollständig ausgefüllt ist und die entsprechenden Belege ganz oder zum Teil fehlen. Wirkt der Anwalt beim Mandanten nicht ausreichend auf Richtigkeit und Vollständigkeit der Angaben und Belege hin, so werden Hinweise und Rückfragen des Gerichts erforderlich. Abgesehen von diesem Zeitverlust muß immer wieder in Prozeßkostenhilfeprüfungsverfahren festgestellt werden, daß unvollständig ausgefüllte Erklärungen sich zum Nachteil der Parteien auswirken können, z. B. wenn abzugsfähige Verbindlichkeiten nicht angegeben und/oder nicht belegt werden. Hier droht dem Rechtsanwalt eine **Regreßgefahr.** Denn nach hier vertretener Ansicht muß er die bedürftige Partei nicht nur auf die Möglichkeit der Gewährung von Prozeßkostenhilfe hinweisen,[111] sondern auch entsprechend beraten. Diese Verpflichtung drängt sich bei offensichtlich unvollständigen Angaben bzw. Belegen geradezu auf. Mehr Sorgfalt beim Ausfüllen des Vordrucks liegt schließlich im **Gebühreninteresse** des Anwalts. Er bringt sich um seinen Anspruch aus § 124 BRAGO, wenn der Partei wegen unvollständiger Angaben ratenfreie Prozeßkostenhilfe bewilligt wird, obwohl bei vollständiger Erklärung Prozeßkostenhilfe nur mit Ratenzahlung bewilligt worden wäre.

Im einzelnen gilt folgendes: Die Partei muß ihr **Bruttoeinkommen angeben.** Zum Einkommen gehören nach § 115 I 2 ZPO alle Einkünfte in Geld oder Geldeswert. Es ist in erster Linie an die im amtlichen Vordruck genannten Einkommensarten zu denken. Beispielsweise müssen aber auch Weihnachtsgeld und Urlaubsgeld[112] sowie Arbeitslosengeld[113] berücksichtigt werden. Nicht dazu gerechnet werden sollten das Kindergeld,[114] und die vermögenswirksamen Leistungen von monatlich 52,– DM.[115] Bei dem Kindergeld

[111] OLG Düsseldorf MDR 1984, 937.
[112] OLG Frankfurt FamRZ 1984, 632; OLG Düsseldorf FamRZ 1984, 986.
[113] OLG Nürnberg JurBüro 1984, 1093.
[114] OLG Frankfurt FamRZ 1982, 418; OLG Düsseldorf FamRZ 1982, 513.
[115] OLG Frankfurt FamRZ 1984, 632; OLG Düsseldorf FamRZ 1984, 986.

handelt es sich um eine staatliche Leistung, die über die Entlastung der Eltern auch den Kindern zugute kommen soll. Es wäre zweckwidrig, wenn der Staat die mit der einen Hand gegebene Leistung mit der anderen nehmen könnte. Kindergeld wird nicht zur Entlastung der Prozeßkostenhilfeetats der Länder gezahlt. Die vermögenswirksamen Leistungen beruhen auf einem Sparvertrag, dessen Kündigung dem Antragsteller im Verhältnis zum Staat wegen Schädlichkeit nicht zuzumuten ist. Diese Sparleistungen sind damit für den Antragsteller nicht verfügbar.

Von dem Einkommen sind nach § 115 I 3 ZPO in entsprechender Anwendung des § 76 II BSHG **abzusetzen:**

- auf das Einkommen entrichtete Steuern,
- Pflichtbeiträge zur Sozialversicherung einschließlich der Arbeitslosenversicherung,
- Beiträge zu öffentlichen oder privaten Versicherungen oder ähnlichen Einrichtungen, soweit diese Beiträge gesetzlich vorgeschrieben oder nach Grund und Höhe angemessen sind,
- die mit der Erzielung des Einkommens verbundenen notwendigen Ausgaben.

Als Beispiele sind neben Steuern und Sozialabgaben hier zu nennen die private Kranken- und Lebensversicherung, die Kfz-Haftpflicht-, die Privathaftpflicht- und die Hausratversicherung sowie die Fahrtkosten zur Arbeit. Unterhaltsleistungen aufgrund gesetzlicher Unterhaltspflicht sind in die Tabelle Anlage 1 zu § 114 ZPO mit Freibeträgen eingearbeitet (bei einem Unterhaltsberechtigten mit 450,– DM und bei jedem weiteren mit 275,– DM monatlich). Zu der Frage, wer als Unterhaltsberechtigter zu berücksichtigen ist, gab es zahlreiche Rechtsmeinungen.[116] Als Konsequenz aus dem Grundsatz der Gleichwertigkeit von Bar- und Naturalunterhalt (vgl. § 1606 III 2 BGB) müßte in Familiensachen der Elternteil, der das Kind betreut, die Berücksichtigung dieser gesetzlichen Unterhaltspflicht verlangen können, und der Elternteil, der die finanziellen Unterhaltsleistungen für das Kind aufbringt, ebenfalls. § 115 III und IV ZPO in der Fassung des Gesetzes zur Änderung von Kostengesetzen vom 9. Dezember 1986 (im folgenden abgeküzt n.F.) enthalten jedoch bei Barunterhaltsleistungen folgende Regeln: Eine gesetzliche Barunterhaltspflicht wird bei Anwendung der Tabelle nicht berücksichtigt. Die Unterhaltsrente wird vom Einkommen der zahlenden Partei abgezogen, soweit dies angemessen ist (§ 115 III ZPO). Hat das unterhaltsberechtigte Kind aufgrund der Zahlungen des barunterhaltspflichtigen Elternteils eigenes Einkommen, so wird es bei der Anwendung der Tabelle auf Seiten des betreuenden Elternteils nicht berücksichtigt.[116a] Dies gilt nur dann nicht, wenn bei einer Zusammenrechnung der Einkommen des betreuenden Elternteils als Partei und des unterhaltsberechtigten Kindes eine geringere oder keine Monatsrate zu zahlen ist (§ 115 IV ZPO). Als **besondere Belastungen** im Sinne des § 115 I 3 Halbsatz 2 ZPO kommen in Betracht Zahlungsverpflichtungen für notwendige Anschaffungen (Hausrat oder Kraftfahrzeug),

---

[116] *Wax* FamRZ 1985, 13/14; *Schneider* MDR 1985, 443 mit Nachweisen.
[116a] OLG Bamberg FamRZ 1987, 961.

die vor Prozeßbeginn eingegangen worden sind,[117] sowie die um einen fiktiven Mietzins zu kürzenden Zins- und Tilgungsleistungen für ein Familienheim.[118] Nicht zuletzt bei hohen Mieten ist an die Abzugsfähigkeit besonderer Belastungen zu denken. Die Kosten der Unterkunft sind in der Tabelle Anlage 1 zu § 114 ZPO in dem Mindestbetrag in Höhe von 850,– DM für einen Alleinstehenden mit 156,– DM, also rund 18% berücksichtigt. Ein Teil der Rechtsprechung erkennt daher die Kaltmiete, soweit sie die monatliche Unterkunftspauschale von 156,– DM übersteigt, als besondere Belastung an.[119] Ein anderer Teil der Rechtsprechung sieht die Kaltmiete nur insoweit als besondere Belastung an, als die Miete 18% des Nettoeinkommens übersteigt, das dem Antragsteller nach Abzug aller anzuerkennenden Ausgaben verbleibt.[120] An der Mietpauschale zeigt sich beispielhaft, daß die Tabellenwerte vom Stand 1. Januar 1979 durch die in der Zwischenzeit eingetretene Steigerung der Lebenshaltungskosten längst überholt sind. Der BFH hat diese Kostensteigerung als besondere Belastung berücksichtigt.[121]

Die Partei muß weiter ihr **Vermögen angeben.** Sie muß das Vermögen einsetzen und verwerten, soweit dies zumutbar ist (§ 115 II ZPO). Nicht verwertbar ist das im § 88 II BSHG aufgeführte Schonvermögen. Dazu zählen insbesondere das Familienheim und kleinere Barbeträge bis zu 4.000,– DM. Die Regel, daß das Familienheim nicht zum einzusetzenden Vermögen gehört, gilt nicht mehr im Falle der Veräußerung. Denn in diesem Fall ist der Schutzzweck des Familienheims, dem Hilfebedürftigen und seinen Angehörigen als Wohnung zu dienen, aufgegeben. Der Erlös aus der Veräußerung eines Familienheims rechnet daher zum einzusetzenden Vermögen.[122] Da zum Vermögen auch Forderungsrechte gehören, werden in der Rechtsprechung zum Teil nicht nur feststehende zukünftige Zuwendungen, sondern auch die im Prozeß erst durchzusetzende Forderung als Vermögen berücksichtigt, z. B. der Anspruch auf Zugewinnausgleich nach § 1378 BGB.[123] Andere Gerichte sehen in solchen Forderungsrechten noch kein gegenwärtig verwertbares Vermögen und halten die Berücksichtigung des ihrer Ansicht nach zukünftigen Vermögenserwerbs für eine unzulässige Korrektur der abschließenden Regelung des § 124 ZPO.[124] Für die Praxis ist der Streit mit der Abänderungsmöglichkeit in § 120 IV ZPO n.F. entschieden.

bb) Hinreichende Erfolgsaussicht

Bei der objektiven Voraussetzung hinreichende Aussicht auf Erfolg unterscheidet das Gesetz zwischen Angriff (Rechtsverfolgung) und Verteidigung (Rechtsverteidigung). Die Rechtsverfolgung bietet hinreichende Aussicht

---

[117] KG FamRZ 1984, 412.
[118] OLG Bamberg FamRZ 1984, 721.
[119] KG FamRZ 1983, 1265.
[120] OLG Frankfurt MDR 1984, 409.
[121] BB 1985, 386.
[122] *Schneider* MDR 1985, 444.
[123] OLG Frankfurt FamRZ 1984, 809.
[124] OLG Karlsruhe FamRZ 1986, 372, 373.

auf Erfolg, wenn der substantiierte Vortrag der angreifenden Partei nebst Beweisantritt ihren Antrag, z. B. Scheidung oder Unterhaltszahlung, in tatsächlicher und rechtlicher Hinsicht rechtfertigt (Schlüssigkeitsprüfung). Die Rechtsverteidigung ist hinreichend aussichtsreich, wenn das substantiierte Vorbringen der sich verteidigenden Partei nebst Beweisangebot ihren Antrag, z. B. auf Abweisung der Unterhaltsklage, in tatsächlicher und rechtlicher Hinsicht rechtfertigt (Erheblichkeitsprüfung). Bei der summarischen Erfolgsprüfung im Prozeßkostenhilfeprüfungsverfahren sind dieselben Vorschriften wie in der Hauptsache anzuwenden. In tatsächlicher Hinsicht ist auf die Möglichkeit der Beweisführung zu sehen (Maßstab der Wahrscheinlichkeit im Hinblick auf das Verlangen nach Glaubhaftmachung in § 118 II 1 ZPO). Die rechtlichen Überlegungen umfassen Zulässigkeit und Begründetheit des jeweiligen Antrags (Maßstab der Vertretbarkeit). Ist die entscheidungserhebliche Rechtsfrage schwierig und noch nicht eindeutig geklärt, so darf aus diesem Grunde Prozeßkostenhilfe nicht versagt werden.[125] Eine hinreichende Aussicht auf Erfolg kann für beide Parteien bestehen, wenn die Prüfung die Schlüssigkeit der Rechtsverfolgung und die Erheblichkeit der Rechtsverteidigung ergeben hat. In Scheidungssachen ist die Erfolgsaussicht wegen der Bedeutung der Angelegenheit auch für den Antragsgegner zu bejahen, selbst wenn er dem Antrag zustimmt oder in der Scheidungssache selbst keinen Antrag stellen will.[126] Nach einer strengen und meines Erachtens richtigen Auffassung setzt bei einer beabsichtigten einverständlichen Scheidung gemäß § 1566 I BGB eine positive Entscheidung über den Prozeßkostenhilfeantrag die Einigung der Parteien über die in § 630 ZPO vorgeschriebenen Punkte voraus.[127] Das sogenannte Einigungspapier kann auf vielfache Weise geschaffen werden: Die Einigung kann durch notarielle Vereinbarung der Ehegatten über die Scheidungsfolgen, durch privatschriftliche Urkunde der Parteien, durch schriftliche Zustimmungserklärung der gegnerischen Partei oder ihres Prozeßbevollmächtigten zu dem Vorschlag der antragstellenden Partei in der Antragschrift erfolgen. Sie kann auch durch Vergleich in einem Prozeßkostenhilfeprüfungsverfahren, in dem kein Anwaltszwang besteht,[128] erreicht werden. Ohne diese Einigung wird der Antrag auf einverständliche Scheidung als nicht schlüssig angesehen.

cc) Kein Mutwille

Zu den objektiven Bewilligungsvoraussetzungen gehört nicht nur die positive Feststellung hinreichender Erfolgsaussicht, sondern auch die negative Feststellung, daß die beabsichtigte Rechtsverfolgung oder Rechtsverteidigung nicht mutwillig erscheint. Maßstab ist das Verhalten einer verständigen, nicht prozeßkostenhilfebedürftigen Partei. **Formel:** Mutwillig ist die beabsichtigte Rechtsverfolgung oder Rechtsverteidigung, wenn eine ver-

---

[125] BGH FamRZ 1982, 367.
[126] *Thomas/Putzo* § 114 Anm. 3a mit Nachweisen.
[127] *Wax* FamRZ 1985, 11.
[128] *Thomas/Putzo* § 118 Anm. 1b.

ständige, nicht prozeßkostenhilfebedürftige Partei ihr Recht nicht in gleicher Weise verfolgen würde, z. B. ihr Ziel auf einem billigeren Weg als dem von ihr beschrittenen erreichen könnte. Mutwillig ist es regelmäßig, wenn Unterhalt eingeklagt wird, obwohl der Verpflichtete bisher freiwillig, pünktlich und regelmäßig den vollen Unterhalt geleistet hat.[129] Hierher zählt auch der Fall, daß die Partei bereits im Wege der einstweiligen Anordnung einen Unterhaltstitel erwirkt hat, gleichwohl ohne besonderen Grund noch wegen dieses bereits titulierten Anspruchs Klage erheben will.[130] Ein billigerer Weg zur Erstellung eines Vollstreckungstitels steht z. B. dem Unterhaltsverpflichteten gegenüber minderjährigen unterhaltsberechtigten Kindern zur Verfügung: Die Jugendämter beurkunden vollstreckbare Unterhaltsverpflichtungserklärungen kostenlos (§§ 49, 50 JWG). Darum ist stets zu bedenken, daß der Antragsteller den Gegner auch zur Erstellung eines billigeren Vollstreckungstitels vergeblich aufgefordert haben muß. Im übrigen darf § 93 ZPO nicht vergessen werden. Eine Partei, die den Rechtsstreit auf eigene Kosten führt, vermeidet es, daß ihr der Beklagte wegen fehlender Veranlassung zur Klageerhebung durch sofortiges Anerkenntnis die Kostenlast zuschieben kann.

Kontrovers ist die Behandlung der Anträge auf Prozeßkostenhilfe für die Scheidung sogenannter Scheinehen, die zwischen Deutschen und Ausländern nur zu dem Zwecke geschlossen werden, um dem ausländischen Staatsangehörigen eine Aufenthaltserlaubnis zu verschaffen. Die einen sehen zwar die Eingehung einer Scheinehe, nicht aber deren Scheidung als rechtsmißbräuchlich an, die anderen verweigern Prozeßkostenhilfe, da sie auf die rechtsmißbräuchliche Gesamtplanung abstellen.[131] Die dazu ergangenen Entscheidungen des Bundesverfassungsgerichts[132] haben das Problem nicht gelöst. Danach hat sich jedoch nach meinem Eindruck das Parteivorbringen gewandelt. Jetzt haben diese Eheleute nach ihrem Vortrag aus Liebe geheiratet. Unabhängig davon, ob es sich um eine Scheinehe oder Liebesehe handelt, das Trennungsjahr muß abgewartet werden.[133]

Keinen Anspruch auf Prozeßkostenhilfe hat schließlich, wer in Kenntnis der Tatsache, daß Mittel zur Prozeßführung benötigt werden, seine Einkünfte oder sein Vermögen ohne vorrangiges Bedürfnis bewußt oder grob fahrlässig vermindert.[134] Der Anwalt sollte die Partei in ihrem und im eigenen Interesse rechtzeitig darauf aufmerksam machen.

---

[129] OLG Köln FamRZ 1983, 746. Zum Titulierungsanspruch vgl. *Künkel* NJW 1985, 2665 ff und die Rechtsprechungsübersicht von *Kemper* DAVorm 1987, 467 ff, ferner OLG Düsseldorf FamRZ 1987, 1280.

[130] OLG Frankfurt FamRZ 1982, 1223.

[131] *Wax* FamRZ 1985, 11; *Schneider* MDR 1985, 442.

[132] BVerfGE 67, 245 = FamRZ 1984, 1205; BVerfGE 67, 251 = FamRZ 1984, 1206 = NJW 1985, 425.

[133] *Palandt/Diederichsen* § 1565 Anm. 3a.

[134] *Thomas/Putzo* § 114 Anm. 4 mit Nachweisen.

b) Verfahrensfragen

aa) Prüfungsverfahren

Nach Eingang des Antrags ist dem Gegner rechtliches Gehör zu gewähren (§ 118 I 1 ZPO). Die **Anhörung des Gegners** und sein Einsichtsrecht erstrekken sich nach Ansicht des BGH nicht auf die Erklärung über die persönlichen und wirtschaftlichen Verhältnisse.[135] Diese Ansicht hat aber beim Familiengericht keine Bedeutung, sobald es um Unterhalt geht. Denn bei Unterhaltsfragen müssen sich die Parteien über ihre persönlichen und wirtschaftlichen Verhältnisse erklären und Belege vorlegen. Hier sind diese Punkte zugleich objektive Bewilligungsvoraussetzung. Ist dem Gegner Gelegenheit zur Stellungnahme gegeben, so entscheidet das Gericht bei Bewilligungsreife. **Bewilligungsreife** besteht, wenn der Antragsteller einen formgerechten Antrag (mit Darstellung des Streitverhältnisses unter Angabe der Beweismittel) unter Beifügung aller erforderlichen Unterlagen (Erklärung über die persönlichen und wirtschaftlichen Verhältnisse auf dem amtlichen Vordruck sowie entsprechende Belege) vorgelegt hat. Rückwirkung kann dem Beschluß frühestens zu diesem Zeitpunkt beigelegt werden.[136] Leider hat der Antragsteller in vielen Fällen von seiner Seite aus die Voraussetzungen für die Bewilligung der Prozeßkostenhilfe nicht geschaffen. Beispiele für fehlende Bewilligungsreife sind: Das Streitverhältnis ist nicht hinreichend substantiiert. Beiweisangebote fehlen. Der amtliche Vordruck ist unvollständig ausgefüllt. Belege fehlen ganz oder zum Teil. In einem solchen Fall darf das Gericht den Antrag nicht ablehnen, sondern muß gemäß § 139 ZPO die Partei in einer Zwischenverfügung (mit Fristsetzung) konkret darauf hinweisen, welche weiteren Darlegungen und Belege im einzelnen noch erwartet werden.[137] Nach ergebnislosem Fristablauf lehnt das Gericht gemäß § 118 II 4 ZPO n.F. die Bewilligung von Prozeßkostenhilfe insoweit ab. Die Hinweispflicht darf entgegen OLG Oldenburg[138] auch dann nicht verneint werden, wenn der Antragsteller anwaltlich vertreten ist. Der unterbliebene Hinweis stellt als Verstoß gegen die richterliche Aufklärungspflicht einen wesentlichen Verfahrensmangel dar.[139] Abgesehen von diesem Verfahrensmangel ist eine solche Handhabung auch wenig praktisch. Der Prozeßkostenhilfeantrag kann wiederholt werden, da der Ablehnung keine Rechtskraft zukommt.[140] Das Gericht kann nach hier vertretener Auffassung anstelle einer Zwischenverfügung aber auch einen Prozeßkostenhilfeprüfungstermin anberaumen. So wird der Zeitverlust vermieden, der dadurch entsteht, daß der Gegner zu dem auf die Zwischenverfügung eingereichten Vorbringen gehört werden muß. Als hilfreich hat sich ein Erörterungstermin in Unterhaltssachen und einverständlichen Scheidungssachen erwiesen. Gerade bei beabsichtigter ein-

---

[135] BGHZ 89, 65 = FamRZ 1984, 373 = NJW 1984, 740.

[136] BGH NJW 1982, 446; NJW 1985, 921.

[137] KG DAVorm. 1984, 491.

[138] NJW 1981, 1793.

[139] *Schneider* MDR 1986, 113.

[140] *Schneider* MDR 1986, 114.

verständlicher Scheidung haben die Parteien im Prozeßkostenhilfeprüfungstermin die Chance, die nach § 630 ZPO erforderliche Einigung zu schaffen. Ein Vergleich kann zu gerichtlichem Protokoll genommen werden (§ 118 I 3 Halbsatz 2 ZPO). Anschließend kann Prozeßkostenhilfe bewilligt und die Zustellung der Antragsschrift an den Gegner gemäß § 212b ZPO durch Aushändigung an der Amtsstelle vollzogen werden.

Verzögert das Gericht verfahrenswidrig die Entscheidung über den Prozeßkostenhilfeantrag, so kann der Antragsteller die Verzögerung als Ablehnung deuten und dagegen Beschwerde einlegen.[141]

bb) Bewilligung und Beiordnung

Nach Erlaß der Entscheidung ist zu prüfen, ob Bewilligung und Beiordnung hinter dem Antrag zurückbleiben. Wird weniger bewilligt, als beantragt ist, so ist bei Erfolgsaussicht an das Rechtsmittel der Beschwerde zu denken.

Problematisch ist der **Umfang der Bewilligung bei Gesamtvergleich,** Stufenklage und Zwangsvollstreckung. Gemäß § 123 III 1 BRAGO erstreckt sich die Beiordnung eines Rechtsanwalts in einer Ehesache auf den Abschluß eines Vergleichs, der den Ehegatten- und Kindesunterhalt, das Sorgerecht, die Rechtsverhältnisse an der Ehewohnung und dem Hausrat sowie die Ansprüche aus dem ehelichen Güterrecht regelt. In anderen Angelegenheiten, die mit dem Hauptprozeß nur zusammenhängen, erhält der für den Hauptprozeß beigeordnete Rechtsanwalt die Vergütung nur dann, wenn er ausdrücklich auch hierfür beigeordnet ist (§ 123 III 2 BRAGO). Wegen des praktischen Bedürfnisses, Folgeprozesse zu vermeiden, sollte die Erstrekkung der Beiordnung für den Teil eines gerichtlichen Gesamtvergleichs beantragt und bewilligt werden, in dem eine Schuldenregelung auch hinsichtlich der bei Gericht nicht anhängigen Ansprüche getroffen wird.[142]

Der Umfang der Bewilligung für eine **Stufenklage** (§ 254 ZPO) wird unterschiedlich gehandhabt. Die Hauptbedeutung der Stufenklage im Unterhalts- und Zugewinnausgleichsprozeß liegt darin, daß der zunächst unbezifferte Zahlungsantrag sofort mit der Erhebung der Stufenklage und nicht erst mit der Bezifferung rechtshängig wird.[143] Die Rechtshängigkeit der Leistungsstufe ist nicht gesichert, wenn zunächst Prozeßkostenhilfe nur für die Auskunftsstufe bewilligt wird, zumal da die Klage, wie regelmäßig anzunehmen ist, nur für den Fall der Bewilligung der Prozeßkostenhilfe eingereicht ist. Zu einer Verkürzung der Rechte des Antragstellers kann es führen, wenn das Gericht die Bewilligung der Prozeßkostenhilfe auf den gleichzeitig festgesetzten Streitwert für die Leistungsstufe begrenzt.[144] Ergibt die Auskunft später einen höheren Anspruch, so ist dieser nicht rechtshängig geworden, soweit er über der Begrenzung liegt. Den Vorzug verdient die Auffassung, die für die Auskunftsstufe Prozeßkostenhilfe voll bewilligt und für die Lei-

---

[141] *Schneider* MDR 1985, 529.
[142] OLG Karlsruhe FamRZ 1984, 920; *Schneider* MDR 1985, 531.
[143] H. M. z. B. *Thomas/Putzo* § 254 Anm. 1c.
[144] KG FamzR 1986, 284.

stungsstufe nur insoweit, als sich aus der Auskunft nach der Sach- und Rechtslage ein Anspruch ergibt.[145] Die Bewilligung für die Zahlungsstufe steht damit unter dem Vorbehalt einer gesonderten Konkretisierung und Erfolgsprüfung, ohne die Rechtshängigkeit des Zahlungsantrags zu gefährden.

Die Bewilligung der Prozeßkostenhilfe für die **Zwangsvollstreckung** erfolgt grundsätzlich für jede einzelne Zwangsvollstreckungsmaßnahme gesondert. Dies gilt auch für die Anwaltsbeiordnung.[146]

Die **Beiordnung** im Anwaltsprozeß ist unproblematisch. Der Partei wird nach ihrer Wahl ein zur Vertretung bereiter Rechtsanwalt beigeordnet (§ 121 I ZPO). Im Parteiprozeß ist der Partei auf ihren Antrag ein zur Vertretung bereiter Rechtsanwalt nur dann beizuordnen, wenn die Vertretung durch einen Rechtsanwalt erforderlich erscheint oder der Gegner durch einen Rechtsanwalt vertreten ist (§ 121 II 1 ZPO).

Die Frage, ob die Vertretung erforderlich erscheint, ist im Einzelfall nach der Bedeutung der Angelegenheit, der Schwierigkeit der Sach- und Rechtslage sowie den Kenntnissen und Fähigkeiten der Partei zu beantworten.[147] Streitig ist, ob bei der zweiten Alternative eine Erforderlichkeitskorrektur in dem Sinne möglich ist, daß nur bei widerstreitenden Anträgen ,,Waffengleichheit" – besser Gleichbehandlung durch Anwaltsbeiordnung – bestehen muß. Wird diese Möglichkeit bejaht, so ist die Notwendigkeit der Anwaltsbeiordnung zu prüfen. Die Notwendigkeitsprüfung ist jedoch nach Wortlaut und Sinn des Gesetzes zu verneinen. Das Gesetz wollte der verbreiteten Befürchtung begegnen, daß die anwaltlich vertretene Partei bessere Erfolgschancen habe.[148] Relevanz gewinnt dieses Problem insbesondere im isolierten Sorgerechtsverfahren, da die §§ 114ff. ZPO über § 14 FGG entsprechende Anwendung finden. So wichtig die anwaltliche Vertretung bei streitigen Sorgerechtssachen ist, so unnötig ist sie meist in den Fällen, in denen die Eltern sich praktisch über das Sorgerecht geeinigt haben. Wenn in praktisch unstreitigen Fällen die Sorgerechtsregelung für die Dauer des Getrenntlebens der Eltern beantragt wird und sich im Prüfungsverfahren flugs ein Gegenanwalt meldet, dann bereitet die merkbare Absicht des ,,Ausgebührens" Unbehagen. Die objektiven Bewilligungsvoraussetzungen sind daher strikt zu prüfen.

Ein nicht bei dem Prozeßgericht zugelassener Rechtsanwalt, also ein **auswärtiger Rechtsanwalt** kann als Prozeßbevollmächtigter nur beigeordnet werden, wenn dadurch weitere Kosten nicht entstehen (§ 121 II 2 ZPO). Der beizuordnende Rechtsanwalt hat dies bereits in dem Prozeßkostenhilfeantrag dadurch klarzustellen, daß er dem Gericht gegenüber erklärt, zu den Bedingungen eines beim Prozeßgericht zugelassenen Rechtsanwalts tätig zu werden.[149] Fehlt diese Erklärung, so hat das Gericht den auswärtigen Rechtsan-

---

[145] OLG Düsseldorf FamRZ 1986, 286 mit Nachweisen.

[146] *Schneider* MDR 1985, 531.

[147] OLG Zweibrücken FamRZ 1986, 287.

[148] Vgl. einerseits OLG Hamm FamRZ 1986, 82 und andererseits OLG Hamm FamRZ 1986, 488.

[149] *Thomas/Putzo* § 121 Anm. 3.

walt darauf hinzuweisen, daß ohne eine solche Bereiterklärung seine Beiordnung abgelehnt werden muß. Ohne diese Bereiterklärung darf das Gericht den Rechtsanwalt nicht zu den Bedingungen eines ortsansässigen Anwalts beiordnen.[150]

Die Beiordnung eines Beweisanwalts oder Verkehrsanwalts geschieht auf Antrag, wenn besondere Umstände dies erfordern (§ 121 III ZPO).

cc) Veränderungen nach der Bewilligung

Das Problem der Abänderung des Bewilligungsbeschlusses wegen Veränderung der wirtschaftlichen Verhältnisse der Partei ist nunmehr in § 120 IV ZPO n.F. gelöst. Die Partei kann bei einer **Verschlechterung** ihrer wirtschaftlichen Verhältnisse nach früherer Ablehnung einen neuen Prozeßkostenhilfeantrag und nach Bewilligung mit Ratenzahlung einen Antrag auf ratenfreie Prozeßkostenhilfe oder niedrigere Monatsraten stellen.[151] Die Abänderung kann ab dem Verschlechterungszeitpunkt beantragt und bewilligt werden.[152]

Die umstrittene Frage, ob das Gericht den Bewilligungsbeschluß wegen nachträglicher **Besserung der Einkommens- und Vermögensverhältnisse** der Partei ändern kann[153, 154], hat der Gesetzgeber in § 120 IV ZPO n.F. wie folgt beantwortet:

Bei einer wesentlichen Veränderung der für die Prozeßkostenhilfe maßgebenden persönlichen oder wirtschaftlichen Verhältnisse der Partei kann das Gericht die Entscheidung über die zu leistenden Zahlungen bis vier Jahre nach der rechtskräftigen Entscheidung oder sonstigen Beendigung des Verfahrens ändern. Die Partei hat sich auf Verlangen des Gerichts darüber zu erklären, ob eine Änderung der Verhältnisse eingetreten ist. Bei einem Verstoß gegen diese Erklärungspflicht sieht § 124 Nr. 2 ZPO n.F. die Aufhebung der Bewilligungsentscheidung vor.[155]

dd) Rechtsmittel

Zum Rechtsmittel der **Beschwerde** nach § 127 II 2 ZPO ist nur anzumerken, daß sie gegen alle Beschlüsse zuungunsten des Antragstellers stattfindet, es sei denn, daß das Berufungsgericht die Entscheidung getroffen hat. Die Beschwerde kann beispielsweise eingelegt werden wegen völliger oder teilweiser Versagung der Bewilligung, wegen Ablehnung der Beiordnung, wegen Ratenzahlungsanordnung oder wegen zu hoher Raten. Anwaltszwang besteht nicht (§§ 569 II 2, 78 III ZPO). Neu eingeführt ist die Beschwerde-

---

[150] *Zöller/Schneider* § 121 Rn. 8.
[151] *Thomas/Putzo* § 124 Anm. 4; *Schneider* MDR 1985, 531.
[152] *Zöller/Schneider* § 120 Rn. 17.
[153] *Thomas/Putzo* § 124 Anm. 4 mit Nachweisen.
[154] NJW 1985, 1767.
[155] *Zöller/Schneider* § 120 Rn. 14.

möglichkeit der Staatskasse bei ratenfrei bewilligter Prozeßkostenhilfe (§ 127 II 1, III ZPO n.F.).

c) Die Prozeßkostenvorschußpflicht

aa) Die materiellrechtlichen Voraussetzungen

Zu dem nach § 115 II ZPO einzusetzenden Vermögen der Partei gehört ein realisierbarer Anspruch auf Prozeßkostenvorschuß.[156] Bei dem Anspruch auf Prozeßkostenvorschuß handelt es sich um einen Sonderunterhaltsanspruch mit folgenden Voraussetzungen:

– Erforderlich ist zunächst eine **besondere gesetzliche Anspruchsgrundlage.** Bei intakter Ehe ergibt sich ein Anspruch auf Prozeßkostenvorschuß ausdrücklich aus § 1360a IV BGB. Im Falle des Getrenntlebens der Ehegatten verweist § 1361 IV 4 BGB auf diese Regelung.

Für geschiedene Ehegatten fehlt sowohl eine ausdrückliche Regelung als auch eine Verweisung. Es ist daher eine analoge Anwendung des § 1360a IV BGB zu erwägen. Die Analogie setzt voraus, daß die unterhaltsrechtliche Beziehung hier ebenfalls Ausdruck einer besonderen Verantwortung des Verpflichteten für den Berechtigten ist, die derjenigen von Ehegatten vergleichbar ist. Der BGH hat diese Vergleichbarkeit verneint mit der Begründung, die unterhaltsrechtliche Beziehung zwischen geschiedenen Ehegatten sei auf neue vom Prinzip der Eigenverantwortung geprägte Anspruchsgrundlagen gestellt, die mit den Unterhaltsansprüchen zusammenlebender bzw. getrennt lebender Ehegatten nicht identisch seien. **Zwischen geschiedenen Ehegatten besteht danach kein Anspruch auf Prozeßkostenvorschuß.**[157]

Die Prozeßkostenvorschußpflicht zwischen Eltern und Kindern ist vom Gesetz nicht ausdrücklich geregelt. Es fehlt auch eine dem § 1361 IV 4 BGB vergleichbare Verweisung auf § 1360a IV BGB. Wieder ist an eine Analogie zu § 1360a IV BGB zu denken. Dabei ist zu differenzieren zwischen minderjährigen unverheirateten Kindern und volljährigen oder verheirateten Kindern. Unterhaltsrechtliche Beziehungen von Eltern zu ihren minderjährigen unverheirateten Kindern sind Ausdruck einer besonderen Elternverantwortung. Die besondere Verantwortung der Eltern gegenüber ihren minderjährigen unverheirateten Kindern wird deutlich in den gesetzlichen Privilegierungen der Minderjährigen (§§ 1602 II, 1603 II 1, 1606 III 2, 1609 I, 1610 III, 1611 II, 1612a I 1 BGB). Mit der Privilegierung trägt das Gesetz der Schutzbedürftigkeit der minderjährigen Kinder Rechnung. Aus diesen Gründen sind die unterhaltsrechtlichen Beziehungen von Eltern zu ihren minderjährigen unverheirateten Kindern denjenigen von Ehegatten vergleichbar. Folglich ist eine **Prozeßkostenvorschußpflicht im Verhältnis von Eltern zu ihren minderjährigen unverheirateten Kindern zu bejahen.**[158]

---

[156] OLG Köln FamRZ 1984, 723; *Schneider* MDR 1985, 444.
[157] BGHZ 89, 33 = FamRZ 1984, 148 = NJW 1984, 291.
[158] Angedeutet in BGHZ 89, 33, 40.

Bei volljährigen oder verheirateten Kindern kann eine besondere Elternverantwortung nur noch bei volljährigen unverheirateten Kindern angenommen werden, die sich in der Ausbildung befinden und einen Ausbildungsunterhaltsanspruch haben. Allein die Tatsache der Volljährigkeit rechtfertigt es nicht, die elterliche Verantwortung gegenüber volljährigen unverheirateten in der Ausbildung befindlichen Kindern mit Ausbildungsunterhaltsanspruch geringer zu veranschlagen als gegenüber minderjährigen Auszubildenden. Abhängig und angewiesen auf elterliche Hilfe sind volljährige und minderjährige Auszubildende, die einen Ausbildungsunterhaltsanspruch haben, in der Regel im gleichen Maße. Bei der Gruppe dieser Auszubildenden erscheint daher auch der Vorrang der minderjährigen Kinder nach § 1609 I BGB von der Interessenlage her sachlich nicht begründet. De lege ferenda müßte die Rangfrage gerade bei diesen Ausbildungsfällen differenzierter gelöst und dem Gleichbehandlungsgebot Rechnung getragen werden. Zu der besonderen elterlichen Verantwortung gegenüber volljährigen unverheirateten Auszubildenden mit Ausbildungsunterhaltsanspruch kommt hinzu, daß die Unterhaltsansprüche volljähriger Kinder mit denen der minderjährigen unverheirateten Kinder identisch sind.[159] Über die beschriebene Elternverantwortung und Identität ist eine Vergleichbarkeit zur Normsituation des § 1360a IV BGB hergestellt, so daß die **Annahme einer Prozeßkostenvorschußpflicht der Eltern gegenüber volljährigen unverheirateten in der Ausbildung befindlichen Kindern mit Ausbildungsunterhaltsanspruch berechtigt** ist.[160] Bei verheirateten Kindern muß aus dem Vorrang der Haftung der Ehegatten gemäß § 1608 BGB eine Lockerung der elterlichen Verantwortung gefolgert werden, die zur Ablehnung der Prozeßkostenvorschußpflicht führt. Erst recht gilt dies für ein volljähriges Kind, daß eine von den Eltern unabhängige Lebensstellung erlangt hat.[161]

– Der Berechtigte darf nicht in der Lage sein, die Kosten eines Rechtsstreits (Verfahrens) zu tragen, der eine persönliche Angelegenheit betrifft. Es muß also **Vorschußbedürftigkeit für einen personenbezogenen Prozeß** bestehen. Vorschußbedürftigkeit ist gegeben, wenn der Berechtigte außerstande ist, ohne Gefährdung des eigenen angemessenen Lebensunterhalts die Prozeß-/Verfahrenskosten selbst zu tragen. Eine allgemein anerkannte Definition der persönlichen Angelegenheit gibt es nicht. Für den Bereich der Familiengerichtsbarkeit kann jedoch festgestellt werden, daß **alle in § 23b I 2 GVG aufgeführten Familiensachen persönliche Angelegenheiten im Sinne des § 1360a IV BGB** sind. Diese Feststellung läßt sich mittelbar über §§ 620 Satz 1 Nr. 9, 127a, 621f ZPO begründen. Der Gesetzgeber hat zur Durchsetzung eines materiellrechtlichen Anspruchs auf Prozeßkostenvorschuß/Kostenvorschuß für alle Familiensachen das Institut der einstweiligen Anordnung zur Verfügung gestellt, weil er davon ausgegangen ist, das alle Familiensachen persönliche Angelegenheiten der Parteien/Beteiligten betreffen.

---

159 BGH FamRZ 1983, 582; FamRZ 1984, 682.
160 OLG Frankfurt FamRZ 1985, 959; *Palandt/Diederichsen* § 1610 Anm. 3c.
161 OLG Düsseldorf FamRZ 1986, 698.

– Der **Verpflichtete** muß weiter **leistungsfähig** in dem Sinne sein, daß er den Vorschuß ohne Gefährdung seines angemessenen Lebensunterhalts zahlen kann. Handelt es sich um eine Unterhaltssache, liegt Leistungsfähigkeit in diesem Sinne nur vor, wenn der Vorschuß ohne Gefährdung des eigenen angemessenen Lebensunterhalts und des zu zahlenden Unterhalts aufgebracht werden kann.

Eine Leistungsfähigkeit der vorschußpflichtigen Partei und damit eine Realisierbarkeit des Anspruchs auf Prozeßkostenvorschuß wird **verneint, falls die Gegenpartei** selbst – wenn auch unter Ratenzahlungsanordnung – nach ihren wirtschaftlichen und persönlichen Verhältnissen einen **Anspruch auf Bewilligung von Prozeßkostenhilfe hat.**[162] Aus der Tabelle Anlage 1 zu § 114 ZPO wird gefolgert, daß die Belastungsfähigkeit hinsichtlich der Prozeßkosten gesetzlich festgelegt sei, daher dürfe der Unterhaltsverpflichtete, der selbst einen Anspruch auf Prozeßkostenhilfebewilligung habe, nicht mit weiteren Prozeßkosten mittels der Prozeßkostenvorschußpflicht belastet werden.

– Die **Kostenvorschußpflicht** besteht schließlich nur, soweit dies **der Billigkeit entspricht.** Die Billigkeitskontrolle ist nicht so streng wie die Prüfung der hinreichenden Erfolgsaussicht bei der Prozeßkostenhilfe. Dies folgt zum einen aus dem Kriterium der Billigkeit (wegen der besonderen unterhaltsrechtlichen Beziehung soll mehr Spielraum gegeben werden) und zum anderen daraus, daß an die Verwendung öffentlicher Gelder strengere Anforderungen zu stellen sind (mangels besonderer Beziehung zwischen Antragsteller und Land). Als **unbillig** muß jedoch ein Vorschußverlangen angesehen werden, **wenn** die beabsichtigte Rechtsverfolgung oder Rechtsverteidigung **mutwillig oder offensichtlich aussichtslos** erscheint.[163] Formel: Würde ein verständiger Dritter, der die Prozeßkosten selbst bezahlen müßte, den Prozeß führen? Billigkeit hat aber auch mit Zumutbarkeit zu tun. Die Erfüllung der Vorschußpflicht kann **unzumutbar** sein in den Fällen der §§ 1361 III i. V. m. 1579 Nr. 2–7 BGB und im Falle des § 1611 BGB.[164]

– **Umfang der Vorschußpflicht.** Der Rechtsanwalt soll nicht mehr fordern, als er am Schluß berechnen kann. Die Vorschußpflicht umfaßt alle zur sachdienlichen Prozeßführung erforderlichen und wahrscheinlich entstehenden gerichtlichen und außergerichtlichen Kosten. Zu den gerichtlichen Kosten und Auslagen gehören der Gerichtskostenvorschuß in Form einer Gerichtsgebühr nebst Zustellungskosten sowie etwaige Vorschüsse für Zeugen und Sachverständige. Die wichtigsten außergerichtlichen Kosten sind die Gebühren des Rechtsanwalts. Nach § 17 BRAGO kann der Rechtsanwalt von seinem Auftraggeber für die entstandenen und voraussichtlich entstehenden Gebühren und Auslagen einen angemessenen Vorschuß fordern. Die Forderung kann auf alle Gebühren nebst Auslagen und Mehrwertsteuer gehen.

---

[162] OLG Köln FamRZ 1982, 416; KG FamRZ 1985, 1067; OLG Koblenz FamRZ 1986, 284; a. A. OLG Köln FamRZ 1984, 723.

[163] *Palandt/Diederichsen* § 1360a Anm. 3b ee.

[164] *Heiß,* Unterhaltsrecht 11, 13/14.

Ist neben der Prozeß- und Verhandlungsgebühr auch eine Beweisgebühr zu erwarten, wie z. B. im Scheidungsverfahren, so kann der Antragsteller bei Einreichung des Antrags drei Rechtsanwaltsgebühren nebst Auslagen und Mehrwertsteuer und eine Gerichtsgebühr nebst Zustellungskosten aus dem konkreten Gegenstandswert geltend machen. Vorschußpflichtig sind auch die Kosten der einstweiligen Anordnung.[165] Die Berechnung sollte den Anforderungen des § 18 II BRAGO genügen.

bb) Die Geltendmachung des Prozeßkostenvorschußanspruchs

In allen Familiensachen kann der materiellrechtliche Anspruch auf Prozeßkostenvorschuß im Wege des Antrags auf Erlaß einer einstweiligen Anordnung geltend gemacht werden. Für die Ehesache und Folgesachen von Scheidungssachen ergibt sich dies aus § 620 Satz 1 Nr. 9 ZPO, für isolierte Unterhaltssachen aus § 127a ZPO und für sonstige selbständige Familiensachen aus § 621f ZPO. **Aus Zweckmäßigkeitsgründen sollte nur von dem Antrag auf Erlaß einer einstweiligen Anordnung Gebrauch gemacht werden.** Zwar kann auch auf Prozeßkostenvorschuß geklagt oder vor Anhängigkeit einer Ehesache Prozeßkostenvorschuß im Wege der einstweiligen Verfügung beantragt werden,[166] aber davon ist schon wegen des Zeitaufwandes und der Rechtsmittelgefahr abzuraten. Für den Weg des Antrages auf Erlaß einer einstweiligen Anordnung spricht folgendes: Die Arbeit an der Akte kann in einem Zuge erledigt werden. Da jede einstweilige Anordnung eine Hauptsache voraussetzt (§ 620a II ZPO), ist außer dem Antrag auf Erlaß einer einstweiligen Anordnung sogleich der Hauptsacheschriftsatz mit Antrag und Begründung zu fertigen. Wegen der Aussichten der Prozeßführung kann im Antrag auf Erlaß einer einstweiligen Anordnung auf den Schriftsatz in der Hauptsache verwiesen werden. In Unterhaltssachen wird weiter auf die Ausführungen zur Anspruchsgrundlage sowie zur Bedürftigkeit und Leistungsfähigkeit Bezug genommen werden können. Da bei einfachen bis mittleren Einkommensverhältnissen eine Prozeßkostenvorschußverpflichtung kaum in Betracht kommt,[167] empfiehlt es sich in jedem Falle, den Prozeßkostenvorschußantrag hilfsweise mit dem Antrag auf Bewilligung von Prozeßkostenhilfe für die Hauptsache und die einstweilige Anordnung zu kombinieren. Auch für den Prozeßkostenhilfeantrag liegt der Hauptsacheschriftsatz zur Beurteilung der objektiven Bewilligungsvoraussetzung dann schon vor. Die Erklärung der Partei über die persönlichen und wirtschaftlichen Verhältnisse kann nachgereicht werden. Weiter vorteilhaft sind die meist zügige Entscheidung über den Antrag auf Erlaß einer einstweiligen Anordnung und die Unanfechtbarkeit der Entscheidung (§ 620c Satz 2 ZPO). Die Rechtsprechung läßt gegen die einstweilige Anordnung zwar die negative Feststellungsklage zu,[168] zum einen sind jedoch solche Klagen selten

---

[165] OLG Frankfurt FamRZ 1979, 732.
[166] *Palandt/Diederichsen* § 1360a Anm. 3a.
[167] KG FamRZ 1985, 1067/1068.
[168] OLG Frankfurt FamRZ 1981, 65.

und zum anderen bei einer gründlichen und sorgfältigen Entscheidung, die in ihrer Qualität vom Antrag abhängig ist, wenig erfolgreich.

cc) Der Rückzahlungsanspruch

Hat der Vorschußempfänger den Prozeß verloren und die Kosten zu tragen, so wird häufig mit dem Gedanken gespielt, die Rückerstattung des gezahlten Vorschusses zu verlangen. Dieser Gedanke sollte wegen mangelnder Erfolgsaussicht in der Regel nicht in die Tat umgesetzt werden. Nach der Rechtsprechung folgt aus der prozessualen Kostentragungspflicht noch keine Verpflichtung zur Rückzahlung des empfangenen Vorschusses. Die Frage, ob der Vorschuß zurückzuzahlen ist, beurteilt der BGH nach dem Charakter des Prozeßkostenvorschusses als Beitrag zum Unterhalt und dem Rechtsgedanken des § 1360a IV BGB. Der Vorschuß ist dem Berechtigten wegen seiner Bedürftigkeit gezahlt worden. Die Rückerstattung kann daher regelmäßig nur verlangt werden, wenn der Vorschußempfänger leistungsfähig geworden ist, d.h. wenn er in der Lage ist, das Empfangene ohne Unterhaltsgefährdung zurückzugewähren. Für das Rückzahlungsbegehren ist also die Darlegung, notfalls der Nachweis erforderlich, daß sich die wirtschaftlichen Verhältnisse des Empfängers wesentlich gebessert haben oder die Rückforderung aus anderen Gründen der Billigkeit entspricht.[169] Als Beispiel für die Billigkeit wird das Vorliegen eines Anspruchs auf Zugewinnausgleich angesehen.[170] Der Ausgleichsschuldner kann aufrechnen, soweit dies der Billigkeit entspricht.

---

[169] BGHZ 56, 92 = FamRZ 1971, 360 = NJW 1971, 1262.
[170] Einschränkend aber OLG Köln FamRZ 1980, 567.

Schriftsatz-Muster 15

An das Amtsgericht
– Familiengericht –
6450 Hanau

In der Ehesache
Manfred Bauer, Hanau, Berliner Str. 1,
Antragsteller,

Prozeßbevollmächtigter: Rechtsanwalt Meier in Hanau

gegen

Frauke Bauer, Hanau, Kölner Str. 20,
Antragsgegnerin,

Prozeßbevollmächtigter: Rechtsanwalt Schulze in Hanau

– 60 F 2000/86 –

beantrage ich, im Wege der einstweiligen Anordnung gem. § 620 Nr. 9 ZPO zu beschließen:

> Der Antragsteller hat der Antragsgegnerin zu Händen ihres Prozeßbevollmächtigten Rechtsanwalt Schulze einen Prozeßkostenvorschuß in Höhe von 4148,19 DM zu zahlen, gegebenenfalls in vom Gericht nachzulassenden monatlichen Raten.

Begründung:

Der vorschußbedürftigen Antragsgegnerin steht gegen den leistungsfähigen Antragsteller ein Prozeßkostenanspruch nach §§ 1361 IV 4, 1360a IV BGB in der beantragten Höhe zu. Die beabsichtigte Rechtsverfolgung bzw. Rechtsverteidigung der Antragsgegnerin ist nicht offensichtlich aussichtslos oder mutwillig. Zur Begründung wird auf den in der Hauptsache eingereichten Schriftsatz der Antragsgegnerin vom heutigen Tage Bezug genommen.

Der Streitwert der Scheidungssache ist bei einem durchschnittlichen monatlichen Nettoeinkommen des Antragstellers von 5000,– DM und einem solchen der Antragsgegnerin von 1300,– DM mit 18900,– DM anzunehmen.

Der Mindeststreitwert im Versorgungsausgleich beträgt nach § 17a GKG 1000,– DM.

Der Streitwert der von der Antragsgegnerin beabsichtigten Folgesache Ehegattenunterhalt beläuft sich bei einem monatlichen Unterhaltsanspruch der Anspruchsstellerin von 1480,– DM (5000–1300 = 3700 × 40%) auf jährlich 17700,– DM. Es ist daher von einem Gesamtstreitwert in Höhe von 37660,– DM auszugehen.

Bei diesem Streitwert für Prozeß- und Verhandlungsgebühr und 36660,– DM für die Beweisgebühr ist der Kostenvorschuß wie folgt zu berechnen:

10/10 Prozeßgebühr § 31 I Nr. 1 BRAGO	1109,— DM
10/10 Verhandlungsgebühr § 31 I Nr. 2 BRAGO	1109,— DM
10/10 Beweisgebühr § 31 I Nr. 3 BRAGO	1109,— DM
Auslagenpauschale § 26 BRAGO	40,— DM
	3367,— DM
zuzüglich 14% Mehrwertsteuer	471,38 DM
insgesamt:	3838,38 DM

Der Antragsteller ist zu Händen seines Prozeßbevollmächtigten mit Schriftsatz vom 1. 9. 1986 unter Fristsetzung zum 15. 9. 1986 vergeblich zur Zahlung des Prozeßkostenvorschusses aufgefordert worden.

Er befindet sich daher im Verzug und ist auch für die Kosten der einstweiligen Anordnung vorschußpflichtig.

Bei einem Gegenstandswert der einstweiligen Anordnung von 3838,38 DM ergeben sich folgende Kosten:

10/10 Prozeßgebühr § 31 I Nr. 1, 41 BRAGO	227,— DM
Auslagenpauschale § 26 BRAGO	34,05 DM
	261,05 DM
zuzüglich 14% Mehrwertsteuer	36,55 DM
insgesamt:	297,60 DM

Rechtsanwalt

6. Internationales Privatrecht einschließlich internationaler Zuständigkeit

Das am 1. September 1986 in Kraft getretene Gesetz zur Neuregelung des Internationalen Privatrechts vom 25. Juli 1986 (BGBl. 1986 I, 1142) definiert Internationales Privatrecht als die Vorschriften, die bei Sachverhalten mit einer Verbindung zum Recht eines ausländischen Staates bestimmen, welche Rechtsordnungen anzuwenden sind.

Da die Fälle mit Auslandsberührung in der Familiengerichtsbarkeit stetig zunehmen, muß sich der Rechtsanwalt auch mit dem Internationalen Privatrecht befassen. Folgende Sachverhalte mit einer Verbindung zum Recht eines ausländischen Staates beschäftigen am häufigsten die Familiengerichte und die Familienrechtsanwälte:

- Mindestens eine Partei oder ein Beteiligter besitzt nicht die deutsche Staatsangehörigkeit,
- mindestens eine Partei oder ein Beteiligter hat ihren/seinen gewöhnlichen Aufenthalt im Ausland,
- nicht selten ist die Kombination der vorgenannten Sachverhalte, z. B. eine ausländische Partei hat ihren gewöhnlichen Aufenthalt im Ausland.

In Fällen mit Auslandsberührung müssen sich der Rechtsanwalt und das Gericht zwei Fragen stellen und beantworten:

Frage 1: Ist ein deutsches Gericht überhaupt zuständig, über diesen Sachverhalt mit Verbindung zum Recht eines ausländischen Staates zu entscheiden, oder hat es die Entscheidung einem ausländischen Gericht zu überlassen (Problem der internationalen Zuständigkeit)?

Frage 2: Welches materielle Recht ist auf diesen Sachverhalt anzuwenden (Problem der Anwendung deutschen oder ausländischen Rechts)?

Das Internationale Privatrecht beantwortet uns nur die Frage 2. Hinsichtlich der internationalen Zuständigkeit ist zunächst nach speziellen Vorschriften zu suchen. Gibt es solche Bestimmungen nicht, so ist auf den allgemeinen Grundsatz zurückzugreifen: Die örtliche Zuständigkeit indiziert die internationale Zuständigkeit.[171]

a) Internationale Zuständigkeit

aa) Internationale Zuständigkeit für Ehesachen, Folgesachen und einstweilige Anordnungen

Ehesachen. Das Gesetz zur Neuregelung des Internationalen Privatrechts hat § 606b ZPO, den das BVerfG mit Beschluß vom 3. Dezember 1985 für teilweise mit Art. 3 II GG nicht vereinbar erklärt hat,[172] aufgehoben und § 606a ZPO neu gefaßt. Nach § 606a I ZPO sind die deutschen Gerichte für Ehesachen zuständig,

1. wenn ein Ehegatte Deutscher ist oder bei der Eheschließung war,
2. wenn beide Ehegatten ihren gewöhnlichen Aufenthalt im Inland haben,
3. wenn ein Ehegatte Staatenloser mit gewöhnlichem Aufenthalt im Inland ist oder
4. wenn ein Ehegatte seinen gewöhnlichen Aufenthalt im Inland hat, es sei denn, daß die zu fällende Entscheidung offensichtlich nach dem Recht keines der Staaten anerkannt würde, denen einer der Ehegatten angehört.

Zu den einzelnen Zuständigkeiten, die nicht ausschließlich sind (§ 606a I 2 ZPO), ist folgendes anzumerken:

Nr. 1 regelt die internationale **Staatsangehörigkeitszuständigkeit. Den deutschen Staatsangehörigen** sind z. B. **gleichgestellt:**

- nicht eingebürgerte Deutsche im Sinne des Art. 116 GG (Art. 9 Abschn. II, 5 FamRÄndG),
- Flüchtlinge im Sinne des Gesetzes Nr. 23 der Alliierten Hohen Kommission (Gesetz über die Rechtsverhältnisse verschleppter Personen und Flüchtlinge) vom 17. März 1950 (ABlAHK S. 140), das in Art. 3 Abs. 1 für bürgerliche Rechtsstreitigkeiten, die im 6. Buch der ZPO geregelt sind, eine Behandlung der betreffenden Personen vorschreibt, ,,als ob sie deutsche Staatsangehörige wären",

---

171 BGHZ 94, 156, 157; *Thomas/Putzo* Vorbem. II 4 vor § 1; *Zöller/Geimer* IZPR Rn. 106.

172 BVerfGE 71, 224 = IPRax 1986, 151 = FamRZ 1986, 239.

- Flüchtlinge im Sinne des Genfer Abkommens über die Rechtsstellung der Flüchtlinge vom 28. Juli 1951 (veröffentlicht BGBl. II 1953, 560), dem die Bundesrepublik Deutschland durch Gesetz vom 1. September 1953 (BGBl. II S. 559) beigetreten ist, und nach dessen Art. 16 Abs. 2 die erfaßten Personen hinsichtlich des Zugangs zu den Gerichten dieselbe Behandlung wie ein eigener Staatsangehöriger genießen,
- heimatlose Ausländer im Sinne des Gesetzes über die Rechtsstellung heimatloser Ausländer im Bundesgebiet vom 25. April 1951 (BGBl. I S. 269), das in § 11 die erfaßten Personen im Verfahren vor den deutschen Gerichten den deutschen Staatsangehörigen gleichstellt. Nachgewiesen wird diese Rechtsstellung mit folgender Eintragung der Ausländerbehörde im Paß oder Paßersatz:

  „Der Inhaber dieses Passes/Reiseausweises ist heimatloser Ausländer nach dem Gesetz über die Rechtsstellung heimatloser Ausländer im Bundesgebiet vom 25. April 1951 und zum Aufenthalt in der Bundesrepublik berechtigt."

- Asylberechtigte im Sinne des Gesetzes über das Asylverfahren vom 16. Juli 1982, nach dessen § 3 Abs. 1 Asylberechtigte im Geltungsbereich dieses Gesetzes die Rechtsstellung nach dem Abkommen über die Rechtsstellung der Flüchtlinge vom 28. Juli 1951 genießen. Der Nachweis der Asylberechtigung geschieht durch nachstehenden Eintrag der Ausländerbehörde im Paß oder Paßersatz:

  „Der Inhaber dieses Passes/Reiseausweises ist als Asylberechtigter anerkannt."

- Kontingentflüchtlinge im Sinne des Gesetzes über Maßnahmen für im Rahmen humanitärer Hilfsaktionen aufgenommener Flüchtlinge vom 22. Juli 1980 (BGBl. I S. 1057), denen in § 1 Abs. 1 die Rechtsstellung von Flüchtlingen im Sinne der Genfer Flüchtlingskonvention verliehen wird.

Die Nrn. 2–4 des § 606a I ZPO regeln Fälle der intenationalen **Aufenthaltszuständigkeit.** Haben beide Ehegatten ihren gewöhnlichen Aufenthalt im Inland (Nr. 2), so kommt es auf die Anerkennung in den Heimatstaaten nicht mehr an. Nach der Begründung des Rechtsausschusses liege in diesem Fall eine so enge gemeinsame Beziehung der Ehegatten zum Inland vor, daß die Gefahr, durch eine Scheidung hinkende Ehen (im Entscheidungsstaat als aufgelöst, im Heimatstaat als bestehend angesehen) zu bewirken, verhältnismäßig gering erscheine.[173] Die internationale Zuständigkeit bei Staatenlosen mit gewöhnlichem Aufenthalt im Inland (Nr. 3) entspricht dem bisherigen Recht. Hat nach Nr. 4 nur ein Ehegatte seinen gewöhnlichen Aufenthalt im Inland, so muß die Anerkennungsfähigkeit der Entscheidung im Heimatstaat geprüft werden. Hier wird die Gefahr hinkender Scheidungen und damit hinkender neuer Ehen nicht so gering wie bei Nr. 2 eingeschätzt. **Offensichtlich nicht mehr anerkennungsfähig** ist nach der Ansicht des Rechtsausschusses eine Entscheidung nur dann, wenn schon ohne intensive Nachforschungen davon auszugehen ist, daß keiner der Heimatstaaten der Ehegatten

---

[173] BT-Drucks. 10/5632 S. 47.

die Scheidung anerkennen würde.[174] Offensichtlichkeit in diesem Sinne liegt vor, wenn im Heimatstaat oder beiden Heimatstaaten ein absolutes Scheidungsverbot gilt (z. B. Philippinen) oder ein Land die ausschließliche Zuständigkeit für die Scheidung der eigenen Staatsangehörigen in Anspruch nimmt (z. B. Ägypten).[175]

Die internationale Zuständigkeit des deutschen Gerichts für **Folgesachen** von Scheidungssachen ergibt sich aus der **Verbundzuständigkeit** (§§ 621 II 1, 623 ZPO).

Staatsvertragliche Regelungen über die internationale Entscheidungszuständigkeit haben jedoch **Vorrang** (Art. 3 II EGBGB). Zu denken ist vor allem an das Übereinkommen über die Zuständigkeit der Behörden und das anzuwendende Recht auf dem Gebiete des Schutzes von Minderjährigen vom 5. Oktober 1961, BGBl. 1971 II, 217 (im folgenden abgekürzt MSA) hinsichtlich der Folgesachen des § 621 Nrn. 1–3 ZPO (Sorgerecht, Umgangsbefugnis, Kindesherausgabe) und das EWG-Übereinkommen über die gerichtliche Zuständigkeit und die Vollstreckung gerichtlicher Entscheidungen in Zivil- und Handelssachen vom 27. September 1968, BGBl. 1972 II, 773 (im folgenden abgekürzt EuGVÜ) hinsichtlich der Folgesachen des § 621 Nrn. 4 + 5 ZPO (Unterhalt Kind und Ehegatte). Für die Folgesachen des § 621 Nrn. 1–3 ZPO geht das MSA der Verbundzuständigkeit vor, wenn das Kind seinen gewöhnlichen Aufenthalt (Daseinsmittelpunkt) in einem der Vertragsstaaten des MSA hat (Art. 13 I MSA). Da die Bundesrepublik Deutschland einen Vorbehalt nach Art. 13 III MSA nicht erklärt hat, ist es unerheblich, ob das Kind einem Vertragsstaat angehört.[176] Die Vertragsstaaten des MSA sind zur Zeit Bundesrepublik Deutschland, Schweiz, Portugal, Luxemburg, Niederlande, Frankreich, Österreich, seit 16. April 1984 Türkei und seit 21. Juli 1987 Spanien. Die Aufenthaltszuständigkeit des Art. 1 MSA ist nur eingeschränkt durch die Heimatzuständigkeit der Art. 3, 4 und 5 III MSA. Die zuständigen Behörden des Aufenthaltsstaates haben nach Art. 2 MSA Aufenthaltsrecht anzuwenden **(Gleichlaufprinzip).** In dem Vorbehalt der Verpflichtung zur Anerkennung gesetzlicher Gewaltverhältnisse nach Art. 3 MSA liegt eine wesentliche Einschränkung der Aufenthaltszuständigkeit und der Maßgeblichkeit des Aufenthaltsrechts.[177] Ein **Gewaltverhältnis kraft Gesetzes** besteht, wenn sich die Rechtsbeziehung des Minderjährigen ohne gerichtlichen oder behördlichen Eingriff unmittelbar aus dem Gesetz der heimatstaatlichen Rechtsordnung ergibt. Läßt das Heimatrecht jedoch innerhalb eines kraft Gesetzes bestehenden Gewaltverhältnisses gerichtliche oder behördliche Eingriffe zu, z. B. die Regelung der Ausübung der elterlichen Sorge nach der Scheidung, enthält es also eine regelungsfähige Lücke, so dürfen in diesem Rahmen von dem Aufenthaltsstaat Maßnahmen zum

---

[174] BT-Drucks. 10/5632 S. 47; kritisch *Dopffel* FamRZ 1987, 1205, 1210 und *Spellenberg* IPRax 1988, 1, 6ff.
[175] *Jayme* IPRax 1986, 267; Übersicht bei *Baumbach/Albers* Anh. II / 606a.
[176] BGHZ 60, 68 = FamRZ 1973, 138.
[177] *Palandt/Heldrich* Anh. zu EGBGB 24 (IRP) 1b: Anm. 2 zu Art. 3 MSA.

Schutze des Minderjährigen nach Art. 1 und 2 MSA ergriffen werden.[178] Von Art. 3, 4 und 5 III MSA werden die Zuständigkeiten nach Art. 8 und 9 MSA nicht berührt.

Die Verbundzuständigkeit besteht in den sogenannten Kindersachen also nur dann, wenn das Kind seinen gewöhnlichen Aufenthalt in einem Nicht-Vertragsstaat des MSA hat.[179]

Bezüglich der **Unterhaltssachen** sind die deutschen Gerichte nur zuständig in den in Art. 2 I und Art. 5 Nr. 2 EuGVÜ geregelten Fällen. Die Regelung gilt ohne Rücksicht auf die Staatsangehörigkeit nur für Personen, die ihren Wohnsitz in einem der Vertragsstaaten haben. Vertragsstaaten sind die ursprünglichen Mitglieder Belgien, Bundesrepublik Deutschland, Frankreich, Italien, Luxemburg, Niederlande. Das Beitrittsübereinkommen vom 9. Oktober 1978 ist im Verhältnis zu Dänemark seit 1. November 1986 und im Verhältnis zu Großbritannien seit 1. Januar 1987 in Kraft getreten.

Die internationale Zuständigkeit für **einstweilige Anordnungen** (§§ 620ff. ZPO) folgt als Annexzuständigkeit regelmäßig aus der internationalen Zuständigkeit für die Ehesache.[180]

Bei einstweiligen Anordnungen in Kindersachen nach § 620 Nrn. 1–3 ZPO ist jedoch für die internationale Zuständigkeit ausschließlich das MSA anzuwenden, wenn das Kind seinen gewöhnlichen Aufenthalt in einem der Vertragsstaaten des MSA hat. Die Gefährdungszuständigkeit nach Art. 8 und die Eilzuständigkeit nach Art. 9 MSA sind zu beachten.

bb) Internationale Zuständigkeit für isolierte Familiensachen

Kindersachen nach § 621 Nrn. 1–3 ZPO: Bei gewöhnlichem Aufenthalt des Kindes in der Bundesrepublik Deutschland oder in einem anderen Vertragsstaat des MSA richtet sich die internationale Zuständigkeit nach dem MSA. Problematisch sind die **Entführungsfälle,** d. h. die Fälle, in denen ein nicht oder nicht allein sorgeberechtigter Elternteil das Kind gegen den Willen des allein oder mitsorgeberechtigten Elternteils in einen anderen Vertragsstaat verbringt. Da der Begriff des gewöhnlichen Aufenthalts durch die Faktizität – durch die tatsächliche Lebensführung des Minderjährigen an einem bestimmten Ort, seinem Daseinsmittelpunkt, und die Eingliederung in die soziale Umwelt – geprägt ist, es auf entgegenstehenden Willen also nicht ankommt, kann der neue Aufenthaltsort zum gewöhnlichen Aufenthaltsort des Kindes werden.[181] Eine häufig genannte Faustregel geht davon aus, daß das Kind nach sechsmonatiger Dauer des Aufenthalts am neuen Aufenthaltsort in die neue soziale Umwelt eingegliedert ist.[182] Es gilt daher in solchen

---

[178] BGH FamRZ 1984, 686.
[179] BGH FamRZ 1984, 350 = NJW 1984, 1302
[180] OLG Stuttgart NJW 1980, 1227; OLG Karlsruhe FamRZ 1984, 184.
[181] BGH FamRZ 1981, 135 = NJW 1981, 520; vgl. Art 5 III EGBGB.
[182] OLG Düsseldorf FamRZ 1984, 194.

Fällen für denjenigen, dem das Kind entführt worden ist, keine Zeit zu verlieren und sofort sein zuständiges Gericht anzurufen.

Hat das Kind seinen gewöhnlichen Aufenthalt in einem Nicht-Vertragsstaat des MSA, so ist die Zuständigkeit deutscher Gerichte nach der Staatsangehörigkeit des Kindes geregelt. Für ein deutsches Kind besteht die deutsche Heimatszuständigkeit nach §§ 43 I, 36 II FGG. Für ein ausländisches Kind ist gemäß §§ 43 I, 36 III FGG die deutsche Zuständigkeit nur gegeben, wenn hier ein Bedürfnis hervortritt.

Unterhaltssachen nach § 621 Nrn. 4 und 5 ZPO: Als staatsvertragliche Sonderregelung ist an das EuGVÜ zu denken. Danach besteht internationale Zuständigkeit deutscher Gerichte, wenn der Beklagte seinen Wohnsitz in der Bundesrepublik Deutschland hat (Art. 2 I), oder wenn der Beklagte seinen Wohnsitz in einem anderen Vertragsstaat und der unterhaltsberechtigte Kläger seinen Wohnsitz oder gewöhnlichen Aufenthalt im Inland hat (Art. 5 Nr. 2).

Hat der Beklagte in keinem Vertragsstaat des EuGVÜ seinen Wohnsitz, so gilt der allgemeine Grundsatz: Soweit ein deutsches Gericht nach §§ 12ff. ZPO örtlich zuständig ist, ist damit zugleich die internationale Zuständigkeit gegeben. Wohnt nur der Kläger im Inland, so kann er gemäß § 23a ZPO an seinem allgemeinen Gerichtsstand klagen. Wohnt nur der Beklagte im Inland, so kann er gemäß § 13 ZPO an seinem Wohnsitzgericht verklagt werden.

Für alle Unterhaltsklagen ist mithin stets ein deutsches Gericht zuständig, wenn nur eine der Parteien im Inland ihren Wohnsitz hat. Dies gilt auch für Abänderungsklagen betreffend ein ausländisches Unterhaltsurteil.[183]

Versorgungsausgleichssachen nach § 621 Nr. 6 ZPO: Als isoliertes Verfahren kommt der Versorgungsausgleich auf Antrag nach Art. 17 III 2 EGBGB in Betracht, wenn die Ehe im Ausland ohne Versorgungsausgleich geschieden und hier anerkannt worden ist. Wäre ein deutsches Gericht für die Scheidung zuständig gewesen, so besteht internationale Zuständigkeit auch für das Versorgungsausgleichsverfahren. Nach § 606a I Nr. 1 ZPO ist dies immer der Fall, wenn ein Ehegatte Deutscher ist. Die örtliche Zuständigkeit bestimmt sich nach § 45 FGG.

Ehewohnungs- und Hausratssachen nach § 621 Nr. 7 ZPO:

Für diese Sachen folgt die internationale Zuständigkeit mangels besonderer Regelung aus der örtlichen Zuständigkeit gemäß § 11 II Hausratsverordnung.[184]

Güterrechtssachen nach § 621 Nr. 8 ZPO: Das EuGVÜ ist nicht anzuwenden auf die ehelichen Güterstände (Art. 1 II Nr. 1). Die örtliche Zuständigkeit indiziert daher die internationale Zuständigkeit.

---

[183] BGH FamRZ 1983, 806 = NJW 1983, 1976.
[184] OLG Düsseldorf IPRax 1983, 129.

Bei einstweiligen Anordnungen und einstweiligen Verfügungen ist das MSA hinsichtlich der Kindersachen (elterliche Sorge, Umgang, Kindesherausgabe) und Art. 24 EuGVÜ bezüglich der Unterhaltssachen zu berücksichtigen.

b) Internationales Privatrecht

Die Beschäftigung mit dem deutschen Kollisionsrecht und dem ausländischen Recht kann arbeitsintensiv und zeitaufwendig werden. Praxis und Wissenschaft veröffentlichen viel. Es fällt daher oft nicht leicht, einen Überblick zu gewinnen. Das am 1. September 1986 in Kraft getretene Gesetz zur Neuregelung des Internationalen Privatrechts ist von *Heldrich* im *Palandt* ab 46. Auflage kommentiert.[185] Gesetzgebungsmaterialien enthalten der Gesetzentwurf der Bundesregierung zur Neuregelung des Internationalen Privatrechts (Drucks. 10/504) und die Beschlußempfehlung und der Bericht des Rechtsausschusses zu diesem Entwurf (Drucks. 10/5632). Lesenswert ist die Darstellung des neuen Rechts bei *Kegel* in der neuesten Auflage seines vorzüglichen Lehrbuchs zum Internationalen Privatrecht.[186] Literaturnachweise zur Reform finden sich unter anderem bei *Kegel*[187] und *Firsching* in seiner Einführung in das internationale Privatrecht.[188] Hauptfundquelle für ausländisches Recht sind *Bergmann/Ferid*, Internationales Ehe- und Kindschaftsrecht. Dieses Sammelwerk wird hoffentlich in jeder Landgerichtsbibliothek zu finden sein. Leider ist das Werk nicht für alle Länder auf dem neuesten Stand. Es empfiehlt sich daher in jedem Falle, die letzten Jahrgänge der ,,Praxis des Internationalen Privat- und Verfahrensrechts" (IPRax), einer der wichtigsten Fachzeitschriften der Praxis auf diesem Gebiet, durchzusehen. Eine 12-Länder-Studie über Unterhaltsrecht in Europa ist im Max-Planck-Institut für Ausländisches und Internatinales Privatrecht von *Dopffel* und *Buchhofer* herausgegeben worden.[189] Die Studie behandelt das Unterhaltsrecht in den Ländern Dänemark, Norwegen, Schweden, Polen, Tschechoslowakei, Ungarn, Österreich, Schweiz, Frankreich, Belgien, Niederlande und England. Aus der Fülle des Materials sei schließlich noch hingewiesen auf die ,,Gutachten zum Internationalen und Ausländischen Privatrecht" (IPG) und ,,Die deutsche Rechtsprechung auf dem Gebiete des Internationalen Privatrechts" (IPRspr.). Diese teuren Sammlungen werden sich weniger in Landgerichtsbibliotheken und eher in den Bibliotheken der Oberlandesgerichte finden lassen.

Die Studien des Rechtsanwalts zum Internationalen Privatrecht und zum ausländischen Recht sind für das Mandantengespräch, die Abfassung des

---

[185] Dazu Aufsätze von *Jayme* IPRax 1986, 265; *Henrich* FamRZ 1986, 841; *Basedow* NJW 1986, 2971, 3190.

[186] *Kegel,* Internationales Privatrecht, 6. Aufl. 1987.

[187] *Kegel,* a.a.O., S. 136–139.

[188] 3. Aufl. 1987, S. 18, 19.

[189] Unterhaltsrecht in Europa: Eine Zwölf-Länder-Studie (Max-Planck-Institut für Ausländisches und Internationales Privatrecht). Im Institut herausgegeben von *Peter Dopffel* und *Bernd Buchhofer* – Tübingen: Mohr, 1983. (Studien zum ausländischen und internationalen Privatrecht; 8).

Schriftsatzes und die Entscheidungskontrolle nötig. Wenn auch die Hauptlast der Ermittlung ausländischen Rechts beim Gericht liegt (§ 293 ZPO), so besteht doch im Rahmen des Zumutbaren eine Mitwirkungspflicht der Partei[190] und damit ihres Rechtsanwalts. Leider steht der Anwaltschaft der Weg nach dem Europäischen Übereinkommen betreffend Auskünfte über ausländisches Recht vom 7. Juni 1968 (BGBl. 1974 II 937) für eigene Anfragen nicht offen. Der Rechtsanwalt kann jedoch beim Familiengericht anregen, nach diesem Übereinkommen das ausländische Recht zu ermitteln. Das gerichtliche Auskunftsersuchen wird mit detaillierter Sachverhaltsdarstellung und präziser Fragestellung – erforderlichenfalls mit Übersetzung in die Amtssprache des ersuchten Staates – über die deutsche Übermittlungsstelle der ausländischen Empfangsstelle zugeleitet. Zur Beschaffenheit der Antwort heißt es in Art. 7 des Übereinkommens:

> „Zweck der Antwort ist es, das Gericht, von dem das Ersuchen ausgeht, in objektiver und unparteiischer Weise über das Recht des ersuchten Staates zu unterrrichten. Die Antwort hat, je nach den Umständen des Falles, in der Mitteilung des Wortlauts der einschlägigen Gesetze und Verordnungen sowie in der Mitteilung von einschlägigen Gerichtsentscheidungen zu bestehen. Ihr sind, soweit dies zur gehörigen Unterrichtung des ersuchenden Gerichts für erforderlich gehalten wird, ergänzende Unterlagen wie Auszüge aus dem Schrifttum und aus den Gesetzesmaterialien anzuschließen. Erforderlichenfalls können der Antwort erläuternde Bemerkungen beigefügt werden."

Auf diese Weise können kostenlose Rechtsauskünfte über Geltung und Anwendung des Zivil- und Handelsrechts einschließlich des Verfahrens- und Gerichtsverfassungsrechts folgender Vertragsstaaten eingeholt werden: Belgien, Bundesrepublik Deutschland, Costa Rica, Dänemark, Frankreich, Griechenland, Großbritannien, Island, Italien, Liechtenstein, Luxemburg, Malta, Niederlande, Norwegen, Österreich, Portugal, Schweden, Schweiz, Spanien, Türkei, Zypern.

Im folgenden sind die Zielsetzungen des neuen deutschen Kollisionsrechts für das Familienrecht im allgemeinen und sodann die Regeln für Ehesachen, Folgesachen und selbständige Familiensachen im einzelnen darzustellen.

aa) Zielsetzungen

(1) Verwirklichung des Gleichberechtigungsgrundsatzes des Art. 3 II GG im Internationalen Privatrecht.

Seit der Entscheidung des BVerfG vom 4. Mai 1971 steht fest, daß die Vorschriften des deutschen Internationalen Privatrechts und die Anwendung des durch sie berufenen ausländischen Rechts im Einzelfall an den Grundrechten zu messen sind.[191] Gleichwohl hat sich der Gesetzgeber mit der Grundrechteverwirklichung im Internationalen Privatrecht sehr viel Zeit gelassen. Die Gerichte haben lange zugewartet. Die Beschlüsse des BVerfG vom 22. Fe-

---

[190] *Thomas/Putzo* § 293 Anm. 2a.

[191] BVerfGE 31, 58.

bruar 1983 zu Art. 15 EGBGB a. F.,[192] vom 8. Januar 1985 zu Art. 17 EGBGB a. F.[193] und vom 3. Dezember 1985 zu dem aufgehobenen § 606b ZPO,[194] die immer wieder die maßgebliche Anknüpfung an die Staatsangehörigkeit und damit an das Heimatrecht des Mannes beanstandet haben, machten endlich eine alsbaldige Neuregelung notwendig. Das Gesetz zur Neuregelung des Internationalen Privatrechts vom 25. Juli 1986 schafft daher alle den Mann einseitig bevorzugenden Anknüpfungen ab.

(2) Grundsatzentscheidung zugunsten des Staatsangehörigkeitsprinzips

Im Personen-, Familien- und Erbrecht werden wichtige Existenzfragen eines Menschen geregelt. Als eine der Person eng verbundene Anknüpfung kommen das Heimatrecht, die Staatsangehörigkeit **(Staatsangehörigkeitsprinzip)** oder das Recht des Wohnsitzes, des gewöhnlichen Aufenthalts **(Aufenthalts- oder Wohnsitzprinzip, Domizilprinzip)** in Betracht. Für das Staatsangehörigkeitsprinzip haben sich beispielsweise entschieden Belgien, Frankreich, Griechenland, Italien, Jugoslawien, Niederlande, Österreich, Portugal, Spanien, Türkei. Das Aufenthaltsprinzip (Wohnsitzprinzip) gilt z. B. in den angelsächsischen Ländern (Großbritannien, USA) sowie Dänemark, Norwegen und Schweiz. Die Entscheidung des deutschen Gesetzgebers für das Staatsangehörigkeitsprinzip wird mit folgenden Erwägungen begründet:[195] Die Staatsangehörigkeit ist als Anknüpfungspunkt stabiler und weniger der Manipulation der Beteiligten unterworfen als Wohnsitz oder gewöhnlicher Aufenthalt. Die Staatsangehörigkeit ist allgemein mit größerer Sicherheit feststellbar als ein nicht nur formaler Wohnsitz oder ein gewöhnlicher Aufenthalt, der den Anforderungen einer auf dauerhaften Grundlagen aufbauenden Anknüpfung genügen soll. Die Anknüpfung an die Staatsangehörigkeit berücksichtigt die Heimatverbundenheit und hält zugleich die Entscheidungen des einzelnen über einen dauerhaften Lebensschwerpunkt offen. Damit ist bedacht, daß die Herkunftsländer der Gastarbeiter ebenfalls dem Staatsangehörigkeitsprinzip folgen (**Förderung des internationalen Entscheidungseinklangs**).

Das Staatsangehörigkeitsprinzip ist jedoch nicht rein durchgeführt, sondern wird in Problemfällen, in denen z. B. mangels gemeinsamer Staatsangehörigkeit der Ehegatten nicht an das Heimatrecht angeknüpft werden kann oder ein Bedürfnis für schnelle Entscheidungen besteht (Unterhaltsrecht), **durch die Aufenthaltsanknüpfung als Auffangprinzip ergänzt.** Im wesentlichen mit einer Kombination aus Staatsangehörigkeits- und Aufenthaltsprinzip errichtet der Gesetzgeber in der Grundsatzkollisionsnorm des Art. 14 I EGBGB betreffend die allgemeinen Ehewirkungen eine **Anknüpfungsleiter, die sogenannte Kegel'sche Leiter.** Die Anknüpfungen über diese Leiter beginnen bei dem gemeinsamen Heimatrecht oder dem letzten gemeinsamen Heimatrecht, gehen über zum Recht des gewöhnlichen Aufenthalts oder des

---

[192] BVerfGE 63, 181.
[193] BVerfGE 68, 384.
[194] BVerfGE 71, 224 = IPRax 1986, 151.
[195] BT-Drucks. 10/5632 S. 36.

letzten gewöhnlichen Aufenthalts und enden hilfsweise bei dem Recht des Staates, mit dem die Ehegatten auf andere Weise gemeinsam am engsten verbunden sind. Dadurch wird die jeweils am weitesten reichende gemeinsame Anknüpfung gefunden und so dem Gleichberechtigungsgrundsatz entsprochen. Aufgrund von Verweisungen ist das allgemeine Ehewirkungsstatut z. B. auch für den Güterstand (Art. 15 I EGBGB), die Scheidung und ihre Folgen (Art. 17 I, III 1, Art. 18 IV EGBGB) und das Rechtsverhältnis zu den Kindern bei bestehender Ehe (Art. 19 II 1 EGBGB nur mit Verweisung auf Art. 14 I EGBGB) maßgebend **(Grundsatz der Familieneinheit).** Mit dem Gedanken eines Familienstatuts wird ein übergreifender, einheitlicher Ansatz für die Einzelstatuten eingeführt, die sich auf die Familie beziehen und im dritten Abschnitt Familienrecht des Internationalen Privatrechts geregelt sind.[196]

(3) Günstigkeitsgrundsatz

Um die Ehelichkeit eines Kindes zu fördern, aber auch um die Ehelichkeitsanfechtung durch das Kind zu erleichtern (Schutzgedanken), werden im internationalen Kindschaftsrecht (Art. 19 I, 20 I EGBGB) zugunsten des Kindes mehrere anwendbare Rechtsordnungen nebeneinander gestellt (**alternative Anknüpfungen**). Der Rechtsausschuß führt dazu aus:[197]

,,Sinn solcher alternativen Anknüpfungen ist es, das Erreichen bestimmter, aus allgemeinen Erwägungen grundsätzlich gewünschter Ergebnisse dadurch zu erleichtern, daß sie aus einer von mehreren Rechtsordnungen hergeleitet werden können, zu denen jeweils ein Anknüpfungsbezug besteht. Erlaubt es eine der mehreren grundsätzlich anwendbaren Rechtsordnungen, die gestellte Frage (Ist das Rechtsgeschäft formgültig? Ist das Kind ehelich? Ist die Vaterschaft festzustellen?) zu bejahen, so geschieht dies, und auf die anderen Rechtsordnungen, welche die Frage vielleicht verneinen würden, kommt es nicht mehr an. Umgekehrt kann die Frage nur dann verneint werden, wenn alle nebeneinander gestellten Rechte sie verneinen. Auf das Verhalten und die Wünsche der Beteiligten kommt es nicht an. Dadurch unterscheiden sich solche mehrfachen Anknüpfungen wesentlich von der Rechtswahl durch die Parteien."

(4) Rechtswahl

Anerkannt ist die Möglichkeit einer Rechtswahl bisher in erster Linie für das internationale Schuldvertragsrecht. Nach Art. 14 II–IV EGBGB und den Verweisungen darauf können die Ehegatten jetzt auch für ihr Verhältnis zueinander das anwendbare Recht selbst auswählen. Die Begründung des Rechtsausschusses lautet[198]: ,,Mit der Zulassung der Rechtswahl soll für sonst nicht befriedigend zu regelnde Fälle ein kollisionsrechtlicher Lösungsweg zur Verfügung gestellt werden, der eine Gemeinsamkeit der Ehegatten auch im nur subjektiven Bereich für die Anknüpfung ausreichen läßt."

---

[196] BT-Drucks. 10/504 S. 50.
[197] BT-Drucks. 10/5632 S. 37.
[198] BT-Drucks. 10/5632 S. 37.

bb) Kollisionsregeln für Ehesachen, Folgesachen und selbständige Familiensachen

(1) Ehesachen

Nach bisherigem Recht galt das Scheidungsstatut nicht nur für die Scheidung, sondern für alle Eheauflösungen ex nunc. Für das neue Recht kann dies mangels entgegenstehender Äußerung des Gesetzgebers ebenfalls angenommen werden.[199] Die Begründung des Gesetzentwurfs der Bundesregierung führt nur ausdrücklich an, daß der Scheidung die Trennung ohne Auflösung des Ehebandes (Trennung von Tisch und Bett) für die Rechtsordnungen gleichsteht, die keine Scheidung im engeren Sinne kennen.[200]

Hingegen erfaßt Art. 13 I EGBGB (Maßgeblichkeit des Heimatrechts jedes Verlobten) auch die Folgen einer Eheschließung trotz entgegenstehender Ehehindernisse wie Ehenichtigkeit und Eheauflösung. Das verletzte Recht entscheidet beispielsweise darüber, um welche Art der Fehlerhaftigkeit der Ehe es sich handelt und wer die Folgen geltend machen kann.[201]

Nach Art. 17 I 1 EGBGB ist für die Voraussetzungen der Scheidung das Statut der allgemeinen Ehewirkungen im Zeitpunkt der Rechtshängigkeit des Scheidungsantrags maßgeblich. Nacheinander sind also über die Anknüpfungsleiter des Art. 14 I Nrn. 1–3 EGBGB folgende Rechte als Scheidungsstatut anzuwenden:

Stufe 1 das gemeinsame Heimatrecht (Art. 17 I 1, 14 I Nr. 1 1. Fall EGBGB).

Stufe 2 das letzte gemeinsame Heimatrecht während der Ehe, wenn ein Ehegatte die Staatsangehörigkeit dieses Staats noch besitzt (Art. 17 I 1, 14 I Nr. 1 2. Fall EGBGB).

Stufe 3 das Recht des Staates, in dem sich beide Ehegatten gewöhnlich aufhalten – nicht notwendigerweise an demselben Ort[202] – (Art. 17 I 1, 14 I Nr. 2 1. Fall EGBGB). Damit sind folgende Sachverhalte gemeint: Entweder haben die Ehegatten während der Ehe eine gemeinsame Staatsangehörigkeit gehabt und beide haben sie verloren oder die Ehegatten hatten während der Ehe nie eine gemeinsame Staatsangehörigkeit. Der Übergang zum Aufenthaltsprinzip wird damit begründet, daß in der Mehrzahl der Fälle gemischtnationale Ehen in der Rechtsordnung ihren Schwerpunkt haben, in deren Geltungsbereich sich der gewöhnliche Aufenthalt beider Ehegatten befindet.[203]

Stufe 4 das Recht des Staates, in dem sich beide Ehegatten während der Ehe zuletzt gewöhnlich aufgehalten haben, wenn ein Ehegatte dort noch seinen gewöhnlichen Aufenthalt hat (Art. 17 I 1, 14 I Nr. 2 2. Fall EGBGB)

---

[199] *Kegel,* a.a.O., S. 552 mit Beispielen.
[200] BT-Drucks. 10/504 S. 60.
[201] BT-Drucks. 10/504 S. 52 unter Hinweis auf RGZ 136, 142, 143f; *Kegel,* a.a.O., S. 552, 553.
[202] BT-Drucks. 10/504 S. 55.
[203] BT-Drucks. 10/504 S. 55.

Stufe 5 hilfsweise das Recht des Staates, mit dem die Ehegatten auf andere Weise am engsten verbunden sind (Art. 17 I 1, 14 I Nr. 3 EGBGB). Als mögliche Anwendungsfälle des Art. 14 I Nr. 3 EGBGB nennt der Rechtsausschuß:[204]

,,Gemeinsame soziale Bindung der Ehegatten an einen Staat durch Herkunft (im weiteren Sinne), Kultur, Sprache oder berufliche Tätigkeit.

Gemeinsamer einfacher (nicht nur ganz vorübergehender) Aufenthalt der Ehegatten in einem Staat.

Letzter gemeinsamer gewöhnlicher Aufenthalt in einem Staat, wenn keiner der Ehegatten sich mehr dort befindet, einer der Ehegatten aber diesem Staat angehört; dagegen in der Regel nicht die letzte gemeinsame Staatsangehörigkeit, wenn keiner der Ehegatten diesem Staat mehr angehört und dort keiner mehr seinen Aufenthalt hat, da sich beide dann vollständig von diesem Staat gelöst haben.

Gemeinsame Verbundenheit durch objektiv feststellbare Zukunftsplanung beider Ehegatten, insbesondere im Hinblick auf Artikel 15 Abs. 1 EGBGB:

- Beabsichtigte Begründung einer gemeinsamen Staatsangehörigkeit (nicht nur eher ,,zufälliger" Zusatzerwerb der Staatsangehörigkeit des anderen Ehegatten durch die Eheschließung als einer zweiten nicht effektiven Staatsangehörigkeit kraft Gesetzes ohne Aufgabe der Bindung an den bisherigen Heimatstaat);
- Beabsichtigte Begründung eines (ersten) gemeinsamen gewöhnlichen Aufenthalts in einem Staat (,,erster ehelicher Wohnsitz").

Ort der Eheschließung, sofern dieser Aspekt durch die Staatsangehörigkeit, den gewöhnlichen Aufenthalt eines Ehegatten oder sonstige Momente gemeinsamer Verbindung verstärkt wird, also nicht als rein zufällig erscheint."

Im Fall der Rechtswahl ist das gewählte Recht als Scheidungsstatut maßgeblich.[205]

Ist die Scheidung nach Art. 17 I 1 EGBGB nicht möglich und war der die Scheidung begehrende Ehegatte bei der Eheschließung oder ist er bei Eintritt der Rechtshängigkeit Deutscher, so ist nach Art. 17 I 2 EGBGB deutsches Recht anzuwenden. Der Richter soll in diesem Ausnahmefall nicht unter mehreren in Frage kommenden Rechtsordnungen auswählen oder kumulativ mehrere Rechte anwenden müssen.[206] Diese Vorschrift ist nicht nur anzuwenden, wenn das ausländische Scheidungsstatut die Scheidung verbietet, sondern auch dann, wenn im konkreten Fall die Voraussetzungen für die Scheidung nach dem ausländischen Recht nicht oder noch nicht erfüllt sind.[207]

---

[204] BT-Drucks. 10/5632 S. 41.
[205] BT-Drucks. 10/504 S. 60; *Henrich* FamRZ 1986, 850.
[206] BT-Drucks. 10/504 S. 61.
[207] *Jayme* IPRax 1986, 267; *Henrich* FamRZ 1986, 850: Maßgebend ist das scheidungsfreundlichere Recht! *Lüderitz* IPRax 1987, 74, 75.

(2) Folgesachen

Nach Art. 17 I 1 EGBGB unterstehen auch die Folgen der Scheidung grundsätzlich dem für ihre Voraussetzungen maßgeblichen Recht. Dies bedarf nach der Begründung des Regierungsentwurfs wegen des Zusammenhangs zwischen Scheidungsvoraussetzungen und Scheidungsfolgen keiner Rechtfertigung und keines besonderen Hinweises.[208] Dieser Grundsatz erfährt Ausnahmen durch völkervertragliche Regelungen wie das MSA oder besondere Regelungen wie für den Versorgungsausgleich in Art. 17 III EGBGB und für die güterrechtliche Auseinandersetzung in Art. 15 EGBGB, der wegen seiner Spezialität gegenüber Art. 17 EGBGB auch als Scheidungsfolge die Anknüpfung an das Güterrechtsstatut vorschreibt.[209]

Folgesachen Sorgerecht, Umgangsbefugnis, Kindesherausgabe

Die einschlägige Kollisionsnorm des Art. 19 II 1 EGBGB wird teilweise von dem MSA verdrängt. Hat das Kind seinen gewöhnlichen Aufenthalt in der Bundesrepublik Deutschland und ist das deutsche Gericht international zuständig, so ist nach Art. 2 MSA deutsches Recht anzuwenden. Hat das Kind seinen gewöhnlichen Aufenthalt nicht in der Bundesrepublik oder in einem anderen Vertragsstaat, so ist das MSA nicht anwendbar. Dies trifft für die Fälle der Verbundzuständigkeit zu. In diesen Fällen gilt nach Art. 19 II 1 EGBGB das Ehewirkungsstatut des Art. 14 I EGBGB mit seiner Anknüpfungsleiter.[210] Da Art. 19 II 1 EGBGB nur auf Art. 14 I EGBGB verweist, ist im Falle einer Rechtswahl der Eltern für die Beziehung zu den Kindern das fiktive Ehewirkungsstatut nach Art. 14 I EGBGB maßgebend.[211] Formel: Wie hätte ohne Rechtswahl angeknüpft werden müssen?

Folgesache Kindesunterhalt

Art. 19 II EGBGB wird verdrängt durch Art. 18 EGBGB bzw. die Haager Unterhaltsübereinkommen von 1956/1973.[212] Art. 18 EGBGB übernimmt inhaltlich die Bestimmungen des Haager Übereinkommens vom 2. Oktober 1973 über das auf Unterhaltspflichten anzuwendende Recht und ergänzt sie, soweit dies für die innerstaatliche Durchführung notwendig ist.[213] Das Haager Übereinkommen vom 2. Oktober 1973 ersetzt für die Bundesrepublik Deutschland im Verhältnis zu den anderen Vertragsstaaten das Haager Übereinkommen vom 24. Oktober 1956 über das auf Unterhaltsverpflichtungen gegenüber Kindern anzuwendende Recht (BGBl. 1961 II 1012).[214] Das Übereinkommen von 1973, dessen Vertragsstaaten außer der Bundesrepublik derzeit Frankreich, Portugal, Schweiz, Niederlande, Italien, Luxemburg, Tür-

---

208 BT-Drucks. 10/504 S. 60.

209 BT-Drucks. 10/504 S. 60; *Lüderitz* IPRax 1987, 76, 77.

210 BT-Drucks. 10/504 S. 60, 66; a. A. z. B. *Henrich* FamRZ 1986, 852 und *Palandt/Heldrich* EGBGB 19 (IPR) Anm. 3b, die Art. 19 II 2 EGBGB anwenden.

211 *Jayme* IPRax 1986, 266.

212 BT-Drucks. 10/504 S. 65.

213 BT-Drucks. 10/5632 S. 43.

214 BT-Drucks. 10/504 S. 62.

kei, Japan und Spanien sind, ist für die Bundesrepublik Deutschland am 1. April 1987 in Kraft getreten.[215] Ob durch die Übernahme in Art. 18 EGBGB eine eigene Rechtsgrundlage für die Rechtsanwendung oder nur eine Hinweisnorm geschaffen worden ist, ist streitig.[216] Wegen Inhaltsgleichheit dürfte es ausreichen, nur Art. 18 EGBGB zu zitieren.

Für den Kindesunterhalt enthält Art. 18 EGBGB mehrere Anknüpfungen:

Besitzen das unterhaltsberechtigte Kind und der unterhaltsverpflichtete Elternteil die deutsche Staatsangehörigkeit und hat der Verpflichtete seinen gewöhnlichen Aufenthalt im Inland, so ist deutsches Recht anzuwenden (Art. 18 V EGBGB).

Sonst gilt folgende abgestufte Regelung:

- Es ist grundsätzlich das Recht am jeweiligen gewöhnlichen Aufenthalt des Unterhaltsgläubigers anzuwenden (Art. 18 I 1 EGBGB).
- Kann der Gläubiger nach Aufenthaltsrecht keinen Unterhalt erhalten, so gilt das gemeinsame Heimatrecht (Art. 18 I 2 EGBGB).
- Wenn der Gläubiger weder nach Aufenthaltsrecht noch nach Heimatrecht Unterhalt erhalten kann, dann ist deutsches Recht anzuwenden (Art. 18 II EGBGB).

Bei der Rechtsanwendung sind Art. 18 VI und VII EGBGB zu beachten.

Folgesache Ehegattenunterhalt

Nach Art. 18 IV 1 EGBGB gilt für den Unterhalt nach Scheidung ausdrücklich das Scheidungsstatut und dieses Statut bleibt auch für die Änderung von Unterhaltsentscheidungen maßgebend. Der Ehescheidung sind gleichgestellt die Trennung ohne Auflösung des Ehebandes, die Nichtigerklärung und die Aufhebung einer Ehe (Art. 18 IV 2 EGBGB).

Folgesache Versorgungsausgleich

Nach Art. 17 III 1 Halbsatz 1 EGBGB unterliegt der Versorgungsausgleich dem Scheidungsstatut. Die Einschränkung in Art. 17 III 1 Halbsatz 2 soll nach der Begründung des Regierungsentwurfs Rechtsfolgen aus der Anwendung des Aufenthaltsrechts, die nach den Heimatrechten beider Ehegatten nicht zu erwarten wären, vermeiden und zugleich die Aufgaben der Praxis in Fällen des Versorgungsausgleichs erleichtern.[217]

Kann nach Art. 17 III 1 EGBGB ein Versorgungsausgleich nicht stattfinden, so ist der Versorgungsausgleich gemäß Art. 17 III 2 EGBGB ausnahmsweise in zwei Fällen **auf Antrag eines Ehegatten nach deutschem Recht** durchzuführen: Nach Nr. 1 bei Erwerb einer inländischen Versorgungsanwartschaft durch den anderen Ehegatten in der Ehezeit und nach Nr. 2 bei Verbindung der Ehegatten während eines Teils der Ehezeit mit einem Recht, das den

---

[215] *Palandt/Heldrich* Anhang zu EGBGB 18 (IPR) Anm. 2a.
[216] *Palandt/Heldrich* EGBGB 18 (IPR) Anm. 1a.
[217] BT-Drucks. 10/504 S. 62.

Versorgungsausgleich kennt. Die Durchführung in den beiden Ausnahmefällen darf aber nicht der Billigkeit widersprechen (Art. 17 III 2 Halbsatz 2 EGBGB). Bei Anwendung deutschen Rechts kann zusätzlich auch auf § 1587c BGB zurückgegriffen werden.[218]

Um zu verdeutlichen, wie sich der Gesetzgeber die Regelung des Versorgungsausgleichs bei Auslandsberührung vorstellt, werden hier die Beispiele des Rechtsausschusses wörtlich wiedergegeben:[219]

„1. Zwei deutsche Ehegatten leben bei Einreichung des Scheidungsantrags in Algerien. Hier ist der Versorgungsausgleich nach Absatz 3 Satz 1 in Verbindung mit Absatz 1 Satz 1 und Artikel 14 Abs. 1 Nr. 1 nach deutschem Recht durchzuführen.

2. Zwei italienische Staatsangehörige leben in der Bundesrepublik Deutschland. In diesem Beispiel ist nach den gleichen Vorschriften wie zu 1. unabhängig vom gewöhnlichen Aufenthalt grundsätzlich kein Versorgungsausgleich durchzuführen; er kommt jedoch nach Absatz 3 Satz 2 Nr. 1 (nicht Nummer 2) auf Antrag eines Ehegatten in Betracht, wenn der andere eine inländische Versorgungsanwartschaft erworben hat und die Billigkeitsklausel ihn nicht einschränkt.

3. Ein deutscher und ein italienischer Ehegatte haben bei Einreichung des Scheidungsantrags gewöhnlichen Aufenthalt in der Bundesrepublik Deutschland.

   Der Versorgungsausgleich ist nach Absatz 3 Satz 1 i. V. m. Absatz 1 und Artikel 14 Abs. 1 Nr. 2 durchzuführen.

4. Ein deutscher und ein italienischer Ehegatte haben bei Einreichung des Scheidungsantrags gewöhnlichen Aufenthalt in verschiedenen Staaten, der deutsche in Algerien, der italienische in Italien, hatten ihren letzten gewöhnlichen Aufenthalt in der Bundesrepublik Deutschland, wo sich keiner mehr befindet, sollen jedoch die engsten Beziehungen noch zur deutschen Rechtsordnung haben.
   Es gilt Gleiches wie zu 3. nach den gleichen Bestimmungen von Artikel 17 i. V. m. Artikel 14 Abs. 1 Nr. 3.

5. Ein deutscher und ein italienischer Ehegatte leben zur Zeit der Einreichung des Scheidungsantrags in Belgien, haben aber zuvor für ihre allgemeinen Ehewirkungen deutsches Recht gewählt.
   Auch hier gilt Gleiches in Verbindung mit Artikel 14 Abs. 3 Satz 1 Nr. 1.

6. Die deutsch-italienischen Ehegatten hatten zuletzt beide gewöhnlichen Aufenthalt in Italien, und der italienische Partner lebt noch dort.
   Ein Versorgungsausgleich kommt nach Artikel 17 Abs. 3 Satz 1 in Verbindung mit Absatz 1 und Artikel 14 Abs. 1 Nr. 2 nicht in Betracht, wohl aber nach Artikel 17 Abs. 3 Satz 2 Nr. 1 (bei Erwerb inländischer Versorgungsanwartschaften durch einen Ehegatten) oder vorherigem zeitweisen Aufenthalt in der Bundesrepublik Deutschland nach Nummer 2.

---

[218] BT-Drucks. 10/5632 S. 42; vgl. zur neuen Rechtslage insbesondere *E. Lorenz* FamRZ 1987, 645 ff und *Lüderitz* IPRax 1987, 78–80.

[219] BT-Drucks. 10/5632 S. 42–43.

7. Ein italienischer und ein jugoslawischer Ehegatte leben zur Zeit der Einreichung des Scheidungsantrags in Algerien. Hier gibt es nach den gleichen Rechtsgrundlagen auch nur unter den Voraussetzungen des Artikels 17 Abs. 3 Satz 2 Versorgungsausgleich (auf Antrag nach deutschem Recht).
8. Ein italienischer und ein jugoslawischer Ehegatte leben bei Antragseinreichung in der Bundesrepublik Deutschland. Es gäbe Versorgungsausgleich nach Artikel 17 Abs. 3 Satz 1 Halbsatz 1 i. V. m. Absatz 1 und Artikel 14 Absatz 1 Nr. 2; seiner uneingeschränkten Durchführung steht jedoch Artikel 17 Abs. 3 Satz 1 Halbsatz 2 entgegen. In diesem Fall sind immer die Voraussetzungen von Artikel 17 Abs. 3 Satz 2 Nr. 2 und in der Regel auch die von Nummer 1 erfüllt.

In allen Fällen, in denen Artikel 17 Abs. 3 Satz 2 anzuwenden ist (Beispiele 2., 6., 7., 8.), kann der Anspruch nach dem Schlußteil der Bestimmung eingeschränkt sein oder entfallen.

Die Klausel schützt z. B. die mit einem italienischen Arzt verheiratete deutsche Sekretärin, die während des Studiums ihres Mannes in der Ehezeit in der Bundesrepublik Deutschland Anwartschaften erworben hat und deren Ehemann später bei Ausübung seines Berufs in Italien seine Alterssicherung durch Einrichtung von Konten in dritten Staaten betrieben hat, wobei die Ehefrau selbst in dieser Zeit kein zusätzliches Vermögen erworben hat."

Folgesache Ehewohnung und Hausrat

Es ist das Scheidungsstatut maßgebend.[220]

Folgesache eheliches Güterrecht

Die güterrechtliche Auseinandersetzung richtet sich auch als Scheidungsfolge nach dem Güterrechtsstatut des Art. 15 EGBGB.[221]

Nach der Begründung des Gesetzentwurfs der Bundesregierung ist es der Zweck der das gesetzliche und vertragliche Güterrecht erfassenden Vorschrift, die für die Sonderordnung des Vermögens von Mann und Frau während und aufgrund der Ehe maßgebende Rechtsordnung zu bestimmen und dieser Bestimmung rechtlichen Bestand zu geben.[222] Zum Güterrecht gehören diejenigen materiellen Rechtssätze, die eine solche Sonderordnung schaffen oder von ihr absehen (im Fall der Gütertrennung), sowie diejenigen, die nach Auflösung der Ehe für eine Abwicklung der Sonderordnung sorgen.[223]

Nach Art. 15 I EGBGB unterliegt das eheliche Güterrecht dem bei der Eheschließung für die allgemeinen Wirkungen der Ehe maßgebenden Recht mit allen Anknüpfungen. Ein späterer Wechsel des Ehewirkungsstatuts beein-

---

[220] OLG Hamm FamRZ 1981, 875, 877 für das bisherige Recht; für das neue Recht *Kegel,* a.a.O., S. 563 und *Lüderitz* IPRax 1987, 77.

[221] BT-Drucks. 10/504 S. 60.

[222] BT-Drucks. 10/504 S. 57.

[223] *Kegel,* a.a.O., S. 544.

flußt das gesetzliche Güterrechtsstatut nicht **(Grundsatz der Unwandelbarkeit der gesetzlichen Anknüpfung).**[224] Die Rechtswahl nach Art. 15 II EGBGB gibt jedoch den Ehegatten die Möglichkeit, die kollisionsrechtliche Anpassung an veränderte Lebens- und Vermögensverhältnisse herbeizuführen. Dabei können die Ehegatten eine einmal getroffene Rechtswahl jederzeit aufheben oder ändern.[225] Das Gesetz eröffnet den Ehegatten drei Rechtswahlmöglichkeiten: die jeweiligen Heimatrechte der Ehegatten, das Aufenthaltsrecht mindestens eines Ehegatten oder im Hinblick auf praktische Bedürfnisse des Grundstücksverkehrs das Recht des jeweiligen Lageortes unbeweglichen Vermögens.

(3) Selbständige Familiensachen

Elterliche Sorge, Umgangsbefugnis, Kindesherausgabe.

Das MSA ist vorrangig. Hält sich der Minderjährige nicht in einem Vertragsstaat des MSA auf, so ist nach Art. 19 II 1 und 2 EGBGB zu differenzieren zwischen bestehender und aufgelöster Ehe der Eltern. Bei bestehender Ehe bestimmt sich das Rechtsverhältnis zwischen den Eltern und einem ehelichen Kind nach dem Ehewirkungsstatut des Art. 14 I EGBGB. Bei aufgelöster Ehe ist an die Rechtsordnung anzuknüpfen, in der das Kind seinen gewöhnlichen Aufenthalt hat.

Kindesunterhalt

Es kann auf die Anknüpfungen zu Folgesache Kindesunterhalt verwiesen werden.

Ehegattenunterhalt vor der Scheidung, insbesondere Getrenntlebendenunterhalt

Die Unterhaltspflichten der Ehegatten unterstehen der Sonderanknüpfung in Art. 18 I, II und V EGBGB und nicht mehr dem Ehewirkungsstatut.[226] Es kann daher auf die bei der Folgesache Kindesunterhalt dargestellten Anknüpfungen Bezug genommen werden.

Isolierte Versorgungsausgleichssachen wird es nur unter den Voraussetzungen des Art. 17 III 2 EGBGB geben können.[227]

Ehewohnungs- und Hausratssachen für die Dauer des Getrenntlebens unterliegen dem Ehewirkungsstatut.

Isolierte Güterrechtssachen werden vom Güterrechtsstatut beherrscht.

---

[224] BT-Drucks. 10/504 S. 57. Hinsichtlich der Anwendbarkeit auf früher geschlossene Ehen ist die Übergangsvorschrift der Art. 220 III EGBGB zu beachten. Dazu *Palandt/Heldrich* EGBGB 15 (IPR) Anm. 1d.

[225] BT-Drucks. 10/504 S. 58; *Palandt/Heldrich* EGBGB 15 (IPR) Anm. 3a.

[226] BT-Drucks. 10/504 S. 54.

[227] So auch *Henrich* FamRZ 1986, 851.

cc) Einstweilige Anordnungen und einstweilige Verfügungen

Es ist das nach deutschem IPR berufene Sachrecht anzuwenden. Für einstweilige Anordnungen nach §§ 620 ff. ZPO dürften die für die isolierten Familiensachen genannten Statuten gelten. Ist die Ermittlung des ausländischen Rechts mit unverhältnismäßigem Aufwand und erheblicher Verfahrensverzögerung verbunden, so ist deutsches Recht anzuwenden.[228]

---

[228] BGHZ 69, 387 = FamRZ 1978, 179 = NJW 1978, 496; *Rosenberg/Schwab* § 116 III; *Zöller/Geimer* § 293 Rn. 27.

3. Teil
Die einzelnen Familiensachen

I. Scheidungssachen

Das Scheidungsverfahren wird durch die bei Gericht eingereichte **Antragsschrift**[229] anhängig – so sinngemäß **§ 622 Abs. 1 ZPO.**

Diese soll in der **Form** der Klageschrift des § 253 ZPO entsprechen (§ 622 Abs. II Satz 2 ZPO). Die Parteien allerdings werden als Antragsteller und Antragsgegner bezeichnet (§ 622 Abs. 3 ZPO).[230]

Abgesehen hiervon und den schon besprochenen besonderen Erfordernissen der einverständlichen Scheidung nach § 630 ZPO verlangt § 622 Abs. 2 ZPO schließlich eine Erklärung darüber, ob gemeinschaftliche minderjährige Kinder vorhanden sind, ob ein Vorschlag zur Regelung der elterlichen Sorge vorgelegt wird und ob bei einem anderen Gericht schon Familiensachen zwischen den Parteien anhängig sind.[231]

Diese Formalien führen in der Regel nicht zu Schwierigkeiten. Anders ist das zum Teil bei den inhaltlichen Voraussetzungen des materiellen Rechts, die sich entsprechend der gesetzlichen Konzeption in drei Gruppen darstellen lassen:

1. Die unstreitige Scheidung

Der Oberbegriff „unstreitige Scheidung" umfaßt eigentlich wieder mehrere recht unterschiedliche Fallgruppen:

Zum einen die quantitativ wesentliche einverständliche Scheidung nach § 1566 Abs. 1 BGB, die das aktive Äußern des Scheidungswillens durch beide Parteien (Antrag oder Zustimmung) voraussetzt, zum anderen die Scheidung nach dreijähriger Trennung, wo es durch die Vermutung des § 1566 Abs. 2 BGB genügt, daß sich der Antragsgegner – passiv – nicht auf

---

[229] Zu Form und Inhalt s. auch die übersichtlichen Darstellungen bei *Vogel* 457 ff und *Zöller (Philippi)* Rdn. 3 ff zu § 622.

[230] Wie damit allerdings „die Streitatmosphäre psychologisch abgebaut werden" soll, wie *Schwab* Rdn. 264 meint, mag verstehen, wer will. Abgesehen davon, daß die Wortwahl hierzu ohnehin nicht viel beitragen wird, ist in einer Umformulierung vom „Beklagten" zum „Gegner" sicher ein eher untauglicher Versuch zu sehen.

[231] Empfehlenswert ist darüberhinaus in nicht ganz eindeutigen Fällen ein Hinweis zur Frage der örtlichen Zuständigkeit, insbesondere bei Konstellationen nach § 606 Abs. 2 Satz 2 ZPO. Diese Zusammenhänge sollte sich der Richter nicht erst aus den Schilderungen der Antragsschrift herauslesen müssen.

die Härteklausel des § 1588 Abs. 1 BGB beruft, und dann einige Zwischenformen.

Voraussetzung jeder Scheidung – auch der einverständlichen – ist die gerichtliche Feststellung des Scheiterns der Ehe (**„Zerrüttung“**), das **§ 1565 Abs. 1 BGB** danach definiert, daß „die Lebensgemeinschaft der Ehegatten nicht mehr besteht und nicht erwartet werden kann, daß die Ehegatten sie wiederherstellen“.

Auch alle weiteren Regelungen – etwa die Differenzierungen nach Trennungsjahren – gehen von diesem Prinzip aus, arbeiten lediglich mit nachweiserleichternden Vermutungen aus objektiven Tatsachen oder normieren zusätzliche Erfordernisse.

Eine dieser Vermutungen ist auch Bestandteil der Scheidung nach **§ 1566 Abs. 1 BGB,** die **§ 630 Abs. 1 ZPO** als **„einverständliche Scheidung“** bezeichnet. Nur sollte sich der Anwalt hüten, auch seine Antragsschrift ohne nähere Vorarbeiten so zu titulieren. Denn trägt er allein vor, die Parteien lebten mehr als ein Jahr getrennt und der Antragsgegner stimme der Scheidung zu, wird er vom Gericht den Hinweis erhalten, sein Vortrag sei „für eine einverständliche Scheidung nicht schlüssig“. Was zusätzlich verlangt wird, sagt § 630 Abs. 1 Nr. 2 und 3 ZPO deutlich: nämlich ein übereinstimmender Vorschlag zur Regelung von elterlicher Sorge und Umgangsbefugnis, wenn gemeinschaftliche minderjährige Kinder vorhanden sind, und eine Vereinbarung über Kindesunterhalt, Ehegattenunterhalt, Wohnung und Hausrat.

Wie oben bereits dargestellt, vertrauen die Gerichte erfahrungsgemäß den anwaltlichen Schriftsätzen soweit, daß sie es in der Schlüssigkeitsprüfung ausreichen lassen, wenn der Prozeßbevollmächtige des Antragstellers die Vorschläge und Vereinbarugnen in der Antragsschrift inhaltlich schildert und ankündigt, die Parteien beabsichtigten, in der mündlichen Verhandlung die Vereinbarung über Kindesunterhalt, Ehegattenunterhalt, Wohnung und Hausrat in Form eines zu protokollierenden Vergleiches zu bestätigen. Für die Antragszustimmung des Gegners genügt ja vom Gesetzeswortlaut her schon die „Mitteilung“.

Nicht nur „schöner“ sondern auch zur Absicherung des eigenen Sachvortrags empfehlenswerter ist es aber, die Vorschläge und Vereinbarungen – und dann am besten auch gleich die Zustimmungserklärung – nach Absprache mit dem betreffenden Kollegen, wie oben vorgeschlagen, schriftlich zu fixieren, von den Parteien oder Anwälten unterzeichnen zu lassen und dem Gericht mit der Antragsschrift vorzulegen.[232]

---

[232] Muster bei *Kersten* 13, Vespermann ScH 7 und Strohm im Beck'schen Prozeßformularbuch II H7.

Amtsgericht
– Familiengericht –
6000 Frankfurt am Main

Frankfurt, den 02. 10. 1987

Antrag

auf einverständliche Scheidung der Ehe

der Verwaltungsangestellten Bettina Braun, geborene Schulz, Deutsche, geb. am 03. 08. 1945, wohnhaft Leuchte 15, 6000 Frankfurt am Main 60

– Antragstellerin –

Verfahrensbevollmächtigter: RA Günther Bergmann, Frankfurt,

gegen

den kaufmännischen Angestellten Rolf Werner Braun, Deutscher, geb. am 25. 03. 1940, wohnhaft am Erlenbruch 56, 6000 Frankfurt am Main-Riederwald

– Antragsgegner –

Namens und in Vollmacht der Antragstellerin beantrage ich,

> die vor dem Standesbeamten in Frankfurt/Main Mitte am 18. 08. 1969 unter der Reg.-Nr. 1212/69 von den Parteien geschlossene Ehe zu scheiden.

Begründung:

Wie im Antrag dargestellt, haben die Parteien am 18. 08. 1969 die Ehe geschlossen.

Beweis: Heiratsurkunde – in beglaubigter Ablichtung beigefügt.

Aus dieser Ehe sind die folgenden noch minderjährigen Kinder hervorgegangen:

Christoph, geb. am 18. 09. 1979 und
Paulina, geb. am 01. 03. 1982

– beide wohnhaft bei der Antragstellerin –.

Beweis: Geburtsurkunden – in beglaubigten Ablichtungen beigefügt.

Die Ehe der Parteien ist gescheitert. Seit dem 01. 09. 1986 leben sie räumlich getrennt. An diesem Tage hat der Antragsgegner die seinerzeit gemeinsame Ehewohnung, die nun von der Antragstellerin und den Kindern alleine bewohnt wird, verlassen und lebt seitdem in der im Antrag angegebenen Wohnung.

Wie sich aus der in der Anlage beigefügten Erklärung ergibt, stimmt der Antragsgegner der Scheidung zu.

Die Parteien haben sich über alle Folgesachen geeinigt und beabsichtigen, in der mündlichen Verhandlung einen gemäß § 127a BGB zu protokollierenden Vergleich mit dem Inhalt der in der Anlage beigefügten Vereinbarungsentwürfe zu schließen.

Ebenfalls in der Anlage beigefügt sind die von beiden Parteien unterzeichneten Regelungsvorschläge zur Frage der elterlichen Sorge und der Umgangsbefugnis.

Der gesetzliche Versorgungsausgleich ist durchzuführen.

Andere familiengerichtliche Verfahren zwischen den Parteien sind nicht anhängig.

Im Hinblick auf die sich aus dem anliegenden Vereinbarungsentwurf ergebenden Nettoeinkommen der Parteien gehe ich von einem vorläufigen Gegenstandswert der Hauptsache in Höhe von 18600,– DM aus und zahle an Gerichtskostenvorschuß und Zustellungskosten 335,– DM ein.

Rechtsanwalt

Anlagen (Wie Muster 10, 11 und 12)

Nun sind natürlich die Fälle nicht selten, in denen das Scheitern der Ehe objektiv feststellbar und unbestritten – etwa durch die langfristig angelegte neue Partnerbeziehung einer Partei – und auch das Trennungsjahr verstrichen ist, der Gegner der Scheidung – aus welchen Gründen auch immer – aber dennoch nicht zustimmt und übereinstimmende Lösungen im Sinne von § 630 Abs. 1 Nr. 2 und 3 ZPO erst recht nicht zu erzielen sind. Das Gericht scheidet dann zwar im streitigen Verfahren, da die Voraussetzungen für die einverständliche Scheidung nicht vorliegen. Die Scheidung selbst ist aber insoweit eine unstreitige,[233] als auch die Gegenseite die objektiven Tatsachen einräumt, aus denen das Gericht das Scheitern der Ehe schließt.

Diese **nicht einverständliche unstreitige Scheidung nach einjähriger Trennung** ist schließlich auch die Brücke für die unbedingt Scheidungswilligen, die sich z. B. nur über den Ehegattenunterhalt nicht einigen können oder – gar nicht so unrealistisch – glauben, daß dies mit mehr Abstand emotionsfreier und sachgerechter möglich ist, „wenn der Scheidungskram erst einmal vorüber ist". Wenn man weiter berücksichtigt, daß in diesen „quasi einverständlichen" Fällen sich die Beweisaufnahme über Trennungszeit und weitere Zerrüttungskriterien auf die Parteianhörung nach § 613 Abs. 1 ZPO beschränkt, wird unschwer die Möglichkeit einer **Konventionalscheidung**[234] deutlich, die dann zwar der gesetzlichen Konzeption nicht mehr entspricht, sich aber soweit durchgesetzt hat, daß man sie den eigenen Mandanten kaum wird vorenthalten können.

Das, was objektiv dennoch feststellbar bleibt, wenn man sich nicht um ganz gezielte Tricks bemüht, ist die räumliche Trennung durch die unterschiedlichen Zustellungsanschriften.

---

[233] Anders Kersten 11.

[234] So auch Kersten 11 Anm. 2. Ausdrücklich von der „neuen Konventionalscheidung" spricht Vespermann ScH 9, Baumbach/Lauterbach Anm. 1 zu § 630 und Beitzke 159 von der „verdeckten Konventionalscheidung".

Nun ist diese für keine Scheidungsform Voraussetzung. Vielmehr definiert **§ 1567 Abs. 1 Satz 2 BGB** das **Getrenntleben** danach, daß zwischen den Ehegatten keine häusliche Gemeinschaft besteht und jedenfalls eine der Parteien sie erkennbar deswegen nicht herstellen will, weil sie die eheliche Lebensgemeinschaft ablehnt. Das ist – wenn auch zugegebenermaßen schwierig – innerhalb einer gemeinsam genutzten Wohnung denkbar, und so stellt § 1567 Abs. 1 Satz 2 BGB folgerichtig fest, daß das Nichtbestehen der häuslichen Gemeinschaft auch durch eine **Trennung innerhalb der Ehewohnung** herbeigeführt werden kann. Noch schwieriger, als solch eine Trennung praktisch schon sein muß, ist es allerdings, in entsprechenden Schriftsätzen den Voraussetzungen gerecht zu werden, die die Rechtsprechung an diese Trennungsform knüpft. Denn diese erscheinen bei allem Verständnis für allgemein theoretische Überlegungen gänzlich unpraktisch: verlangt wird ein Höchstmaß an Trennung in allen Lebensbereichen, wie es unter den objektiven Gegebenheiten überhaupt erreichbar ist.[235] Konkret bedeutet das für die Wohnraumnutzung – insoweit wohl noch realisierbar –, daß die Parteien Zimmer nur dann gemeinsam nutzen dürfen – und auch dies möglichst noch zeitlich versetzt –, wenn das durch die räumliche Beengung der Wohnung unumgänglich ist.[236]

Völlig unbeeinflußt von irgendwelchen Gedanken an die möglichen psychischen Reaktionen der Parteien – mit Ausnahme der des offenen Hasses – ist die Rechtsprechung aber offensichtlich dort geblieben, wo man abgesehen von der Wohnungsfrage selbst fordert, daß sich die Gemeinsamkeiten der Parteien nur noch als „gelegentliches Zusammentreffen aufgrund bloßen räumlichen Nebeneinanderseins" ergeben dürfen.[237] Allein das ansatzweise Nachdenken über die Hintergründe der im Rahmen der Mandantentypologie dargestellten Persönlichkeitsbilder dürfte ausreichen, um diese Vorstellung einer möglichen Trennung innerhalb der Ehewohnung als unrealistisch zu kennzeichnen. Es verwirklichen zu wollen, wäre – von seltensten Ausnahmefällen abgesehen – eine psychische Überforderung und wohl auch unter keinem Gesichtspunkt menschlichen Sozialdenkens wünschenswert.

Nur bleibt diese Theorie durch die Ausgestaltung der Praxis überwiegend theoretisch, solange sich die Parteien einig sind: Feststellungen werden ausschließlich über die Parteianhörung getroffen, und der Anwalt muß seinem

---

[235] *Wolf* im Münchener Kommentar Rdn. 27ff zu § 1567, *Diederichsen* (Ehescheidung) 2f, *Schwab* Rdn. 293. Als Beispiel Fall 15 bei *Bergschneider* 34ff. Umfangreiche Rechtsprechung-Zusammenstellung bei *Rolland* Rdn. 2c zu § 1567 BGB. Deutlich auch OLG Köln FamRZ 1982, 807ff („... Erscheinungsbild des Zusammenlebens von Ehegatten in der Ehewohnung ..., das nicht nur noch Restbestände einer früheren gemeinsamen Haushaltsführung erkennen läßt ... Gemeinsamkeiten stellen sich auch hier nicht nur dar als gelegentliches Zusammentreffen aufgrund bloßen räumlichen Nebeneinanderseins.")

[236] BGH NJW 1979, 105, OLG Köln FamRZ 1982, 807ff, *Diederichsen* (Ehescheidung) 3f.

[237] *Diederichsen* (Ehescheidung) 3, OLG Köln FamRZ 1982, 807ff, BGH NJW 1978, 1810f und NJW 1979, 1360f („bloßes räumliches Nebeneinander ohne persönliche Beziehung"), weniger restriktiv das gleiche Oberlandesgericht im FamRZ 1986, 388f.

Mandanten eben erklären, ,,wie" getrennt er in der Ehewohnung lebt. Durch die weit überzogene Interpretation des § 1567 Abs. 1 Satz 2 BGB durch die Rechtsprechung bestehen hier kaum Bedenken, ,,etwas mehr zu tun als sonst üblich". Kennen allerdings muß der Anwalt die Rechtsprechung genau, sonst wird er die Trennung nicht einmal in seinem Schriftsatz schlüssig vortragen können.

Diese auf die Parteien beschränkte Beweissituation, die den Nachweis der Trennung innerhalb der Ehewohnung bei Einverständlichkeit letztlich erst ermöglicht, vereitelt ihn im Streitfall. Jede dementsprechend beratene Partei, die mit dem – beweispflichtigen – Antragsteller noch in der Ehewohnung zusammenlebt, kann unschwer Details vortragen, die die Annahme einer Trennung innerhalb der Ehewohnung nicht mehr zulassen. Als Erfahrungssatz gilt, es im Streitfalle gar nicht erst zu versuchen, sondern die Zerrüttung unter Umständen an anderen Kriterien festzumachen, die objektiv leichter zu fassen sind.

Nicht vergessen – wie es oft geschieht – darf man gerade bei der Trennung innerhalb der ehelichen Wohnung die Voraussetzung des **Trennungswillens.**[238] Der in Fällen des § 1567 Abs. 1 Satz 2 BGB erforderliche umfangreiche Vortrag verleitet etwas dazu. Schon aus dem Gesetzestext aber wird klar, daß § 1567 Abs. 1 Satz 2 BGB nur eine andere Form des Nichtbestehens der der häuslichen Gemeinschaft umschreibt, die Voraussetzung des objektiv erkennbaren Trennungswillens in § 1567 Abs. 1 Satz 1 BGB (,,. . . nicht herstellen will, weil er die eheliche Lebensgemeinschaft ablehnt") aber nicht aufhebt.[239] Auch dies gehört zum schlüssigen Vortrag.

Hinzuweisen in diesem Zusammenhang ist schließlich auf die Vorschrift des **§ 1567 Abs. 2 BGB.** Danach laufen die Trennungszeiten auch dann weiter, wenn es zu einem kurzzeitigen **Versöhnungsversuch,** also nicht zu einer wirklichen Versöhnung, kommt. Wird darüber gestritten, liegen die Probleme naturgemäß auch hier in der Beweisbarkeit. Nachweispflichtig im Rahmen der Streitfrage ,,nur Versuch oder erfolgreiche Versöhnung" ist der Antragsgegner der Scheidung.[240]

Selbst ohne Beweisschwierigkeiten liegt ein zweites Problem offenkundig in der Zeitfrage. Die von der Rechtsprechung teilweise angenommene Dreimonatsgrenze[241] dürfte doch mindestens einen Monat zu hoch angesetzt sein:[242] wer es solange ,,versucht" und beim anderen den Ehewillen dennoch nicht auslöscht – sonst kommt es ja nicht zum Streitfall –, sollte es sich schon noch einmal ein Jahr alleine überlegen müssen, bevor . . . – das Trennungsjahr hat ja gerade für diese ,,Nicht-so-ganz-Entschlossenen" seinen gesunden Zweck.

---

[238] hierzu umfassend *Rolland* Rdn. 4ff zu § 1567 BGB und *Gernhuber* 315f. S. auch *Palandt* (Diederichsen) § 1567 Anm. 2b.

[239] Nach OLG Bamberg FamRZ 1981, 52 genügt in Ausnahmefällen fremdbestimmter Trennung das Stellen des Scheidungsantrages.

[240] *Diederichsen* (Ehescheidung) 6, OLG Celle FamRZ 1979, 234.

[241] So OLG Zweibrücken FamRZ 1981, 146.

[242] So im Ergebnis auch *Gernhuber* 319 (,,Ein Monat bietet sich als Grenze an.")

2. Die streitige Scheidung

Aus der Darstellung des vorstehenden Kapitels ergeben sich schon die denkbaren Streitfälle: abgesehen von den bereits behandelten Beweisfragen sind es die fehlende Zustimmung bzw. der Abweisungsantrag nach einjähriger Trennung und der Abweisungsantrag auch nach dreijähriger Trennung durch Berufung auf einen der sogenannten Härtefälle in **§ 1568 BGB.** Nach der früheren gesetzlichen Konzeption sollte dies nach fünfjähriger Trennung nicht mehr möglich sein (§ 1568 Abs. 2 BGB a. F.). Die Entscheidung des Bundesverfassungsgerichts hat dies als mit Artikel 6 Abs. 1 des Grundgesetzes unvereinbar angesehen und verlangt, daß auch nach fünfjährigem Getrenntleben außergewöhnliche Härten zumindest zur Verfahrensaussetzung bis zu einer gesetzlichen Neuregelung führen können müssen.[243]

Kommt es nach einer mehr als einjährigen aber noch nicht dreijährigen Trennung im Verfahren zum **Streit über die Frage der objektiven Voraussetzungen der Zerrüttung** oder der rechtlichen Subsumtion, bedarf es entsprechenden Sachvortrages und eventuellen Rechtsausführungen in Schriftsatz und gerichtlicher Entscheidung – unter Umständen mit umfangreicher Beweisaufnahme.[244] Ein Begründungsbeispiel findet sich im Schriftsatzmuster 17 am Ende des folgenden Kapitels in der Kombination eines sowohl streitigen als auch vorzeitigen Scheidungsantrags.

Nach dreijähriger Trennung kann der Antragsgegner die Scheidung, wie oben schon angesprochen, im Hinblick auf die Vermutung des § 1566 Abs. 2 BGB nur noch dadurch verhindern, daß er sich auf einen der in **§ 1568 BGB** aufgezählten **Härtefälle** beruft.[245] Es mag nicht juristischer Gedankenspielerei vorbehalten bleiben, sich vorzustellen, welche Art von Ehe ein Familienrichter nach vielleicht vierjähriger Trennung da aufrechterhalten muß und welche stark institutionsgeprägte und wenig emotional orientierte Vorstellung der gesetzlichen Konzeption und der oben zitierten Entscheidung des Bundesverfassungsgerichts zugrunde liegt.

Dankenswerterweise verlangt die Rechtsprechung im einzelnen substantiierten Tatsachenvortrag und legt die Fallvarianten merklich restriktiv aus, so daß etwa Alter, Krankheit, sonstige Hilfsbedürftigkeit und Selbstmorddrohungen in der Regel nicht ausreichen.[246]

Hinzuweisen ist in diesem Zusammenhang noch auf die Verfahrensvorschrift des **§ 616 Abs. 3 ZPO,** wonach die Umstände des § 1568 BGB nur

---

[243] FamRZ 1981, 15ff. – Im Hinblick auf die zunächst ergebnislos verstrichene Zeit seit diesem Auftrag an den Gesetzgeber hielt das OLG Hamm (FamRZ 1985, 189ff) weitere Verfahrensaussetzungen für mit rechtstaatlichen Grundsätzen nicht mehr vereinbar und stellte fest, es sei „daher Aufgabe der Gerichte, § 1568 Abs. 2 BGB verfassungskonform auszulegen." – Reformvorschläge bei *Schwab* FamRZ 1984, 1172ff.

[244] Vgl. auch das Beispiel bei *Strohm* im Beck'schen Prozeßformularbuch II. H 8.

[245] Anwendungsrichtlinien in BGH FamRZ 1984, 559 (560f).

[246] Vgl. *Kersten* 15 und die Rechtsprechungsübersicht bei *Diederichsen* (Ehescheidung) 16ff.

nach entsprechendem Vortrag des Antragsgegners der Scheidungssache zu berücksichtigen sind, mit Ausnahme wohl des schon von Amts wegen zu prüfenden Kindesinteresses.[247]

3. Die vorzeitige Scheidung

Als ähnlich strenge Ausnahme wie die eben dargestellten Fälle behandelt die Rechtsprechung Anträge auf **Scheidung vor Ablauf des Trennungsjahres.** Auch die Vokabeln des Gesetzes in **§ 1565 Abs. 2 BGB** machen den Ausnahmecharakter deutlich: „,. . . wenn die Fortsetzung der Ehe für den Antragsteller aus Gründen, die in der Person des anderen Ehegatten liegen, eine unzumutbare Härte darstellen würde."

Der Vortrag muß hier so massiv sein, daß eine unstreitige Scheidung regelmäßig ausscheidet. Denn das, was der Antragsteller vortragen muß, hat ja zielgerichtet Vorwürfe gegen den Partner zu beinhalten, die so gravierend sind, daß – ihre Richtigkeit unterstellt – ihm die Ehe mit dem anderen auch im Falle der räumlichen Trennung nicht einmal bis zum Ablauf des Trennungsjahres zumutbar ist.

Die enge Ausgestaltung der vorzeitigen Scheidungsmöglichkeit auch bei bereits feststehender Zerrüttung korrespondiert wohl mit dem gut nachvollziehbaren Gedanken, daß man nicht einmal als Partei, erst recht nicht als Richter unbedingt akut wissen muß, wie zerrüttet eine Ehe wirklich ist, wenn sich dies eben nicht durch einen gewissen Zeitablauf oder andere äußere Ereignisse – dann aber ganz schwerwiegende – bestätigt hat. Vorgebeugt werden soll damit zu Recht irgendwelchen Spontanentscheidungen nach „dem großen Krach", der nicht selten einen nur vorübergehenden Trennungswillen mit sich bringt. Alle länger in Familiensachen tätigen Rechtsanwälte kennen zahllose Fälle überstürzter Scheidungsbegehren, die sich im Laufe von Beratung, Vorkorrespondenz oder auch noch nach Verfahrenseinleitung auflösen. Versucht man, diese Erfahrungen weitergehend zu vergleichen, lassen sich verschiedenste, auch jahreszeitliche Übereinstimmungen herausfinden, deren bekannteste wohl die Fälle des sogenannten „Weihnachtsfrustes" sind (Frustration durch Langeweile infolge zeitlicher und räumlicher Partnerkonzentration über die Weihnachtsfeiertage mit der „fröhlichen Aussicht" auf die entsprechenden Neujahrstage). Nicht wenige von denen, die dann „zwischen den Jahren" zum Anwalt laufen und möglichst noch „im alten Jahr" geschieden werden möchten, feiern Ostern schon wieder in relativer Harmonie zusammen.

Auf der anderen Seite gibt es Vorfälle – nicht selten mit strafrechtlichem oder öffentlichkeitswirksamen Bezug[247a] –, die für die in der Regel dann geschädigte Partei nicht nur die Trennung sondern auch das formelle Abstandnehmen mittels des Scheidungsverfahrens dringend erforderlich erscheinen las-

---

[247] So *Kersten* 15.

[247a] Besonderes Gewicht auf diesen Aspekt legt die Entscheidung des OLG Düsseldorf im FamRZ 1986, 998f.

sen. Für diese Fälle gedacht und hierauf beschränkt ist die Ausnahmevorschrift des § 1565 Abs. 2 BGB, und dementsprechenden Vortrag mit der deutlichen Gewichtung des Ausnahmecharakters des Falles, der ,,Unzumutbarkeit" für den Antragsteller und der ,,Verantwortungszuweisung" an den Antragsgegner erfordert sie.[248]

Wie im vorangegangenen Kapitel schon angekündigt, war im Beispielsfall des folgenden Musters ein solcher Begründungsvortrag zu kombinieren mit dem einer bezüglich der Trennungszeit streitigen Scheidung.

Schriftsatz-Muster 17

Amtsgericht
– Familiengericht –
6000 Frankfurt am Main

Frankfurt, den 20. 06. 1987

Antrag

auf Scheidung der Ehe

des technischen Angestellten Horst Winter, Deutscher, geb. am 15. 02. 1943 in Bielefeld, wohnhaft Mörfelder Landstr. 152, 6000 Frankfurt am Main 70

– Antragsteller –

Verfahrensbevollmächtigter: RA Günther Bergmann, Frankfurt

gegen

die Hausfrau Renate Katharina Winter, geborene Müller, Deutsche, geb. am 02. 11. 1950 in Frankfurt, wohnhaft Zeppelin-Allee 18, 6000 Frankfurt am Main

– Antragsgegnerin –

Namens und in Vollmacht des Antragstellers beantrage ich,

> die vor dem Standesbeamten in Frankfurt/Main Mitte am 13. 08. 1987 unter der Reg.-Nr. 986/82 von den Parteien geschlossene Ehe zu scheiden.

Begründung:

Wie im Antrag ausgeführt, haben die Parteien am 13. 08. 1982 die Ehe geschlossen.

Beweis: Heiratsurkunde – in beglaubigter Ablichtung beigefügt.

Aus der Ehe sind keine Kinder hervorgegangen.

Die Ehe ist gescheitert. Zwar leben die Parteien erst seit dem 15. 05. 1987 endgültig in getrennten Wohnungen. Die räumliche Trennung besteht aber bereits seit Anfang Mai 1986 innerhalb – und zum Teil auch schon außerhalb – der seinerzeit ehelichen Wohnung.

---

[248] Beispiele bei *Vespermann* ScH 5 und bei *Strohm* im Beck'schen Prozeßformularbuch II. H 6

Als Ursache für die Entfremdung der Parteien muß im Zusammenhang zunächst dargestellt werden, daß sich beide vor etwa sechseinhalb Jahren als Alkoholiker kennengelernt haben. Aufgrund von Therapien gelang es ihnen zunächst, für recht lange Zeit vom Alkohol loszukommen. Kurze Zeit nach ihrer Eheschließung im Jahre 1982 begannen sich die Parteien auseinander zu leben, und die Antragsgegnerin sprach im verstärktem Maße wieder dem Alkohol zu, bis die Trinkmengen im April vergangenen Jahres den Umfang des früheren Suchtkonsums wieder angenommen hatten. Seit diesem Zeitpunkt besteht die eheliche Lebensgemeinschaft nicht mehr. Soweit die Antragsgegnerin überhaupt ansprechbar war, wenn der Antragsteller nach Hause kam, beschränkten sich die häuslichen Kontakte auf massive streitige Auseinandersetzungen. Danach zog er sich jeweils in das von ihm allein bewohnte Gästezimmer zurück und verließ das Haus regelmäßig am nächsten Morgen, ohne die Antragsgegnerin, die zu dieser Zeit noch schlief, zu sehen. Mahlzeiten nahm der Antragsteller zu Hause nicht mehr ein, Wäsche und Kleidung wurde durch seine Mutter versorgt. Abgesehen hiervon hielt sich der Antragsteller aus den vorbezeichneten Gründen weitgehend von zu Hause fern. Zwar hatte er anfangs – wie ja schon früher einmal – wieder versucht, die Antragsgegnerin vom Alkohol abzubringen. Gleichzeitig war und ist er sich jedoch bei jedem diesbezüglichen Kontakt auch der Eigengefährdung bewußt, die sich dann zur Jahreswende 1986/87 realisierte. Kurz zuvor hatte der Antragsteller die Antragsgegnerin, die sich zum Zwecke einer stationären Therapie in einer Klinik aufhielt, besucht, wobei es wiederum nur zum Streit gekommen war. Aus Verzweiflung hierüber griff nun auch der Antragsteller wieder zum Alkohol und betrank sich vier Tage lang gleichsam ohne Unterbrechung. Erst eine unmittelbar anschließende achtwöchige freiwillige Therapie im PKH Gießen führten dazu, daß der Antragsteller nun wieder „trocken" ist. Auf die Antragsgegnerin ist die Ende vergangenen Jahres durchgeführte Therapie dagegen ohne Einfluß geblieben: sie ist weiterhin alkoholabhängig und dem Antragsteller bis zuletzt ausnahmslos aggressiv gegenüber getreten.

Damit ist die Ehe gescheitert, da die Lebensgemeinschaft der Parteien nicht mehr besteht und der Antragsteller schon aus Gründen des Selbstschutzes nicht bereit ist, sie wiederherzustellen.

Das Trennungsjahr ist abgelaufen. Die auf das Notwendigste beschränkten Kontakte während der häuslichen Gemeinschaft der Parteien in der oben beschriebenen Form während des vergangenen Jahres sind als „Getrenntleben" anzusehen.

Darüberhinaus ist der Scheidungsantrag nach § 1565 Abs. 2 BGB begründet. Denn wie der Vorfall um die Jahreswende 1986/87 gezeigt hat, befindet sich der Antragsteller noch immer in der Gefahr des latenten Rückfalles, die mit aller Folgenschwere durch jede weitere Beziehung zur Antragsgegnerin vergrößert wird. Zwar ist dem Antragsteller bei diesem seit Jahren einmaligen Vorfall gelungen, seinen Arbeitsplatz bei der Firma Hoechst AG beizubehalten. Im Wiederholungsfalle wird er ihn jedoch mit Sicherheit verlieren. Damit würde die Fortsetzung der Ehe im Hinblick auf die Alkoholabhängigkeit der Antragsgegnerin für den Antragsteller eine unzumutbare Härte darstellen.

Unter den gleichen Gesichtspunkten kann sich die Antragsgegnerin auch nicht auf die sogenannte Härteklausel des § 1568 BGB berufen. Selbst wenn man die Alkoholabhängigkeit der Antragsgegnerin einer Krankheit gleichstellen will und den Lebenspartner damit als unterstützungspflichtig ansieht, kann dies im konkreten Fall „unter Berücksichtigung der Belange des Antragstellers" für diesen nicht gelten, da er sich damit der nahen Möglichkeit der gleichen Alkoholabhängigkeit aussetzen würde.

Abschließend ist mitzuteilen, daß sonstige Familiensachen zwischen den Parteien nicht anhängig sind.

Im Hinblick auf das monatliche Nettoeinkommen des Antragstellers von durchschnittlich 2350,– DM gehe ich vorläufig von einem Gegenstandswert der Hauptsache in Höhe von 7050,– DM aus und zahle an Gerichtskostenvorschuß und Zustellungskosten 182,– DM ein.

Rechtsanwalt

Unter den letztgenannten Gesichtspunkt mag es mit der überwiegenden Rechtsprechung vertretbar erscheinen, **Scheinehen** (etwa zur Erhaltung einer Aufenthaltserlaubnis) an das Trennungsjahr zu binden.[249] Dies rechtfertigt die Konzeption des § 1565 Abs. 2 BGB als Ausnahmevorschrift für Fälle einer Unzumutbarkeit, die bei der geplanten Scheinehe in aller Regel nicht vorliegt. Dem läßt sich natürlich entgegenhalten, daß die Durchführung des Trennungsjahres hier ebenso regelmäßig sinnwidrig erscheinen muß. Allerdings aber ist diese als Regelform des Scheidungsverfahrens vorgesehen, und es ist auch nicht einzusehen, warum man sich nun gerade für diese wenig erfreulichen Fälle die Mühe machen sollte, durch dogmatische „Klimmzüge" von der gesetzlichen Konzeption wegzukommen. Ist dies in wirklichen Ausnahmefällen erforderlich, besteht ohnehin auch hier die Möglichkeit nach § 1565 Abs. 2 BGB.

---

[249] KG FamRZ 1985, 73f und FamRZ 1985 1042 sowie OLG Karlsruhe FamRZ 1986, 680 (681). Rechtsprechungsübersicht bei *Diederichsen* (Ehescheidung) 13 unter dem Stichwort „Fehlehen". Zu den naheliegenden Fragen im Rahmen der Prozeßkostenhilfe in diesem Zusammenhang: OLG Köln, FamRZ 1984, 278f, OLG Celle FamRZ 1984, 279f und BVerfG FamRZ 1984 1205f, 1206ff, wobei der dissenting oppinion (abgedruckt auf Seite 1207f) zuzustimmen sein dürfte, sowie KG FamRZ 1987, 486f.

II. Die anderen Familiensachen des § 621 I ZPO als Folgesachen oder als selbständige (isolierte) Familiensachen

Die ZPO unterscheidet zwischen den Ehesachen im Sinne des § 606 I ZPO und den anderen Familiensachen des § 621 I ZPO. Aus § 621a I ZPO ergibt sich, daß für die Verfahrensgegenstände Regelung der elterlichen Sorge für ein eheliches Kind und des Umgangs eines Elternteils mit einem ehelichen Kind, Herausgabe des Kindes an den anderen Elternteil, Versorgungsausgleich, Regelung der Rechtsverhältnisse an der Ehewohnung und am Hausrat sowie Stundung und Anrechnung nach §§ 1382, 1383 BGB grundsätzlich die Vorschriften des FGG und der HausratsVO (bei § 621 I Nr. 7 ZPO) anzuwenden sind. Daher werden die **Familiensachen des § 621 I Nrn. 1–3, 6, 7 und 9 ZPO als FGG-Familiensachen** bezeichnet. Bei Streitigkeiten, die die gesetzliche Unterhaltspflicht gegenüber einem ehelichen Kind bzw. die durch die Ehe begründete gesetzliche Unterhaltspflicht betreffen, und Streitigkeiten über Ansprüche aus dem ehelichen Güterrecht gelten hingegen die zivilprozessualen Bestimmungen. Aus diesem Grund werden die **Familiensachen des § 621 I Nrn. 4, 5, 8 ZPO-Familiensachen** genannt. Jeder Verfahrensgegenstand ist somit nach seiner Verfahrensordnung zu behandeln. Die in § 621 I ZPO aufgezählten FGG- und ZPO-Familiensachen können als isolierte, also von einem Scheidungsverfahren unabhängige selbständige Familiensachen oder als Folgesachen einer Scheidungssache im Verbund gerichtlich geltend gemacht werden.

Folgesachen sind nach § 623 ZPO andere Familiensachen im Sinne des § 621 I ZPO mit folgenden Besonderheiten:

- Es ist eine Entscheidung **für den Fall der Scheidung** zu treffen (§ 623 I 1 ZPO). Daran fehlt es z. B. bei allen Regelungen für die Dauer des Getrenntlebens der Parteien.
- Die Entscheidung für den Fall der Scheidung wird von einem Ehegatten **rechtzeitig begehrt,** d. h. bei dem Gericht der Ehesache bis zum Schluß der mündlichen Verhandlung erster Instanz in der Scheidungssache anhängig gemacht (§ 623 I 1, II 1 ZPO) oder an das Ehegericht übergeleitet (§§ 621 II 1, 623 IV ZPO). Es besteht **Anwaltszwang** (§ 78 II Nr. 1 ZPO). Für die Regelung der elterlichen Sorge für ein gemeinschaftliches Kind und für die Durchführung des Versorgungsausgleichs in den Fällen des § 1587b BGB bedarf es keines Antrags (§ 623 III 1 ZPO). Es handelt sich um Folgesachen von Amts wegen.
- Über die Folgesachen ist gleichzeitig und zusammen mit der Scheidungssache im sogenannten **Verbund** zu verhandeln und, sofern dem Scheidungsantrag stattgegeben wird, zu entscheiden (§ 623 I 1 ZPO). Nach dem Grundgedanken des Verbundes sollen die wichtigen Scheidungsfolgen zugleich mit der Scheidung geregelt werden (**Regelungsfunktion**). Den Ehegatten sollen bereits im Scheidungsverfahren die möglichen Folgen der Scheidung z. B. für die Kinder und den Unterhalt bewußt gemacht werden (**Warnfunktion**). Der wirtschaftlich schwächere Ehegatte

soll davor geschützt werden, daß die Ehe ohne Sicherung seiner im Scheidungsfall bestehenden Ansprüche geschieden wird (**Schutzfunktion**).

- Im Verbund können mehrere **Verfahrensgrundsätze** zusammentreffen: Es gilt für die Scheidung der eingeschränkte Untersuchungsgrundsatz nach § 616 ZPO, für die Zivilprozeß-Folgesachen betreffend die gesetzliche Unterhaltspflicht gegenüber ehelichen Kindern und Ehegatten sowie güterrechtliche Ansprüche der Verhandlungsgrundsatz und für die Folgesachen der freiwilligen Gerichtsbarkeit betreffend die elterliche Sorge, Umgangsbefugnis, Kindesherausgabe, Versorgungsausgleich, Ehewohnung und Hausrat, Stundung der Ausgleichsforderung und Anrechnung der Ermittlungsgrundsatz nach § 12 FGG.
- Die Auflösung des Verbundes durch **Abtrennung** ist nur unter den Voraussetzungen der §§ 623 I 2, 627, 628 ZPO möglich. Spricht das Familiengericht die Scheidung ohne gleichzeitige Entscheidung über die Folgesachen aus, so leidet das Verfahren an einem wesentlichen Mangel (vgl. § 539 ZPO).

  Wer also eine schnelle Scheidung erreichen will, sollte beispielsweise nicht den taktischen Fehler begehen, einen güterrechtlichen Anspruch im Verbund geltend zu machen. Denn das Familiengericht kann diese Folgesache nur unter den Voraussetzungen der §§ 623 I 2, 628 ZPO abtrennen. Dies kann zuweilen Monate, wenn nicht Jahre dauern.

Rechtsverfolgung und Rechtsverteidigung müssen geplant werden (sogenannte **Angriffs- und Verteidigungsplanung**). Die nachstehenden **Planungsfragen** muß sich der Rechtsanwalt in jedem Fall durch den Kopf gehen lassen.

Erste Planungsfrage:
Welches **Ziel** will der Mandant gegen wen erreichen? Die Zielfrage ist meist schnell beantwortet.

Zweite Planungsfrage:
Mit welchen **Anspruchsgrundlagen** und unter welchen Voraussetzungen kann dieses Ziel erreicht werden? Hier ist zunächst der Sachverhalt durch zweckentsprechende Befragung des Mandanten aufzuklären. Beim Kopfgutachten darf keine in Betracht kommende Anspruchsgrundlage übersehen werden. Alternativen sind zu bedenken.

Dritte Planungsfrage:
Welche Möglichkeiten gibt es, das Mandantenziel mit der als zutreffend erkannten Anspruchsgrundlage außergerichtlich und/oder gerichtlich **durchzusetzen?** Beispiele: Wie kann die Alleinzuweisung der Ehewohnung zur Herbeiführung des Getrenntlebens erreicht werden? Wie kann ein Unterhaltstitel abgeändert werden? Sind andere Familiensachen im Zusammenhang mit der Scheidung als Folgesachen anhängig zu machen? Oder sollen sie erst nach der Scheidung als selbständige Familiensachen betrieben werden?

Vierte Planungsfrage:
Wie werden voraussichtlich die **Gegenseite** und/oder das **Gericht reagieren?** Die Reaktionen des Gegners lassen sich z. B. mit einem Aufforderungs-

schreiben und die des Gerichts mit einem Prozeßkostenhilfeantrag testen. In der Verteidigungsposition kann in den meisten Fällen aus dem erfolgten Angriff auf das weitere Vorgehen des Angreifers geschlossen werden.

Fünfte Planungsfrage:
Wie ist das **Risikio** einzuschätzten und mit welchen **Folgen** – auch negativer Art – muß gerechnet werden? Die Risikoprognose setzt nicht nur gründliche Kenntnisse der Sach- und Rechtslage voraus, sondern auch Erfahrungen im Umgang mit Menschen und mit ähnlich gelagerten Fällen bei dem zuständigen Familiengericht. Darum ist der Anwaltszwang sinnvoll.

1. Versorgungsausgleich

a) Grundgedanken des Versorgungsausgleichs und Aufgaben des Rechtsanwalts

Der Gesetzgeber des 1. EheRG hat mit dem Versorgungsausgleich ein neues Rechtsinstitut eingeführt. Der Versorgungsausgleich wird im Grundsatz wie folgt durchgeführt: Die Gesamtheit der in der Ehezeit von den Ehegatten erworbenen Versorgungswerte wegen Alters oder wegen Berufs- oder Erwerbsunfähigkeit ist zu ermitteln und einander gegenüberzustellen. Dem Ehegatten mit den wertniedrigeren Versorgungswerten steht als Ausgleich die Hälfte des Wertunterschiedes zu (§ 1587a I 2 BGB). Der Gesetzgeber hat damit den **Teilhabegedanken** des Zugewinnausgleichs auf die in der Ehezeit erworbenen Versorgungsrechte übertragen mit dem **Ziel einer zumindest teilweise eigenständigen Unterhaltssicherung des Ausgleichsberechtigten für den Fall des Alters oder der Invalidität.** Die Arbeitsleistungen von Mann und Frau in der Ehe – Erwerbstätigkeit oder Haushaltsführung – sind gleichwertige Beiträge zum Familienunterhalt. Deshalb ist es auch gerechtfertigt, die in der Ehezeit erworbenen Versorgungswerte als Ergebnis einer partnerschaftlichen **Versorgungsgemeinschaft** beider Ehegatten anzusehen und im Falle der Scheidung gleichmäßig zwischen den Ehegatten aufzuteilen.[250] Das BVerfG hat sich mit dem Versorgungsausgleich bisher in drei grundsätzlichen Entscheidungen befaßt. Im Urteil vom 28. Februar 1980 hat es die Grundkonzeption des Versorgungsausgleichs sowie das Splitting und das Quasi-Splitting (§ 1587 b I und II BGB) zwar für verfassungsmäßig gehalten, aber dem Gesetzgeber ergänzende Regelungen zur Vermeidung von Härten aufgegeben.[251] In den Entscheidungen vom 27. Januar 1983 betreffend § 1587b III 1 Halbsatz 1 BGB[252] und vom 8. April 1986 betreffend § 2 VAHRG[253] sind die genannten Einzelbestimmungen des Versorgungsausgleichs für nichtig erklärt worden. Darauf ist später im Kontext einzugehen.

---

250 BVerfG FamRZ 1986, 543, 547 = NJW 1986, 1321; BGH FamRZ 1981, 239, 240 = NJW 1981, 1038.
251 BVerfGE 53, 257 = FamRZ 1980, 326 = NJW 1980, 692.
252 BVerfGE 63, 88 = FamRZ 1983, 342 = NJW 1983, 1417.
253 BVerfGE 71, 364 = FamRZ 1986, 543, 547 = NJW 1986, 1321.

Für die Durchführung des Versorgungsausgleichs in den Fällen des § 1587b BGB bedarf es keines Antrags (§ 623 III ZPO). Es handelt sich um eine Folgesache von Amts wegen. Dispositionen über den Versorgungsausgleich sind nach § 1408 II, 1587o BGB möglich, wie oben im 2. Teil beschrieben wurde.

Auf den Rechtsanwalt kommen im Versorgungsausgleich im wesentlichen **6 Aufgaben** zu:

Aufgabe 1: Abgabe der sogenannten Bereiterklärung
Aufgabe 2: Prüfung der Ehezeitberechnung des Gerichts und Hilfen für die eigene Partei beim Ausfüllen des Fragebogens
Aufgabe 3: Prüfung des vom Gegner ausgefüllten Fragebogens
Aufgabe 4: Prüfung der Versorgungsausgleichsauskünfte mit Berechnung des Ausgleichsbetrages und Erklärung des Ausgleichsvorgangs
Aufgabe 5: Stellung besonderer Anträge im Versorgungsausgleichsverfahren
Aufgabe 6: Prüfung der Versorgungsausgleichsentscheidung nach Zustellung und aufgrund geänderter Rechtslage.

b) Die sogenannte Bereiterklärung

Solange es den Versorgungsausgleich durch Beitragsentrichtung als gesetzliche Ausgleichsform gibt (früher nach § 1587b III BGB, jetzt gem. § 3b I Nr. 2 VAHRG), wird dem Rechtsanwalt empfohlen, für den etwaigen Ausgleichsverpflichteten als Antragsteller mit dem Scheidungsantrag oder als Antragsgegner alsbald nach Eintritt der Rechtshängigkeit eine sog. **Bereiterklärung** abzugeben. Die Bereiterklärung, die auch vor Feststellung der Ausgleichsverpflichtung erfolgen kann, steht der Entrichtung der Beiträge gleich, wenn die Beiträge unverzüglich entrichtet werden (§§ 1304b I 3 RVO, § 83b I 3 AVG). Als unverzüglich wird von den Rentenversicherungsträgern eine Zahlung innerhalb von 3 Monaten nach Feststellung der Ausgleichsverpflichtung angesehen.[254] Die Bereiterklärung kann gegenüber dem Rentenversicherungsträger oder gegenüber dem Familiengericht abgegeben werden. Es empfiehlt sich, die Bereiterklärung gegenüber dem Familiengericht abzugeben, da bei Einreichung des Scheidungsantrages oder kurz nach Eintritt der Rechtshängigkeit noch gar nicht feststeht, welcher Rentenversicherungsträger zuständig ist. Das Familiengericht hat die Bereiterklärung spätestens mit der Zustellung der Versorgungsausgleichsentscheidung dem zuständigen Rentenversicherungsträger zu übersenden. Die Bereiterklärung stellt keine Verpflichtung dar, sondern behält nur das Recht vor, Beiträge zu dem niedrigeren Stand zum Zeitpunkt der Bereiterklärung zu entrichten. Da der Betrag in DM, der für die Begründung von Rentenanwartschaften durch Beitragsentrichtung aufzuwenden ist, von Jahr zu Jahr steigt, kann eine Bereiterklärung Geld sparen. **Unterläßt der Rechtsanwalt die Beratung** des Mandanten in dieser Beziehung, so besteht ein **Haftungsrisi-**

[254] Verbandsbroschüre: Versorgungsausgleich, herausgegeben von der BfA und dem VDR 1982, S. 314.

ko, wie *Borth* in seinem verständlichen Werk über den „Versorgungsausgleich in anwaltschaftlicher und familiengerichtlicher Praxis" zutreffend bemerkt.[255] Der Versorgungsausgleich durch Beitragsentrichtung ist in modifizierter Form durch § 3b I Nr. 2 VAHRG wieder eingeführt. Dies steht nach dem Urteil des BVerfG vom 8. April 1986 im Einklang mit der Verfassung.[256]

Sinn macht eine Bereiterklärung weiter, wenn der Verpflichtete die Minderung seiner Rentenanwartschaften ganz oder teilweise durch eine Entrichtung von Beiträgen ausgleichen kann (§§ 1304 a VI RVO, 83a VI AVG).

Formulierungsvorschlag:
Der Versicherte (vollständigen Namen, vollständige Anschrift, Geburtstag, Geburtsort und Sozialversicherungs-Nummer angeben) gibt hiermit durch mich als bevollmächtigten Rechtsanwalt Bereiterklärungen gem. §§ 1304b I 3 RVO/83b I 3 AVG und §§ 1304a VI RVO/83a VI AVG ab.

Es empfiehlt sich, die Bereiterklärung in einem besonderen Schriftsatz abzugeben. Dies erleichtert dem Familiengericht die Weiterleitung an den zuständigen Rentenversicherungsträger.

c) Die Ehezeitberechnung

Nach § 1587 II BGB gilt als **Ehezeit** die Zeit vom Beginn des Monats, in dem die Ehe geschlossen worden ist, bis zum Ende des Monats, der dem Eintritt der Rechtshängigkeit des Scheidungsantrags vorausgeht. Ist die Ehe am 24. Mai 1978 geschlossen worden, so beginnt die Ehezeit am 1. Mai 1978. Bei Zustellung des Scheidungsantrags am 3. Oktober 1986 endet die Ehezeit am 30. September 1986. In der Ehezeitberechnung des Gerichts werden das Zustellungsdatum des Scheidungsantrags sowie Beginn und Ende der Ehezeit mitgeteilt. Auf entdeckte Schreibfehler – beispielsweise beim Eheschließungsdatum oder in der Ehezeitberechnung – ist das Familiengericht sogleich hinzuweisen. Hilfen beim Ausfüllen des Fragebogens werden von dem einen Mandanten erwartet, von dem anderen gebraucht. Der Anwalt kann diese Aufgabe auf eine zuverlässige Kraft delegieren, die aber – wie bei jeder Delegation – in regelmäßigen Abständen kontrolliert werden muß. Wird dem Rechtsanwalt ein offensichtlich unrichtig und/oder unvollständig ausgefüllter Fragebogen von der Partei hereingegeben, so sollte sie zur Richtigstellung bzw. Vervollständigung angehalten werden.

d) Die einzubeziehenden Versorgungsanrechte

Mit dem eingeführten Fragebogen zum Versorgungsausgleich – im Anhang ist das im Bereich des Oberlandesgerichts Frankfurt am Main verwendete Formular abgedruckt – werden alle Versorgungsanrechte wegen Alters oder Berufs- oder Erwerbsunfähigkeit der in § 1587a Abs. 2 BGB genannten Art erfaßt. **In den Versorgungsausgleich sind einzubeziehen:**

---

[255] *Borth,* Versorgungsausgleich in anwaltschaftlicher und familiengerichtlicher Praxis, 1983, S. 275; *Ruland* NJW 1987, 345, 349.

[256] BVerfG FamRZ 1986, 543, 548.

- Renten oder Rentenanwartschaften aus den gesetzlichen Rentenversicherungen, die den gesetzlichen Rentenanpassungen unterliegen, also der Arbeiterrentenversicherung, der Angestelltenversicherung und der Knappschaftlichen Rentenversicherung,
- Versorgungen oder Versorgungsanwartschaften aus einem öffentlich-rechtlichen Dienstverhältnis oder aus einem Arbeitsverhältnis mit Anspruch auf Versorgung nach beamtenrechtlichen Vorschriften oder Grundsätzen, insbesondere also der Beamten, Berufsrichter und Berufssoldaten sowie der zahlreichen beamtenähnlichen Versorgungen, wie der Beschäftigten der Ortskrankenkassen, der Berufsgenossenschaften, der Sozialversicherungsträger, der Bundesanstalt für Arbeit, der Deutschen Bundesbank,
- Leistungen, Anwartschaften oder Aussichten auf Leistungen der betrieblichen Altersversorgung, wenn einem Arbeitnehmer Leistungen der Alters-, Invaliditäts- und Hinterbliebenenversorgung aus Anlaß seines Arbeitsverhältnisses zugesagt worden sind (§ 1 I 1 des Gesetzes zur Verbesserung der betrieblichen Altersversorgung vom 19. September 1974),
- Zusatzversorgungen des öffentlichen Dienstes, vor allem der Versorgungsanstalt des Bundes und der Länder (VBL), der kommunalen Zusatzversorgungskassen (ZVK), der Zusatzversorgungskassen der Bundespost und Bundesbahn,
- sonstige Renten oder ähnliche wiederkehrende Leistungen, die der Versorgung wegen Alters- oder Berufs- oder Erwerbsunfähigkeit zu dienen bestimmt sind, oder Anwartschaften oder Aussichten hierauf, insbesondere also berufsständische Versorgungswerke (Ärzte, Zahnärzte, Tierärzte, Apotheker, Notare), Landwirtschaftliche Alterskasse, Höherversicherung der gesetzlichen Rentenversicherung, ausländische Versorgungen,
- Renten oder Rentenanwartschaften aufgrund eines Versicherungsvertrages, der zur Versorgung des Versicherten eingegangen wurde, also Lebensversicherung auf Rentenbasis, Leibrentenversicherung.[257]

Anrechte aus Lebensversicherungen, die auf Zahlung eines Kapitalbetrages gerichtet sind **(Lebensversicherung auf Kapitalbasis),** unterliegen **nicht** dem **Versorgungsausgleich.** Dies gilt auch für solche Kapital-Lebensversicherungen, die zur Befreiung von der gesetzlichen Angestelltenversicherungspflicht nach Art. 2 § 1 AnVNG abgeschlossen worden sind oder im Rahmen einer betrieblichen Altersversorgung bestehen. Anrechte aus Kapital-Lebensversicherungen mit Rentenwahlrecht fallen nur dann in den Versorgungsausgleich, wenn das Rentenwahlrecht bis zum Eintritt der Rechtshängigkeit des Scheidungsantrags ausgeübt worden ist.[258] Berufsunfähigkeits-Zusatzversicherungen mit einer über das Ehezeitende hinaus bestehenden Prämienzahlungspflicht sind nicht in den öffentlich-rechtlichen Versorgungsausgleich einzubeziehen.[259]

---

[257] BGH FamRZ 1986, 344.
[258] BGHZ 88, 386 = FamRZ 1984, 156 = NJW 1984, 299.
[259] BGH FamRZ 1986, 344, 345.

Nach § 1587 I 2 BGB bleiben beim Versorgungsausgleich Anwartschaften oder Aussichten außer Betracht, die weder mit Hilfe des Vermögens noch durch Arbeit der Ehegatten begründet oder aufrechterhalten worden sind. Damit bleiben Leistungen unberücksichtigt, die Entschädigungscharakter haben, z. B. Renten nach dem Bundesversorgungsgesetz,[260] dem Bundesentschädigungsgesetz, Renten aus der gesetzlichen Unfallversicherung. Beim Versorgungsausgleich bleiben nach dieser Bestimmung weiter Anwartschaften außer Betracht, die dadurch begründet worden sind, daß ein Dritter schenkweise für einen Ehegatten freiwillige Beiträge zur gesetzlichen Rentenversicherung unmittelbar an den Versicherungsträger gezahlt hat. Hinsichtlich der Direktleistung ist eine wirtschaftliche Betrachtungsweise geboten.[261]

Im übrigen findet nach § 53d FGG eine Entscheidung über den Versorgungsausgleich nach § 1587b BGB insoweit nicht statt, als die Ehegatten den Versorgungsausgleich nach § 1408 II BGB ausgeschlossen oder nach § 1587o BGB eine Vereinbarung geschlossen haben und das Familiengericht die Vereinbarung genehmigt hat.

e) Die Auskunftsverpflichtung

Nach § 1587e I BGB sind Ehegatten einander und gemäß § 11 VAHRG gegenüber dem Gericht zur **Auskunft** verpflichtet. Nach Eingang der ausgefüllten und unterzeichneten Fragebogen zum Versorgungsausgleich ersucht das Familiengericht die zuständigen Versorgungsträger um Auskunft. Die Auskunftspflicht der Versorgungsträger ergibt sich aus §§ 53b II 2, 3 FGG, 11 VAHRG. Leisten Ehegatten oder Versorgungsträger dem gerichtlichen Ersuchen nicht Folge, so kann das Gericht sie „zur Befolgung seiner Anordnung durch Festsetzung von Zwangsgeld anhalten" (§ 33 I FGG). Der Rechtsanwalt muß daher nicht mehr – wie vor dem Inkrafttreten des VAHRG – den Auskunftsanspruch der eigenen Partei gegen den am Versorgungsausgleich nicht mitwirkenden Gegner geltend machen. Das Gericht wird aufgrund seines eigenen Auskunftsanspruchs von Amts wegen tätig.

Der vom Gericht zur Kenntnisnahme übermittelte Fragebogen des Gegners wird der eigenen Partei mit der Bitte übersandt, die Angaben des Gegners auf Richtigkeit und Vollständigkeit durchzusehen und entdeckte Fehler und/oder Lücken alsbald mitzuteilen. Die Beanstandungen der Partei werden dem Gericht zur weiteren Veranlassung zugeleitet.

f) Die Versorgungsausgleichsauskunft der gesetzlichen Rentenversicherungsträger

Jede vom Gericht übersandte Versorgungsausgleichsauskunft überprüft der Rechtsanwalt auf **offensichtliche** Unrichtigkeiten oder Unvollständigkeiten. Eine weitergehende Prüfungspflicht kann schon deshalb nicht angenom-

---

[260] BGH FamRZ 1981, 239 = NJW 1981, 1038.

[261] BGH FamRZ 1983, 262 = NJW 1983, 875; BGH FamRZ 1984, 570 = NJW 1984, 1542.

men werden, weil er keine Möglichkeit hat, die der Auskunft zugrundeliegenden Daten nachzuprüfen.

Am Beispiel der Auskunft der gesetzlichen Rentenversicherungsträger, die in der Praxis am häufigsten vorkommt, soll kurz gezeigt werden, welche Prüfung vom Anwalt überhaupt verlangt werden kann.

Die Auskunft der gesetzlichen Rentenversicherungsträger (hauptsächlich von der Bundesversicherungsanstalt für Angestellte und den Landesversicherungsanstalten) ist wie folgt aufgebaut:

1. Der eigentliche **Auskunftsteil,** in dem zu folgenden Punkten Stellung genommen wird,
   - ob überhaupt eine Rentenanwartschaft aus der gesetzlichen Rentenversicherung im Sinne des § 1587 a II Nr. 2 BGB besteht,
   - von welcher Ehezeit ausgegangen worden ist,
   - welcher Betrag an monatlicher Rentenanwartschaft im Sinne des § 1587a II Nr. 2 BGB auf die Ehezeit entfällt,
   - welcher Höchstbetrag sich bei dieser Ehedauer ergibt,
   - bis zu welchem Betrag eine Begründung von Rentenanwartschaften unter Berücksichtigung der auf die Ehezeit entfallenden Rentenanwartschaft des in der Auskunft genannten Versicherten ohne Leistungsanteile aus der Höherversicherung zulässig ist,
2. die **Anlagenteile,** regelmäßig bestehend aus
   - dem Versicherungsverlauf mit Berechnung der Halbbelegung vom Versicherungsbeginn an und der anrechnungsfähigen Versicherungsjahre,
   - der Berechnung des Vomhundertsatzes für die Rentenbemesssungsgrundlage aus den Rentenversicherungen der Angestellten und der Arbeiter,
   - der Berechnung der Rentenanwartschaft und der auf die Ehezeit entfallenden Rentenanwartschaft.

Nachprüfbar für den Anwalt und seine Partei sind die Ausgangsdaten Ehezeit und Versicherungsverlauf. Die häufigsten Fehler bei der Ehezeit sind ein falsches Eheschließungsdatum, Schreibfehler bei der Ehezeitberechnung oder der Übermittlung der Ehezeit an den Versorgungsträger sowie Eingabefehler des Versorgungsträgers. Der Versicherungslauf ist die **soziale Biographie** der Partei. Sind vom Versicherungsbeginn bis zum Ende der Ehezeit für jedes Versicherungsjahr 12 Monate gebucht, so ist der Versicherungsverlauf zeitlich vollständig. Sind jedoch Lücken im Versicherungsverlauf vorhanden (Monate oder gar Jahre fehlen), so muß die Partei am besten wissen, was sie in diesen Zeiten getan hat. Hat die Partei für eine Lücke noch Unterlagen über die Entrichtung von Pflichtbeiträgen, Nachentrichtung von freiwilligen Beiträgen oder den Bezug von Arbeitslosengeld in Besitz, so sind diese Unterlagen dem Versicherungsträger unter Angabe der Versicherungsnummr zu übersenden. Die Rentenversicherungsträger fragen übrigens im sog. Kontenklärungsverfahren vor Erstellung der Auskunft bei dem Versicherten unter Mitteilung der bestehenden Lücken im Versicherungsverlauf an, ob er diese Lücken mit Versicherungsunterlagen schließen kann. Wenn der Versicherte die Versicherungslücken schließen kann, muß er die Anfrage des Versicherungsträgers im eigenen Interesse auch beantworten. Andernfalls wird das Familiengericht ihn zur Auskunft unter Zwangsgeldandrohung anhalten.

Die Versorgungsausgleichsauskunft beruht darauf, daß für das Ehezeitende als Zeitpunkt des Eintritts des fiktiven Versicherungsfalls das Altersruhegeld nach der **Rentenformel** berechnet wird. Die Rentenformel für ein Altersruhegeld, und zwar für den dynamischen, also der Rentenanpassung unterliegenden Teil der Rente lautet:

Anrechnungsfähige Versicherungsjahre × persönlicher Vomhundertsatz × allgemeine Bemessungsgrundlage × Steigerungssatz je Versicherungsjahr : 12 = monatliche Rente.

Ohne Anspruch auf Vollständigkeit seien hier nur die wichtigsten, in den Auskünften der gesetzlichen Rentenversicherungsträger immer wiederkehrenden Begriffe in den Grundzügen erklärt:

Die **Versicherungsjahre** setzen sich aus Beitragszeiten und beitragslosen Zeiten (Ersatzzeiten, Ausfallzeiten, Zurechnungszeiten) sowie Kindererziehungszeiten zusammen. **Beitragszeiten** sind insbesondere Zeiten, für die Pflichtbeiträge entrichtet sind oder als entrichtet gelten. **Ersatzzeiten** sollen Beitragszeiten ersetzen, weil der Versicherte z. B. aufgrund Kriegsdienst, Kriegsgefangenschaft, Vertreibung, Flucht, Umsiedlung oder Aussiedlung verhindert war, eine versicherungspflichtige Tätigkeit auszuüben und Beiträge zu entrichten. **Ausfallzeiten** sollen Beitragszeiten ersetzen, weil es dem Versicherten aus bestimmten, im Gesetz beschriebenen persönlichen Gründen nicht möglich war, eine versicherungspflichtige Tätigkeit auszuüben, z. B. Unterbrechung durch Arbeitsunfähigkeit (Krankheit), Arbeitslosigkeit, weitere Schulausbildung oder abgeschlossene Fachschul- oder abgeschlossene Hochschulausbildung nach der Vollendung des 16. Lebensjahres. **Zurechnungszeit** ist die Zeit, die bei einem berufs- oder erwerbsunfähigen Versicherten, der bereits Rentenbezieher ist, vom Versicherungsfall bis zur Vollendung des 55. Lebensjahres ausgefallene Beitragszeit ersetzen soll. Die beitragslosen Zeiten sind nur unter besonderen Voraussetzungen bei den Versicherungsjahren anrechenbar. Hier ist die sog. Halbbelegung von besonderer Bedeutung. Nach dem Rentenversicherungsrecht sind z. B. Ausfallzeiten nur anrechenbar, wenn die Zeiten vom Versicherungsbeginn bis zum Eintritt des Versicherungsfalles zur Hälfte, mindestens aber 60 Monate mit Pflichtbeiträgen oder gleichstehenden Beiträgen belegt sind. **Kindererziehungszeiten** werden Müttern (gegebenenfalls auch Vätern) in den ersten zwölf Kalendermonaten nach Ablauf der Geburt des Kindes unter bestimmten Voraussetzungen als Versicherungszeiten angerechnet und bewertet (§§ 1251a, 1255a V, 1258 RVO). Damit soll die durch die Kindererziehung erbrachte Leistung anerkannt und gleichzeitig die soziale Sicherung verbessert werden. Maximal gibt es 75 Werteinheiten pro Jahr der Kindererziehung, die derzeit zu einer Rente von rund DM 25,— im Monat führen. Kindererziehungszeiten vor dem 1. Januar 1986 (§ 28a AVG) sind beitragslose Zeiten, während Zeiten der Kindererziehung ab 1. Januar 1986 (§ 2a AVG) zu den Pflichtbeiträgen zählen.

Der **persönliche Vomhundersatz** ergibt sich aus dem Verhältnis, in dem vom Versicherungsbeginn bis zum Versicherungsfall das Bruttoarbeitsentgelt des einzelnen Versicherten zu dem durchschnittlichen Bruttoarbeitsentgelt aller Versicherten gestanden hat. Kalenderjahr für Kalenderjahr werden in der Auskunft Individualentgelt und Durchschnittsentgelt aller Versicherten gegenübergestellt und das Verhältnis in Werteinheiten ausgedrückt. Aus der Summe der Werteinheiten aus allen Zeiten bis zum Versicherungsfall dividiert durch die Anzahl der Monate, die an der Berechnung der Werteinheit teilgenommen haben, ergibt sich eine auf den Monat bezogene Durchschnittswerteinheit. Diese Durchschnittswerteinheit pro Monat wird mit 12 multipliziert und ergibt einen Jahreswert, den sog. persönlichen Vomhundersatz.

Mit der **allgemeinen Bemessungsgrundlage** wird die Berechnung der Rente von den sich jeweils verändernden Durchschnittsentgelten aller Versicherten abhängig gemacht (**Grundsatz der dynamischen Rente**). Die allgemeine Bemessungsgrundlage wird jährlich neu festgesetzt. Die Multiplikation des persönlichen Vomhundertsatzes mit der allgemeinen Bemessungsgrundlage ergibt die für den Versicherten maßgebende **persönliche Rentenbemessungsgrundlage.** Die Rentenbemessungsgrundlage des Versicherten darf das Doppelte der im Jahr des Versicherungsfalles geltenden allgemeinen Bemessungsgrundlage nicht übersteigen, ist also gegebenenfalls auf den Wert von 200% zu begrenzen (§§ 32 I AVG, 1255 I RVO). Damit dem **Prinzip des Höchstbetrages** Rechnung getragen wird, werden in der Auskunft der Höchstbetrag und der Betrag angegeben, bis zu dem eine Begründung von Rentenanwartschaften nur noch zulässig ist (1587 b V BGB). Nur bis zum zulässigen Betrag ist eine Gutschrift auf dem Versicherungskonto des Ausgleichsberechtigten möglich. Der übersteigende Betrag ist im schuldrechtlichen Versorgungsausgleich auszugleichen (§ 1587 f Nr. 2 BGB).

Der **Steigerungssatz** für jedes anrechnungsfähige Versicherungsjahr beträgt in der Angestelltenversicherung und der Rentenversicherung der Arbeiter beim Altersruhegeld 1,5%.

Die Erläuterungen sollen an einem **Beispiel** verdeutlicht werden: Anrechnungsfähige Versicherungsjahre 4,58 × Vomhundertsatz 93,36% × allgemeine Bemessungsgrundlage 26.310 × Steigerungssatz 1,5% = jährliche Rentenanwartschaft DM 1687,48 : 12 = monatliche Rente 140,70 DM. Die auf die Ehezeit anfallende Rentenanwartschaft ist leicht zu berechnen. Die auf die Ehezeit entfallenden Werteinheiten – im Beispiel 195,22 Werteinheiten – werden durch die auf den Gesamtzeitraum entfallenden Werteinheiten – im Beispiel 427,72 Werteinheiten – dividiert. Dies ergibt einen Quotienten von 45,64%. Die auf die Ehezeit entfallende Anwartschaft beträgt daher 64,22 DM, gerundet 64,30 DM (45,64% von 140,70).

g) Die Ausgleichsformen

aa) Splitting und Quasi-Splitting, Quotieren und Dynamisieren

Die Berechnung des Ausgleichsbetrages und die Erklärung des Ausgleichsvorganges setzt die Kenntnis der Ausgleichsformen und bei den sog. statischen Versorgungsanrechten, deren Wert nicht in gleicher oder nahezu gleicher Weise steigt wie der Wert der dynamischen Anrechte aus der gesetzlichen Rentenversicherung oder Beamtenversorgung, die Fähigkeit zur Quotierung und Dynamisierung voraus. Diese Kenntnis und diese Fähigkeit lassen sich am besten an einfachen Beispielen vermitteln. In den Beispielen bedeuten die Zahlen bei der gesetzlichen Rentenversicherung (im folgenden abgekürzt GRV) und bei der Beamtenversorgung (im folgenden abgekürzt BV) monatliche in DM-Beträgen ausgedrückte auf die Ehezeit entfallende Renten- und Versorgungsanwartschaften. Bei der betrieblichen Altersversorgung (im folgenden abgekürzt BAV) bedeuten die Zahlen monatliche in DM-Beiträgen ausgedrückte statische und unverfallbare Anwartschaften des Arbeitnehmers auf Leistungen der betrieblichen Altersversorgung, die noch quotiert und dynamisiert werden müssen.

Beispiel 1:
Mann 500 GRV, Frau 200 GRV, Wertunterschied 300, Hälfte des Wertunterschieds 150,– DM Rentenanwartschaft monatlich, die das Familiengericht nach § 1587 b I BGB auf das Versicherungskonto der Frau überträgt (sog. **Splitting**).

Der Übertragungsvorgang wirkt sich beim Ausgleichsberechtigten als Gutschrift und beim Ausgleichsverpflichteten als Lastschrift aus. Gutschrift und Lastschrift werden von den zuständigen Rentenversicherungsträgern vorgenommen.

Beispiel 2:
Mann 1000 BV, Frau 400 GRV, Differenz 600, Hälfte der Differenz: 300,– DM Anwartschaft monatlich, die das Familiengericht nach § 1587b II BGB durch Begründung auf dem Versicherungskonto der Frau ausgleicht (sog. **Quasi-Splitting**). Ein Splitting kommt nicht in Betracht, weil einem Nicht-Beamten keine beamtenrechtlichen Versorgungen oder Versorgungsanwartschaften übertragen werden können. Der Rentenversicherungsträger der Frau hat gegen den Dienstherrn des Mannes einen Erstattungsanspruch. Der Dienstherr kürzt in Höhe der Begründung zugunsten der Frau die Versorgungsbezüge des Mannes (§ 57 I BeamtVG). Der Mann kann die Kürzung durch Zahlung eines Kapitalbetrages an den Dienstherrn abwenden (§ 58 I BamtVG).

Beispiel 3:
Mann 800 GRV und 500 BAV, Frau 600 GRV. Die statische und unverfallbare Anwartschaft des Mannes auf Leistungen der betrieblichen Altersversorgung muß zunächst quotiert und dann dynamisiert werden, um in die Ausgleichsberechnung eingestellt werden zu können. Für das Quotieren und Dynamisieren sind folgende Daten erforderlich:
- Geburtstag des Ehegatten mit BAV
- Gesamtbetriebszeit dieses Ehegatten (Beginn der Betriebszugehörigkeit bis zu der in der Versorgungsordnung vorgesehenen festen Altersgrenze)
- Ehezeit
- Ehezeitanteil der Betriebszugehörigkeit
- Art, Dauer und Höhe der BAV.

Das Beispiel wird daher wie folgt konkretisiert:
Der Mann ist am 1. Juli 1940 geboren und am 1. Juli 1970 mit Versorgungszusage in den Betrieb eingetreten, dessen Versorgungsordnung als feste Altersgrenze die Vollendung des 65. Lebensjahres vorsieht. Die Betriebszugehörigkeit dauert an. Die Ehezeit hat am 1. Oktober 1965 begonnen und ist am 30. September 1986 abgelaufen. Der Ehezeitanteil der Betriebszugehörigkeit läuft also vom 1. Juli 1970 bis zum 30. September 1986. Es handelt sich lt. Auskunft um eine lebenslange, statische Rente für den

Fall des Alters und der Invalidität in Höhe von 500,– DM monatlich ab Vollendung des 65. Lebensjahres.

Quotieren nach § 1587a II Nr. 3a BGB:
Das Verhältnis der ehezeitlichen Betriebszugehörigkeit vom 1. Juli 1970 bis 30. September 1986 = 195 Monate zur Gesamtbetriebszeit vom 1. Juli 1970 bis zum 1. Juli 2005 = 420 Monate ergibt einen Quotienten von 46,43%. 46,43% von 500,– DM = 232,15 DM monatlicher Ehezeitanteil an BAV.

Die **Dynamisierung** erfolgt nach § 1587a IV, III Nr. 2 BGB in Verbindung mit der Barwert-Verordnung (abgedruckt z. B. bei Palandt Anh. II zu § 1587a) und der Bekanntmachung der Rechengrößen für 1988 zur Durchführung des Versorgungsausgleichs in der gesetzlichen Rentenversicherung vom 7. Dezember 1987 (Bundesanzeiger Nr. 240). Die amtlichen Rechengrößen sind auch abgedruckt in NJW 1988, 682ff.

Die Dynamisierung, also die Umrechnung des statischen monatlichen Ehezeitanteils BAV in dynamische GRV ist erforderlich, um GRV und BAV wertmäßig vergleichen zu können. Für die in den Vesorgungsausgleich einzubeziehende BAV ist daher ein Barwert zu bilden. Der Barwert ist ein auf der Grundlage statistischer und versicherungsmathematischer Methoden ermitteltes fiktives Deckungskapital.[262] Der Barwert einer Anwartschaft wird ermittelt, indem der Jahresbetrag der ehezeitlichen BAV mit dem entsprechenden Kapitalisierungsfaktor der BarwertVO vervielfältigt wird. Danach ist der Betrag der gesetzlichen Rentenanwartschaft zu errechnen, der sich bei einer Beitragsentrichtung in Höhe dieses Barwerts ergäbe. Es handelt sich jedoch nur um eine hypothetische Berechnung. Der Barwert ist also nicht als Einmalprämie in die gesetzliche Rentenversicherung einzuzahlen.[263] Die Ermittlung der gesetzlichen Rentenanwartschaft geschieht, indem der Barwert zunächst nach Nr. 5 der Bekanntmachung über die amtlichen Rechengrößen in Werteinheiten und die Werteinheiten sodann nach Nr. 2 dieser Bekanntmachung in eine Rentenanwartschaft umgerechnet werden.

Im Beispiel 3 sieht die Dynamisierung folgendermaßen aus:

1. Schritt. Umrechnung des Ehezeitanteils BAV in Barwert
232,15 DM × 12 = 2785,80 DM (Jahresbetrag § 2 I BarwertVO) × 3,2 (Kapitalisierungsfaktor Tabelle 1 nach § 2 II BarwertVO, da Anwartschaft auf eine lebenslange, nichtdynamische Versorgung wegen Alters und Berufs- oder Erwerbsunfähigkeit zugesagt ist und der Mann zum Ende der Ehezeit das 46. Lebensjahr vollendet hat) = DM 8914,56 Barwert.

2. Schritt: Umrechnung von Barwert in Rentenanwartschaft (Altersruhegeld)

1. Unterschritt: Umrechnen von Barwert in Werteinheiten nach Nr. 5 der Bekanntmachung über die amtlichen Rechengrößen: Dies geschieht, indem der Barwert mit dem für das Kalenderjahr, in dem Versicherungsfall als eingetreten gilt, maßgebenden Umrechungsfaktor vervielfältigt wird. Bei

---

[262] *Rolland* § 1587a Rn. 125.
[263] *Ruland/Tiemann* Rn. 179.

Ende der Ehezeit 30. September 1986 lautet der Umrechnungsfaktor 0,01518819, also DM 8914,56 × 0,01518819 = DM 135,396031046 Werteinheiten (bei Umrechnung von Werteinheiten in eine Rentenanwartschaft darf dieses Zwischenergebnis nicht gerundet werden).

2. Unterschritt: Umrechnen von Werteinheiten in eine Rentenanwartschaft nach Nr. 2 der Bekanntmachung: Dies geschieht, indem die Werteinheiten mit dem für das Kalenderjahr, in dem der Versicherungsfall als eingetreten gilt, maßgebenden Umrechnungsfaktor vervielfältigt werden. Bei Ende der Ehezeit im 2. Halbjahr 1986 lautet der Umrechnungsfaktor 0,3485625, also 135,396031046 × 0,3485625 = 47,19 DM Rentenanwartschaft monatlich.

Arbeitsbogen BAV

Unverfallbarkeit	
Ehezeit	
Gesamtbetriebszeit (Beginn bis zu der in der Versorgungsordnung vorgesehenen festen Altersgrenze)	GZ in Monaten:
Ehezeitanteil der Betriebszugehörigkeit	EZ in Monaten:
Höhe der Jahresrente	R in DM:
Art und Dauer der BAV (Alters- und/oder Invaliditätsversorgung, lebenslang oder zeitlich begrenzt, statisch/teildynamisch/volldynamisch) Geburtstag und Alter des Ehegatten mit BAV zum Ende der Ehezeit Kapitalisierungsfaktor der passenden Tabelle der BarwertVO eintragen	

Quotierung:

$$\frac{\text{R DM} \times \text{EZ Monate}}{\text{GZ Monate}} = \text{Ehezeitanteil BAV}$$

Dynamisierung:

1. Umrechnung in Barwert

....	×	....	=	....
Ehezeitanteil BAV		Kapitalisierungsfaktor		Barwert

2a. Umrechnung in Werteinheiten

....	×	....	=	....
Barwert		Umrechnungsfaktor Nr. 5 der Bek. für Ehezeitende		Werteinheiten

2b. Umrechnung in Rentenanwartschaft

....	×	....	=	....
Werteinheiten		Umrechnungsfaktor Nr. 2 der Bek. für Ehezeitende		Rente DM monatlich

bb) Insbesondere Ausgleichsformen des VAHRG

Das 1. EheRG ordnete in § 1587b III 1 Halbs. 1 BGB die Ausgleichsform der Beitragsentrichtung, den sog. Einkauf an. Die Beitragszahlungen waren zum Teil für die Ausgleichspflichtigen sehr belastend. Durch Beschluß des BVerfG vom 27. Januar 1983 wurde § 1587b III 1 1. Halbs. BGB wegen Verstoßes gegen Art. 2 I GG in Verbindung mit dem Rechtsstaatsprinzip (Grundsatz der Verhältnismäßigkeit) für nichtig erklärt.[264] Kurz danach hat der Gesetzgeber § 1587b III 1 BGB durch die am 1. April 1983 in Kraft getretene Regelung der §§ 1–3 des Gesetzes zur Regelung von Härten im Versorgungsausgleich vom 21. Febr. 1983 **(VAHRG)** ersetzt. Durch die §§ 1–3 VAHRG wurden anstelle der Beitragsentrichtung bargeldlose Ausgleichsformen und der schuldrechtliche Versorgungsausgleich eingeführt.

Gem. § 1 II VAHRG soll eine **Realteilung** des Versorgungsanrechts außerhalb der gesetzlichen Rentenversicherung vorgenommen werden, wenn die für ein Anrecht des Verpflichteten maßgebende Regelung dies vorsieht. Die Realteilung besteht darin, daß der Versorgungsträger nach seiner Versorgungsordnung dem ausgleichsberechtigten Ehegatten in Höhe des Ausgleichsanspruch ein eigenes Anrecht einräumt und das des Verpflichteten insoweit kürzt. Die meisten Versorgungsträger haben bisher die Realteilung nicht eingeführt. Von Ärzteversorgungen ist jedoch bekannt geworden, daß sie die Realteilung in ihre Satzungen aufgenommen haben.

Soweit eine Realteilung nicht vorgesehen ist, ist zu unterscheiden: Richtet sich das auszugleichende Anrecht gegen einen öffentlich-rechtlichen Versorgungsträger, so gelten nach § 1 III VAHRG die Vorschriften über den Ausgleich von Anrechten aus einem öffentlich-rechtlichen Dienstverhältnis

[264] BVerfGE 63, 88 = FamRZ 1983, 342 = NJW 1983, 1417.

(Quasi-Splitting) sinngemäß. Öffentlich-rechtliche Versorgungsträger im Sinne des § 1 III VAHRG sind Versorgungsträger mit öffentlich-rechtlichem Status, also Körperschaften, Anstalten und Stiftungen des öffentlichen Rechts.[265] Nach § 1 III VAHRG auszugleichen sind daher insbesondere Anwartschaften bei den Zusatzversorgungen des öffentlichen Rechts, wie Versorgungsanstalt des Bundes und der Länder (VBL) und der Kommunalen Zusatzversorgungskassen (ZVK). In den Ausgleich einbezogen werden kann nach der Rechtsprechung des BGH nur die statische Versicherungsrente, da die Versorgungsrente noch nicht unverfallbar ist.[265a] Da die Zusatzversorgungskassen den Ehezeitanteil der statischen Versicherungsrente mitteilen, muß dieser Anteil für die Ausgleichsform des § 1 III VAHRG nur noch dynamisiert werden. Unter diese Vorschrift fallen beispielsweise auch Anwartschaften beim Bayerischen Rundfunk[266] oder bei der Versorgungsanstalt der Deutschen Kulturorchester (Bayerischer Versicherungskammer).[267]

Für alle nicht gem. § 1587b I, II BGB, § 1 II, III VARG auszugleichenden Versorgungsanrechte (Hauptbeispiel: private betriebliche Altersversorgungen) sah § 2 VAHRG den **schuldrechtlichen Versorgungsausgleich** nach §§ 1587f–1587k BGB vor. Die Verweisung insbesondere der unverfallbaren betrieblichen Altersversorgung in den schuldrechtlichen Versorgungsausgleich hatte schwerwiegende **Nachteile für den Ausgleichsberechtigten:** Ein Ausgleich kann erst verlangt werden, wenn bei dem ausgleichspflichtigen Ehegatten der Versorgungsfall eintritt (§ 1587g I 2 BGB). Vorher besteht ein Anspruch des ausgleichsberechtigten Ehegatten selbst dann nicht, wenn er erwerbs- oder berufsunfähig wird. Stirbt der Verpflichtete, so erlöschen alle Ausgleichsansprüche des Berechtigten, weil der schuldrechtliche Versorgungsausgleich aus der eigenen Versorgung des Verpflichteten geleistet werden soll. Es findet gem. § 1587h Nr. 1 BGB eine objektive Bedürftigkeitsprüfung beim Berechtigten statt. Es handelt sich daher bei der Verweisung in den schuldrechtlichen Versorgungsausgleich um die schwächste Ausgleichsform. Sie stellt den Berechtigten schlechter als die vorher genannten Ausgleichsformen. Die Verweisung in den schuldrechtlichen Versorgungsausgleich verfehlt damit das Ziel des Versorgungsausgleichs, eine eigenständige und verläßliche Sicherung und Versorgung des ausgleichsberechtigten Ehegatten zu begründen.[268] § 2 VAHRG in der Fassung des Gesetzes vom 21. Februar 1983 ist daher durch Urteil des BVerfG vom 8. April 1986 wegen Verstoßes gegen Art. 3 I GG für nichtig erklärt worden.[269] Das BVerfG hat wieder die ausnahmslose Anordnung des Gesetzgebers gerügt. Nicht nur die ausnahmslose Anordnung des Versorgungsausgleichs durch Beitragsentrichtung war unverhältnismäßig und verfassungswidrig, sondern auch die Ablösung des Versorgungsausgleich in der Form der Beitragsentrichtung durch die ausnahmslose Anordnung des schuldrechtlichen Versor-

---

265 BGHZ 92, 152, 161 = FamRZ 1985, 56, 58 = NJW 1985, 2708, 2710.
265a BGH FamRZ 1982, 899.
266 BGHZ 92, 152, 161 = FamRZ 1985, 56, 58 = NJW 1985, 2708, 2710.
267 BGH FamRZ 1985, 1119, 1123.
268 BVerfGE 71, 364 = FamRZ 1986, 543, 537 = NJW 1986, 1321.
269 BVerfGE 71, 364 = FamRZ 1986, 543, 547 = NJW 1986, 1321.

gungsausgleichs ist mit dem Grundgesetz nicht vereinbar. Die entscheidenden Passagen aus dem Urteil des BVerfG lauten:[270] „Das BVerfG hat § 1587b III S. 1, HS. 1 BGB für verfassungswidrig und nichtig erklärt, weil das gesetzgeberische Ziel einer eigenständigen sozialen Sicherung des ausgleichsberechtigten Ehegatten bei den unter diese Regelung fallenden Versorgungen weitgehend auch auf eine den Verpflichteten schonendere Weise hätte erreicht werden können. Die Ablösung der verfassungswidrigen Regelung ist aber so erfolgt, daß nunmehr der ausgleichspflichtige Ehegatte generell zu Lasten des Ausgleichsberechtigten „geschont" wird. Das folgt aus § 2 S. 2 VAHRG, der die Nichtanwendbarkeit des § 1587 l BGB anordnet. Dem Ausgleichsberechtigten wird damit nicht nur der öffentlich-rechtliche Versorgungsausgleich genommen; er wird vielmehr noch schlechter als die übrigen Ausgleichsberechtigten gestellt, die nach § 1587f BGB Anspruch auf Durchführung des schuldrechtlichen Versorgungsausgleichs haben. Diese können weiterhin eine Abfindung in Form der Zahlung von Beiträgen zu einer gesetzlichen Rentenversicherung oder zu einer privaten Lebens- oder Rentenversicherung unter den in § 1587 l BGB näher bestimmten Voraussetzungen verlangen. Dagegen ist sie in den Fällen des § 2 VAHRG den Ausgleichsberechtigten verwehrt, obwohl die Anwendung der Ausgleichsregelung bei ihnen in gleicher Weise geeignet wäre, Härten des schuldrechtlichen Versorgungsausgleichs zu vermeiden. Die ausnahmslose Anordnung des schuldrechtlichen Versorgungsausgleichs für betriebliche Altersversorgungen, die nicht im Wege der Realteilung oder Quasi-Splittings auszugleichen sind, läßt sich auch deshalb nicht rechtfertigen, weil keine Gründe erkennbar sind, die den Gesetzgeber hindern, das „erweiterte Splitting" einzuführen."

Das in den wichtigsten Teilen am 1. Januar 1987 in Kraft getretene **Gesetz über weitere Maßnahmen auf dem Gebiet des Versorgungsausgleichs** vom 8. Dezember 1986[271] verändert die Ausgleichsformen des § 1587b I und II BGB sowie des § 1 II und III VAHRG nicht. Das VAHRG in der Fassung des Gesetzes über weitere Maßnahmen auf dem Gebiet des Versorgungsausgleichs erfährt im wesentlichen die folgenden Neuregelungen:

- Der Anwendungsbereich des schuldrechtlichen Versorgungsausgleichs wird durch § 3b VAHRG eingeschränkt.
- Soweit der schuldrechtliche Versorgungsausgleich gem. § 2 VAHRG n. F. stattfindet, besteht wieder die Abfindungsmöglichkeit nach § 1587l BGB n. F.
- In den verbleibenden Fällen wird der schuldrechtliche Versorgungsausgleich gem. § 3a VAHRG über den Tod des Ausgleichsverpflichteten hinaus verlängert. Nach dem Tod des Verpflichteten kann der Berechtigte die Ausgleichsrente von dem inländischen Versorgungsträger, der eine Hinterbliebenenversorgung eingerichtet hat, verlangen (§ 3a I VAHRG). Bei einem ausländischen, zwischenstaatlichen oder überstaatlichen Versorgungsträger, der eine Hinterbliebenenversorgung vorgesehen hat,

---

270 BVerfGE 71, 364, 388, 389, 390 = FamRZ 1986, 543, 548.

271 Dazu *Ruland* NJW 1987, 345ff; *Wagenitz* FamRZ 1987, 1ff; *Glockner* FamRZ 1987, 328ff; *Bergner*, SozVers. 1987, 57ff, 85ff, 197ff.

richtet sich der Anspruch gegen die Witwe oder den Witwer des Verpflichteten (§ 3a V VAHRG). Damit wird ein entscheidender Nachteil des schuldrechtlichen Vesorgungsausgleichs beseitigt. Zur Feststellung von Grund und Höhe des Anspruchs sind Auskunftspflichten festgelegt (§ 3a XIII VAHRG). Über Streitigkeiten entscheidet nach § 3a IX VAHRG das Familiengericht, das auf Antrag auch einstweilige Anordnungen erlassen kann.

- Durch § 10a VAHRG wird die Möglichkeit eröffnet, rechtskräftige Entscheidungen des Familiengerichts über den Vesorgungsausgleich unter bestimmten Voraussetzungen auf Antrag abzuändern (dazu unter i).

Die Ausgleichsformen hinsichtlich einer inländischen privaten betrieblichen Altersversorgung werden jetzt durch § 3b I VAHRG bestimmt. Diese Vorschrift setzt voraus: Nach Durchführung des Versorgungsausgleichs gem. § 1587b I und II BGB sowie § 1 II und III VAHRG muß noch ein ausschließlich schuldrechtlich auszugleichender Restbetrag verbleiben. In diesem Fall hat das Familiengericht den Ausgleich trotz der Kannbestimmung **zunächst nach § 3b I Nr. 1 im Wege des erweiterten Splittings oder Quasi-Splittings** in der gesetzlichen Rentenversicherung **oder durch erweiterte Realteilung** bei dem Träger einer anderen, real teilbaren Betriebsrente durchzuführen, und zwar einmal bis zum Grenzbetrag von 2% des auf einen Monat entfallenden Teils der am Ende der Ehezeit maßgebenden Bezugsgröße (§ 18 SGB IV). Ein **danach** verbleibender Restbetrag ist durch **Anordnung von Beitragszahlungen nach § 3b I Nr. 2** auszugleichen,[271a] soweit dem Verpflichteten dies nach seinen wirtschaftlichen Verhältnissen zumutbar ist. Bleibt **schließlich** immer noch ein restlicher Ausgleichsanspruch übrig, so findet der **schuldrechtliche Versorgungsausgleich** statt. Die Verpflichtung des Familiengerichts, so zu verfahren, ergibt sich aus dem gesetzlichen Ziel des Versorgungsausgleichs, eine eigenständige und verläßliche Versorgung des Berechtigten zu begründen. Aus demselben Grund behandelt § 3b I 1 HS. 1 VAHRG den schuldrechtlichen Versorgungsausgleich auch als subsidiär.[272] Der Vorrang des erweiterten Ausgleichs nach Nr. 1 vor der Verpflichtung zur Beitragszahlung nach Nr. 2 erklärt sich aus der für den Berechtigten sichereren und für den Verpflichteten schonenderen bargeldlosen Ausgleichsform. Das Handlungsermessen des Familiengerichts ist somit in der geschilderten Weise eingeschränkt. Bezüglich der Frage, welche Anrechte in welcher Reihenfolge zum erweiterten Ausgleich heranzuziehen sind, besteht ein Auswahlermessen, von dem der Familienrichter unter Berücksichtigung der Belange der Parteien, insbesondere des Verpflichteten Gebrauch machen wird. Hier muß der Anwalt des Ausgleichsverpflichteten die für seinen Mandanten günstigste Ausgleichsform vorschlagen.

[271a] Der zu entrichtende Beitrag für die zu begründende Rentenanwartschaft wird wie folgt berechnet: Die Rentenanwartschaft wird nach Nr. 1 der Bekanntmachung der Rechengrößen in Werteinheiten umgerechnet. Das Umrechnen von Werteinheiten in Beiträge geschieht gemäß Nr. 3 der Bekanntmachung, indem sie mit dem für das Jahr der Beitragsentrichtung maßgebenden Umrechnungsfaktor vervielfältigt werden.

[272] *Ruland* NJW 1987, 345, 348.

Übersicht über die gesetzlich festgelegte Rangfolge der Ausgleichsformen[272a]

1. Ausgleichsform: Übertragung von Rentenanwartschaften – sog. Splitting (§ 1587b I BGB)
2. Ausgleichsform: Begründung von Rentenanwartschaften ohne Beitragsentrichtung – sog. Quasi-Splitting
(§ 1587b II BGB)
3. Ausgleichsform: Realteilung
(§ 1 II VAHRG)
4. Ausgleichsform: Sinngemäßes Quasi-Splitting von Anrechten gegen einen öffentlich-rechtlichen Versorgungsträger
(§ 1 III VAHRG)
5. Ausgleichsform: Erweiterte Übertragung oder Begründung von Anrechten (§ 3b I Nr. 1 VAHRG)
6. Ausgleichsform: Begründung von Rentenanwartschaften durch Beitragsentrichtung – sog. Einkauf
(§ 3b I Nr. 2 VAHRG)
7. Ausgleichsform: Schuldrechtlicher Versorgungsausgleich
(§ 2 VAHRG)

Im Beispielsfall 3 hat F gegen M hinsichtlich der GRV einen Ausgleichsanspruch von 100,– DM Rentenanwartschaft monatlich (800 − 600 = 200 : 2), der durch Übertragung gem. § 1587b I BGB auszugleichen ist. Die quotierte und dynamisierte private BAV des M entspricht einer Rentenanwartschaft in Höhe von 47,19 DM monatlich. Da die F keine Anrechte aus BAV erworben hat, hat sie insoweit einen Ausgleichsanspruch in Höhe von DM 23,60 Rentenanwartschaft monatlich. Als Ausgleichsform ist hier nach § 3b I Nr. 1 VAHRG das erweiterte Splitting zu Lasten der Anrechte des M in der GRV anzuwenden. Von dem Versicherungskonto des M sind daher auf das Versicherungskonto der F insgesamt DM 123,60 Rentenanwartschaft monatlich zu übertragen, und zwar gem. § 1587b I BGB DM 100,– Rentenanwartschaft monatlich und gem. § 3b I Nr. 1 VAHRG DM 23,60 Rentenanwartschaft monatlich. Der Grenzwert des § 3b I Nr. 1 VAHRG ist nicht überschritten. Er beträgt bei Ende der Ehezeit 1986 DM 57,40, wie aus der nachstehenden Tabelle ersichtlich ist (S. 132).

cc) Bagatellregelung und Wartezeiten

Nach **§ 3c VAHRG** kann das Familiengericht den Ausgleich eines Anrechts ausschließen, dessen Wert 0,25% des auf einen Monat entfallenden Teils der am Ende der Ehezeit maßgebenden Bezugsgröße (§ 18 SGB IV) nicht übersteigt. Dies gilt jedoch nicht, wenn der Ausschluß den Berechtigten bei der Erfüllung von Wartezeiten benachteiligen kann. Die Übertragung oder Begründung von Rentenanwartschaften kann sich auf die für die Gewährung einer Rente erforderliche **Wartezeit** auswirken (§§ 83a V, 83b III AVG, §§ 1304a V, 1304b III RVO). Die im Versorgungsausgleich übertragenen oder begründeten Rentenanwartschaften sind mit Hilfe der Nr. 1 der Bekanntmachung über die amtlichen Rechengrößen in Werteinheiten umzu-

[272a] *Palandt/Diederichsen* § 1587b Anm. 1c cc.

Tabelle Monatliche Bezugsgröße (§ 18 SGB IV) und Grenzwerte

Ende der Ehezeit	Mtl. Bezugsgröße § 18 SGB IV	§ 3bl Nr. 1 VAHRG 2%	§ 10all S. 2 VAHRG 0,5%	§ 3c VAHRG 0,25%
bis 1977	1850 DM	37,— DM	9,25 DM	4,63 DM
1978	1950 DM	39,— DM	9,75 DM	4,88 DM
1979	2100 DM	42,— DM	10,50 DM	5,25 DM
1980	2200 DM	44,— DM	11,— DM	5,50 DM
1981	2340 DM	46,80 DM	11,70 DM	5,85 DM
1982	2460 DM	49,20 DM	12,30 DM	6,15 DM
1983	2580 DM	51,60 DM	12,90 DM	6,45 DM
1984	2730 DM	54,60 DM	13,65 DM	6,83 DM
1985	2800 DM	56,— DM	14,— DM	7,— DM
1986	2870 DM	57,40 DM	14,35 DM	7,18 DM
1987	3010 DM	60,20 DM	15,05 DM	7,53 DM
1988	3080 DM	61,20 DM	15,40 DM	7,70 DM

rechnen. Die Anzahl der Wartezeitmonate wird errechnet, indem die Werteinheiten durch 6,25 geteilt werden. Die Zahl der sich aus Übertragung oder Begründung von Rentenanwartschaften ergebenden Wartezeitmonate zusammen mit der Zahl der beim Berechtigten in der Ehezeit vorhandenen Beitrags- und Ersatzzeiten darf die Gesamtzeit der in die Ehezeit fallenden Kalendermonate nicht übersteigen. Als **Faustregel** muß sich der Anwalt merken: 6,25 Werteinheiten sind 1 Kalendermonat für die Wartezeit.

h) Besondere Anträge, insbesondere zur Härteklausel

Anträge nach Artikel 12 Nr. 2 III 3 und 4 des 1. EheRG auf Herabsetzung des Ausgleichsanspruchs[273] bis zur Hälfte des auf die Trennungszeit entfallenden gesetzlichen Anspruchs werden heute kaum noch veranlaßt sein, da die Fälle, in denen die Ehe wegen des Widerspruchs des anderen Ehegatten nach altem Recht (§ 48 II EheG) nicht geschieden werden durfte, von seltenen Ausnahmefällen abgesehen, längst nach neuem Scheidungsrecht entschieden sind. Der Anwalt muß jedoch in diesen Fällen beachten, daß die Kürzung nicht von Amts wegen erfolgt, sondern beantragt werden muß.

In jedem Fall hat der Rechtsanwalt zu prüfen, ob ein Sachverhalt nach **§ 1587c BGB** vorgetragen und bewiesen werden kann, der einen **Antrag auf**

[273] Zur Berechnung BGH FamRZ 1986, 252.

Ausschluß oder Herabsetzung des Versorgungsausgleichs rechtfertigt. Dabei dürfen aber keine übertriebenen Hoffnungen geweckt werden. Denn § 1587c Nr. 1 BGB setzt nach einer überspitzten Formulierung der Rechtsprechung strengere Maßstäbe, als sie bei der Prüfung des § 242 BGB anzulegen sind.[274] Im Unterschied zum Anspruch auf nachehelichen Unterhalt, der in die Zukunft gerichtet ist und von zukünftigen Verhältnissen beeinflußt werden kann, handelt es sich beim Versorgungsausgleich ebenso wie beim Zugewinnausgleich um die Teilhabe an Versorgungswerten bzw. Vermögenswerten, die in einem abgeschlossenen, in der Vergangenheit liegenden Zeitraum erwirtschaftet worden sind. Daher kommt es in erster Linie darauf an, inwieweit der ausgleichsberechtigte Ehegatte während der Erwirtschaftung der Versorgungswerte seine Aufgaben und Pflichten erfüllt hat.[275] Auf folgende Umstände, die in der bisherigen Rechtsprechung eine Rolle gespielt haben, ist besonders zu achten:

Eine **außergewöhnlich kurze Ehedauer** (im entschiedenen Fall vom 9. August bis 17. September 1974) läßt keine Versorgungsgemeinschaft entstehen und führt zum Ausschluß des Versorgungsausgleichs nach § 1587c Nr. 1 BGB.[276]

Eine **langjährige Trennung** kann einen Anwendungsfall des § 1587c Nr. 1 BGB darstellen. Wenn die eheliche Lebensgemeinschaft auch eine Versorgungsgemeinschaft ist, dann fehlt für den Versorgungsausgleich die eigentlich rechtfertigende Grundlage, solange sie durch die Trennung der Ehegatten aufgehoben ist.[277] In solchen Fällen ist allerdings ein schutzwürdiges Vertrauen des anderen Ehegatten auf den Fortbestand der Ehe und der Versorgung zu berücksichtigen.[278] Ferner hat die Trennungszeit außer Betracht zu bleiben, in der der ausgleichsberechtigte Ehegatte gemeinsame Kinder betreut hat.[279]

Die Härteklausel des § 1587c Nr. 1 BGB ist anwendbar, **wenn der Ausgleichsberechtigte bereits eine ausreichende nicht ausgleichspflichtige Versorgung hat oder sich eine zusätzliche ausreichende Altersversorgung verschaffen kann, während der Ausgleichsverpflichtete auf seine Versorgungswerte dringend angewiesen ist.**[280] Bei der Beurteilung der Frage, ob die Versorgungsbilanz beider Ehegatten ausgewogen ist oder die Durchführung des Versorgungsausgleichs zu einem erheblichen wirtschaftlichen Ungleichgewicht zu Lasten des Ausgleichsverpflichteten führt, kann nach der Trennung, aber vor der Scheidung erworbenes nicht ausgleichpflichtiges Vermögen (Grundbesitz oder Kapital) berücksichtigt werden.[281]

Bereits im Gesetzgebungsverfahren zum 1. EheRG ist die Ansicht vertreten worden, daß die Durchführung des Versorgungsausgleichs grob unbillig ist,

---

[274] BGH FamRZ 1981, 756 = NJW 1981, 1733.
[275] BGH FamRZ 1984, 662 = NJW 1984, 2358
[276] BGH FamRZ 1981, 944.
[277] BGH FamRZ 1985, 280 = NJW 1985, 1283.
[278] BGH FamRZ 1982, 475 = NJW 1983, 176.
[279] BGH FamRZ 1981, 130 = NJW 1981, 394.
[280] BGH FamRZ 1982, 258 = NJW 1982, 989.
[281] BGH FamRZ 1981, 130 = NJW 1981, 394.

wenn dem Ausgleichsberechtigten während der Ehe vom Ausgleichsverpflichteten ein akademisches Studium finanziert worden ist und die Ehe bald nach erfolgreichem Abschluß des Studiums scheitert. Dieser Auffassung hat der BGH für den Fall zugestimmt, daß für die **Finanzierung der akademischen Ausbildung** unter dem Gesichtspunkt des Ausgleichs ehebedingter Nachteile keine Veranlassung bestanden hat.[282] Die grobe Unbilligkeit der Durchführung des Versorgungsausgleichs wird damit begründet, daß der Verpflichtete dem Berechtigten erhebliche und dauerhafte Vorteile in Form einer akademischen Ausbildung hat zukommen lassen. Der Verpflichtete hat praktisch mit der qualifizierten Ausbildung, die dem Berechtigten bei eigener Erwerbstätigkeit den Aufbau hochwertiger Versorgungsanwartschaften ermöglichen wird, Versorgungswerte vorausgeleistet. Abgesehen davon kann der studierende Ehegatte im Haushalt oft nicht mehr eheliche Aufgaben erfüllen als der erwerbstätige Ehegatte, so daß auch unter diesem Gesichtspunkt die These von der Gleichwertigkeit der Leistungen der beiden Ehegatten in der Ehe nicht stimmt.

Eheliches Fehlverhalten, selbst wenn es ohne wirtschaftliche Relevanz ist, kann ausnahmsweise einen Unbilligkeitsgrund im Sinne des § 1587c Nr. 1 BGB abgeben, wenn es wegen seiner Auswirkungen auf den anderen Ehegatten ganz besonders ins Gewicht fällt, weil die Pflichten ihm gegenüber längere Zeit hindurch nachhaltig verletzt worden sind. Die strenge Formel des BGH lautet:[283] ,,Das Fehlverhalten des Ausgleichsberechtigten muß den Ehepartner so belastet haben, daß die Durchführung des Versorgungsausgleichs unerträglich erscheint. Dabei darf die sich aus § 1587c Nr. 1 BGB ergebende schwerwiegende Rechtsfolge, gemessen an dem Zweck des Versorgungsausgleichs, bei objektiver Würdigung nicht in einem unangemessenen Verhältnis zu jener Belastung des Ehegatten stehen.“ Nach der Auffassung des BVerfG ermöglichen insbesondere die Härteklauseln des § 1587c Nr. 1 und 3 BGB ,,eine am Gerechtigkeitsgedanken orientierte Entscheidung in solchen Fällen, in denen die Durchführung des Versorgungsausgleichs zu einer ,,Prämiierung“ des pflichtwidrigen Verhaltens des ausgleichsberechtigten Ehegatten führen ... könnte.“[284]

Die Hinwendung des Ausgleichsberechtigten zu einem anderen Partner wirkt sich daher meistens im Versorgungsausgleich nicht aus, wenn er in der Zeit des Erwerbs der Versorgungswerte seine ehelichen Aufgaben und Pflichten erfüllt hat.[285] Hat jedoch die Ehefrau dem Ehemann jahrelang ein nicht von ihm stammendes Kind als sein Kind untergeschoben, so kann der Versorgungsausgleich herabgesetzt werden.[286]

Nach der Rechtsprechung des BGH setzt § 1587c Nr. 2 BGB ein treuwidriges Verhalten des ausgleichsberechtigten Ehegatten voraus, durch das der Berechtigte die Versorgungsbilanz mit zeitlichem Bezug zur Scheidung ohne zureichenden Grund bewußt zu seinen Gunsten beeinflußt hat. Der BGH hat

---

[282] BGH FamRZ 1983, 1217 = NJW 1984, 302.
[283] BGH FamRZ 1983, 32 = NJW 1983, 117.
[284] BVerfGE 53, 257, 298.
[285] BGH FamRZ 1984, 662, 665 = NJW 1984, 2358.
[286] BGH FamRZ 1985, 267; BGH FamRZ 1987, 362.

diese Voraussetzung bei einer Lehrerin verneint, die sich nach Trennung von Mann und Kind vom Schuldienst auf unbestimmte Zeit hat beurlauben lassen, um mit ihrem neuen Partner im Ausland zusammen zu leben.[287]

§ 1587c Nr. 3 BGB erfordert eine Unterhaltspflichtverletzung, die während der Ehe längere Zeit hindurch angedauert hat und in gröblicher Weise begangen worden ist. Als gröblich wertet der BGH eine Unterhaltspflichtverletzung erst dann, wenn weitere objektive Merkmale hinzutreten, die dem pflichtwidrigen Verhalten ein besonderes Gewicht geben, z. B. wenn ein Unterhaltsberechtigter dadurch in Not geraten ist.[288] Dieser Fall tritt nicht ein, wenn die Ehefrau zwar Mann und Kind verläßt, aber der Ehemann nach seinen Einkommensverhältnissen sich und das Kind unterhalten kann.

Die Verteidigung des Ausgleichsverpflichteten erscheint danach bei diesen Falltypen aussichtsreich: Extrem kurze Ehedauer – langjährige Trennungszeit – dringende Angewiesenheit des Verpflichteten – Finanzierung einer akademischen Ausbildung des Berechtigten – Unterschieben eines fremden Kindes durch Berechtigte.

i) Prüfung und Abänderung von Versorgungsausgleichsentscheidungen

Die Versorgungausgleichsentscheidung des Familiengerichts ist nach den Gesichtspunkten zu kontrollieren, die bei den zuvor genannten Aufgaben des Rechtsanwalts im Versorgungsausgleich erörtert worden sind.

Obwohl über den Versorgungsausgleich im Zeitpunkt der Ehescheidung abschließend und endgültig entschieden wird (sog. Momentaufnahme) und bis zum Rentenfall Jahre, vielleicht Jahrzehnte vergehen und erhebliche Veränderungen eintreten können, hatte das Gesetz **bisher keine Abänderungsmöglichkeiten** vorgesehen. **Hier schafft § 10a VAHRG Abhilfe.**[288a] Aus Gründen der materiellen Gerechtigkeit werden aber nicht nur nachträgliche Veränderungen, sondern auch frühere Auskunftsfehler der Versorgungsträger und Rechenfehler oder Rechtsanwendungsfehler des Gerichts als Abänderungsgründe einbezogen. Die großzügigen Abänderungsvoraussetzungen im § 10a I VAHRG betreffen Abweichungen des neu ermittelten Wertunterschieds von dem in der Erstentscheidung zugrunde gelegten Wertunterschied (Nr. 1), früher als verfallbar behandelte unverfallbare oder nachträglich unverfallbar gewordene Anrechte (Nr. 2) sowie Nachholungen des Versorgungsausgleichs in den schon früher oder nunmehr möglichen öffentlich-rechtlichen Ausgleichsformen hinsichtlich der dem schuldrechtlichen Versorgungsausgleich überlassenen Anrechte (Nr. 3).

Eine Abänderungsmöglichkeit besteht nach § 10a II VAHRG jedoch nur, wenn die feste Wesentlichkeitsgrenze des Satzes 1 Nr. 1 i. V. m. Satz 2 überschritten ist (10% Abweichung von der Erstentscheidung, mindestens je-

---

287 BGH FamRZ 1986, 658, 659.
288 BGH FamRZ 1986, 658, 660.
288a Dazu insbesondere Hahne FamRZ 1987, 217ff; *Dörr* NJW 1988, 97ff.

doch 0,5% des auf einen Monat entfallenden Teils der am Ende der Ehezeit maßgebenden Bezugsgröße) oder nach Satz 1 Nr. 1 eine für die Versorgung des Berechtigten maßgebende Wartezeit erfüllt wird und nach Satz 1 Nr. 3 die Abänderung sich voraussichtlich zu Gunsten eines Ehegatten oder seiner Hinterbliebenen auswirkt.

Die Korrekturmöglichkeit scheidet nach § 10a III VAHRG aus, wenn sie unter Berücksichtigung der beiderseitigen wirtschaftlichen Verhältnisse, insbesondere des Versorgungserwerbs nach der Ehe, grob unbillig wäre. Dabei muß sich die Billigkeitskontrolle vor allem auf die nacheheliche Entwicklung der Versorgungsituation richten.

Antragsberechtigt sind nach § 10a IV VAHRG die Ehegatten, ihre Hinterbliebenen und die betroffenen Versorgungsträger, jedoch frühestens zu dem in § 10a V VAHRG genannten Zeitpunkt. Nach **§ 10a IX VAHRG** sind die vorstehenden Vorschriften auf Vereinbarungen über den Versorgungsausgleich entsprechend anzuwenden, wenn die Ehegatten die Abänderung nicht ausgeschlossen haben. **Wer die Abänderung einer Versorgungsausgleichsvereinbarung in Zukunft vermeiden will, muß deren Abänderung ausschließen.** Für die Abänderung vor dem 1. Januar 1987 getroffener Vereinbarungen gilt Absatz IX nur nach Maßgabe des § 13 I Nr. 2 VAHRG. Zur Vorbereitung von Abänderungsanträgen werden in § 10a XI VAHRG Auskunftspflichten normiert.

Abschließend wird hinsichtlich der **Übergangs- und Schlußbestimmungen** auf Art. 4 des Gesetzes über weitere Maßnahmen auf dem Gebiete des Versorgungsausgleichs verwiesen. Dort heißt es in § 1 Abs. 1: ,,Hätte eine vor dem Inkrafttreten dieses Gesetzes ergangene Entscheidung zur Übertragung oder Begründung eines Anrechtes geführt, wenn die §§ 1 und 3b VAHRG bereits im Zeitpunkt des Erlasses der Entscheidung gegolten hätten, so ändert das Familiengericht **auf Antrag** die Entscheidung unter Anwendung dieser Vorschriften ab.“ Antragsberechtigt sind die Ehegatten, ihre Hinterbliebenen und die Träger der durch die Abänderungsentscheidung auszugleichenden Versorgungen. Der **Antrag kann jedoch nur binnen 2 Jahren nach Inkrafttreten dieses Gesetzes gestellt werden.** Es handelt sich bei dem Abänderungsverfahren nach § 10a VAHRG und bei einer Abänderung nach den Übergangsvorschriften um **isolierte Versorgungsausgleichsverfahren,** also **selbständige Familiensachen.**[288b]

Schließlich ist zu prüfen, ob **Anträge nach §§ 4, 5, 9 VAHRG** veranlaßt sind. Mit den Vorschriften der §§ 4–10 VAHRG hat der Gesetzgeber die Auflagen des BVerfG vom 28. Februar 1980 erfüllt.[288c] Das BVerfG hatte dem Gesetzgeber ergänzende Regelungen zur Vermeidung nachträglich eintretender grundrechtswidriger Auswirkungen des Versorgungsausgleich bei folgenden Fallgruppen aufgegeben:

- Der ausgleichsberechtigte Ehegatte stirbt vor dem ausgleichsverpflichteten Ehegatten und hat vor seinem Tode keine oder nur geringfügige Leistungen aus dem im Versorgungsausgleich erworbenen Anrecht erhalten.

[288b] Dazu auch Hoppenz FamRZ 1987, 425ff.
[288c] BVerfGE 53, 257, 303, 304.

Auf Antrag wird nach den §§ 4, 9 VAHRG insoweit von der Kürzung der Versorgung des Verpflichteten ganz oder teilweise abgesehen.

- Beim ausgleichsverpflichteten Ehegatten tritt nach Durchführung des Versorgungsausgleichs der Versicherungsfall ein, sein Versorgungsanspruch ist jedoch durch den Versorgungsausgleich gemindert. Der ausgleichsberechtigte Ehegatte hat noch keinen Rentenanspruch und ist auf Unterhaltsleistungen des Verpflichteten angewiesen (sog. Unterhaltsfälle). Solange dieser Zustand andauert, kann die Kürzung der Versorgung des Verpflichteten nach §§ 5, 9 VAHRG auf Antrag ausgesetzt werden.

Schriftsatz-Muster 18

Rechtsanwalt Schulze Hanau, den 20. März 1986

An das
Amtsgericht
– Familiengericht –
6450 Hanau

In der Ehesache
Schmidt ./. Dr. Schmidt (volles Rubrum)
– 60 F 2000/85 Va –

beantrage ich,

einen Versorgungsausgleich nicht stattfinden zu lassen.

Begründung:

Der Antrag auf Ausschluß des Versorgungsausgleichs stützt sich auf § 1587c Nr. 1 BGB. Nach den vorliegenden Versorgungsausgleichsauskünften der Rentenversicherungsträger haben die Antragstellerin 600,– DM Rentenanwartschaft monatlich und der Antragsgegner 100,– DM Anwartschaft monatlich in der Ehezeit erworben. Der Antragsgegner wäre daher an sich in Höhe von 250,– DM Rentenanwartschaft monatlich ausgleichsberechtigt. Die Inanspruchnahme der Antragstellerin wäre jedoch grob unbillig, wie sich aus folgendem Sachverhalt ergibt:

Die Antragstellerin hat den Antragsgegner 1978 im Urlaub in Spanien kennengelernt. Sie war zu dieser Zeit 29 Jahre alt und im Beruf als Chefsekretärin sehr erfolgreich. Der Antragsgegner war damals 21 Jahre alt und studierte Medizin. Der Antragsgegner, der sich bis dahin sein Studium durch Arbeit finanziert hatte, erkannte bald, daß er auf die in guten Verhältnissen lebende Antragstellerin Eindruck gemacht hatte. Die Parteien verlobten sich noch in Spanien und heirateten 1979 in Hanau. Sie waren bei der Eheschließung übereingekommen, daß der Antragsgegner nur noch sein Studium einschließlich Promotion betreiben und die Antragstellerin bis zum erfolgreichen Abschluß für den Lebensunterhalt der Parteien aufkommen sollte. Die Antragstellerin führte zu ihrer anstrengenden Berufstätigkeit auch den Haushalt. Sie war 1983 häufig allein, gab sich aber mit der Erklärung des Antragsgegners zufrieden, daß seine häusliche Abwesenheit durch Seminare, Lerngruppen für das Examen und Promotionsarbeiten bedingt sei. 1984 bestand der Antragsgegner sein Staatsexamen, promovierte zum Dr. med. und wurde als Assistenzarzt angestellt. Bis zu einer Anstellung hat die Antragstellerin den Antragsgegner unterhalten und sogar die Promotionskosten bezahlt.

Die Antragstellerin, die bis dahin ihren Kinderwunsch zurückgestellt hatte, offenbarte ihren Wunsch dem Antragsgegner im Herbst 1984, und zwar am 15. September 1984. Der Antragsgegner erklärte der Antragstellerin daraufhin, er schätze sie, wolle jedoch keine Kinder mit ihr haben, da er 1983 eine junge Kollegin kennen- und liebengelernt habe, die jetzt von ihm schwanger sei, er bitte die Antragstellerin daher um eine faire Scheidung. Die Antragstellerin, die diese Erklärung des Antragsgegners nicht glauben wollte, begab sich fassungslos zu ihrer Freundin Katharina Müller, schilderte ihr das Gespräch mit dem Antragsgegner und bat sie um Vermittlung. Frau Müller ging mit der Antragstellerin in die eheliche Wohnung der Parteien zurück. Die Antragstellerin und die Zeugin trafen den Antragsgegner noch in der Wohnung an, der Antragsgegner, der sich von Frau Müller eine für ihn günstige Vermittlung versprach, wiederholte in Gegenwart der Zeugin seine Erklärung und seinen Scheidungswunsch.

Beweis: Zeugnis der Frau Katharina Müller, Aachener Str. 100, 6450 Hanau.

Als die Zeugin den Antragsgegner fragte, ob er noch bei Verstand sei, verließ er gekränkt die Ehewohnung. Die Parteien leben seit diesem Herbsttag getrennt. Nach Ablauf des Trennungsjahres hat die Antragstellerin die Scheidung eingereicht. Der Antragsgegner ist in der vorgerichtlichen Korrespondenz aufgefordert worden, einem Unterhalts- und Versorgungsausgleichsverzicht zuzustimmen. Er hat sich mit einem Unterhaltsverzicht einverstanden erklärt, aber auf der Durchführung des Versorgungsausgleichs bestanden. Der Antragsgegner begründet seinen Anspruch auf Versorgungsausgleich damit, daß die Aufgabenteilung in der Ehe – er Studium und Promotion, die Antragstellerin Erwerbstätigkeit und Haushalt – übereinstimmend erfolgt sei und die Antragstellerin auch die Konsequenzen der Absprache im Versorgungsausgleich tragen müsse. Diese zynische Argumentation belegt, daß der Antragsgegner die Ehe mit der Antragstellerin als Finanzierungsinstitut mißbraucht und an eine lebenslange Gemeinschaft offenbar überhaupt nicht gedacht hat. Das gesamte Verhalten des Antragsgegners ist als grob treuwidrig zu bewerten. Der Antragsgegner hat die Antragstellerin nicht nur ausgenutzt und betrogen, sondern er will ihr jetzt auch über die Finanzierung des Medizinstudiums einschl. Promotion hinaus die Hälfte ihrer Versorgungsanwartschaften wegnehmen. Die starre Durchführung des Versorgungsausgleichs wäre bei den Verhältnissen der Parteien eine unerträgliche Belastung für die Antragstellerin, die sie zusätzlich zu ihrer menschlichen Enttäuschung finanziell schwer treffen würde. Der Antragsgegner ist jünger als die Antragstellerin und kann mit der von ihr zum größten Teil finanzierten hochqualifizierten Berufsausbildung hochwertige Versorgungsanwartschaften aufbauen. Die Voraussetzungen des § 1587c Nr. 1 BGB sind mithin klar erfüllt. Auf die Entscheidung des BGH in FamRZ 1983, 1217 = NJW 1984, 302 wird vorsorglich hingewiesen.

Rechtsanwalt

2. Regelung der elterlichen Sorge

a) Zuständigkeit

Das BGB hat die Zuständigkeit des Familiengerichts in folgenden Sorgerechtsangelegenheiten angeordnet:

- bei Scheidung, Nichtigerklärung oder Aufhebung der Ehe der Eltern (§§ 1671 I, VI BGB, 37 I EheG),
- bei Getrenntleben der Eltern (§ 1672 BGB),
- bei Änderung von Sorgerechtsentscheidungen, die aufgrund §§ 1671, 1672 BGB ergangen sind (§ 1696 BGB),
- ferner in den seltenen Fällen der §§ 1678 II, 1681 II 3 BGB.

In dem hauptsächlich vorkommenden Fall der Scheidung der Ehe der Eltern handelt es sich um eine amtswegige Folgesache (§ 623 III 1 ZPO). Daher ist die örtliche Zuständigkeit des Gerichts der Ehesache gegeben (§ 621 II 1 ZPO). In den anderen Fällen muß ein isoliertes Verfahren eingeleitet werden. Die örtliche Zuständigkeit richtet sich nach den allgemeinen Vorschriften (§ 621 II 2 ZPO), also nach den Bestimmungen des FGG (§§ 36, 43, 46, 64k III 2 FGG). Maßgeblich ist danach der Kindeswohnsitz. Da das Kind den Wohnsitz der bis zu einer gerichtlichen Regelung gemeinsam sorgeberechtigten Eltern teilt (§ 11 BGB), ist auch ein Doppelwohnsitz des Kindes möglich, wenn ein Elternteil aus der Ehewohnung auszieht und einen neuen Wohnsitz begründet oder Vater und Mutter unter Aufgabe der ehelichen Wohnung neue Wohnsitze begründen. Dies hat eventuell zur Folge, daß die Eltern unter zwei Familiengerichten wählen können. Wird später eine Ehesache rechtshängig, so gibt das Familiengericht im ersten Rechtszug das bei ihm anhängige Sorgerechtsverfahren an das Gericht der Ehesache ab (§§ 621 III ZPO, 64k II FGG).

b) Inhalt der elterlichen Sorge, Beratungsaufgaben

Elterliche Sorge bedeutet, der Vater und die Mutter haben das Recht und die Pflicht, für das minderjährige Kind zu sorgen. Sie umfaßt die Personensorge, die Vermögenssorge und die Vertretung des Kindes (§§ 1626 I, 1629 I 1 BGB).

Zur Personensorge gehört das Recht und die Pflicht, das Kind zu pflegen, zu erziehen, zu beaufsichtigen und seinen Aufenthalt zu bestimmen (§ 1631 I BGB). Die Personensorge beinhaltet die Möglichkeit ständigen persönlichen Umgangs mit dem Kind (argumentum e contrario aus § 1634 I 1 BGB). Bei Trennung, spätestens bei Scheidung der Eltern ist eine gemeinsame Sorgerechtsausübung meist nicht mehr möglich. Diese Tatsache steht in der Regel auch einem gemeinsamen Sorgerecht entgegen.

Auf die Anwälte kommen in den Sorgerechtsverfahren folgende **Beratungsaufgaben** zu:

Die Parteien wollen darüber beraten werden, welche Regelungsmöglichkeiten bestehen, nach welchen Kriterien geregelt und entschieden wird und wie das Verfahren abläuft. Danach ist zu klären, ob eine einvernehmliche Lösung oder ein streitiges Verfahren in Betracht kommen.

c) Regelungsmöglichkeiten

Aus §§ 1671, 1672 BGB ergeben sich folgende Regelungsmöglichkeiten:

- Die gesamte elterliche Sorge wird **auf einen Elternteil** übertragen (§ 1671 I BGB). Dies ist die häufigste Regelung, die von den Parteien vereinbart und von den Gerichten getroffen wird.
- Die elterliche Sorge wird nach der Scheidung **den Eltern zur gemeinsamen Ausübung** überlassen. Diese Möglichkeit besteht jetzt, weil nach der Entscheidung des BVerfG vom 3. November 1982 § 1671 IV 1 BGB mit Art. 6 II 1 GG unvereinbar und daher nichtig ist.[289] Die Eltern können daher heute die gemeinsame Sorgerechtsausübung dem Familiengericht übereinstimmend vorschlagen. Ohne einen solchen Vorschlag kann das Familiengericht gemeinsame elterliche Sorge nicht anordnen.[290] Es darf den Eltern nicht Gemeinsamkeit aufzwingen, wenn sie dies nicht wollen (Prinzip der Selbstbestimmung).

  In enger Anlehnung an die Entscheidung des BVerfG[291] werden für die Belassung der gemeinsamen Sorge vier Voraussetzungen genannt:[292]

  Voraussetzung 1:
  Beide Eltern sind gewillt, die gemeinsame Verantwortung für ihr Kind nach der Ehescheidung weiterhin zu tragen.

  Voraussetzung 2:
  Beide Eltern sind voll erziehungsfähig.

  Voraussetzung 3:
  Es liegen keine Gründe vor, die im Interesse des Kindeswohls die Übertragung des Sorgerechts auf einen Elternteil angezeigt erscheinen lassen.

  Voraussetzung 4:
  Die Ehegatten können nach der Überzeugung des Richters die Pflege und Erziehung des Kindes weiterhin, wenn auch in einer durch die Scheidung modifizierten Form, gemeinschaftlich zum Wohle des Kindes wahrnehmen.

  Während die Voraussetzungen 1, 2 und 4 die Bereitschaft und Fähigkeit der Eltern zur Zusammenarbeit, ihre Erziehungsfähigkeiten und Betreuungsmöglichkeiten behandeln, hat nach der Voraussetzung 3 das Gericht zu prüfen, ob das Kindeswohl einer gemeinsamen Sorgerechtsausübung der Eltern entgegensteht. Bei der Unbedenklichkeitsprüfung wird das Gericht insbesondere das Alter des Kindes und seine Nähe zu beiden Eltern bedenken müssen. Eine überzeugende Argumentationshilfe für dieses Re-

---

[289] BVerfGE 61, 358 = FamRZ 1982, 1179 = NJW 1983, 101; zu dieser Möglichkeit ausführlich *Luthin*, Gemeinsames Sorgerecht nach der Scheidung, 1987.

[290] *Göppinger* Vereinbarungen Rdnr. 618; *Kropholler* JR 1984, 89, 94.

[291] BVerfGE 61, 358, 374, 381.

[292] Z. B. *Palandt/Diederichsen* § 1671 Anm. 2b.

gelungsmodell ist jedoch der Nachweis, daß die Eltern in der Trennungszeit Kooperationsbereitschaft und -fähigkeit mit Erfolg geübt haben.[293]

Die Hochstimmung der Befürworter eines gemeinsamen Sorgerechts nach Scheidung, die nicht zuletzt dem Vater mehr Einflußnahme ermöglichen wollten, ist gewichen. Die Belassung der gemeinsamen elterlichen Sorge wird nicht häufig angeordnet. Dies liegt weniger an den Familienrichtern, sondern mehr daran, daß der erforderliche übereinstimmende Vorschlag von den Eltern nicht gemacht wird. Als Erklärungsversuch ist u. a. an folgende Gesichtspunkte zu denken:

Wer Trennungs- und Scheidungsschmerz verarbeitet hat, will nicht – auch nicht um des gemeinsamen Kindes willen – ständig mit dem früheren Partner Verbindung halten, für ihn verfügbar sein. Erst recht fallen Begegnungen mit der Vergangenheit den Elternteilen schwer, die diese Trauerarbeit noch leisten müssen. Doch nicht nur Gefahren für die Stabilisierung der Eltern, sondern auch für die der Kinder werden gesehen. Wenn sie zwischen den Eltern hin- und hergerissen werden, fehlt ihnen die notwendige Orientierung und Zuordnung.

Die **anwaltliche Beratung** bei dieser Regelungsmöglichkeit muß daher gründlich sein. Selbstverständliche Pflicht des Rechtsanwaltes ist es, faulen Kompromissen mit dem Ziel einer schnellen Scheidung oder Erpressungsversuchen nach der Art Kind gegen Unterhaltsverzicht entgegenzutreten. Der übereinstimmende Vorschlag sollte zudem enthalten: Vereinbarungen über den ständigen Aufenthaltsort, die Besuche und den Unterhalt des Kindes, weiter Regeln und Vollmachten für Notfälle und Nichterreichbarkeit des anderen Elternteils, schließlich eine Regelung für den Fall, daß sich die Eltern in einem wichtigen Punkt nicht einigen können.[294]

Schriftsatz-Muster 19

Die Parteien schlagen dem Familiengericht übereinstimmend vor, die elterliche Sorge für das Kind Thomas, geboren am 24. Mai 1977, dem Vater und der Mutter gemeinsam zu übertragen.

Der ständige Aufenthaltsort des Kindes soll Hanau sein. Hier befindet sich die vertraute Umgebung des Kindes (ehemalige elterliche Wohnung, die die Mutter übernommen hat, Schule, Freundeskreis).

Trotz dieses Regelaufenthalts sollen die Beziehungen zwischen Vater und Kind, soweit dies möglich ist, wie bisher gepflegt werden, damit das Kind auch mit dem Vater zusammenleben und seine Umwelt erfahren kann. Das Kind soll daher zumindest jedes zweite Wochenende und die Hälfte seiner Ferien mit dem Vater verbringen.

Über die gemeinsamen elterlichen Aufgaben werden sich die Parteien regelmäßig verständigen.

---

[293] *Göppinger* Vereinbarungen Rdnr. 618.
[294] Vgl. *Göppinger* Vereinbarungen Rdnr. 618.

Der Vater zahlt für das gemeinsame Kind Thomas zu Händen der Mutter ab dem 1. des Monats, der dem Eintritt der Rechtskraft des Scheidungsurteils folgt, eine Unterhaltsrente in Höhe von 440,– DM monatlich im voraus.

Das staatliche Kindergeld soll weiter an die Mutter ausgezahlt werden, die die Hälfte davon an den Vater auskehrt.

Bemessungsgrundlage für die vorstehende Unterhaltsrente ist ein bereinigtes Nettoeinkommen des Vaters von rund 3200,– DM monatlich.

Die Parteien sind sich darüber einig, daß der Mutter hinsichtlich der vorstehenden Unterhaltsrente auf Antrag eine vollstreckbare Ausfertigung zu erteilen ist, die zur Vollstreckung gegen den Vater berechtigt.

Für den Notfall und den Fall der Nichterreichbarkeit des anderen Elternteils bevollmächtigt hiermit jeder Elternteil den anderen, die in solchen Fällen erforderlich werdenden Entscheidungen zum Wohle des Kindes für und gegen den anderen Elternteil verbindlich zu treffen.

Für den Fall, daß sich die Parteien in einem wichtigen Punkt nicht einigen können, vereinbaren sie, vor der Anrufung des Familiengerichts in einem Schlichtungsgespräch mit dem zuständigen Jugendamt oder dem gemeinsamen Freund/der gemeinsamen Freundin ... (Namen einsetzen) nach einer Lösung zu suchen.

- Die **Personensorge** wird **einem Elternteil,** die **Vermögenssorge dem anderen Elternteil** ganz oder teilweise übertragen (§ 1671 IV 2 BGB). Während die Personensorge zwischen den Eltern unteilbar ist,[295] gilt dies für die Vermögenssorge nicht. Diese Regelung wird nur selten zu empfehlen sein. In dem Fall einer Beschränkung der Vermögenssorge nach § 1638 I, III BGB ist jedoch daran zu denken und das Familiengericht zu unterrichten.[296]
- Die Personensorge und die Vermögenssorge wird **keinem Elternteil, sondern einem Vormund oder Pfleger** übertragen (§ 1671 V BGB). Diese Regelung muß als Eingriff in das Elternrecht dem Prinzip der Verhältnismäßigkeit entsprechen, d. h. so schonend wie möglich erfolgen. Um dem Verhältnismäßigkeitsgrundsatz gerecht zu werden, kann daher hier die Personensorge geteilt werden. So kann z. B. einem Elternteil das Sorgerecht mit Ausnahme des Aufenthaltsbestimmungsrechts übertragen und hinsichtlich des Aufenthaltsbestimmungsrechts Pflegschaft angeordnet werden.[297] Für die Anordnung und Aufhebung von Vormundschaft oder Pflegschaft ist das Familiengericht zuständig. Auswahl, Bestellung und alle weiteren Maßnahmen sind Sache des Vormundschaftsgerichts.[298] Diese Rechtslage ist insbesondere hinsichtlich der Auswahl und Bestellung unbefriedigend. Gerade bei den Problemfällen des § 1671 V BGB wird

---

[295] BGH FamRZ 1980, 1107 = NJW 1981, 126; *Palandt/Diederichsen* § 1671 Anm. 2b.
[296] *Göppinger* Vereinbarungen Rdnr. 608.
[297] *Palandt/Diederichsen* § 1671 Anm. 2d.
[298] BGH FamRZ 1981, 1048 = NJW 1981, 2460.

von allen Beteiligten häufig ein geeigneter Einzelvormund oder Pfleger als Alternative gesucht und nicht selten auch vorgeschlagen (z. B. eine lebenstüchtige Großmutter). Der Familienrichter hat sich mit den Eltern, dem Kind und der als Vormund oder Pfleger geeigneten Person ausführlich beschäftigt, so daß Sachzusammenhang und Effektivität für seine Zuständigkeit sprechen.

d) Entscheidungskriterien

Die Entscheidungskriterien ergeben sich aus dem unbestimmten Rechtsbegriff „dem Wohl des Kindes" in den §§ 1671, 1672, 1696 BGB und den sonstigen im Gesetz enthaltenen Maßstäben, wie z. B. „Bindungen des Kindes, insbesondere an seine Eltern und Geschwister" in § 1671 II Halbsatz 2 BGB und „die Neigungen, Bindungen und der Wille des Kindes" in § 50b I FGG. Während ein Rückgriff auf § 1 I JWG (Jedes deutsche Kind hat ein Recht auf Erziehung zur leiblichen, seelischen und gesellschaftlichen Tüchtigkeit) nicht weiterführt, da sich diese Bestimmung an die Organe der öffentlichen Jugendhilfe wendet, wird die Einbeziehung der Erkenntnisse der Sozialwissenschaften – hier der Entwicklungspsychologie, der Kinder – und Jugendpsychiatrie und der Familientherapie – für wichtig gehalten.

Literatur und Rechtsprechung sind kaum zu übersehen. Die nachstehenden Empfehlungen sind die Wahl des Verfassers ohne Anspruch auf Vollständigkeit. Mit seinem Werk „Das Kindeswohl als Rechtsbegriff" hat *Coester* die ausführlichste und darüber hinaus rechtsvergleichende Untersuchung der letzten Jahre vorgelegt. Der junge Anwalt wird den Zeitaufwand, diese Arbeit zu studieren, wohl scheuen. Es wird jedoch dringend empfohlen, als Einstieg die instruktive Besprechung dieses Werkes durch *Kropholler* zu lesen.[299]

Um sich in die Rechtsprechung einzulesen, seien drei Entscheidungen aus den letzten Jahren vorgeschlagen: Die Entscheidung des OLG Frankfurt am Main vom 10. Febr. 1982[300] stellt unter Berufung auf das lesenswerte Suhrkamp-Taschenbuch von *Goldstein-Freud-Solnit* „Jenseits des Kindeswohls" die kindlichen Bedürfnisse nach Dauerzuständen und den kindlichen Zeitbegriff heraus.

Der Beschluß des OLG Stuttgart vom 3. Juli 1984[301] beschäftigt sich mit der Frage, ob das Kindeswohl durch Aufenthalt in einer alternativen Wohngemeinschaft gefährdet ist. Letztlich entscheidend ist hier die Feststellung der Hauptbezugsperson.

Der sehr ausführliche Beschluß des BGH vom 11. Juli 1984[302] behandelt in einem problematischen, gar nicht so seltenen Fall – die Mutter gibt ihre haßerfüllte Haltung gegen den Vater an die Kinder weiter, ist aber im übri-

---

[299] JZ 1984, 164.
[300] FamRZ 1982, 531.
[301] NJW 1985, 67 = JZ 1985, 848ff mit Anm. *Wegener* = FamRZ 1985, 1285 nur Leitsatz mit Anm. *Bosch*.
[302] FamRZ 1985, 169 = NJW 1985, 1702.

gen voll erziehungsfähig, die Kinder wollen bei der Mutter bleiben und lehnen den Vater entschieden ab – die bei der Sorgerechtsregelung zu berücksichtigenden Kriterien und spricht sich nach Abwägen des Für und Wider ebenfalls unter Bezugnahme auf *Goldstein-Freud-Solnit* für die „am wenigsten schädliche Alternative" aus.

Aus der kinder- und jugendpsychiatrischen Literatur sei beispielsweise das Lehrbuch von *Reinhart Lempp* genannt, das sich in einem lesenswerten zweiten Teil für jeden Interessierten erhellend und verständlich mit den Aufgaben des kinder- und jugendpsychiatrischen Sachverständigen, insbesondere im Familienrecht befaßt.[303] Hier werden als Entscheidungskriterien u. a. die Bedeutung des Willens des Kindes, der primären Bezugsperson und der Kontinuität dargestellt, die Beachtung bestimmter Grundsätze empfohlen. Ein kleineres Werk stammt von *Friedrich Arntzen*.[304]

Für die Eltern stehen mit dem Ratgeber von *Lempp* „Die Ehescheidung und das Kind", sowie den Büchern von *Ernst Ell* „Trennung, Scheidung und die Kinder?" und „Besuch vom eigenen Kind" leicht verständliche Einführungen zur Verfügung.

Um dem Anfänger das Sich-Zurechtfinden zu erleichtern, wird eine **Kriterienstruktur** gegeben und anschließend erläutert (S. 145).

Die Struktur macht deutlich, daß das Kind selbst im Mittelpunkt stehen muß, wenn es gilt, im Einzelfall zu konkretisieren, was dem Wohle des Kindes am besten entspricht. Zutreffend weist *Coester* darauf hin, daß das Kindeswohl in seiner Leitfunktion zu kindzentrierter Sicht der Gesamtsituation und zur Bewertung aller sich anbietender Aspekte aus dieser Sicht heraus zwingt.[305] Nichts anderes meint das BVerfG, wenn es immer wieder betont, daß in der Beziehung zum Kind das Kindeswohl die oberste Richtschnur der elterlichen Sorge und Erziehung sein muß.[306]

Nach dem Gesetz (§§ 1671 II Halbs. 2 BGB, 50b I FGG) sind die Bindungen des Kindes, insbesondere an seine Eltern und Geschwister, seine Neigungen und sein Wille zu berücksichtigen. Das Gesetz hebt zwei Bindungen, und zwar die an Eltern und Geschwister, besonders hervor. Es trägt damit dem kindlichen Bedürfnis nach Dauerzuständen, nach **Kontinuität der personalen Beziehung** Rechnung.

Die Elternbindung leitet über zu der Frage, welcher Elternteil am besten zur Betreuung (Pflege und Erziehung) des Kindes geeignet ist, und zwar jetzt und in Zukunft. Sorgerechtsentscheidungen sind insbesondere in die Zukunft gerichtet. Sie sind damit **Prognoseentscheidungen.** Die Prognose beruht auf dem früheren und heutigen Verhalten der Eltern zum Kinde und der Annahme, daß das, was gestern und heute für das Kind förderlich war und ist, auch morgen förderlich sein wird. Da sich Menschen und Verhältnisse

---

303 *Lempp*, Gerichtliche Kinder- und Jugendpsychiatrie, 1983.
304 *Arntzen*, Elterliche Sorge und persönlicher Umgang mit Kindern aus gerichtspsychologischer Sicht, 1980.
305 *Coester*, Das Kindeswohl als Rechtsbegriff, S. 252.
306 BVerfGE 60, 79, 88.

Kriterienstruktur

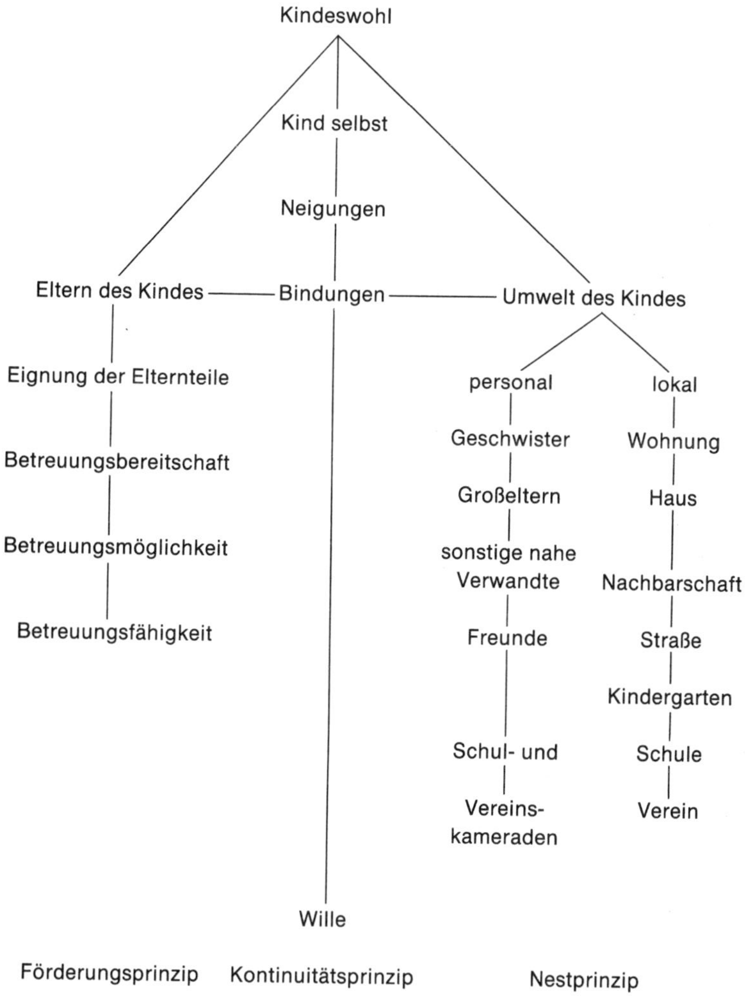

positiv und negativ verändern können, kann die Prognose falsch werden. Aus diesem Grunde kann das Gericht seine Anordnung jederzeit ändern, wenn es dies im Interesse des Kindes für angezeigt hält (§ 1696 I BGB).

Bei der Beurteilung der Erziehungseignung der Eltern wird besonders auf die Bereitschaft, die Möglichkeiten und Fähigkeiten zur Betreuung des Kindes gesehen. Wer nicht bereit ist, das Sorgerecht zu übernehmen, dem wird es auch nicht übertragen werden. Da viele Väter hierzu – aus welchen Gründen auch immer – nicht bereit sind, ist es nicht verwunderlich, daß statistisch am häufigsten der Mutter das Sorgerecht übertragen wird. Wenn hingegen Vater und Mutter bereit sind, die elterliche Sorge für das Kind zu übernehmen, dann ist der Vater nicht von vornherein chancenlos, weil er tagsüber arbeitet, also in der Betreuungsmöglichkeit eingeschränkt ist. *Diederichsen* hat zu Recht bemerkt, daß bei der Sorgerechtsverteilung Mütter und Väter gleiche Rechte haben. Der Gleichberechtigungsgrundsatz gebiete es, dem erwerbstätigen Vater zugute zu halten, daß er sich bei der Betreuung des Kindes nahestehender Personen bediene.[307] Selbstverständlich muß auch der Mutter erlaubt sein, bei der Betreuung des Kindes Hilfspersonen hinzuzuziehen. Die Betreuungsfähigkeiten der Eltern sind am schwersten zu beurteilen. Ein Erfahrungssatz, daß die Mütter vor den Vätern biologisch oder sozial einen Vorsprung haben, ist nicht anzuerkennen.[308] Ausgenommen sind die ersten Monate nach der Geburt. Hier ist die Mutter in der Stillzeit die nicht ersetzbare Hauptbezugsperson für den Säugling. Danach kann aber auch der Vater die primäre Bezugsperson für das Kind werden, z. B. wenn die Ehegatten die Rollen zwischen Mann und Frau anders als zu Schillers Zeiten (Der Mann muß hinaus ins feindliche Leben.) verteilt haben, und der Vater als Hausmann Haushalt und Kind versorgt. Richter und Sachverständige werden also im Streitfall fragen: Wer war bisher die Hauptbezugsperson für das Kind? Ist die Wahrung der Beziehungskontinuität positiv oder negativ zu bewerten? Bei welchem Elternteil lassen dessen Förderungsmöglichkeiten und -fähigkeiten die besseren Lebenschancen, Zukunftschancen für das Kind erwarten? Die Antworten auf diese Fragen geben wichtige Hinweise für die zu treffende Entscheidung. Die Erkenntnis, daß die Aufrechterhaltung der Beziehungskontinuität nicht immer dem Kindeswohl entspricht, darf dabei nicht vergessen werden. Eine negative Kontinuität der personalen Beziehung besteht zum Beispiel, wenn die Hauptbezugsperson unter einer schweren psychischen Erkrankung leidet, wenn sie in kindesfeindlichen Verhältnissen lebt (Zusammenleben mit einem Zuhälter), wenn sie das Kind ablehnt oder vom Kind entschieden abgelehnt wird. Der Wille des Kindes wird mit zunehmendem Alter ein immer ausschlaggebenderes Kriterium. Die Prognose für eine gute Kontinuität, eine positive Zukunft ist ungünstig, wenn sich die Sorgerechtsentscheidung über einen eindeutigen Kindeswillen hinwegsetzt. Die Schwierigkeiten des Richters und des Sachverständigen bestehen häufig darin, den kindlichen Willen zu erkennen, wenn er nicht klar geäußert wird.[309]

Neben der Elternbindung ist vom Gesetz die Geschwisterbindung hervorgehoben. Die alte Regel, daß Geschwister nicht getrennt werden sollen, bedarf der Differenzierung. Wenn sich Kinder brauchen, um die eingetretene Beziehungskatastrophe zu überstehen, dann werden sie dies bei ihrer Befragung sagen. Der Wille der Kinder, als Geschwister zusammenzubleiben, ist beachtlich. Ist jedoch der Altersabstand zwischen den Kindern erheblich oder haben verfestigte Parteinahmen zur Spaltung der Familie geführt, so kommt eine Aufteilung der Kinder auf ihren Elternteil in Betracht. Den individuellen Beziehungen ist in diesen Fällen der Vorzug zu geben.[310]

---

307 NJW 1980, 1, 9.
308 *Kropholler,* JZ 1984, 165.
309 *Lempp,* S. 111, 112.
310 *Lempp,* S. 125, 126.

Es gibt darüber hinaus weitere personale Bindungen, die im Einzelfall von Bedeutung sein können, wie z. B. zu Großeltern, Freunden, Schulkameraden. Neben diesen personalen Bindungen ist für Kinder und Jugendliche immer wieder die vertraute Umwelt wichtig. So sagte mir zum Beispiel bei einer Anhörung ein junges Mädchen von 13 Jahren: Es fühle sich weder vom Vater noch von der Mutter verstanden. Es könne das Verhalten des Vaters, der sich einer jüngeren Frau zugewandt hatte, nicht billigen. Es wolle aber auch nicht zur Mutter ziehen, da es mit der religiös bedingten starren Haltung der Mutter nicht leben könne. Es wolle im Hause des Vaters in seinem Zimmer bleiben und seine Schule weiter besuchen, da es sonst nichts habe.

Ein kleiner Junge von sechs Jahren erzählte mir: Er sei mit der Mutter schon zweimal umgezogen. Vor der neuen Wohnung störten ihn die Mülltonnen. Zu Hause beim Vater habe er einen schönen Garten zum Spielen und Haustiere gehabt. Der Junge wollte wieder zum Vater, obwohl er angab, Vater und Mutter gleich lieb zu haben. Garten und Haustiere waren nur Symbole. Kinder in diesem Alter drücken ihre Emotionen häufig in solchen Symbolen aus.[311] Diese Anhörungsergebnisse haben mir die Bedeutung der vertrauten Umwelt, des Nestes für die Kinder und Jugendlichen deutlich gemacht. Gerade in Problemfällen achte ich darauf, ob vom **Nestprinzip** her unter Beachtung der anderen Gesichtspunkte eine bestimmte Alternativenwahl geboten ist.

Auf Prinzipien reduziert lassen sich die vorstehenden Ausführungen als Kontinuitätsgrundsatz, als Förderungsprinzip und als Nestprinzip zusammenfassen. Doch damit sind nur Orientierungshilfen und keine Rangverhältnisse gewonnen.[312] In jedem einzelnen Falle sind vom Anwalt wie vom Richter die Gesichtspunkte der Struktur gründlich zu prüfen. Das Für und Wider ist sorgfältig abzuwägen. Die Alternativenwahl wird im Streitfall oft von dem Verhältnismäßigkeitsgrundsatz bestimmt werden, ob die eine oder die andere Alternative für das Kind verhältnismäßig weniger schädlich ist. Nüchtern gesprochen: Die Superlative „am besten" und „am wenigsten" helfen den entscheidenden Personen wenig. Ihre Arbeit wird vom Komparativ „besser" und „schädlicher" bestimmt. Die vergleichende Arbeit des Richters findet ihre Entsprechung etwa in der vergleichenden Verhaltensbeobachtung des Familienpsychologen.

---

311 *Lempp,* S. 111.
312 *Palandt/Diederichsen* § 1671 Anm. 3; *Kropholler,* JZ 1984, 165.

Schriftsatz-Muster 20

In der Ehesache ..... (volles Rubrum)

wegen Regelung der Folgensache elterliche Sorge

beantrage ich:

Die elterliche Sorge für das gemeinsame Kind Thomas, geb. am 21. März 1981, wird dem Vater und die für das gemeinsame Kind Anne, geb. am 21. Juni 1983, der Mutter übertragen.

Begründung:

Die Regelung der elterlichen Sorge für die Tochter Anne ist unter den Parteien nicht im Streit. Das Sorgerecht für den Sohn Thomas wird jedoch vom Antragsteller beansprucht.

Die beantragte Regelung liegt im Interesse des Kindes. Die Eignung des Antragstellers als Sorgerechtsträger steht außer Frage. Der Antragsteller ist bereit und in der Lage, das Sorgerecht für seinen Sohn auszuüben. Der Antragsteller ist Zahnarzt und kann seine Arbeitszeit frei bestimmen. Er praktiziert nur vormittags und kann seinen Sohn danach selbst betreuen. Im übrigen steht von 8.00 bis 18.00 Uhr mit Frau Marga Schulze eine ausgebildete Hauswirtschafterin zur Verfügung, die dem Kind seit seinem 2. Lebensjahr vertraut ist. Frau Schulze arbeitet seit 1982 im Haushalt des Antragstellers. Sowohl der Antragsteller als auch Frau Schulze können die Schulaufgaben des Kindes überwachen. Der Antragsteller hat schon von Geburt an zu seinem Sohn eine besondere Beziehung entwickelt. Er hat die gesundheitlich angegriffene Antragsgegnerin von der Pflege des Kindes soweit wie möglich entlastet. Die Antragsgegnerin hat denn auch oft im Freundeskreis bemerkt, Vater und Sohn seien unzertrennlich. Dieses innige Verhältnis hat bis heute angehalten. Das mußte auch die Antragsgegnerin einsehen. Die Antragsgegnerin hat, wie bekannt, die Kinder bei ihrem Weggang gegen den Willen des Antragstellers mitgenommen. Sie hat sicher nichts unversucht gelassen, um den Sohn für sich einzunehmen. Dies ist ihr jedoch nicht gelungen. Die Sachverständige hat festgestellt, daß der Sohn mehr zum Vater tendiert. Dem Familienrichter hat das Kind bei seiner Anhörung im Kindergarten erklärt, daß es zum Vater wolle. Die Mutter sei mit ihnen mehrmals umgezogen, aber zu Hause sei es am schönsten. Dort habe er seinen Garten, seine Schaukel, seine Tiere. Dort wolle er wieder hin. Diese Symbolsprache des Kindes belegt, daß es zum Vater in die vertraute Umwelt zurückkehren will. Die Betreuungsbereitschaft des Vaters, seine unbestreitbaren Möglichkeiten und Fähigkeiten, das Kind zu erziehen und zu pflegen, die emotionalen Bindungen zwischen Vater und Sohn sowie die Erhaltung der Umweltkontinuität, also sämtliche Kindeswohl-Kriterien sprechen dafür, dem Vater das Sorgerecht für Thomas zu übertragen. Kinder brauchen Zeit und Zuwendung. Der Antragsteller wird sich diese Zeit nehmen und seinem Sohn die gewünschte Zuordnung und Zuwendung geben.

Rechtsanwalt/Rechtsanwältin

e) Verfahrensablauf

Immer wieder muß festgestellt werden, daß Anwälte ihre Mandanten nicht hinreichend auf das Verfahren vorbereiten.

Bei einer Scheidung bedarf die Einleitung der Folgesache Sorgerecht keines Antrages (§ 623 III 1 ZPO). Die Parteien können jedoch bestimmte Regelungen beantragen. Im isolierten Sorgerechtsverfahren wird in der Regel auf Antrag eines Elternteils das Verfahren eingeleitet. Erfährt das Familiengericht von anderer Seite, z. B. vom Jugendamt oder von Nachbarn, von einer Kindesgefährdung, so leitet es das Verfahren von Amts wegen ein (§ 1672 Satz 2 BGB). Unabhängig davon, ob die Verfahrenseinleitung auf Antrag oder von Amts wegen erfolgt, ist den Verfahrensbeteiligten Kenntnis und Gelegenheit zur Stellungnahme zu geben. Nach §§ 52a, 48 a I Nr. 6 JWG hat das Familiengericht vor einer Entscheidung über die elterliche Sorge nach Scheidung oder bei Getrenntleben das **Jugendamt zu hören.** Diese Verpflichtung beruht auf dem Gedanken, „daß das Jugendamt sich in der Regel einen guten Überblick über die Verhältnisse des Einzelfalles verschaffen und außerdem aufgrund seiner allgemeinen Tätigkeit über besondere Erfahrung in Jugendwohlfahrtsangelegenheiten verfügen wird".[313] Das Gericht wird seinem Berichtsersuchen Anträge bzw. Einleitungsverfügung und Stellungnahmen beifügen. Aus der Unterstützungspflicht des Jugendamtes nach § 48 JWG folgt eine Berichtspflicht.[314] Das Jugendamt hat die Tatsachen des Einzelfalles zu ermitteln, das Ermittlungsergebnis dem Gericht mitzuteilen sowie eine gutachterliche Stellungnahme hinsichtlich der in Betracht kommenden Entscheidungen abzugeben. Das Jugendamt kann die Beteiligten ins Amt bestellen, es kann aber auch Hausbesuche machen, um die persönlichen Umstände des Kindes, seinen körperlichen und seelischen Zustand, sein Verhältnis zu seinen Eltern oder anderen Bezugspersonen, die räumlichen Gegebenheiten zu erkunden.[315]

Die Gerichte schreiben bei Verfahrenseinleitung die Eltern oft an und weisen darauf hin, daß sich das Jugendamt mit ihnen in Verbindung setzen wird. Es gehört jedoch auch zu den **Aufgaben des Anwaltes,** die Partei über die Befugnisse des Jugendamtes aufzuklären und auf das Gespräch mit dem Jugendamt wie einen etwaigen Hausbesuch vorzubereiten.

Da die Unterlassung der Anhörung des Jugendamtes einen mit der Beschwerde anfechtbaren Verfahrensfehler darstellt und im Rechtsmittelverfahren zur Aufhebung und Zurückverweisung an das Familiengericht führen kann,[316] wird der Anwalt bei einer der Partei ungünstigen Entscheidung prüfen, ob ihm das Familiengericht diesen leicht darzulegenden Anfechtungsgrund geliefert hat.

Nach Eingang des Jugendamtsberichtes wird im isolierten Verfahren Termin zur Anhörung der Eltern und des Kindes bestimmt. Im Verbundverfahren

---

[313] BGH SjE 14, 123.

[314] *Münder* u. a., Frankfurter Kommentar zum JWG, 4. Aufl., § 48a, Anm. 2.

[315] OLG Köln, FamRZ 1981, 599.

[316] OLG Celle, DAVorm 1978, 569.

hängt die Terminierung davon ab, wieweit die anderen Folgesachen gediehen sind, oder ob das Familiengericht eine Vorwegentscheidung gem. § 627 ZPO treffen wird.

Die **Anhörung der Eltern und des Kindes** (§§ 50a, 50b FGG) dient nicht nur der Sicherstellung des rechtlichen Gehörs, sondern verschafft dem Familienrichter einen persönlichen Eindruck von den Menschen. Sie können ihre Sachverhaltsdarstellung, Argumente und Lösungsvorschläge mündlich einbringen, sowie sich zu denen der Gegenseite äußern. Aus Rede und Gegenrede werden die tatsächlichen Streitpunkte, vielleicht aber auch Einigungsmöglichkeiten deutlich. Wenn sich nach lange abgebrochener Kommunikation jede Seite ungehindert ausgesprochen und der jeweils anderen zugehört hat, ist häufig die eigentliche Konfliktursache erkannt. Ursachen können beispielsweise die erfahrenen Enttäuschungen und Kränkungen oder ausgebliebene Unterhaltszahlungen sein. Es lassen sich weiter durch Richtigstellung Mißverständnisse und durch Klarstellung der eigenen Absichten Mißtrauen abbauen. Ist die Konfliktursache benennbar, so sind bei gutem Willen Lösungswege meistens zu finden. Chancen der kommunikativen Situation müssen nur genutzt werden. Die Parteien haben hier zum einen die Chance, daß der Richter sie kennen- und verstehenlernen kann, und zum anderen die Möglichkeit, ihre Sache ein Stück selbst zu bestimmen. Die Anwälte werden in Kenntnis der Entscheidungskriterien auf die ihrer Partei jeweils günstigen und die der Gegenseite ungünstigen Umstände hinweisen. Sie werden aber auch daran zu denken haben, daß das gesetzliche Alles-oder-Nichts-Prinzip erfahrungsgemäß den ,,Verlierer" nicht ruhen läßt. Sie wissen, daß mit einem kleinen Gewinn, zum Beispiel einem Nachgeben beim Umgangsrecht, die Gegenseite ihr Gesicht gewahrt sieht. Dies ermöglicht in Zukunft allen Beteiligten einen friedlicheren Umgang miteinander. Auf diese Weise wird auch das Recht der Kinder auf ungehinderten Zugang zu beiden Eltern gefördert. Der Richter schließlich kann in diesem kommunikativen Verfahren am ehesten eine Konfliktregelung durch Konsens erreichen, wenn er folgendes deutlich macht: **Angemessene und vernünftige Lösungen sind ohne Mitwirkung der Eltern nicht möglich.**[317] Dritte können ihnen im Grunde nur beratende Hilfe zur Selbsthilfe leisten. Jede richterliche Entscheidung aufgrund streitiger Anhörung ist Fremdbestimmung anstelle einer den Parteien möglichen und das Kindeswohl beachtenden Vereinbarung, die Ausfluß des Selbstbestimmungsrechtes ist.

Die Beachtung des Kindeswohls setzt in der Regel voraus, daß der Richter auch das **Kind anhört.** Nach § 50b II 1 FGG ist ein Kind, daß das vierzehnte Lebensjahr vollendet hat und nicht geschäftsunfähig ist, stets persönlich anzuhören. Kinder unter vierzehn Jahren sind gem. § 50b I FGG persönlich anzuhören, ,,wenn die Neigungen, Bindungen oder der Wille des Kindes für die Entscheidung von Bedeutung sind". Aus kinderpsychiatrischer und -psychologischer Sicht ist dies stets der Fall.[318] Die juristische Begründung für die Anhörungspflicht ist einsichtig: Kinder sind zwar nicht selbst Partei

---

[317] *Freund,* DRiZ 1979, 72, 73.
[318] *Lempp,* S. 109.

des Sorgerechtsverfahrens, aber die sorgerechtliche Regelung wirkt sich auf ihre Zukunft aus und betrifft sie daher unmittelbar. Das Gericht muß daher das Kind in seiner Individualität als Grundrechtsträger berücksichtigen.[319] Wer von einer gerichtlichen Entscheidung unmittelbar betroffen wird, muß in der Regel angehört werden. Das Kind erfährt dadurch, daß es nicht als Verfahrensgegenstand behandelt, sondern als Mensch und Person ernst genommen wird. Aus der Rechtstatsachenforschung ist lesenswert die vom Bundesministerium der Justiz in Auftrag gegebene Untersuchung von *Lempp/von Braunbehrens/Eichner/Röcker* zur Anhörung des Kindes gemäß § 50b FGG.[319a]

Gleichwohl versteht ein Teil der Familienrichter die Kindesanhörung als Last. Nur zum Teil richtig wird die Ablehnung mit der Belastung für das Kind begründet. Die wahren Gründe werden zum anderen Teil in der Unsicherheit im Umgang mit Kindern, aber auch in eigener Bequemlichkeit zu sehen sein. Hier hilft nur der Hinweis, daß die Nichtanhörung einen wesentlichen Verfahrensverstoß darstellt, der in der Regel zur Aufhebung und Zurückverweisung führt.[320]

Wenn Eltern ihren Widerstand mit der Belastung des Kindes in der Anhörungssituation begründen, so hilft in der Regel ein Gespräch mit dem Anwalt oder dem Richter. In diesem Gespräch erhalten sie Aufklärung über den Grund und den Inhalt des Anhörungsgespräches. Der erfahrene Anwalt wird seine Partei zusätzlich darauf aufmerksam machen, daß eine Ablehnung ohne schwerwiegende Gründe im Sinne des § 50b III 1 FGG, die sich aus einer schweren körperlichen oder seelischen Erkrankung ergeben, den Richter nur hellhörig und mißtrauisch macht. Das Belastungsargument ist zum Beispiel wenig überzeugend bei Eltern, die nach ihrem eigenen Vortrag in Gegenwart des Kindes schwere verbale und tätliche Auseinandersetzungen gehabt haben. Erhebliche Zweifel bestehen auch bei Eltern, die ihrem Kind eine heile Familie vorspielen. Welchen Schock wird das Kind erleiden, wenn es die fromme Lüge durchschaut. Soll es dann mitlügen?

Nun wird immer wieder vorgebracht, auch von Familienrichtern,[321] bei einem übereinstimmenden Vorschlag der Eltern zum Sorgerecht sei eine Anhörung des Kindes nicht erforderlich. Die Erfahrung lehrt leider, daß es doch falsche Übereinstimmungen gibt, die nicht einmal das Jugendamt aufgedeckt hat. Erst der Familienrichter hört von dem Kind, daß es nicht bei dem Elternteil bleiben will, bei dem es sich befindet. Wer das richterliche Wächteramt ernst nimmt, wird für eine Beibehaltung der Anhörungspflicht plädieren, um die falschen von den echten Übereinstimmungen zu unterscheiden. Es wird nicht bezweifelt, daß dies auch dem Richter nicht immer gelingt. Nur der gar nicht so seltene Fall des Kindes, das nicht bei dem

---

319 BVerfGE 55, 171, 179.

319a *Lempp/von Braunbehrens/Eichner/Röcker,* Die Anhörung des Kindes gemäß § 50b FGG, Köln 1987.

320 OLG Hamburg, FamRZ 1983, 527; allerdings ist diese Entscheidung auch ein negatives Beispiel für Gängelung der ersten Instanz.

321 *Freund,* DRiZ 1982, 268.

Elternteil bleiben will, mit dem es gekommen ist, beweist, in welcher Not sich Kinder zuweilen befinden und welches Vertrauen sie dem Richter entgegenbringen. Dieser Verantwortung wird der Richter nur gerecht, wenn er seine Anhörungsaufgabe gewissenhaft erfüllt.

Der **Anwalt** sollte seine **Partei vor der Kindesanhörung auf folgendes hinweisen:** Das Kind wird vom Familienrichter fast immer ohne Robe und in Abwesenheit der Eltern und der Prozeßbevollmächtigten angehört.[322] In Gegenwart beider Eltern und der Anwälte sind unbefangene und brauchbare Äußerungen des Kindes nicht zu erwarten. Der Richter bestimmt auch den Ort der Anhörung. In der Regel wird die Anhörung in seinem Dienstzimmer stattfinden. Das Gericht ist ein neutraler Ort, und das Kind wird mit seiner Mutter oder seinem Vater schon bei anderer Gelegenheit Menschen besucht haben, die ihm bis dahin fremd waren. Wenn die Anhörung in der vertrauten Umgebung des Kindes empfohlen wird, denke ich mir als Richter, daß ich dem Kind als Eindringling in sein Nest vorkommen muß. Ein Hausbesuch bei einem Elternteil erfordert zudem um der Gleichbehandlung willen einen Hausbesuch bei dem anderen Elternteil. Wenn aber auch der andere Elternteil besucht werden muß, dann wird das Kind nicht verstehen, warum es mit einem fremden Menschen den eigenen Vater oder die eigene Mutter besuchen soll. Kommt gezwungenermaßen die Obhutsperson mit, so sind verwertbare Erkenntnisse in gespannter Atmosphäre kaum zu erwarten. Besuche zu Hause, im Kindergarten oder in der Schule sollten daher die Ausnahme bleiben. Viel wichtiger ist die gute Gesprächsatmosphäre, die auch an Gerichtsstelle erreicht werden kann.[323]

Eltern wollen immer wieder wissen, in welchem Ton und worüber der Richter mit dem Kinde spricht. Ein Gespräch kann so oder ähnlich wie im folgenden beschrieben ablaufen:
Ein freundliches, das Kind ernstnehmendes Gespräch muß das Alter des Kindes, seinen Entwicklungsstand und seine seelische Verfassung berücksichtigen. Da Kinder häufig von zu Hause einen Auftrag mitbringen, empfiehlt es sich, nach der Begrüßung zu fragen, was sie erzählen wollen. Haben sie ihren Auftrag erfüllt, so können sie unbefangen ihren Tagesablauf schildern. Aus dieser Schilderung ergeben sich Hinweise auf ihre Beziehung zur Betreuungsperson, über ihre Pflege und Erziehung sowie ihre Umwelt. Nach dem anderen Elternteil kann im Zusammenhang mit der Gestaltung von Freizeit, Wochenenden und Ferien gefragt werden. Sprache und Benehmen des Kindes werden seine Entwicklung, seine Einstellung, seine Neigungen und Wünsche erkennbar werden lassen, aber auch etwaige Verhaltensauffälligkeiten oder -störungen. Am Schluß kann das Anhörungsergebnis mit der Absprache der Antworten auf die Frage zusammengefaßt werden, bei wem das Kind bleiben und welchen Umgang es mit dem anderen Elternteil haben möchte.

Diese Vorgehensweise ist verfassungsrechtlich unbedenklich. Das BVerfG hat in seinem Beschluß vom 5. November 1980 ausgeführt: ,,Welche der

---

[322] *Lempp,* S. 127, 128.
[323] *Luthin,* FamRZ 1981, 111, 114; *Lempp,* S. 128.

vorhandenen verfahrensmäßigen Möglichkeiten sie wählen, ob sie die Kinder einmal oder mehrmals, Geschwister einzeln oder zusammen, an Gerichtsstelle oder in der vertrauten familiären Umgebung, in An- oder Abwesenheit der Eltern oder deren Prozeßbevollmächtigten persönlich anhören und ob sie einen Psychologen als Sachverständigen hinzuziehen, muß den Familiengerichten überlassen bleiben. Dem erkennenden Richter muß die Entscheidung darüber vorbehalten sein, welchen Weg er innerhalb der ihm vorgegebenen Verfahrensordnung für geeignet hält, um zu den für seine Entscheidung notwendigen Erkenntnissen zu gelangen".[324]

Das Anhörungsergebnis wird nach der Entlassung des Kindes den Eltern und ihren Prozeßbevollmächtigten mitgeteilt. Spätestens jetzt werden die Weichen gestellt für einen übereinstimmenden Vorschlag oder eine streitige Auseinandersetzung der Eltern. Der **übereinstimmende Vorschlag** ist ein Ausfluß der durch die Verfassung garantierten Elternverantwortung. Der Vorschlag muß bestimmt sein, eine zulässige gerichtliche Regelung betreffen (z. B. kein Auseinanderfallen von Sorgerecht und tatsächlicher Ausübung, keine zeitliche Befristung, keine Bedingung) und am Wohl des Kindes orientiert sein. Da das Gericht eine Kontrollpflicht hat, kann ein Vorschlag, der diese Voraussetzungen nicht erfüllt, zumindest für das Gericht keine Wirkung entfalten.[325] Strittig ist, ob ein Elternteil von dem übereinstimmenden Vorschlag wieder abrücken kann. Ein Teil der neuen Literatur leugnet den Vertragscharakter des Elternvorschlages, sieht den Vorschlag als jederzeit einseitig formlos widerrufbar an und stellt auf die aktuelle Einigkeit ab.[326] Die Begründung ergibt sich aus den Funktionen des übereinstimmenden Elternvorschlages. Im Verhältnis der Eltern zueinander hat der Vorschlag eine Befriedungsfunktion. Für das Gericht hat er die Funktion einer Tatsachenvermutung des Inhaltes, daß die Eltern in der Regel das Wohl des Kindes am besten beurteilen können und beachten werden. Will ein Elternteil aus verständlichen Gründen an dem ursprünglichen Vorschlag nicht mehr festhalten, so kann auf Befriedung und Tatsachenvermutung nicht mehr abgestellt werden.

Halten die Eltern an dem übereinstimmenden Vorschlag fest und bleibt er vom Gericht unbeanstandet, so kann das Verfahren schnell abgeschlossen werden. Das Gericht wird die vorgeschlagene Regelung seiner Entscheidung zugrunde legen und kurz begründen.

f) Das streitige Verfahren mit Sachverständigengutachten

Läßt sich eine Einigung nach Anhörung der Eltern und des Kindes nicht erzielen, so stellt sich die Frage, ob das Gericht nach § 12 FGG von Amts wegen weitere Tatsachen festzustellen und geeignet erscheinende Beweise zu erheben, insbesondere ein Sachverständigengutachten einzuholen hat, oder ob der Anwalt die Einholung eines familienpsychologischen Gutachtens beantragt.

---

[324] BVerfGE 55, 171, 182.

[325] Göppinger Vereinbarungen, Rdnr. 606, 608ff.

[326] *Luthin,* FamRZ 1985, 638, 639 mit Nachweisen, auch zum folgenden.

Halten Familienrichter oder Rechtsanwalt die **Einholung eines familienpsychologischen Gutachtens** zur Entscheidungsfindung für notwendig, so erwartet die Partei von ihrem **Anwalt** eine **Beratung** darüber, was auf sie zukommt. Der Anwalt wird nach den Chancen und Risiken einer Begutachtung befragt. Er muß daher wissen, welche Funktion das Gutachten hat, welche Methoden der Sachverständige anwendet und wie das Gutachten zu verwerten ist.

Nach rein juristischer Sicht ist der **Sachverständige** ein **Beweismittel,** ein **Gehilfe des Richters.**[327] Damit wird jedoch in einem kommunikativen Verfahren wie dem Sorgerechtsverfahren, in dem es um die Lösung personaler Konflikte geht und die Betroffenen meist fachliche Hilfe brauchen, die Rolle des Gutachters nur unzureichend beschrieben.[328] Der Sachverständige ist **Kommunikationspartner** des Gerichts und der Familie. Das Gericht erwartet vom Gutachter in Sorgerechtssachen nicht nur die Vorbereitung der richterlichen Entscheidung, sondern Wegweisungen zur Lösung des Konfliktes. Denn jeder erfahrene Familienrichter ist geprägt von der Erkenntnis, daß eine adäquate Lösung ohne Mitarbeit der Beteiligten nicht möglich ist. Kann er mit Hilfe des Sachverständigen die Eltern zur Mitwirkung bewegen, so ist der billigenswerte Vorschlag der Eltern als Ausfluß ihrer Selbstbestimmung im Verhältnis zur streitigen richterlichen Entscheidung die bessere Alternative. Für die Eltern liegen die Chancen einer familienpsychologischen Begutachtung daher darin, daß ihnen in einer verfahrenen Situation eine Hilfe bei der Bewältigung der Familienkrise gegeben wird. Das Gutachten kann ihnen Wege zur Lösung und Verarbeitung des Konfliktes aufzeigen, die sie ohne Gesichtsverlust beschreiten können. Haben die Parteien sich bisher mit Schuldzuweisungen bedacht, schlecht gemacht, so finden sie im schriftlichen Gutachten die Realität aus der Sicht eines einfühlsamen Dritten beschrieben, der sie so schildert, wie sie sind, und auch ihre Verdienste, ihre Leistungen, ihre Opfer nicht vergißt. Letztlich kann das Sachverständigengutachten auch als **Richtigkeitskontrolle** der bestehenden richterlichen Einschätzung verstanden werden, und zwar vom Richter und den Parteien.

Die Chancen überwiegen nach hier vertretener Auffassung die Risiken. Diese Bewertung teilen nach meiner Erfahrung auch die beteiligten Eltern und ihre Anwälte. Die zur Durchführung des Gutachtens erforderliche Einwilligung der einbezogenen Personen wird daher fast ausnahmslos erteilt. Das **Einwilligungserfordernis** erklärt sich aus dem Eingriff in das Persönlichkeitsrecht der zu begutachtenden Person.[329] Bei Verweigerung der Einwilligung kann der Anwalt bei Gericht beantragen, zum Anhörungstermin die Beteiligten, etwaige weitere Auskunftspersonen und den Sachverständigen zu laden, der aufgrund der Befragung durch das Gericht und unter Verwertung der übrigen aktenkundigen Tatsachen sein Gutachten erstattet. Diese Gestaltungsmöglichkeit steht dem Gericht nach h. M. zu.[330]

---

327 *Rosenberg/Schwab,* § 124 I, S. 763; *Böhm,* DAVorm 1985, 731, 732.

328 *Sternbeck/Däther,* FamRZ 1986, 21, 24, 25 zur folgenden Funktionsbeschreibung.

329 *Böhm,* DAVorm 1985, 731, 736ff.

330 *Bassenge/Herbst,* § 15 FGG, Anm. I 4d mit Nachweisen; *Bumiller/Winkler,* § 33 Anm. 2a, aa.

Die **Untersuchungsverfahren der Familienpsychologie** bestehen im wesentlichen aus Explorationsgesprächen mit den Eltern und den Kindern, vergleichender Verhaltensbeobachtung im Umgang der Kinder mit beiden Elternteilen sowie psychologischen Testverfahren bei den Kindern. Die Bedenken des OLG München gegen die Verwendung projektiver Tests werden vom OLG Frankfurt am Main und führenden Fachleuten nicht geteilt.[331] Projektive Tests sind Verfahren, die dazu dienen, die Reaktionen des Kindes auf bildliche Darstellungen, zum Beispiel von Tier- und Menschenfamilien nach Einstellungen zu interpretieren. Das Ausgangsmaterial der Interpretationen sind Projektionen bzw. Phantasieleistungen des Kindes. Die Ergebnisse der projektiven Testverfahren können daher keine Beweise, sondern Hinweise sein.[332] Aus den verschiedenen Verfahren ergeben sich für den Familienpsychologen mehrere Äußerungen. Die fachpsychologische Auswertung dieser Äußerungen ergibt einen bestimmten Befund.[333]

Der Rechtsanwalt sollte die Verwertung eines Gutachtens ablehnen, das die nachstehenden Voraussetzungen nicht erfüllt: Das **Gutachten** des Sachverständigen ist nur **verwertbar, wenn es verständlich, objektiv und nachvollziehbar ist.** Wer den Konflikt und die Bedingungen der Möglichkeit seiner Bewältigung für die Beteiligten einsichtig machen will, muß verständlich schreiben. Objektivität zählt zu den Grundpflichten des Sachverständigen wie des Richters. Probandenbezogene Abwehrhaltungen (z. B. Vorwürfe, Verdächtigungen, abwertende Bemerkungen) und die unzulässige Übernahme von Prozeßrollen können die Besorgnis der Befangenheit begründen und damit zur Ablehnung führen (§§ 15 I FGG, 406 I, 42 II ZPO).[334] Nachvollziehbarkeit bedeutet Nachprüfbarkeit. Aus dem Gutachten müssen sich die Antworten auf folgende Fragen ablesen lassen:[335]
Auf welchen Untersuchungsmethoden beruhen welche Schlußfolgerungen?
Welche Gesprächsinhalte und Einzelbeobachtungen haben welchen Einfluß auf das Untersuchungsergebnis gehabt?
Welche eigenen Tatsachenermittlungen hat der Sachverständige durchgeführt?
Die Anknüpfungstatsachen werden erfahrungsgemäß von den Parteien und ihren Prozeßbevollmächtigten genau geprüft. Ein qualifiziertes Gutachten setzt nach alledem auf Seiten des Sachverständigen umfassende Sach- und Methodenkenntnis, die Fähigkeit zu gründlicher wissenschaftlicher Arbeit und eine hinreichende Erfahrung voraus. Das Kennzeichen eines guten Gutachtens ist seine **Stimmigkeit** (so eine Sachverständige auf meine Frage).

Kommt auch jetzt eine Einigung nicht zustande, so ergeht eine streitige Entscheidung.

---

[331] Vgl. OLG München, NJW 1979, 603 mit Anm. *Wegener,* NJW 1979, 1253; OLG Frankfurt, DAVorm 1979, 130; *Arntzen,* S. 62ff; *Lempp,* S. 72, 73.
[332] *Lempp,* S. 72.
[333] *Arntzen,* S. 66.
[334] *Heinz,* Fehlerquellen forensisch-psychiatrischer Gutachten, S. 105.
[335] *Böhm,* DAVorm 1985, 731, 742.

g) Die Abänderung von Sorgerechtsentscheidungen

Nach § 1696 I BGB kann das Familiengericht während der Dauer der elterlichen Sorge seine Anordnungen jederzeit ändern, wenn es dies im Interesse des Kindes für angezeigt hält. Der Wortlaut darf nicht mißverstanden werden. Bei der Sorgerechtsentscheidung handelt es sich um eine in die Zukunft gerichtete Entscheidung mit Dauerwirkung. Als Prognoseentscheidung – zum Beispiel die Mutter ist als Sorgerechtsträgerin besser geeignet als der Vater – ist sie, wie jede Prognose, in zweifacher Hinsicht anfällig. Entweder kann sie auf falschen Daten beruhen und von Anfang an unrichtig sein. Die Tatsachen, die zum Zeitpunkt der Entscheidung schon gegeben, dem Gericht aber nicht bekannt waren, sind erst jetzt bekannt geworden. Oder die Prognose stimmt wegen nachträglicher Änderungen der Verhältnisse nicht mehr. Die tatsächlichen Verhältnisse haben sich anders als vorausgesehen entwickelt. Beide Möglichkeiten erfordern zum Wohle des Kindes eine Änderungsbefugnis, die jedoch zugleich durch das Kindesinteresse gebunden ist. Kinder brauchen nicht nur Zuwendung und Zeit, sie brauchen auch Zuordnung.[336] Ihre Kontinuitäts- und Stabilitätsinteressen sprechen daher zunächst gegen Änderungen.[337] *Coester* formuliert einen Anspruch des Kindes auf „die Unverletzlichkeit einer guten Eltern-Kind-Beziehung in der nachehelichen Teilfamilie".[338] Die Erfahrung lehrt, daß Kinder durch Änderungsverfahren erheblich belastet und verunsichert werden können.[339] Die Rechtsprechung setzt daher die Eingriffsschwelle bei Sorgerechtsänderungen hoch an und legt § 1696 I BGB restriktiv dahingehend aus, daß **triftige, das Wohl des Kindes nachhaltig berührende Gründe für eine Abänderung vorliegen müssen.**[340] Die Gründe müssen so beschaffen sein, daß sie die mit dem Wechsel der Lebens- und Erziehungsverhältnisse regelmäßig verbundenen Nachteile deutlich überwiegen.[341]

Es kommen beispielsweise folgende Fallgruppen in Betracht:[342]

- Keine Schwierigkeiten bereiten in der Regel die Fälle, in denen das Kind, vielleicht aus bei den nachstehenden Fallgruppen genannten Ursachen, tatsächliche seit längerer Zeit (mindestens 6 Monate) beim nichtsorgeberechtigten Elternteil lebt. Hier vereint die Änderungsentscheidung tatsächlich Obhut und Sorgerecht wieder in einer Hand.
- Problematisch sind die Fälle, in denen sich das Kind mit den Stiefelternteil und/oder den Stiefgeschwistern nicht verträgt. Generelle Aussagen zu dieser Problematik sind nicht möglich. Hier muß in jedem Einzelfall das Für und Wider einer Abänderung sorgfältig abgewogen werden.
- Weiter gibt es Fälle, in denen sich das Verhältnis des Kindes zum sorgeberechtigten Elternteil nach der Scheidung deutlich verschlechtert, weil die-

---

[336] *Coester,* Das Kindeswohl als Rechtsbegriff, S. 329, 330.
[337] *Coester,* a. a. O., S. 346.
[338] *Coester,* a. a. O., S. 364.
[339] *Coester,* a. a. O., S. 348.
[340] BGH FamRZ 1982, 788 = NJW 1982, 2561; *Palandt-Diederichsen* § 1696 Anm. 2.
[341] OLG Stuttgart FamRZ 1978, 827, 828.
[342] Vgl. *Coester,* a. a. O., S. 330–338.

ser Elternteil z. B. wegen eigener Berufstätigkeit erheblich weniger Zeit für das Kind hat oder wegen beruflicher und häuslicher Überlastung als ungeduldig und zu streng erscheint. Hingegen erlebt das Kind den nichtsorgeberechtigten Elternteil an Sonn- und Feiertagen oder in den Ferien ausgeruht, freundlich und zugewandt. Hier sollte der Sorgeberechtigte sich überwinden und das Kind die Erfahrung machen lassen, wie der andere Elternteil im Alltag ist. Die eigene Anschauung führt rasch zur realistischen Einschätzung eines Lebens beim anderen Elternteil.

- Schließlich sind die Fälle zu nennen, in denen Abänderungen durch die jeweilige Entwicklungsphase des Kindes bedingt sind. In der Pubertätsphase beispielsweise kommt es häufiger vor, daß sich Jugendliche vom sorgeberechtigten Elternteil ablösen wollen und dem nichtsorgeberechtigten Elternteil zuwenden. Diese Abwendung müssen nicht selten Sorgeberechtigte erfahren, die den Umgang des Kindes mit dem nichtsorgeberechtigten Elternteil in der Vergangenheit behindert haben. Nichts bleibt folgenlos. Hier muß vor einer Sorgerechtsänderung ebenfalls abgewartet werden, ob und wie sich der Jugendliche bei dem anderen Elternteil einlebt.

Gemeinsames Kennzeichen aller vorgenannten Fallgruppen ist eine ,,kranke" Eltern-Kind-Beziehung in der nachehelichen Teilfamilie.

Keine Rolle sollten kindesfremde Gesichtspunkte bei Sorgerechtsänderungen spielen, wie Fortsetzung des Kampfes um das Kind, Durchsetzung eigener Erziehungsvorstellungen des nichtsorgeberechtigten Elternteils oder Störungen des Lebens der geschiedenen Ehegatten.[343]

Eltern- und Kindesinteressen kollidieren bei den sogenannten Auswanderungsfällen, d. h. wenn der sorgeberechtigte Elternteil mit dem Kind auswandern will.[344] Letztlich wird das Kindeswohl im engeren Sinne für die Entscheidung ausschlaggebend sein müssen.[345]

Das Verfahren nach § 1696 I BGB kann auf Antrag oder von Amts wegen eingeleitet werden. Es ist ein selbständiges Verfahren und keine bloße Fortsetzung des früheren ersten Verfahrens.[346] Die Zuständigkeit ist daher stets neu zu bestimmen.

3. Regelung der Umgangsbefugnis

a) Zuständigkeitsfragen

Das Familiengericht ist zuständig für die Regelung des Umgangs eines Elternteils mit dem ehelichen Kinde (§§ 23b I Nr. 3 GVG, 621 I Nr. 2 ZPO), und zwar während des nicht nur vorübergehenden Getrenntlebens der El-

---

343 *Coester,* a. a. O., S. 340, 341, 346.

344 zuletzt OLG Karlsruhe FamRZ 1984, 91; vgl. zur Problematik *Coester* a. a. O., S. 341–344

345 So wohl auch *Coester,* a. a. O., S. 344.

346 BGH FamRZ 1986, 789, 790.

tern, anläßlich der Scheidung und nach der Scheidung. Der Antrag, den Umgang für den Fall der Scheidung zu regeln, ist als Folgesache zu behandeln. In allen anderen Fällen liegen selbständige Familiensachen vor. Das Familiengericht ist weiter zuständig, wenn die Personensorge durch Entscheidung des Vormundschaftsgerichts nach § 1666 BGB beiden nicht getrennt lebenden Eltern entzogen und einem Pfleger übertragen worden ist.[347] Wird eine Maßnahme nach § 33 FGG zur Durchsetzung einer gerichtlichen Umgangsregelung beantragt, so handelt es sich ebenfalls um eine Familiensache. Das Verfahren zur Durchsetzung einer Umgangsregelung nach § 33 FGG ist eine selbständige Verrichtung im Sinne des § 43 I FGG, für die sich die örtliche Zuständigkeit nach § 36 I, II FGG bestimmt.[348]

b) Die gesetzliche Regelung, Bedeutung und Verfassungsmäßigkeit der Umgangsbefugnis

Die Befugnis des nichtsorgeberechtigten Elternteils zum persönlichen Umgang mit dem Kinde nach § 1634 I 1 BGB – vor dem Inkrafttreten des Gesetzes zur Neuregelung des Rechts der elterlichen Sorge am 1. Januar 1980 Verkehrsrecht genannt – steht unter dem Schutz des Artikels 6 II GG. Sie erwächst aus dem natürlichen Elternrecht und der damit verbundenen Elternverantwortung. Nach der auch heute noch gültigen Zweckbeschreibung des BVerfG, die das Verfassungsgericht vom BGH übernommen hat, soll der persönliche Umgang mit dem Kinde „dem nichtsorgeberechtigten Elternteil ermöglichen, sich von dem körperlichen und geistigen Befinden des Kindes und seiner Entwicklung fortlaufend zu überzeugen, die verwandtschaftlichen Beziehungen zu ihm aufrechtzuerhalten und einer Entfremdung vorzubeugen, sowie dem Liebesbedürfnis beider Teile Rechnung tragen".[349]

Die Bedeutung eines fortbestehenden Kontaktes zwischen Kind und Nichtsorgeberechtigtem wird weiter bei einer Veränderung der Verhältnisse nach Trennung und Scheidung der Eltern ersichtlich. Der nichtsorgeberechtigte Elternteil kann später Sorgerechtsträger werden, wenn

- die Sorgerechtsentscheidung geändert wird (§ 1671 i. V. m. § 1696 BGB),
- der sorgeberechtigte Elternteil stirbt (§ 1681 I 2 BGB),
- dem sorgeberechtigten Elternteil die elterliche Sorge oder Teile davon entzogen werden (§ 1680 II BGB), oder
- die elterliche Sorge des sorgeberechtigten Elternteils ruht und keine Aussicht besteht, daß der Grund des Ruhens wegfallen werde (§ 1678 II BGB).

Dem Kind fällt eine Umstellung auf die veränderten Verhältnisse regelmäßig leichter, wenn in der Vergangenheit Umgang mit dem anderen Elternteil bestanden hat.[350]

Wohl ausgehend von den Formulierungen des BGH und des BVerfG nennt der Psychologe Ell fünf Sinngehalte des persönlichen Umgang:

---

[347] BGH FamRZ 1983, 1102 = NJW 1984, 2824.
[348] BGH FamRZ 1986, 789.
[349] BVerfGE 31, 194, 206 = FamRZ 1971, 421 = NJW 1971, 1447 unter Bezugnahme auf BGHZ 42, 364, 371.
[350] BVerfGE 64, 180, 187ff. = FamRZ 1983, 872, 873, 874.

(1) Augenschein über den leib-seelischen Zustand des Kindes,
(2) Pflege der verwandtschaftlichen Beziehungen,
(3) Ergänzung durch den gegengeschlechtlichen Elternteil,
(4) Pflege der gegenseitigen Liebe und
(5) Erhaltung als Alternative.[351]

Aus diesen Gründen konnte der Gesetzgeber dem Sorgeberechtigten nicht die Bestimmung des Umfangs der Umfangsbefugnis und ihrer Ausübung überlassen. Im Streitfall muß vielmehr der Staat durch das Familiengericht über die Ausübung der Umgangsbefugnis entscheiden, um den Rechtsfrieden zu wahren und seinem Wächteramt zu entsprechen.

Die Vorschrift des § 1634 II 2 BGB ermöglicht es dem Familiengericht, die Umgangsbefugnis einzuschränken oder auszuschließen, wenn nach den Umständen des Einzelfalles der Schutz des Kindes dies erfordert, um eine Gefährdung seiner körperlichen oder seelischen Entwicklung abzuwehren. Eine Einschränkung oder ein Ausschluß der Umgangsbefugnis kommt zum Beispiel auch in Betracht, wenn das Kind dies aus ernsthaften Gründen wünscht und ein erzwungener Umgang das Kindeswohl beeinträchtigen würde.

§ 1634 I 1, II 1 1. Halbsatz und II 2 BGB in der Fassung des Gesetzes zur Neuregelung der elterlichen Sorge vom 18. Juli 1979 ist daher mit dem Grundgesetz vereinbar.[352]

Zu den Grundbedingungen eines harmonischen Umgangs des Nichtsorgeberechtigten mit dem Kinde gehört ein elterliches Verhalten, das der Elternverantwortung gerecht wird und alles unterläßt, was das Verhältnis des Kindes zum anderen beeinträchtigt (§ 1634 I 2 BGB), sogenannte Wohlverhaltensklausel. *Lempp* gibt in seinem Lehrbuch „Gerichtliche Kinder- und Jugendpsychiatrie" allgemeine Richtlinien zur Regelung der Umgangsbefugnis. Die meines Erachtens wichtigsten Regeln lauten:

„1. Der regelmäßige Kontakt zwischen einem Kind und seinem nichtsorgeberechtigten Elternteil bedeutet, daß in dieser Beziehung die Ehe zu einem gewissen Teil weiterbesteht. Für das Kind ist der Umgang nur dann ohne Belastung möglich, wenn die geschiedenen Ehepartner zu einer sachlichen Neutralität gegeneinander zurückgefunden haben.

....

5. Bewußte oder unbewußte negative Beeinflussung des Kindes durch den sorgeberechtigten gegen den nichtsorgeberechtigten Elternteil kann wegen des Verdachts mangelnder Erziehungsfähigkeit Anlaß sein, die Sorgerechtsentscheidung zu überprüfen. Ist aber eine andere Sorgerechtsregelung nicht möglich und entspräche sie auch nicht dem Kindeswohl, dann dient die Durchsetzung des Elternrechts und der Umgangsbefugnis des Nichtsorgeberechtigten sicher nicht dem Kindeswohl. Die Stra-

---

[351] *Ell,* Psychologische Kriterien zur Umgangsregelung, DAVorm 1986, 745ff.
[352] BVerfGE 64, 180, 187ff. = FamRZ 1983, 872, 873, 874.

fe, die den sorgeberechtigten Elternteil treffen soll, trifft in Wahrheit das Kind.

....

12. In der Regel ist es für das Kind, das noch zum Besuch des nichtsorgeberechtigten Elternteils abgeholt und von ihm zurückgebracht werden muß, besser, wenn nicht – wie üblich – der nichtsorgeberechtigte Elternteil beides, das Abholen und das Zurückbringen übernimmt, sondern jeweils der Elternteil, bei dem sich das Kind gerade befindet, dieses zum anderen Elternteil bringt. Damit zeigt jeder der beiden Eltern, daß er den Besuch bzw. den Aufenthalt beim anderen Elternteil bejaht und selbst bereit ist, dafür auch etwas zu tun".[353]

Ähnliche Gedanken über den Sinn des persönlichen Umgangs und Empfehlungen für die Eltern finden wir z. B. in England.[354]

c) Vereinbarungen

Zum Glück für alle Beteiligten ist die Regelung der Umgangsbefugnis in den meisten Fällen kein Streitpunkt. Die Eltern treffen in der Mehrzahl der Fälle allein oder mit Hilfe der Anwälte und des Familienrichters Vereinbarungen, die dem Wohle des Kindes entsprechen. Die häufig gebrauchte Formel „Das Umgangsrecht soll großzügig gehandhabt werden" hat jedoch wegen ihrer Unbestimmtheit keinen Regelungscharakter[355] und erfüllt daher nicht § 630 I Nr. 2 ZPO, wonach bei einverständlicher Scheidung die Antragsschrift auch einen übereinstimmenden Vorschlag der Ehegatten über die Regelung des Umgangs des nichtsorgeberechtigten Elternteils mit dem Kinde enthalten muß.

Es empfiehlt sich in solchen Fällen die Umgangsbefugnis kurz so zu umschreiben, wie sie tatsächlich ausgeübt wird. Nimmt zum Beispiel der Vater

---

[353] *Lempp*, a. a. O., S. 151–153.

[354] Bei *Peter Seago/Alastair Bissett-Johnson*, Cases And Materials On Family Law, London 1976, S. 414–417 ist ein „Proposed Visiting Code" abgedruckt, aus dem hier 3 wesentliche Passagen zitiert werden:

a) „All joung children NEED to have the opportunity to love and be loved by both parents, in security. They NEED to be able to enjoy parental love without tension, and without being made to feel guilty through the jealousy or demands of either or both parents. A balanced and stable love relationship with both parents is the best introduction to the formation of relationships with their contemporaries of both sexes."

b) „The children's need to feel that both parents approve of the visit can be supplied, partially at least, by customarily arranging the handover and return from parent to parent with a few minutes' conversation, a cup of tea or whatever may be helpful. Parents with care would be wise to try to share in the children's pleasure from the visit."

c) „ABOVE ALL, remember that access visits are for the good of the child and are not a parental right; that perceptible acrimony between parents may ruin the visit for the child, and that sensitive children may well feel humiliated at being apparently the cause of fights between the two people they love most."

[355] *Göppinger* Vereinbarungen Rn. 631.

seinen Sohn zweimal im Monat nach vorheriger Vereinbarung mit der Mutter am Wochenende zu sich, so kann **vereinbart** werden: ,,Die Umgangsbefugnis des Vaters mit dem Kinde wird wie folgt geregelt: Der Vater kann den Sohn wie bisher zweimal im Monat nach vorheriger Vereinbarung mit der Mutter am Wochenende von Samstagvormittag bis zum späten Sonntagnachmittag zu sich nehmen". Diese Regelung ist bestimmt und geeignet, Streitigkeiten über den bisherigen und künftigen Umfang der Umgangsbefugnis zu vermeiden. Die Eltern sollen sich weiter über eine Umgangsbefugnis an den hohen Feiertagen (Ostern, Pfingsten und Weihnachten) sowie bei schulpflichtigen Kindern über eine Ferienregelung verständigen. Die gerichtliche Vereinbarung (Vergleich) der Eltern über die Umgangsbefugnis kann nur dann **Vollstreckungsgrundlage** sein, wenn das Familiengericht die Vereinbarung billigt und ihr eindeutig den Charakter einer Verfügung im Sinne des § 33 FGG verleiht. Vollstreckungsgrundlage ist nicht die Vereinbarung der Eltern, sondern die **Verfügung des Gerichts,** durch die der Richter sich die Vergleichsregelung zu eigen macht.[356] Bestehen Zweifel an der Vertragstreue eines Elternteils, so sollte der Anwalt des anderen Teils anregen, daß der Familienrichter die Übernahmeverfügung im Anschluß an die gerichtliche Vereinbarung der Parteien erläßt.

d) Streitige Umgangsverfahren

Bei streitigen Umgangsverfahren scheitern die Bemühungen der Anwälte, des Familienrichters, der Sachbearbeiter des Jugendamtes und des gegebenenfalls hinzugezogenen familienpsychologischen Sachverständigen um eine angemessene Lösung nicht selten an der umgangsfeindlichen Haltung der Eltern. Zutreffend weist z. B. *Ell* darauf hin, daß die wünschenswerte Gestaltung des persönlichen Umgangs Eltern voraussetzt, die nicht nur juristisch, sondern auch psychologisch geschieden sind.[357] Die Erfahrung lehrt, daß Streitigkeiten über die Umgangsbefugnis in erster Linie ihre Ursachen in Problemen der Eltern haben. Aber nicht nur Feindseligkeit und Haß, sondern auch Mißtrauen und Verlustängste sowie Gleichgültigkeit und Unwissenheit sind für Umgangsprobleme ursächlich.

(1) Negativer und positiver Umgang

Kinder berichten z. B. über folgende ,,Sünden" wider den Geist, den eine Freude und Sinn machende Umgangspraxis voraussetzt. Die Besuche laufen regelmäßig wie ein Uhrwerk ab, sind ohne Spannung und Spaß. Der Nichtsorgeberechtigte geht mit dem Kind in die Gastwirtschaft oder liefert es bei seinen Eltern ab. Es wird keine Rücksicht auf ein Lieblingsfernsehprogramm des Kindes oder die Geburtstagsfeier seines Klassenkameraden genommen. Der Nichtsorgeberechtigte spricht schlecht über den Sorgeberechtigten und umgekehrt. Jeder Elternteil fragt das Kind aus. Der Sorgeberechtigte schreibt dem Nichtsorgeberechtigten vor, wo und mit wem er das Kind sehen darf. Die Eltern können sich nicht sehen, ohne zu streiten. Der eine

---

[356] OLG Düsseldorf FamRZ 1983, 90; *Bumiller/Winkler,* § 33 Anm. 2a
[357] *Ell* a. a. O., Sp. 750.

schickt das Kind vor die Tür, der andere holt es dort ab und bringt es bis zu dieser Tür zurück. Der Nichtsorgeberechtigte darf das Kind nur in Gegenwart eines „Wächters“ sehen. Die Besuche werden von einem „Spion“ beobachtet. Der Nichtsorgeberechtigte überhäuft das Kind mit Geschenken, verwöhnt es übermäßig und überfordert es mit anstrengenden Unternehmungen, so daß es erst Tage nach dem Umgang sein Gleichgewicht wiederfindet. Das Kind wird nicht der Jahreszeit entsprechend angezogen, so daß es sich erkältet. Schuld hat selbstverständlich der andere Elternteil.

Bei solchen Schilderungen ist es nicht verwunderlich, daß Kinder von Mal zu Mal besuchsunwilliger werden. Aber viele nichtsorgeberechtigte Elternteile beweisen, daß es auch anders geht:

Sie nehmen Rücksicht auf die Interessen des Kindes und des Sorgeberechtigten. Sie sind an den Besuchstagen für das Kind da und planen gemeinsam mit dem Kind, wie und wo sie den Tag verbringen wollen. Sie schenken dem Kind Zeit und Zuwendung. Sie sprechen, spielen, essen und trinken mit ihm in ihrer eigenen Wohnung. Sie machen ohne viel Aufwand Ausflüge und Wanderungen mit dem Kind. Sie bemühen sich, das Kind in der gemeinsamen Zeit besser kennen und verstehen zu lernen. Sie arbeiten mit dem Sorgeberechtigten zusammen und nehmen ihm das Kind ab, wenn er dringend eine Betreuungsperson braucht. Sie wechseln mit dem Sorgeberechtigten bei der Abholung und beim Zurückbringen mindestens ein paar freundliche Worte. Das Kind kann daher den persönlichen Umgang mit dem nichtsorgeberechtigten Elternteil frei von Ängsten, Schuldgefühlen und Zwängen genießen. Das Kind fühlt sich von ihm angenommen und ernst genommen. Es erlebt den anderen Elternteil in seiner Umwelt und macht sich ein eigenes Bild von ihm. Der sinnerfüllte Umgang bewahrt und schafft Vertrautheit.

(2) Vorbereitung des Mandanten auf das Verfahren

Worauf muß der Rechtsanwalt den von ihm vertretenen Elternteil in streitigen Umgangsverfahren vorbereiten?

Die Mandatschaft muß über die Bedeutung der Umgangsbefugnis aufgeklärt werden. Dazu gehören Hinweise auf Umgangssünden und Möglichkeiten, den Umgang sinnvoll zu gestalten. Der Gang des Verfahrens von der Antragstellung und der Einschaltung des Jugendamts über die ausführliche Anhörung des Kindes und der Eltern und die eventuell erforderlich werdende Begutachtung durch einen familienpsychologischen Sachverständigen bis zur gerichtlichen Entscheidung ist zu erläutern. Auf mögliche Konsequenzen eines Fehlverhaltens der Eltern ist aufmerksam zu machen. Einerseits muß bei negativer Beeinflussung des Kindes durch den Sorgeberechtigten mit einer Überprüfung der Sorgerechtsentscheidung gerechnet werden. Ein Erziehungsversagen des Sorgeberechtigten in einem Teilbereich – im Verhältnis des Kindes zum nichtsorgeberechtigten Elternteil – führt jedoch dann nicht zu einer Neuregelung des Sorgerechts, wenn die Betreuung des Kindes im übrigen zu Beanstandungen keinen Anlaß gibt.[358]

---

[358] BGH FamRZ 1985, 169 = NJW 1985, 1702.

Andererseits kommt eine Einschränkung oder ein Ausschluß der Umgangsbefugnis in Betracht, wenn der Nichtsorgeberechtigte die Entwicklung des Kindes durch negative Beeinflussung oder sonstiges umgangsfeindliches Verhalten gefährdet. Der völlige Ausschluß des Nichtsorgeberechtigten darf nur angeordnet werden, wenn der Gefährdung des Kindes durch eine bloße Einschränkung der Umgangsbefugnis und deren sachgerechte Ausgestaltung nicht ausreichend vorgebeugt werden kann.[359] Zum Einfluß des Kindeswillens auf die gerichtliche Regelung des Verkehrsrechts – jetzt der Umgangsbefugnis – wird auf den Beschluß des BGH vom 24. Oktober 1979 verwiesen.[360]

Die Erfahrung lehrt, daß der Nichtsorgeberechtigte sich in der Regel in der schwächeren Position befindet. Ob und inwieweit der sorgeberechtigte Elternteil an der Durchsetzung der Umgangsbefugnis aktiv mitzuwirken hat, ist umstritten.[361] Erhebliche Teile der Rechtsprechung und der Literatur sind bis in die jüngste Zeit der Ansicht, daß der Sorgeberechtigte aufgrund seiner Erziehungsaufgabe die Pflicht hat, den Widerstand des Kindes zu überwinden und auf Besuche hinzuwirken.[362] Dazu müßte der Sorgeberechtigte jedoch in der Regel erst einmal sich selbst überwinden. Der Anwalt des sorgeberechtigten Elternteils muß das Gericht auf die beispielsweise von *Lempp* formulierten wissenschaftlichen Erkenntnisse hinweisen: ,,Es ist eine große Täuschung, der auch die Familiengerichte nicht selten erliegen, daß die beteiligten Eltern sich über ihre emotionellen Beweggründe hinwegsetzen, diese willkürlich verändern und korrigieren oder auch einfach überwinden könnten. Im Gegensatz zu Handlungen, die eher noch aufgrund rationaler Überlegungen unterlassen oder vollzogen werden können, ist die Verfügbarkeit über emotionelle Regungen grundsätzlich nicht gegeben. Auch eine einmalige Konfrontation mit diesen emotionellen Regungen – auch wenn man mit den tatsächlichen psychischen Strebungen konfrontiert wird – verschafft keinesfalls die Notwendigkeit, sie auch zu überwinden oder zu ändern“.[363]

(3) Verzicht auf die Ausübung der Umgangsbefugnis

Bei den hochstreitigen Fällen, in denen das Kind in einen dauernden Loyalitätskonflikt gerät und dadurch ernsthaft gefährdet ist, kommt auf den Rechtsanwalt die schwierige Aufgabe zu, dem Mandanten klar zu machen, daß Liebe auch zeitweiliger Verzicht auf die Ausübung der Umgangsbefugnis sein kann. Die Umgangsbefugnis als solche ist als Bestandteil des natürlichen Elternrechts unverzichtbar. Eine Verzichtserklärung des nichtsorgeberechtigten Elternteils auf diese Befugnis ist daher unzulässig und rechtlich unverbindlich. Da für den nichtsorgeberechtigten Elternteil jedoch keine Verpflichtung besteht, seine Umfangsbefugnis auszuüben, kann er von ihrer

[359] BGH FamRZ 1984, 1084.
[360] BGH FamRZ 1980, 131, 132, 133 = NJW 1980, 454.
[361] Vgl. OLG Zweibrücken FamRZ 1983, 1054 (verneinend) und OLG Saarbrücken FamRZ 1982, 531 (bejahend).
[362] Z. B. KG FamRZ 1986, 503, 504 und *Palandt/Diederichsen* § 1634 Anm. 3b.
[363] *Lempp,* a. a. O., S. 141/142.

Geltendmachung auch absehen.[364] Eine Änderung in der Zukunft darf der Mandant aufgrund der Erfahrungstatsache erhoffen, daß das Interesse von Kindern geschiedener Eltern mit Einsetzen der Pubertät für den abwesenden Elternteil erwacht. Dies kann bis zur völligen Abwendung von dem bisher sorgeberechtigten Elternteil gehen, wenn der Jugendliche bei Kontakten mit dem anderen Elternteil feststellt, daß die Angaben des Sorgeberechtigten über den Nichtsorgeberechtigten mit der Realität und der Wahrheit nicht übereinstimmen. Die negative Beeinflussung wendet sich gegen den Verursacher. Auch aus diesem Grunde ist dem Sorgeberechtigten im eigenen Interesse von einer Erziehung gegen den anderen Elternteil dringend abzuraten.

Eine Erklärung, auf Zeit auf die Ausübung der Umgangsbefugnis zu verzichten, sollte erst abgegeben werden, wenn nach ausführlicher Anhörung und erforderlichenfalls fachkundiger Beratung abzusehen ist, daß eine einvernehmliche Konfliktlösung und selbst eine gerichtliche Entscheidung mit Vollziehungsanordnung am Widerstand des Sorgeberechtigten scheitern werden. Die Verzichtsgründe sind für spätere Zeiten in einem Schriftsatz niederzulegen oder zu Protokoll zu erklären.

(4) Auskunftsanspruch

In diesem Zusammenhang ist der Auskunftsanspruch des nichtsorgeberechtigten Elternteils gem. § 1634 III BGB zu besprechen. Nach der Begründung des Rechtsausschusses soll der Auskunftsanspruch einen Ausgleich für eine eingeschränkte oder ausgeschlossene Umgangsbefugnis darstellen. Ein berechtigtes Interesse des Nichtsorgeberechtigten ist abgesehen von Einschränkung oder Ausschluß der Umgangsbefugnis beispielsweise auch gegeben, wenn das Kind einen persönlichen oder brieflichen Kontakt zu ihm ablehnt oder wenn der Elternteil sich wegen des Alters des Kindes (z. B. Säugling oder Kleinkind) und zu großer räumlicher Entfernung weder persönlich noch durch Briefwechsel mit dem Kind von dessen Wohlergehen und dessen Entwicklung überzeugen kann. Der nichtsorgeberechtigte Elternteil hat keinen Auskunftsanspruch, wenn die Auskunftserteilung mit dem Wohl des Kindes unvereinbar ist. Beispielsfall: Bei Ausschluß der Umgangsbefugnis kann der Nichtsorgeberechtigte keine Auskunft über den Aufenthaltsort des Kindes oder über die von ihm besuchte Schule oder Ausbildungsstätte verlangen, da er bei Auskunftserteilung einen dem Kindeswohl schädlichen persönlichen Kontakt herstellen könnte.[365]

Zwar ist für den Auskunftsanspruch das Vormundschaftsgericht zuständig (§ 1634 III 2 BGB), aber es kann versucht werden, wenigstens darüber im Rahmen des Umgangsverfahrens eine Einigung der Eltern zu erreichen.

Die Auskunft kann mündlich oder schriftlich erteilt werden. Sie kann in einem alle sechs Monate zu erstattenden Bericht des Sorgeberechtigten über die Entwicklung des Kindes verbunden mit der Übersendung von Lichtbildern, Schulzeugnissen oder ärztlichen Attesten bestehen.

---

[364] BGH FamRZ 1984, 778 = NJW 1984, 1951.
[365] *Belchaus,* § 1634 BGB Rn. 24.

e) Kosten der Ausübung der Umgangsbefugnis

Die Kosten der Ausübung der Umgangsbefugnis können bei großer Entfernung zwischen dem Wohnort des Nichtsorgeberechtigten und dem Aufenthaltsort des Kindes erheblich sein. Nach der Auffassung des OLG Zweibrücken läßt sich aus der Wohlverhaltensklausel eine Verpflichtung des sorgeberechtigten Elternteils, das Kind dem anderen Elternteil zu Besuchszwecken zuzuführen, nicht herleiten.[366] Der nichtsorgeberechtigte Elternteil, der dem sorgeberechtigten Elternteil zum nachehelichen Unterhalt verpflichtet ist, kann jedoch nach umstrittener Ansicht sein Nettoeinkommen um die Aufwendungen bereinigen, die ihm für die Fahrt und Übernachtungskosten bei der Ausübung seiner Umgangsbefugnis mit dem Kinde entstehen.[367]

Wenn der Nichtsorgeberechtigte das Kind in Ausübung seiner Umgangsbefugnis während der Ferien für einige Wochen bei sich hat und versorgt, so berechtigt ihn dies im Regelfall nicht zu einer Kürzung des von ihm zu zahlenden Barunterhalts.[368]

Schriftsatz-Muster 21

In der Familiensache .. (volles Rubrum)

wegen Umgangsregelung

beantrage ich, wie folgt zu beschließen:

Der Vater ist berechtigt, mit dem Kind Fabian, geb. am 30. Juli 1979, zusammen zu sein

a) an jedem 1. und 3. Samstag eines Monats in der Zeit von 10.00 bis 18.00 Uhr,
b) an den 2. Feiertagen Ostern, Pfingsten und Weihnachten in der Zeit von 10.00 bis 18.00 Uhr,
c) zwei Wochen der Sommerschulferien.

Die Mutter ist verpflichtet, daß Kind Fabian pünktlich zu den festgesetzten Zeiten dem Vater an ihrer Wohnung zu übergeben. Der Vater wird das Kind pünktlich zu den genannten Zeiten zur Wohnung der Mutter zurückbringen.

Für jeden Fall der Zuwiderhandlung der Mutter gegen die vorstehenden Anordnungen wird ein Zwangsgeld bis zu 300,– DM angedroht.

Begründung:

Antragsteller und Antragsgegnerin sind durch Urteil des Amtsgerichts Hanau vom 15. Dezember 1986 geschieden worden. Die elterliche Sorge für das gemeinsame Kind Fabian ist der Mutter übertragen worden. Anläßlich der Ehe-

---

[366] OLG Zweibrücken FamRZ 1982, 531.

[367] OLG Frankfurt FamRZ 1984, 178; a. A. OLG Frankfurt FamRZ 1987, 1033 und OLG Bamberg FamRZ 1987, 1295. Steuerrechtlich ist an den Freibetrag für Aufwendungen zur Pflege des Eltern-Kind-Verhältnisses nach § 33a Ia EStG zu denken.

[368] BGH FamRZ 1984, 470.

scheidung hat die Antragsgegnerin zu Protokoll des Gerichts erklärt, dem Antragsteller wie bisher ein großzügiges Umgangsrecht zuzugestehen. Bis zu diesem Zeitpunkt hatte der Vater seinen Sohn zweimal im Monat, an den 2. Feiertagen Ostern, Pfingsten und Weihnachten sowie 2 Wochen in den Sommerferien zu sich genommen. Bald nach der rechtskräftigen Scheidung hat die Antragsgegnerin eine nichteheliche Lebensgemeinschaft mit Herrn Fritz Frühling aufgenommen. Seit dieser Zeit wird dem Antragsteller der Zugang zu seinem Kind praktisch versperrt. Die Antragsgegnerin findet immer neue Ausflüchte, um den Umgang des Antragstellers mit dem Kind zu verhindern. Zunächst blockierte sie die Besuchstage mit angeblichen Erkrankungen des Kindes. Als der Antragsteller auf ärztlichen Attesten bestand, wurde diese Begründung aufgegeben. In den letzten Wochen hat sie immer wieder angegeben, das Kind wolle den Vater nicht besuchen. Sie habe als Mutter zwar nichts gegen Besuche des Kindes beim Vater, da aber das Kind diese Besuche ablehne, werde sie es nicht zwingen.

Beim letzten Telefongespräch zwischen den Eltern am 11. April 1987 hat die Antragsgegnerin Fabian den Hörer übergeben und Fabian hat seinem Vater erklärt: „Ich habe keine Zeit und keine Lust, Dich zu besuchen. Laß mich, die Mutti und Fritz in Ruhe.“ Danach wurde aufgelegt. Eine Woche später hat der Antragsteller seinen Sohn auf einem Fest bei gemeinsamen Freunden getroffen und gefragt, warum er ihn nicht mehr besuchen wolle. Fabian hat geantwortet, er würde seinen Vater ganz gerne besuchen, aber er traue sich nicht, dies der Mutti zu sagen, weil er das Gefühl habe, daß sie und Fritz gegen diese Besuche seien. Außerdem hätten die Mutti und Fritz an den vorgesehenen Besuchstagen immer so schöne Pläne, wie z. B. Besuch eines Freizeitparks oder Einkaufsbummel in Frankfurt.

Der Kindeswille ist also nur vorgeschoben. In Wahrheit signalisiert die Antragsgegnerin dem Kind auf der Ebene nonverbaler Kommunikation, daß sie die Besuche des Kindes beim Vater nicht gern sieht.

Der Antragsteller läßt ausdrücklich vortragen, daß er das Sorgerecht der Antragsgegnerin nicht in Frage stellen will. Er will jedoch auch die Möglichkeit, mit seinem Sohn wie bisher umzugehen nicht verlieren. Der Antragsgegnerin muß in einem Anhörungstermin deutlich gemacht werden, daß ihr widersprüchliches Verhalten das Wohl des Kindes gefährdet. Notfalls beantrage ich, ein familienpsychologisches Gutachten darüber einzuholen, daß die beantragte Umgangsregelung angemessen ist und dem Wohle des Kindes dient.

Rechtsanwalt/Rechtsanwältin

4. Unterhaltssachen

a) Allgemeine Voraussetzungen

Der Anteil der Unterhaltsstreitigkeiten an einem familienrichterlichen Dezernat beträgt etwa 50%. Schon an dieser Prozentzahl wird ersichtlich, welche Bedeutung Unterhaltssachen in der Praxis haben. Die Anwälte müssen sich daher auch mit dem Unterhaltsrecht beschäftigen. Unterhaltsstreitigkeiten können als selbständige Verfahren oder als Folgesachen anhängig gemacht werden. Folgesachen sind sie dann, wenn „eine Entscheidung für den Fall der Scheidung zu treffen ist und von einem Ehegatten rechtzeitig begehrt wird" (§ 623 I 1 ZPO).

Es sind **Kenntnisse zu folgenden Fragen erforderlich:**
- Für welche Unterhaltssachen ist das Familiengericht zuständig?
- Welche Anspruchsgrundlagen kommen in Betracht?
- Wie wird das bereinigte Nettoeinkommen ermittelt?
- Wie wird die Anspruchshöhe mit Hilfe der Tabellen bemessen?
- Welche Möglichkeiten außergerichtlicher Erledigung gibt es?
- Wie wird der Unterhaltsrechtsstreit vorbereitet?
- Wie wird der Auskunftsanspruch geltend gemacht und durchgesetzt?
- Welche materiell-rechtlichen Hauptprobleme bestehen beim Unterhalt getrenntlebender und geschiedener Ehegatten sowie beim Unterhalt ehelicher Kinder?
- Welche Klagen spielen eine Rolle und was setzen sie voraus?

aa) Zuständigkeit

Die Familiengerichte sind nach §§ 23b I 2 Nrn. 5 und 6 GVG, 621 I Nrn. 4 und 5 ZPO zuständig für Streitigkeiten, die die gesetzliche Unterhaltspflicht gegenüber einem ehelichen Kinde betreffen, und für Streitigkeiten, die die durch Ehe begründete gesetzliche Unterhaltspflicht betreffen. Die Unterhaltsparteien müssen also zum Personenkreis der Ehegatten und ihrer ehelichen Kinder gehören oder Rechtsnachfolger (z. B. nach §§ 37 BAföG, 90 BSHG, 7 Unterhaltsvorschußgesetz) oder Mitschuldner (§ 419 BGB) solcher Personen sein.[369]

Zu den Familiensachen, die die gesetzliche Unterhaltspflicht betreffen, gehören z. B. auch: Ansprüche auf Auskunft und Prozeßkostenvorschuß, Ansprüche aus Vereinbarungen der Eltern betreffend die Unterhaltspflicht gegenüber ihren Kindern auf Freistellung von Unterhaltszahlungen, Erstattung von Unterhalt (sog. Ausgleichsanspruch) oder Rückgewähr zuviel erbrachter Unterhaltsleistungen, Klagen auf Schadensersatz wegen Nichterfüllung der Unterhaltspflicht und Zustimmung zum sogenannten begrenzten Realsplitting (unterhaltsrechtliche Nebenpflicht!) sowie Abänderungs- und Vollstreckungsabwehrklagen, wenn der titulierte Anspruch Familiensache ist.[370]

---

[369] *Zöller/Philippi* § 621 Rn. 42.

[370] *Baumbach/Albers* § 621 Anm. D, E mit Rechtsprechungsnachweisen.

Keine Familiensachen sind:

- Klage eines nichtehelichen Kindes gegen seinen Vater auf Unterhalt,
- Klage der Großeltern gegen einen Elternteil auf Erstattung von Unterhaltsleistungen für den Enkel,[371]
- Klage des Enkels gegen die Großeltern,[372]
- Klage der Eltern aus eigenen Unterhaltsansprüchen gegen die ehelichen Kinder,[373]
- Klage auf Zustimmung zur steuerlichen Zusammenveranlagung der Ehegatten oder Schadensersatz wegen Verweigerung dieser Zustimmung,[374]
- Klage eines Ehegatten gegen den anderen, einem Antrag auf Lohnsteuerermäßigung zuzustimmen und seinerseits eigenen Antrag auf Lohnsteuerermäßigung zu stellen,[375]
- Klage auf Aufteilung einer Steuerrückerstattung.[376]

bb) Anspruchsgrundlagen und Struktur der Unterhaltsnorm

Die Anspruchsgrundlagen für den Verwandtenunterhalt, insbesondere also den Kindesunterhalt, finden sich in §§ 1601 ff. BGB. Der Unterhalt getrenntlebender Ehegatten ist in § 1361 BGB geregelt. Der Unterhalt nach dem 1. Juli 1977 geschiedener Ehegatten richtet sich nach §§ 1569 ff. BGB. Der Unterhalt eines vor dem 1. Juli 1977 geschiedenen Ehegatten bestimmt sich nach dem bisherigen Recht, also nach §§ 58 ff. EheG (Art. 12 Nr. 3 Abs. 2 des 1. EheRG).

Die Durchsicht dieser Anspruchsgrundlagen ergibt, daß sich jeder Unterhaltsanspruch auf **folgende allgemeine Stuktur** zurückführen läßt:

- Aufgrund eines gesetzlichen Bandes (Anspruchsgrundverhältnis Verwandtschaft oder Ehe) kann
- der bedürftige Anspruchsteller
- von dem leistungsfähigen Antragsgegner
- angemessene Unterhaltsleistungen
- regelmäßig in Form einer Geldrente verlangen.

Die Hauptschwierigkeiten liegen in der Praxis bei den Strukturelementen Bedürftigkeit, Leistungsfähigkeit, Unterhaltsbemessung.

In jedem Fall ist zunächst zu klären, welche Einkünfte die eigene Partei und der Gegner haben und welche Abzüge auf jeder Seite berechtigt sind. Die anrechenbaren Einkünfte abzüglich der absetzbaren Verpflichtungen ergeben das sogenannte bereinigte Nettoeinkommen jeder Partei. Danach ist die Unterhaltshöhe zu bestimmen.

---

371 OLG München FamRZ 1978, 348.
372 BGH FamRZ 1978, 585 = NJW 1978, 1633.
373 OLG Frankfurt FamRZ 1981, 184; 1983, 200.
374 OLG Düsseldorf FamRZ 1984, 805.
375 BayObLG FamRZ 1985, 947.
376 OLG Düsseldorf FamRZ 1985, 82.

cc) Die Ermittlung des bereinigten Nettoeinkommens

Die Feststellung des bereinigten Nettoeinkommens ist nicht auf das Sammeln von Daten beschränkt, sondern mit ständigen Wertungen verbunden.

Für die Stoffsammlung wird in Weiterentwicklung eines Arbeitspapiers des OLG Schleswig ein ausführlicher Fragebogen angeboten. Je nach den Kenntnissen und Fähigkeiten der Partei kann das Ausfüllen ihr allein überlassen werden oder muß mit Hilfe des Anwalts oder einer verläßlichen Sachbearbeiterin geschehen. Der Rechtsanwalt kann den Fragebogen weiter als Checkliste nutzen.

Fragebogen in Unterhaltssachen

Füllen Sie bitte diesen Fragebogen sorgfältig aus! Es geht um Ihr Geld! Belege, die sich in Ihrem Besitz befinden oder die Sie besorgen können, fügen Sie bitte bei!

A. Persönliche und unterhaltsrechtlich wichtige Daten

I. Ehemann/Vater (Name, Anschrift, Geburtstag)?
II. Ehefrau/Mutter (Name, Anschrift, Geburtstag)?
III. Seit wann
  1. verheiratet?
  2. getrennt?
  3. rechtskräftig geschieden (Datum, Gericht, Aktenzeichen, Verschulden bei Scheidungen vor dem 1. Juli 1977 wegen §§ 58ff EheG wichtig)?
  4. wieder verheiratet (Datum, Name, Anschrift)?
IV. Kinder aus der Ehe A I/A II (Name, Anschrift, Geburtstag)?
V. Weitere Kinder von A I oder A II (Name, Anschrift, Geburtstag)?
VI. Wem ist die elterliche Sorge einschl. gesetzlicher Vertretung für welches Kind wann übertragen worden (Name Elternteil, Kindesname, Datum, Gericht, Aktenzeichen)?
VII. Wann ist der Unterhalt wie geregelt (tituliert) worden (Datum, Inhalt, Aktenzeichen der gerichtlichen Entscheidung oder Vereinbarung (Vergleich), der notariellen Vereinbarung, der Verplichtungserklärung vor Notar oder Jugendamt)?
VIII. Wann ist der Unterhaltsverpflichtete zur Zahlung welchen bestimmten Betrages aufgefordert, in Verzug gesetzt worden (Datum, Betrag)?

B. Wirtschaftliche Daten

I. **des Unterhaltsverpflichteten**

1. Einkünfte aus abhängiger Tätigkeit
  a) Beruf?
  b) Arbeitgeber/Dienstherr (Name, Anschrift)?
  c) Bruttoeinkommen der letzten 12 Monate vor Zahlungsaufforderung bzw. Rechtshängigkeit gem. vorliegender oder vorzulegender Verdienstbescheinigung, und zwar alle Einkünfte, neben regelmäßigem Verdienst,

insbesondere Auslösungen, Gewinnbeteiligung, Ortszuschläge, Provisionen, Prämien, Spesen, Tantiemen, Überstundenvergütungen, Urlaubsgelder, Weihnachtsgelder, Zulagen, Zuschläge für Sonntags-, Feiertags- oder Nachtarbeit?
Arbeitnehmersparzulage (kein anrechenbares Einkommen)?
Vermögenswirksame Leistungen des Verpflichteten (nicht einkommensmindernd)?
Bei Arbeitsunfähigkeit (Krankheit): Lohnfortzahlung, Krankengeld?
Bei Arbeitslosigkeit: Arbeitslosengeld, Arbeitslosenhilfe, Sozialhilfe?
Bei Rentnern/Ruhestandsbeamten: Renten/Versorgungsbezüge?

d) Steuern: Lohnsteuerbetrag und Lohnsteuerklasse?
Lohnsteuerjahresausgleich?
Kirchensteuer?
Kirchensteuer-Erstattung?

e) Sozialversicherungsbeiträge?

f) Private Krankenversicherung, Lebensversicherung anstelle der gesetzlichen Rentenversicherung (Höhe der mtl. Beiträge)?

g) Berufsbedingte Aufwendungen, insbesondere Fahrtkosten zum Arbeitsplatz, Beiträge zu Berufsverbänden/Gewerkschaften, Aufwendungen für besondere Berufskleidung, Arbeitsmittel, Fachliteratur?

2. Einkünfte aus selbständiger Tätigkeit
   a) Beruf/Firma/Gewerbe?
   b) Durchschnittseinkommen in den letzten 3 Jahren vor Zahlungsaufforderung bzw. Rechtshängigkeit gem. vorliegenden oder vorzulegenden Bilanzen, Gewinn- und Verlustrechnungen oder Einnahmen-Überschußrechnungen, Einkommensteuererklärungen nebst den gesetzlich vorgeschriebenen Anlagen, Einkommensteuerbescheiden, Umsatzsteuererklärungen, Umsatzsteuerbescheiden?
   c) Gewinn/Überschuß?
   d) Betriebsausgaben?
   e) Privatentnahmen?
   f) Steuern: Einkommensteuer und Kirchensteuer?
   g) Vorsorgeaufwendungen?

3. Einkünfte aus Vermögen?

4. Vermögen (Grundvermögen, Kapitalvermögen)?

5. Schulden/Verbindlichkeiten?
   a) Zweck der Verbindlichkeiten, Zeitpunkt und Art ihrer Entstehung, Zinssätze?
   b) Höhe der Schulden zum Entstehungszeitpunkt, jetziger Stand?
   c) Höhe der monatlichen Abträge (falls bekannt, nach monatlichen Tilgungsleistungen und monatlichen Zinsleistungen aufgliedern)?

6. Wohnbedarf
   a) bei Deckung durch Mietwohnung: Größe, Nutzung durch wieviele Personen, Mietzins?
   b) bei Deckung durch eigene Wohnung (eigenes Haus, Eigentumswohnung): Größe, Nutzung durch wieviele Personen, monatliche Kosten (all-

gemeine Grundstücksunkosten und -lasten, gegebenenfalls Zins- und Tilgungsverpflichtungen), Verkehrswert als Mietobjekt (nach Mietspiegel oder Mietzins für vergleichbare Objekte)?

7. Unterhaltsleistungen des Verpflichteten
   a) Welche Zahlungen hat der Verpflichtete an den Anspruchsteller für den Anspruchszeitraum geleistet?
   Welche sonstigen Leistungen (z. B. Wohnungsgewährung, Krankenversicherung) hat der Verpflichtete in diesem Zeitraum erbracht?
   b) Hat der Verpflichtete an andere Unterhaltsberechtigte Unterhaltszahlungen geleistet (Name, Zahlungsgrund/Unterhaltstitel, Betrag)?
   c) Hat der Verpflichtete andere Unterhaltsberechtigte (z. B. jetzige Ehefrau und Kind aus dieser Ehe) unterhalten?
   Wirtschaftliche Verhältnisse des neuen Ehegatten des Verpflichteten?

II. **des Unterhaltsberechtigten**

1. Fragen wie B I 1.–6. beantworten
2. **Beim Ehegattenunterhalt** ist besonders **an das** sogenannte **fiktive Versorgungsentgelt** zu **denken,** wenn der Unterhalt fordernde Ehegatte mit einem anderen Partner zusammenlebt. Dabei sind zum einen die Leistungen an den Dritten und zum anderen die wirtschaftlichen Verhältnisse des Partners von Bedeutung.
   Als **Einkünfte beim Kinderunterhalt** kommen insbesondere die **Ausbildungsvergütungen** in Betracht. Ein **eigener Haushalt des Kindes** ist erheblich und daher mitzuteilen. Lebt der sorgeberechtigte Elternteil in sehr guten wirtschaftlichen Verhältnissen, so ist dies anzugeben.
   Schließlich sind **öffentliche Leistungen,** z. B. Kindergeld, Ausbildungsförderung, Sozialhilfe, Wohngeld, nach Empfänger, Monatsbetrag sowie etwaiger Überleitung genau aufzuschreiben.
   Daraus ergeben sich folgende zusätzliche Fragen:
   a) Lebt der Anspruchsteller mit einem anderen Partner zusammen?
   Welche Leistungen (Wohnungsgewährung, Haushaltsführung, sonstige Versorgungsleistungen) erbringt der Anspruchsteller dem Partner?
   Wirtschaftliche Verhältnisse des Partners (Einkünfte)?
   b) Befindet sich der Anspruchsteller in der Ausbildung?
   Art und Ort der Ausbildung (Oberschule, Hochschule, Fachschule, Berufsschule, Lehre)?
   Wann wird die Ausbildung voraussichtlich beendet sein?
   Erhält der Anspruchsteller eine monatliche Ausbildungsvergütung (Brutto- und Nettobetrag angeben und ausbildungsbedingte Aufwendungen nicht vergessen)?
   Wohnt der Anspruchsteller bei einem Elternteil (bei wem?) oder hat er einen eigenen Haushalt (Ort, Größe, Wohnkosten)?
   Wirtschaftliche Verhältnisse des sorgeberechtigten Elternteils (bei minderjährigen Kindern), wirtschaftliche Verhältnisse beider Eltern (bei volljährigen Kindern)?
   c) Welche öffentlichen Leistungen erfolgen monatlich an oder für den Unterhaltsberechtigten (Empfänger, Betrag, Überleitung, Übergang)?

Kindergeld?
Ausbildungsförderung?
Sozialhilfe?
Wohngeld?

Zum **Einkommen** gehören alle Einkünfte in Geld oder Geldeswert. Ohne Anspruch auf Vollständigkeit seien hier beispielsweise in alphabetischer Reihenfolge Mittel genannt, die unter den unterhaltsrechtlichen Einkommensbegriff fallen: Abfindungen aus einem Sozialplan, Abgeordnetendiäten, Altersruhegelder, Arbeitslosengelder, Auslandszulagen, Auslösungen, BAföG-Leistungen, Blindengelder, Berufsunfähigkeitsrenten, Deputate, Dienstbezüge, Dividenden, Einkaufsrabatte, Erschwerniszulagen, Erwerbsunfähigkeitsrenten, Essensgelder, Fahrtspesen, Feiertagszuschläge, fiktive Einkünfte (eheähnliche Lebensgemeinschaft, Hausmann), Freifahrtmöglichkeiten, Gehälter, Gewinne, Gewinnbeteiligungen, Grundrenten nach dem Bundesversorgungsgesetz, Jubiläumszulagen, Kleiderzulagen, Krankengelder, Leistungsprämien, Löhne, Lohnfortzahlungen im Krankheitsfalle, Lohnsteuerjahresausgleich, Mieteinnahmen, Mutterschaftsgeld, Nachtarbeitszuschläge, Nebentätigkeitsvergütungen, Naturalleistungen (Kost und/oder Logis frei), Ortzuschläge, Pflegegelder (§§ 69 BSHG, 6 JWG, 588 III RVO), PKW-Nutzungen (Firmenwagen auch zum privaten Gebrauch), Prämien, Privatentnahmen, Provisionen, Reisekosten, Renten, Schmutzarbeitszulagen, Schwarzarbeitsvergütungen, Schwerstbeschädigten- und Pflegezulagen, Sonntagszuschläge, Spesen, Steuererstattungen, Tagegelder, Tantiemen, Taschengelder, Treueprämien, Trinkgelder, Übernachtungsgelder, Überschüsse, Überstundenvergütungen, Umsatzbeteiligungen, Unfallrenten, Urlaubsgelder, Versorgungsbezüge, Weihnachtsgelder, Wohngelder, Wohnwertanrechnungen (sog. mietfreies Wohnen), Zinseinkünfte (Kapitalvermögen, Zugewinn).

Jedoch **nicht alle der vorgenannten Einkünfte sind zu 100 % anrechenbares Einkommen. Hier bedarf es der ständigen Wertung.** Einige Einkünfte, wie z. B. **Auslandszulagen, Auslösungen, Spesen, Tagegelder,** sollen auch berufsbedingte Mehraufwendungen des Unterhaltsverpflichteten abdecken. Soweit sie über die Deckung des tatsächlichen Mehraufwandes hinausgehen, sind sie als Mehreinkünfte zu behandeln. Da der tatsächliche Mehrbedarf oft ohne unverhältnismäßigen Aufwand nicht festzustellen ist, arbeitet die Praxis mit Pauschalierungen. So gehen z. B. die Leitlinien zum Unterhaltsrecht der Familiensenate des OLG Hamm im Zweifel davon aus, daß bei Auslösungen und Spesen eine Ersparnis eintritt, die mit 1/3 der Nettobeträge zu bewerten und insoweit dem anrechenbaren Einkommen zuzurechnen ist.[377] Da über die Fragen der Anrechenbarkeit nach Maßgabe des Einzelfalles zu entscheiden ist, empfiehlt es sich, daß die Anwälte in jedem Falle zum Für und Wider einer Pauschale Stellung nehmen.

Andere Einkünfte, wie **beispielsweise Blindengelder, Grundrenten und Schwerstbeschädigtenzulagen,** sollen nicht nur den Mehrbedarf des Empfängers ausgleichen, sondern auch die Behinderung mindern helfen. Auch hier gilt der Grundsatz, daß der Mehrbedarf des Empfängers nur im tatsäch-

---

[377] FamRZ 1984, 963 unter I 4.

lichen Umfang zu berücksichtigen ist. Im Einzelfall ist der konkrete Mehrbedarf entsprechend den besonderen Verhältnissen des Betroffenen festzustellen. Das Gericht kann jedoch auf allgemeine Erfahrungssätze zurückgreifen und den Mehrbedarf gemäß § 287 ZPO schätzen, wenn es dem Beschädigten nicht zumutbar ist, seine besonderen Mehraufwendungen in allen Einzelheiten substantiiert darzulegen. Im Rahmen der Schätzung nach § 287 ZPO kann der Richter bei der Anerkennung des schädigungsbedingten Mehrbedarfs auch der ideellen Ausgleichsfunktion von Rente und Zulage Rechnung tragen.[378] Aufgabe des Rechtsanwaltes ist es, auf die Berücksichtigung von Mehrbedarf und Ausgleichsfunktion zu drängen.

Als drittes Beispiel ist an dem vielschichtigen **Problem des sog. mietfreien Wohnens** zu zeigen, daß Bewertungen erforderlich sind.

Fall 1:
Der leistungsfähige Unterhaltsverpflichtete zieht aus und bezahlt weiter die Miete für die eheliche Wohnung, in der der Unterhaltsberechtigte bleibt. Es handelt sich um anrechenbaren Naturalunterhalt, der den Wohnbedarf des Berechtigten deckt. Dem Berechtigten darf jedoch durch die Anrechnung nicht der notwendige Barunterhalt entzogen werden.

Fall 2:
Der leistungsfähige Unterhaltspflichtige zieht aus, zahlt aber keinen Unterhalt. Der Unterhaltsberechtigte wird von Verwandten, die den Verpflichteten nicht entlasten wollen, freiwillig und ohne Gegenleistung voll unterhalten (Verwandte zahlen auch Miete für den Berechtigten oder nehmen ihn bei sich auf). Hier findet keine Anrechnung statt, da freiwillige Zuwendungen Dritter, die nur den Empfänger der Zuwendung unterstützen wollen, nicht als Einkünfte gewertet werden.[378a]

Fall 3:
Der Unterhaltsberechtigte lebt nach dem Auszug aus der ehelichen Wohnung mit einem anderen Partner, dem er den Haushalt führt und sonstige Versorgungsleistungen erbringt, in dessen Haus zusammen. In diesem Fall ist ein fiktives Versorgungsentgelt zu berechnen, das auf den Unterhaltsanspruch angerechnet wird (siehe beim Unterhalt geschiedener Ehegatten zum Zusammenleben mit einem anderen Partner und zur Anrechnungsmethode).

Fall 4a:
Der Unterhaltsberechtigte zieht aus, der Unterhaltsverpflichtete bleibt im eigenen Haus und trägt alle Kosten.

Fall 4b:
Der Unterhaltsverpflichtete zieht aus, der Unterhaltsberechtigte bleibt im eigenen Haus und trägt alle Kosten.

In beiden Fällen handelt es sich um Nutzungen des Vermögensgegenstandes Hausgrundstück, und zwar um Gebrauchsvorteile (§ 100 BGB). Einerseits entfällt die Notwendigkeit der Mietzahlung, die bei Nichteigentümern einen

---

378 BGH FamRZ 1981, 338 = NJW 1981, 1313; FamRZ 1981, 1165 = NJW 1982, 41.
378a BGH FamRZ 1980, 40, 42 = NJW 1980, 124; FamRZ 1980, 879/880.

Teil der allgemeinen Lebenshaltungskosten ausmacht, andererseits sind die allgemeinen Grundstücksunkosten und -lasten und bei Belastung des Grundeigentums Zins- und Tilgungsleistungen zu tragen. Ergibt die Gegenüberstellung der ersparten Mietaufwendungen mit den mit dem Eigentum verbundenen Unkosten (ohne Verbrauchskosten wie Heizung, Strom, Wasser, Müllabfuhr), daß der Nutzungswert des Hauses den vom Eigentümer zu tragenden Aufwand übersteigt, so kann in Höhe der Differenz zwischen der Miete für eine vergleichbare Wohnung (ohne Nebenkosten) und den Annuitäten und Grundstücksunkosten von einem mietfreien Wohnen gesprochen werden. Richtiger ist es, mit dem BGH festzustellen, daß der Eigentümer insoweit „billiger" wohnt als der Mieter. Die Differenz zwischen dem Nutzungswert des Grundeigentums und dem Aufwand wirkt einkommenserhöhend.[379] Dabei wird von der Rechtsprechung wohl vorausgesetzt, daß der festgestellte (Netto-)Nutzungswert im Rahmen eines den Verhältnissen der Parteien angemessenen Wohnbedarfs bleibt. Übersteigt der Nutzungswert diesen Rahmen erheblich, so ist die Einkommenserhöhung auf den Betrag der ersparten Miete für eine angemessene Wohnung zu beschränken, es sei denn, daß der Partei die Realisierung des Nutzungswertes möglich und zumutbar ist (Rechtsgedanke aus §§ 1577 III und 1581 S. 2 BGB).[379a]

Fall 5:
Unterhaltsberechtigter und Unterhaltsverpflichteter sind Miteigentümer des Hausgrundstücks/der Eigentumswohnung.

Fall 5a:
Der Unterhaltsberechtigte zieht aus, der Verpflichtete bleibt und trägt alle Kosten.

Fall 5b:
Der Unterhaltsverpflichtete zieht aus, der Berechtigte bleibt und trägt alle Kosten.

Auch hier sind wieder die Aufwendungen für eine vergleichbare Mietwohnung und die mit dem Eigentum verbundenen Kosten gegenüberzustellen.

Übersteigt der Nutzungswert den Aufwand, so ist der übersteigende Betrag als anrechenbares eigenes Einkommen zu werten. Gegebenenfalls bildet der unterhaltsrechtlich angemessene Wohnbedarf die Obergrenze. Ist der Wohnwert bereits bei der Regelung des Trennungsunterhalts berücksichtigt, so kann kein Nutzungsentgelt verlangt werden.[380]

---

379 BGH FamRZ 1985, 354, 356; *Graba,* Mietfreies Wohnen und Unterhalt, FamRZ 1985, 657, 659, 661; Unterhaltsrechtliche Leitlinien des OLG München, FamRZ 1986, 132/133 unter I 3; OLG München FamRZ 1984, 173, 175 will beim Unterhaltsberechtigten den Wohnwert nur bis zu einem Drittel des (ohne Berücksichtigung des Wohnwerts) zu erwartenden Elementarunterhalts berücksichtigen, um ihm durch die Anrechnung nicht den notwendigen Barunterhalt zu entziehen.

379a *Weychardt,* Neues aus der Frankfurter Unterhaltsrechtsprechung, DAVorm 1987, 163ff.

380 BGH FamRZ 1986, 434 = NJW 1986, 1340; FamRZ 1986, 436 = NJW 1986, 1339.

Fall 6:
Der Unterhaltsverpflichtete zieht aus. Der Unterhaltsberechtigte bleibt im Haus des Verpflichteten oder in der gemeinsamen Eigentumswohnung. Der Verpflichtete trägt die allgemeinen Grundstücksunkosten und -lasten sowie Zins- und Tilgungsleistungen.

Hier handelt es sich – wie im Fall 1 – um anrechenbaren Naturalunterhalt.

Fall 7:
Der Unterhaltsverpflichtete zieht in ein eigenes Haus. Der Unterhaltsberechtigte bleibt in der ihm gehörenden Eigentumswohnung.

Da sowohl der Verpflichtete als auch der Berechtigte „mietfrei" wohnen, kann eine Nichtanrechnung der Wohnwerte in Betracht kommen, wenn die Nutzungswerte abzüglich Aufwand annähernd gleich sind.[381]

Fall 8:
Die in einer Heil- und Pflegeanstalt untergebrachte volljährige Tochter begehrt von ihrem Vater die Unterbringungskosten als Unterhalt. Der Vater hat Einkünfte und Vermögen und ist u. a. Eigentümer eines Hauses, das er mit seiner Ehefrau und seinem Sohn bewohnt. Das Wohnen im eigenen Haus kann seine unterhaltsrechtliche Leistungsfähigkeit erhöhen. Daher sind der objektive Mietwert auf der einen Seite und die mit dem Grundeigentum verbundenen Kosten auf der anderen Seite festzustellen. Soweit der Vorteil der ersparten Miete die mit dem Grundstück verbundenen Kosten überwiegt, der Eigentümer also „billiger" wohnt als der Mieter einer vergleichbaren Wohnung, ist das für die Unterhaltsbemessung relevante Einkommen entsprechend höher anzusetzen.[382]

Neben der Anrechenbarkeit von Einkünften ist für jede Seite die Frage von Bedeutung: Was ist absetzbar?

Wieder seien ohne Anspruch auf Vollständigkeit in alphabetischer Reihenfolge **häufige Abzugsposten** genannt:

Abschreibungen, Arbeitsmittel, berufsbedingte Aufwendungen, Berufskleidung, Beiträge zu Berufsverbänden, Betriebsausgaben, Diätkosten, Einkommensteuer, Fachliteratur, Fahrtkosten zum Arbeitsplatz, Gewerkschaftsbeiträge, Hauskosten, Hausratsanschaffungskosten, Kinderbetreuungskosten, Kindergarten, Kirchensteuer, Krankenversicherung, Lohnsteuer, PKW-Kosten, Ratenzahlungsverpflichtungen, Schulden, Sonderausgaben, Sozialversicherungsbeiträge, Steuern, Umgangsrecht (Kosten), Umzugskosten, Unterhaltsleistungen, Verbindlichkeiten, Vorsorgeaufwendungen, Werbungskosten.

Hinsichtlich der Absetzbarkeit sind ebenfalls stets Wertungen notwendig. Die Hauptprobleme werden beim Geschiedenenunterhalt in den Abschnitten Bedürftigkeit und Leistungsfähigkeit behandelt. Einen guten Überblick über

---

[381] Vgl. BGH FamRZ 1983, 352, 353 unter A 5; OLG München FamRZ 1984, 173, 174.

[382] BGH FamRZ 1986, 48, 49.

anrechenbare Einkünfte und absetzbare Posten gibt auch das Taschenbuch von Heiß/Heiß ,,Die Höhe des Unterhalts von A–Z".[383]

Sind von dem anrechnungsfähigen Einkommen die berücksichtigungsfähigen Posten abgesetzt, so ist das bereinigte Nettoeinkommen ermittelt.

dd) Die Unterhaltsbemessung nach Tabellen und Quoten

Nach der Ermittlung des bereinigten Nettoeinkommens ist die Anspruchshöhe zu bestimmen. In der Praxis wird der Unterhalt unter Berücksichtigung der Besonderheiten des Falles nach Tabellen und Quoten bemessen. Der BGH billigt diese Praxis. Nach seiner ständigen Rechtsprechung ist der Tatrichter nicht gehindert, sich an Richtsätze und Leitlinien anzulehnen, die auf die gegebenen Verhältnisse abgestimmt sind und der Lebenserfahrung entsprechen, soweit nicht im Einzelfall besondere Umstände eine Abweichung bedingen.[384]

Am bekanntesten ist die **Düsseldorfer Tabelle.** Der Name erklärt sich daraus, daß die nach altem Recht zuständige Berufungskammer des Landgerichts Düsseldorf für Unterhaltssachen Unterhaltsrichtsätze entwickelt und in Tabellenform veröffentlicht hat. Nach dem Inkrafttreten des 1. EheRG wurde die Düsseldorfer Tabelle vom 3. Senat für Familiensachen des OLG Düsseldorf fortgeführt. Sie beruht jetzt auf Koordinierungsgesprächen, die für die Tabelle Stand 1. Januar 1985 zwischen den Richtern der Familiensenate der Oberlandesgerichte Köln, Hamm und Düsseldorf sowie Mitgliedern der Unterhaltskommission des Deutschen Familiengerichtstages e. V. stattgefunden haben. Der Tabelle liegen folgende Gedanken zugrunde:

Das BGB enthält für die Unterhaltsbemessung im Verwandten- und Ehegattenunterhalt viele unbestimmte Rechtsbegriffe.

Beispiele:
§ 1361 I 1 BGB ,,den nach den Lebensverhältnissen und Erwerbs- und Vermögensverhältnissen der Ehegatten angemessenen Unterhalt"

§ 1578 I 1 BGB ,,Das Maß des Unterhalts bestimmt sich nach den ehelichen Lebensverhältnissen."

§ 1581 I 1 BGB ,,ohne Gefährdung des eigenen, angemessenen Unterhalts"

§ 1603 I BGB ,,ohne Gefährdung seines angemessenen Unterhalts"

§ 1603 II BGB ,,alle verfügbaren Mittel ... gleichmäßig zu verwenden"

§ 1610 I BGB ,,Das Maß des zu gewährenden Unterhalts bestimmt sich nach der Lebensstellung des Bedürftigen (angemessener Unterhalt)."

Diese unbestimmten Rechtsbegriffe können von Gericht zu Gericht, ja von Richter zu Richter unterschiedlich interpretiert werden. Darunter leidet die Vorhersehbarkeit der Rechtsprechung mit der Folge, daß die Parteien und die Rechtsanwälte weniger außergerichtliche Vergleiche schließen und mehr die Gerichte anrufen. Zudem besteht die Gefahr, daß gleichgelagerte Fälle ungleich behandelt werden. Annäherungen an die Rechtssicherheit in Form

---

383 Beck-Rechtsberater im dtv, Bd. 5059, 2. Aufl. 1987.

der **Kalkulierbarkeit der Entscheidung des Einzelfalles** und an die Gerechtigkeit durch **Gleichbehandlung vergleichbarer Normalfälle** können erreicht werden, wenn die gerichtliche Praxis Orientierungshilfen, Richtsätze und Leitlinien, kurz **Konkretisierungshilfen** entwickelt und einheitlich anwendet. Wird die Unterhaltstabelle akzeptiert, so wird weiter die Abfassung der Schriftsätze und Urteile vereinfacht. Ohne Begründungsaufwand kann auf die Tabelle verwiesen werden.

Die Düsseldorfer Tabelle knüpft für den Kindesunterhalt an die Regelbedarfsbeträge an. Der Verordnungsgeber ist 1970 bei Erlaß der Regelbedarfsverordnung keiner bestimmten Methode gefolgt, sondern hat aus den bekannten Methoden (Warenkörbe, Verbrauchsstatistiken, Gerichtspraxis, Angaben des Deutschen Vereins für öffentliche und private Fürsorge, Regelsätze der Sozialhilfe) unter Berücksichtigung der Durchschnittseinkommen einen Mittelwert gebildet.[385] Die so entstandenen Regelbedarfssätze werden alle 2–4 Jahre prozentual fortgeschrieben. Die Steigerungsrate richtet sich nach dem Anstieg der Lebenshaltungskosten und der Erhöhung der Nettolöhne und -gehälter. Das OLG Frankfurt am Main stellt daher zutreffend fest, daß sich die Düsseldorfer Tabelle in erster Linie an der Leistungsfähigkeit des barunterhaltsverpflichteten Elternteils orientiert.[386] Der objektive Bedarf eines minderjährigen Kindes wird erst bei den oberen Einkommensgruppen der Düsseldorfer Tabelle abgedeckt. Der Deutsche Familienverband e. V. Bezirksverband München hat aufgrund der Preise vom Oktober 1980 Bedarfsberechnungen nach der Warenkorbmethode durchgeführt und die durchschnittlichen monatlichen Lebenshaltungskosten für Kinder vom 1. bis zum 18. Lebensjahr mit rund 440,– DM als Mindestbedarf und rund 590,– DM als Normalbedarf beziffert.[387] Die Rechtsprechung wird gleichwohl an den leistungsfähigkeitsorientierten Beträgen der Regelbedarfsordnung festhalten. Sie kann sich auf § 1610 III BGB berufen. Bedarfssätze, die nicht an der Leistungsfähigkeit des Unterhaltsverpflichteten orientiert sind, haben zudem einen großen Nachteil: Sie müßten bei den unteren und zum Teil auch noch bei den mittleren Einkommensgruppen der Leistungsfähigkeit angepaßt, also gekürzt werden.[388] Die Tabelle würde weniger Vorhersehbarkeit vermitteln, was einem Orientierungsverlust gleichkäme.

Der Unterhalt getrenntlebender oder geschiedener Ehegatten wird vom OLG Düsseldorf und anderen Oberlandesgerichten mit Ausnahme des OLG Nürnberg nach Quoten bemessen. Sind gemeinsame unterhaltsberechtigte Kinder nicht vorhanden, so finden folgende Quoten Anwendung: Der unterhaltsberechtigte Ehegatte, der ohne Einkommen ist, hat gegen einen erwerbsfähigen Unterhaltsverpflichteten einen Anspruch in Höhe von $2/5$, $3/7$ oder $1/2$ des bereinigten Nettoeinkommens des Verpflichteten, gegen einen

---

[384] BGH FamRZ 1982, 365, 366; 1985, 354, 356.

[385] *Palandt/Diederichsen* Anh. zu §§ 1615f, 1615g, § 1 Regelunterhalt-Verordnung Anm. 2; *Diedrich,* Unterhaltsberechnung nach Quoten und Tabellen, Berlin 1986, S. 91.

[386] OLG Frankfurt, FamRZ 1981, 1150.

[387] DAVorm 1983, 699, 700.

[388] *Diedrich,* S. 94, 95.

nicht erwerbstätigen Verpflichteten in der Regel in Höhe von ½. Verfügt der Berechtigte über eigene Einkünfte, so besteht ein Unterhaltsanspruch in Höhe von ⅖, 3/7 oder ½ des Unterschiedsbetrages der bereinigten Nettoeinkommen beider Ehegatten, wenn das des Verpflichteten höher ist. Sind gemeinsame unterhaltsberechtigte minderjährige Kinder zu versorgen, so gelten die vorstehenden Quoten, jedoch ist der Kindesunterhalt vorab vom bereinigten Nettoeinkommen des Unterhaltsverpflichteten abzuziehen.

Für die Unterhaltsbemessung braucht der Anwalt also die einschlägigen Unterhaltstabellen und Leitlinien. **Jeder Anwalt, der in Familiensachen tätig ist, muß die Unterhaltstabelle seines Oberlandesgerichts mit den Leitlinien stets auf dem neuesten Stande zur Hand haben und damit umgehen können.** Soll Unterhalt von einem Unterhaltsverpflichteten, der in einem anderen Oberlandesgerichtsbezirk wohnt, verlangt werden, so tut der Anwalt gut daran, sich mit der Unterhaltsrechtsprechung in diesem Oberlandesgerichtsbezirk anhand des dort üblichen Tabellenwerks vertraut zu machen. Die nachstehende **Tabellenübersicht** soll das Auffinden der zuständigen Tabelle (Leitlinien) erleichtern.

Tabellenübersicht

OLG	Fundstelle	Kindesunterhalt	Ehegattenunterhalt
Düsseldorf Tabelle: Leitlinien:	FamRZ 1984, 961 = NJW 1984, 2330 FamRZ 1987, 1133 = NJW 1988, 120	Düsseldorfer Tab.	→ E 3/7 → NE 50%*
Bamberg	NJW 1985, 722	wie Düsseldorfer Tab.	wie Düsseldorf
Berlin (Kammergericht)	NJW 1985, 722 FamRZ 1985, 567 = NJW 1985, 2691	wie Düsseldorfer Tab.	wie Düsseldorf
Braunschweig	NJW 1985, 722	wie Düsseldorfer Tab.	wie Düsseldorf
Bremen	FamRZ 1985, 28 = NJW 1985, 305	wie Düsseldorfer Tab.	→ E 2/5 → NE 1/2
Celle	NJW 1985, 723	wie Düsseldorfer Tab.	→ E 40% → NE 50%
Frankfurt	FamRZ 1984, 1072 = NJW 1985, 116	wie Düsseldorfer Tab.	→ E 2/5 → NE 1/2
Hamburg	FamRZ 1984, 1197 = NJW 1985, 307	wie Düsseldorfer Tab.	→ E 3/7 → NE bis zu 50%

* Unterhaltsquoten der Berechtigten gegen einen erwerbstätigen (E) bzw. nicht erwerbstätigen (NE) Unterhaltsverpflichteten.

OLG	Fundstelle	Kindesunterhalt	Ehegattenunterhalt
Hamm	FamRZ 1984, 963 = NJW 1984, 2331	wie Düsseldorfer Tab.	→ E 3/7 → NE 50%
Karlsruhe	NJW 1985, 721, 722	wie Düsseldorfer Tab.	Karlsruhe: 3/7, Freiburg: 2/5
Koblenz	NJW 1985, 722	wie Düsseldorfer Tab.	→ E 2/5 → NE 3/7
Köln	FamRZ 1985, 24 = NJW 1985, 308	wie Düsseldorfer Tab.	→ E 3/7 → NE 50%
München	FamRZ 1988, 28 = NJW 1988, 689	wie Düsseldorfer Tab.	→ E 3/7 → NE 50%
Nürnberg	Siegfried Mager, Nürnberger Tabelle BBZ-Verlag Nürnberg, Friedrichstr. 16	Nürnberger Tabelle wie Düsseldorfer Tab.	Nürnberger Tabelle
Oldenburg	Kalthoener/Büttner, Die Rspr. zur Höhe des Unterhalts, 3. Aufl., S. 38	wie Düsseldorfer Tab.	wie Düsseldorf
Saarbrücken	NJW 1985, 722	wie Düsseldorfer Tab.	wie Düsseldorf
Schleswig	FamRZ 1985, 886 = NJW 1985, 2688	wie Düsseldorfer Tab.	2/5 für Arbeitseinkommen 3/7 für sonst. Einkommen-50%
Stuttgart	FamRZ 1984, 1197 = NJW 1985, 310	wie Düsseldorfer Tab.	50%
Zweibrücken	NJW 1985, 722	wie Düsseldorfer Tab.	wie Düsseldorf

Die Tabellenübersicht erspart jedoch nicht das Nachlesen, da z. B. die Quoten nur verkürzt wiedergegeben sind. Noch vielgestaltiger als die Quoten sind die Selbstbehaltsätze. Hier muß in jedem Falle in der zuständigen Tabelle nachgelesen werden. Auszugsweise sind die Selbstbehaltsätze einiger Oberlandesgerichte beim Geschiedenenunterhalt im Abschnitt Leistungsfähigkeit – Selbstbehalt wiedergegeben (S. 234, 235).

Da hier nicht alle in der Bundesrepublik Deutschland üblichen Unterhaltstabellen durchgespielt werden können, soll am Beispiel der wohl ältesten und am weitesten verbreiteten Düsseldorfer Tabelle vom Stand 1. Januar 1985, die im Anhang abgedruckt ist, in das Arbeiten mit der Unterhaltstabelle eingeführt werden. Eine Erhöhung der Unterhaltsbedarfsbeträge für Kinder zum 1. Januar 1988 ist nicht erfolgt. Entgegen der Absicht im Schreiben des Bundesministers der Justiz vom 24. April 1987 konnte mangels Zustimmung der Länder eine Verordnung über die Anpassung und Erhöhung von Unterhaltsrenten für Minderjährige gem. § 1612a II BGB nicht in Kraft gesetzt werden.[389]

Fallbeispiel:
Der 35 Jahre alte Mandant, verheiratet mit einer 27 Jahre alten Nur-Hausfrau, zwei eheliche Kinder im Alter von 5 und 8 Jahren, Angestellter mit einem monatlichen Nettoeinkommen von 3000,– DM, Urlaubsgeld und Weihnachtsgeld jährlich netto insgesamt 3600,– DM, will sich wegen einer jüngeren, attraktiven Kollegin von der Familie trennen. Er will wissen, welche Unterhaltsbelastungen auf ihn zukommen.

Zunächst ist der Kindesunterhalt zu berechnen. Da unser Fall den Tabellenregelfall darstellt – die Düsseldorfer Tabelle geht nach Anmerkung A 1. von einem Unterhaltsverpflichteten und 3 Unterhaltsberechtigten (Ehegatte und 2 minderjährige Kinder) aus – ist nach der Einkommensgruppe 5: 2800,– DM bis 3400,– DM der monatliche Unterhaltsbedarfsbetrag für das ältere Kind (8 Jahre = 2. Altersstufe) mit 400,– DM, der für das jüngere Kind (5 Jahre = 1. Altersstufe) mit 330,– DM abzulesen, insgesamt werden also an Kinderunterhalt gem. §§ 1601 ff BGB monatlich 730,– DM anfallen. Dieser Betrag ist von dem bereinigten monatlichen Durchschnittsnettoeinkommen des Unterhaltsschuldners in Höhe von 3300,– DM (3000,– DM zuzügl. 300,– DM 1/12 der Jahressonderzuwendungen) abzusetzen, so daß 2570,– DM monatlich verbleiben.

Die Berechnung des Ehegattenunterhalts geht von diesem Betrag aus (Anm. B III). Die unterhaltsberechtigte Nur-Hausfrau kann nach der Düsseldorfer Tabelle 3/7 von 2570,– DM rund 1100,– DM gem. § 1361 BGB beanspruchen.

Der Kinderunterhalt ist jetzt (nicht vorher, da sonst der Unterhaltsberechtigte mit seiner Quote an dem Kindergeldanteil des Unterhaltsverpflichteten teil hat) um das hälftige Kindergeld zu korrigieren. Nach dem Kindergeldgesetz soll diese sozialstaatliche Leistung die Unterhaltsbelastungen beider Elternteile mildern. Soll die Mutter das Kindergeld für beide Kinder in Höhe von insgesamt 150,– DM (50,– DM für das erste Kind und 100,– DM für das zweite Kind) monatlich beziehen, so beträgt der Anteil des Unterhaltsschuldners 75,– DM. Bei jedem Kind sind daher von seinem Unterhaltssatz 37,50 DM abzusetzen, so daß das ältere Kind 400,– DM abzüglich 37,50 DM = 362,50 DM und das jüngere 330,– DM abzügl. 37,50 DM = 292,50 DM Unterhalt monatlich beanspruchen können. Die auf den Mandanten zukommende monatliche Unterhaltslast beläuft sich also auf 1756,– DM (Kinderunterhalt 362,50 DM und 292,50 DM zuzüglich Ehegattenunterhalt 1100,– DM). Ihm verbleiben mithin 1544,– DM.

---

389 DAVorm 1987, 641.

Diese Rechnung ist jedoch ohne das Steuerrecht gemacht. Der Mandant hat diese Nettoeinkünfte nur bei Anwendung der Lohnsteuerklasse III/2. Trennt er sich dauernd von seiner Familie, so muß er diese Trennung nach dem Lohnsteuerrecht anzeigen und wird nach den Sätzen der ungünstigeren Lohnsteuerklasse I mit zwei Kinderfreibeträgen versteuert. Der Mandant ist darauf hinzuweisen, wie Steuern gespart werden können. Beim Ehegattenunterhalt bietet sich das sogenannte begrenzte Realsplitting an, das beim Geschiedenenunterhalt im Abschnitt Leistungsfähigkeit behandelt wird. Beim Kindesunterhalt können beispielsweise Freibeträge wegen allgemeiner außergewöhnlicher Belastungen (Krankheits- oder Unfallkosten eines Kindes), für Aufwendungen zur Pflege des Eltern-Kind-Verhältnisses oder Ausbildungsfreibeträge geltend gemacht werden.[389a]

ee) Die Möglichkeiten außergerichtlicher Erledigung, insbesondere die unselbständige Unterhaltsvereinbarung

Stehen die Unterhaltsbeträge fest, die der Unterhaltsverpflichtete dem Unterhaltsberechtigten zu zahlen hat, so sollte in jedem Fall ein Unterhaltstitel geschaffen werden. Ein derartiger Titel hat für beide Seiten Vorteile. Die Unterhaltsgläubiger wissen, womit sie rechnen können. Sollte der Unterhaltsschuldner zahlungsunwillig werden, so können sie aufgrund ihres Titels alsbald die Zwangsvollstreckung gegen ihn betreiben. Der Unterhaltsverpflichtete seinerseits weiß, was ihm nach Abzug der Unterhaltsbeträge zur eigenen Verfügung bleibt. Erheben die Unterhaltsberechtigten Mehrforderungen, so müssen sie klagen und begründen, warum sie über die titulierten Unterhaltsrenten hinaus weitergehende Ansprüche geltend machen. Es klagt sich nicht so leicht, wenn bereits ein Titel vorliegt.

Außergerichtlich können Unterhaltstitel dadurch geschaffen werden, daß der Schuldner von einem Jugendamt oder einem deutschen Notar eine Unterhaltsverpflichtungsurkunde aufnehmen läßt und sich in der Urkunde der sofortigen Zwangsvollstreckung unterwirft. Die Jugendämter können Unterhaltstitel nur wegen Unterhaltsverpflichtungen gegenüber minderjährigen – ehelichen wie nichtehelichen – Kindern beurkunden (§ 49 I Nr. 2, 50 JWG). Diese Beurkundungen der Jugendämter sind gebührenfrei. Der Notar kann jede Unterhaltsverpflichtung protokollieren. Die notarielle Protokollierung ist gebührenpflichtig. Zum Zwecke der Klaglosstellung der Unterhaltsberechtigten sollten die Unterhaltsverpflichteten häufiger vollstreckbare Unterhaltsverpflichtungsurkunden errichten lassen. Bei zweifelsfrei geschuldeten Unterhaltsbeträgen sollte der Anwalt seinem Mandanten zur Vermeidung höherer Prozeßkosten dazu raten. Neben den einseitigen Verpflichtungserklärungen gibt es notarielle Verträge und Vereinbarungen für die Dauer des Getrenntlebens und/oder den Fall der Scheidung. Die Vereinbarungen können reine Unterhaltsregelungen oder auch Gesamtregelungen

---

[389a] Vgl. zu den steuerrechtlichen Folgen von Trennung und Scheidung: *Altfelder.* Steuerliche Gestaltung des Ehegatten- und Kindesunterhalts, 1987; *Oberloskamp/Altehoefer/Rogowski,* Finanzielle Vorteile für Eltern und andere Erziehende, Beck-Rechtsberater im dtv, Bd. 5259, 1987.

zum Gegenstand haben. Auf die Ausführungen im 2. Teil über die Eheverträge wird Bezug genommen.

In der Regel handelt es sich um sogenannte **unselbständige Unterhaltsvereinbarungen,** d. h. die Parteien gehen von einem gesetzlichen Unterhaltsanspruch aus, den sie konkretisieren und modifizieren, Konkretisierungen und Modifikation **bleiben** jedoch **im Rahmen des gesetzlichen Anspruchs.** Hat die versprochene Leistung keine gesetzliche Grundlage und wollen die Parteien den Unterhaltsanspruch **ausschließlich vertraglich** begründen, so liegt eine sogenannte **selbständige Unterhaltsvereinbarung** vor.[390] Hier werden nur **typische Fehler solcher unselbständigen Unterhaltsvereinbarungen** aufgezeigt, die in der Praxis vorgekommen sind und die es zu vermeiden gilt:

Die Urkunde ist nur dann Vollstreckungstitel, wenn sie von einem **deutschen Notar** aufgenommen ist (§ 794 I Nr. 5 ZPO). Die modische Neigung, in der Schweiz protokollieren zu lassen, spart also kein Geld.

Die Formulierungen müssen **eindeutig** und die Sachregelungen **gesetzmäßig, praktikabel, vollstreckungsfähig und vollstreckbar** sein. Es versteht sich von selbst, daß die Vereinbarungen nicht gesetzwidrig sein dürfen.

Unpraktisch ist es zum Beispiel, eine Berechnungsweise zu vereinbaren, die zur Feststellung, ob sich die Einkommens- und Vermögensverhältnisse des Unterhaltsverpflichteten verändert haben, einen Wirtschaftsprüfer als Sachverständigen erfordert. Dies gilt insbesondere dann, wenn der Sachverständige mehr kostet, als die vorzunehmende Anpassung dem Unterhaltsberechtigten an weiterem Jahresunterhalt einbringt.

Zur Vollstreckungsfähigkeit gehört: Unterhaltsgläubiger und Unterhaltsschuldner sind eindeutig zu bezeichnen. Schuldet der Unterhaltsverpflichtete mehreren Unterhaltsberechtigten Unterhalt, so dürfen ihre Unterhaltsansprüche nicht in einer Summe ausgedrückt werden. **Die Höhe der Unterhaltsrente** (am besten in DM-Beträgen) **für jeden Berechtigten ist gesondert festzulegen.**[391] Der kalendermäßige Fälligkeitstag ist aufzunehmen.

Die **Unterwerfungsklausel** darf **nicht vergessen** werden, was leider häufiger vorkommt.

Der **zeitliche Umfang** ist klarzustellen. Soll eine Unterhaltsregelung über das Getrenntleben hinaus für den Fall der Scheidung gelten, so muß dies ausdrücklich vereinbart werden. Denn der Unterhaltsanspruch während des Getrenntlebens ist nach der Rechtsprechung des BGH mit dem Unterhaltsanspruch nach Scheidung der Ehe nicht identisch.[392] Er erlischt mit der rechtskräftigen Scheidung.

Hier ist auch an die zeitliche Begrenzung des Unterhalts nach §§ 1573 V und 1578 I 2 BGB zu erinnern.

Insbesondere bei der Regelung des Unterhalts nach der Scheidung ist die Anspruchsgrundlage, der Bedürftigkeitsgrund anzugeben.

---

390 *Rolland* § 1585 c Rn. 7, 9.
391 BGH FamRZ 1981, 541 = NJW 1981, 2462.
392 BGH FamRZ 1981, 242 = NJW 1981, 978.

Die Bemessungsgrundlage ist genau zu beschreiben. Der Parteiwille, welche Verhältnisse zur Grundlage des Vergleichs gehören und wie die Parteien diese Verhältnisse bewerten, ist festzuhalten.[393] Ich sehe immer wieder notarielle Vereinbarungen, in denen die Bemessungsgrundlage fehlt. Damit ist zukünftiger Streit vorprogrammiert. Denn bei einer etwaigen Abänderungslage muß zunächst geklärt werden, ob die Veränderung nach den Regeln über die Veränderung oder den Fortfall der Geschäftsgrundlage rechtlich erheblich ist. Es kommt daher darauf an, welche Verhältnisse für die Bemessung der Unterhaltsrente in der Vereinbarung maßgebend waren. Schon mancher als Zeuge vernommene Notar ist um die Antwort hinsichtlich der Bemessungsgrundlage verlegen gewesen. Die Aufnahme der Bemessungsgrundlage ist daher nicht nur Vorsorge für die Parteien, sondern auch für den Notar. Vorsorglich ist weiter darzustellen, wie das bereinigte Nettoeinkommen des Unterhaltsverpflichteten (und gegebenenfalls das des Berechtigten) errechnet worden ist. Nicht selten streiten die Parteien später darüber, welche Einkünfte angerechnet und welche berücksichtigungsfähigen Posten abgesetzt worden sind.

Als anschaulich und hilfreich hat sich eine Beschreibung der Berechnungsweise erwiesen. Wird das Rechenwerk Schritt für Schritt nachvollziehbar dargestellt, so lassen sich zum einen ursprüngliche Fehler und zum anderen nachträgliche Veränderungen leichter feststellen. Besondere Vorsicht ist geboten, wenn sich eine Partei gegen die Aufnahme der Bemessungsgrundlage sträubt. Wer Schwierigkeiten in der Zukunft vermeiden will, muß auf einer Protokollierung der Bemessungsgrundlage bestehen.

Unterhaltsvereinbarungen stehen, wenn nichts Gegenteiliges vereinbart ist, unter dem **Vorbehalt der gleichbleibenden Verhältnisse (clausula rebus sic stantibus).** Bei erheblichen Veränderungen kann also die Abänderungsklage erhoben werden. Bei Unterhaltsvergleichen hat es der BGH abgelehnt, eine erhebliche Änderung der Verhältnisse erst bei einer Rentenabweichung von mindestens 10% anzunehmen. Vielmehr ist die Frage, ob bei einem Festhalten an der Unterhaltsvereinbarung die Opfergrenze überschritten würde, aufgrund einer umfassenden Würdigung der Umstände des Einzelfalles zu beantworten.[394] Im Hinblick auf diese Rechtsprechung dürfte es sich empfehlen, daß die Parteien festlegen, bei welchem Prozentsatz eine erhebliche Änderung der maßgebenden Verhältnisse anzunehmen ist. Ich halte 5% Rentenabweichung für eine vertretbare Änderungsgröße. Die Parteien können die Abänderung vollstreckbarer Urkunden und gerichtlicher Vergleiche ganz **ausschließen** oder erschweren (oder gegenüber § 323 ZPO erleichtern).[395] Übliche **Formulierung:** „Auf die Geltendmachung der Rechte aus § 323 ZPO wird verzichtet". Es empfiehlt sich, einen solchen Ausschluß bei sicheren finanziellen Verhältnissen nur für einen überschaubaren Zeitraum zu vereinbaren, z. B. bei der Festlegung eines Ausbildungsunterhalts. Der

[393] Vgl. BGH FamRZ 1986, 790, 791.
[394] BGH FamRZ 1986, 790, 791.
[395] BGHZ 85, 64 = FamRZ 1983, 22, 29 = NJW 1983, 228.

Zeitraum sollte im Hinblick auf nicht voraussehbare Not- und Krankheitsfälle zwei Jahre nicht überschreiten.

Im Hinblick auf die Rechtsprechung des BGH, daß § 323 III ZPO für die Abänderung der in § 323 IV ZPO genannten Titel nicht gilt,[396] wird jedoch folgender Zusatz empfohlen: ,,Die Vereinbarung darf nur für die Zeit nach Erhebung der Abänderungsklage abgeändert werden". Diese Vereinbarung ist zulässig.[397] Sie schützt den Unterhaltsberechtigten und den Unterhaltsverpflichteten vor rückwirkenden Abänderungen der Vereinbarung, und zwar den Berechtigten vor Abänderungen nach unten und den Verpflichteten vor Abänderungen nach oben.

Wer einmal wegen einer lange zurückliegenden Veränderung die rückwirkende Abänderung einer Unterhaltsvereinbarung berechnen mußte, der weiß, welche tatsächlichen Schwierigkeiten auf die Parteien und ihre Prozeßbevollmächtigten zukommen können. Die Konsequenz einer solchen Klausel ist allerdings, daß die Parteien wesentliche Veränderungen der maßgebenden Verhältnisse nicht ,,schmoren" lassen, sondern unverzüglich die außergerichtliche Anpassung betreiben und nach fruchtlosem Fristablauf Abänderungsklage erheben. Mit *Göppinger/Wenz* ist daher auch folgende **Formulierung** empfehlenswert: ,,Die Abänderung des Unterhalts kann für die Vergangenheit ab Zugang einer bestimmten und bezifferten Aufforderung verlangt werden. Wird die Abänderungsklage nicht binnen 6 Monaten ab Zugang des Abänderungsverlangens oder binnen eines Monats nach Scheitern der Verhandlungen darüber erhoben, so ist das Abänderungsverlangen wirkungslos".[398]

Von **Wertsicherungsklauseln** ist im allgemeinen abzuraten, da sie den künftigen Wegfall der Bedürftigkeit des Berechtigten und der Leistungsfähigkeit des Verpflichteten grundsätzlich außer Betracht lassen.[399] *Göppinger/Wenz* bemerken a. a. O. zutreffend, daß für den Regelfall § 323 ZPO bereits eine ausreichende Wertsicherung enthält.

Soll jedoch eine Wertsicherungsklausel vereinbart werden, so sind auch währungsrechtliche Gesichtspunkte zu beachten. Es ist zu prüfen, ob die Wertsicherungsklausel genehmigungsbedürftig oder genehmigungsfrei ist. Im Zweifelsfall ist ein Negativattest der Deutschen Bundesbank einzuholen, und zwar bei der jeweils zuständigen Landeszentralbank. Als genehmigungsfrei werden Spannungsklauseln angesehen. Eine Spannungsklausel ist anzunehmen, wenn die in Verhältnis zueinander gesetzten Leistungen im wesentlichen gleichartig oder zumindest vergleichbar sind.[400] Um eine solche Klausel handelt es sich beispielsweise, wenn die Parteien für den Fall der Scheidung vereinbaren, die Unterhaltsrente solle stets einer bestimmten Prozentzahl eines genau bezeichneten Beamtengehalts (A 13 Grundgehalt, letzte Dienstaltersstufe ohne Ortszuschlag) entsprechen, wobei Erhöhungen oder

---

396 BGH FamRZ 1984, 997, 998 = NJW 1985, 64, 65.
397 BGHZ 85, 64 = FamRZ 1983, 22, 24.
398 *Göppinger* Vereinbarungen Rn. 256.
399 *Langenfeld* Rn. 627; *Göppinger* Vereinbarungen Rn. 291.
400 BGH NJW 1983, 1909, 1910.

Verminderungen bis zu 5% unberücksichtigt bleiben sollen.[401] Die Prozentzahl muß daher für den Vereinbarungszeitraum ermittelt und in die Urkunde aufgenommen werden.

Große Vorsicht ist beim **Unterhaltsverzicht** geboten.

Die Ehegatten können gem. § 1585c BGB über die Unterhaltspflicht für die Zeit nach der Scheidung Vereinbarungen treffen. Diese Vorschrift hebt die Sperre des § 1614 BGB für den Geschiedenenunterhalt auf. Denn nach § 1614 I BGB kann für die Zukunft auf den Unterhalt nicht verzichtet werden. Auf rückständige Unterhaltsbeträge kann verzichtet werden. Diese Regel des Verwandtenunterhaltsrechts gilt nach §§ 1360a III und 1361 IV 4 BGB auch für Ehegatten, die in intakter Ehe oder getrennt leben.

Eine Unterhaltsvereinbarung darf gem. § 1614 I BGB keinen – auch nur teilweisen – Verzicht auf den Unterhalt für die Zukunft beinhalten oder bewirken, z. B. durch Erschwerung der Möglichkeit, eine Erhöhung nach § 323 ZPO geltend zu machen. Teilverzicht wie Vollverzicht sind nach § 134 BGB unwirksam. Zwar sieht das Gesetz für die Bemessung des Unterhalts einen „Angemessenheitsrahmen" vor, aber die Vereinbarung hat keinen Bestand, soweit sie diesen Rahmen unterschreitet.[402]

Die Toleranzgrenze liegt etwa bei einer 20%-igen Unterschreitung der Tabellensätze.[403]

Eine **Freistellungsvereinbarung** zwischen den Eltern wegen des Kindesunterhalts ist zulässig.[404] Sie ist jedoch sittenwidrig und damit gem. § 138 I BGB nichtig, wenn der nichtsorgeberechtigte Elternteil die Nichtausübung einer Umgangsbefugnis gegen Freistellung von seiner Unterhaltverpflichtung zusagt.[405] Ein gesetzmäßiger Freistellungsanspruch wegen Unterhalts ist nach § 887 ZPO zu vollstrecken.[406]

Vereinbarungen über den Unterhalt nach der Scheidung können nicht nur aus Anlaß eines beabsichtigten oder schon anhängigen Scheidungsverfahrens, sondern bereits im Zusammenhang mit der Eheschließung und gegebenenfalls auch schon vorher geschlossen werden.[407]

Die **Wirksamkeit eines Verzichts auf nachehelichen Unterhalt** kann u. a. im Wege ergänzender Vertragsauslegung, nach §§ 242 oder 138 BGB sowie gemäß den Regeln über die Änderung oder den Wegfall der Geschäftsgrundlage beurteilt werden.

Die ergänzende Vertragsauslegung setzt voraus, daß die Vereinbarung eine Regelungslücke enthält. Daran fehlt es, wenn die getroffene Regelung nach dem Willen der Parteien abschließend sein soll.[408] Die Berufung auf den

---

[401] *Göppinger* Vereinbarungen Rn. 298.
[402] BGH FamRZ 1984, 997, 999 = NJW 1985, 64.
[403] OLG Köln FamRZ 1983, 750, 752.
[404] KG FamRZ 1985, 1073.
[405] BGH FamRZ 1984, 778 = NJW 1984, 1951.
[406] OLG Hamburg FamRZ 1983, 212.
[407] BGH FamRZ 1985, 788 = NJW 1985, 1833.
[408] BGH FamRZ 1985, 787 = NJW 1985, 1835.

vereinbarten Unterhaltsverzicht kann z. B. gegen Treu und Glauben verstoßen, wenn die Ehefrau nach bis dahin kinderloser Ehe später ein eheliches Kind geboren hat, oder wenn später überwiegende schutzwürdige Interessen gemeinschaftlicher Kinder der Geltendmachung des Rechts entgegenstehen.[409]

Eine Unterhaltsvereinbarung kann gegen die guten Sitten verstoßen und damit nichtig sein, wenn ein nichterwerbsfähiger und nichtvermögender Ehegatte auf nachehelichen Unterhalt verzichtet und infolgedessen absehbar auf Leistungen der Sozialhilfe angewiesen ist. Die Vereinbarung braucht nicht auf einer Schädigungsabsicht der Ehegatten gegenüber dem Träger der Sozialhilfe zu beruhen. Entscheidend kommt es nach dem BGH auf den ,,aus dem Zusammenhang von Inhalt, Beweggrund und Zweck zu entnehmenden Gesamtcharakter" der Verzichtvereinbarung an.[410] Treffender läßt sich das Sittenwidrigkeitsurteil damit begründen, daß die Vereinbarung wegen der bewußt in Kauf genommenen Folgen ein illoyales Verhalten gegenüber den Interessen der Allgemeinheit, die ihren Ausdruck im Subsidiaritätsprinzip gefunden haben, offenbart und aus diesem Grunde gegen § 138 I BGB verstößt.

Im Hinblick auf diese Fallgruppen und für die Beurteilung der Geschäftsgrundlage ist es sicherer, in der Vereinbarung festzuhalten, daß und warum aus der Sicht der Parteien keine Partei unterhaltsbedürftig ist. Bei Leistungsunfähigkeit des Verpflichteten und Bedürftigkeit des Berechtigten sollte von einem Verzicht abgesehen werden. Hier genügt es festzuhalten, daß unter den derzeitigen finanziellen Verhältnissen ein Unterhaltsanspruch nicht mit Aussicht auf Erfolg geltend gemacht werden kann. Die Gefahren eines Vollverzichts lassen sich schließlich mit einem Teilverzicht vermeiden, indem der Kindesbetreuungsanspruch nach § 1570 BGB und der Fall des etwaigen Notbedarfs von dem Verzicht auf nachehelichen Unterhalt ausgenommen werden.[411]

Handelt es sich um eine **Gesamtregelung,** beispielsweise in Form einer Scheidungsfolgenvereinbarung, so muß ausdrücklich festgestellt werden,

- für welchen Fall der Scheidung die Vereinbarung gelten soll (nur für die einverständliche Scheidung oder für jeden Fall der Scheidung),
- welche Wirkung die Rücknahme des Scheidungsantrags haben soll,
- welche Einzelregelungen unabhängig von einer Scheidung gelten sollen,
- welche Wirkungen die Unwirksamkeit einer Einzelregelung für die Gesamtregelung haben soll.[412]

Der Empfehlung, § 139 BGB bei Gesamtregelung auszuschließen,[413] kann nur bedingt zugestimmt werden:[414]

---

409 BGH FamRZ 1985, 787 = NJW 1985, 1935; BGH FamRZ 1987, 46.

410 BGHZ 86, 82 = FamRZ 1983, 137 = NJW 1983, 1851; BGH FamRZ 1987, 40.

411 Zum Notbedarf vgl. BGH FamRZ 1980, 1104; = NJW 1981, 51.

412 Vgl. Empfehlungen des 5. DFGT, FamRZ 1983, 1199, 1202 unter A V 4.

413 *Langenfeld,* Vereinbarungen über den nachehelichen Unterhalt in der Praxis, NJW 1981, 2377, 2378.

414 *Göppinger* Vereinbarungen Rn. 222 FN. 101.

Der **Ausschluß des § 139 BGB** ist unschädlich bei unwesentlichen Einzelpunkten. Der Ausschluß dieser Vorschrift kann weiter hingenommen werden, wenn der unwirksame Vereinbarungsteil zwar von wesentlicher Bedeutung ist, sich aber auf die anderen Punkte nicht auswirkt, weil er als unabhängige Regelung konzipiert ist. Verlangt jedoch die unwirksame Einzelregelung notwendige Anpassungen bei anderen Vereinbarungspunkten, z. B. Ehegattenunterhalt und Zugewinnausgleich oder Hausrat und Zugewinnausgleich hängen voneinander ab (sogenannte Paketlösung), so entspricht der Ausschluß des § 139 BGB nicht dem Parteiwillen. Dies muß bei Abfassung der sogenannten salvatorischen Klausel bedacht werden.

ff) Die Vorbereitung des Unterhaltsrechtsstreits, insbesondere die Inverzugsetzung

Bisher ist davon ausgegangen worden, daß der Unterhaltsverpflichtete kooperativ ist. Zu einer außergerichtlichen Erledigung wird es jedoch bei folgenden Fallgruppen nicht kommen:

- Der Unterhaltsverpflichtete erteilt keine Auskunft und zahlt keinen Unterhalt.
- Der Verpflichtete erteilt keine Auskunft, zahlt jedoch Unterhalt. Der Berechtigte weiß mangels Auskunftserteilung nicht, ob der Verpflichtete zu wenig Unterhalt leistet.
- Der Verpflichtete erteilt Auskunft, hält sich aber wegen falscher Bewertung des anrechenbaren Einkommens und/oder der absetzbaren Posten für leistungsunfähig oder eingeschränkt leistungsfähig und zahlt keinen oder zu geringen Unterhalt.
- Der Verpflichtete erteilt eine Auskunft, die erkennbar unrichtig und/oder unvollständig ist, und zahlt deswegen nicht den vollen Unterhalt.

In diesen Fällen muß der Verpflichtete im wesentlichen aus zwei Gründen so früh wie möglich mit einem **Aufforderungsschreiben** in Verzug gesetzt werden:

Zum einen kann Unterhalt für die Vergangenheit nur von dem Zeitpunkt an gefordert werden, zu dem der Verpflichtete in Verzug gekommen oder der Unterhaltsanspruch rechtshängig geworden ist (§§ 1613 I, 1361 IV 4 i. V. m. § 1360a III und 1613 I, 1585b II BGB).

Zum anderen gilt es, die Kostenfolge des § 93 ZPO zu vermeiden.

Bei der **Inverzugsetzung** ist folgendes zu beachten: Da die Verzugsfolgen den Unterhaltsschuldner erheblich belasten können, soll er vor Verzugseintritt noch gewarnt werden. Der Verzug setzt daher regelmäßig eine Mahnung nach Eintritt der Fälligkeit voraus (§ 284 I 1 BGB). Die Mahnung hat also eine Warn- und Schutzfunktion. Daraus erklärt sich, daß **die Mahnung des Unterhaltsgläubigers eine der Höhe nach bestimmte und eindeutige Leistungsaufforderung enthalten muß.**[415] Dazu bedarf es nach der Auffassung des BGH nicht ausnahmslos einer Bezifferung; vielmehr kommt es

---

[415] BGH FamRZ 1985, 155, 157 = NJW 1985, 486.

darauf an, daß nach dem Inhalt der Mahnung und den gesamten Umständen des Falles für den Unterhaltsverpflichteten klar ist, welchen genauen Unterhaltsbetrag der Berechtigte von ihm verlangt. Diese Anforderung erfüllt ein Zahlungsverlangen ohne Bezifferung selbst dann nicht, wenn der Unterhaltsverpflichtete aufgrund der ihm bekannten Umstände (Kindesalter und eigenens Nettoeinkommen) den geschuldeten Unterhaltsbetrag unter Inanspruchnahme fachkundiger Hilfe oder Beratung ermitteln kann.[416] Das an den Verpflichteten gerichtete Verlangen, Auskunft über seine Einkommensverhältnisse zu erteilen, stellt erst recht keine konkrete Leistungsaufforderung dar.[417] Ob dem Bestimmtheitserfordernis genügt ist, wenn dem Unterhaltsverpflichteten bei Unterhaltsansprüchen ehelicher Kinder mit der Zahlungsaufforderung die Düsseldorfer Tabelle übersandt wird, hat der BGH offen gelassen.[418]

Der Rechtsanwalt sollte daher kein Risiko eingehen und **eher einen zu hohen als einen zu niedrigen Unterhaltsbetrag verlangen.** Nach der ständigen Rechtsprechung des BGH nimmt eine Zuvielforderung der Mahnung nicht die Wirksamkeit. Sie wird als Aufforderung zur Bewirkung der tatsächlich geschuldeten Leistung verstanden, zumal da der Berechtigte im Zweifel auch zur Annahme eines geringeren Unterhaltsbetrages bereit ist.[419] Eine **Zuvielforderung** ist also **unschädlich.** Die Forderung eines zu geringen Unterhaltsbetrages begründet Verzug nur hinsichtlich des verlangten Betrages.[420] Als die den Verzug auslösende Mahnung kann auch die formlose Übersendung einer Klageschrift oder eines Prozeßkostenhilfe-Antrages durch das Gericht an den Verpflichteten angesehen werden.[421]

Die Verzugsfolgen treten mit dem Tage des Zugangs der Mahnung ein.[422] Da es immer wieder Unterhaltsverpflichtete gibt, die den Zugang der Mahnung bestreiten, ist darauf zu achten, daß der Zugang der Mahnung im Streitfall nachgewiesen werden kann (z. B. durch Einschreiben mit Rückschein). Ob Unterhaltsrückstände zu verzinsen sind, ist nach wie vor umstritten. Die überwiegende Meinung nimmt eine **Verzinsung** an.[423] Der Mahnung steht nach § 284 I 2 BGB die Zustellung einer Klageschrift oder eines Mahnbescheides gleich. Entsprechendes gilt für die Zustellung des Antrages auf Erlaß einer einstweiligen Anordnung.[424]

---

416 BGH FamRZ 1984, 163 = NJW 1984, 868; a. A. *Gießler,* Verzug mit der Unterhaltszahlungsschuld bei sog. unbestimmter Mahnung, FamRZ 1984, 954 ff.

417 BGH FamRZ 1985, 155, 157 = NJW 1985, 486; OLG Karlsruhe FamRZ 1980, 917.

418 BGH FamRZ 1984, 163 = NJW 1984, 868. Nach OLG Karlsruhe FamRZ 1980, 917 kann es ausreichen.

419 BGH FamRZ 1983, 352, 355 = NJW 1983, 2318.

420 BGH FamRZ 1982, 887, 890 = NJW 1982, 1983.

421 BGH FamRZ 1983, 892, 894; FamRZ 1987, 472, 475 = NJW 1987, 1549.

422 BGH FamRZ 1985, 155, 158 = NJW 1985, 486; KG FamRZ 1984, 1131.

423 OLG Frankfurt FamRZ 1985, 704, 706 mit Nachweisen, vgl. auch BGH FamRZ 1987, 352 betreffend die Zubilligung von Prozeßzinsen für die rückständigen Unterhaltsbeträge.

424 BGH FamRZ 1983, 352, 355 = NJW 1983, 2318.

Verzug ohne Mahnung tritt bei **Kalenderfälligkeit** ein (§ 284 II BGB). Hier bedarf es keiner besonderen Warnung, weil dem Unterhaltsschuldner seine Verpflichtung nach Grund und Höhe bekannt ist. Dies ist insbesondere bei vertraglich vereinbarten Unterhaltsleistungen oder nach gerichtlichen Entscheidungen mit genauer Feststellung des Zahltages für die monatliche Unterhaltsrente der Fall.[425]

Die **Mahnung** ist nach Treu und Glauben **entbehrlich, wenn der Verpflichtete Unterhaltsleistungen eindeutig und endgültig verweigert** hat. Eine solche Erfüllungsverweigerung kann auch schon in der unvermittelten Einstellung bisher regelmäßig erbrachter Unterhaltszahlungen gesehen werden.[426] Auch im Falle der endgültigen Erfüllungsverweigerung treten die Verzugsfolgen erst am Tage der Weigerungserklärung ein.[427]

Das **Aufforderungsschreiben an einen angestellten Arbeitnehmer,** verbunden mit dem Auskunftsverlangen, kann wie folgt aussehen:

Schriftsatz-Muster 22

Rechtsanwältin Schnelle Hanau, den 05. Sept. 1986

Sehr geehrter Herr Werner,

hiermit zeige ich Ihnen unter Vollmachtsvorlage an, daß mich Frau Brigitte Werner mit der Wahrnehmung ihrer Interessen sowie der der minderjährigen ehelichen Kinder Thomas (8 Jahre) und Katrin (5 Jahre) beauftragt hat. Zur Vertretung der Kinder ist Ihre Ehefrau gem. § 1629 II 2 BGB berechtigt.

Nach den mir erteilten Informationen haben Sie sich Anfang des Monats September 1986 von Ihrer Familie getrennt und sind aus der ehelichen Wohnung ausgezogen. Sie haben bisher für diesen Monat nur 800,– DM Unterhalt gezahlt. Diese Unterhaltsleistungen sind unzureichend. Ihre meiner Mandantin gegenüber geäußerte Ansicht, sie müsse sich selbst unterhalten, ist unzutreffend. Ihre Frau trifft bei dem Alter der Kinder nach der ständigen Rechtsprechung des BGH keine Erwerbsobliegenheit. Sie schulden Ihrer Ehefrau und Ihren Kindern den angemessenen Unterhalt. Die nachstehenden Ansprüche werden auf §§ 1605, 1361, 1601 ff. BGB gestüzt.

Ich fordere Sie hiermit auf, bis zum 17. September 1986 Auskunft zu erteilen durch Vorlage einer systematischen Aufstellung über Ihre sämtlichen Bruttoeinkünfte einschließlich Sonderzuwendungen in der Zeit vom 1. Sept. 1985 bis zum 31. August 1986 und die in diesem Zeitraum vorgenommenen gesetzlichen Abzüge sowie die erteilte Auskunft zu belegen durch Vorlage Ihrer vom Arbeitgeber ausgestellten und sämtliche Bruttoeinkünfte und gesetzlichen Abzüge nach Art und Höhe enthaltenden Verdienstbescheinigung für die Zeit vom

---

[425] BGH FamRZ 1983, 352, 354 = NJW 1983, 2318.
[426] BGH FamRZ 1983, 352, 354 = NJW 1983, 2318; FamRZ 1987, 472, 475 = NJW 1987, 1549.
[427] BGH FamRZ 1985, 155, 158 = NJW 1985, 486.

1. September 1985 bis zum 31. August 1986. Sollten Sie über die gesetzlichen Abzüge hinaus weitere Abzugsposten geltend machen wollen, so sind diese zu begründen und zu belegen.

Weiter fordere ich Sie auf, bis zum 17. September 1986 noch insgesamt 1158,– DM Unterhalt für meine Mandantin und die beiden Kinder und ab 1. Oktober 1986 jeweils zum 1. eines jeden Monats mindestens folgende Unterhaltsrenten im voraus zu zahlen: Für Frau Brigitte Werner 1078,– DM, für Thomas 440,– DM und für Katrin 365,– DM Unterhalt monatlich zuzüglich 75,– DM hälftiges Kindergeld, das Sie für beide Kinder beziehen.

Da Sie es im Laufe Ihrer Ehe verstanden haben, Ihre Ehefrau über die Höhe Ihrer Einkünfte im unklaren zu lassen, habe ich Ihr durchschnittliches monatliches Nettoeinkommen aufgrund Ihres Berufes als Bankangestellter und in Ihrer Funktion in der Stadtsparkasse vorläufig auf 3500,– DM geschätzt. Bei diesem monatlichen Nettoeinkommen haben Sie gemäß der Düsseldorfer Tabelle nach Frankfurter Praxis an Kinderunterhalt 805,– DM monatlich zu zahlen, und zwar für Thomas 440,– DM und für Katrin 365,– DM. Von dem verbleibenden Betrag in Höhe von 2695,– DM monatlich stehen Ihrer Frau nach der Rechtsprechung des OLG Frankfurt am Main 40% = 1078,– DM als monatlicher Ehegattenunterhalt zu. Es kommt hinzu die Hälfte des von Ihnen bezogenen Kindergeldes in Höhe von DM 150,– DM also 75,– DM monatlich. Insgesamt haben Sie monatlich 1958,– DM Unterhalt zu zahlen. Da für September 1986 bisher nur 800,– DM gezahlt worden sind, stehen hier noch 1158,– DM offen.

Die vorgenannten Beträge leisten Sie bitte auf das Konto Ihrer Ehefrau bei der Kreissparkasse, Konto Nr. 1000001. Der pünktliche Zahlungseingang ist durch Dauerauftrag sicherzustellen.

Ich weise abschließend auf folgendes hin: Eine Erhöhung der Unterhaltsforderungen nach Eingang der Auskunft bleibt vorbehalten. Sollte die von mir gesetzte Frist fruchtlos ablaufen, so befinden Sie sich im Verzug, und ich werde den Auskunfts- und Beleganspruch sowie die Unterhaltsforderungen unverzüglich gerichtlich geltend machen. Die Korrenspondenz führen Sie ab jetzt bitte nur noch mit mir.

Hochachtungsvoll

Rechtsanwältin

Handelt es sich bei dem Unterhaltspflichtigen um einen **Selbständigen,** so kann der **Auskunftsteil** folgendermaßen formuliert werden:

Schriftsatz-Muster 23

Ich fordere Sie hiermit auf, bis zum 30. September 1986 Auskunft zu erteilen durch Vorlage einer systematischen Aufstellung über Ihre sämtlichen Bruttoeinnahmen und die nach Steuerrecht vorgenommenen Abzüge (mit Erläuterungen zu der Frage, warum die Abzüge auch im Unterhaltsrecht von Bedeutung sein sollen) in den Jahren 1983, 1984 und 1985 und über Ihr Vermögen zum 31. Dezember 1985 sowie die zu erteilende Auskunft zu belegen durch Vorlage der Bilanzen, Gewinn- und Verlustrechnungen oder (bei Freiberuflern und nicht buchführungspflichtigen Gewerbetreibenden) Einnahmen/Überschußrechnungen, weiter der Einkommenssteuerbescheide und Einkommenssteuererklärungen nebst den Anlagen für die Jahre 1983, 1984 und 1985.

---

b) Auskunfts- und Belegverlangen in Unterhaltssachen sowie Verpflichtung zur ungefragten Information

Verwandte in gerader Linie sowie getrenntlebende und geschiedene Ehegatten sind einander verpflichtet, **auf Verlangen** über ihre Einkünfte und ihr Vermögen **Auskunft** zu erteilen. Über die Höhe der Einkünfte sind **auf Verlangen Belege,** insbesondere Bescheinigungen des Arbeitgebers, vorzulegen. Die **Anspruchsgrundlagen** für die wechselseitige Auskunfts- und Belegpflicht finden sich in den §§ 1605, 1361 IV 4, 1580 BGB. § 1605 BGB stellt die Grundnorm dar, deren entsprechende Anwendung die §§ 1361 IV 4 und 1580 BGB vorschreiben.

Sinn und Zweck des Auskunfts- und Belegverlangens ist es, sich rechtzeitig Gewißheit über die relevanten Einkommens- und Vermögensverhältnisse der anderen Seite zu verschaffen, um die richtige Bemessung des Unterhaltsanspruches oder der Unterhaltsverpflichtung zu ermöglichen und so Prozeßrisiken zu vermeiden.[428] Eine Auskunftspflicht besteht daher nicht, wenn feststeht, daß die begehrte Auskunft den Unterhaltsanspruch oder die Unterhaltsverpflichtung unter keinem Gesichtspunkt beeinflussen kann.[429] Dies ist zum Beispiel der Fall, wenn über die Einkünfte des Verpflichteten so viel feststeht, daß der gesamte Bedarf des berechtigten Kindes voll gedeckt werden kann,[430] oder wenn unabhängig von den Einkommens- oder Vermögensverhältnissen des Verpflichteten ein Unterhaltsanspruch gegen ihn nicht in Frage kommt.[431] Es genügt jedoch, daß die Auskunft für die Unterhaltsbemessung von Bedeutung sein kann. Der Auskunftsanspruch setzt als **selbständiger Anspruch** nicht voraus, daß sich das Auskunftsergebnis auf die

---

[428] *Palandt/Diederichsen* § 1605 Anm. 1.
[429] BGH FamRZ 1982, 996 = NJW 1982, 2771.
[430] BGH FamRZ 1983, 473 = NJW 1983, 1429.
[431] BGH FamRZ 1983, 996 = NJW 1983, 2243.

Höhe des Unterhaltsanspruchs oder der Unterhaltsverpflichtung auswirkt.[432] Besonders im Ehegattenunterhaltsrecht beantwortet erst die Kenntnis der Bemessungsgrundlagen die Frage, ob und inwieweit ein Unterhaltsanspruch oder eine Unterhaltsverpflichtung besteht. Der Anspruchsgegner kann sich gegenüber einem Auskunftsverlangen nicht auf ein Zurückbehaltungsrecht berufen, bis der Anspruchsteller seinerseits Auskunft erteilt.[432a]

Der Auskunftsberechtigte hat in Verbindung mit § 260 I BGB Anspruch auf eine systematische Zusammenstellung der erforderlichen Angaben, die ihm ohne übermäßigen Arbeitsaufwand eine Berechnung seines Unterhaltsanspruches oder seiner Unterhaltsverpflichtung ermöglicht.[433] **Die Auskunftspflicht ist also durch Vorlage einer systematischen (geordneten, übersichtlichen und in sich geschlossenen und verständlichen) Aufstellung zu erfüllen.** Es liegt daher noch nicht einmal eine Teilerfüllung vor, wenn die wirtschaftlichen Verhältnisse für 12 Monate offenzulegen und nur Angaben über einen Monat gemacht sind. In solchen Fällen kann vom Berechtigten Auskunft über den gesamten Zeitraum beantragt und vom Gericht antragsgemäß entschieden werden.[434]

Jedes vorgerichtliche Auskunftsbegehren sollte so konkret abgefaßt werden, daß es ohne Inhaltsänderung als Klageantrag übernommen werden kann und die unveränderte Übernahme des Klageantrages eine Urteilsformel mit vollstreckungsfähigem Inhalt ergibt. **Aus der vorgerichtlichen Auskunftsaufforderung, dem Klageantrag und dem Urteilstenor muß eindeutig zu entnehmen sein,**

- **für welchen Zeitraum der Schuldner Auskunft erteilen soll,**
- **auf welchen Zeitpunkt er die Aufstellung seines Vermögens abstellen und**
- **welche Belege er vorlegen soll.**

Fehlt die konkrete Bezeichnung des Auskunfts- und Belegverlangens, so ist das Aufforderungsschreiben wirkungslos, der Klageantrag mangels hinreichender Bestimmtheit im Sinne des § 253 II Nr. 2 ZPO unzulässig und das etwa nach Antrag ergangene Urteil nicht vollstreckungsfähig.[435]

Für welchen Zeitraum kann Auskunft verlangt werden? Welche Belege können verlangt werden?

Hier ist zwischen abhängig Beschäftigten und Selbständigen zu unterscheiden.

Bei unselbständigen Erwerbstätigen sind in der Regel die Einkünfte eines Jahres maßgebend. Dabei kann von den letzten zwölf Monaten vor Auskunftsaufforderung bzw. Rechtshängigkeit[436] oder vom abgelaufenen Kalen-

---

[432] BGH FamRZ 1982, 996 = NJW 1982, 2771.
[432a] So zu § 1580 BGB OLG Köln FamRZ 1987, 714.
[433] BGH FamRZ 1983, 996, 998 = NJW 1983, 2243.
[434] BGH FamRZ 1983, 996, 998 = NJW 1983, 2243.
[435] BGH FamRZ 1983, 454 = NJW 1983, 1056; OLG Karlsruhe FamRZ 1983, 631.
[436] vgl. BGH FamRZ 1983, 996, 998.

derjahr ausgegangen werden.[437] Wird der Auskunftsanspruch erst in der zweiten Hälfte des Jahres geltend gemacht, so empfiehlt es sich regelmäßig, den zwölfmonatigen Zeitraum vor dem Auskunftsverlangen oder der Klageerhebung als Beurteilungszeitraum zu wählen, um auch die Lohn- bzw. Gehaltserhöhung des laufenden Jahres berücksichtigen zu können. Auch sonst sprechen für diesen Zeitraum die aktuelleren Daten. Als Beleg wird grundsätzlich die alle Bruttoeinkünfte und gesetzlichen Abzüge nach Art und Höhe erfassende **Verdienstbescheinigung des Arbeitgebers,** bezogen auf den Zeitraum der Auskunftserteilung, zu fordern sein.

Bei selbständigen Gewerbetreibenden oder freiberuflichen Erwerbstätigen ist in der Regel auf das Durchschnittseinkommen in den letzten drei Jahren abzustellen, um eine sichere Beurteilung der Verhältnisse zu ermöglichen.[438]

Vom Selbständigen können folgende **Belege** verlangt werden:

- Bilanzen nebst Gewinn- und Verlustrechnungen[439]
- Einnahmen/Überschußrechnungen (bei nichtbilanzierenden Gewerbetreibenden und Freiberuflern)[440]
- Einkommenssteuerbescheide, und zwar auch bei Zusammveranlagung des Auskunftsverpflichteten mit seinem Ehegatten. Hier dürfen jedoch solche Betragsangaben abgedeckt oder unkenntlich gemacht werden, die ausschließlich seinen Ehegatten betreffen, oder in denen Werte für ihn und seinen Ehegatten zusammengefaßt sind, ohne daß sein eigener Anteil daraus entnommen werden kann.[441]
- Einkommenssteuererklärungen nebst den Anlagen L (Land- und Forstwirtschaft), GSE (Gewerbetrieb/selbständiger Arbeit), N (nichtselbständiger Arbeit), KSO (Kapitalvermögen/sonstige Einkünfte), V (Vermietung und Verpachtung).

  Im jeweiligen Fall sind nur die in Betracht kommenden Anlagen zu fordern. Bei den Einkommenssteuererklärungen sind Einschränkungen der Vorlagepflicht möglich, wenn der Verpflichtete seine Einkünfte bereits in anderer Weise ausreichend belegt hat, wenn er ein schutzwürdiges Interesse an der Zurückhaltung bestimmter Angaben hat, die sich aus der Steuererklärung ergeben, wenn aufgrund besonderer Umstände die Gefahr einer mißbräuchlichen Verwendung besteht. Die konkreten Tatsachen, die zur Einschränkung führen sollen, muß der Auskunftsverpflichtete darlegen und beweisen.[442]
- Umsatzsteuerbescheide und -erklärungen.[443]

---

437 OLG München FamRZ 1984, 173, 174.

438 BGH FamRZ 1985, 357, 359 = NJW 1985, 909.

439 BGH FamRZ 1982, 680 = NJW 1982, 1642.

440 *Wendl/Staudigl,* Das Unterhaltsrecht in der familienrichterlichen Praxis, München 1986, S. 111 unter II 2c) cc).

441 BGH FamRZ 1982, 151 = NJW 1982, 1645; BGH FamRZ 1983, 680 = NJW 1983, 1554.

442 BGH FamRZ 1983, 680, 682 = NJW 1983, 1554.

443 *Wendl/Staudigl,* a. a. O. S. 111 unter II 2d).

Die Belege werden regelmäßig für die abgelaufenen letzten drei Geschäftsjahre verlangt werden. Das OLG Hamm macht jedoch zu Recht darauf aufmerksam, daß die Gewinn- und Verlustrechnung jederzeit speziell zur Berechnung des Unterhaltsanspruchs anzufertigen ist, dem Berechtigten also nicht unter Hinweis auf üblicherweise erst längere Zeit nach Ablauf des Geschäftsjahres erfolgende Erstellung verweigert werden darf.[444] Nach der ständigen Rechtsprechung, insbesondere des BGH, muß der Selbständige, der sich auf sein zu versteuerndes Einkommen beruft, seine Einnahmen und die abgesetzten Beträge im einzelen so **erläutern,** ,,daß die allein steuerrechtlich beachtlichen von den auch unterhaltsrechtlich abzugsfähigen Aufwendungen abgegrenzt werden können".[445] Auf die Ausführungen zur Ermittlung der Leistungsfähigkeit bei Selbständigen im Geschiedenenunterhalt wird Bezug genommen. Treffend rät Nickl dem selbständigen Unterhaltsverpflichteten, eine ,,kommentierte Unterhaltsbilanz" vorzulegen.[446]

Auskunft über das Vermögen kann gemäß § 1605 BGB nur bezogen auf einen Zeitpunkt verlangt werden. Ein Anspruch auf Vorlage von Belegen über das Vermögen besteht nicht.[447]

Erneute Auskunft vor Ablauf einer Sperrfrist von zwei Jahren kann nach § 1605 II BGB nur verlangt werden, wenn der Auskunftsverpflichtete später wesentlich höhere Einkünfte oder weiteres Vermögen erworben hat. Nach hier vertretener Auffassung beginnt die Zweijahresfrist mit der letzten Auskunftserteilung, da diese Auskunft als Grundlage für die Bezifferung gedient hat. Auf die Titulierung stellt das Gesetz nicht ab.[448]

Nach der Auffassung des BGH,[449] der das OLG Frankfurt am Main für bestimmte Teilgruppen mit beachtlichen Gründen entgegengetreten ist,[450] kann der Unterhaltsverpflichtete, der mit der Erfüllung seiner Ankunftspflicht in Verzug geraten ist, dem Berechtigten zum Ersatz des daraus entstehenden Schadens verpflichtet sein.

Es ist zweckmäßig, das Auskunfts- und Belegverlangen mit der **Stufenklage (§ 254 ZPO)** durchzusetzen. Denn ein der Höhe nach noch nicht bezifferbarer Leistungsanspruch wird bereits mit der Erhebung der Stufenklage rechtshängig.[451] Die Auskunfstpflicht des Ehegatten nach § 1580 BGB besteht von der Rechtshängigkeit des Scheidungsantrags an. Im Verbundverfahren kann der Antrag auf nachehelichen Unterhalt ebenfalls mit einer Stufenklage gel-

---

444 OLG Hamm FamRZ 1980, 455.

445 BGH FamRZ 1985, 357, 359, = NJW 1985, 909, 910.

446 *Nickl,* Problematische Betriebsausgabenpostionen bei der Berechnung des unterhaltsrechtlich relevanten Einkommens bei Selbständigen, DAVorm 1986, 103ff., 114.

447 OLG Karlsruhe FamRZ 1986, 271.

448 Wie hier OLG Schleswig SchlHA 1983, 1361; a. A. OLG Hamburg FamRZ 1984, 1142 in einem atypischen Fall: Zwischen Auskunftserteilung und Bezifferung lagen über 22 Monate!

449 BGH FamRZ 1984, 163, 164 = NJW 1984, 868.

450 OLG Frankfurt FamRZ 1985, 732.

451 *Thomas/Putzo* § 254 Anm. 1c; *Zöller/Stephan* § 254 Rn. 1 jeweils mit Nachweisen.

tend gemacht werden. Über den Auskunftsantrag kann in diesem Fall vor der Entscheidung über den Scheidungsantrag erkannt werden.[452]

Die **Zwangsvollstreckung** des Auskunfts- und Belegurteils erfolgt nach § 888 ZPO. Dem Antrag nach § 888 ZPO ist die Ausfertigung des Vollstrekkungstitels mit Vollstreckungsklausel und Zustellungsnachweis beizufügen. Es wird noch einmal darauf hingewiesen, daß ein Beleganspruch nur vollstreckt werden kann, wenn er tituliert ist.

Ein **Anspruch auf eidesstattliche Versicherung** ist gegeben, wenn Grund zu der Annahme besteht, daß die Auskunft vom Verpflichteten in Punkten von erheblicher Bedeutung nicht mit der erforderlichen Sorgfalt erteilt worden ist (§ 1605 I 3 i. V. m. § 260 II, III BGB). Der Auskunftsberechtigte muß die Umstände, die den Verdacht mangelnder Sorgfalt begründen, darlegen und beweisen.[453]

Neben der Pflicht zur Auskunftserteilung auf Verlangen kann in besonderen Fällen eine **Verpflichtung zur ungefragten Information** des Partners des Unterhaltsrechtsverhältnisses als Ausprägung des Grundsatzes von Treu und Glauben (§ 242 BGB) bestehen. Der BGH hat in seinem grundlegenden Urteil vom 19. Februar 1986 dazu folgendes ausgeführt:[454]

„Die Pflicht muß deshalb auf Ausnahmefälle beschränkt bleiben, in denen das Schweigen über eine günstige, für den Unterhaltsanspruch ersichtlich grundlegende Änderung der wirtschaftlichen Verhältnisse evident unredlich erscheint. Das kann jedenfalls dann angenommen werden, wenn der Unterhaltsschuldner aufgrund vorangegangenen Tuns des Unterhaltsgäubigers sowie nach der Lebenserfahrung keine Veranlassung hatte, sich des Fortbestandes der anspruchsbegründenden Umstände durch ein Auskunftsverlangen zu vergewissern, der Unterhaltsgläubiger sodann trotz einer für den Schuldner nicht erkennbaren Veränderung in seinen wirtschaftlichen Verhältnissen, die den materiellrechtlichen Unterhaltsanspruch ersichtlich erlöschen läßt, eine festgesetzte Unterhaltsrente weiter entgegennimmt und dadurch den Irrtum befördert, in seinen Verhältnissen habe sich erwartungsgemäß nichts geändert."

In der Verletzung einer solchen Offenbarungspflicht kann eine sittenwidrige vorsätzliche Schädigung liegen, die nach § 826 BGB zum Schadensersatz verpflichtet.[454a]

---

[452] BGH FamRZ 1982, 151 = NJW 1982, 1645.
[453] *Jauernig/Vollkommer* Anm. 4a zu §§ 259/261.
[454] BGH FamRZ 1986, 450, 453 = NJW 1986, 1751; BGH FamRZ 1986, 794, 796.
[454a] BGH FamRZ 1987, 368, 369; BGH FamRZ 1988, 270ff.

Rechtsanwalt Schulze Hanau, den 17. Oktober 1986

An das
Amtsgericht
– Familiengericht –
6450 Hanau/Main

In der Familiensache
der Frau Monika Müller, Mozartstraße 90, 6450 Hanau 1

– Klägerin –

Prozeßbevollmächtigter: Rechtsanwalt Schulze

gegen

Herrn Mathias Müller, Schäferring 30, 6456 Langensebold

– Beklagten –

beantrage ich im Wege der Stufenklage:

I. Der Beklagte wird verurteilt, der Klägerin
   1. Auskunft zu erteilen durch Vorlage einer geordneten Zusammenstellung über
      a) seine sämtlichen Bruttoeinkünfte einschl. Sonderzuwendungen aus unselbständiger Tätigkeit in der Zeit vom 1. Sept. 1985 bis zum 31. August 1986 und die in diesem Zeitraum vorgenommenen gesetzlichen Abzüge,
      b) seine sämtlichen Bruttoeinnahmen aus selbständiger Tätigkeit in den Jahren 1983, 1984 und 1985 und die in diesen Jahren nach Steuerrecht vorgenommenen Abzüge nebst Erläuterungen dieser Abzüge,
      c) seine Einkünfte aus Kapitalvermögen in 1983, 1984 und 1985,
   2. die erteilten Auskünfte zu belegen
      a) durch Vorlage der von seinem Arbeitgeber, der Bau AG, ausgestellten und sämtliche Bruttoeinkünfte und gesetzlichen Abzüge nach Art und Höhe enthaltenen Verdienstbescheinigung für die Zeit vom 1. September 1985 bis zum 31. August 1986,
      b) durch Vorlage folgender Unterlagen betreffend die Firma Josef Müller GmbH für die Jahre 1983, 1984 und 1985
         aa) Bilanz nebst Gewinn- und Verlustrechnungen,
         bb) Einkommensteuererklärungen nebst den gesetzlich vorgeschriebenen Anlagen und Einkommensteuerbescheiden,
         cc) Umsatzsteuererklärungen und Umsatzsteuerbescheiden
      c) durch Vorlage entsprechender Bankbescheinigungen für 1983, 1984 und 1985.

II. Der Beklagte wird erforderlichenfalls verurteilt, die Richtigkeit und Vollständigkeit der Auskünfte eidesstattlich zu versichern.

III. Der Beklagte wird verurteilt, an die Klägerin für die Klägerin selbst und die gemeinschaftlichen Kinder Martina und Florian ab 1. Setember 1986 die sich aus den erteilten Auskünften für jeden Unterhaltsberechtigten ergebenden Unterhaltsrenten monatlich im voraus zu zahlen, und zwar spätestens zum 3. eines jeden Monats.

Begründung:

Die Parteien sind getrenntlebende Eheleute. Aus der am 3. Juli 1978 geschlossenen Ehe sind die am 24. Mai 1979 geborenen Kinder Martina und Florian hervorgegangen. Die Klägerin handelt für die in ihrer Obhut lebenden Kinder in Prozeßstandschaft (§ 1629 II 2, III 1 BGB). Die geltend gemachten Ansprüche werden auf §§ 1361, 1601 ff., 1605 BGB gestützt.

Der Beklagte ist am 15. Juli 1986 aus dem den Parteien je zur Hälfte gehörenden Einfamilienhaus in Hanau ausgezogen und in die in seinem Alleineigentum stehende Eigentumswohnung in Langenselbold eingezogen. Als Begründung hat er angegeben, er habe eine andere Frau kennengelernt, mit der er ein neues Leben anfangen wolle. Ob diese Angaben zutreffen, weiß die Klägerin nicht. Der Beklagte hat der Klägerin bei seinem Auszug erklärt, sie solle sich finanziell keine Sorgen machen. Er werde monatlich 1600,– DM Unterhalt zahlen, und zwar für die Klägerin 800,– DM und für jedes Kind 400,– DM. In dem schuldenfreien Haus könne sie mit den Kindern unentgeltlich wohnen. Er werde sich zusätzlich zu den Unterhaltsleistungen an den Hauskosten mit 200,–DM monatlich beteiligen. Die finanziellen Zusagen hat der Beklagte bisher eingehalten.

Der Beklagte ist mit Schriftsatz des Unterzeichners vom 20. August 1986 aufgefordert worden, bis zum 30. September 1986 die mit dem Klageantrag zu I. begehrten Auskünfte zu erteilen und zu belegen und ab 1. September 1986 auf der Grundlage eines geschätzten Nettoeinkommens von 7000,– DM für die Klägerin 2272,– DM und für jedes Kind 660,– DM Unterhalt monatlich zu zahlen. Der Beklagte hat dies mit Schreiben vom 9. Oktober 1986 mit der Begründung abgelehnt, er zahle genug Unterhalt.

Beweis: Vorlage des Aufforderungsschreibens und des Ablehnungsschreibens.

Es ist daher Klage geboten.
Die Klägerin, die über kein eigenes Einkommen und kein Vermögen verfügt, weiß über die Höhe der Einkünfte des Beklagten nicht Bescheid. Es ist jedoch anzunehmen, daß die monatlichen Nettoeinkünfte des Beklagten über 7000,– DM betragen. Denn der Beklagte ist nicht nur leitender Angestellter der Bau AG, sondern zusammen mit seinem Bruder Josef Müller Gesellschafter der gutgehenden Bautischlerei Josef Müller GmbH. Schon diese Einkunftsquellen und der bisherige Lebensstandard der Parteien lassen den Schluß zu, daß die von dem Beklagten erbrachten Unterhaltsleistungen viel zu niedrig sind.

Da der Beklagte die 300000,– DM teure Eigentumswohnung nur mit 150000,– DM finanziert hat, muß er über weitere Einkünfte – wahrscheinlich aus Vermögen – verfügen. Ohne die verlangten Auskünfte ist eine genaue Bezifferung des Ehegattenunterhalts und des Kinderunterhalts nicht möglich.

Rechtsanwalt

c) Unterhalt getrenntlebender Ehegatten

aa) Begriffsbestimmung und Grund der gesetzlichen Regelung

§ 1361 BGB stellt die Anspruchsgrundlage für den Unterhalt getrenntlebender Ehegatten dar. Diese Bestimmung setzt nicht voraus, daß die Ehegatten zusammengelebt haben.[455] Erforderlich ist gemäß § 1361 I 1 BGB das völlige Getrenntleben bei bestehender Ehe. Nach § 1567 I 1 BGB leben die Ehegatten getrennt, wenn zwischen ihnen keine häusliche Gemeinschaft besteht und ein Ehegatte sie erkennbar nicht herstellen will, weil er die eheliche Lebensgemeinschaft ablehnt. In der Praxis kommt es darauf an, ob die Ehegatten von Tisch und Bett getrennt leben und ob diese Trennung auf dem erkennbaren Willen eines die eheliche Lebensgemeinschaft ablehnenden Ehegatten beruht. Eine **Trennung** von Tisch und Bett ist anzunehmen, **wenn es keine gemeinsame Haushaltsführung und keine persönlichen Beziehungen mehr gibt.**

Die Ehegatten befinden sich während des Getrenntlebens in einem **Übergangsstadium.** Die Ehe ist noch nicht durch Scheidung engültig aufgelöst, und eine Wiederherstellung der ehelichen Lebensgemeinschaft durch Versöhnung ist nicht auszuschließen. In einem solchen Stadium sind einem Ehegatten Änderungen seiner Lebensstellung nicht zuzumuten, die im Falle einer möglichen Aufhebung der Trennung und Wiederherstellung der ehelichen Lebensgemeinschaft nachteilig wären.

Der BGH hat aus dieser **janusköpfigen Situation** die nachstehenden Konsequenzen gezogen:

Ein Ehegatte, der im Einvernehmen mit dem verdienenden anderen Ehegatten studiert, muß nach der Trennung sein Studium nicht abbrechen, wenn es planmäßig betrieben und seine Beendigung in absehbarer Zeit zu erwarten ist (Beibehaltung des bisherigen Status).[456]

Ein Ehegatte, der während der Trennung eine Ausbildung aufnimmt und deshalb nicht erwerbstätig ist, hat keinen Anspruch auf Ausbildungsunterhalt nach den Maßstäben des § 1575 BGB, wenn er bereits über eine abgeschlossene Berufsausbildung verfügt, die ihm die Ausübung einer einträglichen, angemessenen Erwerbstätigkeit ermöglicht. Hier geht die Verpflichtung zur Finanzierung einer nicht notwendigerweise aufgenommenen Zweitausbildung über die eheliche Solidarität hinaus.[457]

Der unterhaltsberechtigte Ehegatte, der bei Fortdauer der ehelichen Gemeinschaft die Folgen von Schulden mitzutragen gehabt hätte, hat sich daher auch im Falle der Trennung solche Schulden entgegenhalten zu lassen (keine Schlechter-, aber auch keine Besserstellung durch die Trennung).[458]

Getrenntlebende Ehegatten dürfen im Zweifel **nicht schlechter gestellt** werden, **als sie im Falle der Scheidung ständen.** Die Tatbestände über den

---

[455] BGH FamRZ 1982, 573 = NJW 1982, 1460.
[456] BGH FamRZ 1981, 439, 440 = NJW 1981, 1214.
[457] BGH FamRZ 1985, 782, 785.
[458] BGH FamRZ 1982, 23, 24 = NJW 1982, 232f.

nachehelichen Unterhalt können Maßstäbe für die Anwendung des § 1361 liefern.[459]

In der Trennungszeit besteht unter den noch miteinander verheirateten Ehegatten eine **stärkere personale Verantwortung füreinander als nach der Scheidung.**[460] In dieser Situation darf der unterhaltsverpflichtete Ehegatte im Interesse der Aufrechterhaltung der Ehe nicht zu einer irreversiblen Vermögensverwertung gedrängt werden.[461]

bb) Voraussetzungen

Während der Gesetzgeber den Geschiedenenunterhalt und den Verwandtenunterhalt ausführlich geregelt hat, sind die Voraussetzungen des Unterhalts bei Getrenntleben dem § 1361 BGB nur unvollkommen zu entnehmen. Gleichwohl gelten auch für den Getrenntlebendenunterhalt die Strukturelemente jeder Unterhaltsnorm:

– Die Anspruchsgrundlage bildet § 1361 I BGB.

Der **Grund** für die Unterhaltsverpflichtung ist in der Beibehaltung des bisherigen Status zu sehen, um eine Scheidung nicht zu fördern und eine Versöhnung zu ermöglichen.

– Diese Vorschrift setzt nach allgemeinen unterhaltsrechtlichen Grundsätzen die **Bedürftigkeit des Berechtigten** voraus.[462]

Um zu gewährleisten, daß bei an sich gleicher Sachlage der Anspruch auf Trennungsunterhalt nicht niedriger ausfällt als derjenige für die nacheheliche Zeit, ist es auch im Rahmen der Unterhaltsbemessung nach § 1361 BGB notwendig, die Anrechnung von Einkünften, die der unterhaltsberechtigte Ehegatte aus unzumutbarer Erwerbstätigkeit erzielt, nach den sich aus § 1577 II BGB ergebenden Grundsätzen zu beurteilen.[463]

§ 1577 III BGB setzt die äußerste Grenze, bis zu der der getrenntlebende, unterhaltsberechtigte Ehegatte allenfalls auf die Verwertung seines Vermögensstammes verwiesen werden darf.[464]

Die Beibehaltang des bisherigen Status der Ehegatten, die während der Ehe mehr Verantwortung füreinander tragen als nach der Scheidung, ist auch der Zweck der **Schutzvorschrift des § 1361 II BGB.** Der nichterwerbstätige Ehegatte kann nach dieser Bestimmung nur unter wesentlich engeren Voraussetzungen darauf verwiesen werden, seinen Unterhalt durch Erwerbstätigkeit zu verdienen, als dies gem. § 1574 BGB nach der Scheidung der Ehe der Fall ist.[465]

---

459 BGH FamRZ 1985, 782, 784.
460 BGH FamRZ 1985, 360, 361 = NJW 1985, 907.
461 BGH FamRZ 1986, 556, 557.
462 BGH FamRZ 1985, 782, 783.
463 BGH FamRZ 1983, 146, 148 = NJW 1983, 933.
464 BGH FamRZ 1985, 360, 361 = NJW 1985, 907.
465 BGH FamRZ 1984, 242, 243 = NJW 1981, 978.

Zu den persönlichen Verhältnissen im Sinne des § 1361 II BGB gehört inbesondere eine frühere Erwerbstätigkeit. Neben den persönlichen Umständen des unterhaltsberechtigten Ehegatten, wie Alter, Gesundheitszustand und Berufsausbildung kommt es darauf an, ob minderjährige Kinder zu betreuen sind und wieweit die frühere Erwerbstätigkeit zurückliegt; weiter sind die Dauer der Ehe und die wirtschaftlichen Verhältnisse der Parteien zu berücksichtigen.[466]

Das Problem, inwieweit eine Betreuung minderjähriger Kinder eine Erwerbsobliegenheit ausschließt oder mindert, wird ausführlich im Geschiedenenunterhalt bei § 1570 BGB behandelt. Auf diese Darstellung wird verwiesen. Während es sich jedoch bei § 1570 BGB um die Betreuung gemeinschaftlicher Kinder der Parteien handeln muß, zählt die Betreuung der Kinder auch dann zu den persönlichen Verhältnissen im Sinne des § 1361 II BGB, wenn es keine gemeinsamen Kinder der getrenntlebenden Eheleute sind (z. B. Kinder aus einer früheren Ehe, voreheliche Kinder, Pflegekinder, Ehebruchskinder).[467]

– Der Anspruch auf Trennungsunterhalt erfordert weiter die **Leistungsfähigkeit des Verpflichteten.**

Bei der Beurteilung, ob ein Ehegatte den Unterhalt für den getrenntlebenden Ehegatten durch Verwertung seines Vermögens aufbringen muß, gibt § 1581 Satz 2 BGB einen Anhaltspunkt. Solange die Ehe jedoch besteht, ist dem Unterhaltsverpflichteten grundsätzlich eine Vermögensverwertung unzumutbar, die ihm die Grundlage seiner beruflichen Existenz entziehen und die gemeinsame Lebensgrundlage (z. B. durch Veräußerung des Familienheims) im Falle einer Fortsetzung der ehelichen Lebensgemeinschaft gefährden würde.[468]

Hinsichtlich der Leistungsfähigkeit ist zu beachten, daß die stärkere Verantwortung der Ehegatten füreinander, die auch während des Getrenntlebens besteht, in einigen Oberlandesgerichtsbezirken in Selbstbehaltsätzen zum Ausdruck kommt, die **niedriger** sind als die Sätze nach der Scheidung. Im Zweifelsfall ist daher der Selbstbehaltsatz in der zuständigen Tabelle nachzulesen.

– Als **Maß** des Unterhalts ist nach § 1361 I 1 BGB der nach den Lebens- und den Erwerbs- und Vermögensverhältnissen der Ehegatten angemessene Unterhalt anzusehen.

Der Getrenntlebendenunterhalt wird wie der Geschiedenenunterhalt **nach Quoten bemessen.** Auf die Tabellenübersicht wird verwiesen. Bezüglich der Berechnungsmethoden sind die Einzelheiten beim Unterhalt geschiedener Ehegatten im Unterabschnitt Unterhaltsmaß dargestellt (S. 240ff).

---

[466] BGH FamRZ 1982, 148, 150 = NJW 1982, 326.

[467] BGH FamRZ 1979, 571, 572 = NJW 1979, 1452; FamRZ 1981, 17, 18 = NJW 1981, 448; FamRZ 1981, 752, 754 = NJW 1981, 1782; FamRZ 1982, 463 = NJW 1982, 1461.

[468] BGH FamRZ 1986, 556, 557.

– Der laufende Unterhalt ist gem. § 1361 IV 1, 2 BGB durch Leistung einer monatlich im voraus zahlbaren **Geldrente** zu gewähren.

cc) Härteklausel

Nach der mit dem Grundgesetz zu vereinbarenden Regelung gehören zwar **Trennungsgründe und Trennungsverschulden** nicht mehr zu den Anspruchsvoraussetzungen,[469] können aber in besonderen Fällen über § 1361 II BGB i. V. m. § 1579 Nr. 2–7 BGB zu einer Versagung, einer Herabsetzung oder einer zeitlichen Begrenzung des Unterhaltsanspruchs des getrenntlebenden Ehegatten führen. Auf die Erörterung der **Härteklausel** im Unterabschnitt Verteidigung des Unterhaltsverpflichteten im Recht des Geschiedenenunterhalts wird Bezug genommen. Da § 1361 III BGB auf § 1579 Nr. 1 BGB nicht verweist, kann die Dauer der Ehe nur im Rahmen des § 1361 II BGB bedacht werden.[470]

dd) Keine Identität zwischen Getrenntlebenden- und Geschiedenenunterhalt

Der Unterhaltsanspruch des getrenntlebenden Ehegatten ist nach der Rechtsprechung des BGH nicht mit dem Unterhaltsanspruch des geschiedenen Ehegatten identisch. Es handelt sich nach der formalen Begründung des BGH um unterschiedliche Anspruchsgrundlagen.[471]

Der während des Getrenntlebens in der Ehe bestehende Unterhaltsanspruch erlischt mit der Scheidung der Ehe. Ein Urteil über den Unterhaltsanspruch während des Getrenntlebens in der Ehe umfaßt nicht den Unterhaltsanspruch nach Scheidung der Ehe und kann daher auch nicht mit der Klage nach § 323 ZPO in ein Urteil über den nachehelichen Unterhaltsanspruch abgeändert werden. Wird der Unterhaltsschuldner aus dem Titel über den Getrenntlebendenunterhalt auf Unterhalt für die Zeit nach der Scheidung der Ehe in Anspruch genommen, so kann er Vollstreckungsabwehrklage gemäß § 767 ZPO erheben.[472] Damit der Unterhaltsberechtigte nicht für die Zeit nach der Scheidung der Ehe ohne Titel dasteht, **muß der Rechtsanwalt für den Fall der Scheidung rechtzeitig Vorsorge treffen.** Die Parteien können von den oben beschriebenen Möglichkeiten außergerichtlicher Erledigung Gebrauch machen. Ein über den Unterhalt getrenntlebender Ehegatten abgeschlossener Prozeßvergleich kann jedoch nicht durch nachträgliche, außergerichtliche Vereinbarung dahin abgeändert werden, daß an die Stelle des Anspruchs auf Trennungsunterhalt der Anspruch auf nachehelichen Unterhalt gesetzt und zum Gegenstand der Zwangsvollstreckung gemacht wird.[473]

---

[469] BVerfGE 57, 361, 378 = FamRZ 1981, 745, 748.
[470] BGH FamRZ 1979, 571 = NJW 1979, 1452.
[471] BGH FamRZ 1981, 242, 243 = NJW 1981, 978.
[472] BGH FamRZ 1981, 242, 244.
[473] BGH FamRZ 1982, 782 = NJW 1982, 2092. Es ist aber zu prüfen, ob die Vereinbarung der Parteien einen Verzicht auf die Geltendmachung der Vollstreckungsabwehrklage durch den Verpflichteten darstellt.

Spätestens im Scheidungstermin hätte eine Scheidungsfolgenvereinbarung dieses Inhalts gerichtlich protokolliert werden müssen. **Kommt eine Einigung nicht zustande, so muß der Anspruch auf nachehelichen Unterhalt rechtzeitig als Folgesache im Verbund anhänig gemacht werden.** Dies kann mit einem Schriftsatz bis zum Schluß der mündlichen Verhandlung 1. Instanz in der Scheidungssache geschehen (§ 623 II 1 ZPO).

Schriftsatz-Muster 25

An das
Amtsgericht
– Familiengericht –
6450 Hanau

6450 Hanau, den 15. Mai 1987

KLAGE auf Getrenntlebendenunterhalt

In der Familiensache
. . . (volles Rubrum)

beantrage ich zu erkennen:

> Der Beklagte wird verurteilt, an die Klägerin 4400,– DM rückständigen Unterhalt und ab 1. Juni 1987 eine Unterhaltsrente in Höhe von 2200,– DM monatlich im voraus zu zahlen, spätestens fällig am 5. eines jeden Monats.

Begründung:

Die Parteien sind getrenntlebende Ehegatten. Die Klägerin ist nach 25-jähriger Ehe am 1. April 1987 aus der Ehewohnung wegen des unerträglich gewordenen Verhaltens des Beklagten ausgezogen. Der Beklagte ist mit Anwaltsschreiben vom 1. April 1987 aufgefordert worden, ab sofort an die Klägerin 2200,– DM monatlichen Unterhalt zu zahlen. Der Beklagte hat mit Schreiben vom 3. April 1987 Unterhaltsleistungen jeglicher Art mit der Begründung abgelehnt, die Klägerin sei eine hervorragende Hausfrau und könne als solche mindestens 2000,– DM im Monat verdienen.

Beweis: Vorlage beider Schreiben.

Der Anspruch der Klägerin wird auf §§ 1361, 1360a III, 1613 I BGB gestützt. Die 1940 geborene Klägerin, die über keine Einkünfte und kein Vermögen verfügt, ist unterhaltsbedürftig. Sie war vor der Heirat als Schneiderin tätig. Während der Ehe hat sie den Haushalt der Parteien geführt und die beiden gemeinschaftlichen Kinder, die heute bereits volljährig und wirtschaftlich selbständig sind, großgezogen. Nach der Schutzvorschrift des § 1361 II BGB besteht für die Klägerin keine Erwerbsobliegenheit. Die frühere Erwerbstätigkeit der Klägerin liegt vor der Ehe und damit lange zurück. Aufgrund der langen Dauer der Ehe und der guten wirtschaftlichen Verhältnisse des Beklagten ist ihr eine Erwerbstätigkeit nicht zuzumuten. Der Beklagte ist selbständiger Malermeister und erzielt mit seinem Malerbetrieb mindestens ein durchschnittliches Jahresnettoeinkommen von 60000,– DM bis 70000,– DM.

Beweis: Vorlage der Einkommensteuerbescheide für 1984, 1985.

Für die Zwecke der Unterhaltsberechnung soll von einem monatlichen Nettoeinkommen in Höhe von 5000,– DM aus dem Gewerbebetrieb ausgegangen werden. Das mietfreie Wohnen im eigenen Einfamilienhaus mit 100 qm Wohnfläche und 400 qm angelegtem Garten muß sich der Beklagte zumindest mit 500,– DM monatlich anrechnen lassen.

Die monatliche Miete für eine vergleichbare Wohnung würde auf jeden Fall 1000,– DM betragen.

Beweis: Schreiben des Maklers Ehrlich vom 30. April 1987, wonach für das Objekt eine Nettomiete von 1000,– DM erzielbar ist.

Da die Annuitäten und Grundstücksunkosten sich auf höchstens 500,– DM pro Monat belaufen, wirkt sich die Differenz zwischen dem Nutzungswert des Grundeigentums und dem Aufwand in Höhe von 500,– DM als einkommenserhöhend aus. Dabei kann es keinem Zweifel unterliegen, daß der objektive Wohnwert dem angemessenen Wohnbedarf der Parteien entspricht.

Der Unterhaltsbemessung kann daher ein monatliches Einkommen des Beklagten von rund 5500,– DM zugrunde gelegt werden. Davon kann die Klägerin nach der Frankfurter Unterhaltsrechtsprechung 40% = 2200,– DM als monatlichen Unterhalt verlangen.

Da sich der Beklagte seit Anfang April 1987 in Verzug befindet, ist auch der Anspruch auf den geltend gemachten rückständigen Unterhalt begründet.

Rechtsanwalt/Rechtsanwältin

---

d) Unterhalt geschiedener Ehegatten

Auch im Geschiedenenunterhalt setzt sich die Unterhaltsnorm aus mehreren Bestimmungen zusammen. Das Anspruchsgrundverhältnis ist hier die Ehe. Mit der Eheschließung, die nach § 1353 I 1 BGB auf Lebenszeit angelegt ist, haben die Ehegatten **Verantwortung** füreinander übernommen, **die nicht mit der Scheidung erlischt, sondern in finanzieller Hinsicht zum Schutz des wirtschaftlich schwächeren Ehegatten fortwirkt.** Wer die Scheidung nicht verhindern kann, der muß im wirtschaftlichen Bereich vor den Folgen einer durch die Scheidung eintretenden Bedürftigkeit geschützt werden. Der fortwirkenden personalen Verantwortung der Ehegatten füreinander hat der Gesetzgeber durch eine Regelung der Scheidungsfolgen Rechnung zu tragen.[474] So gesehen ist die Ehe ein Risiko, das im Falle des Scheiterns der Lebensgemeinschaft der wirtschaftlich stärkere Ehegatte für den Bedürftigen mitzutragen hat.[475] Das BVerfG drückt dies in seiner Grundsatzentscheidung zum Unterhaltsrecht vom 14. Juli 1981 wie folgt aus:

---

[474] BVerfGE 53, 224, 250.

[475] Zum Risikogedanken vgl. Beitzke, S. 168.

„Der Grundsatz der wirtschaftlichen Eigenverantwortung der Ehegatten nach ihrer Scheidung als Konsequenz eines nicht auf Verschulden abhebenden Scheidungsrecht wird durch den der nachwirkenden Mitverantwortung eingeschränkt."[476] Die nachwirkende Mitverantwortung reduziert sich im Unterhaltsrecht auf die einseitige Unterhaltsverpflichtung des leistungsfähigen Ehegatten gegenüber dem bedürftigen. Da im nachehelichen Unterhaltsrecht der Grundsatz der Gegenseitigkeit der Unterhaltspflicht nicht mehr gilt, sollte der Ausdruck Solidarität vermieden werden. Der Eingriff in die Handlungsfreiheit des Unterhaltsverpflichteten darf aber nicht die von dem **Verhältnismäßigkeitsgrundsatz** und der **Zumutbarkeit** gezogenen **Grenzen** überschreiten.[477] Darauf haben der Gesetzgeber und die Rechtsanwender, also Richter und Rechtsanwälte, bei Grund und Höhe eines Unterhaltsanspruchs sowie bei seiner Versagung, Herabsetzung oder zeitlichen Begrenzung stets zu achten. Wie der Gesetzgeber abstrakt zwischen dem Schutz des wirtschaftlich schwächeren Ehegatten (Art. 6 I, Art. 3 II i. V. m. dem Sozialstaatsprinzip) und der übermäßigen Belastung des Verpflichteten (Art. 2 I GG) abzuwägen hat, so müssen im konkreten Fall die Rechtsanwender eine angemessene Lösung finden. Die Komplexität und Dynamik der Sachverhalte machen die richtige Grenzziehung in jedem Fall zu einer schwierigen, aber auch reizvollen Aufgabe. Der Streit um das rechte Maß wird daher auch nach dem Unterhaltsänderungsgesetz vom 20. Februar 1986 nicht enden.

Zur Unterhaltsnorm betreffend nachehelichen Unterhalt gehören immer:

- ein Anspruchstatbestand mit besonders normierter Bedürfnislage (§§ 1570–1573, 1575 oder 1576 BGB),
- die allgemeine Bedürftigkeit des Unterhaltsberechtigten (§ 1577 BGB),
- die Leistungsfähigkeit des Unterhaltsverpflichteten (§ 1581 BGB),
- der Maßstab des Unterhalts (§ 1578 BGB) und
- die Art der Unterhaltsgewährung (§ 1585 BGB).

aa) Die Anspruchstatbestände

(1) Unterhalt wegen Betreuung eines gemeinschaftlichen Kindes (§ 1570 BGB)

Der Elternteil, bei dem sich das gemeinschaftliche Kind befindet, soll von einer Erwerbstätigkeit freigestellt werden, solange und soweit das Kind der Pflege und Erziehung bedarf. Es handelt sich um einen Fall ehebedingter Bedürftigkeit. Der Rechtsgrund dieser Unterhaltsbestimmung liegt in der **Verantwortung der Eltern füreinander und für das gemeinsame Kind.** Der Unterhaltsanspruch gibt dem betreuenden Elternteil die Möglichkeit, seine eigene Elternverantwortung wahrzunehmen. Gleichzeitig erbringt der eine Ehegatte mit der Pflege und Erziehung eines gemeinschaftlichen Kindes eine ständige Leistung für den anderen, so daß die Unterhaltszahlungen als

---

[476] BVerfGE 57, 361, 389 = FamRZ 1981, 745 = NJW 1981, 1771.
[477] BVerfGE 57, 361, 380, 384, 388, 390.

finanzielle Abgeltung für die Miterfüllung der anteiligen Erziehungsverpflichtungen des Unterhaltspflichtigen angesehen werden können.[478]

Wegen der Angewiesenheit der Kinder auf Betreuung ist dieser Anspruch gegenüber den anderen Unterhaltsansprüchen privilegiert, wie die §§ 1573 V, 1577 IV 2, 1578 I 2, 1579 Nr. 1, 1582 I 2, 1586a I BGB belegen. Das Problem, unter welchen Voraussetzungen eine Erwerbstätigkeit des sorgeberechtigten Ehegatten erwartet werden kann, ist von Rechtsprechung und Literatur[479] wiederholt behandelt worden.

Nach dem Obersatz, daß die Umstände des Einzelfalles maßgebend sind, hat die Rechtsprechung folgende, aus der Erfahrung abgeleiteten Untersätze zur **Betreuungsbedürftigkeit von Kindern** aufgestellt:

- Von einem Elternteil, der ein noch nicht schulpflichtiges Kind betreut, ist keine Erwerbstätigkeit zu erwarten.[480]
- Eine Erwerbsobliegenheit des Elternteils, der ein schulpflichtiges Kind im Alter von weniger 8 Jahren versorgt, ist zu verneinen.[481]
- Bei einem Kind zwischen 8 und 10 Jahren ist die Meinung der Oberlandesgerichte geteilt. Die einen lehnen bei der Betreuung grundschulpflichtiger Kinder eine Erwerbsobliegenheit ab (z. B. OLG Celle und OLG Frankfurt am Main), während die anderen ab Beginn des dritten Grundschuljahres eine Obliegenheit des Sorgeberechtigten zur Halbtagsbeschäftigung annehmen (z. B. OLG München).[482] Der BGH hat diese Frage bisher nicht entschieden.[483] Meines Erachtens sollte die **Grundschulphase** für den betreuenden Elternteil erwerbsfrei sein, und zwar nicht nur wegen der Ferien sowie an Krankheitstagen, sondern auch wegen der von der Schule verlangten Leistungen, Anpassungen und Selbstbehauptungen. In den ersten vier Grundschuljahren müssen die Kulturtechniken Lesen, Schreiben und Rechnen erlernt und soziales und individuelles Verhalten entwickelt werden. Kurz: hier werden Dispositionen für die Lebens- und Zukunftschancen in unserer Welt getroffen. Das Kind braucht daher eine stets präsente Zuwendung, Pflege und Erziehung.
- Einem geschiedenen Ehegatten, der ein 11 bis 15 Jahre altes Kind zu betreuen hat, ist eine Teilzeitbeschäftigung zuzumuten.[484]
- Ist das Kind älter als 15 Jahre, so kann und muß der betreuende Elternteil eine Vollbeschäftigung aufnehmen.[485]
- Bei zwei und mehr schulpflichtigen Kindern ist der BGH strenger als die Obergerichte. Die Obergerichte verneinen in der Regel die Erwerbsobliegenheit des betreuenden Elternteils. Der BGH will mehr auf die Umstände des Einzelfalles abstellen.[486]

---

478 BVerfGE 66, 84, 96 = FamRZ 1984, 346 = NJW 1984, 1523.
479 *Derleder/Derleder* FamRZ 1977, 587; *Limbach* NJW 1982, 1721.
480 BGH FamRZ 1979, 571 = NJW 1979, 1452.
481 BGH FamRZ 1983, 456 = NJW 1983, 1427.
482 Nachweise bei *Kalthoener/Büttner* S. 16, 35; *Weychardt* DAVorm 1984, 244.
483 *Lohmann,* S. 13.
484 BGH FamRZ 1981, 752 = NJW 1981, 1782.
485 BGH FamRZ 1985, 50 = NJW 1985, 429.
486 OLG Frankfurt FamRZ 1982, 818; BGH FamRZ 1982, 148 = NJW 1982, 326.

Wer eine Ausnahme aus der von der Erfahrung abgeleiteten Regel behauptet, muß im Rechtsstreit die hierfür erforderlichen Voraussetzungen darlegen und beweisen.[487] Bei der Betreuungsbedürftigkeit des Kindes kommt es aber nicht nur auf das Alter des Kindes, sondern insbesondere auch auf seinen Gesundheitszustand, seinen schulischen und sonstigen Entwicklungsstand sowie möglicherweise bei ihm aufgetretene Verhaltensstörungen an.[488] Ein überdurchschnittlich hoher Betreuungsbedarf sogenannter Problemkinder ist zu berücksichtigen.[489] Zur Abwägung der Umstände des Einzelfalles gehören weiter die persönlichen Verhältnisse des unterhaltbegehrenden Ehegatten, wie sie in § 1574 II BGB aufgeführt sind. Aufgrund der Tatsache, daß eine Lehrerin neben der Betreuung der beiden acht und zwölf Jahre alten Kinder schon während der Ehe einer Teilzeitbeschäftigung nachgegangen ist, hat der BGH die Fortführung dieser Teilzeitarbeit für zumutbar erachtet.[490] Die Vergangenheit als Maßstab der Zukunft ist jedoch bedenklich, wenn sich die Lebensverhältnisse durch Trennung und Scheidung grundlegend geändert haben. Während sich in einer intakten Ehe beide Eltern die Erziehungsaufgabe teilen, bleibt sie nach der Auflösung der Ehe meist nur einem Elternteil überlassen. Liegt die Leistungsfähigkeit des Unterhaltspflichtigen nahe an der Grenze seines Selbstbehalts, so werden an die Erwerbsobliegenheit des Unterhaltsberechtigten gesteigerte Anforderungen gestellt.[491]

Kann nach den vorstehenden Regeln eine Erwerbstätigkeit erwartet werden, so besteht für den betreuenden Elternteil eine Erwerbsobliegenheit.

Die **Erwerbsobliegenheit** ist Ausdruck der wirtschaftlichen Eigenverantwortung des Unterhaltsberechtigten. Soweit dem berechtigten Ehegatten die Ausübung einer angemessenen Erwerbstätigkeit obliegt, ist es ein Gebot des eigenen Interesses, erwerbstätig zu sein. Zwar kann der Verpflichtete nicht auf Erfüllung klagen, also darauf, daß der Berechtigte eine angemessene Erwerbstätigkeit aufnimmt, aber das ist auch nicht erforderlich. Denn die **Verletzung der Obliegenheit** bringt Nachteile: der Unterhaltsberechtigte wird so behandelt, als habe er die aus der unterlassenen Erwerbstätigkeit erzielbaren Einkünfte zur Verfügung. Diese fiktiven Einkünfte mindern seine Bedürftigkeit. Diese Argumentation ist jedoch nur stimmig, wenn derjenige, der eine Voll- oder Teilzeitbeschäftigung sucht, auch einen solchen Arbeitsplatz findet. Teilzeitarbeitsplätze, insbesondere für Frauen, sind rar. Diese Erkenntnis vermitteln uns die Monatsübersichten der Arbeitsämter ständig. Jeder im Unterhaltsrecht tätige Anwalt sollte sich die Übersichten des für seine Mandantschaft zuständigen Arbeitsamtes als Argumentationshilfe besorgen. **Wenn der betreuende Elternteil,** dem eine Teilzeitbeschäftigung zuzumuten ist, **keinen Arbeitsplatz findet, dann muß wegen Arbeits-**

---

[487] BGH FamRZ 1983, 456 = NJW 1983, 1427.

[488] BGH FamRZ 1985, 50 = NJW 1985, 429.

[489] BGH FamRZ 1984, 769 = NJW 1984, 2355.

[490] BGH FamRZ 1981, 1159 = NJW 1981, 2804; vgl. aber BGH FamRZ 1988, 145, 148, 149.

[491] BGH FamRz 1983, 569 = NJW 1983, 1548.

losigkeit ein Teilanspruch nach § 1573 BGB geltend gemacht werden.[491a] Hierfür müssen die erfolglosen Bemühungen um einen Arbeitsplatz dargelegt und notfalls bewiesen werden. Unterhaltspflichtige und Rechtsprechung haben zum Teil die Anforderungen an die Darlegungslast überspannt. Der BGH hat in seinem Grundsatzurteil vom 27. November 1985 die Maßstäbe zurechtgerückt und die zu beachtenden Gesichtspunkte wie folgt benannt:[492]

Der Unterhaltbegehrende muß „in nachprüfbarer Weise vortragen, welche Schritte er im einzelnen unternommen hat, um einen zumutbaren Arbeitsplatz zu finden und sich bietende Erwerbsmöglichkeiten zu nutzen. Die bloße Meldung beim Arbeitsamt kann nicht genügen.

Die **Anforderungen,** die **an den Vortrag des Unterhaltbegehrenden** zu stellen sind, können jedoch nicht in allen denkbaren Fällen gleich sein. Art und Ausmaß der Bemühungen, die der Bedürftige darzulegen hat, hängen im Einzelfall sowohl von den objektiven Bedingugnen für die Erwerbsmöglichkeit als auch von den subjektiven Vroaussetzungen ab, unter denen er Arbeit suchen muß. In Zeiten der Vollbeschäftigung müssen an den Nachweis vergeblichen Bemühens höhere Anforderungen gestellt werden als bei einem hohen Anteil an Arbeitslosen auf dem betroffenen Arbeitsmarkt. In dicht besiedelten Bezirken mit hohem Beschäftigungsstand bestehen generell bessere Bedingungen als in strukturschwachen und weniger bevölkerten Landesteilen. Für den Erfolg bei der Bewerbung um einen freien Arbeitsplatz kommt es zudem nicht auf die Zahl der Mitbewerber an; zwischen diesen besteht keine Chancengleichheit, weil sie sich nach Alter, Geschlecht und Familienstand unterscheiden und außerdem ihre jeweilige Ausbildung und etwaige berufliche Erfahrungen mit ins Gewicht fallen. Bei der Beurteilung, ob ein Vortrag ausreicht, um das ernsthafte und nachhaltige Bemühen, um eine Erwerbstätigkeit darzutun, darf aber vor allem nicht außer Betracht bleiben, ob sich aus der **Arbeitsbiographie** oder anderen Umständen Erkenntnisse über die subjektive Arbeitsbereitschaft des Anspruchstellers gewinnen lassen. Diesem Gesichtspunkt muß der Richter schon deshalb besondere Aufmerksamkeit schenken, weil nicht auszuschließen ist, daß eine unterhaltbegehrende Partei versuchen könnte, ihre mangelnde Arbeitswilligkeit dadurch zu verschleiern, daß sie zu mißglückten Versuchen, eine Beschäftigung zu finden, zwar umfangreich vorträgt, zumutbare Stellenangebote jedoch verschweigt."

Es ist Sache des Anwalts des Berechtigten, die nach dieser Entscheidung maßgeblichen Gesichtspunkte darzustellen. Hier wird oft zu wenig getan **(Regreßgefahr!).** Die Argumentation des Bedürftigen muß der den Verpflichteten vertretende Rechtsanwalt anhand der Grundsatzentscheidung auf Lücken überprüfen.

Abschießend ist noch kurz auf den Fall einzugehen, in dem **beide Ehegatten gemeinschaftliche Kinder betreuen.** *Diederichsen* schlägt im Anschluß an

---

491a Dabei sind die Teilbeträge sicherheitshalber zu beziffern, vgl. *Palandt/Diederichsen* § 1569 Anm. 2a

492 BGH FamRZ 1986, 244, 246 = NJW 1986, 718.

Andeutungen des BGH vor: Zunächst sei festzustellen, inwieweit den anderen Ehegatten eine Erwerbsobliegenheit träfe, wenn er seinerseits einen Anspruch aus § 1570 BGB geltend machte. Sodann seien die Einkünfte aus festgestellter und zumutbarer Tätigkeit bei der Unterhaltsbemessung nach Treu und Glauben anzurechnen.[493] In der Tat muß der Anspruch jedes betreuenden Elternteils aus § 1570 BGB unter Berücksichtigung der eigenen Bedürftigkeit und der Leistungsfähigkeit des anderen durchgeprüft werden. Für einen bestimmten Zeitraum kann immer nur einer der Ehegatten unterhaltsberechtigt sein, und zwar der weniger verdienende.[494] Anstelle dieses schwierigen Weges kann in der Praxis mit einer Betreuungspauschale gearbeitet werden, die das OLG Frankfurt am Main auf 300,– DM veranschlagt.[495]

Schriftsatz-Muster 26

An das
Amtsgericht
– Familiengericht –
6450 Hanau

6450 Hanau, den 2. April 1987

In der Ehesache
... (volles Rubrum)
Az: ...

mache ich hiermit den Ehegattenunterhalt als Folgesache anhängig und beantrage, für den Fall der Scheidung zu erkennen:

> Der Antragsteller wird verurteilt, ab der Rechtskraft des Scheidungsurteils, an die Antragsgegnerin eine Unterhaltsrente in Höhe von 1356,– DM monatlich im voraus zu zahlen, spätestens am 3. eines jeden Monats.

Begründung:

Die Parteien leben in Scheidung. Sie haben sich bis auf den Ehegattenunterhalt nach Scheidung über alle wesentlichen Punkte geeinigt, insbesondere darüber, daß die Antragsgegnerin das Sorgerecht für die bald 11 Jahre alte Tochter Marion erhalten und der Antragsteller einen monatlichen Kindesunterhalt von 510,– DM abzüglich 25,– DM hälftiges Kindergeld = 485,– DM zahlen soll. Der Antragsteller ist über seine Bevollmächtigten mit Anwaltsbrief vom 13. März 1987 aufgefordert worden, sich mit einer monatlichen Unterhaltszahlung in Höhe von 1356,– DM an die Antragsgegnerin ab Rechtskraft der Scheidung einverstanden zu erklären. Die Prozeßbevollmächtigten des Antragstel-

---

493 *Palandt-Diederichsen* § 1570 Anm. 1; BGH FamRZ 1983, 569 = NJW 1983, 1548.
494 *Weychardt,* DAVorm 1984, 244; *Lohmann,* S. 16.
495 DAVorm 1984, 250; jetzt auch BGH FamRZ 1986, 790, 791 = NJW 1986, 2054.

lers haben mit Schreiben vom 23. März 1987 jegliche Unterhaltsleistungen ihres Mandanten mit folgender Begründung abgelehnt: Die Antragsgegnerin sei bei dem Alter des Kindes zumindest zu einer Teilzeit-Beschäftigung verpflichtet. Bei ihrem Aussehen könne sie ohne weiteres in dem stadtbekannten Modefachgeschäft ihrer Eltern als Verkäuferin arbeiten. Sie sei auch nicht bedürftig, da sie mit dem Kind in der Einliegerwohnung im Hause ihrer reichen Eltern wohne und dort alles habe, was sie brauche. Der nacheheliche Unterhalt muß daher rechtzeitig vor dem anzuberaumenden Scheidungstermin als Folgesache anhängig gemacht werden.

Der Antragsgegnerin steht gegen den Antragsteller der geltendgemachte Unterhaltsanspruch gemäß § 1570 BGB, hilfsweise nach § 1573 I BGB zu.

Die 30 Jahre alte Antragsgegnerin ist unterhaltsbedürftig. Sie verfügt weder über Einkommen noch über Vermögen. Sie kann und muß auch keine Einkünfte erzielen.
Zwar mutet die Rechtsprechung einem Ehegatten, der ein 11 Jahre altes Kind betreut, eine Teilzeitbeschäftigung zu, aber es kommt nicht nur auf das Alter des Kindes, sondern auch auf seinen Gesundheitszustand, seine schulische und seelische Entwicklung an. Die Tochter Marion hat unter den ehelichen Auseinandersetzungen, die der Antragsteller allein zu verantworten hat, sehr gelitten. Es sind Verhaltensstörungen aufgetreten, die nach der Ansicht des behandelnden Kinderpsychiaters erst in 1 bis 2 Jahren abklingen werden.

Beweis: Zeugnis des Dr. med. Fröhlich.

Marion reagiert auf jedes laute Wort mit Weinen und näßt in der Woche zwei- bis dreimal ein. Sie braucht daher eine stets präsente Zuwendung.

Beweis: Zeugnis des Dr. med. Fröhlich.

Da sie auch in der schulischen Entwicklung zurückgeworfen worden ist, muß sie viel Zeit und Mühen auf die Schularbeiten verwenden. Nur durch die ständig begleitende Hilfe der Mutter und die verständnisvolle Klassenlehrerin, mit der die Antragsgegnerin regelmäßig Kontakt hält, gewinnt Marion langsam wieder ein wenig Zutrauen zu sich selbst. Könnte die Mutter nicht mehr wie bisher der Tochter helfen, so wäre auch im schulischen Bereich ein Rückschlag zu befürchten.

Beweis: Zeugnis der Klassenlehrerin Frau Klug.

Die Antragsgegnerin trifft daher wegen der atypischen Situation keine Erwerbsobliegenheit.

Aber selbst wenn das Gericht eine solche Obliegenheit annehmen sollte, so vermag die Antragsgegnerin keine angemessene Erwerbstätigkeit zu finden. Der Antragsteller, jetzt Studiendirektor, hat die Antragsgegnerin als Abiturientin von der Schulbank weg geheiratet. Die Antragsgegnerin hat zwar das Abitur gemacht, aber sie hat keinerlei Berufsausbildung. Da bald nach der Eheschließung die Tochter geboren wurde, hat sie während der Ehe den Haushalt versorgt und das Kind erzogen. Die Antragsgegnerin hat daher mangels einer Berufsausbildung praktisch keine Beschäftigungschance auf dem derzeitigen Arbeitsmarkt.

Beweis: Auskunft des Arbeitsamtes Hanau.

Abgesehen davon, daß die Antragsgegnerin derzeit das Kind nicht sich selbst überlassen kann, findet sie in ihrem Alter auch keinen Ausbildungsplatz mehr.

Beweis: Auskunft des Arbeitsamtes Hanau.

Das Ansinnen des Antragstellers, sie könne im Geschäft ihrer Eltern als Verkäuferin arbeiten, muß als unseriös zurückgewiesen werden. Die Antragsgegnerin hat diesen Beruf nicht gelernt. Er entspricht zudem weder ihren Neigungen noch ihren Fähigkeiten und ist auch den ehelichen Lebensverhältnissen nicht angemessen.

Die Antragsgegnerin ist bereit, sich in einer Abendschule in einem Büroberuf ausbilden zu lassen, wenn es der Gesundungsprozeß der Tochter erlaubt. Die Ausbildungskosten müßte selbstverständlich der Antragsteller tragen. Der Antragsteller schuldet daher auf Jahre hinaus der Antragsgegnerin den vollen Unterhalt.

Die freiwilligen Leistungen der Eltern der Antragsgegnerin sollen den Antragsteller nicht entlasten.

Beweis: Zeugnis der Eltern.

Sie werden nur erbracht, weil der Antragsteller seiner Unterhaltsverpflichtung gegenüber der Antragsgegnerin nicht nachkommt. Die Zuwendugnen der Eltern können daher der Antragsgegnerin nicht als unterhaltsrechtlich relevantes Einkommen angerechnet werden. Die Eltern der Antragsgegnerin haften auch nicht vorrangig vor dem Antragsteller. Die Voraussetzung des § 1608 Satz 2 BGB (Gefährdung des eigenen angemessenen Unterhalts) liegt bei dem Antragsteller nicht vor, wie die nachstehende Unterhaltsberechnung erweist.

Der Antragsteller ist in dem begehrten Umfang leistungsfähig. Bei der Vereinbarung des Kindesunterhalts haben sich die Parteien darauf verständigt, das bereinigte monatliche Nettoeinkommen des Antragstellers nach der Scheidung mit 3900,– DM anzunehmen. Von diesem Betrag geht der Kindesunterhalt mit 510,– DM monatlich ab, so daß für die Verteilung unter den Parteien noch 3390,– DM monatlich zur Verfügung stehen. Davon kann die Antragsgegnerin nach der Rechtsprechung des OLG Frankfurt am Main 40% = 1356,– DM monatlich als Ehegattenunterhalt beanspruchen. Ehegattenunterhalt und Kindesunterhalt machen zusammen 1841,– DM aus (1356,– DM plus 485,– DM), so daß dem Antragsteller noch 2059,– DM (3900,– DM minus 2841,– DM) verbleiben.

Rechtsanwalt

---

(2) Unterhalt wegen Alters (§ 1571 BGB)

Mit dieser Bestimmung ist Gleichbehandlung beabsichtigt. Der erwerbstätige Ehegatte hat bei Erreichen der Altersgrenze Anspruch auf Altersversorgung. Der nicht erwerbstätige Ehegatte muß in gleicher Alterssituation ebenfalls nicht mehr arbeiten und infolge dessen unterhaltsrechtlich abgesichert werden. Dieser Unterhaltsanspruch ist aber nicht an die Bedingung geknüpft, daß der bedürftige Ehegatte während der Ehe alt geworden ist, sondern besteht auch dann, wenn bereits im Zeitpunkt der Eheschließung wegen Alters einer Erwerbstätigkeit nicht mehr nachgegangen werden kann. **Die nachwirkende Mitverantwortung ist unabhängig von dem Alter, in dem die Ehe geschlossen wurde.**[496] Nach der Rechtsprechung des BGH hat der Gesichtspunkt der ehebedingten Unterhaltsbedürftigkeit (Erfordernis eines kausalen Zusammenhangs zwischen Ehe und Bedürftigkeit) in dieser Form keinen Eingang in das Gesetz gefunden.[497]

Die **Voraussetzungen** des Anspruchs aus § 1571 BGB sind: Alter, einer der vom Gesetz genannten Einsatzzeitpunkte (Scheidung, Beendigung der Betreuung eines gemeinschaftlichen Kindes oder Wegfall der Ansprüche aus §§ 1572, 1573 BGB) sowie Verneinung der Erwerbsobliegenheit wegen Alters.

Feste Altersgrenzen hat das Gesetz nicht aufgestellt. Mit der Vollendung des 65. Lebensjahres des Berechtigten ist aber die erste Voraussetzung auf jeden Fall erfüllt. Aufgrund objektiver Momente, wie berufsspezifische Altersgrenzen, örtlicher Arbeitsmarkt, oder subjektiver Momente, wie lange Berufsunterbrechung und fehlende Belastbarkeit, kann ein Unterhaltsanspruch wegen Alters schon viel früher in Betracht kommen. Die **Einsatzzeitpunkte** müssen genau beachtet werden, insbesondere bei § 1571 Nr. 2 und Nr. 3 BGB. Der sogenannte **Anschlußunterhalt** wird immer nur dann geschuldet, wenn die einzelnen Unterhaltsansprüche ohne zeitliche Lücken aneinander anschließen.[498] Wer dies versäumt, hat im wahrsten Sinne des Wortes den Anschluß verpaßt (Regreßgefahr!).

Zu den Fragen der Erwerbsobliegenheit kann sinngemäß auf die Ausführungen unter § 1570 BGB verwiesen werden.

(3) Unterhalt wegen Krankheit oder Gebrechen oder Schwäche der körperlichen oder geistigen Kräfte (§ 1572 BGB)

Krankheit und gleichgestellte Leiden zählen zu den klassischen Fällen der Erwerbsunfähigkeit. Sind sie nicht nur vorübergehender Natur, so hat der leistungsfähige Ehegatte aufgrund seiner **nachehelichen Mitverantwortung** diese Bedürfnislage auszugleichen. Die **Ehebedingtheit** der Krankheit wird **nicht vorausgesetzt.**[499]

Zu den **Anspruchsvoraussetzungen** gehören: Krankheit oder ähnliche Leiden, ein nach dem Gesetz genannter Einsatzzeitpunkt (Scheidung, Beendigung der Kinderbetreuung oder beruflichen Bildung, Wegfall des Anspruchs aus § 1573 BGB), sowie Verneinung der Erwerbsobliegenheit wegen Krankheit.

Ist die krankheitsbedingte Erwerbsunfähigkeit streitig, so muß als Urteils- oder Vergleichsgrundlage die Erkrankung nach Art, Ausmaß, Arbeitsunfähigkeit, Verlauf, Dauer der Behandlung und Heilungs- und Operationsmög-

---

496 BGH FamRZ 1982, 28 = NJW 1982, 929.
497 BGH FamRZ 1981, 1163 = NJW 1982, 40.
498 OLG Frankfurt FamRZ 1982, 1015.
499 BGH FamRZ 1981, 1163 = NJW 1982, 40.

lichkeiten festgestellt werden. Fehler, die jetzt gemacht werden, können in der Zukunft teuer werden, weil dann eventuell § 323 ZPO einer Abänderung entgegensteht. Der **Rechtsanwalt** des bedürftigen Ehegatten muß daher **umfassend vortragen und den Vortrag mit ärztlichen Bescheinigungen belegen, erforderlichenfalls Fachgutachten beantragen.** Der Anwalt des unterhaltsverpflichteten Ehegatten wird die Atteste der behandelnden Ärzte als sogenannte Privatgutachten bezeichnen und auf unparteiischen Beweismitteln bestehen. Dies können auch nachvollziehbare amtsärztliche Gutachten sein, die auf eigenen Untersuchungen beruhen. Wegen der Bedeutung der Sache sollten sich weder Rechtsanwälte noch Richter mit einem zu niedrigen Standard begnügen, der bei manchen amtsärztlichen Stellungnahmen leider zu finden ist. Hier müssen Ergänzungen, besser eine qualifizierte Begutachtung, beispielsweise durch eine Universitätsklinik beantragt werden. Behandlungs- und Operationsobliegenheit sind in Anlehnung an die Grundsätze zur Schadensminderungspflicht bei Körper- und Gesundheitsschäden zu beurteilen.[500] Im übrigen wird zur Erwerbsobliegenheit auf die Darstellung zu § 1570 BGB Bezug genommen.

(4) Unterhaltsanspruch in den Fällen des § 1573 BGB

Wenn die Anspruchstatbestände Kindesbetreuung, Alter und Krankheit im Grunde akzeptiert sind, wird der Streit darüber, ob und wie lange in den Fällen des § 1573 BGB Unterhalt beansprucht werden kann, wohl erst dann enden, wenn jede Partei, die Arbeit sucht, auch eine angemessene Erwerbstätigkeit zu finden vermag. Wer nach der Scheidung oder nach Wegfall der Ansprüche aus §§ 1570–1572 und § 1575 BGB eine angemessene Erwerbstätigkeit trotz seiner Bemühungen nicht oder nur zum Teil finden kann, seinen Unterhalt durch Erwerbstätigkeit nicht oder nur teilweise nachhaltig sichern kann, der befindet sich in einer Bedürfnislage, die den wirtschaftlich stärkeren Ehegatten aufgrund seiner **nachwirkenden Mitverantwortung** zu Unterhaltsleistungen verpflichtet. Welche Anforderungen an die Darlegung der Erwerbsbemühungen des Berechtigten gestellt werden, ist der oben zu § 1570 BGB behandelten BGH-Entscheidung zu entnehmen.[501] Der geschiedene Ehegatte braucht nach § 1574 I BGB nur eine ihm angemessene Erwerbstätigkeit auszuüben. Die Angemessenheit ist nach den in § 1574 II BGB genannten Gesichtspunkten zu beurteilen (Ausbildung, Fähigkeiten, Lebenslater, Gesundheitszustand sowie eheliche Lebensverhältnisse).

Der **Auffangtatbestand des § 1573,** soweit kein Unterhaltsanspruch nach den §§ 1570–1572 BGB besteht, **umfaßt folgende Fallgestaltungen:**

Abs. 1: Der bedürftige Ehegatte hat vor der Scheidung keine oder keine angemessene Erwerbstätigkeit ausgeübt und vermag nach der Scheidung trotz seiner Bemühungen keine angemessene Arbeit zu finden. Nach der Rechtsprechung des BGH sind in einer auf § 1573 I BGB gestützten Unterhaltsklage nicht nur die subjektiven Bemühungen des Anspruchstellers um einen angemessenen Arbeitsplatz vorzutragen, sondern auch die objektiven

---

500 *Palandt/Diederichsen* § 1572 Anm. 4.
501 BGH FamRZ 1986, 244.

Voraussetzungen (Arbeitsmarkt, Alter, Ausbildung, Berufserfahrung, Gesundheitszustand) für die Behauptung darzulegen, daß eine reale Beschäftigungschance nicht bestehe.[501a] Wer keine angemessene Tätigkeit ausübt, kann sie beibehalten oder aufgeben. Im Falle der Beibehaltung sind die daraus erzielten Einkünfte eventuell nach § 1577 II BGB anzurechnen. Die Aufgabe unangemessener Tätigkeit ist nach § 1574 BGB möglich (die Aufgabe angemessener Erwerbstätigkeit ist nach § 1579 Nr. 3 zu bewerten). Es ist jedoch die Ausbildungsobliegenheit des § 1574 III BGB zu beachten. Zu den Bemühungen um eine angemessene Erwerbstätigkeit gehört auch die Schaffung der notwendigen Voraussetzungen. Ist vor Aufnahme einer angemessenen Erwerbstätigkeit eine Ausbildung erforderlich und deren erfolgreicher Abschluß zu erwarten, so besteht für die Dauer der notwendigen Ausbildung Unterhaltsanspruch nach § 1573 I BGB.[502]

Abs. 2 behandelt den sogenannten **Ergänzungs- oder Aufstockungsunterhalt.** Der bedürftige Ehegatte übt zur Zeit der Scheidung eine angemessene Erwerbstätigkeit aus, die Einkünfte daraus reichen aber zum vollen Unterhalt im Sinne des § 1578 BGB nicht aus.[503]

Abs. 3: Der geschiedene Ehegatte kann nach Wegfall des Unterhalts aus §§ 1570–1572 oder § 1575 BGB keine angemessene Erwerbstätigkeit finden bzw. aus angemessener Arbeit keine ausreichenden Einkünfte erzielen.

Abs. 4: Die vor oder während der Trennung oder nach der Scheidung ausgeübte angemessene Erwerbstätigkeit ist trotz Bemühungen überhaupt nicht oder nur teilweise von Dauer, so daß die daraus bezogenen Einkünfte wegfallen bzw. nur zum Teil den Unterhalt sichern.[504]

Die zahlreichen Fallgestaltungen zeigen, daß der **leistungsfähige Ehegatte mit dem Arbeitsplatzrisiko für seinen früheren Partner belastet** wird. Dabei kommt es nicht darauf an, ob der bedürftige Ehegatte gerade wegen der Ehe nicht erwerbstätig gewesen ist. Eine „ehebedingte" Unterlassung der Erwerbstätigkeit im Sinne eines Kausalzusammenhangs mit der Ehe ist nicht erforderlich. Zur Begründung einer unterhaltsrechtlichen Mitverantwortung genügt es, wenn eine Bedürfnislage des einen Ehegatten irgendwie mit der Ehe in Verbindung steht.[505] **Dieses erhebliche Risiko des leistungsfähigen Partners will der Gesetzgeber mit dem neuen, durch das Unterhaltsänderungsgesetz angefügten Abs. 5 des § 1573 BGB zeitlich begrenzen.** Der neue § 1573 V BGB regelt die sogenannten Begrenzungsfälle. Die Begründung für die Risikobegrenzung wird vom Verhältnismäßigkeitsgrundsatz getragen. Es ist Sache der Richter und Rechtsanwälte, auf die Verfassungsmäßigkeit der Ergebnisse zu achten.

Die zeitliche Begrenzung der aus § 1573 I–IV BGB folgenden Unterhaltsansprüche hängt gemäß § 1573 V BGB von einer **Billigkeitsprüfung** ab, die

---

[501a] BGH FamRZ 1986, 244, 246 = NJW 1986, 718; FamRZ 1987, 912.
[502] BGH FamRZ 1984, 561 = NJW 1984, 1685.
[503] BGH FamRZ 1982, 360 = NJW 1982, 1869.
[504] BGH FamRZ 1985, 53 = NJW 1985, 430.
[505] BGH FamRZ 1980, 126 = NJW 1980, 393.

sich an den vom Gesetz aufgestellten Maßstäben zu orientieren hat: Kindesbetreuung, Berücksichtigung der Dauer der Ehe, Gestaltung von Haushaltsführung und Erwerbstätigkeit sowie sonstige Billigkeitsgründe (Argument „insbesondere"). Nach diesen **Orientierungsmaßstäben** ist zu beurteilen, ob überhaupt ein Begrenzungsfall vorliegt und wie der Unterhaltsanspruch zeitlich zu begrenzen ist.

Gemäß § 1573 V 1 Halbs. 2 BGB kommt in den Fällen der **nicht nur vorübergehenden Kindesbetreuung** eine zeitliche Begrenzung regelmäßig nicht in Betracht (Grundsatz der Elternverantwortung). Zudem ist nach § 1573 V 2 BGB die Kindesbetreuungszeit nach Scheidung der Ehedauer hinzuzurechnen, so daß auch auf diese Weise der Ehegatte, der ein gemeinschaftliches Kind betreut hat oder betreut, geschützt ist. Konsequenz: **Bei Ehen mit Kindern besteht kaum Begrenzungsgefahr, bei kinderlosen Ehen ist immer an eine zeitliche Begrenzung zu denken.**

Die Berücksichtigung der **Dauer der Ehe** (§ 1573 V 1 Halbs. 1 BGB) beruht auf dem Bestandsschutzgedanken. § 1579 Nr. 1 BGB (Ehe von kurzer Dauer) und § 1582 I 2 BGB (Ehe von langer Dauer) machen deutlich, daß sich das Gesetz den Schutz der langen Ehe angelegen sein läßt. Es ist daher entgegen *Diederichsen*[506] berechtigt, sich darüber Gedanken zu machen, wann eine Ehe so lange gedauert hat, daß sie begrenzungsfest ist. Die u. a. von *Hahne*[507] vertretene Auffassung, daß bei einer Ehedauer bis zu zehn Jahren eine Begrenzung in Betracht kommen dürfte, kann als vertretbarer Mittelwert angesehen werden. Sicher kommt es immer auf die Umstände des Einzelfalles an, aber es entspricht auch vernünftiger Ppraxis, Orientierungshilfen zu geben. Eine Ehe von zehn oder mehr Jahren schafft gemeinsame Einstellungen und Zuordnungen sowie gegenseitige Abhängigkeit und damit einen Vertrauenstatbestand, der Schutz verdient. Konsequenz: **Je kürzer die Ehe, desto geringer der Bestandsschutz. Je länger die Ehe, desto höher die Begrenzungsfestigkeit.**

Die **Gestaltung der Haushaltsführung und Erwerbstätigkeit** als Billigkeitskriterium knüpft an die Rollenverteilung der Ehegatten gemäß § 1356 BGB an und will den Ehegatten schützen, der ehebedingte berufliche Nachteile durch die Übernahme der Haushaltsführung unter völliger oder teilweiser Aufgabe eigener Erwerbstätigkeit erlitten hat. Fehlt es an einer solchen ehebedingten Bedürftigkeit, so ist die Schutzwürdigkeit geringer. Konsequenz: **Ehebedingte Nachteile sprechen gegen eine zeitliche Begrenzung.** Besteht zwar Bedürftigkeit, ist sie aber nicht ehebedingt (Verlust des Arbeitsplatzes ausschließlich aus konkunkturellen Gründen), so kommt eine Begrenzung in Frage.

Bei der Billigkeitsabwägung sind auch **sonstige Umstände** zu berücksichtigen. Der Gesetzentwurf der Bundesregierung nennt beispielsweise die Fälle: Der Berechtigte hat den Verpflichteten während schwerer Krakheit aufopferungsvoll gepflegt. Dem Berechtigten ist eine zeitliche Begrenzung des Un-

---

[506] NJW 1986, 1283, 1287 Fn. 60.
[507] FamRZ 1986, 305, 307; vgl. aber OLG Düsseldorf FamRZ 1987, 945f.

terhalts wegen seines Alters oder Gesundheitszustandes nicht zumutbar.[508] Während im ersten Fall eine Begrenzung treuwidrig erscheint, sind in den beiden letzten Fällen die Einsatzzeitpunkte der §§ 1571 und 1572 BGB zu bedenken. Einigkeit besteht darüber, daß ein **Fehlverhalten des Berechtigten hier nicht zu berücksichtigen** ist, weil die Rechtsfolgen eines Fehlverhaltens in § 1579 BGB abschließend geregelt sind.[509]

Übersicht zu Begrenzungsfällen

ja	nein
– kinderlose Ehe oder zwar Kinder, aber keine Betreuung	– nicht nur vorübergehende Kinderbetreuung
– Ehe von nicht langer Dauer	– Ehedauer länger als zehn Jahre
– keine ehebedingten beruflichen Nachteile, z. B. keine ehebedingte Arbeitslosigkeit, oder zwar ehebedingte Nachteile, aber aufgeholt	– erhebliche ehebedingte berufliche Nachteile durch Übernahme der Haushaltsführung unter völliger oder teilweiser Aufgabe eigener Erwerbstätigkeit
– keine sonstigen Billigkeitsgründe	– sonstige Billigkeitsgründe, z. B. Alter, Krankheit, überobligationsmäßige Leistungen für Unterhaltspflichtigen

Ist ein **Begrenzungsfall** gegeben, so kann **Unterhalt nur für eine Übergangszeit** verlangt werden. Wie ist diese Übergangszeit zu bemessen? Von einer automatischen Bindung der Dauer der Unterhaltspflicht an die Dauer der Ehe hat der Gesetzgeber bewußt abgesehen.[510] Eine derartige Automatik würde auch der beabsichtigten Einzelfallgerechtigkeit widersprechen. Der Verhältnismäßigkeitsgrundsatz und der Gedanke der nachwirkenden Mitverantwortung für den wirtschaftlich schwächeren Ehegatten machen es jedoch in jedem Fall notwendig, ein ausgewogenes Verhältnis zwischen der Ehedauer und der Unterhaltsdauer einerseits und den Bedingungen des Arbeitsmarktes andererseits herzustellen. Bei der **ehebezogenen Komponente** kommt der Ehedauer der Charakter einer Obergrenze zu. Überschreitungen können als übermäßige Belastungen den Grundsatz der Verhältnismäßigkeit verletzen. Die Übergangszeit oder Schonzeit soll es dem Berechtigten ermöglichen, sich auf die im Urteil oder Vergleich bestimmte Zeitgrenze einzustellen. Das Gericht oder die Vergleichsparteien müssen sich daher mit der **arbeitsmarktbezogenen Komponente** beschäftigen, durch welche Ausbildung und in welchem Zeitraum die Chancen des bedürftigen Ehegatten auf dem Arbeitsmarkt verbessert werden können. Diese Prognose ist möglich.

---

[508] BT-Dr. 10/2888 S. 18.
[509] *Hahne,* FamRZ 1986, 305, 308; BT-Dr. 10/4514 S. 22.
[510] BT-Dr. 10/2888 S. 18.

Hingegen kann nicht prognostiziert werden, wann der so ausgebildete Ehegatte einen angemessenen Arbeitsplatz finden wird. Der Ausbildungszeitraum ist die Untergrenze der Unterhaltsdauer. Die konkrete Zeitgrenze ist unter Auswertung der Einzelfallumstände und Beachtung der Unter- und Obergrenze zu bestimmen.

Resümee: **Die Beratungs- und Prozeßsituation für den Rechtsanwalt des Unterhaltsverpflichteten** ist schwieriger geworden. Er hat zunächst festzustellen, ob ein Begrenzungsfall in Betracht kommt. Ist dies anzunehmen, so muß die Begründung der eigenen Anträge den Gegner und das Gericht dazu drängen, im Hinblick auf spätere Abänderungsmöglichkeiten nach § 323 ZPO den Anspruchstatbestand genau anzugeben und zu einer zeitlichen Begrenzung Stellung zu nehmen. Die Billigkeitsgründe sind unter Beweisantritt darzustellen, da der Verpflichtete nach dem Regel-Ausnahme-Schema die Beweislast für die anspruchsbegrenzende Ausnahmeregelung hat.[511] In einem Vergleich sind in Zukunft nicht nur die finanziellen Bemessungsgrundlagen festzuhalten, sondern auch der Unterhaltsgrund und die Umstände, die für oder gegen eine zeitliche Begrenzung des Unterhaltsanspruchs sprechen, genau zu benennen.

(5) Unterhaltsanspruch wegen Ausbildung, Fortbildung und Umschulung (§ 1575 BGB)

Während § 1575 I BGB Anspruch auf Ausbildungsunterhalt in den Fällen gewährt, in denen eine Schul- oder Berufsausbildung in Erwartung der Ehe oder während der Ehe nicht aufgenommen oder abgebrochen worden ist, gibt § 1575 II BGB einen Anspruch auf Fortbildungs- oder Umschulungsunterhalt, um Nachteile auszugleichen, die durch die Ehe eingetreten sind.

Die Rechtsprechung stellt **strenge Anforderungen.**[512] Die beabsichtigten Bildungsmaßnahmen sind konkret anzugeben. Die Ausbildung muß nicht nur einen erfolgreichen Abschluß, sondern auch eine angemessene Erwerbstätigkeit mit nachhaltiger Unterhaltssicherung erwarten lassen. Auch im Rahmen des § 1575 BGB gilt jedoch, daß die Verpflichtung zur Finanzierung einer Zweitausbildung, die zur Erlangung einer angemessenen Erwerbstätigkeit nicht erforderlich ist, über den Bereich gebotener Solidarität hinausgeht, wie der BGH im Fall einer koreanischen Operationsschwester entschieden hat.[513] Vermag der geschiedene Ehegatte trotz Ausbildung, Fortbildung oder Umschulung keinen Arbeitsplatz zu finden, so ist bei der Angemessenheitsprüfung nach § 1574 II BGB der erreichte höhere Ausbildungsstand nicht zu berücksichtigen (§ 1575 II BGB).

(6) Unterhalt aus Billigkeitsgründen (§ 1576 BGB)

In den §§ 1570–1573 und 1575 BGB sind bestimmte Bedürfnislagen enumerativ benannt. Um etwaige sich aus dem Enumerationsprinzip ergebende Ungerechtigkeiten zu vermeiden, schließt der Gesetzgeber die Anspruchstat-

---

[511] *Hahne,* FamRZ 1986, 305, 310.
[512] BGH FamRZ 1987, 795 = NJW 1987, 2233; OLG Frankfurt FamRZ 1985, 712.
[513] BGH FamRZ 1985, 782 = NJW 1985, 1695.

bestände mit einer sogenannten **positiven Billigkeitsklausel,** einer Härteklausel für Ausnahmefälle ab. § 1576 BGB ist gegenüber den Unterhaltsansprüchen aus §§ 1570ff BGB subsidiär. Für das Verhältnis zu § 1570 BGB bedeutet dies: Wenn ein voller Unterhaltsanspruch nach § 1570 BGB besteht, dann scheidet § 1576 BGB aus. Rechtfertigt die Betreuung eines gemeinschaftlichen Kindes den Anspruch aus § 1570 BGB nur zu einem Teil, so ist dieser Teil zu beziffern. Danach ist zu prüfen, ob der darüber hinaus geltend gemachte Teil der Unterhaltsforderung auf § 1576 BGB gestützt werden kann.[514]

Zu den **Voraussetzungen** der Vorschrift gehören:

Sonstige schwerwiegende Gründe, aus denen eine Erwerbstätigkeit nicht verlangt werden kann, und grobe Unbilligkeit der Unterhaltsversagung unter Berücksichtigung der Belange beider Ehegatten.

Die in § 1576 BGB vorausgesetzten schwerwiegenden Gründe für die Unzumutbarkeit der Erwerbstätigkeit müssen nicht ehebedingt sein. Allein die Erwerbsbehinderung des geschiedenen unterhaltsbedürftigen Ehegatten infolge der Pflege und Erziehung eines Kindes aus einer früheren Ehe reicht jedoch nicht aus, um einen Unterhaltsanspruch aus § 1576 BGB zu begründen. Ein solcher Anspruch kommt erst dann in Betracht, wenn sich aus den besonderen Umständen des Falles ergibt, daß die Unterhaltsversagung unter Berücksichtigung der Interessen beider Ehegatten grob unbillig wäre.[515] Eheliches Fehlverhalten schließt nach § 1576 Satz 2 BGB zwar einen Unterhaltsanspruch nicht aus, aber es findet ohne Rückgriff auf § 1579 BGB nur bei der Billigkeitsabwägung aller Fallumstände Berücksichtigung.[516] Die Rechtsprechung hat den Unterhaltsanspruch aus § 1576 BGB insbesondere in den Pflegekinderfällen erörtert.[517]

bb) Die Bedürftigkeit des Unterhaltberechtigten (§ 1577 BGB)

(1) Grundsatz und Ausnahmen

Nach dem Grundsatz des § 1577 I BGB ist nicht bedürftig, wer sich aus seinen Einkünften und seinem Vermögen selbst unterhalten kann. Dies bedeutet: Der geschiedene Ehegatte muß sich auf seinen Unterhaltsanspruch **anrechnen** lassen

- in zumutbarer Weise erzieltes Erwerbseinkommen oder gleichgestellte nicht subsidiäre Einkünfte (reale Einkünfte),
- in zumutbarer Weise erzielbares Erwerbseinkommen (fiktive Einkünfte wegen nicht erfüllter Erwerbsobliegenheit),[518]
- die tatsächlich erzielten Vermögenserträge (reale Erträge),[519]

---

514 BGH FamRZ 1984, 361 = NJW 1984, 1538.
515 BGH FamRZ 1983, 800.
516 BGH FamRZ 1984, 361 = NJW 1984, 1538.
517 BGH FamRZ 1984, 769 = NJW 1984, 2355.
518 BGH FamRZ 1981, 752, 755 = NJW 1981, 1782.
519 BGH FamRZ 1986, 439, 440.

- die in zumutbarer Weise erzielbaren Vermögenserträge (fiktive Erträge wegen nicht erfüllter Obliegenheit, eigenes Vermögen so erträglich wie möglich anzulegen).[520]

Bedürftigkeit besteht im Grundsatz auch dann nicht, wenn der Anspruchsteller seinen Unterhalt aus dem Stamm seines Vermögens bestreiten kann.[521]

Ausnahmen von der Anrechenbarkeit der Einkünfte und der Verwertung des Vermögensstammes behandelt das Gesetz in den Absätzen 2 und 3 des § 1577 BGB. Absatz 4 dieser Vorschrift regelt den Vermögenswegfall nach Scheidung.

(2) Einkünfte aus zumutbarer Erwerbstätigkeit

Während § 1577 I BGB die Anrechnung von Einkünften des Unterhaltsberechtigten aus einer zumutbaren Erwerbstätigkeit betrifft, gilt § 1577 II BGB für die Anrechnung von Einkünften aus unzumutbarer Erwerbstätigkeit.[522] **Zumutbar** ist eine Erwerbstätigkeit, wenn sie von dem Berechtigten nach den Anspruchstatbeständen zu erwarten und angemessen ist. Eine Tätigkeit wird als **unzumutbar** beurteilt, wenn derjenige, der sie ausübt, unterhaltsrechtlich nicht gehindert ist, sie jederzeit zu beenden.[523]

Bei den Einkünften aus zumutbarer Erwerbstätigkeit ist zwischen realen und fiktiven Einkünften zu unterscheiden. Real ist das tatsächliche Erwerbseinkommen, aber auch das Arbeitslosengeld und das Wohngeld sind reale Einkünfte. Hingegen sind nicht anrechenbar subsidiäre Leistungen wie Arbeitslosenhilfe, Sozialhilfe, wiederauflebende Witwenrente.[524] Fiktiv sind die Einkünfte, die bei Erfüllung der Erwerbsobliegenheit hätten erzielt werden können. Wer eine Erwerbsobliegenheit nicht erfüllt, wird so behandelt, als ob das durch die obliegende Erwerbstätigkeit erzielbare Einkommen zur Verfügung stehe. Die erzielbaren Einkünfte können geschätzt werden, z. B. nach dem in der Vergangenheit erzielten Einkommen, nach den jetzigen Tarifen oder nach den Tabellen der Anlagen zum Fremdrentengesetz.[525] Wenn zum Beispiel von der Mutter eines 11 Jahre alten Kindes eine Teilzeitbeschäftigung erwartet werden kann, so sind die aus einer angemessenen Teilzeitarbeit erzielten und erzielbaren Einkünfte nach § 1577 I BGB anzurechnen, d. h. sie mindern ihre Bedürftigkeit. Ist der Berechtigten eine Vollzeitbe-

---

520 BGH FamRZ 1985, 354, 355; BGH FamRZ 1986, 441, 443. Zum Problem einer Obliegenheit des Unterhaltsberechtigten zur Vermögensumschichtung vgl. weiter BGH FamRZ 1986, 439 ff; FamRZ 1986, 560, 561; FamRZ 1988, 145, 149 mit Anm. *Luthin* 151 ff.

521 BGH FamRZ 1985, 360, 361.

522 BGH FamRZ 1983, 146 = NJW 1983, 933.

523 BGH FamRZ 1983, 146, 149.

524 BGH FamRZ 1987, 456, 458; BGH FamRZ 1984, 364, 366; BGH FamRZ 1979, 211 = NJW 1979, 815; BGH FamRZ 1986, 889 und dazu *Dieckmann*, FamRZ 1987, 231 ff.

525 So OLG Düsseldorf FamRZ 1981, 255; vgl. zuletzt FRG-Entgeltverordnung vom 19. Dezember 1986 BGBl. I, 2658 f.

schäftigung zumutbar, da der Jugendliche bereits 16 Jahre alt ist, so kann bei entsprechenden realen oder fiktiven Einkünften die Bedürftigkeit auch aufgehoben werden.

(3) Zusammenleben mit einem neuen Partner

Die Frage, welche Einkünfte erzielbar und damit anrechenbar sind, beschäftigt die Praxis nicht selten, wenn der Unterhalt begehrende Ehegatte nach der Scheidung mit einem anderen Partner zusammenlebt. Dieses Zusammenleben wird als eheähnliche Gemeinschaft oder nichteheliche Lebensgemeinschaft bezeichnet. Beide Bezeichnungen sind nicht treffend. Wenn man von Eheähnlichkeit spricht, liegt es nahe, an eheähnliche Rechten und Pflichten der Partner zu denken. Die eheähnliche Gemeinschaft begründet jedoch keine Unterhaltspflicht.[526] Von Lebensgemeinschaft sollte ebenfalls nicht gesprochen werden, da sie nach der Erfahrung in der Regel weder lebenslang angelegt ist, noch ein Leben lang dauert. Der Lebenswirklichkeit entspricht es, solche Gemeinschaften als Wirtschafts- und Geschlechtsgemeinschaften eines Mannes und einer Frau auf unbestimmte Zeit anzusehen. Für die Parteien, die Rechtsanwälte und die Gerichte stellt sich immer wieder das Problem, ob und wie durch eine derartige Wirtschaftsgemeinschaft die Bedürftigkeit des Anspruchstellers gemindert oder gar aufgehoben wird. Im wesentlichen sind **drei Lösungswege** diskutiert worden:[527]

Lösungsweg 1:
Wer in einer solchen Gemeinschaft lebt, ist nicht bedürftig. Die analoge Anwendung der §§ 122, 16 BSHG hat der BGH abgelehnt, da die Gleichstellung der eheähnlichen Gemeinschaft mit der Ehe im Unterhaltsrecht nicht zulässig ist.

Lösungsweg 2:
Wer freiwillig Leistungen empfängt, die nach dem erkennbaren Willen des Partners nur ihn unterstützen sollen, dessen Bedürftigkeit ist regelmäßig nicht gemindert. Diese These verfehlt jedoch die Realität in einer Wirtschaftsgemeinschaft. Hier werden Leistungen um der Versorgungsleistungen (Haushaltsführung) willen erbracht.

Lösungsweg 3:
Wer seinem neuen Partner den Haushalt führt oder ihn sonst versorgt (auch Wohnungsgewährung), wobei die Versorgung einer zumutbaren Erwerbstätigkeit gleich erachtet wird,[528] muß sich eine angemessene Vergütung für seine Dienste anrechnen lassen, wenn der neue Partner in der Lage ist, die ihm erbrachten Leistungen zu vergüten.[529] Erbringt der neue Partner Zu-

---

526 BGH FamRZ 1980, 40, 42 = NJW 1980, 124

527 BGH FamRZ 1980, 40 = NJW 1980, 124; BGH FamRZ 1980, 665 = NJW 1980, 1686; BGH FamRZ 1980, 879.

528 BGH FamRZ 1983, 146, 149; BGH FamRZ 1987, 1011, 1013: Es handelt sich nicht um Einkünfte aus einer echten Erwerbstätigkeit, sondern um „eine besondere Art anderweitiger Deckung des Unterhaltsbedarfs, den unberücksichtigt zu lassen unbillig erscheine."

529 BGH FamRZ 1983, 146, 148; FamRZ 1985, 273 = NJW 1985, 806; FamRZ 1987, 689 = NJW 1987, 3129; FamRZ 1987, 1011, 1014; unzutreffend *Diederichsen* im

wendungen, so werden sie als Entgelt für Haushaltsführung oder sonstige Versorgung angesehen (reales Versorgungsentgelt). Erhält der Ehegatte von dem Dritten keine Zuwendungen oder erreichen sie den Wert der Haushaltsführung oder sonstigen Versorgung nicht, so ist § 850h II ZPO analog anzuwenden (fiktives Versorgungsentgelt). Für den dritten Lösungsweg hat sich der BGH entschieden. Bei der Bemessung der angemessenen Vergütung ist auf den objektiven Wert abzustellen, den die Haushaltsführung und die sonstigen Versorgungsleistungen für den leistungsfähigen Partner haben. Als Anhalt für die Angemessenheit können Richtlinien und Erfahrungssätze dienen, die zur Bemessung von Schadensersatzrenten bei Verletzung oder Tötung von Hausfrauen entwickelt worden sind.[530]

Berechnungsbeispiel:
M und F sind geschieden. Das Sorgerecht für das 13 Jahre alte Kind K I ist M und das für das 7 Jahre alte Kind K II F übertragen worden. M hat ein monatliches Nettoeinkommen von 5000,– DM. Die nicht erwerbstätige F sorgt für K II, lebt mit dem neuen Partner D zusammen, erbringt neben Haushaltsführung auch sonstige Versorgungsleistungen für ihn. D, der ein monatliches Nettoeinkommen von 3000,– DM hat, gewährt finanzielle Beiträge zur gemeinsamen Lebensführung und sonstige Zuwendungen. Um welchen Betrag ist die Bedürftigkeit der F gemindert?

Die Höhe der angemessenen Vergütung für F richtet sich nach dem Marktwert, den Haushaltsführung und sonstige Versorgungsleistungen für D haben.

Wendet man die Berechnungstabellen von Schulz-Borck/Hofmann[531] an, so ergibt sich folgendes: Würde D alleine leben und seinen Haushalt führen, so müßte der Arbeitszeitbedarf und Arbeitszeitaufwand der Haushaltsarbeit nach den Tabellen 1 und 8 mit rund 20 Wochenstunden angenommen werden. Würde D die Hausarbeit durch eine Wirtschafterin ausführen lassen, so müßte diese Kraft bei einem Durchschnittshaushalt der mittleren sozialen Schicht, in die D bei seinem Einkommen einzuordnen ist, nach der Tabelle 3 in die Vergütungsgruppe VIII eingruppiert werden. Nach der Tabelle 5 ist dann bei 20 Wochenstunden und Vergütungsgruppe BAT VIII ein Monatsbetrag in Höhe von 866,01 netto abzulesen. Dieses Ergebnis deckt sich mit dem Erfahrungssatz, daß im Durchschnitt an eine Putzfrau pro Stunde 10,– DM gezahlt werden müssen. F müßte sich also auf ihren Unterhaltsanspruch gegen M 866,– DM monatlich anrechnen lassen.

(4) Einkommen aus einer unzumutbaren Erwerbstätigkeit

§ 1577 II BGB regelt, inwieweit das Einkommen aus einer unzumutbaren Erwerbstätigkeit des Unterhaltsberechtigten anzurechnen ist.[532] Die Anwen-

---

Palandt § 1577 Anm. 2a am Ende, der meint, auf die Leistungsfähigkeit des Dritten komme es nicht an.

530 BGH FamRZ 1984, 662, 663 = NJW 1984, 2358.

531 *Schulz-Borck/Hofmann*, Schadensersatz bei Ausfall von Hausfrauen und Müttern im Haushalt mit Berechnungstabellen, 2. überarbeitete Auflage, Verlag Versicherungswirtschaft e. V., Karlsruhe 1983.

532 Leitentscheidung BGH FamRZ 1983, 146 und zum folgenden Zitat.

dung der Vorschrift hängt nicht davon ab, daß der Unterhaltsberechtigte die unzumutbare Erwerbstätigkeit gerade wegen der Nichterfüllung der Unterhaltsschuld aufgenommen hat. Für die Berechnungsmethode sind folgende Sätze aus der Leitentscheidung des BGH vom 24. November 1982 wichtig:

„Für den Umfang der Nichtanrechnung der Einkünfte ist vielmehr maßgebend, inwieweit eine Unterhaltsleistung des Schuldners – zusammen mit etwaigen Einkünften des Berechtigten aus anderweitiger zumutbarer Erwerbstätigkeit – hinter dessen vollem Unterhalt zurückbleibt. Das insoweit verbleibende Defizit bildet den Rahmen, innerhalb dessen die betreffenden Einkünfte des Berechtigten nach § 1577 II Satz 1 BGB von einer Anrechnung ausgenommen bleiben, während sich die Anrechnung der darüber hinausgehenden Einkünfte nach § 1577 II Satz 2 BGB bestimmt."

Um § 1577 II BGB anwenden zu können, müssen zuvor folgende Fragen geklärt sein:
Wie hoch ist der volle Unterhaltsbedarf des Berechtigten?
Wie hoch sind die Unterhaltsleistungen des Verpflichteten?[533]
Wie hoch sind die Einkünfte des Berechtigten aus zumutbarer Erwerbstätigkeit?
Wie hoch sind die Einkünfte des Berechtigten aus unzumutbarer Erwerbstätigkeit?

Anwendungsbeispiel:

Voller Unterhaltsbedarf der Berechtigten F	1600,– DM
Leistung des Verpflichteten M	1000,– DM
Zumutbare Einkünfte der Berechtigten F	300,– DM
unzumutbare Einkünfte der Berechtigten F	500,– DM.

Die Unterhaltsleistungen des Verpflichteten zusammen mit den Einkünften der Berechtigten aus zumutbarer Erwerbstätigkeit bleibem um 300,– DM hinter dem vollen Unterhalt in Höhe von 1600,– DM zurück (1000,– DM Unterhaltsleistung des Schuldners zuzügl. 300,– DM Einkünfte der Berechtigten aus zumutbarer Erwerbstätigkeit = 1300,– DM). Von den Einkünften aus unzumutbarer Erwerbstätigkeit in Höhe von 500,– DM verbleiben daher nach § 1577 II 1 BGB 300,– DM anrechnungsfrei. Die restlichen 200,– DM unterliegen der Billigkeitsanrechnung nach § 1577 II 2 BGB.

Sind danach 100,– DM anzurechnen, so sind nach der Ansicht des BGH diese 100,– DM von dem Unterhaltsbetrag, den der Verpflichtete (ohne Berück-

---

[533] Hier ist streitig, ob es auf den geleisteten Unterhalt – so z. B. *Krenzler,* Zur Anrechnungsproblematik gemäß § 1577 II BGB, FamRZ 1983, 653, 654 – oder auf den geschuldeten Unterhalt ankommt – so z. B. *Palandt-Diederichsen,* § 1577 Anm. 3a (3). *Lohmann* S. 88 führt dazu aus: „. . . zu berücksichtigen: (a) Unterhaltsleistungen des Schuldners, wobei es nicht auf die tatsächlich erbrachten Leistungen ankommen wird, sondern auf den an sich (d. h. ohne Anrechnung der Einkünfte des Gläubigers aus unzumutbarer Tätigkeit) geschuldeten Unterhalt, soweit die Erfüllung der Unterhaltsschuld gesichert ist." Dies läuft m. E. wieder auf den geleisteten Unterhalt hinaus.

sichtigung der Einkünfte des Berechtigten aus unzumutbarer Tätigkeit) an sich schulden würde, abzuziehen (sogenannter **Direktabzug**).[534]

(5) Verwertung des Vermögensstammes

Den Stamm des Vermögens braucht der Berechtigte nach § 1577 III BGB nicht anzugreifen, soweit die Verwertung unwirtschaftlich oder unter Berücksichtigung der beiderseitigen wirtschaftlichen Verhältnisse unbillig wäre. Eine Obliegenheit zur Verwertung des Vermögensstamms kann abhängen von der voraussichtlichen Dauer der Unterhaltsbedürftigkeit und den dauerhaften Ertragsmöglichkeiten des zur Verfügung stehenden Vermögens. Stets sind dem Berechtigten gewisse Rücklagen für Not- und Krankheitsfälle zuzubilligen.[535] Unter Berücksichtigung der beiderseitigen wirtschaftlichen Verhältnisse kann es unbillig sein, wenn das zu verwertende Vermögen des Berechtigten aus dem Zugewinnausgleich herrührt und dem anderen Ehegatten entsprechende Vermögenswerte unangetastet zur freien Verfügung verbleiben.[536]

cc) Die Leistungsfähigkeit des Unterhaltsverpflichteten (§ 1581 BGB) und die Rangfolge der Unterhaltsberechtigten (§ 1582 BGB)

(1) Einführung

Gemäß § 1581 BGB wird die Leistungsfähigkeit des Verpflichteten beurteilt

- „nach seinen Erwerbs- und Vermögensverhältnissen", also den erzielten und erzielbaren Erwerbseinkünften und Vermögenserträgen sowie der nicht unwirtschaftlichen und nicht unbilligen Vermögensverwertung,
- nach den abzugsfähigen Beträgen, um die die Einkünfte zu bereinigen sind („Berücksichtigung seiner sonstigen Verpflichtungen") und
- nach dem Mindestbetrag, der dem Verpflichteten für den eigenen Lebensunterhalt verbleiben muß (Selbstbehalt).

Reichen die verfügbaren Mittel nicht aus, um die Ansprüche aller Unterhaltsberechtigten zu erfüllen, so sind die Rangverhältnisse entscheidend.

Während für den Bedürftigen das Gebot gilt, im Rahmen des Zumutbaren und des Möglichen leistungsfähig zu werden (Obliegenheit zur Minderung der Bedürftigkeit), besteht für den Unterhaltspflichtigen das Gebot, leistungsfähig zu bleiben. Die Leistungsfähigkeit wird wie die Bedürftigkeit nicht nur durch das tatsächlich vorhandene **Einkommen** und **Vermögen** bestimmt, sondern auch durch die **Erwerbsfähigkeit.** Nach ständiger Rechtsprechung trifft den Verpflichteten unterhaltsrechtlich die Obliegenheit, die ihm zumutbaren Einkünfte zu erzielen, insbesondere seine Arbeitsfähigkeit so gut wie möglich einzusetzen und eine ihm zumutbare und mögliche Erwerbstätigkeit auszuüben. Wer dieser Obliegenheit nicht nachkommt, wird

---

[534] BGH FamRZ 1983, 146, 150.
[535] BGH FamRZ 1985, 354.
[536] BGH FamRZ 1985, 357, 360.

so behandelt, als ob er das Einkommen, das er bei gutem Willen durch eine zumutbare Erwerbstätigkeit erzielen könnte, tatsächlich hätte.[537]

(2) Feststellung der Einkünfte

Es sind grundsätzlich alle Einkünfte bei der Ermittlung der Leistungsfähigkeit heranzuziehen.[538] Während die Ermittlung der Einkünfte eines mit Lohnsteuerkarte Beschäftigten kaum Probleme bereitet, macht die **Feststellung der Einkünfte eines Selbständigen** in der Praxis erhebliche Schwierigkeiten.[539] Die Einkommensermittlung besteht in der Datensammlung und der Datenauswertung. Für die Datensammlung steht dem Berechtigten der Auskunftsanspruch zur Verfügung, mit dem Auskunft über die Einkünfte des Verpflichteten in den vergangenen drei Jahren nebst Belegen, insbesondere Bilanzen, Gewinn- und Verlustrechnungen oder Einnahmen-Überschußrechnungen (bei Freiberuflern oder nicht buchführungspflichtigen Gewerbetreibenden), Einkommensteuerklärungen und Einkommensteuerbescheiden verlangt werden können. Da aber das steuerrechtlich relevante Einkommen und das unterhaltspflichtige Einkommen nicht identisch sind, trifft den Selbständigen nach ständiger Rechtsprechung noch eine **Erläuterungslast**:[540] „Der Unterhaltspflichtige, der sich auf sein zu versteuerndes Einkommen bezieht, muß die hierbei abgesetzten Beträge so darlegen, daß die allein steuerrechtlich beachtlichen von den auch unterhaltsrechtlich abzugsfähigen Aufwendungen abgegrenzt werden können. Die ziffermäßige Aneinanderreihung einzelner Kostenarten wie Abschreibungen, allgemeine Kosten, Rückstellungen, Entnahmen und dergleichen genügt diesen Anforderungen nicht; die erforderlichen Darlegungen können auch nicht durch einen Antrag auf Vernehmung des Steuerberaters ersetzt werden."

Da diese Darlegungen bei den Auskünften Selbständiger meist fehlen, ist es Sache des Anwalts des Unterhaltsgläubigers, bei einer Datenauswertung auf solche Unvollständigkeiten zu achten und darauf hinzuweisen.

Der **Aussagewert der Einkommensunterlagen** ist unterschiedlich: Die **Bilanz** ist ein Vermögensverzeichnis für den Schluß eines Geschäftsjahres und weist den Gewinn oder Verlust dieses Geschäftsjahres aus.

Die **Gewinn- und Verlustrechnung oder die Einnahmen-Überschußrechnung** gibt die Einnahmen und Ausgaben eines Geschäftsjahres wieder, wobei die Einnahmen- und Ausgabenarten unter Oberbegriffen wie Umsatzerlöse, Honorare oder Anschaffungen, Waren, Löhne, Gehälter zusammengefaßt und zusammengerechnet sind. Da es bei den Geldzu- und -abflüssen auf die Erfüllung ankommt, hat es der Selbständige in der Hand, seinen Gewinn zu steuern, indem er z. B. in diesem Geschäftsjahr vermehrt Anschaffungen

---

[537] BGH FamRZ 1985, 158 = NJW 1985, 732.

[538] BGH FamRZ 1980, 342.

[539] Vgl. zuletzt *Christian,* Steuerliche Fragen bei der Heranziehung unterhaltspflichtiger Selbständiger, DAVorm 1986, 561ff, 681ff und *Bauer,* Die steuerrechtliche Ermittlung des Gewinns aus selbständiger Arbeit und ihre Maßgeblichkeit für den Untrhaltsanspruch, DAVorm 1987, 475ff.

[540] BGH FamRZ 1985, 357, 359 = NJW 1985, 909.

tätigt und die Rechnungsstellung für eigene Leistungen auf das nächste Jahr verschiebt. Dies erklärt u. a., warum zur sicheren Beurteilung der Verhältnisse Unterlagen für die letzten 3 Kalenderjahre verlangt werden können und müssen. Im übrigen wird ein solches Verhalten bei ordnungsgemäßer Buchführung offenbar.

Die **Einkommensteuererklärung** erfaßt alle der Steuerpflicht unterliegenden Einkünfte, nach Einkunftsarten aufgegliedert. Sie ist daher ein Test, ob das Einkommen vollständig angegeben ist.

Der **Einkommensteuerbescheid** gibt Auskunft über die Höhe der für den Veranlagungszeitraum zu entrichtenden Steuern, über zu leistende Vorauszahlungen und über die steuerlich berücksichtigten Abzüge. Ist der Selbständige zusammen mit seinem neuen Ehegatten zur Einkommensteuer veranlagt worden, so kann die aus dem Steuerbescheid ersichtliche Steuer nicht bei ihm allein abgezogen werden, wenn auch der neue Ehegatte Einkünfte hat. In diesem Fall kann nur der Steueranteil abgezogen werden, der im Verhältnis der Einkünfte der Ehegatten dem Einkommensanteil des Selbständigen entspricht.

Die **wichtigste Erkenntnisquelle** bildet daher die **Gewinn- und Verlustrechnung** bzw. die Einnahmen-Überschußrechnung. Bei diesen Unterlagen ist die **Ausgabenseite kritisch zu würdigen.** Die Position **Löhne und Gehälter** ist in der Regel voll zu berücksichtigen. Sollte der neue Ehegatten des Selbständigen hier mit einem Arbeitslohn angesetzt sein, so scheidet er als Unterhaltsberechtigter aus. Bei der Position **Betriebsräume** kommt es darauf an, ob sie angemietet sind oder dem Selbständigen gehören. Hier ist dann zu prüfen, inwieweit eine private Nutzung oder private Vermögensbildung in Frage kommen. Gegebenenfalls muß der Selbständige die betriebliche Nutzung oder Vermögensbildung erläutern. Bei der Position **Fernsprechgebühren und Kraftfahrzeugkosten** ist nachzusehen, ob auf der Einnahmenseite die privaten Nutzungen angemessen mit 20–25% bedacht sind. Sollte dies nicht der Fall sein, so muß die Berücksichtigungsfähigkeit bestritten werden. Es ist Sache des Selbständigen, die betriebliche Nutzung darzulegen und zu beweisen. Bei der Position **Bewirtungskosten** können ⅓ als Einsparung privater Lebenshaltungskosten und daher nur ⅔ als Betriebsausgaben anerkannt werden. Dies gilt auch für die in der Position **Reisekosten** enthaltenen Verpflegungskosten. Eine Erläuterung bedürfen auch die Positionen **Rechtsberaterkosten sowie Beiträge und Versicherungen,** damit sichergestellt ist, daß hiermit keine Kosten der privaten Lebensführung abgedeckt werden. Bei der Position **Zinsen** muß der Selbständige ebenfalls darlegen und beweisen, auf welche Verbindlichkeiten die angesetzten Zinsen gezahlt werden und aus welchem Anlaß die Verbindlichkeiten eingegangen sind. Die größten Abgrenzungsschwierigkeiten dürfte die Position **Abschreibungen** bereiten.[541] Mit dieser Position wird die Wertminderung des Betriebsvermögens steuerlich geltend gemacht. Die Abschreibung kann linear erfol-

---

[541] Vgl. hierzu auch *Nickl,* Die steuerliche Abschreibung bei der Berechnung des unterhaltsrechtlich relevanten Einkommens bei Selbständigen, FamRZ 1985, 1219ff und *Durchlaub,* Abschreibungen im Unterhaltsrecht, FamRZ 1987, 1223ff.

gen, das heißt, die Aufwendungen für ein Wirtschaftsgut werden nach der betriebsgewöhnlichen Nutzungsdauer in gleichen Jahresbeträgen verteilt, oder zu Zwecken der Investitionsförderung (Investitionsanreiz) degressiv. Bei der degressiven Abschreibung werden erhöhte Absetzungen in fallenden Jahresbeträgen zugelassen, die eine Steuerentlastung bewirken und damit für den Steuerpflichtigen eine Liquiditätshilfe (Finanzierungsfunktion) darstellen. Da das Steuerrecht Abschreibungen gewährt, denen eine tatsächliche Vermögenseinbuße nicht oder nicht in vollem Umfang entspricht, kann dies unterhaltsrechtlich nicht anerkannt werden.[542] Hinsichtlich der degressiven Abschreibung ist dies unstreitig.[543] Aber auch die lineare Abschreibungsmethode kann nicht ohne weiteres für die Berechnung des unterhaltsrechtlich relevanten Einkommens übernommen werden.[544] Zum Beispiel werden Kraftfahrzeuge üblicherweise in einem Zeitraum von 4 Jahren abgeschrieben, obwohl sie tatsächlich noch länger genutzt werden können. Hier muß der Selbständige **zur Erläuterung die Abschreibungsliste vorlegen,** aus der die abgeschriebenen Vermögensgegenstände mit Anschaffungspreis und Anschaffungstag wie steuerlicher Nutzungsdauer ersichtlich sind. Beispielsweise mit der sogenannten Schwacke-Liste, die die Händlerein- und -verkaufspreise für die meisten Kraftfahrzeuge, nach Baujahren aufgegliedert, zu ihrem Erscheinungszeitpunkt angibt, kann dann die tatsächliche Wertminderung eines Kraftfahrzeugs festgestellt und die Abschreibung um diesen Betrag korrigiert werden. Es wird nicht verkannt, daß für den Unterhaltsgläubiger und seinen Anwalt Abschreibungskorrekturen oft schwierig sind. Der Rechtsanwalt des Berechtigten kann jedoch verlangen, daß der Selbständige die Abschreibungsmethode angibt und die Abschreibungsdaten zur Verfügung stellt.

Bei der kritischen Würdigung können auch die Richtsatzsammlungen der Finanzämter eine Korrekturhilfe darstellen. Die Richtsätze sind ein Hilfsmittel für die Finanzverwaltung, Umsätze und Gewinne der Gewerbetreibenden zu verproben und gegebenenfalls bei Fehlen anderer geeigneter Unterlagen zu schätzen (§ 162 AO). Der Rechtsanwalt muß sich diese Sammlung im Fachbuchhandel besorgen. Er kann anhand der in diesen Sammlungen erfaßten Durchschnittsumsätze und -gewinne der meisten Gewerbezweige kontrollieren, ob die vom Unterhaltsschuldner für seinen Gewerbebetrieb angegebenen Umsätze und Gewinne unterdurchschnittlich sind. Liegen Umsätze und/oder Gewinne unter dem Durchschnitt, so ist vom Pflichtigen Erläuterung zu verlangen.

Ergibt sich trotz dieser Korrekturen nur ein geringer Gewinn oder gar ein **Verlust des Selbständigen,** so ist zu fragen, wovon er seinen eigenen Lebensunterhalt bestritten hat. Dies kann zum Beispiel durch Kreditaufnahme oder Privatentnahmen geschehen. Werden weitere Kreditaufnahmen oder Privatentnahmen von dem Vermögen oder der Ertragskraft des Betriebes

[542] BGH FamRZ 1985, 357, 359.

[543] Z. B. *Nickl,* FamRZ 1985, 1220; *Christian,* DAVorm 1986, 689; *Bauer,* DAVorm 1987, 486; BGH FamRZ 1985, 357, 359.

[544] *Christian,* DAVorm 1986, 689.

nicht mehr getragen, so können sie von dem Selbständigen für die Zukunft nicht mehr verlangt werden.[545] In einem solchen Fall ist dem Selbständigen jedoch zuzumuten, seinen Betrieb zu veräußern und eine besser bezahlte abhängige Stellung anzunehmen. Läßt der Selbständige es an ernsthaften und dauerhaften Bemühungen um eine solche Stelle fehlen, so wird ihm ein fiktives Einkommen angerechnet.[546] In diesen Zusammenhang gehört schließlich der Fall, daß jemand seinen **Arbeitsplatz aufgeben** will, **um sich selbständig zu machen.** Er muß für den voraussehbaren Rückgang seiner Einkünfte in einer Übergangszeit Vorsorge treffen, und ihm ist zumutbar, seinen Plan erst dann in die Tat umzusetzen, wenn er beispielsweise durch Kreditaufnahme oder Rücklagenbildung sichergestellt hat, daß er seine Unterhaltsverpflichtungen zunächst mit geringeren Einkünften erfüllen kann.[547]

(3) Einkünfte aus unzumutbarer Erwerbstätigkeit

Die Anrechnung von Einkünften des Unterhaltspflichtigen aus einer unzumutbaren Erwerbstätigkeit, d. h. aus einer Erwerbstätigkeit, zu der er zum Beispiel wegen Betreuung gemeinschaftlicher Kinder gegenüber dem unterhaltsberechtigten Ehegatten nicht oder nicht in diesem Umfang verpflichtet wäre, ist nach Treu und Glauben (§ 242 BGB) zu beurteilen.[548] Eine dem § 1577 II BGB vergleichbare Vorschrift für die Unterhaltsverpflichteten fehlt. Da aber nach dem Grundsatz der Gleichbehandlung bei Einkünften aus unzumutbarer Erwerbstätigkeit der Verpflichtete nicht schlechter gestellt werden darf als der Berechtigte, ist eine Anrechnungsprüfung nach § 242 BGB geboten. In einem ersten Schritt wird die Frage der Zumutbarkeit oder Unzumutbarkeit der Erwerbstätigkeit geklärt. In einem zweiten Schritt ist festzustellen, ob die aus unzumutbarer Erwerbstätigkeit erzielten Einkünfte gleichwohl voll oder nur zum Teil anrechnungsfähig sind. Unter diesem Gesichtspunkt haben **folgende Fälle** die Praxis beschäftigt:

Läßt der unterhaltspflichtige Ehegatte die gemeinschaftlichen **Kinder** während seiner Erwerbstätigkeit gegen Entgelt betreuen, so kann er diesen **Betreuungsaufwand** von seinem Einkommen absetzen.[549]

Ein **Betreuungsbonus** ist dem Unterhaltsverpflichteten auch dann gutzubringen, wenn die Kinder aus der Ehe mit dem Unterhaltsberechtigten nicht von ihm, sondern von seinem neuen Ehegatten versorgt werden.[550]

Nach Treu und Glauben richtet sich weiter die Anrechnung der Vergütung von **Überstunden,** die in erheblichem Umfang anfallen oder das im Beruf des Verpflichteten übliche Maß deutlich überschreiten.[551]

---

545 OLG Düsseldorf FamRZ 1983, 397, 399.

546 OLG Koblenz 1984, 1225.

547 BGH FamRZ 1982, 365 = NJW 1982, 1050; BGH FamRZ 1987, 372, 374.

548 BGH FamRZ 1982, 779 = NJW 1982, 2664; BGH FamRZ 1983, 569, 570.

549 BGH FamRZ 1982, 779 = NJW 1982, 2664; BGH FamRZ 1983, 569, 570.

550 BGH FamRZ 1986, 790, 791: 300,– DM Betreuungsbonus.

551 BGH FamRZ 1980, 984 = NJW 1980, 2251; *Müller,* Mehrarbeit (Überstunden und Nebentätigkeiten) bei der Unterhaltsberechnung, DAVorm 1987, 81 ff.

Zumutbarkeitsgesichtspunkte sind schließlich bei der Anrechnung von Einkünften aus einer **Nebentätigkeit** zu beachten.[552]

(4) Verantwortungslose Herbeiführung der Leistungsunfähigkeit

Da leider nicht alle Unterhaltspflichtigen guten Willens sind, muß sich die Praxis immer wieder mit der Frage beschäftigen, ob der Verpflichtete die Leistungsunfähigkeit selbst herbeigeführt hat. Das Gesetz trifft für diesen Fall keine besonderen Bestimmungen. Vorschriften, wie wir sie bei der Regelung der Bedürftigkeit des Unterhaltsberechtigten in § 1579 Nr. 3, 1611 BGB finden, fehlen. Daraus haben Rechtsprechung und Literatur geschlossen, daß die Leistungsunfähigkeit des Verpflichteten grundsätzlich auch dann zu beachten ist, wenn er sie selbst – auch schuldhaft – herbeigeführt hat.[553] Die Berufung auf die Leistungsunfähigkeit ist ihm jedoch verwehrt, wenn sie gegen Treu und Glauben verstoßen würde. Bei Strafgefangenen hat der BGH die Berufung auf die Leistungsunfähigkeit nur in den Fällen als treuwidrig angesehen, in denen die Straftat in einer Verletzung der Unterhaltspflicht gegenüber dem Unterhaltsberechtigten besteht oder einen sonstigen Unterhaltsbezug aufweist oder in denen es sich um besonders schwere Verfehlungen, wie Delikte gegen das Leben des Unterhaltsberechtigten oder seiner Angehörigen handelt.[554] Aus § 1579 Nr. 3, 1611 BGB folgert der BGH, daß es auch beim Unterhaltsverpflichteten (Gleichbehandlung mit dem Unterhaltsberechtigten) schwerwiegende Gründe sein müssen, die nach Treu und Glauben die Berufung auf die selbst herbeigeführte Leistungsunfähigkeit verwehren, wobei der als Beurteilungsmaßstab herangezogene „Unterhaltsbezug" eines Verhaltens je nach den Umständen des Falles erschwerend wirken kann.[555] Für den Fall, daß der Pflichtige sich durch **Kündigung seines Arbeitsplatzes** erwerbslos gemacht hat, kann zum Beispiel gefragt werden: Hat der Schuldner seinen Arbeitsplatz mutwillig, zumindest leichtfertig aufgegeben, um sich der Unterhaltspflicht zu entziehen, oder muß ihm insoweit jedenfalls der Vorwurf einer – auch ihm nach seinen Erkenntnismöglichkeiten einsichtigen – Verantwortungslosigkeit gemacht werden?[556]

Hinsichtlich der **Bemühungen um einen Arbeitsplatz** sind an den Verpflichteten dieselben Anforderungen wie an den Berechtigten zu stellen. Dabei muß das Gericht in jedem Fall feststellen, daß der Arbeitslose Arbeit mit einem Arbeitsverdienst gefunden hätte, der der Höhe nach seinem früheren Lohn entsprochen hätte, wenn er sich in der gebotenen Weise um Arbeit bemüht hätte.[557]

---

552 BGH FamRZ 1983, 152.

553 BGH FamRZ 1985, 158, 159 mit Nachweisen.

554 BGH FamRZ 1982, 792 = NJW 1982, 1812; BGH FamRZ 1982, 913 = NJW 1982, 2491.

555 BGH FamRZ 1985, 158, 160.

556 BGH FamRZ 1985, 158, 160; BGH FamRZ 1987, 372, 374 betr. Aufnahme einer selbständigen Erwerbstätigkeit mit erheblicher Einkommenseinbuße.

557 BGH FamRZ 1985, 158, 159 (sub I 2a zu Ende), 161 (sub II am Ende).

(5) Berücksichtigung der sonstigen Verpflichtungen, insbesondere Drei-Massen-Regel und begrenztes Realsplitting

Gemäß § 1581 Satz 1 BGB sind bei der Beurteilung der Leistungsfähigkeit des Verpflichteten auch seine sonstigen Verpflichtungen zu berücksichtigen. Einerseits kommt den Ansprüchen der Unterhaltsberechtigten nach dieser Vorschrift kein allgemeiner Vorrang vor anderen Verbindlichkeiten des Unterhaltsverpflichteten zu und andererseits dürfen diese Verbindlichkeiten nicht ohne Rücksicht auf die Unterhaltsberechtigten getilgt werden.[558] Vielmehr ist eine **umfassende Abwägung der Interessen von Unterhaltsgläubiger, Unterhaltsschuldner und Drittgläubiger erforderlich.**[559] Um diesen Interessenausgleich zu veranschaulichen, spreche ich von der **Drei-Massen-Regel:** Die eine Masse für den Unterhaltsschuldner, die andere für den Unterhaltsgläubiger und die dritte für den Fremdgläubiger. Die Masse für den Unterhaltsschuldner ist nach unten durch den Selbstbehalt begrenzt. Aus dem Selbstbehalt sind die Kosten der privaten Lebensführung (Nahrung, Wohnung, Kleidung, Urlaub usw.) zu bestreiten. Die Kosten der privaten Lebensführung sind also keine sonstigen Verpflichtungen. Die Bemessung der zweiten und dritten Masse hängt von vielen Faktoren ab. Für die Interessenabwägung zwischen Unterhaltsgläubiger und Drittgläubiger sind die vollstreckungsrechtlichen Regeln über die Pfändungsfreigrenzen und das Pfändungsvorrecht Unterhaltsberechtigter zu beachten. Für den sachgerechten Ausgleich zwischen Unterhaltsgläubiger und Unterhaltsschuldner sind **insbesondere von Bedeutung** der Zweck der Verbindlichkeiten, der Zeitpunkt und die Art ihrer Entstehung, die Dringlichkeit der beiderseitigen Bedürfnisse, die Kenntnis des Unterhaltsschuldners von Grund und Höhe der Unterhaltsschuld und seine Möglichkeiten, die Leistungsfähigkeit in zumutbarer Weise ganz oder teilweise wieder herzustellen.[560]

Nach Treu und Glauben kann sich der Verpflichtete nicht auf Verbindlichkeiten berufen, die er leichtfertig für luxuriöse Zwecke oder ohne verständigen Grund eingegangen ist.[561] Es ist jedoch bedeutsam, ob die **Schulden schon zur Zeit des Zusammenlebens der Eheleute entstanden** sind oder aus ihrer gemeinsamen Lebensführung herrühren. Da der unterhaltsberechtigte Ehegatte nach § 1578 I BGB durch die Trennung nicht besser, aber auch nicht schlechter gestellt werden soll als vorher, hat er sich in einem solchen Fall die Schulden entgegenhalten zu lassen, die er bei Fortdauer der ehelichen Gemeinschaft mitzutragen gehabt hätte. Es ist daher zu fragen, wie sich der Unterhaltsverpflichtete verständigerweise bei Fortdauer der ehelichen Gemeinschaft verhalten hätte, und auf einen **vernünftigen Tilgungsplan** abzustellen. Vom Einkommen sind nur die Beträge absetzbar, die bei Fortdauer der ehelichen Gemeinschaft nach verantwortlicher Abwägung der Interessen der Unterhaltsgläubiger und der Fremdgläubiger für die Schuldentilgung

---

558 BGH FamRZ 1984, 657, 658.

559 BGH FamRZ 1982, 157, 158; a. A. *Hoppenz,* Schulden im Unterhaltsrecht, FamRZ 1987, 324, 327f.

560 BGH FamRZ 1982, 157, 158.

561 BFH FamRZ 1982, 157, 158.

verwendet worden wären.[562] In diese Abwägung sind auch Interessen des Unterhaltsschuldners an der Schuldentilgung und vor allem an der Vermeidung des weiteren Anwachsens seiner Verbindlichkeiten einzubeziehen. Eine Erhöhung der unterhaltsrechtlich an sich zu berücksichtigenden Verschuldung kann einem Unterhaltspflichtigen, der ohnehin schon überschuldet ist, grundsätzlich nicht zugemutet werden. Ist der Unterhaltsverpflichtete nicht einmal zur Begleichung der laufenden Zinsen in der Lage und sind Unterhaltsleistungen an den Berechtigten daher nur auf Kosten einer entsprechenden Erhöhung des Schuldenstandes möglich, dessen Abtragung den Verpflichteten auf Jahre in vollstreckungsrechtlich höchstzulässigem Maße belasten wird, so muß sich der Unterhaltsberechtigte unter Umständen mit einer den notwendigen Unterhalt unterschreitenden Unterhaltsleistung begnügen.[563]

Für die Masse des Drittgläubigers steht daher zunächst nur der pfändbare Teil des Einkommens des Unterhaltsverpflichteten zur Verfügung. Reicht dieser Einkommensanteil nicht einmal zur Deckung der Zinsen aus, so ist die Masse des unterhaltsberechtigten Ehegatte so lange zu kürzen, bis der für die Schuldentilgung zur Verfügung stehende monatliche Betrag ein weiteres Anwachsen der Schuld verhindert.

Erfahrungsgemäß werden die in der Ehe aufgenommenen Kredite für den Erwerb von Hausrat, Kraftfahrzeugen oder Haus- und Grundeigentum, aber auch für Geschäftsgründungen und Reisen verwendet. **Nach Trennung und Scheidung** können sich Hausratsanschaffungen als notwendig erweisen oder muß ein beruflich benötigter PKW angeschafft werden. Sind für die Anschaffungen Kreditaufnahmen oder Rücklagen erforderlich, so wirken angemessene Tilgungsraten oder Rückstellungen einkommensmindernd.[564]

Hat ein Unterhaltsverpflichteter Zins- und Tilgungsleistungen für ein Darlehen aufzubringen, das er zusammen mit seiner zweiten Ehefrau zum Zwecke des Erwerbs und Umbaus eines Hausanwesens, also zur Vermögensbildung aufgenommen hat, so sind diese Leistungen bei der Beurteilung der Leistungsfähigkeit nicht zu berücksichtigen. Steuervergünstigungen in Form von Freibeträgen oder Steuerrückzahlungen, ferner sonstige wirtschaftliche Vorteile (Nutzungswert des Wohnens im eigenen Hause), die auf diesen unterhaltsrechtlich nicht abzugsfähigen Zins- und Tilgungsleistungen beruhen oder ihretwegen gewährt werden, sind dann ebenfalls nicht zu berücksichtigen, da es unbillig wäre, den unterhaltsberechtigten geschiedenen Ehegatten nur an den Vorteilen, nicht aber an den damit verbundenen Lasten teilhaben zu lassen.[565] Der Unterhaltspflichtige wird so behandelt, als ob er nicht erworben und nicht gebaut hätte. Vorteile (Steuervergünstigungen)

---

[562] BGH FamRZ 1982, 23, 24; BGH FamRZ 1982, 678, 679 = NJW 1982, 1641.

[563] BGH FamRZ 1982, 678, 679; BGH FamRZ 1984, 657, 658, 659.

[564] *Weychardt* DAVorm 1984, 93 betr. Hausrat; BGH FamRZ 1982, 360, 362 = NJW 1982, 1869 betr. PKW.

[565] OLG Stuttgart FamRZ 1982, 727; so auch BGH FamRZ 1987, 36, 37 für den Fall der Vermögensbildung im Wege des Bauherrenmodells.

und Lasten (Zins- und Tilgungsleistungen) werden bei ihm nicht berücksichtigt.

Steuern sind grundsätzlich in der tatsächlich entrichteten Höhe abzusetzen. Dies gilt auch, wenn der unterhaltspflichtige Ehegatte wieder heiratet und damit in den Genuß des Splitting-Vorteils kommt. Eine Ausnahme ist in dem Fall zu machen, in dem beide Ehegatten erwerbstätig sind, der Lohnsteuerpflichtige sich in die Steuerklasse V einstufen läßt und dadurch seinem jetzigen Ehegatten die Einstufung in die günstigere Steuerklasse III ermöglicht, der so in den vollen Genuß des Splitting-Vorteils gelangt. Ist die **Steuerklassenwahl** nach den Einkommensverhältnissen der beiden Ehegatten nicht sachgerecht (der Verpflichtete verdient mehr als sein neuer Ehegatte), so kann der Unterhaltsverpflichtete die dadurch übernommene Steuerbelastung dem Unterhaltsberechtigten nicht entgegenhalten. Der BGH löst diesen Fall wie folgt: Die vom Arbeitslohn des Unterhaltspflichtigen tatsächlich einbehaltene Lohnsteuer ist durch einen Abschlag zu korrigieren, durch den die mit der Einstufung in Steuerklasse V verbundene Verschiebung der Steuerbelastung auf den unterhaltspflichtigen Ehegatten möglichst behoben wird.[566] Die **Faustregel** der Praxis lautet: Die Steuern der Steuerklasse IV sind absetzbar. Die Teilhabe der Unterhaltsberechtigten (geschiedene Ehefrau und minderjährige Kinder) an der dem Unterhaltspflichtigen infolge seiner Wiederverheiratung zugute kommenden Steuerersparnis (sog. Splitting-Vorteil) hat der BGH in den Urteilen vom 3. Juli 1985 und 23. April 1986 bestätigt.[567] Die Steuerersparnis besteht in der Veranlagung nach der sog. Splitting-Tabelle und Verdoppelung der abzugsfähigen Vorsorgeaufwendungen sowie des Sonderausgaben-Pauschbetrages. Der Splitting-Vorteil ist nach der Ansicht des BGH bei der Bestimmung des unterhaltspflichtigen Einkommens ebensowenig abzusetzen wie andere Steuervergünstigungen (z. B. Freibeträge und Abschreibungsmöglichkeiten). Die Hauptargumente sind: Der Steuervorteil unterliege der Zwangsvollstreckung in gleicher Weise wie das Einkommen im ganzen. Eine Benachteiligung der Kinder aus der früheren Ehe sei mit § 1609 I BGB nicht zu vereinbaren. Eine Ausnahme hat der BGH für den Fall gemacht, daß der wiederverheiratete Unterhaltsverpflichtete den ihm nur um der neuen Ehe willen gewährten Splitting-Vorteil teilweise an den nach § 1582 I BGB bevorrechtigten früheren Ehegatten weitergeben müßte, obwohl er den Betrag der Steuerersparnis für den Unterhalt seines jetzigen Ehegatten braucht. Bei Vorrang des früheren Ehegatten und Bedürftigkeit des neuen Ehegatten hat es der BGH für gerechtfertigt gehalten, den Unterhaltsanspruch des früheren Ehegatten gem. § 1579 I Nr. 4 BGB alter Fassung (jetzt käme § 1579 Nr. 7 BGB zur Anwendung) auf denjenigen Betrag zu kürzen, der sich nach dem Einkommen des Unterhaltspflichtigen ohne den Splitting-Vorteil ergibt.[568]

---

566 BGH FamRZ 1980, 984 = NJW 1980, 2251.

567 BGH FamRZ 1985, 911 = NJW 1985, 2268; BGH FamRZ 1986, 798 = NJW 1986, 2758.

568 BGH FamRZ 1985, 911.

Der Unterhaltsverpflichtete kann bei Unterhaltsleistungen auch **Steuern sparen.** Nach deutschem Steuerrecht sind Unterhaltszahlungen zwar grundsätzlich nicht abzugsfähig (§ 12 Nr. 2 EStG); diesen Grundsatz hat jedoch das Steueränderungsgesetz 1979 durchbrochen, indem es die begrenzte Abzugsfähigkeit von Unterhaltsleistungen als Sonderausgaben eingeführt hat (sog. **begrenztes Realsplitting**). § 10 I 1 EStG in der Fassung des Steuersenkungsgesetzes 1986/88 vom 26. Juni 1985 (BGBl. I 1153) lautet:

„Sonderausgaben sind die folgenden Aufwendungen, wenn sie weder Betriebsausgaben noch Werbungskosten sind:

1. Unterhaltsleistungen an den geschiedenen oder dauernd getrennt lebenden unbeschränkt einkommensteuerpflichtigen Ehegatten, wenn der Geber dies mit Zustimmung des Empfängers beantragt. Eine Rücknahme des Antrags oder der Zustimmung ist nicht zulässig. Das gilt auch, wenn der Antrag zum Zweck der Eintragung eines Freibetrages auf der Lohnsteuerkarte oder der Festsetzung von Einkommensteuer-Vorauszahlungen gestellt worden ist.

Die Unterhaltsleistungen können bis zu 18000,– Deutsche Mark im Kalenderjahr abgezogen werden. Entsprechendes gilt auch für Unterhaltsleistungen in den Fällen der Nichtigkeit oder der Aufhebung der Ehe; ....“

Während bis einschließlich 1985 9000,– DM Unterhaltsleistungen im Kalenderjahr als Sonderausgaben abgesetzt werden konnten, ist die Abzugsmöglichkeit ab dem Veranlagungszeitraum 1986 bis zu 18000,– DM erweitert worden.

Wie funktioniert das begrenzte Realsplitting?

Der Unterhaltsverpflichtete kann den Jahresunterhaltsbetrag (max. jetzt bis 18000,– DM) als Sonderausgaben von seinen Einkünften absetzen. Dadurch vermindert sich sein zu versteuerndes Einkommen und entsprechend seine Steuerlast. Der geschiedene oder dauernd getrenntlebende unterhaltsberechtigte Ehegatte muß diese als Sonderausgaben abgesetzten Unterhaltsleistungen als sonstige Einkünfte nach § 22 Nr. 1a EStG versteuern. Dadurch entsteht beim Unterhaltsempfänger, soweit der Grundfreibetrag und die Pauschalen für Werbungskosten, Sonderausgaben und Vorsorge überschritten sind, eine Steuerbelastung oder Steuermehrbelastung. Die Steuer ersparende Wirkung des begrenzten Realsplittings beruht auf der unterschiedlichen Steuerprogression der Unterhaltsparteien.

Die Rechtsprechung hat geklärt, ob und unter welchen Bedingungen der Unterhaltsberechtigte dem begrenzten Realsplitting zustimmen muß. Die **Zustimmungsverpflichtung** beruht auf dem Grundsatz von Treu und Glauben, der auch das zwischen geschiedenen Ehegatten bestehende gesetzliche Unterhaltsrechtsverhältnis prägt. Nach § 242 BGB ist der Unterhaltsberechtigte gehalten, schon dann bei Maßnahmen mitzuwirken, die die finanziellen Belastungen des Unterhaltsverpflichteten mindern, wenn dadurch ihm selbst keine Nachteile erwachsen. Der BGH unterscheidet zwischen steuerlichen Nachteilen und sonstigen Nachteilen, die dem unterhaltsberechtigten Ehegatten daraus erwachsen können, daß ihm öffentliche Leistungen gekürzt oder entzogen werden, weil ihre Gewährung von einer bestimmten Höhe des zu versteuernden Einkommens abhängt und diese Einkommensgrenze als Folge des Realsplittings überschritten wird. Hinsichtlich der steuerlichen Nachteile kann die **Zustimmung nur Zug um Zug gegen** eine bindende Erklärung verlangt werden, durch die sich der Unterhaltsverpflichtete zur **Freistellung** des Unterhaltsberechtigten von den ihm entstehenden steuerlichen Nachteilen verpflichtet.[569] Die bindende Erklärung des Unterhaltsverpflichteten begründet jedoch die Freistellungsverpflichtung nicht erst, sondern sichert sie lediglich.[570] Von einer entsprechenden Verpflichtung zum Ausgleich sonstiger Nachteile kann der Unterhaltsberechtigte seine Zustimmung nur abhängig machen, wenn er diese Nachteile im einzelnen Fall substantiiert darlegt.[571] Diese Ausgleichsverpflichtung birgt für den Unterhaltsverpflichteten ein erhebliches **Risiko.** Darauf muß der Anwalt seinen Mandanten hinweisen.

Die Zustimmungserklärung kann nicht von vornherein von einer Sicherheitsleistung abhängig gemacht werden. Eine Verurteilung des Unterhaltsempfängers zur Abgabe der Zustimmungserklärung Zug um Zug gegen Sicherheitsleistung durch Hinterlegung eines Betrages in Höhe der zu erwartenden Steuer(mehr)belastung des Empfängers kommt nur in Betracht, wenn zu besorgen ist, daß der Unterhaltsschuldner seine Verpflichtung zum Ausgleich der steuerlichen Nachteile nicht oder nicht rechtzeitig erfüllen wird.[572]

Der unterhaltsberechtigte Ehegatte kann die Zustimmungserklärung nicht von einer Zusage der Beteiligung an der Steuerersparnis des Unterhaltsverpflichteten abhängig machen. Die Steuerersparnisse auf seiten des Unterhaltsschuldners (nach Abzug der Steuererstattungen an den Berechtigten) können erst nach ihrer Realisierung in die Berechnung des für die Unterhaltsbemessung maßgebenden durchschnittlichen Nettoeinkommens einbezogen werden.[573] Den Unterhaltsverpflichteten trifft andererseits die Obliegenheit, im Interesse der Unterhaltsbelange des Berechtigten diesen Steuervorteil in Anspruch zu nehmen, wenn dessen Zustimmung vorliegt.[574]

Lehnt der Unterhaltsberechtigte die **Zustimmung** zum begrenzten Realsplitting ab, indem er die Unterzeichnung der Anlage U zur Einkommensteuererklärung des Unterhaltsverpflichteten **verweigert,** so muß auf Zustimmung zum Realsplitting Zug um Zug gegen die bindende Verpflichtungserklärung des Unterhaltsschuldners zur Freistellung des Unterhaltsgläubigers von den ihm entstehenden steuerlichen Nachteilen geklagt werden. Zuständig für die **Klage** ist das **Familiengericht,** da es sich um eine unterhaltsrechtliche Nebenpflicht und somit um eine Familiensache im Sinne

---

569 BGH FamRZ 1983, 576 = NJW 1983, 1545.
570 BGH FamRZ 1985, 1232, 1233 = NJW 1986, 254.
571 BGH FamRZ 1983, 576, 577.
572 BGH FamRZ 1983, 576, 578.
573 BGH FamRZ 1984, 1211 = NJW 1985, 195; BGH FamRZ 1985, 1232, 1233.
574 BGH FamRZ 1983, 670, 673; *Weychardt* DAVorm 1984, 91.

des § 23b I 2 Nr. 6 GVG handelt.[575] Die Vollstreckung richtet sich nach § 894 ZPO.

Neben den bisher genannten abzugsfähigen Beträgen werden hauptsächlich folgende Abzugsposten zu berücksichtigen sein:

- die Sozialversicherungsbeiträge,[576]
- die Beiträge für die gesetzliche oder eine angemessene private Krankenversicherung, bei einer gesetzlichen Krankenversicherung nur der Arbeitnehmeranteil der Beiträge,[577]
- die Altersvorsorgeaufwendungen bei Selbständigen ohne gesetzliche Rentenversicherung, wobei als angemessen und ausreichend maximal 20% des Nettoeinkommens angesehen werden,[578]
- die berufsbedingten Aufwendungen, wie Fahrtkosten, Beiträge zu Berufsverbänden, Gewerkschaftsbeiträge.

(6) Der Selbstbehalt

Unter Selbstbehalt kann der Betrag verstanden werden, der dem Unterhaltsverpflichteten nach Abzug der berechneten Unterhaltsansprüche aller Berechtigten zur eigenen Verfügung bleibt. Üblicherweise wird mit Selbstbehalt die Grenze nach unten bezeichnet, die ohne Gefährdung des eigenen angemessenen oder notwendigen Unterhalts des Verpflichteten nicht unterschritten werden darf **(Opfergrenze).** Die §§ 1581, 1603 BGB machen deutlich, daß das BGB von unterschiedlichen Opfergrenzen ausgeht. Bei volljährigen Kindern bildet die Gefährdung des angemessenen Unterhalts des Verpflichteten die Grenze, die bei minderjährigen Kindern aufgrund der gesteigerten Unterhaltspflicht des § 1603 II BGB unterschritten werden kann. Bei geschiedenen Ehegatten kann der eigene angemessene Unterhalt des Verpflichteten nach § 1581 BGB aus Billigkeitsgründen gefährdet werden. Während der eigene angemessene Unterhalt des Verpflichteten, **sein angemessener Selbstbehalt (Eigenbedarf)** mithin eher eine relative Grenze bildet, gibt es auch eine absolute Grenzmarke, die generalisierend festlegt, welches Existenzminimum dem Pflichtigen auf alle Fälle verbleiben muß.[579] Das ist der sogenannte **notwendige Selbstbehalt (Eigenbedarf), auch kleiner Selbstbehalt genannt im Gegensatz zum großen Selbstbehalt, dem angemessenen Selbstbehalt.**

Der notwendige und der angemessene Selbstbehalt werden von den 19 Oberlandesgerichten für ihre Bezirke mit zum Teil recht unterschiedlichen Beträgen festgesetzt.[580] Die Unterschiede und Ausdifferenzierungen seien an 6 Beispielen belegt:

---

575 OLG Köln NJW 1983, 124.

576 *Weychardt* DAVorm 1984, 92; vgl. auch Kölner Richtlinien FamRZ 1985, 24 = NJW 1985, 308 Rn. 18.0 und 19.0.

577 BGH FamRZ 1980, 555, 556 = NJW 1980, 934; BGH FamRZ 1982, 887, 888 = NJW 1982, 1983.

578 OLG Frankfurt FamRZ 1980, 263, 264.

579 BGH FamRZ 1982, 365, 366.

580 Vgl. die Übersicht bei *Kalthoener/Büttner* Rn. 36, den Gesamtüberblick Unterhalts-

Das **OLG Düsseldorf** hat folgende Selbstbehalte beschlossen:[581] Der notwendige Selbstbehalt des nicht erwerbstätigen Unterhaltspflichtigen beträgt monatlich 910,– DM, der des erwerbstätigen Unterhaltsverpflichteten mindestens monatlich 990,– DM. Der angemessene Selbstbehalt gegenüber volljährigen Kindern beläuft sich in der Regel mindestens monatlich auf 1300,– DM. Dem OLG Düsseldorf folgen die Oberlandesgerichte Bamberg, Braunschweig, Karlsruhe (mit Modifikation), Koblenz und Stuttgart.

Das **Kammergericht Berlin** hat die monatlichen Selbstbehalte des Unterhaltsverpflichteten gegenüber minderjährigen Kindern, volljährigen Kindern und getrenntlebenden Ehegatten im wesentlichen den Düsseldorfer Sätzen entsprechend festgelegt. Hinsichtlich des monatlichen Selbstbehalts des Unterhaltsverpflichteten gegenüber dem geschiedenen Ehegatten gilt jedoch folgendes: Der 13. Zivilsenat nimmt regelmäßig 1300,– DM an. Der 3., 15., 16., 17. und 19. Zivilsenat legen regelmäßig 1200,– DM fest. Alle zuvor genannten Zivilsenate behalten sich die Möglichkeit der Unterschreitung nach den Umständen des Falles vor. Der 18. Zivilsenat geht regelmäßig von 990,– DM bzw. 910,– DM aus, allerdings mit der Möglichkeit der Erhöhung nach den Umständen des Falles.[582]

Die Düsseldorfer Tabelle nach **Bremer Praxis**[583] legt den notwendigen Selbstbehalt gegenüber minderjährigen Kindern und getrenntlebenden Ehegatten bei nicht erwerbstätigen Unterhaltspflichtigen auf 910,– DM und bei erwerbstätigen Unterhaltsverpflichteten auf 1050,– DM fest. 1300,– DM monatlich beträgt der angemessene Selbstbehalt des Unterhaltsverpflichteten gegenüber volljährigen Kindern und gegenüber Ehegatten nach § 1569 ff BGB. Hier ist jedoch gem. § 1581 BGB die Kürzung aus Billigkeitsgründen bis auf den notwendigen Selbstbehalt möglich.

Nach der **Praxis des OLG Frankfurt am Main**[584] beträgt der notwendige Selbstbehalt des Unterhaltspflichtigen gegenüber minderjährigen Kindern und getrenntlebenden Ehegatten monatlich 950,– DM, davon entfallen 400,– DM auf den Wohnbedarf und 550,– DM auf den übrigen Lebensbedarf. Der angemessene Selbstbehalt beläuft sich gegenüber volljährigen Kindern mindestens monatlich auf 1300,– DM und gegenüber geschiedenen Ehegatten in der Regel auf 1300,– DM, davon entfallen 500,– DM auf den Wohnbedarf und 800,– DM auf den übrigen Lebensbedarf.

Die Unterhaltsrichtlinien der Familiensenate des **OLG Köln** zum Selbstbehalt des Unterhaltsverpflichteten lauten:[585] Der angemessene Selbstbehalt gegenüber volljährigen Kindern beträgt mindestens 1300,– DM. Beim notwendigen Selbstbehalt wird zwischen den Ansprüchen minderjähriger Kinder und getrenntlebender Ehegatten einerseits und den Ansprüchen geschie-

---

rechtliche Leitlinien der Oberlandesgerichte (Stand 1. 1. 1985) in NJW 1985, 722 und *Büttner,* Zur Mangelverteilung im Unterhaltsrecht, NJW 1987, 1855, 1857 f.

581 FamRZ 1984, 961 = NJW 1984, 2330.

582 FamRZ 1985, 567.

583 FamRZ 1985, 28 = NJW 1985, 305.

584 FamRZ 1984, 1072 = NJW 1985, 116.

585 FamRZ 1985, 24 = NJW 1985, 308.

dener Ehegatten andererseits unterschieden. Bei erwerbstätigen Unterhaltsverpflichteten wird der Mindestbedarf gegenüber minderjährigen Kindern und getrenntlebenden Ehegatten auf 990,– DM monatlich festgelegt, darin sind 270,– DM Miete und 120,– DM Mietnebenkosten enthalten. Die Erhöhung des Selbstbehalts kommt in Betracht, wenn konkret eine erhebliche und nach den Umständen nicht vermeidbare Überschreitung der Kosten dargelegt und nachgewiesen ist. Der Mindestbedarf des nicht erwerbstätigen Unterhaltspflichtigen beträgt 910,– DM.

Die unterhaltsrechtlichen Leitlinien des **OLG München** legen den Selbstbehalt wie folgt fest:[586]

Der Selbstbehalt gegenüber minderjährigen Kindern und Ehegatten mit minderjährigen Kindern beträgt in der Regel

- beim Erwerbstätigen 990,– DM,
- beim Nichterwerbstätigen 910,– DM.

Der Selbstbehalt gegenüber getrenntlebenden oder geschiedenen Ehegatten (ohne minderjährige Kinder) sowie gegenüber volljährigen Kindern beträgt in der Regel

- beim Erwerbstätigen 1300,– DM,
- beim Nichterwerbstätigen 1200,– DM.

Die Differenzen der vorstehend genannten Selbstbehaltsätze des Unterhaltsverpflichteten gegenüber minderjährigen und volljährigen Kindern können hingenommen werden, wenngleich der Bremer Satz des erwerbstätigen Unterhaltspflichtigen gegenüber minderjährigen Kindern etwas zu hoch erscheint. Die Unterschiede beim Ehegattenunterhalt sind kaum annehmbar. Sie können nach den mitgeteilten Selbstbehaltsätzen bis zu 390,– DM betragen und dies gar in ein und derselben Stadt (Berlin). Die Handsteuerung über § 1581 BGB mag die Unterschiede im konkreten Falle mildern. Werden die Selbstbehaltsätze jedoch ohne Billigkeitssteuerung und ohne weitere Differenzierung zugrunde gelegt, so sind die Akzeptanz der Rechtsprechung und der Gleichbehandlungsgrundsatz betroffen. Die Unterhaltstabellen und -leitlinien verfehlen ihr eigentliches Ziel, Vorhersehbarkeit zu schaffen und Gleichbehandlung zu sichern. Damit stellt sich die **Frage, ob der Rechtsprechung überhaupt die verfassungsrechtliche Kompetenz zur betragsmäßigen Festlegung der unterhaltsrechtlichen Haftungsgrenze zusteht.** *Jutta Puls* verneint diese Frage und hält es für eine Aufgabe des Gesetzgebers, die Grenze zu bestimmen, bis zu der jemand privatrechtlich unterhaltspflichtig ist.[587] Ihr ist zuzustimmen. Es stellt einen übermäßig belastenden Eingriff in das durch Art. 2 I GG geschützte Selbstbestimmungsrecht des unterhaltspflichtigen Ehegatten dar,[588] wenn der Familienrichter bei der Unterhaltsbemessung die Haftungsgrenze zu Lasten des Pflichtigen unterschreitet. Nach der Rechtsprechung des BVerfG zum **Parlamentsvorbehalt** verpflichten das

---

[586] FamRZ 1986, 132 = NJW 1986, 702; FamRZ 1988, 28.

[587] *Puls,* Gerechtigkeit durch Unterhaltstabellen? Zentralblatt für Jugendrecht und Jugendwohlfahrt 1982, 603, 607.

[588] Vgl. BVerfGE 60, 329/339.

Rechtsstaatsprinzip und das Demokratieprinzip des Grundgesetzes den Gesetzgeber, die wesentlichen Entscheidungen selbst zu treffen. Für die Frage, was als wesentlich anzusehen ist und damit dem Parlamentsvorbehalt unterliegt, vermittelt der Schutz der Grundrechte einen wichtigen Gesichtspunkt, sogenannte Grundrechtsrelevanz.[589] Im Unterhaltsrechtsverhältnis ist es grundrechtsrelevant, ob der Unterhaltsverpflichtete durch Verletzung der Haftungsgrenze übermäßig belastet und damit in seinem Grundrecht beschränkt wird. Die Grenzziehung fällt den Gerichten schwer, wie die Beispiele belegen. Die Markierung der Haftungsgrenze ist oft für das Grundrecht des Unterhaltsverpflichteten von maßgebender Bedeutung, da die Mangelfälle in der Praxis eine erhebliche Rolle spielen. Es ist daher Sache des Gesetzgebers, die Unterhaltsfreigrenzen zu bestimmen, wie er es bei den Pfändungsfreigrenzen getan hat. Solange der Gesetzgeber nicht tätig geworden ist, müssen die **Gerichte als „Ersatzgesetzgeber"** diese Aufgabe erfüllen.

(7) Die Rangfolge bei mehreren Unterhaltsberechtigten

Reicht das für Unterhaltszwecke einzusetzende Einkommen oder Vermögen des Unterhaltsverpflichteten (Differenz zwischen bereinigtem Nettoeinkommen und Selbstbehalt) nicht aus, um den Unterhaltsbedarf aller Berechtigten zu befriedigen, so kommt es auf den Rang der Unterhaltsgläubiger an.

Das Rangverhältnis zwischen dem seit 1. Juli 1977 geschiedenen Ehegatten und dem neuen Ehegatten regelt § 1582 I BGB. Für Unterhaltsansprüche nach § 58 ff EheG bleibt es nach Art. 12 Nr. 3 II 1 des 1. EheRG beim bisherigen Recht, wonach der geschiedene und der neue Ehegatte gleichrangig sind.[590]

§ 1582 I BGB erschließt sich am besten an Beispielen.

Beispiel 1:
Der geschiedene Ehegatte hat einen Unterhaltsanspruch nach §§ 1570 ff BGB. Der neue Ehegatte hätte, die Scheidung auch der neuen Ehe unterstellt, keinen Unterhaltsanspruch nach §§ 1570–1573 oder § 1576 BGB.[591] Hier besteht Unterhaltsvorrang des geschiedenen Ehegatten nach § 1582 I 1 BGB. **Vorrang bedeutet:** Die Unterhaltsbedürfnisse des jetzigen Ehegatten haben solange außer Betracht zu bleiben, bis der Unterhaltsbedarf des geschiedenen Ehegatten voll gedeckt ist.

Beispiel 2:
Der geschiedene Ehegatte hat einen Unterhaltsanspruch nach §§ 1571–1573 oder § 1575 BGB. Der neue Ehegatte wäre im Falle der Scheidung nach § 1570 BGB unterhaltsberechtigt. Hier geht der geschiedene Ehegatte dem unterhaltsberechtigten neuen Ehegatten nach § 1582 I 1 BGB nicht vor. Es besteht also Gleichrang.

Beispiel 3:
Der geschiedene Ehegatte ist nach § 1570 oder § 1576 BGB unterhaltsberechtigt oder die Ehe mit dem Unterhaltsverpflichteten war von langer Dauer. Eine den Unterhalts-

---

589 BVerfGE 58, 257, 268/269.

590 *Lohmann* S. 117; *Büttner* NJW 1987, 1855, 1856.

591 Ein Unterhaltsanspruch aus § 1575 BGB hat keine Folgen, da § 1575 BGB in § 1582 I 1 BGB nicht genannt ist.

vorrang sichernde lange Ehedauer liegt jedenfalls nach Ablauf von 15 Jahren vor, gerechnet von der Eheschließung bis zur Rechtshängigkeit des Scheidungsantrags.[592] Der neue Ehegatte wäre im Falle der Scheidung nach § 1570 BGB unterhaltsberechtigt. Hier geht der geschiedene Ehegatte dem neuen Ehegatten nach § 1582 I 2 BGB vor.

Die **Verfassungsmäßigkeit** dieser Vorschrift ist vom BVerfG für den Fall bejaht worden, daß sowohl der geschiedene als auch der neue Ehegatte wegen Kindesbetreuung unterhaltsbedürftig sind und das verfügbare Einkommen des Unterhaltsverpflichteten nicht zur Befriedigung aller Unterhaltsberechtigten ausreicht (Mangelfall).[593] Nach dem Urteil des BGH vom 16. Januar 1985 ist § 1582 I 2 BGB auch für den Fall mit dem Grundgesetz vereinbar, daß der Vorrang des geschiedenen Ehegatten vor dem neuen Ehegatten auf der langen Dauer der geschiedenen Ehe beruht und keiner von beiden wegen Kindesbetreuung unterhaltsberechtigt ist oder wäre.[594] Dieser Vorrang ist jedenfalls dann verfassungsrechtlich ohne Bedenken, wenn der Mindestbedarf der unterhaltspflichtigen geschiedenen Ehegatten und seiner neuen Ehefrau nicht gefährdet ist.[594a] Der Vorrang des Geschiedenenunterhalts wird im wesentlichen mit zwei Argumenten gerechtfertigt,[595] die ich schlagwortartig mit Hypothekenargument und Scheidungspreisargument kennzeichne. Das Hypothekenargument richtet sich an den neuen Ehegatten: Der Anspruch des geschiedenen Ehegatten besteht schon und belastet die finanzielle Leistungsfähigkeit des Unterhaltsverpflichteten bereits vor der neuen Eheschließung. Hierauf muß sich ein neuer Ehegatte des Unterhaltsverpflichteten einstellen. Das Scheidungspreisargument wendet sich mehr an den Unterhaltspflichtigen: Der Unterhaltsbedürftige kann die Scheidung nach dem Scheidungsrecht des 1. EheRG nicht auf Dauer mit Erfolg verhindern. Sein Unterhaltsanspruch ist der Preis, den der unterhaltspflichtige Ehegatte nicht durch Wiederverheiratung verkürzen darf. Nach der Rechtsprechung des BVerfG „ist der Gesetzgeber nicht gehindert, gescheiterte Ehen nach angemessener Zeit für scheidbar zu erklären und der fortwirkenden personalen Verantwortung der Ehegatten füreinander durch eine Regelung der Scheidungsfolgen Rechnung zu tragen.“[596]

Erhebliche Schwierigkeiten bereitet der Fall, daß nicht nur die Unterhaltsansprüche des geschiedenen und des neuen Ehegatten, sondern auch die der minderjährigen unverheirateten Kinder konkurrieren, ohne daß der Unterhaltsschuldner den Bedarf aller Unterhaltsgläubiger decken kann. Bei diesem Fall muß § 1582 BGB mit § 1609 BGB „harmonisiert“ werden. Der Rechtsausschuß des Bundestages führt dazu aus:[597] „Der Ausschuß hat den Bedenken des Bundesrates hinsichtlich des Verhältnisses des § 1582 zu § 1609 BGB

[592] BGH FamRZ 1983, 886, 888 = NJW 1983, 2321.
[593] BVerfGE 66, 84 = FamRZ 1984, 346 = NJW 1984, 1523.
[594] BGH FamRZ 1985, 362 = NJW 1985, 1029.
[594a] BGH FamRZ 1987, 916, 917.
[595] BGH FamRZ 1986, 790, 792, 793 = NJW 1986, 2054.
[596] BVerfGE 53, 224, 250.
[597] BT-Drucks. 7/4361 S. 33f.

durch die Einfügung des Absatzes 2 Rechnung getragen. Diese Vorschrift besagt, daß der Entwurf grundsätzlich von der Gleichrangigkeit aller Ehegatten und aller unterhaltsberechtigten Kinder ausgeht, die in § 1609 BGB zum Ausdruck gebracht wird. Durch § 1582 wird nur ein **relativer Unterhaltsvorrang** des früheren Ehegatten des Verpflichteten gegenüber dessen späteren Ehegatten eingeführt. Am grundsätzlichen Gleichrang aller unterhaltsberechtigten Ehegatten zu allen Kindern ändert sich dadurch nichts."

Die praktische Durchführung des relativen Unterhaltsvorrangs macht der Rechtsausschuß an folgendem **Beispiel** deutlich:[598] „Einkommen des unterhaltsverpflichteten Mannes 1800,– DM. Unterhaltsberechtigt sind eine geschiedene Ehefrau mit einem Bedarf von 600,– DM, die zweite Ehefrau mit einem Bedarf von 600,– DM, ein Kind aus erster Ehe mit einem Bedarf von 200,– DM und ein Kind aus zweiter Ehe mit einem Bedarf von 200,– DM. Der eigene angemessene Bedarf des Mannes soll 700,– DM betragen. Der Mann ist also in Höhe von 1100,– DM leistungsfähig.

Erste Berechnungsstufe: Ermittlung des Unterhalts der Kinder. Der für Unterhaltszahlungen verfügbare Betrag von 1100,– DM ist im Verhältis von 600:600:200:200 aufzuteilen. Auf jedes Kind entfällt danach ⅛, also 137,50 DM. Der Unterhaltsanspruch jedes Kindes beträgt also 137,50 DM.

Zweite Berechnungsstufe: Ermittlung des Unterhalts der geschiedenen Ehefrau. Der für Untrhaltsleistungen verfügbare Betrag von 1100,– DM ist auf die geschiedene Ehefrau und die Kinder zu verteilen (600:200:200). Die geschiedene Frau erhält, da der zur Verfügung stehende Betrag für alle zu berücksichtigenden Personen ausreicht, ihren vollen Unterhalt in Höhe von 600,– DM.

Nach Abzug der Unterhaltsansprüche der Kinder in Höhe von insgesamt 275,– DM und der geschiedenen Ehefrau in Höhe von 600,– DM verbleibt von dem für Unterhaltszahlungen verfügbaren Betrag ein Rest von 225,– DM. Dieser Restbetrag steht der neuen Ehefrau des unterhaltsverpflichteten Mannes zu."

Das Ergebnis ist richtig, aber die **Vorgehensweise** soll hier **anders dargetellt** werden:

In der ersten Stufe ist eine Gleichrangrechnung vorzunehmen, denn der geschiedene Ehegatte, der neue Ehegatte und die minderjährigen unverheirateten Kinder sind nach § 1609 II BGB gleichrangig.[599] Da einer Bedarfssumme von 1600,– DM (600 + 600 + 200 + 200) nur eine Verteilungsmasse von 1100,– DM (1800,– DM – 700,– DM) gegenübersteht, handelt es sich um einen Mangelfall. Jeder Unterhaltsanspruch kann nur mit einer Quote von 68,75% (1100,– DM:1600,–) befriedigt werden. Auf die geschiedene Ehefrau und die jetzige Ehefrau entfallen daher je 412,50 DM und auf jedes Kind 137,50 DM.

In der zweiten Stufe ist der relative Unterhaltsvorrang der geschiedenen Ehefrau gegenüber der jetzigen Ehefrau nach § 1582 I 2 BGB zur Geltung zu

[598] BT-Drucks. 7/4361 S. 34.
[599] BGH FamRZ 1983, 678, 680.

bringen. Vorrang bedeutet ja, daß der Nachrangige erst dann zum Zuge kommt, wenn der Vorrangige befriedigt ist. Nach dem Ergebnis der ersten Stufe entfallen auf die geschiedene und die jetzige Ehefrau insgesamt 825,– DM. Von diesem Betrag ist wegen ihres Vorrangs der Bedarf der geschiedenen Ehefrau in Höhe von 600,– DM abzusetzen, so daß für die neue Ehefrau nur 225,– DM verbleiben.[600]

dd) Das Maß des Unterhalts

(1) Grundsatz

Gemäß § 1578 I 1 BGB bestimmt sich das Maß des Unterhalts nach den **ehelichen Lebensverhältnissen.** Mit der Anknüpfung an die ehelichen Lebensverhältnisse ist eine gewisse **Lebensstandardgarantie** für den unterhaltsberechtigten geschiedenen Ehegatten bezweckt. Den komplexen Begriff der ehelichen Lebensverhältnisse hat der BGH durch **Reduktion auf die Einkommensverhältnisse** der Ehegatten erst praktikabel gemacht. Nach seiner ständigen Rechtsprechung werden die ehelichen Lebensverhältnisse durch das bis zur Scheidung nachhaltig erreichte Einkommen bestimmt. Ist nur einer der Ehegatten erwerbstätig und sind andere Einkünfte nicht vorhanden, so prägt nur dessen Erwerbseinkommen die Lebensverhältnisse der Ehegatten.[601] Zwar sind die Haushaltsführung und die Kindesbetreuung des nicht erwerbstätigen Ehegatten der Erwerbstätigkeit des anderen Ehegatten wirtschaftlich gleichwertig, aber an Barmitteln, die zum Lebensunterhalt der Ehegatten zur Verfügung stehen, sind nur die Einkünfte des erwerbstätigen Ehegatten vorhanden, und darauf stellt der BGH ab.[602]

(2) Bemessungszeitpunkt sowie Veränderung der Einkommensverhältnisse nach Scheidung und Trennung

Die Scheidung setzt in der Regel den Endpunkt, bis zu dem beide Eheleute an der Einkommensentwicklung in gleicher Weise teilhaben. **Ausnahmsweise** sind **nach der Scheidung** eingetretene Veränderungen zu berücksichtigen, wenn ihnen eine Entwicklung zugrunde liegt, die aus der Sicht des Scheidungszeitpunkts mit hoher Wahrscheinlichkeit zu erwarten war, wenn ihre Erwartung die ehelichen Lebensverhältnisse bereits geprägt hat und wenn die Erwartung sich in einem engen zeitlichen Zusammenhang mit der Scheidung verwirklicht hat.[603] Zum Beispiel kann das Einkommen die ehelichen Lebensverhältnisse mitbestimmen, das der im Zeitpunkt der Scheidung

---

[600] So auch *Schlüter,* Familienrecht, 3. Aufl. 1986, S. 123, 124; *Schmitt,* Der „Rang" des Geschiedenenunterhalts, 1985, § 20, insbes. S. 205, 206. Die Anwendung des § 1582 I 2 BGB in diesem Fall ist verfassungskonform, weil andernfalls der Mindestbedarf der vorrangigen geschiedenen Ehefrau nicht gedeckt wäre, BVerfGE 66, 84, 99, 100.

[601] BGH FamRZ 1986, 783, 785.

[602] BGH FamRZ 1985, 161, 163.

[603] BGH FamRZ 1986, 148, 149; zur Frage der Berücksichtigungsfähigkeit späterer Einkommenssteigerungen bei der Bemessung des nachehelichen Unterhalts BGH FamRZ 1987, 459ff mit Anm. *Luthin.*

kurz vor dem erfolgreichen Abschluß seiner Ausbildung stehende Ehegatte aus der Anfangsstellung seiner beruflichen Laufbahn erzielt (Assistenzarzt). Es fehlt aber an einem engen zeitlichen Zusammenhang, wenn die geschiedene Ehefrau die regelmäßige Erwerbstätigkeit erst zwei Jahre nach der Scheidung aufnimmt. Die bloße Planung einer späteren Erwerbstätigkeit reicht nicht aus, wenn der Plan bis zur Scheidung nicht wenigstens teilweise verwirklicht worden ist.[604]

Für die Bemessung des nachehelichen Unterhalts sind nach der ständigen Rechtsprechung des BGH die ehelichen Lebensverhältnisse im Zeitpunkt der Scheidung entscheidend.[605] Wie wirken sich daher **Veränderungen der Einkommensverhältnisse zwischen Trennung und Scheidung** aus? Veränderungen in den Einkommensverhältnissen, die auf einer unerwarteten, vom Normalfall erheblich abweichenden Entwicklung seit der Trennung der Ehegatten beruhen, prägen die ehelichen Lebensverhältnisse nicht.[606] Einkünfte eines Ehegatten aus einer während des Getrenntlebens aufgenommenen unzumutbaren Erwerbstätigkeit müssen bei der Bestimmung der ehelichen Lebensverhältnisse außer Betracht bleiben, da die unzumutbare Erwerbstätigkeit jederzeit beendet werden kann.[607] Einkünfte eines Ehegatten aus einer zwischen Trennung und Scheidung aufgenommenen oder ausgeweiteten zumutbaren Erwerbstätigkeit wirken sich auf das Maß des Unterhalts nur aus, wenn die Aufnahme oder Ausweitung der Erwerbstätigkeit in der Ehe angelegt war und damit auch ohne die Trennung erfolgt wäre.[608] Führt die tatrichterliche Würdigung beispielsweise zu dem Ergebnis, daß die Ehefrau ihre Erwerbstätigkeit auch ohne die Trennung ausgeweitet hätte, soweit ihr dies durch das Heranwachsen der Tochter ermöglicht wurde, so ist das Einkommen der Ehefrau aus der Ganztagstätigkeit in die Differenzberechnung aufzunehmen. Kann der Tatrichter dieses Ergebnis nicht feststellen, so ist nur auf das Einkommen einer Halbtagstätigkeit abzustellen.

(3) Unterhaltsbemessung und Berechnungsmethoden

Bei der Unterhaltsbemessung ist ein **objektiver Maßstab** anzulegen. Maßgebend ist derjenige Lebensstandard, der nach den ehelichen Lebensverhältnissen vom Standpunkt eines vernünftigen Betrachters aus angemessen erscheint. Eine nach den Lebensverhältnissen zu dürftige Lebensführung bleibt ebenso außer Betracht wie ein übertriebener Aufwand. Bei höheren Einkünften ist zu bedenken, daß sie nicht in vollem Umfang zur Deckung des laufenden Unterhalts verwendet, sondern zum Teil auch gespart werden.[609] Die **Vermögensbildungsquote** hängt von der individuellen Entscheidung der Ehegatten ab und kann nicht Gegenstand eines Erfahrungssatzes sein.[610] Eine obere Grenze für die Unterhaltsansprüche von Ehegatten (sog. **Sätti-**

---

[604] BGH FamRZ 1986, 783, 785.
[605] BGHZ 89, 108 = FamRZ 1984, 149, 150 = NJW 1984, 292, 293.
[606] BGH FamRZ 1982, 576 = NJW 1982, 1870.
[607] BGH FamRZ 1983, 146 = NJW 1983, 933.
[608] BGHZ 89, 108 = FamRZ 1984, 149, 150 = NJW 1984, 292, 293.
[609] BGH FamRZ 1982, 151 = NJW 1982, 1645; FamRZ 1987, 36, 39.
[610] BGH FamRZ 1983, 678 = NJW 1983, 1733.

gungsgrenze) hat der BGH bisher nicht angenommen. Sie wird nach seiner Ansicht allenfalls in seltenen Ausnahmefällen bei besonders hohen Einkünften als Beschränkung des Unterhalts auf die Mittel, die eine Einzelperson auch bei Berücksichtigung hoher Ansprüche für billigenswerten Lebensbedarf sinnvoll ausgeben kann, in Betracht gezogen werden können.[611]

Nach der ständigen Rechtsprechung des BGH ist bei der Aufteilung **grundsätzlich jedem Ehegatten die Hälfte des anrechnungsfähigen Einkommens** zuzubilligen, weil beide Ehegatten am ehelichen Lebensstandard gleichmäßig teilhaben. Als rechtfertigenden Grund für eine **maßvolle Abweichung** von diesem Grundsatz wird vom BGH in Übereinstimmung mit den Richtsätzen und Leitlinien der Oberlandesgerichte die Erwerbstätigkeit des Unterhaltspflichtigen angesehen, weil durch eine **höhere Quote zugunsten des erwerbstätigen Ehegatten** der mit einer Berufstätigkeit allgemein verbundene **Aufwand** berücksichtigt und zugleich der **Anreiz** zur Ausübung einer Erwerbstätigkeit geschaffen wird.[612] Beide Argumente vermögen nicht zu überzeugen. Die berufsbedingten Aufwendungen der unterhaltsverpflichteten Ehegatten werden bereits bei der Ermittlung seines bereinigten Nettoeinkommens konkret oder pauschal abgezogen. Die Anreizfunktion paßt nicht zu dem Mitverantwortungsgedanken, auf dem der nacheheliche Unterhalt beruht. Eher läßt sich eine höhere Quote mit den Anstrengungen der Erwerbstätigkeit und der Eigenverantwortung des unterhaltsberechtigten Ehegatten begründen. Der BGH hat sowohl eine Quote von 3/7 der Differenz zwischen dem eigenen Einkommen des Unterhaltsverpflichteten und dem des anderen Ehegatten[613] als auch eine Quote von 2/5 der Einkommensdifferenz gebilligt.[614]

Ist dagegen der Unterhaltsverpflichtete aus dem Erwerbsleben bereits ausgeschieden (beispielsweise Rentner), so entfallen diese Gesichtspunkte als Rechtfertigung für eine Aufteilung nach ungleichen Quoten. Eine vom Grundsatz hälftiger Aufteilung abweichende Unterhaltsbemessung bedarf in einem solchen Fall besonderer Gründe.[615]

Im Fall einer sog. **Doppelverdienerehe,** in dem die ehelichen Lebensverhältnisse durch die Einkünfte beider Ehegatten bestimmt worden sind, kann der dem weniger verdienenden Ehegatten zuzubilligende Unterhalt nach der sog. **Differenzmethode** mit einer Quote des Unterschiedes zwischen dem eigenen Einkommen und dem Einkommen des anderen Ehegatten ermittelt werden.[616]

---

611 BGH FamRZ 1983, 150, 151 = NJW 1983, 683.
612 BGH FamRZ 1984, 662, 664.
613 BGH FamRZ 1984, 358 = NJW 1984, 1237.
614 BGH FamRZ 1983, 352 = NJW 1983, 2318.
615 BGH FamRZ 1982, 894, 895 = NJW 1982, 2442.
616 BGH FamRZ 1984, 358, 359 = NJW 1984, 1237.

Beispiel:

Einkommen des Mannes	3000,— DM
Einkommen der Frau	1000,— DM
Differenz	2000,— DM
davon 3/7 =	857,14 DM
als Unterhaltsanspruch der Frau.	

Die Differenzmethode kann nach der BGH-Rechtsprechung nicht angewendet werden, wenn während der Ehe nur ein Ehegatte einer Erwerbstätigkeit nachgegangen ist (sog. **Hausfrauenehe**). Denn in diesem Fall wurden die ehelichen Lebensverhältnisse allein durch sein Einkommen bestimmt. Setzt die Erwerbstätigkeit des unterhaltsberechtigten Ehegatten erst nach der Scheidung ein, so ist bei der Unterhaltsbemessung eine Quote des Einkommens des von Anfang an erwerbstätigen Ehegatten zu bilden und von dieser das eigene Einkommen des unterhaltsberechtigten Ehegatten abzurechnen (sog. **Anrechnungsmethode**).[617] Der BGH führt a. a. O. weiter aus: ,,Diese Aufteilung ist allerdings sodann vom Tatrichter auf ihre Angemessenheit zu überprüfen und gegebenenfalls zu modifizieren. Vor allem darf nicht unberücksichtigt bleiben, daß die Quote, die dem Berechtigten am Einkommen des Verpflichteten zusteht, nicht immer ausreicht, um den vollen, an den dauerhaft gewordenen Lebensverhältnissen während der Ehe ausgerichteten Unterhaltsbedarf des Berechtigten zu decken. Das ist insbesondere im Hinblick auf etwaige Mehrkosten möglich, die den Ehegatten als Folge ihrer Trennung erwachsen und dazu führen können, daß der Berechtigte mit den Mitteln jener Quote den ehelichen Lebensstandard nicht mehr aufrecht zu erhalten vermag. Dieser trennungsbedingte Mehrbedarf ist vom Tatrichter unter Berücksichtigung der Umstände des Einzelfalles zu ermitteln, wobei es ihm nicht verwehrt ist, unter Zuhilfenahme allgemeiner Erfahrungssätze nach § 287 ZPO zu verfahren."

Die sog. **Anrechnungsmethode** ist **auch anzuwenden, wenn** dem unterhaltsberechtigten Ehegatten Einkünfte deshalb zugerechnet werden, weil **er einem neuen Partner den Haushalt führt** und von ihm Unterhalt erhält.[618]

Beispiel für die Anrechnungsmethode:

Einkommen des Mannes	3000,— DM
davon 3/7 =	1285,71 DM
abzügl. Einkünfte der Ehefrau	1000,— DM
verbleiben als Unterhaltsanspruch der Frau	285,71 DM.

Die im Verhältnis zur Differenzmethode sehr ungünstigen Ergebnisse der Anrechnungsmethode sind schwer zu ertragen. Die Versuche der Praxis, die Anrechnungsmethode zu mildern, sind bisher nicht ermutigend. Veränderungen der Einkommensentwicklung nach Scheidung oder Trennung bestimmen nur in Ausnahmefällen die ehelichen Lebensverhältnisse noch mit. Die Rechtsprechung des BGH zum trennungsbedingten Mehrbedarf ist für die Parteien und die Tatrichter wenig hilfreich. Die Höhe des Mehrbedarfs

---

617 BGH FamRZ 1983, 456, 458 = NJW 1983, 1427.

618 BGH FamRZ 1984, 356, 357.

darf nicht generell bestimmt und nach einem prozentualen Anteil des Bedarfs während der Ehe festgelegt werden. Die erforderlichen Mehrkosten sind gegebenenfalls vom Unterhaltsberechtigten konkret darzulegen und vom Tatrichter unter Berücksichtigung der Umstände des Einzelfalles zu ermitteln, wobei auch § 287 ZPO angewendet werden kann.[619]

Da es Sache des Anwalts ist, auf Alternativlösungen hinzuweisen, muß er wissen, welche **Wege** es **zur Problemlösung** gibt. Der einfachste und beste Weg wäre die **Aufgabe der Anrechnungsmethode** durch den BGH.[620] Wenn der BGH schon die Gleichwertigkeit der Haushaltsführung und der Kindesbetreuung mit der Erwerbstätigkeit anerkennt,[621] dann sollte auch der Schritt zur Gleichstellung der Arbeit von Hausfrau und Mutter mit der Erwerbstätigkeit des Mannes möglich sein. *Lohmann* führt selbst aus:[622] „Vor allem ist aber zu bedenken, daß die ehelichen Lebensverhältnisse mit den Einkommensverhältnissen nicht identisch sind. Diese sind im Grunde nicht mehr als ein Anhalt, um den vielschichtigen, von Familie zu Familie durch eine Fülle unterschiedlicher Komponenten bestimmten Lebenszuschnitt in einer den praktischen Bedürfnissen genügenden Weise nach einem einheitlichen Maßstab erfassen und in einem Geldbetrag ausdrücken zu können. Auch wenn die pauschalierende Betrachtung, die damit notwendig verbunden ist, aus Gründen der Handhabbarkeit und Rechtssicherheit als unausweichlich im Regelfall hingenommen wird, darf doch nicht außer Betracht bleiben, daß das Gesetz bei der Bemessung des Unterhalts nicht an das Einkommen als solches, sondern an die **ehelichen Lebensverhältnisse** anknüpft." Die ehelichen Lebensverhältnisse prägen Haushaltsführung und Kindesbetreuung allemal. Werden diese Arbeitsleistungen der Erwerbstätigkeit gleich gestellt, so ist der Weg zur Differenzmethode offen, weil Tätigkeiten nach Trennung und Scheidung – sei es nun eine Erwerbstätigkeit oder die Versorgung eines anderen Partners – nur Modifikationen und Surrogate der Arbeit in der Ehe sind.

Ein zweiter Weg könnte so aussehen, daß wegen der unzureichenden Ergebnisse der Anrechnungsmethode die **Abweichung vom Grundsatz der gleichmäßigen Teilhabe beider Ehegatten am ehelichen Lebensstandard nicht zugelassen, diesmal also hälftig geteilt wird.**

Beispiel:

Einkommen des Mannes	3000,— DM
davon ½	1500,— DM
abzügl. Einkommen Frau	1000,— DM
verbleiben	500,— DM
als Unterhalt der Frau.	

[619] BGH FamRZ 1983, 886 = NJW 1983, 2321; BGH FamRZ 1984, 151, 153; BGH FamRZ 1986, 783, 786.

[620] So auch *Büttner,* Abzugs-, Differenz- und Summenmethode, FamRZ 1984, 534ff, und *Hampel,* Zur Bemessung des Ehegattenunterhalts, FamRZ 1984, 621f.

[621] FamRZ 1985, 161, 163.

[622] *Lohmann,* S. 68.

Einen dritten Weg schlägt *Weychardt* vor, der den **Unterhaltsanspruch der Frau solange erhöhen** will, **bis sie mit ihrem eigenen Einkommen auf den jeweiligen angemessenen Eigenbedarf kommt.**[623]

Ein weiteres **Lösungsmodell** findet sich in den von den Familiensenaten des **OLG Düsseldorf** herausgegebenen neuen Leitlinien zum Unterhaltsrecht.[623a] Das OLG Düsseldorf stellt den Bedarf des unterhaltsberechtigten Ehegatten wie folgt fest: Die die ehelichen Lebensverhältnisse ausmachenden Einkünfte und geldwerten Vorteile, berechnet nach der steuerlichen Situation während des Zusammenlebens, werden hälftig geteilt. Der Hälfte des Berechtigten wird sein trennungsbedingter Mehrbedarf hinzugerechnet. Auf den so erhöhten Bedarf werden die Einkünfte und geldwerten Vorteile des Unterhaltsberechtigten angerechnet. Um den Lösungsweg und die Ergebnisse des OLG Düsseldorf zu veranschaulichen, werden nachstehend die Berechnungsbeispiele, die von einem derzeitigen bereinigten Nettoeinkommen des unterhaltsverpflichteten Ehemannes in Höhe von 2000,– DM monatlich bei Steuerklasse I, einem den ehelichen Lebensverhältnissen entsprechenden bereinigten Nettoeinkommen des Ehemannes in Höhe von 2260,– DM monatlich bei Steuerklasse III und einem trennungsbedingten Mehrbedarf der unterhaltspflichtigen Ehefrau in Höhe von 300,– DM monatlich ausgehen, wörtlich wiedergegeben:

„1. Die Ehefrau hat ihr Einkommen erst nach der Trennung nur aufgrund der Erwerbsobliegenheit, nicht eines gemeinsamen Lebensplanes, erzielt.

a) Das bereinigte Einkommen der Ehefrau beträgt 1300,– DM. Der Bedarf berechnet sich mit 2260,– DM : 2 = 1130 DM + 300,– DM = 1430,– DM. Hierauf sind 1300,– DM anzurechnen, so daß der Restbedarf mit 130,– DM bleibt.
Die Differenzkontrolle zeigt mit 2000,– DM – 1300 DM = 700,– DM × 3/7 = 300,– DM, daß der vorgenannte Betrag nicht zu hoch ist.
Der Unterhaltsanspruch beträgt 130,– DM.

b) Das bereinigte Einkommen der Ehefrau beträgt 800,– DM. Der Bedarf berechnet sich wie unter a) mit 1430,– DM. Hierauf sind 800,– DM anzurechnen, so daß sich ein Restbedarf von 630,– DM ergibt. Die Differenzkontrolle ergibt mit 2000,– DM – 800,– DM = 1200,– DM × 3/7 = 514,– DM, daß der Ehemann diesen Restbedarf nicht voll decken muß.
Der Unterhaltsanspruch beträgt 514,– DM.

2. Die Ehefrau hat während des Zusammenlebens bereits ein Einkommen von 250,– DM erzielt, den Rest ihres Einkommens jedoch erst nach der Trennung nur aufgrund der Erwerbsobliegenheit.

a) Das bereinigte Einkommen der Ehefrau beträgt 1300,– DM. Der Bedarf berechnet sich mit 2260,– DM + 250,– DM = 2510,– DM (Einkommen der Ehegatten nach den ehelichen Lebensverhältnissen) : 2 = 1255,– DM + 300,– DM (trennungsbedingter Mehrbedarf) = 1555,– DM. Hierauf sind

---

[623] *Weychardt,* Zur Bemessung des Ehegattenunterhalts: Differenz- oder Abzugsmethode?, NJW 1984, 2328 ff.

[623a] FamRZ 1987, 1113 ff = NJW 1988, 120 ff Nrn. 32, 38, 39, 45.

1300,– DM anzurechnen, so daß sich der Restbedarf mit 255,– DM ergibt.
Die Differenzkontrolle zeigt mit 2000,– DM − 1300,– DM = 700,– DM × 3/7 = 300,– DM, daß der genannte Betrag nicht zu hoch ist.
Der Unterhalt beträgt 255,– DM.

b) Das anrechenbare Einkommen der Ehefrau beträgt 800,– DM. Der Bedarf berechnet sich wie oben unter 2.a) mit 1555,– DM. Auf diesen Betrag sind 800,– DM anzurechnen, so daß ein Restbedarf von 755,– DM verbleibt.
Die Differenzkontrolle zeigt mit 2000,– DM − 800,– DM = 1200,– DM × 3/7 = 514,– DM, daß der Ehemann diesen Bedarf nicht voll decken muß.
Der Unterhalt beträgt 514,– DM.

3. Die Ehefrau hat ihr Einkommen schon voll während des Zusammenlebens erzielt.

a) Das bereinigte Einkommen der Ehefrau beträgt 1300,– DM. Der Bedarf errechnet sich mit 2260,– DM + 1300,– DM = 3560,– DM : 2 = 1780,– DM + 300,– DM = 2080,– DM. Auf diesen Betrag sind 1300,– DM anzurechnen, so daß ein Restbedarf von 780,– DM verbleibt.
Die Differenzkontrolle ergibt mit 2000,– DM − 1300,– DM = 700,– DM × 3/7 = 300,– DM, daß der Ehemann diesen Restbedarf nicht voll decken muß.
Der Unterhalt beträgt 300,– DM.

b) Das bereinigte Einkommen der Ehefrau beträgt 800,– DM. Der Bedarf berechnet sich mit 2260,– DM + 800,– DM = 3060,– DM : 2 = 1530,– DM + 300,– DM = 1830,– DM. Hierauf sind 800,– DM anzurechnen, so daß ein Restbedarf von 1030,– DM verbleibt.
Die Differenzkontrolle ergibt mit 2000,– DM − 800,– DM = 1200,– DM × 3/7 = 514,– DM, daß der Ehemann diesen Restbedarf nicht voll decken muß.
Der Unterhalt beträgt 514,– DM.“

Schaut man auf die Ergebnisse, so erweisen diese Beispiele im wesentlichen die Brauchbarkeit der hier bevorzugten Differenzmethode. Denn das OLG Düsseldorf muß in den Fällen 1.b), 2.b), 3.a) u. b) den ermittelten Bedarf mit Hilfe der Differenzmethode auf das nach den jetzigen Einkommensverhältnissen mögliche Maß zurückführen. In den Fällen 1.a) und 2.a), in denen die Ergebnisse des vom OLG Düsseldorf vorgeschlagenen Weges für den unterhaltsverpflichteten Ehemann günstiger sind, erscheinen die Lösungen der Differenzmethode annehmbar, weil gerade der trennungsbedingte Mehrbedarf der unterhaltsbedürftigen Ehefrau abgedeckt wird.

Welche Berechnungsmethode auch angewendet wird, das Ergebnis ist jeweils unter Berücksichtigung aller Umstände des Falles wertend zu prüfen.[623b] Es entspricht nicht dem Grundsatz der Gleichbehandlung der Parteien des Unterhaltsrechtsverhältnisses, wenn im Endergebnis dem Unterhaltsverpflichteten zwar der Selbsterhalt bleibt, aber der Unterhaltsberechtigte in bezug auf den Elementarunterhalt (Lebensbedarf ohne Krankheits- und Altersvorsorgekosten) – die Unterhaltsbeträge des Pflichtigen einbegriffen – über höhere Einkünfte und geldwerte Vorteile verfügt. Diese stets

---

[623b] OLG Schleswig FamRZ 1987, 95 unter Bezugnahme auf BGH FamRZ 1986, 151.

erforderliche Abschlußprüfung kann als Paritätskontrolle bezeichnet werden.[623c]

(4) Die zeitliche Begrenzung der Lebensstandardgarantie gem. § 1578 I 2 BGB

Es war die **Absicht des Gesetzgebers** der Unterhaltsnovelle 1986, die zeitlich unbegrenzte Lebensstandardgarantie in § 1578 I 1 BGB in solchen Fällen einzuschränken, in denen die Ehe nicht lange gedauert hat, aus ihr keine Kinder hervorgegangen sind, der Berechtigte keine ehebedingten beruflichen Nachteile auf sich genommen hat oder keine sonstigen Gründe für eine solche dauerhafte Lebensstandardgarantie sprechen. Der Berechtigte sollte sich nach einer Übergangszeit mit einem niedrigeren Lebensstandard begnügen.[624]

Der Gesetzgeber hat seine Absichten in dem neu eingeführten § 1578 I 2, 3 BGB verwirklicht. Da diese Vorschriften hinsichtlich der Kriterien wörtlich mit § 1573 V BGB übereinstimmen, kann wegen der Begrenzungsfälle und der Bemessung der Übergangszeit auf die Ausführungen zu § 1573 BGB verwiesen werden. Auch bei § 1578 I 2 BGB ist im Rahmen der Billigkeitsabwägung ein Fehlverhalten des Unterhaltsberechtigten nicht relevant, da die Rechtsfolgen eines solchen Fehlverhaltens in § 1579 BGB abschließend geregelt sind.[625] Durch die Einfügung des § 1578 I 2 BGB ist § 1578 BGB, der für alle Unterhaltstatbestände gilt, nicht nur eine haftungsausfüllende, sondern auch eine haftungsbegrenzende Norm.[626] Die **Beweislast** für die Einwendung trifft den Unterhaltsverpflichteten.[627]

Nach Ablauf der Übergangszeit, für die der Berechtigte nach der Scheidung noch den Unterhalt nach den ehelichen Lebensverhältnissen beanspruchen kann, ist auf den **„angemessenen Lebensbedarf"** abzustellen. Diese Leitlinie soll es den Gerichten ermöglichen, die dem Einzelfall gerecht werdende Bemessungsgrundlage auszuwählen. Als **Anknüpfungspunkte** sind im Gesetzgebungsverfahren **die Lebensstellung des Berechtigten vor der Ehe oder die Lebensstellung, die er ohne die Ehe gehabt hätte,** genannt worden. Mit dem Wort „angemessen" will der Gesetzgeber ausdrücken, daß der Berechtigte auch nach der zeitlichen Begrenzung mehr als das Existenzminimum oder den notwendigen Unterhalt beanspruchen kann.[628] Ein Lebensbedarf, der unter dem vorehelichen Lebensstandard liegt, wird nach der Ansicht des BGH nicht als angemessen angesehen werden können, da der Ausgleich ehebedingter Nachteile der Intention des Unterhaltsänderungsgesetzes entspricht.[629] Wenn z. B. das OLG Frankfurt am Main den angemessenen Eigenbedarf des berechtigten Ehegatten mit 1300,– DM monatlich und sei-

---

[623c] *Weychardt* DAVorm 1984, 362.
[624] BT-Drucks. 10/2888 S. 18/19.
[625] BGH FamRZ 1986, 886, 888.
[626] *Diederichsen* NJW 1986, 1287.
[627] *Hahne* FamRZ 1986, 310.
[628] BT-Drucks. 10/4614 S. 22.
[629] BGH FamRZ 1986, 886, 889.

nen notwendigen Eigenbedarf mit 950,– DM monatlich annimmt,[630] so sind damit auch Orientierungshilfen für die Bemessung des angemessenen Lebensbedarfs im Sinne des § 1578 I 2 BGB gewonnen.

Während § 1578 I 2 BGB eine Unterhaltsreduktion der Höhe nach erlaubt, läßt § 1573 V 1 BGB die Reduktion der Anspruchsgrundlage des § 1573 BGB auf Null zu. Bei Ansprüchen aus § 1573 BGB wird eine Kombination beider Maßnahmen in Betracht kommen: Der Unterhalt verringert sich nach einer Übergangszeit gem. § 1578 I 2 BGB auf den angemessenen Lebensbedarf, nach einer weiteren Übergangszeit fällt er gem. § 1573 V BGB vollständig weg.[631] **Grundsätzlich ist über die zeitliche Begrenzung zusammen mit dem Unterhaltsanspruch zu entscheiden,** wenn es sich um einen in der Vergangenheit abgeschlossenen Sachverhalt handelt. Die Gründe, die für eine zeitliche Begrenzung sprechen, werden in der Regel schon im ersten Unterhaltsprozeß gegeben sein (z. B. nicht lange Ehedauer, kinderlose Ehe, keine ehebedingten Nachteile). Ist aber eine Prognose derzeit nicht möglich (z. B. über das Fortbestehen ehebedingter Nachteile oder sonstige Gründe wie Krankheit), so muß auf die Abänderungsklage verwiesen werden.[632] Die neue Regelung stellt für die Unterhaltsparteien ein **Prozeßrisiko** dar.[633] Der Anwalt des Unterhaltsberechtigten wird nicht zuwenig beantragen und der des Unterhaltsverpflichteten nicht zuviel anerkennen wollen. Der Prozeßbevollmächtigte des Berechtigten wird den Unterhaltsanspruch nach Zeit und Höhe unter Berücksichtigung von Sicherheitsmargen ausschöpfen. Der Prozeßbevollmächtigte des Verpflichteten wird durch Teilanerkenntnisse das Gericht zwingen, sich mit der zeitlichen Begrenzung des Unterhaltsanspruchs nach Grund und Höhe zu befassen.

(5) Krankheits- und Altersvorsorgeunterhalt

Nach § 1578 II und III BGB gehören zum Lebensbedarf auch die Kosten einer angemessenen Versicherung für die Fälle der Krankheit, des Alters sowie der Berufs- und Erwerbsunfähigkeit. Krankheitsvorsorgekosten und Altersvorsorgeunterhalt sind **nicht in den Unterhaltsquoten der Oberlandesgerichte enthalten.** Diese Quoten decken nur den Elementarunterhalt ab.[634] Der Vorsorgeunterhalt ist daher gesondert geltend zu machen und wegen seiner Zweckbestimmung im Urteilstenor besonders auszuweisen.[635]

Hat der Unterhaltsgläubiger die auf den Vorsorgeunterhalt geleisteten Beträge in der Vergangenheit nicht bestimmungsgemäß verwendet, so berührt dies seinen Anspruch nur bei mutwilliger Herbeiführung der Bedürftigkeit (§ 1579 Nr. 3 BGB). Selbst wenn es daran fehlt, kann es für die Zukunft

---

[630] FamRZ 1984, 1072 = NJW 1985, 116.
[631] So OLG Hamm FamRZ 1986, 908.
[632] BT-Drucks. 10/4514 S. 22; *Hahne* FamRZ 1986, 310.
[633] Vgl. *Christl,* Zeitliche Begrenzung des Ehegattenunterhalts als Prozeßrisiko, FamRZ 1986, 627 ff.
[634] BGH FamRZ 1981, 442 = NJW 1981, 1556; BGH FamRZ 1983, 676 = NJW 1983, 1552; vgl. auch BGH FamRZ 1988, 145, 150, 151.
[635] BGH FamRZ 1983, 152 = NJW 1982, 1986.

treuwidrig sein, wenn er weiterhin Zahlung des Vorsorgeunterhalts an sich statt unmittelbar an einen Versicherungsträger verlangt.[636] Dem **Elementarunterhalt** kommt im Verhältnis zu dem Vorsorgeunterhalt der **Vorrang** zu.[637] Die Krankheitsvorsorgekosten sind dem Altersvorsorgeunterhalt vorrangig.[638]

Um die Berechnung von Elementarunterhalt und Vorsorgeunterhalt zu veranschaulichen, wird hier die Berechnungsübersicht des BGH im Urteil vom 1. Juni 1983 wiedergegeben:[639]

– Beträge in DM und monatlich –	
a) Unterhaltspflichtiges Einkommen des Ehemannes	6468,— DM
./. Unterhalt Kinder	1050,— DM
./. Krankenversicherungsunterhalt Ehefrau	205,— DM
b) Bereinigtes Nettoeinkommen	5213,— DM
c) Vorläufige Quote von 3/7 (fiktives Nettoarbeitsentgelt)	2234,— DM
d) Fiktives Bruttoarbeitsentgelt (vgl. Bremer Tabelle, FamRZ 1981, 854f.) (ohne Beitrag zur ges. Krankenversicherung)	3306,— DM
e) Vorsorgeunterhalt (18,5% aus d)	612,— DM
f) Verbleibendes bereinigtes Nettoeinkommen	4601,— DM
g) Elementarunterhalt (3/7 aus f)	1972,— DM
h) Krankenversicherungsvorsorge (10,42% aus g)	205,— DM.

Erläuterungen zur Berechnungsübersicht

Zu a) Das unterhaltserhebliche Einkommen des Verpflichteten ist vorab um an – auch volljährige – Kinder gezahlten Unterhalt zu vermindern.[640] Ist der Krankenversicherungsbeitrag der Ehefrau in dem durch Quotenbildung ermittelten Elementarunterhalt nicht enthalten, so muß er schon bei der Feststellung des verteilungsfähigen bereinigten Nettoeinkommens abgesetzt werden.

Zu b) 5213,– DM sind das bereinigte Nettoeinkommen des Unterhaltsverpflichteten.

Zu c) Durch Quotenbildung (hier 3/7, da das OLG Köln als Berufungsgericht seine Richtlinien angewendet hat) wird der Elementarunterhalt des Unterhaltsberechtigten vorläufig ermittelt. Der errechnete Betrag von 2234,– DM (3/7 von 5213,– DM) wird als fiktives Nettoarbeitsentgelt behandelt, also wie Nettoeinkommen aus versicherungspflichtiger Erwerbstätigkeit.

Zu d) Das fiktive Nettoarbeitsentgelt (Nettobemessungsgrundlage) ist mit Hilfe der Bremer Tabelle auf ein fiktives Bruttoarbeitsentgelt (Bruttobemes-

636 BGH FamRZ 1987, 684, 686, 688 = NJW 1987, 2229, und zwar auch zur Darlegungslast des Unterhaltsgläubigers und zur Möglichkeit der Abänderungsklage (§ 323 ZPO) für den Schuldner mit Anm. *Weychardt* FamRZ 1987, 1130ff.

637 BGH FamRZ 1981, 442 = NJW 1981, 1556.

638 *Hoppenz,* Familiensachen, 2. Aufl., § 1578 BGB Rn 45.

639 BGH FamRZ 1983, 888, 890 = NJW 1983, 2397.

640 BGH FamRZ 1985, 912, 916. Grund: Bei alleiniger Erwerbstätigkeit des Mannes wurden die ehelichen Lebensverhältnisse dadurch mitbestimmt, daß die entsprechenden Beträge nicht für den Lebensbedarf der Ehegatten zur Verfügung standen.

sungsgrundlage) hochzurechnen. In der Bremer Tabelle FamRZ 1981, 855 findet sich in der linken Spalte die Nettobemessungsgrundlage und in der rechten Spalte der Zuschlag in Prozentsätzen zur Berechnung der Bruttobemessungsgrundlage. Das OLG Köln hatte bei der Bruttobemessungsgrundlage auch einen Beitrag zur gesetzlichen Krankenversicherung berücksichtigt. Nach Ansicht des BGH sind die Versicherungsbeiträge zur gesetzlichen Krankenversicherung bei der Hochrechnung außer acht zu lassen. Bei einer Nettobemessungsgrundlage von 2234,– DM beträgt der Zuschlag 48% = 1072,– DM, so daß sich eine Bruttobemessungsgrundlage von 3306,– DM (2234,– DM + 1072,– DM) ergibt.

Zu e) Bei einem fiktiven Bruttoarbeitsentgelt von 3306,– DM beträgt der Beitragssatz zur gesetzlichen Rentenversicherung im September 1983 18,5%. Dies ergibt einen Vorsorgeunterhaltsanspruch der Unterhaltsberechtigten von 612,– (18,5% von 3306,– DM).

Zu f) Der Vorsorgeunterhalt von 612,– DM wird von dem bereinigten Nettoeinkommen aus b) abgezogen, so daß als bereinigtes Nettoeinkommen des Unterhaltsverpflichteten 4601,– DM verbleiben.

Zu g) Durch Quotenbildung (3/7 von 4601,– DM) wird der Elementarunterhalt der Unterhaltsberechtigten endgültig mit 1972,– DM errechnet.

Zu h) Aus dem Elementarunterhalt wird die Höhe der Krankenversicherungskosten abgeleitet.

Aus den Positionen e), g) und h) ergibt sich ein Unterhaltsanspruch der Frau in Höhe von 2789,– DM. Dem Mann verbleiben 2629,– DM (6468,– DM abzügl. 1050,– DM Kinderunterhalt und abzügl. 2789,– DM Ehegattenunterhalt). Die Selbstbehaltsätze der Parteien und die Parität hinsichtlich des Elementarunterhalts sind daher gewahrt. Der **Vorsorgeunterhaltssatz** ist **sozialversicherungsrechtlich** zu **überprüfen.** Es ergeben sich z. B. folgende Fragen: Erreicht der Vorsorgeunterhalt den jeweils gültigen Mindestbeitrag zur gesetzlichen Rentenversicherung? Wenn nicht, dann empfiehlt sich eine Lebensversicherung. Überschreitet der Vorsorgeunterhalt den jeweils gültigen Höchstbetrag zur gesetzlichen Rentenversicherung? Wenn ja, dann ist der Vorsorgeunterhaltsanspruch auf den höchsten Beitrag herabzusetzen. Bezieht der Berechtigte bereits Altersruhegeld? Wenn ja, dann ist der Versicherungsfall bereits eingetreten. Hat der Berechtigte ununterbrochen sozialversicherungspflichtige Tätigkeiten ausgeübt? Wenn ja, dann ist eine Einzahlung in die gesetzliche Rentenversicherung nicht sinnvoll, da sie nur zu einer Höherversicherung führt. Hier ist ebenfalls an eine Lebensversicherung zu denken.

Sollen nur der Elementarunterhalt und der Altersvorsorgeunterhalt berechnet werden, dann ergibt sich abstrakt folgendes **Berechnungsschema des OLG Bremen:**[641]

---

[641] OLG Bremen FamRZ 1981, 854, 855; Bremer Tabelle zur Berechnung des Altersvorsorgeunterhalts; FamRZ 1988, 141 = NJW 1988, 690.

I. Berechnung des Vorsorgeunterhalts:

1. Bereinigtes Nettoeinkommen des Unterhaltsverpflichteten ×
   Unterhaltsquote für Unterhaltsberechtigten nach Tabelle des für die Parteien zuständigen Oberlandesgerichts = Nettobemessungsgrundlage (linke Spalte der Tabelle)
2. Nettobemessungsgrundlage + prozentualer Zuschlag
   (rechte Spalte der Tabelle) = fiktive Bruttobemessungsgrundlage für den Vorsorgeunterhalt.
3. Bruttobemessungsgrundlage ×
   jeweils gültiger Beitragssatz zur gesetzlichen Rentenversicherung (Stand 1. 1. 1988: 18,7%) = Höhe des Vorsorgeunterhalts.

II. Anschließende Berechnung des Elementarunterhalts:

1. Bereinigtes Nettoeinkommen des Unterhaltspflichtigen abzüglich Vorsorgeunterhalt gem. Ziffer I = verbleibendes Nettoeinkommen des Unterhaltspflichtigen.
2. Verbleibendes Nettoeinkommen des Unterhaltspflichtigen ×
   Unterhaltsquote für Unterhaltsberechtigten nach Tabelle des für die Parteien zuständigen Oberlandesgericht = Elementarunterhalt.

Die Bremer Tabelle zur Berechnung des Altersvorsorgeunterhalts vom Stand 1. Januar 1988 ist im Anhang abgedruckt.

ee) Die Art der Unterhaltsgewährung

Nach § 1585 I 1, 2 BGB ist der laufende Unterhalt durch Zahlung einer monatlichen im voraus zu entrichtenden **Geldrente** zu gewähren. Die Gewährung des Unterhalts in anderer Art (Wohnung und/oder Naturalien werden gestellt), wie sie § 1612 I 2 BGB im Verwandtenunterhaltsrecht vorsieht, kann im nachehelichen Unterhaltsrecht nicht einseitig verlangt werden, abgesehen von der **Kapitalabfindung des Berechtigten** nach § 1585 II BGB. Kapitalabfindungen sind nicht häufig. Wenn sie vorkommen, dann sind sie regelmäßig nach § 1585 c BGB vereinbart. Den Abfindungsbetrag lassen sich die Parteien sicherheitshalber von einem Rentenberater errechnen, wenn sie sich über die Höhe der monatlichen Unterhaltsrente, den voraussichtlichen Unterhaltszeitraum und den voraussichtlichen Zinssatz für diesen Zeitraum geeinigt haben. Wer Rentenrechnung liebt und Abzinsungstabellen zu handhaben weiß, kann es auch selbst versuchen. **Vor der Abfindungsvereinbarung sollten die Folgen bedacht werden:** Mit der Bezahlung der Abfindungssumme erlischt der gesetzliche Unterhaltsanspruch.[642] Hinsichtlich der steuerrechtlichen Folgen ist eine Steuerberatung geboten.

---

[642] *Göppinger* Vereinbarungen Rn. 266.

ff) Die Verteidigung des Unterhaltsverpflichteten

(1) Prüfungsreihenfolge und typische Gestaltungen

Der Rechtsanwalt folgt bei der Verteidigung des Unterhaltsverpflichteten am besten der Struktur der Unterhaltsnorm. Er prüft also in folgender **Reihenfolge die Verteidigungsmöglichkeiten:** Anspruchsgrundlage, Bedürftigkeit des Anspruchstellers, Leistungsfähigkeit des Mandanten, Unterhaltsmaß und Rangverhältnis. Erst zum Schluß ist an den als Verteidigungswaffe immer wieder überschätzen § 1579 BGB zu denken. Wer mit § 1579 BGB beginnt, übersieht vielleicht, daß die Voraussetzungen der Unterhaltsnorm nicht zweifelsfrei vorgetragen sind. Das Vorbringen zu den Voraussetzungen der geltend gemachten Anspruchsgrundlage ist also zunächst gründlich auf Schlüssigkeit, Substantiierung und Beweisangebote zu untersuchen. Der Aussageinhalt und die Beweiskraft der beigefügten Unterlagen (z. B. ärztliche Atteste, Verdienstbescheinigungen) sind sorgfältig zu würdigen. Aus der Fülle der sich danach anbietenden **Verteidigungsmöglichkeiten** seien hier einige **typische Gestaltungen** herausgegriffen:

Trifft den Anspruchssteller eine **Erwerbsobliegenheit** und übt er eine Erwerbstätigkeit aus, so kann beispielsweise geprüft werden, ob die geleisteten Wochenarbeitsstunden die Obliegenheit erfüllen oder nicht. Besteht hinsichtlich Art, Umfang, Dauer und Folgen der **Erkrankung** der Unterhalt begehrenden Partei Unsicherheit, so muß mindestens auf der Einholung eines amtsärztlichen Gutachtens bestanden werden. Auf die Darstellung zu § 1572 BGB wird Bezug genommen. Bei Ansprüchen aus § 1573 BGB wird ständig darüber gestritten, ob sich der Anspruchsteller obliegenheitsgemäß um eine Anstellung bemüht hat. Darauf kommt es aber nicht an, wenn der Arbeitsuchende auch bei intensiveren Bemühungen keine Stelle gefunden hätte. Die mangelhaften Bemühungen sind dann für die **Arbeitslosigkeit** nicht ursächlich. Ob ein Arbeitsuchender eine Stelle finden kann, hängt von den Verhältnissen auf dem Arbeitsmarkt und den persönlichen Voraussetzungen des Bewerbers (Alter, Vorbildung, Berufserfahrung, Gesundheitszustand) ab.[643] Trotz der Beweislast des Unterhaltsklägers für die Voraussetzungen des § 1573 I BGB muß der Anwalt des Unterhaltsbeklagten zu dessen Verteidigung die **Beschäftigungschancen des Klägers** selbst **einschätzen.** Denn der BGH unterscheidet jetzt, ob für den Fall sachgerechter Bemühungen eine nicht ganz von der Hand zu weisende Beschäftigungschance besteht oder die Beschäftigungschance ,,gleich Null" ist, eine Beschäftigung praktisch ausscheidet. Der Nachweis, daß der Anspruchsteller im Sinne des § 1573 I BGB keine angemessene Erwerbstätigkeit zu finden vermag, wird schon dann als geführt angesehen, wenn nach dem Beweisergebnis (im entschiedenen Fall Vernehmung des Sachbearbeiters des Arbeitsamtes als sachverständigen Zeugen) die Beschäftigungschance praktisch Null ist.[644] Hat der Anwalt des Verpflichteten Einschätzungszweifel, wird er gegenbeweis-

---

[643] BGH FamRZ 1986, 244, 246 = NJW 1986, 718; FamRZ 1987, 144 = NJW 1987, 898; FamRZ 1987, 691, 693 = NJW 1987, 2739.

[644] BGH FamRZ 1986, 885, 886.

lich mindestens die Einholung einer Auskunft des zuständigen Arbeitsamtes, besser die Vernehmung des Sachbearbeiters des zuständigen Arbeitsamtes als sachverständigen Zeugen beantragen. Am besten kann die Ernsthaftigkeit der Bemühungen des Anspruchstellers um einen Arbeitsplatz getestet werden, wenn der Verpflichtete der Unterhalt begehrenden Partei eine angemessene und für sie geeignete Beschäftigung konkret nachweist. Dabei sind in der Regel aus Zeitungen ausgeschnittene Stellenangebote keine konkreten Nachweise. Geht der Unterhaltskläger auf den Nachweis nicht ein oder schlägt er die nicht von der Hand zu weisende Beschäftigungschance ohne vernünftigen Grund aus, so riskiert er die Abweisung seiner Unterhaltsklage. Hilfen bei der Arbeitsplatzsuche liegen daher im eigenen Interesse des Verpflichteten und verschaffen ihm zudem wichtige Erkenntnisse über die Verhältnisse auf dem Arbeitsmarkt. Zum Teil wirken diese Erkenntnisse sehr ernüchternd und fördern die Vergleichsbereitschaft. Gegebenenfalls sind Ausführungen zur zeitlichen Begrenzung des Anspruchs nach § 1573 V BGB zu machen.

Hinsichtlich der **Bedürftigkeit** des Anspruchstellers ist genau zu ermitteln, ob er sich aus seinen Einkünften und seinem Vermögen nicht selbst unterhalten kann. Lebt der Anspruchsteller in einer ,,eheähnlichen" Gemeinschaft, so wird der Wert seiner Versorgung für den anderen Partner oft zu niedrig angesetzt. Der niedrige Ansatz war für den BGH Anlaß darauf hinzuweisen, daß die anzurechnende angemessene Vergütung für die Versorgungsleistungen etwa nach den Richtlinien und Erfahrungssätzen berechnet werden kann, die zur Bemessung von Schadensersatzrenten bei Verletzung oder Tötung von Hausfrauen entwickelt worden sind.[645] Wie eine solche Berechnung aussehen kann, ist oben zur Bedürftigkeit des Berechtigten dargestellt worden.

Die Beschäftigung mit der **Leistungsfähigkeit** des Mandanten wird vor allen Dingen darauf gerichtet sein, sämtliche vorhandenen **Abzugsmöglichkeiten** zu nutzen. **Bei Selbständigen** ist der ständigen Forderung des BGH zu entsprechen, die steuerlich abgesetzten Beträge so darzulegen, daß die allein steuerrechtlich beachtlichen von den auch unterhaltsrechtlich abzugsfähigen Aufwendungen abgegrenzt werden können.[646] Bei den **Erläuterungen** sollte keineswegs zu wenig getan werden. Es droht die Nichtberücksichtigung der nicht erläuterten Positionen. Wegen der Einzelheiten kann hier auf die obigen Bemerkungen zur Gewinn- und Verlustrechnung des Verpflichteten verwiesen werden (S. 223–225).

Die **Verbindlichkeiten** des Unterhaltsverpflichteten sind nach Art, Anlaß und Entstehungspunkt darzustellen. Gegebenenfalls sind die Interessen des Verpflichteten an der Schuldentilgung und an der Vermeidung des weiteren Anwachsens seiner Verbindlichkeiten herauszustellen. Die **Vorteile des begrenzten Realsplittings** müssen bei Zustimmung des Unterhaltsberechtigten wahrgenommen werden. Auf die Einhaltung des **Selbstbehaltsatzes** des Unterhaltsverpflichteten ist unbedingt zu achten.

---

645 BGH FamRZ 1984, 662, 663 = NJW 1984, 2358.
646 BGH FamRZ 1985, 357, 359 = NJW 1985, 909.

Zum Maß des Unterhalts gehört die **Befassung mit den ehelichen Lebensverhältnissen.** Der Rechtsanwalt des Verpflichteten hat die Gesichtspunkte vorzutragen, die für eine Anwendung der Anrechnungsmethode sprechen. Einer fehlerhaften Anwendung der Differenzmethode hat er entgegenzutreten. Bei höheren Einkünften ist substantiiert vorzutragen, welcher Betrag in der Ehe der Vermögensbildung zugeführt worden ist und damit zur Deckung des laufenden Unterhalts nicht zur Verfügung gestanden hat. Bei besonders hohen Unterhaltsansprüchen des Anspruchstellers sind unter Betonung des objektiven Maßstabs und des billigungswerten Lebensbedarf einer Einzelperson mit hohen Ansprüchen Argumente für eine Beschränkung nach oben zusammenzutragen, selbst wenn die Rechtsprechung bisher eine Sättigungsgrenze nicht anerkennt. Im Rahmen der Unterhaltsbestimmungen darf auch die zeitliche Begrenzung nach § 1578 I 2 BGB nicht vergessen werden.

(2) Die unterhaltsrechtliche Härteklausel (§ 1579 BGB)

Am Schluß der Verteidigungsüberlegungen steht § 1579 BGB schon deshalb, weil diese Vorschrift als Ausnahmeregelung (unterhaltsrechtliche Härteklausel) konzipiert ist. Der Gesetzgeber des 1. EheRG war verfassungsrechtlich nicht gehindert, vom Verschuldens- zum Zerrüttungsprinzip überzugehen[647] und ein verschuldensunabhängiges Unterhaltsrecht zu schaffen.[648] Da aber die Unterhaltsverpflichtung ein Eingreifen in die durch Art. 2 I GG geschützte Handlungsfreiheit des Verpflichteten bedeutet, dürfen die vom Verhältnismäßigkeitsgrundsatz und der Zumutbarkeit gezogenen Grenzen nicht überschritten werden. Nach der Entscheidung des BVerfG vom 14. Juni 1981 entspricht § 1579 I BGB a. F. nicht nur dem Gebot, ehebeeinträchtigende Wirkungen bei seinen Regelungen zu vermeiden, sondern hat auch **Sicherungsfunktion.** Es heißt dazu wörtlich: ,,Mit dieser Regelung hat der Gesetzgeber zugleich sichergestellt, daß der Eingriff in die Handlungsfreiheit des Verpflichteten **die vom Grundsatz der Verhältnismäßigkeit gezogenen Grenzen** nicht überschreitet.“[649]

,,Die Grenze des Zumutbaren eines schuldunabhängigen Unterhaltsanspruchs wäre aber dort überschritten, wo ein getrenntlebender oder geschiedener Ehegatte Unterhaltsansprüche seines Partners zu erfüllen hätte, obwohl dieser sich gegen ihn oder einen seiner Angehörigen eines Verbrechens oder vorsätzlichen Vergehens schuldig gemacht und sich damit ganz bewußt von jeglichen ehelichen Bindungen gelöst hat. Das gleiche gilt für die übrigen Ausschlußtatbestände des § 1579 Abs. 1 BGB. Im anderen Fall wäre die Beschränkung der Dispositionsfreiheit des Verpflichteten im finanziellen Bereich als Folge der Unterhaltsansprüche des Bedürftigen nicht mehr Bestandteil der verfassungsmäßigen Ordnung und könnte vor dem Grundrecht des Art. 2 Abs. 1 GG nicht bestehen.“[650]

---

[647] BVerfGE 53, 224, 245.
[648] BVerfGE 57, 361, 379, 380.
[649] BVerfGE 57, 361, 380.
[650] BVerfGE 57, 361, 381.

Anders ausgedrückt: Ohne § 1579 I BGB a. F. wäre das schuldunabhängige Unterhaltsrecht verfassungsrechtlich beanstandet worden. **Ein verschuldensunabhängiges Unterhaltsrecht muß** also **eine Härteklausel vorsehen, um verfassungsrechtlich Bestand zu haben.** Dabei darf die Härteklausel nicht so stringent formuliert sein, daß dem Verfassungsgrundsatz der Verhältnismäßigkeit nicht in ausreichendem Maße Rechnung getragen werden kann.[651] Diesen Fehler hatte der Gesetzgeber des 1. EheRG bei § 1579 II BGB gemacht, so daß der BVerfG im Urteil vom 14. Juli 1981 entschied: § 1579 II BGB ist mit Art. 2 I GG nicht vereinbar, soweit danach die Anwendung der Härteklausel des § 1579 I BGB auch in besonders gelagerten Härtefälle ausgeschlossen ist. Dem Gesetzgeber wurde aufgegeben, eine Regelung zu treffen, die dem Verhältnismäßigkeitsgebot Rechnung trägt.

Diesen Auftrag des BVerfG hat das **Unterhaltsänderungsgesetz** vom 20. Februar 1986 derart erfüllt, daß es § 1579 II BGB gestrichen und in § 1579 I BGB die ,,Wahrung der Belange eines dem Berechtigten zur Pflege oder Erziehung anvertrauten gemeinschaftlichen Kindes" vorgeschrieben hat. Mit dem Ziel, ,,mehr Einfallberechtigkeit zu gewährleisten", hat das Unterhaltsänderungsgesetz zugleich in § 1579 BGB ergänzende Klarstellungen und Konkretisierungen vorgenommen.[652] Die Rechtsprechung zur unterhaltsrechtlichen Härteklausel ist aufgegriffen worden und durch die Einfügung von weiteren Härtegründen in den Nrn. 4–6 soll die Härteklausel konkretisiert werden. Es ist heute müßig, darüber zu streiten, ob dies juristisch erforderlich und politisch klug war. Der Gesetzgeber hat sich entschieden. Die neue Regelung ist meines Erachtens so offen formuliert, daß die Gerichte in jedem Fall dem Grundsatz der Verhältnismäßigkeit Rechnung tragen können. Dabei ist zu beachten, daß **den Belangen des Kindes** gegenüber denen des unterhaltsverpflichteten Elternteils **grundsätzlich der Vorrang** zukommt.[653] Ein verfassungswidriges Ergebnis wird daher in Zukunft wohl der Rechtsprechung und nicht der Gesetzgebung anzulasten sein.

§ 1579 BGB setzt auf der Tatbestandseite eine sog. **Zwei-Ebenen-Prüfung** voraus:

- das Vorliegen eines der in § 1579 Nrn. 1–7 genannten Härtegründe und
- zusätzlich eine Billigkeitsabwägung,[654] insbesondere ob und inwieweit die Inanspruchnahme des Verpflichteten auch unter Wahrung der Belange eines dem Berechtigten zur Pflege und/oder Erziehung anvertrauten gemeinschaftlichen Kindes grob unbillig wäre (vgl. S. 261).

Werden die Voraussetzungen auf beiden Ebenen bejaht, so kann die Rechtsfolge von der Herabsetzung oder zeitlichen Begrenzung bis zur Versagung des Unterhaltsanspruchs gehen. Es sind also abgestufte Reaktionen von

---

651 BVerfGE 57, 371, 388.
652 So Beschlußempfehlung und Bericht des Rechtsausschusses zum Regierungsentwurf des UÄndG BT-Drucks. 10/4514 S. 2, 20, 21.
653 BVerfGE 57, 361, 383.
654 BGH FamRZ 1983, 670, 672.

100% bis Null möglich. Die drei Dimensionen des Unterhaltsanspruchs Grund, Höhe und Dauer können betroffen werden.[654a]

Zu den einzelnen Härtegründen:

Nr. 1 Ehen von kurzer Dauer

Eine Ehe ist nur dann von kurzer Dauer, wenn sie auch ihrem rechtlichen Bande nach als kurz zu beurteilen ist.[655] Unter Ehedauer wird die Zeit bis zur Rechtshängigkeit des Scheidungsantrags verstanden.[656] In der Regel ist eine Ehedauer bis zu 2 Jahren als kurz, eine solche von mehr als 3 Jahren als nicht mehr kurz anzusehen. Liegt die Ehedauer im Zwischenbereich, so ist darauf abzustellen, ob die Parteien ihre Lebensführung in der Ehe bereits aufeinander eingestellt und in wechselseitiger Abhängigkeit auf ein gemeinsames Lebensziel ausgerichtet haben.[657] Eine Ehe von kurzer Dauer ist also **nicht unterhaltsfest.**

Nr. 2 Verbrechen oder schwere vorsätzliche Vergehen gegen den Verpflichteten oder einen nahen Angehörigen des Verpflichteten

Der Härtegrund ,,schwere Verfehlung" ist dem BGB auch sonst bekannt (vgl. §§ 1611, 2333 Nrn. 1–3 BGB).

Die Verwirklichung des Tatbestandes setzt ein **schuldhaftes Verhalten** und damit **Schuldfähigkeit** des Berechtigten voraus. Verminderte Schuldfähigkeit kann die grobe Unbilligkeit beseitigen. Ehrverletzungen und Tätlichkeiten, die den Rahmen typischer Eheverfehlungen nach altem Recht (§ 43 EheG) nicht sprengen, werden in der Regel nicht als schwere vorsätzliche Vergehen zu beruteilen sein. Fälle wiederholter, schwerwiegender Beleidigungen und Verleumdungen können schwere vorsätzliche Vergehen sein, insbesondere wenn derartige Ehrverletzungen mit nachteiligen Auswirkungen auf die persönliche und berufliche Entfaltung sowie Stellung des Unterhaltsverpflichteten in der Öffentlichkeit verbunden sind.[658]

Nr. 3 Mutwillige Herbeiführung der Bedürftigkeit

Bei diesem Tatbestand ist auch auf § 162 BGB hinzuweisen, der den allgemeinen Rechtgedanken enthält, daß niemand aus einem von ihm treuwidrig herbeigeführten Ereignis Vorteile herleiten darf.[659]

Bei der mutwilligen Herbeiführung der Bedürftigkeit ist nach der Auslegung des BGH nicht ein vorsätzliches oder gar absichtliches Verhalten erforderlich, sondern es **genügt eine leichtfertige Handlungsweise,** wobei Leicht-

---

[654a] Vgl. z. B. FamRZ 1983, 670ff; FamRZ 1987, 689ff = NJW 1987, 3129; OLG Frankfurt FamRZ 1988, 62f.
[655] BGH FamRZ 1986, 886, 887.
[656] BGH FamRZ 1981, 140 = NJW 1981, 754.
[657] BGH FamRZ 1986, 886, 887.
[658] BGH NJW 1982, 100, 101.
[659] *Palandt/Heinrichs* § 162 Anm. 4. Die Sondervorschrift des § 1579 Nr. 3 BGB schließt jedoch in ihrem Regelungsbereich den Rückgriff auf allgemeine Grundsätze aus, so BGH FamRZ 1986, 560, 562.

fertigkeit gewöhnlich bewußte Fahrlässigkeit sein wird.[660] Der Auslegung des BGH kann zugestimmt werden. Siehe auch zu dieser Bedeutung von Mutwillen Deutsches Wörterbuch von *Jacob und Wilhelm Grimm:* ,,. . . seit dem 18. jahrh. . . . . . neben der schärferen bedeutung . . . hat sich eine mildere herausgebildet, mit leise tadelndem sinne, beinahe wie leichtfertigkeit . . .''.[661]

Im Urteil des BGH vom 14. Dezember 1983 wird dieser Härtegrund wie folgt gerechtfertigt und eingegrenzt:[662] ,,Denn der Bereich der ehelichen Solidarität, den § 1579 I BGB gegen grob unbillige Unterhaltsforderung abgrenzt, würde auch verlassen, wenn der Unterhaltspflichtige die Folgen einer leichtfertigen Herbeiführung der Bedürftigkeit durch den anderen Ehegatten unterhaltsrechtlich mittragen müßte. Allerdings muß das Verhalten zu der Unterhaltsbedürftigkeit in einer Beziehung stehen, die sich nicht in bloßer Ursächlichkeit erschöpft; erforderlich ist eine ,,unterhaltsbezogene'' Leichtfertigkeit. Die Vorstellungen und Antriebe, die dem Verhalten zugrundeliegen, müssen sich auf die Bedürftigkeit als Folge dieses Verhaltens erstrecken. Der Unterhaltsberechtigte muß daher die Möglichkeit des Eintritts der Bedürftigkeit als Folge seines Verhaltens erkennen und im Bewußtsein dieser Möglichkeit handeln, wobei er sich unter grober Nichtachtung dessen, was jedem einleuchten muß, oder in Verantwortungs- und Rücksichtslosigkeit gegen den Unterhaltspflichtigen über die erkannte Möglichkeit nachteiliger Folgen für seine Bedürftigkeit hinwegsetzt.''

Die Vorschrift hat zwei Funktionen:

- Sanktion für den Fall, daß die gegenwärtige Bedürfnislage des Unterhaltsberechtigten ganz oder zum Teil durch eigenes Verhalten in der Vergangenheit herbeigeführt worden ist.
- Schutzwirkung des Inhalts, daß sich das frühere Verhalten des Berechtigten nicht auf seinen Unterhaltsanspruch auswirken soll, wenn ihm mutwillige Herbeiführung der Bedürftigkeit nicht vorgeworfen werden kann.[662a]

Es ist bei diesem Härtegrund z. B. in folgenden Fällen an Sanktionen zu denken: Nicht gerechtfertigte Aufgabe einer bisher ausgeübten angemessenen Erwerbstätigkeit, Vermögensverschwendung, aber auch Alkoholabhängigkeit,[662b] wenn der Unterhaltsberechtigte trotz Einsichts- und Handlungsfähigkeit eine geeignete und zumutbare Therapie unterlassen hat, oder bestimmungswidrige Verwendung des Vorsorgeunterhalts.[662c]

---

[660] Leitentscheidung BGH FamRZ 1981, 1042, 1044 = NJW 1981, 2805.

[661] Deutsches Wörterbuch von Jacob und Wilhelm Grimm (dtv Grimm), Bd. 12 = Bd. 6 L, m/ bearbeitet von *Moriz Heyne,* Nachdruck 1984, unter mutwille 7 S. 2834.

[662] BGH FamRZ 1984, 364, 367.

[662a] BGH FamRZ 1987, 684, 686 = NJW 1987, 2229.

[662b] BGH FamRZ 1981, 1042, 1044f = NJW 1981, 2805, 2807; FamRZ 1987, 359, 361 = NJW 1987, 1554, 1555; FamRZ 1988, 375, 377f.

[662c] BGH FamRZ 1987, 684, 686.

Die Sperrwirkung des § 1579 Nr. 3 BGB kann einem unterhaltsberechtigten geschiedenen Ehegatten zugute kommen, der in der Vergangenheit aus verständlichen Motiven Kapitalvermögen zum Erwerb eines Eigenheimes verwandt hat.[662d].

Nr. 4 Mutwillige Hinwegsetzung über schwerwiegende Vermögensinteressen des Verpflichteten

Auch hier wird Leichtfertigkeit des Berechtigten genügen, die aber zur Eingrenzung nicht des zusätzlichen Kriteriums der Unterhaltsbezogenheit bedarf, da das Fehlverhalten auf vermögensrechtlichem Gebiet gegen den Verpflichteten gerichtet ist.[663] Ein solches Verhalten liegt etwa dann vor, wenn der Berechtigte den Verpflichtungen bei dessen Arbeitgeber anschwärzt und damit den Arbeitsplatz des Verpflichteten gefährdet.[664] Ist der Verpflichtete selbständig, so ist an die Fälle der Geschäftsschädigung oder Kreditgefährdung zu denken.

Nr. 5 Längere gröbliche Unterhaltsverletzungen vor der Trennung

Ähnliche Regelungen finden wir in §§ 1587c Nr. 3, 1587h Nr. 3, 1611 I, 2333 Nr. 4 BGB.

Bedenkt man, daß Unterhaltspflichtverletzungen vor der Trennung nur unter Nr. 5 fallen, während sie danach unter Nr. 2 zu subsumieren sind, so ist aus Gründen der Gleichbehandlung in beiden Fällen bedingter Vorsatz zu verlangen, den auch § 170b StGB voraussetzt.[665]

Nr. 6 Fehlverhalten gegen den Verpflichteten

Zu § 1579 I Nr. 4 BGB a.F. („ein anderer Grund vorliegt, der ebenso schwer wiegt wie die in den Nrn. 1–3 aufgeführten Gründe“) hatte der BGH in ständiger Rechtsprechung **jedes schwerwiegende und klar bei einem Ehegatten liegende evidente Fehlverhalten für geeignet gehalten,** die Voraussetzungen dieser Vorschrift zu erfüllen.[666] In der **neuen Nr. 6 des § 1579 BGB** wird darauf abgestellt, ob **„dem Berechtigten ein offensichtlich schwerwiegendes, eindeutig bei ihm liegendes Fehlverhalten gegen den Verpflichteten zur Last fällt“.** Die Anlehnung des Gesetzes an die Rechtsprechungsformel ist deutlich. Das Wort „evident“ ist mit „offensichtlich“ übersetzt und dann vor das Wort „schwerwiegend“ gestellt, das Wort „klar“ durch das Wort „eindeutig“ ersetzt worden. Sprachlich klingt die Fassung des Gesetzes etwas strenger, die ein offensichtlich schwerwiegendes

---

662d BGH FamRZ 1986, 560, 562.

663 *Häberle,* Die Erweiterung der negativen Härteklausel (§ 1579 BGB) durch das Unterhaltsänderungsgesetz, FamRZ 1986, 311, 312.

664 BT-Drucks. 10/2888 S. 20; *Häberle,* a.a.O. S. 312; OLG Hamm FamRZ 1987, 146f.

665 *Häberle,* a.a.O., S. 12: grobe Fahrlässigkeit; zu § 170b StGB vgl. BGHSt 14, 165, 168.

666 BGH FamRZ 1981, 752, 753; *Lohmann* 4. Aufl. S. 37. Seit BGH FamRZ 1982, 463, 469 = NJW 1983, 1461, 1462 fehlt allerdings das Wort „evident“ in der Formel. In BGH FamRZ 1983, 670, 671 ist das Wort „klar“ durch „einseitig“ ersetzt.

Fehlverhalten des Berechtigten verlangt. Dabei ist nicht erforderlich, daß das offensichtlich schwerwiegende Fehlverhalten offenkundig und unstreitig ist. Vielmehr muß die Bewertung als schwerwiegendes Fehlverhalten nach dem Maßstab aller billig und gerecht Denkenden offenbar und zweifelsfrei sein.[667] In diesem Zusammenhang sei ein Blick über die Ländergrenzen erlaubt: Die englische Rechtsprechung hat seit 1973 herausgearbeitet, daß eheliches Fehlverhalten nur berücksichtigt werden darf, wenn es so offensichtlich und grob ist, daß eine Unterhaltsentscheidung zugunsten einer Partei, deren Verhalten in diese Kategorie fällt, mit jedermanns Gerechtigkeitssinn unvereinbar ist.[668]

Eindeutig oder klar bei dem Berechtigten liegendes Fehlverhalten weist auf die **Einseitigkeit des Fehlverhaltens** hin. Wägt man das Verhalten beider Ehegatten ab, so darf der Verpflichtete durch sein Verhalten keinen vorwerfbaren Anlaß für das Verhalten des Berechtigten gegeben haben.[669]. Hier besteht wieder eine verblüffende Übereinstimmung mit der englischen Rechtsprechung, wo im Falle Harnett v. Harnett entschieden wurde: ,,Um die Bedingung zu erfüllen, muß das Fehlverhalten offensichtlich und grob in dem Sinne sein, daß die betreffende Partei unverkennbar mit Vorsatz auf einer Verhaltensweise oder einem Gesamtverhalten beharrt hat, die darauf angelegt waren, die Ehe zu zerstören, unter Umständen, unter denen der anderen Partei nichts Wesentliches vorzuwerfen ist.''[670].

Die Rechtsprechung hat **z.B.** ein **schwerwiegendes Fehlverhalten** angenommen,

- wenn ein Ehegatte sich gegen den Willen des anderen von der Ehe abkehrt, einem anderen Partner zuwendet und mit diesem eine eheähnliche Gemeinschaft begründet,[671]
- wenn ein Ehegatte ein nachhaltiges, auf lange Dauer angelegtes intimes Verhältnis mit einem anderen Partner aufnimmt, ohne daß es zur Begründung einer eheähnlichen Gemeinschaft kommt,[672]
- wenn ein Ehegatte sich dergestalt von den ehelichen Bindungen abkehrt, daß er intime Beziehungen zu wechselnden Partnern aufnimmt,[673]
- wenn eine Ehefrau dem Ehemann jahrelang, sei es auch nur mit bedingtem Vorsatz, ein nicht von ihm stammendes Kind als sein eigenes Kind untergeschoben hat.[674]

Von einem schwerwiegenden einseitigen Fehlverhalten des Berechtigten kann jedoch **nicht** mehr gesprochen werden,

---

667 *Häberle,* a. a. O., S. 313.

668 *Peter Seago/Alastair Bissett-Johnson,* Cases And Materials On Family Law, London 1976, Wachtel v. Wachtel, S. 289; Unterhaltsrecht in Europa, S. 592.

669 *Diederichsen* NJW 1986, 1289.

670 Unterhaltsrecht in Europa, S. 592.

671 BGH FamRZ 1980, 665, 666 = NJW 1980, 1686, 1687.

672 BGH FamRZ 1981, 439, 440f. = NJW 1981, 1214.

673 BGH FamRZ 1983, 670, 671.

674 BGH FamRZ 1985, 267, 268 = NJW 1985, 2266; OLG Frankfurt FamRZ 1988, 62f.

- **wenn** sich **der Unterhaltsverpflichtete** seinerseits schon **vorher von den ehelichen Bindungen losgesagt** hatte,[675]
- wenn der verpflichtete Ehemann **als erster Scheidungsabsichten geäußert** und selbst die Trennung sowie den Auszug seiner Ehefrau aus dem gemeinsam bewohnten Haus gewünscht hat.[676]

Die Voraussetzung der Einseitigkeit des Fehlverhaltens ist auch nicht erfüllt, wenn dem Verpflichteten **konkrete Verfehlungen von einigem Gewicht** vorgeworfen werden können, die dem Berechtigten das Festhalten an der Ehe erheblich erschwert haben und das Gewicht des eigenen Fehlverhaltens vermindern.[677] Zur Darlegungs- und Beweislast in diesen Fällen heißt es im Urteil des BGH vom 3. Februar 1982: ,,Die tatsächlichen Voraussetzungen des § 1579 I Nr. 4 BGB – einer rechtsvernichtenden Einwendung – hat der Unterhaltspflichtige darzulegen und zu beweisen (Zitate ...), wozu grundsätzlich gehört, daß er Vorbringen der Gegenpartei, das im Falle der Richtigkeit gegen die Annahme einer groben Unbilligkeit sprechen würde, zu widerlegen hat. Soweit er ein derartiges Vorbringen lediglich in Abrede stellen kann, sind allerdings an die Substantiierung seiner Darlegungen nach dem auch das Prozeßrecht beherrschenden Grundsatz von Treu und Glauben keine hohen Anforderungen zu stellen, da es sich wesentlich um die Behauptung sog. **negativer Tatsachen** handelt (vgl. BGH NJW 1981, 577 mwN).".[678] Der Unterhaltsverpflichtete muß daher nicht darlegen und beweisen, daß er sich ehegemäß verhalten hat, sondern kann sich auf die Widerlegung der konkret gegen ihn erhobene Vorwürfe beschränken.[679]

Halten wir uns die Ergebnisse der Rechtsprechung vor Augen und denken wir an die Alltagsweisheit, daß für das Scheitern der Ehe meist beide Eheleute verantwortlich sind, so bringt § 1579 Nr. 6 BGB in der Regel für die Verteidigung des Unterhaltsverpflichteten praktisch nichts.[680] Ursachenlose Abwendung vom alten und Zuwendung zum neuen Partner sind – der Vergleich sei erlaubt – im Eherecht so selten wie unabwendbare Ereignisse im Straßenverkehrsrecht. Nach meiner Erfahrung können Parteien, Anwälte und Richter mit der dargestellten abwägenden Rechtsprechung leben, insbesondere wenn die Anforderungen an die Darlegungs- und Beweislast jeder Partei beachtet werden.

Nr. 7 Auffangtatbestand

Nach der Begründung des Regierungsentwurfs soll Nr. 7 (gleich Nr. 4 a. F.) die Anwendbarkeit der Härteklausel bei Vorliegen anderer Gründe, die ebenso schwer wiegen wie die in den Nrn. 1–6 genannten, sicherstellen. Dabei soll es entscheidend darauf ankommen, ob die aus der Unterhaltspflicht erwachsenden Belastungen für den Verpflichteten die Grenze des

---

[675] BGH FamRZ 1981, 439, 441 = NJW 1981, 1214.
[676] BGH FamRZ 1981, 1041, 1043 = NJW 1981, 2805.
[677] BGH FamRZ 1982, 463, 464 = NJW 1982, 1461, 1462; BGH NJW 1986, 722, 723.
[678] BGH FamRZ 1982, 463, 464.
[679] *Lohmann* S. 50.
[680] So auch *Häberle* a. a. O., S. 314.

Zumutbaren überschreiten.[681] Die Rechtsprechung des BGH hat sich unter der Geltung des § 1579 I Nr. 4 BGB a. F. über die nunmehr durch Nr. 6 geregelten und bereits besprochenen Fälle hinaus mit zwei Fallgruppen beschäftigt, die jetzt unter Nr. 7 einzuordnen sind. Es handelt sich um das **Zusammenleben in einer festen sozialen Verbindung** und um die **Korrektur des § 1582 BGB.** Da die Korrektur des § 1582 BGB über den Auffangtatbestand der Härteklausel[682] schon oben bei der Teilhabe des unterhaltsberechtigten geschiedenen Ehegatten am Splitting-Vorteil des Verpflichteten behandelt worden ist, kann darauf verwiesen werden (S. 230).

Die eheliche Treuepflicht endet mit der Ehescheidung. Für die **Fälle des Zusammenlebens in einer festen sozialen Verbindung** kann daher nicht mehr auf das Kriterium der Vorwerfbarkeit abgestellt werden. Hier kommt das **Kriterium der Unzumutbarkeit** in Betracht, das durch das Urteil des BVerfG vom 14. Juli 1981 vorgegeben ist.[683] Eine Unzumutbarkeit kann sich unabhängig von der Frage der Vorwerfbarkeit bestimmter Verhaltensweisen auch aus objektiven Gegebenheiten und Veränderungen der Lebensverhältnisse der früheren Ehegatten ergeben. So heißt es im Urteil des BGH vom 26. Januar 1983: ,,Eine solche Beurteilung kommt auch in Betracht, wenn der Unterhaltsberechtigte mit einem neuen Partner in einer festen sozialen Verbindung zusammenlebt. Hier kann das **Erscheinungsbild der Verbindung in der Öffentlichkeit** dazu führen, daß die Fortdauer der Unterhaltsbelastungen und des damit verbundenen Eingriffs in die Handlungsfreiheit und Lebensgestaltung für den Unterhaltspflichtigen unzumutbar wird. Das gilt etwa, wenn kein verständlicher Grund dafür ersichtlich ist, weshalb die Partner, wenn sie auch aus hinzunehmenden Gründen von einer Eheschließung absehen, nicht doch zu einer ,,ehegleichen ökonomischen Solidarität" (AK/Derleder, § 1579 Rz. 7) gelangen, mithin gemeinsam wirtschaften und der den Haushalt und etwaige gemeinschaftliche Kinder versorgende Partner – wie in einer Ehe – von dem anderen unterhalten wird."[684]

Eine solche feste soziale Bindung setzt nicht notwendig einen gemeinsamen Haushalt voraus.[685] Nach einer gewissen Dauer des Zusammenlebens kann der Tatbestand des § 1579 Nr. 7 BGB erfüllt sein.[686] Der BGH hat bisher nicht entschieden, wie er diesen Zeitbegriff auszufüllen gedenkt. *Häberle* geht von einem Zeitraum von 1–2 Jahren aus.[687] War der Unterhaltsberechtigte mit einem neuen Partner eine feste soziale Verbindung eingegangen und konnte er für die Dauer dieser Verbindung wegen grober Unbilligkeit keinen Unterhalt verlangen, so muß der Ausschluß nicht endgültig sein. Bei einer Änderung der Verhältnisse, z. B. Auflösung der nichtehelichen Lebens-

---

[681] BT-Drucks. 10/2888 S. 20; OLG Düsseldorf, FamRZ 1987, 487.
[682] BGH FamRZ 1985, 911 = NJW 1985, 2268; OLG Karlsruhe, FamRZ 1987, 387, 390.
[683] BVerfGE 57, 361, 381.
[684] BGH FamRZ 1983, 569, 572 = NJW 1983, 1548.
[685] BGH FamRZ 1984, 986 = NJW 1984, 2692.
[686] BGH FamRZ 1983, 996, 997 = NJW 1983, 2243.
[687] a. a. O., S. 316.

gemeinschaft, ist eine erneute umfassende Prüfung erforderlich, ,,ob die aus einer wiederauflebenden Unterhaltspflicht erwachsende Belastung für den Verpflichteten weiterhin die Zumutbarkeitsgrenze überschreitet."[687a] Dabei ist der Zeitfaktor bedeutsam. Je länger der Unterhaltsverpflichtete aus Zumutbarkeitsgründen auf nachehelichen Unterhalt nicht in Anspruch genommen worden ist, um so mehr spricht gegen ein Wiederaufleben des Unterhaltsanspruchs, z. B. wenn der Pflichtige auf den dauernden Wegfall der Unterhaltsverpflichtung vertrauen konnte und sich darauf durch Aufnahme von Krediten oder Übernahme von Unterhaltspflichten in einer neuen Ehe eingestellt hat.[687b] Das Absehen von einer Heirat mit dem neuen Partner ist ohne Hinzutreten besonderer Umstände kein Härtefall im Sinne des § 1579 Nr. 7 BGB. Dies gilt erst recht, wenn beachtliche Gründe gegen eine Wiederverheiratung sprechen, wie schlechte wirtschaftliche Verhältnisse des arbeitslosen Partners ohne Vor- und Ausbildung mit ca. 15000,– DM Schulden.[688] Es ist daher noch offen, wie der BGH die Fälle lösen wird, in denen der geschiedene Ehegatte die Ehe mit dem neuen Partner nicht eingeht, um den Unterhaltsanspruch aus der alten Ehe nicht zu verlieren. Immerhin kann festgestellt werden, daß es sich unter Verteidigungsgesichtspunkten eher lohnt, Umstände für das Unzumutbarkeitskriterium vorzutragen.

Bei der **Billigkeitsabwägung** sind unter Wahrung der Kindesbelange die wirtschaftlichen Verhältnisse der Parteien, die Ehedauer, ihre Eheleistungen und ihr Alter sowie die Ehebedingtheit der Bedürftigkeit zu berücksichtigen.[689] Alle diese Billigkeitsgesichtspunkte können das Ergebnis zum Nachteil des Unterhaltsverpflichteten beeinflussen.[690]

(3) Verjährung und Verwirkung

Schließlich ist noch an Verjährung und an Verwirkung zu denken. Gemäß § 197 BGB verjähren Ansprüche auf Rückstände von Unterhaltsbeiträgen in 4 Jahren. Die Verjährung der einzelnen Ansprüche beginnt nach § 201 BGB jeweils mit dem Schlusse des Jahres, in dem ihre Fälligkeit eintritt. Die kürzere Verjährungsfrist gilt gem. § 218 II BGB auch für rechtskräftig festgestellte laufende Unterhaltsbeiträge. Eine Feststellungsklage zur Verjährungsunterbrechung ist nur zulässig, wenn dies der einzige Weg ist, um der drohenden Verjährung zu begegnen. Oft nicht ausgeschöpft wird die in § 209 II Nr. 5 BGB eröffnete Möglichkeit mehrfacher Unterbrechungen der Verjährungsfrist. Die Verjährung wird nach § 209 II Nr. 5 BGB sowohl durch den Antrag des Gläubigers an das zuständige Vollstreckungsorgan als auch durch die einzelnen Vollstreckungsakte des Vollstreckungsorgans unterbrochen.[691] Die Verwirkung hinsichtlich der Geltendmachung rückständigen Unterhalts ist möglich. Eine Verwirkung der gerade erst fällig gewor-

---

[687a] BGH FamRZ 1987, 1238

[687b] NGH FamRZ 1987, 689, 690 = NJW 1987, 3129.

[688] BGH FamRZ 1984, 986 = NJW 1984, 2692.

[689] *Häberle,* a. a. O., S. 317; *Henrich,* Die negative Härteklausel (§ 1579 BGB n. F.) und die Belange des Kindes, FamRZ 1986, 401 ff.

[690] Vgl. BGH FamRZ 1983, 670 ff.

[691] BGHZ 93, 287 = NJW 1985, 1711.

denen und künftig fällig werdenden Unterhaltsansprüche kommt nicht in Betracht, weil seit der Möglichkeit der Geltendmachung des Rechts keine geraume Zeit verstrichen ist. Die allgemeinen **Regeln der Verwirkung** sind **auf das** Unterhaltsrecht als solches, das sog. **Stammrecht, nicht anwendbar,** da für den Verlust des Unterhaltsrechts die besonderen Vorschriften der §§ 1579, 1361 III i. V. m. § 1579 Nrn. 2–7 sowie § 1611 BGB gelten.[692]

e) Unterhalt ehelicher Kinder

Die gesetzliche Unterhaltspflicht gegenüber Kindern beruht auf der Elternverantwortung. Sie ist die rechtsethische Begründung für die Unterhaltsverpflichtung.

Die Kindesunterhaltsnorm setzt sich zusammen aus:

- dem Anspruchsgrundverhältnis Elternschaft (§§ 1601, 1589 I 1 BGB),
- der Voraussetzung der Bedürftigkeit des Kindes (§ 1602 BGB),
- der Voraussetzung der Leistungsfähigkeit der Eltern (§ 1603 BGB),
- dem Maßstab des angemessenen Unterhalts (§ 1610 BGB) und
- der Regelung der Art der Unterhaltsgewährung (§ 1612 BGB).

Das Gesetz unterscheidet zwischen der Unterhaltspflicht gegenüber minderjährigen unverheirateten Kindern und der gegenüber volljährigen oder verheirateten Kindern. **Das minderjährige Kind** ist **priviligiert,** wie sich aus folgender **Übersicht** ergibt:

Es braucht in der Regel seinen Unterhalt nicht aus dem Stamm seines Vermögens zu bestreiten (§ 1602 II BGB). Ausnahme: Die Eltern sind leistungsunfähig (§ 1603 II 2 2. Halbs. BGB).

Gegenüber minderjährigen Kindern besteht eine gesteigerte Unterhaltspflicht der Eltern (§ 1603 II 1 BGB).

Zum Unterhalt eines minderjährigen unverheirateten Kindes gehört auch seine Pflege und Erziehung (§ 1606 III 2 BGB).

Die minderjährigen unverheirateten Kinder gehen in Mangelfällen den anderen Geschwistern und Verwandten vor (1609 I BGB).

Der Bedarf eines minderjährigen Kindes, das in den Haushalt eines geschiedenen Elternteils aufgenommen ist und von dem anderen Elternteil Unterhalt verlangt, ist mindestens der Regelbedarf (§ 1610 III BGB).

Die Unterhaltspflicht der Eltern gegenüber ihren minderjährigen unverheirateten Kindern kann nicht beschränkt werden oder in Wegfall kommen (§ 1611 II BGB).

Titulierte Unterhaltsrenten Minderjähriger können der allgemeinen Entwicklung der wirtschaftlichen Verhältnisse angepaßt werden (§§ 1612a BGB, 641 l–641 t ZPO: Vereinfachtes Verfahren zur Abänderung von Unterhaltstiteln).

Diese Privilegierungen rechtfertigen es jedoch nicht, den Unterhaltsanspruch des volljährig gewordenen Kindes gegenüber seinen Eltern als eigen-

---

692 FamRZ 1982, 898 = NJW 1982, 1999. Zur Verwirkung rückständigen Trennungsunterhalts vgl. BGH FamRZ 1988, 370, 372f.

ständigen Anspruch aufzufassen, der mit dem zuvor während der Minderjährigkeit bestehenden Anspruch keine Einheit mehr bildet. Es besteht **Identität** mit dem während der Minderjährigkeit titulierten Anspruch. Die unveränderte Fortdauer des die Unterhaltspflicht begründenden Verwandtschaftsverhältnisses über den Eintritt der Volljährigkeit hinaus – die §§ 1601 ff BGB bleiben Anspruchsgrundlage – unterscheidet den Verwandtenunterhalt grundsätzlich von den Unterhaltsansprüchen zwischen getrennt lebenden und geschiedenen Ehegatten,[693] bei denen der BGH die Identität wegen der durch die Auflösung des Ehebandes veränderten Anspruchsgrundlage verneint (zwischen Trennung und Scheidung § 1361 BGB, nach der Scheidung §§ 1570 ff BGB).[694] Das volljährige Kind kann daher sein Erhöhungsverlangen, wenn es während seiner Minderjährigkeit einen Unterhaltstitel gegen seine Eltern erlangt hat, nur im Wege der Abänderungsklage geltend machen.[695]

aa) Unterhaltsansprüche minderjähriger unverheirateter Kinder

(1) Gleichwertigkeit von Bar- und Naturalunterhalt

Minderjährige Kinder bedürfen nicht nur der finanziellen Unterhaltsleistungen (sog. **Barunterhalt**), sondern auch der persönlichen Unterhaltsleistungen **Pflege und Erziehung (sog. Naturalunterhalt).** Dementsprechend schulden die Eltern Bar- und Naturalunterhalt. Dies ergibt sich hinreichend deutlich aus § 1606 III 2 BGB, wonach die Mutter ihre Verpflichtung, zum Unterhalt eines minderjährigen unverheirateten Kindes beizutragen, in der Regel durch die Pflege und Erziehung des Kindes erfüllt. Gleiches gilt nach verfassungskonformer Auslegung für den allein sorgeberechtigten Vater.[696]

Während die Aufteilung der Verpflichtungen zu finanziellen und persönlichen Unterhaltsleistungen in einer intakten Ehe und Familie unproblematisch ist, ändert sich dies in der Regel mit der Trennung und Scheidung der Eltern. Hier stellt sich die Frage, welcher Elternteil welche Unterhaltsleistungen erbringen muß und in welchem Wertigkeitsverhältnis diese Leistungen stehen. Aus § 1606 III 2 BGB wird die **Gleichwertigkeit des Naturalunterhalts mit dem Barunterhalt** hergeleitet.[697] Aus dem Gleichwertigkeitsgrundsatz werden nachstehende **Konsequenzen** gezogen:

Es besteht keine Barunterhaltspflicht des betreuenden Elternteils bei Leistungfähigkeit des anderen Elternteils. Das gilt grundsätzlich für jede Altersstufe minderjähriger unverheirateter Kinder. An dem Gleichwertigkeitsurteil ändern Erwerbstätigkeit und eigene Einkünfte des betreuenden Elternteils regelmäßig nichts. Der Naturalunterhalt wird im Regelfall auch dann dem Barunterhalt des anderen Elternteils gleichwertig erbracht, wenn der Sorgeberechtigte sich wegen Erwerbstätigkeit bei der Betreuung des Kindes

---

[693] BGH FamRZ 1984, 682 = NJW 1984, 1613.
[694] BGH FamRZ 1981, 242 = NJW 1981, 978.
[695] BGH FamRZ 1984, 682 = NJW 1984, 1613.
[696] OlG Düsseldorf FamRZ 1980, 721, 723.
[697] BGH FamRZ 1980, 994 = NJW 1980, 2306; FamRZ 1988, 159, 161, 162.

zeitweilig der Hilfe von Verwandten bedient. Deren Betreuungsleistungen sind dem Pflegepflichtigen zuzurechnen.[698]

Den sorgeberechtigten Elternteil trifft im Verhältnis zu den von ihm betreuten Kindern keine Verpflichtung zum Barunterhalt und damit zu einer den Barunterhalt ermöglichenden Erwerbstätigkeit. Es kann jedoch hinsichtlich des Ehegattenunterhalts eine Erwerbsobliegenheit gegenüber dem anderen Ehegatten bestehen.[699]

Der Barunterhaltsbedarf des Kindes bestimmt sich grundsätzlich nach den Einkommensverhältnissen des nicht sorgeberechtigten barunterhaltspflichtigen Elternteils, insbesondere dann, wenn die Einkünfte beider Eltern sich im mittleren Bereich halten und das Einkommen des betreuenden Elternteils nicht höher als das des anderen ist.[700]

Die Ausübung der üblichen Umgangsbefugnis während der Ferien berechtigt den nicht betreuenden Elternteil in der Regel nicht zu einer Kürzung des von ihm zu zahlenden Barunterhalts.[701]

(2) Bedürftigkeit des minderjährigen Kindes

Hinsichtlich des Bedürftigkeitskriteriums bei minderjährigen Kindern bestehen kaum Probleme. Einkünfte aus Vermögen und dem Ertrag der Arbeitskraft müssen eingesetzt werden.[701a] Eine Erwerbsobliegenheit trifft den Unterhaltsberechtigten nicht, wenn er sich noch in einer angemessenen Ausbildung befindet.[702] **Ausbildungsvergütung** ist auf den Unterhaltsanspruch in voller Höhe **bedarfsmindernd anzurechnen.** Berufsbedingte Aufwendungen und sonstiger Mehrbedarf, die sich grundsätzlich nach den besonderen Verhältnissen des Einzelfalles bemessen, sind vorweg abzuziehen. Das Einkommen des Kindes muß beiden Eltern im Verhältnis ihrer Haftungsanteile zugute kommen. Leistet z. B. der Vater Barunterhalt und die Mutter Naturalunterhalt, so entlastet nach der Regel des § 1606 III 2 BGB das bereinigte Kindeseinkommen die Eltern zu gleichen Teilen und ist damit nur zur Hälfte auf den Barunterhaltsanspruch anzurechnen.[703]

Anwendungsbeispiel:
Die 16-jährige Auszubildende erhält 500,– DM Ausbildungsvergütung monatlich. Ihre berufsbedingten Aufwendungen (Fahrtkosten) betragen 100,– DM monatlich. Sie wohnt bei ihrer Mutter, die ihr Naturalunterhalt gewährt und für sie 50,– DM Kindergeld monatlich bezieht. Der Vater ist neben der Auszubildenden seiner zweiten Ehefrau und einem minderjährigen Kind aus der zweiten Ehe unterhaltspflichtig. Das bereinigte monatliche Nettoeinkommen des Vaters beläuft sich auf 2600,– DM.

---

698 BGH FamRZ 1981, 543 = NJW 1981, 1559.
699 BGH FamRZ 1981, 1159, 1160 = NJW 1981, 2804.
700 BGH FamRZ 1981, 543, 545.
701 BGH FamRZ 1984, 470, 472f.
701a BGH FamRZ 1988, 159, 161.
702 Schlüter S. 153.
703 BGH FamRZ 1981, 541 = NJW 1981, 2462; FamRZ 1988, 159, 162; dazu *Deisenhofer/Göhlich,* Lehrlingsvergütung und Kindesunterhalt, FamRZ 1985, 1103.

Berechnungsstufe 1:
Berechnung des auf den Barunterhalt anrechenbaren Teils der Ausbildungsvergütung 500,– DM Ausbildungsvergütung minus 100,– DM Fahrtkosten = 400,– DM anrechenbare Vergütung : 2 = 200,– DM auf den Barunterhalt anrechenbarer Teil.

Berechnungsstufe 2:
Berechnung des Barunterhaltsanspruchs
425,– DM Tabellenunterhalt (Unterhaltspflichtiger Einkommensgruppe 4, Kind Altersstufe 3) abzüglich 25,– DM hälftiges Kindergeld abzüglich 200,– DM anrechenbarer Teil der Ausbildungsvergütung = 200,– DM Barunterhaltsanspruch.

(3) Leistungsfähigkeit der Eltern

Die **Unterhaltsverpflichtung** der Eltern gegenüber minderjährigen unverheirateten Kindern ist nach § 1603 II 1 BGB **erweitert.** Danach müssen sie alle verfügbaren Mittel zur ihrem und der Kinder Unterhalt gleichmäßig verwenden. Nach einhelliger Meinung sind Mittel, die auch in einfachsten Lebensverhältnissen einer Person für den eigenen Lebensunterhalt verbleiben müssen, nicht als „verfügbar" im Sinne des § 1603 II 1 BGB anzusehen.[704] Diese **Opfergrenze** wird mit **notwendiger oder kleiner Selbstbehalt** bezeichnet und kann aus den in der Praxis verwendeten Unterhaltstabellen und -leitlinien abgelesen werden. Im Falle der erweiterten Unterhaltspflicht nach § 1603 II 1 BGB muß ein Elternteil auch empfangene Unterhaltsleistungen gleichmäßig für sich und das Kind verwenden.[705] Durch die aus § 1603 II 1 BGB sich ergebende erweiterte Unterhaltsverpflichtung gegenüber minderjährigen Kindern wird den Eltern eine **erhöhte Arbeitspflicht unter gesteigerter Ausnutzung ihrer Arbeitskraft** auferlegt. Die Eltern müssen daher in zumutbaren Grenzen sowohl einen Ortwechsel als auch einen Berufswechsel vornehmen, wenn sie auf diese Weise ihre Unterhaltspflicht erfüllen und den Unterhalt ihrer minderjährigen Kinder sicherstellen können.[706] Die vorgenannte erweiterte Unterhaltspflicht trifft in der Regel zunächst den barunterhaltspflichtigen Elternteil. Die erweiterte Unterhaltsverpflichtung nach § 1603 II 1 BGB tritt nach Satz 2 der Bestimmung nicht ein, wenn ein anderer unterhaltspflichtiger Verwandter vorhanden ist. Das kann nach § 1603 III 1 BGB auch der andere Elternteil sein, wenn er nach § 1603 I BGB leistungsfähig ist.[707] Dieser Fall ist gegeben, wenn der sorgeberechtigte Elternteil neben der Pflege und Erziehung des Kindes auch dessen Barunterhalt ohne Gefährdung des eigenen angemessenen Unterhalts aufbringen kann.

Rechtlich und tatsächlich schwierig sind die Fälle der **Pflichtenkollission.** Sie sind bekannt unter dem **Schlagwort „Hausmann".**

Beispiel:
Der barunterhaltspflichtige Vater schließt nach der Scheidung der ersten Ehe, aus der das unterhaltsberechtigte minderjährige Kind hervorgegangen ist, eine neue Ehe und übernimmt in der zweiten Ehe unter Aufgabe oder Einschränkung seiner Erwerbstätigkeit die Haushaltsführung einschließlich der Betreuung des aus dieser Verbindung

---

[704] BGH FamRZ 1984, 1614.
[705] BGH FamRZ 1980, 555, 556 = NJW 1980, 934.
[706] BGH FamRZ 1980, 1113 = NJW 1980, 2414.
[707] BGH FamRZ 1980, 555, 556.

stammenden minderjährigen Kindes. Hier kollidieren die Pflichten aus der neuen Ehe (§ 1356 I 1 BGB) mit der Unterhaltsverpflichtung gegenüber dem minderjährigen Kind aus der früheren Ehe.

Der BGH löst diese Fälle, indem er aus der Gleichrangigkeit der Unterhaltsansprüche der Kinder aus erster und zweiter Ehe (§ 1609 I BGB) die Obliegenheit zum Nebenerwerb trotz Hausmanntätigkeit und Kindesbetreuung ableitet.[708] Rechtlich läßt sich mit der Gleichrangregel treffend argumentieren. Tatsächlich ergeben sich in diesen Fällen, in denen betreuungsbedürftige Kinder vorhanden sind, erhebliche Schwierigkeiten. Sie bestehen nicht nur in dem Problem der Arbeitsorganisation für die neuen Ehepartner, sondern auch in dem Problem, eine Teilzeitbeschäftigung für den Hausmann zu finden.

Lösbar sind auch diese Kollisionsfälle nur mit der praktischen Vernunft der Beteiligten. **Maßstab** kann hier die Frage sein: **Wie würde sich ein verantwortungsbewußter Unterhaltspflichtiger verhalten?** Die Antwort muß wohl lauten: Er würde nach einem Kompromiß zwischen den alten und den neuen Pflichten suchen und die Hausmannrolle verständigerweise nur dann übernehmen, wenn einerseits sich die Einkommensverhältnisse der neuen Familie infolge der Berufstätigkeit des anderen Ehegatten wesentlich vorteilhafter gestalten als bei der Fortführung seiner Erwerbstätigkeit und andererseits der Unterhalt des Kindes aus erster Ehe durch Absprache mit dem neuen Ehegatten sichergestellt werden kann. Der neue Ehegatte ist nach der Rechtsprechung des BGH gehalten, dem Hausmann durch eine Teilübernahme der Pflegeaufgabe die für die Erwerbstätigkeit erforderliche Zeit zu verschaffen.[709]

Fehlt es an diesen Sicherungen, so drängt sich einem objektiven Betrachter die Frage auf, ob der Unterhaltsverpflichtete seine Leistungsunfähigkeit selbst treuwidrig herbeigeführt hat. Kein Mensch kann seine Vergangenheit wie seine Kleider ablegen. Das BVerfG formuliert: „Der Partner, mit dem der Unterhaltspflichtige eine neue Ehe eingegangen ist, wußte von der „wirtschaftlichen Hypothek", mit der seine Verbindung belastet ist (vgl. BVerfGE 66, 84, 98 = FamRZ 1984, 346, 350). Diese Belastung mußten die Ehegatten bei ihrer Entscheidung berücksichtigen, ob der Unterhaltspflichtige seine Erwerbstätigkeit im vollen Umfang aufgeben könne, um sich seiner neuen Familie ausschließlich widmen zu können."[710]

Der BGH hat seine **Rechtsprechung zum Hausmann** auch **auf eine wiederverheiratete Hausfrau und Mutter übertragen,** die minderjährige Kinder aus erster und zweiter Ehe hat.[711] Hat eine Mutter aus der neuen Ehe ein Kleinkind zu betreuen, so vermehren sich die tatsächlichen Schwierigkeiten.

---

[708] BGH FamRZ 1982, 590, 591 = NJW 1982, 1590.

[709] BGHZ 75, 272, 277 = FamRZ 1980, 43f.

[710] BVerfGE 68, 256, 269 = FamRZ 1985, 143, 145.

[711] BGH FamRZ 1982 25 = NJW 1982, 175; BGH FamRZ 1987, 252, 253f wendet diese Grundsätze auch an bei der Beurteilung der Erwerbsobliegenheit eines wiederverheirateten Unterhaltsschuldners, der einen Sohn aus der neuen Ehe betreut, gegenüber seiner nach § 1570 BGB unterhaltsberechtigten geschiedenen Ehefrau.

Wie soll sie eine Teilzeitbeschäftigung finden, wenn sie keinen Beruf erlernt hat? Wo soll das Kind bleiben, wenn sie zwar als qualifizierte Arbeitskraft einen Arbeitsplatz vormittags oder nachmittags gefunden hat, aber der neue Ehemann voll erwerbstätig ist und daher das Kind nicht betreuen kann?

Gleichwohl bleibt festzuhalten: Die Rechtsprechung des BGH ist verfassungsrechtlich nicht zu beanstanden.[712] Nach dem Maßstab „aller billig und gerecht Denkenden" hätten die neuen Ehegatten auch eine gegenüber dem Kind aus erster Ehe faire Lösung suchen müssen. Wo ein Wille ist, ist auch ein Weg. Daran haben sie es fehlen lassen. In Fällen der vorliegenden Art müssen der Hausmann und die Hausfrau daher vortragen und beweisen, daß sie trotz ausreichender, ernsthafter Bemühungen um eine Nebenerwerbstätigkeit keine Beschäftigung finden konnten. Des weiteren haben sie die Obliegenheit, für den Barunterhalt eines minderjährigen Kindes aus der früheren Ehe auch das Taschengeld einzusetzen.[713]

Mangels sonstiger Mittel muß ein Unterhaltsverpflichteter grundsätzlich auch den **Stamm seines Vermögens** für den Kindesunterhalt einsetzen. Hierbei ist allein auf § 1603 I BGB abzustellen. Außerstande zur Unterhaltsgewährung im Sinne dieser Vorschrift ist nicht, wer über verwertbares Vermögen verfügt. Die Obliegenheit zum Einsatz des Vermögensstammes besteht nur dann nicht,

- wenn der Stamm des Vermögens als fortlaufende Einkommensquelle dient, also zur Erfüllung weiterer Unterhaltsansprüche oder anderer berücksichtigungswürdiger Verbindlichkeiten oder zur Bestreitung des eigenen Unterhalts benötigt wird,
- wenn das Grundeigentum zur Befriedigung des angemessenen Wohnbedarfs des Schuldners selbst und gegebenenfalls weiterer Familienangehöriger vonnöten ist und zugleich Mietaufwendungen erspart,
- wenn die Verwertung für ihn mit einem wirtschaftlich nicht mehr vertretbaren Nachteil verbunden wäre.[714]

(4) Maß des zu gewährenden Unterhalts

Nach § 1610 I BGB bestimmt sich das Maß des zu gewährenden Unterhalts nach der Lebensstellung des Bedürftigen (angemessener Unterhalt). Mangels eigener Lebensstellung des Kindes **wird auf die von den Eltern abgeleitete Lebensstellung zurückgegriffen.** Dabei wird der umfassende Begriff der Lebensstellung durch Reduzierung auf die Einkommensverhältnisse der Eltern handhabbar gemacht. Bei Kindern, deren Eltern in intakter Ehe leben, wird die Lebensstellung also durch das Einkommen des allein verdienenden Elternteils oder, wenn beide Eltern erwerbstätig sind, durch ihre zusammengerechneten Einkünfte bestimmt. Bei Kindern getrennter oder geschiedener Eltern gibt es keine einheitliche Lebensstellung mehr. Hat nur der nicht betreuende Elternteil Einkünfte, so bestimmt sich die Lebensstellung des Kindes nach dessen Einkünften. Haben jedoch beide Elternteile Einkünfte,

---

712 BVerfGE 68, 256, 269 = FamRZ 1985, 143.
713 BGH FamRZ 1986, 668, 669.
714 BGH FamRZ 1986, 48, 50.

so wäre eine Bestimmung der Lebensverhältnisse des Kindes nach den zusammengerechneten Einkünften möglich. Da nach dem Gleichwertigkeitsgrundsatz der nicht betreuende Elternteil den Barunterhalt alleine aufbringen muß, würde dies dazu führen, daß er bei Erwerbstätigkeit beider Elternteile mehr Unterhalt leisten müßte als bei Alleinverdienst. Damit würde aber der barunterhaltspflichtige Elternteil zu übermäßigen Leistungen herangezogen. Wenn daher die Lebensstellung auf das Kriterium Einkommen reduziert wird, darf in konsequenter Anwendung des Gleichwertigkeitsgrundsatzes der Barunterhalt des Kindes sich nur nach dem Einkommen des barunterhaltspflichtigen Elternteils bestimmen.[715] Die Regel des § 1606 III 2 BGB gilt jedoch dort nicht, wo die Bestimmung zu einem **erheblichen finanziellen Ungleichgewicht zwischen den Eltern führt**.[716] Der BGH hat Dispropotionalität noch nicht angenommen bei anrechnungsfähigen monatlichen Einkünften des barunterhaltspflichtigen Elternteils von etwa 1400,– DM und solchen des betreuenden Elternteils von 3100,– DM.[717] Eine weitere Konsequenz aus dem Gleichwertigkeitsgrundsatz ist nach hier vertretener Auffassung, **daß aus wesentlich ungünstigeren Einkommensverhältnissen des betreuenden Elternteils eine Minderung der Lebensstellung des Kindes nicht hergeleitet werden kann.** Verdient hingegen der sorgeberechtigte Elternteil etwa ebenso viel wie der nicht betreuende Elternteil, so wird dies dem Kind über den häuslichen Lebensstandard zugute kommen.

Beim Kindesunterhalt markiert die Grenze nach unten § 1610 III BGB, wonach **mindestens** der für ein nichteheliches Kind der entsprechenden Altersstufe festgesetzte **Regelbedarf** als Bedarf des ehelichen Kindes gilt. § 1610 III BGB ändert nichts an den Voraussetzungen Bedürftigkeit und Leistungsfähigkeit, sondern befreit das eheliche Kind nur von der Darlegungs- und Beweislast zur Bedarfshöhe.[718] Nach Ansicht des BGH gibt es zwar keine allgemeingültige, feste Obergrenze (sog. **Sättigungsgrenze),** über die hinaus Barunterhalt für minderjährige Kinder nicht mehr in Betracht kommt, aber den Kindern muß auch nicht eine der Lebensführung und den überdurchschnittlich guten wirtschaftlichen Verhältnissen des Unterhaltspflichtigen entsprechende Lebensgestaltung ermöglicht werden.[719] Die Begrenzungsmöglichkeit wird wie folgt begründet: „Trotz der Verknüpfung mit den wirtschaftlichen Verhältnissen der Eltern oder eines Elternteils ist ihre Lebensstellung in erster Linie durch ihr „Kindsein" geprägt (vgl. Münch Komm/Köhler Rz 9 zu § 1610 BGB) ... Unterhaltsgewährung für Kinder bedeutet stets Befriedigung ihres gesamten – auch eines gehobenen – Lebensbedarfs (§ 1610 II BGB), nicht aber Teilhabe am Luxus. Auch in besten Verhältnissen lebend, schuldet der Verpflichtete nicht das, was das Kind wünscht, sondern was es braucht (vgl. Göppinger, Unterhaltsrecht,

---

715 BGH FamRZ 1981, 543, 545 = NJW 1981, 1559, 1560.

716 BGH FamRZ 1980, 994 = NJW 1980, 2306; BGH FamRZ 1984, 39, 40 = NJW 1984, 303, 304.

717 *Lohmann* S. 169.

718 *Schlüter* S. 155.

719 BGH FamRZ 1983, 473, 474 = NJW 1983, 1429.

4. Aufl., Rz 611).“ In der zitierten Entscheidung hat der BGH weiter ausgeführt, daß **in den Unterhaltssätzen der Düsseldorfer Tabelle bei minderjährigen Kindern,** die mit wenigstens einem Elternteil noch in familiärer Gemeinschaft leben, **die Kosten für Nahrung, Wohnung, Krankenvorsorge, Ferien, Pflege mussischer und sportlicher Interessen sowie Taschengeld enthalten** sind. Mit den Unterhaltsbedarfsbeträgen der Düsseldorfer Tabelle sind danach die durchschnittlichen Lebenshaltungskosten gedeckt. Solange sich Unterhaltsforderungen an diese Tabellensätze halten, ist der Bedarf im Rechtsstreit nicht näher zu konkretisieren. Erst, wenn der Berechtigte einen über den pauschalierten Betrag hinausgehenden erheblichen höheren Unterhaltsbedarf durchsetzen will, muß er substantiiert darlegen, worin dieser Bedarf besteht und welche Mittel zu seiner Deckung im einzelnen erforderlich sind.[720]

Zum Lebensbedarf im Sinne des § 1610 II BGB gehören auch die **Kosten einer angemessenen Berufsausbildung.** Die Berufsausbildung ist von dem Unterhaltspflichtigen unabhängig davon zu finanzieren, ob das Kind minderjährig oder volljährig ist. Die Grundsatzentscheidung des BGH vom 29. Juni 1977 versteht unter einer angemessenen Vorbildung zu einem Beruf eine Berufsausbildung, ,,die der Begabung und den Fähigkeiten, dem Leistungswillen und den beachtenswerten Neigungen des Kindes am besten entspricht, ohne daß es insoweit auf Beruf und gesellschaftliche Stellung der Eltern (Unterhaltspflichtigen) ankommt, und die sich hinsichtlich ihrer Finanzierung in den Grenzen der wirtschaftlichen Leistungsfähigkeit der Eltern hält.“[721]

Haben Eltern ihre Unterhaltspflicht, ihrem Kind eine angemessene Berufsausbildung zu gewähren, in rechter Weise erfüllt und hat das Kind hiernach den Abschluß einer Ausbildung erlangt, so sind sie grundsätzlich **nicht verpflichtet,** dem Kind danach noch **eine zweite Ausbildung zu finanzieren.**[722] **Ausnahmsweise** kann eine Verpflichtung der Eltern zur weiteren Ausbildungsfinanzierung angenommen werden,

- wenn sich aus gesundheitlichen Gründen die Notwendigkeit eines Berufswechsel herausstellt,
- wenn der zunächst erlernte Beruf aus Gründen, die bei Beginn der Ausbildung nicht vorhersehbar waren, keine ausreichende Lebensgrundlage bietet,
- wenn sich herausstellt, daß die erste Ausbildung auf einer deutlichen Fehleinschätzung der Begabung des Kindes beruhte,
- wenn das Kind von den Eltern in einen unbefriedigenden, seiner Begabung nicht hinreichend Rechnung tragenden Beruf gedrängt worden war,
- wenn die Weiterbildung von vornherein angestrebt war oder
- wenn während der ersten Ausbildung eine besondere, die Weiterbildung erfordernde Begabung des Auszubildenden deutlich geworden ist.[723]

---

[720] BGH FamRZ 1983, 473, 474 = NJW 1983, 1429.
[721] BGHZ 69, 190, 192 = FamRZ 1977, 629.
[722] BGHZ 69, 193.
[723] BGHZ 69, 194/195.

Der Anspruch auf Ausbildungsunterhalt ist jedoch mit der **Obliegenheit des Unterhaltsberechtigten** verbunden, seine Ausbildung mit dem gehörigen Fleiß und der gebotenen Zielstrebigkeit zu betreiben, damit er sie innerhalb angemessener und üblicher Dauer beenden kann.[724]

Die Tabellensätze für Kinder umfassen ebensowenig wie die Quoten beim Ehegattenunterhalt einen Sonderbedarf des Berechtigten. **Sonderbedarf** ist nach der Legaldefinition des § 1613 II 1 BGB „ein unregelmäßiger außergewöhnlich hoher Bedarf". **Unregelmäßig** ist der Bedarf, der nicht mit Wahrscheinlichkeit vorauszusehen war und deshalb bei der Bemessung der laufenden Unterhaltsrente nicht berücksichtigt werden konnte. Voraussehbare Aufwendungen gehören daher grundsätzlich zum laufenden Unterhalt. Der laufende Unterhalt muß so bemessen werden, daß sämtliche voraussehbaren Ausgaben abgedeckt werden und bei größeren voraussehbaren Aufwendungen Spielraum für eine Bedarfsplanung bleibt.[725]

Ob ein Bedarf **außergewöhnlich hoch** ist, richtet sich nach den Umständen des Einzelfalles, insbesondere nach der Höhe der laufenden Unterhaltsrente, den sonstigen Einkünften des Unterhaltsberechtigten, den wirtschaftlichen Verhältnissen der Beteiligten sowie Anlaß und Umfang der besonderen Aufwendung. Hier kommt es ausschlaggebend auf das Verhältnis der Aufwendung zu denjenigen Mitteln an, die dem Unterhaltsberechtigten für seinen laufenden Unterhalt zur Verfügung stehen. Macht eine Krankheitskostenrechnung z. B. 63% der dem Berechtigten monatlich zur Verfügung stehenden laufenden Mittel aus, so handelt es sich um einen außergewöhnlich hohen Bedarf, den er nicht allein bestreiten muß.[726]

Die Rechtsprechung ist beim Kindesunterhalt in der Beurteilung eines Bedarfs als Sonderbedarf sehr zurückhaltend. Zwar hat das OLG Hamm einen Sonderbedarf für die Säuglingserstausstattung bejaht.[727] Auch können die Kosten für Nachhilfestunden oder eine kieferorthopädische Behandlung nach der Ansicht des OLG Düsseldorf einen Sonderbedarf darstellen.[728] Die Beispiele für die Verneinung eines Sonderbedarfs sind jedoch in der Rechtsprechung viel häufiger, so bei Aufwendungen für Neueinrichtung eines Kinder- oder Jugendzimmers,[729] Konfirmation,[730] Behindertenfreizeit oder Behindertensonderunterricht,[731] Nachhilfestunden,[732] Aufenthalt in einem Schullandheim.[733] Die Ablehnung wird immer mit der Vorhersehbarkeit

---

724 BGH FamRZ 1984, 777, 778 = NJW 1984, 1961.
725 BGH FamRZ 1982, 145, 146 = NJW 1982, 328.
726 BGH FamRZ 1982, 145, 146 = NJW 1982, 328.
727 OLG Hamm, FamRZ 1980, 478.
728 OLG Düsseldorf FamRZ 1981, 75 und 76.
729 OLG Koblenz FamRZ 1982, 424.
730 OLG Düsseldorf FamRZ 1982, 1114; KG FamRZ 1987, 306; a. A. OLG Frankfurt FamRZ 1988, 100.
731 BGH FamRZ 1983, 689, 691.
732 OLG Frankfurt FamRZ 1983, 941.
733 OLG Düsseldorf DAVorm 1984, 485; a. A. betreffend Klassen-Auslandsfahrt AG Charlottenburg FamRZ 1987, 1075.

solcher Aufwendungen begründet. Das Argument dürfte in der Regel zutreffen. Auf der anderen Seite kann ich mich nicht erinnern, daß bei der Bemessung des laufenden Unterhalts für ein minderjähriges Kind solche Zusatzkosten geltend gemacht worden sind. Ich stimme daher *Kalthoener/Büttner*[734] zu, daß es nicht korrekt ist, bei der Bemessung des laufenden Unterhalts solche Aufwendungen als nicht hinreichend sicher unberücksichtigt zu lassen und einer späteren Sonderbedarfsklage entgegenzuhalten, die Ausgaben seien vorhersehbar gewesen. Die Konsequenz für den Rechtsanwalt des minderjährigen Unterhaltsberechtigten kann nur lauten: Solche Aufwendungen müssen rechtzeititg mit dem laufenden Unterhalt geltend gemacht werden. Bei Klassenfahrt und Konfirmation ist dies möglich, da der sorgeberechtigte Elternteil weiß oder sich erkundigen kann, in welcher Klasse eine Klassenfahrt durchgeführt wird, wann die Konfirmation stattfindet. Solche Ausgaben können daher schon 2–3 Jahre vor dem besonderen Ereignis geltend gemacht werden, hingegen kann ein Bedarf für Nachhilfestunden auch überraschend auftreten. Ein derartiger Fall spricht für die Anerkennung als Sonderbedarf.

Im folgenden sollen die beim Kindesunterhalt immer wiederkehrenden Probleme betreffend Zahl der Unterhaltsberechtigten, Kindergeldausgleich und Mangelfälle an Beispielen dargestellt werden.

(5) Regelproblem: Anzahl der Unterhaltsberechtigten

Hier sind vor allem die Anmerkungen A 1 der Düsseldorfer Tabelle zu beachten. Die Kindesunterhaltssätze dieser Tabelle gehen von drei Unterhaltsberechtigten (Ehefrau und zwei Kinder) aus. Bei einer größeren/geringeren Anzahl Unterhaltsberechtigter sind in der Regel Ab- oder Zuschläge durch Einstufung in die nächst niedrigere/höhere Gruppe vorzunehmen. Diese Regelbegrenzung gilt z. B. in den Oberlandesgerichtsbezirken Düsseldorf, Hamburg, Hamm und Köln nicht, wenn eine Unterhaltsverpflichtung nur gegenüber einem Kind besteht. Das OLG Frankfurt am Main beispielsweise hält auch in diesem Fall an der Regelbegrenzung fest.

Beispiel 1:
Der Vater mit einem bereinigten monatlichen Nettoeinkommen in Höhe von 2000,– DM ist nur einem ehelichen Kind im Alter von 8 Jahren unterhaltsverpflichtet. Im Bezirk des OLG Frankfurt am Main ist der Kindesunterhalt aus der nächst höheren Einkommensgruppe 3 2101,– DM bis 2400,– DM in der 2. Altersstufe mit 315,– DM abzulesen. Im Bereich des OLG Hamburg beispielsweise kann eine Höhergruppierung in die Einkommensgruppe 4 2400,– DM bis 2800,– DM in Betracht kommen. Dies ergibt in der zweiten Altersstufe einen Unterhaltssatz von 360,– DM. In jedem Fall ist der Kindergeldausgleich noch vorzunehmen.

Beispiel 2:
Der Ehemann und Vater hat sich von der Ehefrau und Mutter und den drei gemeinsamen Kindern im Alter von 3, 5 und 8 Jahren getrennt. Frau und Kinder sind einkommens- und vermögenslos. Der Mann verfügt über ein bereinigtes monatliches Nettoeinkommen in Höhe von 4100,– DM.

---

[734] *Kalthoener/Büttner,* Die Rechtsprechung zur Höhe des Unterhalts, 3. Auflage, Rn. 123.

Nach der Anmerkung B III der Düsseldorfer Tabelle wird der Ehegattenunterhalt nach Quoten bemessen, jedoch wird vorab der Kindesunterhalt (Tabellenbetrag ohne Abzug von Kindergeld) vom Nettoeinkommen des Verpflichteten abgezogen. Der Sachgrund für den Vorwegabzug des Kindesunterhalts wird aus § 1578 I 1 BGB hergeleitet. Die ehelichen Lebensverhältnisse sind durch diese Unterhaltsverpflichtung mit geprägt worden. Die Mittel für den Kindesunterhalt standen und stehen für die Verteilung unter den Ehegatten nicht zur Verfügung. Die **Vorwegabzugsmethode** ist nach der Auffassung des BGH im Regelfall nicht zu beanstanden, ,,wenn die sich daraus ergebende Verteilung der zum Unterhalt von Ehegatten und Kindern zur Verfügung stehenden Mittel nicht in einem Mißverhältnis zum wechselseitigen Lebensbedarf der Beteiligten steht.“[735] Mit anderen Worten: Im Mangelfall darf diese Berechnungsweise nicht angewendet werden. Der Vorwegabzug des Kindesunterhalts würde hier entgegen § 1609 BGB auf einen Vorrang hinauslaufen.

Im Beispielsfall ist der Unterhaltsverpflichtete nicht in die Einkommensgruppe 7 4000,– DM bis 4800,– DM, sondern in die nächst niedrigere Einkommensgruppe 6 3400,– DM bis 4000,– DM einzuordnen, da 4 Unterhaltsberechtigte (Ehefrau und 3 Kinder) vorhanden sind. Für das 8-jährige Kind sind 440,– DM und für die Kinder im Alter von 3 und 5 Jahren je 365,– DM Unterhalt monatlich abzulesen. Nach Abzug des Kinderunterhalts verbleiben 2930,– DM (4100,– DM minus 440,– DM minus 365,– DM minus 365,– DM). Von diesem Betrag kann die getrenntlebende Ehefrau nach § 1361 BGB und B I 1 a der Düsseldorfer Tabelle eine Quote von 3/7 = rund 1265,– DM Unterhalt monatlich beanspruchen. Im Bereich des OLG Frankfurt am Main beispielsweise würde sich bei einer Quote von 2/5 der monatliche Unterhaltsanspruch der Frau auf 1172,,– DM belaufen. Auch in diesem Beispielsfall muß der Kindergeldausgleich noch durchgeführt werden.

(6) Regelproblem: Kindergeldausgleich

Kindergeld dient der Entlastung der Eltern. Es wird aber für jedes Kind nur einer Person Kindergeld gewährt (§ 3 I BKGG). § 3 III BKGG lautet: ,,Erfüllen für ein Kind Vater und Mutter die Anspruchsvoraussetzungen, so wird das Kindergeld demjenigen gewährt, den sie zum Berechtigten bestimmen. Solange sie diese Bestimmung nicht getroffen haben, wird das Kindergeld demjenigen gewährt, der das Kind überwiegend unterhält; es wird jedoch der Mutter gewährt, wenn ihr die Sorge für die Person des Kindes allein zusteht.“ Wird dem betreuenden Elternteil oder kraft Bestimmung dem nicht betreuenden barunterhaltspflichtigen Elternteil das Kindergeld ausgezahlt, so muß ein Ausgleich unter den Eltern stattfinden. Bei einem minderjährigen unverheirateten Kind folgt aus der Gleichwertigkeit von Naturalunterhalt und Barunterhalt, daß ihnen im allgemeinen das Kindergeld je zur Hälfte zusteht. Damit ist über die Auswirkungen des Kindergeldbezuges auf den Kindesunterhalt noch nichts gesagt. Eine analoge Anwendung des

---

[735] BGH FamRZ 1981, 241, 242 = NJW 1981, 753; vgl. aber BGH FamRZ 1987, 456, 459 = NJW 1987, 1551: kein Vorwegabzug, wenn der Verpflichtete den Unterhalt für ein Kind aus einer späteren Ehe zu entrichten hat.

§ 1615g BGB auf das Unterhaltsrecht der ehelichen Kinder, in dem eine solche Bestimmung fehlt, lehnt der BGH ab, „weil es sich bei den Unterhaltsleistungen gegenüber den ehelichen Kindern dem Grundsatz nach um individuell zu bemessenden Unterhalt handelt und nicht um schematischen Regelunterhalt (BGHZ 70, 151, 154 = FamRZ 1978, 177, 178)."[736]

Die Praxis erledigt den Kindergeldausgleich der Eltern im Wege einer entsprechenden Bemessung des Kindesunterhalts aufgrund folgender Überlegungen mit: Wenn der Sorgeberechtigte das Kindergeld bezieht und das Geld dem Kind tatsächlich zugute kommt, dann wird er dem Kind die Hälfte als Anteil des barunterhaltspflichtigen Elternteils am Kindergeld zukommen lassen. Daraus ergibt sich eine Minderung des Unterhaltsbedarfs des Kindes und demgemäß seines Barunterhaltsanspruchs gegen den anderen Elternteil in Höhe des hälftigen Kindergeldes.[737] Das Kindergeld wird also in diesen Fällen zur Hälfte auf den Barunterhaltsanspruch des Kindes angerechnet.

Wird das Kindergeld an den barunterhaltsverpflichteten Elternteil ausgezahlt, so hat dieser Elternteil die Hälfte des Kindergeldes (den Anteil, der dem betreuenden Elternteil zuzurechnen ist) zusätzlich zum Barunterhalt für das Kind zu zahlen. Der Barunterhaltsanspruch des Kindes erhöht sich also in diesen Fällen um das hälftige Kindergeld. Das Kind kann den Anspruch auf das anteilige Kindergeld, der dem betreuenden Elternteil zusteht, im Wege der Prozeßstandschaft oder aufgrund einer Abtretung, ohne daß § 181 BGB dem entgegenstände, mit einklagen.[738]

Wird Kindergeld für mehrere gemeinsame Kinder bezogen, so ist nach § 12 IV BKGG die Summe aller Kindergeldbeträge gleichmäßig auf die Kinder zu verteilen.[739] Dies gilt nicht, wenn ein nicht gemeinschaftliches Kind als Zählkind die Kinderzahl vergrößert und sich dadurch das auf jedes gemeinsame Kind entfallende Kindergeld erhöht (sog. Zählkindvorteil). Soweit einem Ehegatten wegen der Berücksichtigung eines weiteren, nicht gemeinschaftlichen Kindes ein Zählkindvorteil erwächst, ist dieser Vorteil dem Kindergeld für die gemeinsamen Kinder nicht hinzuzurechnen und damit auch nicht in den Kindergeldausgleich einzubeziehen. Denn der Zählkindvorteil kommt im Verhältnis zu dem anderen Ehegatten allein demjenigen Elternteil zugute, der eine zusätzliche Unterhaltslast für ein nicht gemeinschaftliches Kind hat. Es ist daher in solchen Fällen von dem fiktiven Kindergeldbetrag auszugehen, den der Empfangsberechtigte ohne Berücksichtigung des nicht gemeinschaftlichen Kindes beziehen würde.[740]

Die Kindergeldbeträge sind in den letzten Jahren wiederholt geändert worden, wie sich aus nachstehender Übersicht ergibt.

---

[736] BGH FamRZ 1981, 26, 27 = NJW 1981, 170.
[737] Wie FN 735.
[738] BGH FamRZ 1982, 887, 889 = NJW 1982, 1983.
[739] BGH FamRZ 1981, 541 = NJW 1981, 2462.
[740] BGH FamRZ 1984, 1000 = NJW 1984, 2694.

Kindergeld-Übersicht (in DM-Beträgen monatlich)

	1. Kind	2. Kind	3. Kind	jedes weitere Kind
01. 01. 1979–30. 06. 1979	50	80	200	200
01. 07. 1979–31. 01. 1981	50	100	200	200
01. 02. 1981–31. 12. 1981	50	120	240	240
01. 01. 1982–31. 12. 1982	50	100	220	240
ab 01. 01. 1983	50	100–70*	220–140*	240–140*

* einkommensabhängig

Seit 1. Januar 1983 wird das Kindergeld für das 2. Kind und jedes weitere Kind stufenweise bis auf einen Sockelbetrag von 70,– DM für das 2. Kind, 140,– DM für jedes weitere Kind gemindert, wenn das Jahreseinkommen des Berechtigten und seines nicht dauernd von ihm getrenntlebenden Ehegatten den in § 10 II BKGG näher beschriebenen Freibetrag übersteigt.[741] Kinder über 16 Jahre werden nicht berücksichtigt, wenn ihr monatliches Einkommen die in § 2 II und IV BKGG genannten Grenzen überschreitet.

Wenn im Beispielsfall 2 die Mutter das Kindergeld für die 3 Kinder bezieht, dann erhält sie insgesamt 370,– DM Kindergeld (50,– DM plus 100,– DM plus 220,– DM). Auf jedes Kind entfallen 123,33 DM (370,– DM : 3). Die Hälfte davon = 61,67 DM sind auf den Unterhaltsanspruch jedes Kindes anzurechnen, so daß ihre Ansprüche endgültig wie folgt zu beziffern sind: Für das 8-jährige Kind 440,– DM minus 61,67 DM = 378,33 DM und für die Kinder im Alter von 3 und 5 Jahren 365,– DM minus 61,67 DM = je 303,33 DM monatlich. Wird das Kindergeld dem barunterhaltsverpflichteten Vater ausgezahlt, so hat er für jedes Kind 61,67 DM Kindergeldanteil zusätzlich zu den genannten monatlichen Unterhaltsbeträgen in Höhe von DM 440,– DM bzw. 365,– DM zu zahlen.

Ein Kinderzuschuß, den ein Elternteil oder Stiefelternteil aus den gesetzlichen Rentenversicherungen erhält, ist in der Regel in Höhe des nach § 8 I BKGG verdrängten Kindergeldbetrages anteilig auf den vom barunterhaltsverpflichteten Elternteil zu zahlenden Unterhalt anzurechnen.[742]

Die kinderbezogenen Anteile des beamtenrechtlichen Ortszuschlages sind nicht in den Kindergeldausgleich einzubeziehen, sondern als Einkommen des im Beamtenverhältnis stehenden Elternteils zu behandeln.[743]

---

[741] Siehe zu Umfang und Dauer des Kindergeldanspruchs z. B. *Oberloskamp/Altehoefer/Rogowski,* Finanzielle Vorteile für Eltern und andere Erziehende, Beck-Rechtsberater im dtv, Bd. 5259, 1987, § 3 III.

[742] BGH FamRZ 1981, 28 = NJW 1981, 172.

[743] BGH FamRZ 1984, 374, 376 = NJW 1984, 1458.

(7) Regelproblem: Mangelfälle

Ein Mangelfall ist gegeben, wenn das bereinigte Nettoeinkommen zur Deckung des notwendigen Bedarfs des Unterhaltsverpflichteten und der **gleichrangigen** Unterhaltsberechtigten nicht ausreicht. In einem solchen Fall ist nach der Praxis der meisten Oberlandesgerichte die nach Abzug des notwendigen Eigenbedarfs (Selbstbehalt) des Verpflichteten verbleibende Verteilungsmasse in Verhältnis zu setzen zu der sich aus den Mindestbedarfssätzen der Berechtigten (beim Kindesunterhalt je nach Altersstufe die Bedarfsbeträge 288,– DM, 276,– DM und 327,– DM und beim Ehegattenunterhalt die Sätze nach B V der Düsseldorfer Tabelle oder den einschlägigen Richtlinien) ergebende Bedarfssumme. Mit diesem Verhältniswert, auch Quote genannt, sind die Mindestbedarfssätze der Berechtigten zu reduzieren.[743a]

Als **Beispiel 3** wird hier das offizielle Beispiel der Düsseldorfer Tabelle gebracht:

Bereinigtes monatliches Nettoeinkommen des erwerbstätigen Verpflichteten	2000,— DM
abzüglich notwendiger Eigenbedarf	990,— DM
Verteilungsmasse	1010,— DM.

Monatliche Mindestbedarfssätze der einkommens- und vermögenslosen Berechtigten:

Frau	910,— DM
1. Kind, 8 Jahre alt	276,— DM
2. Kind, 5 Jahre alt	228,— DM
Bedarfssumme	1414,— DM.

Das Verhältnis der Verteilungsmasse zur Bedarfssumme ergibt eine Quote von 71,43% (1010,– DM : 1414,– DM). Die Mindestbedarfssätze der Berechtigten sind danach wie folgt zu kürzen:

Frau 910,– DM × 71,43% =	gerundet 650,— DM
1. Kind 276,– DM × 71,43% =	gerundet 197,— DM
2. Kind 228,– DM × 71,43% =	gerundet 163,— DM
zusammen	1010,— DM.

743a Vgl. insbesondere *Büttner,* Zur Mangelverteilung im Unterhaltsrecht, NJW 1987, 1855 ff, S. 1859 auch gegen die Methode des BGH. Nach BGH FamRZ 1983, 678, 679 f = NJW 1983, 1733, 1734 geht es in der 1. Berechnungsstufe nur um die Ermittlung des vollen Unterhaltsbedarfs aller Beteiligten; ergibt sich danach, daß die Einkommens- und Vermögensverhältnisse des Unterhaltsverpflichteten nicht ausreichen, um die Ansprüche aller Unterhaltsberechtigten voll zu erfüllen, so müssen in der 2. Berechnungsstufe Kürzungen unter Billigkeitsgesichtspunkten durchgeführt werden. Nach ständiger BGH-Rechtsprechung bietet das Gesetz für die Annahme eines von den ehelichen Lebensverhältnissen unabhängigen generellen Mindestbedarfs auf Seiten des unterhaltsberechtigten Ehegatten keine Grundlage, so BGH FamRZ 1984, 356, 357 = NJW 1984, 1537; FamRZ 1987, 266, 267 = NJW 1987, 897; FamRZ 1987, 689, 691 = NJW 1987, 3129. Dies spricht jedoch nicht gegen die Mangelfallpraxis der Oberlandesgerichte, weil nach hier vertretener Ansicht das Gesetz den echten Mangelfall zwischen dem Verpflichteten und den gleichrangigen Berechtigten sowie unter diesen Berechtigten selbst überhaupt nicht regelt. Die zur Lösung eines Mangelfalles notwendigen Eckwerte (Selbstbehaltsätze und Mindestbedarfsbeträge) hat der Gesetzgeber bisher nicht festgelegt. Die Gerichte handeln hier wieder als „Ersatzgesetzgeber“.

Welcher Mindestbedarf ist beim Kinderunterhalt jetzt noch offen?

1. Kind 276,– DM minus 197,– DM =		79,— DM
2. Kind 228,– DM minus 163,– DM =		65,— DM
mithin noch offen	insgesamt	144,— DM.

Nach C der Düsseldorfer Tabelle ist das Kindergeld bis zur Deckung des Mindestbedarfs in die Verteilungsmasse einzubeziehen. Wenn die Mutter das Kindergeld in Höhe von insgesamt 150,– DM (50,– DM plus 100,– DM) bezieht, dann entfallen auf jedes Kind 75,– DM und der Kindergeldanteil des Unterhaltsverpflichteten würde sich auf 37,50,– DM je Kind belaufen. Ein Kindergeldausgleich zugunsten des Unterhaltsverpflichteten findet jedoch nicht statt, weil der noch ungedeckte Mindestbedarf jedes Kindes den Kindergeldanteil des Verpflichteten übersteigt.

Anders sieht die Rechnung z. B. des OLG Frankfurt am Main aus, das nach der Scheidung der Ehegatten den Selbstbehalt des Mannes gegenüber der geschiedenen Frau mit 1300,– DM und den Selbstbehalt des Vaters gegenüber den minderjährigen Kindern mit 950,– DM ansetzt. Hier ist eine zweistufige Berechnungsweise erforderlich.[744]

Berechnungsstufe 1

Bereinigtes monatliches Nettoeinkommen des Verpflichteten	2000,— DM
abzüglich Selbstbehalt	1300,— DM
Verteilungsmasse I	700,— DM.

Monatliche Mindestbeträge der einkommens- und vermögenslosen Berechtigten:

Frau	950,— DM
1. Kind, 8 Jahre alt	276,— DM
2. Kind, 5 Jahre alt	228,— DM
Bedarfssumme I	1454,— DM.

Quote für die 1. Berechnungsstufe:
48,14% (700,– DM : 1454,– DM).
Reduktion der Mindestbeträge in der 1. Stufe

Frau 950,– DM × 48,14% =	gerundet 457,— DM
1. Kind 276,– DM × 48,14% =	gerundet 133,— DM
2. Kind 228,– DM × 48,14% =	gerundet 110,— DM
zusammen	700,— DM.

Die Berechnung des Ehegattenunterhalts ist endgültig. Der Kinderunterhalt ist aber nur vorläufig berechnet, da der Selbstbehalt des Vaters gegenüber den minderjährigen Kindern nur 950,– DM beträgt und in der 2. Berechnungsstufe die Differenz zwischen dem großen Selbstbehalt von 1300,– DM und dem kleinen Selbstbehalt von 950,– DM = 350,– DM verteilt werden kann.

Berechnungsstufe 2

Verteilungsmasse II	350,— DM.

Welcher Mindestbedarf ist beim Kinderunterhalt noch ungedeckt?

1. Kind 276,– DM minus 133,– DM	143,— DM
2. Kind 228,– DM minus 110,– DM	118,— DM
Bedarfssumme II	261,— DM.

744 Darstellung der zweistufigen Berechnungsweise bei *Weychardt,* DAVorm 1984, 261/262.

Da die Verteilungsmasse II größer ist als die Bedarfssumme II, erhalten die Kinder ihre vollen Mindestbedarfssätze. Wird der Mutter das Kindergeld in Höhe von insgesamt 150,– DM ausgezahlt, so beträgt der hälftige Kindergeldanteil des Vaters 75,– DM. Um das hälftige Kindergeld sind die Unterhaltsansprüche der Kinder zu kürzen, so daß sich für das 1. Kind 276,– DM minus 37.50 DM = 238,50 DM und für das 2. Kind 228,– DM minus 37,50 DM = 190,50 DM Unterhalt monatlich errechnen.

Eine Gegenüberstellung der Ergebnisse (ohne und mit Kindergeld) ergibt folgendes Bild:

Erläuterungen	Düsseldorf		Frankfurt	
Bereinigtes Nettoeinkommen des Verpflichteten V		2000		2000
abzüglich Unterhalt				
Frau	650		457	
1. Kind	197		276	
2. Kind	163		228	
Summe für die Berechtigten	1010	1010	961	961
verbleiben für V		990		1039
zuzüglich Kindergeld (ausgleich)	150	0	75	75
insgesamt für V		990		1114
insgesamt für Frau und Kinder	1160		1036	

Diese Ergebnisse sprechen gegen einen gespaltenen Selbstbehalt zumindest in den Fällen, in denen der nicht erwerbstätige Elternteil (meistens die Mutter) gemeinschaftliche minderjährige Kinder betreut. Es ist Aufgabe des Rechtsanwalts, immer wieder die Akzeptabilität solcher Ergebnisse in Frage zu stellen, eine Angemessenheitskontrolle anzumahnen und auf alternative Lösungswege hinzuweisen. Hier bieten sich zum Beispiel an die Ausdifferenzierung des Selbstbehalts gegenüber Ehegatten mit minderjährigen Kindern[744a] oder die Kürzung aus Billigkeitsgründen gemäß § 1581 BGB bis auf den notwendigen Selbstbehalt.[744b]

bb) Unterhaltsansprüche volljähriger Kinder

Hier werden nur noch die Besonderheiten gegenüber dem Minderjährigenunterhalt dargestellt.

[744a] So z. B. Unterhaltsrechtliche Leitlinien des OLG München, FamRZ 1988, 28, 30 unter IV. 1.

[744b] So auch *Büttner,* NJW 1987, 1855, 1558.

(1) Bedürftigkeit

Volljährige Kinder beanspruchen vor allem Ausbildungsunterhalt, immer häufiger Unterhalt wegen Arbeitslosigkeit, selten wegen dauernder Erwerbsunfähigkeit infolge Behinderung oder Krankheit.

Ausbildungsunterhaltsleistungen sind zweckgebunden und werden daher nur insoweit geschuldet, als sie für eine angemessene Vorbildung zu einem Beruf erforderlich sind. Ein „Bummelstudium" muß nicht finanziert werden. Der Student, der nachhaltig seine Obliegenheit zu einem pflichtbewußten und zielstrebigen Studium verletzt, verliert seinen Ausbildungsunterhaltsanspruch und muß seinen Lebensbedarf durch Erwerbstätigkeit selbst verdienen. Den unterhaltsverpflichteten Eltern steht nach § 242 BGB das Recht zu, die bestimmungsgemäße Verwendung des Ausbildungsunterhalts zu kontrollieren, z. B die Vorlage von Zeugnissen zu verlangen.[745]

An die Unterhaltsbedürftigkeit eines volljährigen Kindes, das sich nicht in der Ausbildung befindet, sind strenge Anforderungen zu stellen. Ein Volljähriger ist zunächst ausschließlich für sich selbst verantwortlich. Er ist nach Abschluß seiner Ausbildung verpflichtet, jede Arbeit – auch berufsfremde Tätigkeiten und Arbeiten unterhalb seiner gewohnten Lebensstellung – anzunehmen. Für die Obliegenheit eines gesunden volljährigen Kindes zur Nutzung seiner Arbeitskraft gelten ähnliche Maßstäbe wie für den barunterhaltspflichtigen Elternteil im Verhältnis zu dem minderjährigen Kind.[746] Der erwachsene Unterhaltsgläubiger muß daher intensive Bemühungen um eine Beschäftigung jedweder Art unter Beweisantritt darlegen. Erst danach kommt eine Inanspruchnahme der Eltern in Betracht.

Während der Zeit der Ableistung des Zivildienstes oder des Wehrdienstes besteht in der Regel keine Bedürftigkeit.[747]

(2) Leistungsfähigkeit

Die erweiterte Unterhaltsverpflichtung der Eltern nach § 1603 II 1 BGB ist weggefallen. Vielmehr besteht jetzt, wie beschrieben, eine gesteigerte Erwerbsobliegenheit des volljährigen Kindes, ehe es seine Eltern auf Unterhalt in Anspruch nehmen kann. Den Hausmann trifft eine Obliegenheit, von der Wahl der Hausmannrolle abzusehen und stattdessen erwerbstätig zu sein, oder zumindest eine Obliegenheit zur Nebentätigkeit nicht mehr, weil das volljährige Kind aus der früheren Ehe nach § 1609 BGB den Mitgliedern der neuen Familie des Vaters unterhaltsrechtlich im Range nachsteht.[748] An diesem Nachrang scheitern häufig die Ansprüche volljähriger Kinder.[749]

---

745 BGH FamRZ 1987, 470; 471, 472 = NJW 1987, 1557.

746 BGHZ 93, 123 = FamRZ 1985, 273, 274 = NJW 1985, 806; BGH FamRZ 1985, 1245, 1246; OLG Frankfurt FamRZ 1987, 408; OLG Hamm FamRZ 1987, 411.

747 OLG Hamburg FamRZ 1987, 409; OLG Stuttgart FamRZ 1987, 409; OLG Hamm FamRZ 1987, 1071; OLG Bamberg FamRZ 1987, 1071 ff.

748 BGH FamRZ 1987, 472, 473 = NJW 1987, 1549.

749 Vgl. z. B. OLG Hamm FamRZ 1987, 193 und 410.

(3) Maß des Unterhalts

Unterhaltsrechtlich entscheidend ist, ob der Auszubildende, insbesondere der Student bereits wirtschaftlich selbständig oder auch nach Eintritt der Volljährigkeit für seinen Lebensunterhalt auf die ihm von seinen Eltern zur Verfügung gestellten Mittel angewiesen ist. Im letzteren Fall handelt es sich um eine von den Eltern abgeleitete Lebensstellung. Richtet sich die nach § 1610 I BGB maßgebende Lebensstellung auch des volljährigen Kindes während der Ausbildungszeit noch nach den wirtschaftlichen Verhältnissen der Eltern, so kann bei überdurchschnittlichen Einkommens- und Vermögensverhältnissen der Eltern eine Begrenzung des Bedarfs des Auszubildenden nach oben gerechtfertigt sein. Unterhaltsgewährung für Kinder vermögender Eltern bedeutet Befriedigung ihres gesamten – auch eines gehobenen – Bedarfs, jedoch nicht Teilhabe am Luxus.[750] So haben z. B. Kammergericht und BGH bei einem steuerpflichtigen Jahreseinkommen des Vaters von über 665000,– DM den monatlichen Unterhaltsbedarf der studierenden Tochter mit eigenem Haushalt auf 1700,– DM bemessen.[751]

Bei den von der Düsseldorfer Tabelle erfaßten Einkommensgruppen gilt folgendes: Wohnt der Volljährige bei einem Elternteil und ist nur der andere barunterhaltspflichtig, so ist der Unterhaltsbedarfsbetrag nach dem bereinigten Nettoeinkommen des Pflichtigen unter Berücksichtigung der Anzahl der Unterhaltsberechtigten aus der Düsseldorfer Tabelle abzulesen und ein Zuschlag in Höhe der Differenz zwischen der 2. und 3. Altersstufe der jeweiligen Gruppe vorzunehmen (Düsseldorfer Tabelle Anm. A 7).

Lebt das volljährige Kind im Haushalt der Eltern oder eines Elternteils und sind beide Eltern barunterhaltspflichtig, so ist sein Unterhaltsbedarf nach der Düsseldorfer Tabelle aus dem zusammengerechneten bereinigten Nettoeinkommen der Eltern wie vor beschrieben zu bestimmen. Die Haftungsanteile sind erst nach dem Abzug der für den angemessenen eigenen Unterhalt erforderlichen Beträge (sogenannter Sockelabzug) – in der Regel für jeden Elternteil 1300,– DM – nach dem Verhältnis der verbleibenden Mittel zu berechnen, wodurch Teilschulden begründet werden (§ 1606 III 1 BGB).[752]

Formeln:

$$\text{Haftungsanteil Vater} = \frac{(\text{Nettoeinkommen Vater} - 1300,\!-\ \text{DM}) \times \text{Bedarf Kind}}{(\text{Gesamtnettoeinkommen Vater} + \text{Mutter} - 2600,\!-\ \text{DM})}$$

$$\text{Haftungsanteil Mutter} = \frac{(\text{Nettoeinkommen Mutter} - 1300,\!-\ \text{DM}) \times \text{Bedarf Kind}}{(\text{Gesamtnettoeinkommen Mutter} + \text{Vater} - 2600,\!-\ \text{DM})}$$

Stellt sich bei der Angemessenheitskontrolle des so gewonnenen Ergebnisses heraus, daß der Haftungsanteil eines Elternteils den Unterhaltsbetrag über-

---

[750] BGH FamRZ 1987, 58, 60.

[751] BGH FamRZ 1987, 58, 60.

[752] BGH FamRZ 1986, 151 und 153; OLG München FamRZ 1986, 133; OLG Frankfurt FamRZ 1987, 190; Düsseldorfer Leitlinien FamRZ 1987, 1113ff = NJW 1988, 120ff Nrn. 20, 21. Zur wechselseitigen Auskunftspflicht der Elternteile vgl. BGH FamRZ 1988, 268ff.

schreitet, den er nach der Düsseldorfer Tabelle als alleiniger Barunterhaltspflichtiger aufgrund seines bereinigten Nettoeinkommens zu zahlen hätte, so ist das Ergebnis auf diesen Betrag zurückzuführen.[753]

Berechnungsbeispiel:
Das volljährige Kind wohnt bei der Mutter, die über ein monatliches bereinigtes Nettoeinkommen von 1600,– DM verfügt. Das bereinigte Nettoeinkommen des Vaters beträgt 2000,– DM.

Berechnung des Unterhaltsbedarfs des Volljährigen:

1600,– DM plus 2000,– DM = 3600,– DM, also Einkommensgruppe 6, aber Einstufung in die Einkommensgruppe 8 wegen unterdurchschnittlicher Unterhaltslast (Düsseldorfer Tabelle A 1: Die Regelbegrenzung durch die nächst höhere Gruppe gilt nicht, wenn eine Unterhaltsverpflichtung nur gegenüber einem Kind besteht) mit einem Bedarfsbetrag von 685,– DM zuzüglich 105,– DM Volljährigenzuschlag = 790,– DM Unterhaltsbedarf.

Berechnung der Haftungsanteile der Eltern:

$$\text{Haftungsanteil Vater: } \frac{(2000 - 1300) \times 790}{(2000 + 1600 - 2600)} = \frac{700 \times 790}{1000} = 553,\text{– DM}$$

$$\text{Haftungsanteil Mutter: } \frac{(1600 - 1300) \times 790}{(1600 + 2000 - 2600)} = \frac{300 \times 790}{1000} = 237,\text{– DM}$$

Angemessenheitskontrolle

Vater 2000,– DM, also Einkommensgruppe 2, aber Einstufung in die Einkommensgruppe 4 wegen unterdurchschnittlicher Unterhaltslast mit einem Bedarfsbetrag von 425,– DM zuzüglich 65,– DM Volljährigenzuschlag = 490,– DM Unterhaltsbedarf. Auf diesen Betrag muß daher der Unterhaltsanspruch des volljährigen Kindes gegen den Vater reduziert werden. Wäre die Mutter allein barunterhaltspflichtig, so ist auf den ersten Blick zu sehen, daß sie mehr als den errechneten Haftungsanteil zahlen müßte. Bei ihr ist daher keine Korrektur erforderlich.

Die vom BGH gebilligte Methode des Vorwegabzugs von Sockelbeträgen trägt bei der Quotenbildung der Tatsache Rechnung, daß für den Unterhalt des volljährigen Kindes nur der Betrag zur Verfügung steht, der den angemessenen Eigenbedarf der Eltern übersteigt.[754] Die Sockelabzugsmethode vermeidet, daß der die Eigenbedarfsgrenze übersteigende Einkommensteil bei dem wirtschaftlich schwächeren Elternteil im Verhältnis zu dem Besserverdienenden unverhältnismäßig in Anspruch genommen wird.[755] Denn ohne den Vorwegabzug für den Eigenbedarf würde sich der Haftungsanteil jedes Elternteils nach dem Verhältnis seines Nettoeinkommens zum Gesamtnettoeinkommen bestimmen. Im Beispielsfall ergäben sich folgende Haftungsanteile:

---

753 OLG Frankfurt FamRZ 1987, 190, 191; Düsseldorfer Leitlinien (FN 752) Nr. 21; Münchner Leitlinien FamRZ 1988, 28, 29 unter II. 2.

754 OLG Frankfurt FamRZ 1987, 190, 191.

755 BGH FamRZ 1986, 153, 154.

$$\text{Haftungsanteil Vater: } \frac{2000 \times 790}{3600} = 438{,}88 \text{ DM}$$

$$\text{Haftungsanteil Mutter: } \frac{1600 \times 790}{3600} = 351{,}12 \text{ DM.}$$

Die geringer verdienende Mutter wäre also unverhältnismäßig belastet, sogar ihr Selbstbehalt berührt. Der Unterhaltsanspruch des volljährigen Kindes gegen die Mutter müßte schon deswegen auf 300,– DM begrenzt werden.

Der angemessene Gesamtunterhaltsbedarf eines Studierenden, der nicht bei seinen Eltern oder einem Elternteil wohnt, wurde in der Düsseldorfer Tabelle (Anm. A 8), der die meisten Oberlandesgerichte gefolgt sind, bisher pauschal mit monatlich 800,– DM angenommen. Dieser Satz wurde auch für ein Kind mit eigenem Haushalt angesetzt. Da sich aber die nach § 1610 I BGB maßgebliche Lebensstellung auch des volljährigen Kindes während des Studiums noch nach den wirtschaftlichen Verhältnissen der Eltern richten muß,[756] erscheint es bedenklich, an der Pauschalierung festzuhalten.

Erzielt das volljährige Kind eigene Einkünfte, z. B. Ausbildungsvergütung, lebt es auch nach Einritt der Volljährigkeit bei der nicht erwerbstätigen Mutter, die weiter Naturalleistungen erbringt, muß ihr die Ausbildungsvergütung nach der Ansicht des BGH auch weiterhin zu einem Teil zugute kommen. Der BGH führt dazu aus:[757] ,,Daß die Regelung des § 1606 III 2 BGB den Unterhalt minderjähriger unverheirateter Kinder betrifft, schließt nicht aus, im Einzelfall auch in den ersten Jahren nach Eintritt der Volljährigkeit eines Kindes jedenfalls bei Verhältnissen, wie sie hier gegeben sind, weiterhin von der Gleichwertigkeit des Barunterhalts und der Betreuungsleistungen auszugehen, etwa wenn und solange sich der Barbedarf gegenüber den üblichen Werten für minderjährige Kinder nicht wesentlich erhöht.“

Ist aber auch die Mutter barunterhaltspflichtig und ergibt sich nach den addierten Nettoeinkommen beider Elternteile ein höherer Bedarfsbetrag, so wird von diesem Betrag das bereinigte Nettoeinkommen des volljährigen Kindes voll abgezogen. Weiter ist das Kindergeld, das dem volljährigen Kind tatsächlich zugewendet wird, voll auf seinen Barunterhaltsbedarf anzurechnen. Entgegen den Zweifeln des BGH kann nach der Gerichtserfahrung festgestellt werden, daß das Kindergeld dem volljährigen Kind regelmäßig zufließt.[758] Hinsichtlich des verbleibenden Restbedarfs sind nach Abzug der für den eigenen Unterhalt erforderlichen Sockelbeträge die Haftungsquoten nach dem rechnerischen Verhältnis der verbleibenden Mittel zu ermitteln.[759]

(4) Bestimmungsrecht der Eltern

§ 1612 II 1 BGB, wonach Eltern, die einem unverheirateten Kind Unterhalt zu gewähren haben, bestimmen können, in welcher Art und für welche Zeit

---

[756] BGH FamRZ 1987, 58, 60.
[757] BGH FamRZ 1981, 541, 543 = NJW 1981, 2462.
[758] BGH FamRZ 1986, 151, 152; OLG Frankfurt FamRZ 1987, 190, 191.
[759] *Weychardt* DAVorm 1987, 166.

im voraus Unterhalt gewährt werden soll, gilt auch gegenüber einem volljährigen Kind.[760] Die Bestimmung, ein Gestaltungsrecht, kann gegebenenfalls auch durch schlüssiges Verhalten erfolgen.[761] Das Bestimmungsrecht erlaubt es den Eltern, statt Zahlung einer häufig besonders belastenden Geldrente Unterhalt durch Wohnung, Kost und Taschengeld (sog. Naturalunterhalt) zu leisten.[762] Es dient der wirtschaftlichen Entlastung der unterhaltsverpflichteten Eltern und ist Ausdruck der Rücksichtnahmepflicht des unterhaltsberechtigten volljährigen Kindes.[763] Haben sich Eltern für die Gewährung von Naturalunterhalt entschieden, so ist die Bestimmung nur wirksam, wenn sie tatsächlich oder rechtlich durchführbar ist.[764] Tatsächlich undurchführbar ist eine Unterhaltsbestimmung, wenn Verpflegung und Wohnung für das Kind nicht mehr erreichbar sind, etwa weil der Elternteil, der nach einer Vereinbarung der Eltern den Naturalunterhalt leisten soll, sich einseitig von einer derartigen Vereinbarung löst. Der grundsätzlich bestehende Anspruch auf Zahlung einer Geldrente nach § 1612 I 1 BGB lebt in diesem Fall wieder auf.[765] Rechtliche Undurchführbarkeit ist gegeben, wenn eine Unterhaltsbestimmung mit der Aufenthaltsbestimmung durch den Gebrechlichkeitspfleger eines geschäftsunfähigen volljährigen Kindes kollidiert.[766]

Bei intakter Ehe üben die Eltern das Bestimmungsrecht gemeinsam aus. Leben die Eltern eines volljährigen Kindes getrennt oder sind sie geschieden, so ist streitig, wem das Bestimmungsrecht zusteht.[767] Der BGH hat entschieden, daß dieses Recht im Regelfall dem Elternteil zuzubilligen ist, der von dem volljährigen Kind auf Unterhalt in Anspruch genommen wird. Ob dies auch gilt, wenn die einseitige Bestimmung durch einen Elternteil schutzwürdige Belange des anderen Elternteils berührt, hat die Entscheidung offengelassen.[768] Zu denken ist zum Beispiel an den Fall, in dem das Kind während der Minderjährigkeit bei der sorgeberechtigten Mutter gelebt hat und auch nach Eintritt der Volljährigkeit dort wohnen bleibt. Hier könnte ein einseitiges Bestimmungsrecht des Vaters langjährige Bindungen des Kindes und der Mutter zerstören.

Eine wirksame elterliche Bestimmung ist für das Prozeßgericht im Unterhaltsrechtstreit bindend, solange sie nicht gem. § 1612 II 2 BGB auf Antrag des Kindes durch das Vormundschaftsgericht geändert worden ist. Das volljährige Kind kann bei wirksamer elterlicher Bestimmung keinen Barunterhalt verlangen. Nimmt es den Unterhalt in der bestimmten Art nicht an, so kann es auch weder ein Taschengeld noch eine Geldrente in Höhe der Beträge beanspruchen, die die Eltern oder der bestimmende Elternteil durch die

---

760 BGH FamRZ 1981, 250, 251 = NJW 1981, 574.
761 BGH FamRZ 1983, 369 = NJW 1983, 2198.
762 BGH FamRZ 1984, 37, 39 = NJW 1984, 305.
763 *Gernhuber* § 42 III 1.
764 BGH FamRZ 1981, 250, 251 = NJW 1981, 574; FamRZ 1988, 386.
765 BGH FamRZ 1985, 584, 585 = NJW 1985, 1339.
766 BGH FamRZ 1985, 917, 918 = NJW 1985, 2590.
767 *Schlüter* S. 156 mit Nachweisen; *Thierschmann* S. 160–166 mit Nachweisen.
768 BGH FamRZ 1984, 37, 39 = NJW 1984, 305. Gegen ein einseitiges Bestimmungsrecht in einem solchen Fall OLG Hamm FamRZ 1987, 1298.

Ablehnung des Naturalunterhalts erspart haben.[769] Die wirksam getroffene Bestimmung muß auch der Träger der Ausbildungsförderung, der selbst kein Antragsrecht nach § 1612 II 2 BGB hat, gegen sich gelten lassen.[770]

(5) Möglichkeiten der Haftungsreduktion

Eine Beschränkung oder ein Wegfall der Unterhaltsverpflichtung der Eltern gegenüber dem volljährigen Kind kommt nach § 1611 I BGB in Betracht,

- wenn der Unterhaltsberechtigte durch sein sittliches Verschulden, z. B. Arbeitsscheu, Verschwendung, Trunksucht, bedürftig geworden ist,
- wenn er seine eigene Unterhaltspflicht gegenüber dem Unterhaltspflichtigen gröblich vernachlässigt hat,
- wenn er sich vorsätzlich einer schweren Verfehlung gegen den Unterhaltspflichtigen oder einen nahen Angehörigen des Unterhaltspflichtigen schuldig gemacht hat.

§ 1611 II BGB steht einer mit dem Erreichen der Volljährigkeit nach § 1611 I BGB möglichen Unterhaltskürzung wegen solcher Handlungen entgegen, die der Unterhaltsgläubiger zuvor als Minderjähriger begangen hat.[770a]

Die Rechtsprechung zu dieser haftungsbeschränkenden Norm ist bisher für die Rechtsverteidigung des Unterhaltsverpflichteten wenig ergiebig. Argumentationshilfen kann der Anwalt des Verpflichteten in der Entscheidung des BGH vom 6. Dezember 1984 finden.[771]

cc) Der familienrechtliche Ausgleichsanspruch

Der familienrechtliche Ausgleichsanspruch ergibt sich aus der gemeinsamen Unterhaltspflicht der Eltern und der Notwendigkeit, die Unterhaltslast im Innenverhältnis zwischen ihnen entsprechend ihrem Leistungsvermögen gerecht zu verteilen. Der Anspruch setzt voraus, daß der Unterhalt leistende Elternteil mit seiner Leistung eine im Innenverhältnis der Eheleute zueinander dem anderen Elternteil obliegende Verpflichtung gegenüber dem Kind erfüllt haben muß.[772] Der leistende Elternteil muß den Willen haben, die fremde Schuld zu tilgen und dies auch zum Ausdruck bringen. Eine Entlastung des unterhaltsverpflichteten Elternteils tritt nämlich nicht ein, wenn der leistende Elternteil nur das unterhaltsberechtigte Kind selbst unterstützen will.[773] Der Anspruch setzt neben einer gewollten Leistung anstelle des an sich verpflichteten Elternteils weiter voraus, daß der Elternteil zu der Zeit, als er die Unterhaltsleistungen erbrachte, die Absicht gehabt hat, von dem anderen Elternteil Ersatz zu verlangen.[774] Auf den Ausgleichsanspruch, der

---

[769] BGH FamRZ 1980, 250, 252, 253 = NJW 1980, 574.
[770] BGH FamRZ 1980, 250, 252, 253 = NJW 1980, 574.
[770a] BGH FamRZ 1988, 159, 163
[771] BGH FamRZ 1985, 273, 275f. = NJW 1985, 806.
[772] BGH FamRZ 1981, 761, 762 = NJW 1981, 2348.
[773] BGH FamRZ 1985, 584, 585 = NJW 1985, 1339.
[774] BGH FamRZ 1984, 775, 776, 777 = NJW 1984, 2158.

seiner Rechtsnatur nach ein Erstattungsanspruch ist, ist § 1613 BGB entsprechend anzuwenden (Gedanke des Schuldnerschutzes). Auch ein Erstattungsanspruch aus Geschäftsführung ohne Auftrag oder ungerechtfertigter Bereicherung besteht für die Vergangenheit nur in den Grenzen des § 1613 I BGB.[775] Aus den dargelegten Anspruchsvoraussetzungen folgt, daß einem Elternteil, der eine ihm durch rechtskräftige Entscheidung auferlegte Unterhaltsverpflichtung gegenüber einem ehelichen Kind erfüllt, kein familienrechtlicher Ausgleichsanspruch zusteht.[776]

f) Verfahrensrechtliche Fragen

Die im Unterhaltsrechtsstreit bei der Abfassung des Eingangs- oder Erwiderungsschriftsatzes zu beachtenden Punkte sind aus dem nachstehenden **Schriftsatzkontrollbogen** zu ersehen.

Schriftsatzkontrollfragen	Merkpunkte
Bei welchem Gericht (Zuständigkeitsfrage)	Sachl. Zuständigkeit (Familiengericht oder allg. Zivilgericht), örtl. Zuständigkeit (Eheprozeßgericht oder Gerichtsstand nach allg. Vorschriften).
kann wer von wem (Rubrumsfrage)	Parteien mit vollständigen Namen und ladungsfähigen Anschriften identitätssicher bezeichnen (bei minderjährigen Kindern gesetzliche Vertretung, Prozeßstandschaft beachten).
durch mich als zugelassenen Rechtsanwalt (Zulassungsfrage)	Kein Anwaltszwang in selbständigen erstinstanzlichen Unterhaltssachen; Anwaltszwang in Folgesachen Kindesunterhalt, Ehegattenunterhalt.
in welchem Verfahren (Verfahrensfrage)	Klageverfahren (Leistungsklage, Abänderungsklage, Vollstreckungsgegenklage, neg. Feststellungsklage) oder Eilverfahren (während der Ehesache einstweilige Anordnung, davor oder danach einstweilige Verfügung)?

[775] BGH FamRZ 1985, 584, 585 = NJW 1985, 1339.
[776] BGH FamRZ 1983, 369 = NJW 1983, 2198.

Schriftsatzkontrollfragen	Merkpunkte
was (Antragsfrage)	Regel: Bestimmten Antrag stellen (Bestimmtheitstest: Vollstreckungsfähiger Inhalt?), Ausnahme: Stufenklage.
nach welchem Recht (IPR-Frage)	Deutsches oder ausländisches Recht anzuwenden?
woraus (Anspruchsfrage)	Angabe der Anspruchsgrundlage bzw. des Rechtsgrundes der begehrten Gestaltung/Feststellung.
mit welcher tatsächlichen (Tatsachenfrage)	Substantiierter Tatsachenvortrag mit bestimmten Beweisangeboten; Darlegungs- und Beweislast bedenken.
und rechtlichen Begründung (Rechtsfrage)	Rechtsansichten bringen, soweit zur Interessenwahrnehmung notwendig oder zweckmäßig.
und mit welchen Folgen (Risikofrage)	Folgen/Risiken minimieren durch a) realistische Risikoeinschätzung, evtl. nach Auskunftserteilung, b) Inverzugsetzung des Gegners, c) PKV-Antrag, falls PKV realisierbar, d) PKH-Antrag.
verlangen oder nicht verlangen?	Rechtsverteidigung muß auf Angriff Punkt für Punkt erwidern.
RA Unterschrift nicht vergessen!	

Im einzelnen ist folgendes zu merken:

aa) Zuständigkeitsfrage

Bereits bei den allgemeinen Voraussetzungen ist dargestellt, daß nicht alle Unterhaltssachen Familiensachen sind. Die Einordnung als **Familiensache oder Nichtfamiliensache** ist für die Bestimmung der sachlichen – besser: funktionellen – Zuständigkeit von Bedeutung. Wird anstelle des zuständigen Familiengerichts die allgemeine Zivilprozeßabteilung des Amtsgerichts angerufen oder umgekehrt, so kommt es innerhalb desselben Gerichts zu Abgaben – § 281 ZPO ist insoweit nicht anwendbar[776a] – oder, wenn das Amts-

[776a] BGHZ 71, 264 = FamRZ 1978, 582 = NJW 1978, 1531.

gericht keine Abteilung für Familiensachen hat, bei rechtshängigen Sachen zu Verweisungen an das zuständige Gericht. Durch Abgaben oder Verweisungen verzögert sich das Verfahren. Der Anwalt kann sich schadensersatzspflichtig machen, wenn die Partei durch sein Verschulden Unterhalt verliert oder verspätet erhält.

Die **örtliche Zuständigkeit** hängt davon ab, ob eine Ehesache, die dieselbe Familie betrifft, anhängig ist oder nicht. Während der Anhängigkeit einer Ehesache ist das Familiengericht ausschließlich örtlich zuständig, bei dem die Ehesache im 1. Rechtszug noch anhängig ist oder, wenn sie sich jetzt in einer höheren Instanz befindet, das die Ehesache entschieden hat (§ 621 II 1 ZPO). Ist eine Ehesache nicht anhängig, zurückgenommen oder rechtskräftig beendet, so richtet sich die örtliche Zuständigkeit des Familiengerichts nach den allgemeinen Vorschriften (§ 621 II 2 ZPO). Dies wird in der Regel das für den Wohnsitz des Beklagten zuständige Familiengericht sein (§ 13 ZPO). Wenn der Beklagte im Inland keinen Wohnsitz hat, dann ist das Familiengericht zuständig, bei dem der Kläger im Inland seinen Wohnsitz hat (§ 23a ZPO). Ein Kind, das beide Eltern auf Unterhalt verklagt, kann zwischen dem Gerichtsstand des Vaters oder der Mutter wählen (§ 35a ZPO).

Besteht hinsichtlich der örtlichen Zuständigkeit eines Gerichts auch nur der geringste Zweifel, so muß der Rechtsanwalt in dem von der Hans-Soldan-Stiftung herausgegebenen Ortsverzeichnis für die Bundesrepublik Deutschland einschließlich West-Berlin das örtlich zuständige Gericht heraussuchen. In diesem Ortsverzeichnis sind alle Gemeinden mit Postleitzahlen und dem jeweils zuständigen Amtsgericht unter Angabe des zuständigen Familiengerichts aufgeführt.

Im Fall des § 621 II 2 ZPO kann die örtliche Zuständigkeit eines kraft Gesetzes nicht zuständigen Familiengerichts durch Vereinbarung oder rügelose Einlassung des Beklagten begründet werden (§§ 38 II, III, 39, 40 II ZPO).[777]

Unberührt von den Regelungen des § 621 II, III ZPO bleiben Vollstrekkungsgegenklagen in Familiensachen. Für sie ist das Prozeßgericht des 1. Rechtszuges ausschließlich zuständig (§§ 767 I, 802 ZPO), wenn keine Regelung für den Fall der Scheidung begehrt wird.[778]

bb) Rubrumsfrage

Die genaue Bezeichnung der Parteien ist nach §§ 253 II Nr. 1, IV i. V. m. § 130 Nr. 1 ZPO erforderlich.[778a] Damit das Gericht die Klageschrift an den richtigen Beklagten zustellen kann, muß der Gegner identitätssicher angegeben werden. Der Rechtsanwalt muß daher vor dem Diktat auch folgende Überlegungen anstellen: Wer ist der richtige Kläger, der richtige Beklagte? Unter welchen Anschriften sind die Parteien zu laden (erforderlichenfalls muß beim Einwohnermeldeamt angefragt werden)? Wird die klagende/beklagte Partei gesetzlich vertreten oder besteht gesetzliche Prozeßstandschaft?

---

777 *Zöllner/Philippi* § 621 Rn 89.

778 BGH FamRZ 1980, 346.

778a Andernfalls ist die Klage unzulässig vgl. BGH FamRZ 1988, 382, 383.

Gem. §§ 1629 III 1 BGB kann bei Getrenntleben der Eltern oder Anhängigkeit einer Ehesache zwischen ihnen der Elternteil, in dessen Obhut sich das Kind befindet oder dem die Personensorge nach § 1672 BGB vorläufig oder endgültig übertragen ist,[779] Unterhaltsansprüche des Kindes gegen den anderen Elternteil nur im eigenen Namen geltend machen. Es handelt sich um einen **Fall gesetzlicher Prozeßstandschaft.** Prozeßstandschaft bedeutet die prozessuale Geltendmachung fremder Rechte im eigenen Namen. Der Zweck der Vorschrift wird darin gesehen, das minderjährige Kind in Krisenzeiten aus der gerichtlichen Parteirolle gegenüber einem Elternteil herauszuhalten.[780] Im Rubrum ist daher nur der Prozeßstandschafter aufzuführen. Im Antrag ist Unterhalt für das Kind zu verlangen und im Begründungseingang kurz deutlich zu machen, daß und warum in Prozeßstandschaft geklagt wird.[780a] Die von einem Elternteil als Prozeßstandschafter erwirkte gerichtliche Entscheidung wirkt für und gegen das Kind (§ 1629 III 2 BGB), sog. Rechtskrafterstreckung. Auch ein zwischen den Eltern geschlossener gerichtlicher Vergleich wirkt für und gegen das Kind. Nach rechtskräftigem Abschluß des Scheidungsverfahrens gilt aufgrund der dann vorliegenden Sorgerechtsentscheidung wieder gesetzliche Vertretung (§§ 1671, 1629 I 1 BGB).

Unsicherheiten bestehen immer wieder in der **Beurteilung der vor dem 1. Juli 1977** nach altem Familien- und Prozeßrecht von den Ehescheidungsparteien auch im Interesse und eventuell zugunsten der Kinder **abgeschlossenen Prozeßvergleiche.** Die höchstrichterliche Rechtsprechung zu dieser Frage läßt sich wie folgt zusammenfassen:[781] Die Ausgestaltung einer derartigen Unterhaltsvereinbarung als echter Vertrag zugunsten der Kinder setzt den Willen der Eltern voraus, den im Vergleich bedachten Kindern ein eigenes Forderungsrecht einzuräumen. Ein solcher Wille läßt sich dem Wortlaut eines Vergleichs, in dem sich ein Elternteil monatlich zur Zahlung eines bestimmten Unterhaltsbetrages für den anderen Elternteil selbst und eines weiteren Unterhaltsbetrages für das bei diesem lebende Kind verpflichtet, nicht ohne weiteres entnehmen. In der Regel ist daher kein echter Vertrag zugunsten Dritter anzunehmen, so daß die Kinder selbst mangels eines eigenen Vollstreckungstitels daraus nicht vollstrecken können. Aber selbst als echte Verträge zugunsten Dritter können die Vereinbarungen der Eltern nur Wirkung zugunsten der Kinder entfalten, nicht jedoch gegen sie wirken, da der Abschluß von Verträgen zu Lasten Dritter nicht möglich ist. Diese Vergleiche können die gesetzlichen Unterhaltsansprüche der Kinder weder er-

---

[779] *Göppinger/Wax* Rz. 3014; *Palandt/Diederichsen* § 1629 Anm. 7.

[780] BT-Drucks. 7/650 S. 176; 10/4514 S. 23.

[780a] Wird das Kind während des von einem Elternteil gemäß § 1629 III BGB geführten Verfahrens volljährig, so entfällt dessen Prozeßführungsbefugnis. Das volljährig gewordenen Kind tritt selbst in den Rechtsstreit ein. Ihm steht jetzt die verfahrensrechtliche Disposition zu, ob und wie der Unterhaltsrechtsstreit fortgesetzt wird. Vgl. BGH FamRZ 1983, 474, 475 = NJW 1983, 2084, 2085; FamRZ 1985, 471, 473. Der bisherige Prozeßstandschafter muß den Rechtsstreit insoweit für erledigt erklären.

[781] BGH FamRZ 1980, 342, 343; BGH FamRZ 1982, 587.

schöpfend regeln noch begrenzen. Da die **Kinder** durch die alten Vergleiche nicht gebunden sind, können sie ihre eigenen Unterhaltsansprüche mit einer sog. **Erstklage (Leistungsklage)** verfolgen. Eine Abänderungsklage der Kinder gegen den barunterhaltspflichtigen Elternteil ist nicht möglich. Eine Abänderungsklage kann nur von den Parteien erhoben werden, in deren Rechtsstreit der gerichtliche Vergleich geschlossen worden ist. Außer den Parteien des Vorprozesses und deren Rechtsnachfolgern können auch Dritte in Betracht kommen, die an dem Prozeßvergleich durch Beitritt beteiligt waren.[782]

Nicht risikolos ist es für den die Klageschrift fertigenden Rechtsanwalt, im Rubrum den Anwalt, mit dem er in der Unterhaltssache vorgerichtlich korrespondiert hat, als Prozeßbevollmächtigten des Beklagten zu bezeichnen. Auf diese Angabe hin erfolgt in der Regel die Zustellung an den so bezeichneten Anwalt. Besteht jedoch keine Prozeßvollmacht, so wird die Wirkung des § 176 ZPO nicht ausgelöst. Durch Anzeige des Prozeßgegners an das Gericht wird ein **Prozeßbevollmächtigter** allenfalls dann **im Sinne des § 176 ZPO „bestellt"**, wenn die vertretene Partei oder ihr Vertreter dem Prozeßgegner zuvor vom Bestehen einer Prozeßvollmacht Kenntnis gegeben haben.[783] Der Klägeranwalt sollte nur unter dieser Voraussetzung seinen Korrespondenzgegner als Prozeßbevollmächtigten des Beklagten in das Rubrum aufnehmen. Für jeden Anwalt empfiehlt es sich daher, in der Vorkorrespondenz das Bestehen einer Prozeßvollmacht alsbald mitzuteilen. Diese Mitteilung liegt im Anwaltsinteresse und im Interesse des Mandanten. Ist die Mitteilung unterblieben, so wird an die Partei zugestellt. Die Fristen laufen. Nicht selten geht Zeit dadurch verloren, daß die beklagte Partei glaubt, die Klageschrift sei auch dem Anwalt zugestellt worden und der werde das Erforderliche schon veranlassen. Noch schlechter für den Rechtsanwalt ist es, wenn die Partei sich anders besinnt und mit der Prozeßführung einen anderen Anwalt beauftragt.

cc) Zulassungsfrage

Aus § 78 II Nr. 1 ZPO ergibt sich, daß in Ehe- und Folgesachen, also auch in den Folgesachen Kindesunterhalt und Ehegattenunterhalt, in allen Rechtszügen **Anwaltszwang** besteht. Hingegen besteht in den selbständigen erstinstanzlichen Familiensachen des § 621 Nrn. 4 und 5 ZPO kein Anwaltszwang (§ 78 II Nr. 2 ZPO). Der Anwalt kann also in diesen Familiensachen vor jedem Familiengericht in der Bundesrepublik Deutschland auftreten.

dd) Verfahrensfragen

Die Entscheidung, ob eine Unterhaltssache in einem ordentlichen Klageverfahren oder in einem summarischen Eilverfahren betrieben werden soll, hängt in erster Linie von der Eilbedürftigkeit der Sache ab und ist sodann

---

782 BGH FamRZ 1982, 587, 588; LG Düsseldorf, DAVorm 1975, 177, 178; LG Saarbrücken NJW 1969, 435.

783 BGH MDR 1981, 126; *Baumbach/Hartmann* ZPO § 176 Anm. 2 B b.

von Zweckmäßigkeitsüberlegungen bestimmt. Die Eilverfahren werden im 4. Teil behandelt. Hier sind die wichtigsten Grundzüge der wichtigsten Klagearten in Unterhaltssachen darzustellen.

(1) Die Leistungsklage

Jede streitige Unterhaltssache beginnt eventuell nach einem Eilverfahren mit einer Leistungsklage, der sog. Erstklage, mit der erstmals ein Unterhaltstitel im ordentlichen Verfahren erwirkt werden soll. § 258 ZPO läßt bei wiederkehrenden Leistungen auch wegen der erst nach Erlaß des Urteils fällig werdenden Leistungen Klagen auf künftige Entrichtung zu. Dadurch soll bei Wiederkehrschuldverhältnissen eine Vielzahl von Prozessen vermieden werden. Der auf Unterhaltsleistungen angewiesene Gläubiger hat bei einem Unterhaltsanspruch, der dem Grunde und der Höhe nach entstanden ist und voraussichtlich auch in Zukunft immer wieder entstehen wird, ein Interesse daran, bei Ausbleiben der Leistungen sogleich vollstrecken zu können und nicht erst mit Eintritt der Fälligkeit auf die wiederkehrenden Leistungen klagen zu müssen.[784] Die Leistungsklage kommt auch in der Form der Stufenklage vor (§ 254 ZPO). Bei ihr werden mehrere Ansprüche – Auskunftsanspruch, eventuell Versicherungsanspruch, Zahlungsanspruch – verbunden und stufenweise verfolgt, um den der Höhe nach entgegen § 253 II Nr. 2 ZPO noch nicht bestimmbaren Zahlungsanspruch vorzubereiten und durchzusetzen. Der Zahlungsantrag wird bereits mit der Erhebung der Stufenklage rechtshängig.[785]

(2) Die Abänderungsklage

Das Gesetz erlaubt in § 258 ZPO aus Zweckmäßigkeitsgründen die Verurteilung zu künftig fällig werdenden wiederkehrenden Leistungen. Dabei wird vorausgesetzt, daß die maßgebenden Umstände so bleiben, wie sie im Urteil aufgrund der Prognose des Richters über die künftige Entwicklung angenommen worden sind. Weicht die tatsächliche Entwicklung von der Prognose des früheren Urteils wesentlich ab, so muß es aus Gründen der materiellen Gerechtigkeit für die betroffene Partei eine Korrekturmöglichkeit geben. Diesem **Zweck** dient die Abänderungsklage (§ 323 ZPO).[786] Mit dieser prozessualen Gestaltungsklage kann auf eine „entsprechende Abänderung des Urteils" für die Zukunft geklagt werden, also auf Erhöhung oder Herabsetzung, zeitliche Verlängerung oder Begrenzung, sogar auf Wegfall des zugesprochenen Betrages.[787]

Bevor der Rechtsanwalt Abänderungsklage erhebt, muß er sich über das **Verhältnis dieser Klageart zu anderen Rechtsbehelfen** im klaren sein.

So kann der Berufungsbeklagte nicht zwischen Abänderungsklage und **unselbständiger Anschlußberufung** wählen, sondern muß unselbständige An-

---

[784] *Zöller/Stephan* § 258 Rn. 1.

[785] *Baumbach/Hartmann* § 254 Anm. 2b mit Rechtsprechungsnachweisen.

[786] BGHZ 96, 205, 207; *Blomeyer* ZPR 2. Aufl. S. 462; *Zöller/Vollkommer* § 323 Rn. 1, 2.

[787] *Rosenberg/Schwab,* § 159 II.

schlußberufung einlegen.[788] Gegen ein Versäumnisurteil ist die Abänderungsklage nur zulässig, wenn eine **Einspruchsmöglichkeit** nicht mehr besteht und die Abänderungsgründe nach dem Ablauf der Einspruchsfrist entstanden sind.[789]

Das **Abgrenzungskriterium zur Vollstreckungsgegenklage** (§ 767 ZPO) sieht der BGH darin, daß die Berücksichtigung des Einflusses der stets wandelbaren wirtschaftlichen Verhältnisse auf die Unterhaltspflicht unter dem Gesichtspunkt des Wegfalls der Geschäftsgrundlage Bedeutung erlangt und nur im Wege einer Klage aus § 323 ZPO geltend gemacht werden kann.[790] Da beide Klagen aber in der Praxis nur schwer voneinander abgrenzbar sind, läßt der BGH eine hilfsweise Verbindung unter den Voraussetzungen des § 260 ZPO zu.[791] *Blomeyer* grenzt die beiden Klagen dadurch voneinander ab, daß er als Änderungsgrund der Abänderungsklage den Irrtum des Gerichts in der Prognose der künftigen Entwicklung der Verhältnisse der Parteien (Unterhaltsbedürftigkeit, Leistungsfähigkeit) benennt, während die Vollstreckungsgegenklage nur für Änderungsgründe gelten soll, die das Gericht nicht vorherzusehen hatte, wie z. B. Erfüllung, Stundung, Verzicht.[792]

Große Schwierigkeiten hat der Praxis in den letzten Jahren die **Abgrenzung der Abänderungsklage von der Leistungsklage** bereitet. Die Tendenz des BGH, den Anwendungsbereich der Abänderungsklage einzuengen und sich von den Bindungen des § 323 ZPO freizumachen, ist nicht zu übersehen. Eine Leistungsklage (sog. **Zusatzklage**) ist in den Fällen zu erheben, in denen im Vorprozeß nur ein Teilunterhaltsanspruch geltend gemacht worden ist. Da Unterhalt regelmäßig in voller Höhe eingeklagt wird, spricht die Vermutung gegen eine Teilklage. Für die Annahme einer Teilklage wird gefordert, daß der Kläger entweder ausdrücklich einen Teilanspruch geltend macht oder sich wenigstens erkennbar eine Nachforderung vorbehält. Hat ein Ehegatte seinen vollen Unterhalt eingeklagt, ohne dabei Vorsorgeunterhalt zu beanspruchen, so fehlt es an der ausdrücklichen Erklärung oder dem erkennbaren Vorbehalt. Der Vorsorgeunterhalt kann daher nachträglich nicht mit einer Leistungsklage, sondern nur mit einer Abänderungsklage nach § 323 ZPO geltend gemacht werden.[793]

Eine **Teilklage** erhebt, wer Unterhalt über einen freiwillig gezahlten Betrag hinaus beantragt. Hier ist hinreichend deutlich erkennbar, daß der Kläger

---

788 BGHZ 96, 205, 209 = FamRZ 1986, 43 = NJW 1986, 383; dazu *Hoppenz*, Zum Verhältnis von Rechtsmittelverfahren und Abänderungsklage, FamRZ 1986, 226 ff.

789 BGH FamRZ 1982, 792, 793 = NJW 1982, 1821.

790 BGHZ 70, 151, 157 = FamRZ 1978, 177, 179; BGHZ 83, 278 = FamRZ 1984, 470, 471 = NJW 1984, 2826; BGH FamRZ 1986, 794, 795 = NJW 1986, 2047, 2048. Verwendet der Unterhaltsgläubiger den durch Urteil zugesprochenen Vorsorge- oder Ausbildungsunterhalt nicht bestimmungsgemäß, so kann der Unterhaltsschuldner dies unter dem Gesichtspunkt der Fehlprognose des Gerichts nur mit der Abänderungsklage geltend machen, vgl. BGH FamRZ 1987, 684, 688 = NJW 1987, 2229.

791 BGH FamRZ 1979, 573, 575 mit Anm. *Baumgärtel* FamRZ 1979, 791 f.

792 *Blomeyer* ZPR 2. Aufl. S. 465.

793 BGHZ 94, 145 = FamRZ 1985, 690 = NJW 1985, 1701.

nur den beantragten Spitzenbetrag tituliert haben will und nicht den freiwillig gezahlten Grundbetrag. Das auf diesen Antrag ergehende Unterhaltsurteil stellt den Unterhaltsanspruch nur in Höhe des titulierten Teiles rechtskräftig fest.[794] Die **Nachteile** dieses prozessualen Vorgehens **überwiegen** die Kostenvorteile erheblich. Die Rechtskraftwirkung des zusprechenden Urteils ist nach herrschender Meinung geringer als diejenige eines Urteils, das den gesamten Unterhaltsanspruch tituliert. Ist der Unterhaltsschuldner z. B. verurteilt worden, der Gläubigerin über den monatlich freiwillig gezahlten Betrag von 500,– DM hinaus eine Unterhaltsrente in Höhe von 300,– DM monatlich zu zahlen, so kann er das Urteil dadurch unterlaufen, daß er weiterhin nur den bisher freiwillig gezahlten Betrag von 500,– DM leistet und zugleich ausdrücklich erklärt, die Leistung erfolge in Höhe von 300,– DM gem. § 366 I BGB auf den titulierten Anspruch.[795] Auf den Weg der Einschränkung der freiwilligen Zahlung verweist die Rechtsprechung den Unterhaltsschuldner aus unserem Beispiel, wenn er behauptet, die Unterhaltsgläubigerin sei nicht mehr in Höhe von 800,– DM, sondern nur noch in Höhe von 400,– DM monatlich bedürftig. Abänderungsklage kann er erst erheben, wenn er geltend machen will, daß der insgesamt geschuldete Unterhalt nur noch 200,– DM monatlich beträgt, also der titulierte Betrag berührt wird.[796] Der Anwalt muß daher im Interesse des Unterhaltsberechtigten **darauf achten, daß stets der volle Unterhaltsanspruch tituliert** wird. Ein Rechtsschutzinteresse besteht auch bezüglich der Titulierung freiwilliger Zahlungen. Um aber der Kostenfolge des § 93 ZPO zu entgehen, muß der Unterhaltsverpflichtete vor Klageerhebung aufgefordert werden, eine vollstreckbare Urkunde zu errichten.[797]

Urteile, die eine Unterhaltsrente über freiwillig gezahlte Beträge hinaus zusprechen, entscheiden also über Teilklagen. Die Titulierungslücke, die im Umfang des freiwillig gezahlten Grundbetrages besteht, kann daher nur durch eine Leistungsklage geschlossen werden. Eine Abänderungsklage kommt auch dann nicht in Betracht, wenn der Unterhaltsgläubiger mehr Unterhalt geltend macht als die Summe des bisher freiwillig gezahlten Grundbetrages und des bereits titulierten Spitzenbetrages.[798]

Eine neue Leistungsklage muß auch erhoben werden, wenn eine **frühere Leistungsklage** wegen seinerzeit fehlender Bedürftigkeit des Unterhaltbegehrenden **abgewiesen** worden ist, der nunmehr bedürftig ist.[799] Eine Abänderungsklage ist nicht gegeben, weil es an der in § 323 I ZPO vorausgesetzten „Verurteilung" fehlt.[800] Ist aber ein titulierter Unterhaltsanspruch des

---

794 BGHZ 93, 330, 335 = FamRZ 1985, 371, 372 = NJW 1985, 1340.

795 *Göppinger/Wax* Rz. 3095.

796 BGH FamRZ 1985, 582 = NJW 1985, 1343.

797 *Göppinger/Wax* Rz. 3047, 3095, 3144; *Kemper,* Zum „Unterhalts-Titulierungsanspruch" in der Rechtsprechung seit 1970, DAVorm 1987, 467ff; vgl. auch OLG Düsseldorf FamRZ 1987, 1280.

798 BGHZ 93, 337 = FamRZ 1985, 373 = NJW 1985, 1342.

799 BGHZ 82, 246 = FamRZ 1982, 259.

800 *Blomeyer* ZPR 2. Aufl. S. 463.

Gläubigers auf Abänderungsklage des Schuldners in Wegfall gekommen und will der Gläubiger jetzt erneut Unterhalt einklagen, so muß er eine neue Abänderungsklage erheben.[801] Denn das erste Abänderungsurteil beruht auf einer Prognose der künftigen Entwicklung. Weicht die spätere Entwicklung von dieser Vorausschau ab, liegt also ein Prognoseirrtum des Gerichts vor, so muß das Gericht in dem neuen Abänderungsverfahren eine neue Prognose über die künftige Entwicklung aufstellen.

Da der Getrenntlebendenunterhalt nicht mit dem Geschiedenenunterhalt identisch ist, muß der **Anspruch auf nachehelichen Unterhalt** ebenfalls mit einer neuen Leistungsklage geltend gemacht werden.[802] Sie ist, falls keine Einigung über den nachehelichen Unterhalt erzielt werden kann, rechtzeitig im Verbund als Folgesache Ehegattenunterhalt anhängig zu machen.

Teilklagen, abgewiesene Erstklagen und Klagen auf nachehelichen Unterhalt sind also im Wege der Leistungsklage zu verfolgen. Die **Umdeutung** eines Abänderungsbegehrens in eine Leistungsklage ist möglich, wenn die vorgebrachten klagebegründenden Tatsachen der Verfolgung des Unterhaltsbegehrens im Wege der Leistungsklage gerecht werden.[803] Das muß auch für die Umdeutung einer Leistungsklage in eine Abänderungsklage gelten, wenn das Klagevorbringen die Voraussetzungen erfüllt, die an die Begründung der Abänderungsklage nach § 323 ZPO gestellt werden.[804]

Der **Kläger** einer Abänderungsklage **muß vortragen:**[805]

- Es besteht ein abzuänderndes, nicht notwendig rechtskräftiges Urteil.
- Die Streitgegenstände des Vorprozesses und der Abänderungsklage sind identisch.
- Die Parteien des Abänderungsverfahrens sind diejenigen, zwischen denen die abzuändernde Entscheidung ergangen ist oder auf die sich die Rechtskraft erstreckt bzw. deren Rechtsnachfolger.
- Nach Schluß der mündlichen Verhandlung des Vorprozesses ist eine wesentliche Änderung der seinerzeit maßgebenden Verhältnisse eingetreten. Wesentlich in diesem Sinne ist eine Änderung der Verhältnisse dann, wenn sie nach Maßgabe des materiellen Rechts zu einer anderen Beurteilung des Bestehens, der Höhe oder der Dauer des Anspruchs führt, und zwar in nicht unerheblicher Weise.[806]

Was kann mit der Abänderungsklage erreicht werden?

Sie ermöglicht nach der Rechtsprechung des BGH[807] weder eine freie, von der bisherigen Höhe unabhängige Neufestsetzung des Unterhalts noch eine abweichende Beurteilung der unverändert gebliebenen Verhältnisse. Viel-

---

801 BGH FamRZ 1985, 376 = NJW 1985, 1345.
802 BGH FamRZ 1981, 242 = NJW 1981, 978.
803 BGH FamRZ 1986, 661, 662.
804 BGH FamRZ 1985, 376, 377, 378 = NJW 1985, 1345.
805 *Zöller/Vollkommer* § 323 Rn. 24–31.
806 BGH FamRZ 1987, 456, 457.
807 BGHZ 78, 136 = FamRZ 1980, 771 = NJW 1980, 2081; BGH FamRZ 1985, 580, 582 = NJW 1985, 2535.

mehr kann die Abänderungsentscheidung nur in einer unter Wahrung der Grundlagen des abzuändernden Urteils vorzunehmenden **Anpassung** des Unterhalts an die veränderten Verhältnisse bestehen. In der Klagebegründung ist daher auf folgende Fragen einzugehen: Welche Verhältnisse waren für die ausgeurteilte Unterhaltsleistung maßgebend? Welche wesentliche Änderung dieser Verhältnisse ist eingetreten? Welche Folgerungen ergeben sich daraus unter Berücksichtigung der gesamten neuen Verhältnisse für die Unterhaltsbemessung?

Ist die Unterhaltsrente z. B. im wesentlichen an veränderte Einkommensverhältnisse anzupassen, so bedeutet Wahrung der Grundlagen der abzuändernden Entscheidung nicht zwangsläufig eine schematische prozentuale Abänderung. Wenn der abzuändernde Rentenbetrag seinerzeit den angemessenen Unterhalt des Unterhaltsberechtigten decken sollte, dann gilt es, dieses Kriterium der Angemessenheit auf die veränderten Einkommensverhältnisse zu übertragen. Dies wird aus Gründen der Kontinuität häufig eine Übernahme der bisherigen Verteilungsquote für die Neufestsetzung zur Folge haben, kann aber auch zu einer Modifizierung der Quote führen.

An Unterhaltsrichtlinien ist das Gericht im Abänderungsverfahren nicht gebunden.[808] Ebensowenig besteht eine Bindung an eine im abzuändernden Urteil zugrunde gelegte Unterhaltsquote, wenn in diesem keine bindende Feststellung über die Bestimmung der ehelichen Lebensverhältnisse der Parteien getroffen worden ist.[809]

Ein Unterhaltsgläubiger, der im Vorprozeß einen hinter dem vollen Unterhalt zurückbleibenden Rentenbetrag geltend gemacht – ohne damit nur eine Teilklage zu erheben – und zugesprochen erhalten hat, ist daran im Abänderungsverfahren aus Gründen der Billigkeit nicht gebunden. Er muß jedoch, wenn er den vollen Unterhalt verlangen will, abwarten, bis die Voraussetzungen für die Erhebung einer Abänderungsklage gegeben sind.[810]

Nach § 323 III ZPO darf das Urteil nur für die Zeit nach Erhebung der Abänderungsklage abgeändert werden. Diese **Zeitschranke** beruht auf der Zweckmäßigkeitserwägung, daß die Ermittlung des Zeitpunktes, in dem die Änderung der maßgebenden Verhältnisse in der Vergangenheit eingetreten ist, meist mit erheblichen Schwierigkeiten verbunden wäre. Daneben ist es ein Gebot des Vertrauensschutzes, Gläubiger oder Schuldner eines Unterhaltstitels verbindlich auf das Abänderungsverlangen der anderen Seite hinzuweisen. Für die Zeit ab Zugang des Prozeßkostenhilfeantrages darf der Abänderungsklage daher nicht stattgegeben werden.[811] Diese Auffassung des BGH ist für die arme Partei nicht zwingend mit Nachteilen verbunden. Die bedürftige Partei hat gem. § 65 VII Nrn. 3 oder 4 GKG die rechtliche Möglichkeit, die Abänderungsklage ohne Einzahlung eines Gerichtskostenvorschusses zustellen zu lassen. Leider ist den meisten Anwälten diese Vorschrift

---

[808] BGH FamRZ 1984, 374 = NJW 1984, 1458.
[809] BGH FamRZ 1985, 374, 375.
[810] BGH FamRZ 1987, 456, 459.
[811] BGH FamRZ 1982, 365 = NJW 1982, 1050.

offenbar unbekannt. Wird aber der Antrag nach § 65 VII Nrn. 3 oder 4 GKG gestellt, so darf die Klage nicht nur für den Fall der Bewilligung der Prozeßkostenhilfe eingereicht werden. Eine bedingte Klage kann nicht zugestellt werden. Es empfiehlt sich, Prozeßkostenhilfe erst nach Klagezustellung zu beantragen. Dabei wird hier als selbstverständlich vorausgesetzt, daß der Anwalt mit der Abänderungsklage kein unnötiges Prozeßrisiko eingegangen ist. Im übrigen kann eine Abänderungsklage auch in Form einer Stufenklage erhoben werden.[812]

Die **Anpassung eines Prozeßvergleichs** (§ 323 IV ZPO) an die veränderten Verhältnisse erfolgt allein nach materiellem Recht und nicht nach § 323 I ZPO. Maßgebend sind die Grundsätze über die Änderung oder den Wegfall der Geschäftsgrundlage.[813] § 323 II ZPO hat bei einem Prozeßvergleich keine praktische Bedeutung, da Geltungsgrund von gerichtlichen Vergleichen allein der Wille der Parteien ist.[814] Die Zeitschranke des § 323 III ZPO gilt nicht für Prozeßvergleiche über künftig fällig werdende wiederkehrende Leistungen. Sie sind wegen fehlender Rechtskraftwirkung auch für die Zeit vor Erhebung der Abänderungsklage abänderbar.[815]

Nicht anzuwenden ist § 323 IV ZPO auf eine einseitige Unterhaltsverpflichtungserklärung in einer vollstreckbaren Urkunde. Hier muß eine Leistungsklage erhoben werden.[816] Schließlich ist die Einschränkung in § 323 V ZPO bei Schuldtiteln auf Unterhaltszahlungen zu beachten, deren Abänderung im vereinfachten Verfahren geltend gemacht werden kann.

Schriftsatz-Muster 27

Fall einer Abänderungsklage des Unterhaltsberechtigten

In der Familiensache
... (volles Rubrum)

beantrage ich zu erkennen:

> Der Beklagte wird in Abänderung der Ziffer IV des Urteils des Amtsgerichts-Familiengerichts-Hanau vom 25. Februar 1984 – AZ: 60 F 500/84 – verurteilt, an den Kläger ab 1. Oktober 1987 eine Unterhaltsrente in Höhe von 860,– DM monatlich im voraus zu zahlen, spätetens zum 3. eines jeden Monats.

Ich beantrage gemäß § 65 VII Nr. 3 und 4 GKG die unverzügliche Zustellung dieser Abänderungsklage. Zur Glaubhaftmachung erkläre ich anwaltlich, daß dem Kläger die alsbaldige Zahlung der Kosten mit Rücksicht auf seine in der Klagebegründung dargelegte Vermögenslage Schwierigkeiten bereiten würde

---

812 BGH FamRZ 1986, 560, 561.

813 BGHZ 85, 64, 73 = FamRZ 1983, 22, 24; BGH FamRZ 1986, 790 = NJW 1986, 2054.

814 BGHZ 85, 64, 74.

815 BGHZ 85, 64.

816 *Zöller/Vollkommer* § 323 Rn. 47.

und die Verzögerung der Zustellung ihm einen nur schwer zu ersetzenden Schaden bringen würde. Ein Prozeßkostenvorschußanspruch gegen den Beklagten ist nur schwer zu realisieren, weil er es versteht, die Zwangsvollstrekkung zu verzögern, wie die Erfahrungen der Vergangenheit gelehrt haben.

Begründung:

Der volljährige Kläger ist der eheliche Sohn des Beklagten. Die Ehe der Eltern des Klägers ist durch Verbundurteil des Familiengerichts Hanau vom 25. Februar 1985 geschieden worden. Durch dieses rechtskräftige Urteil ist für den Kläger ein monatlicher Unterhalt in Höhe von 500,– DM tituliert. Das Urteil wirkt insoweit gem. § 1629 III 2 BGB für und gegen den Kläger. Der Kläger hat im Juni 1987 seine Reifeprüfung bestanden und will ab Oktober 1987 an der Universität Frankfurt/M. Rechtswissenschaften studieren. Er wohnt nach wie vor bei seiner kränklichen Mutter, die von der ihr im Verbundurteil zugesprochenen monatlichen Unterhaltsrente von 1200,– DM lebt. Der Beklagte ist freier Handelsvertreter mit einer gutgehenden Vertretung. Er hat nach Rechtskraft der Scheidung wieder geheiratet. Seine zweite Ehefrau ist nicht berufstätig. Auf die Anforderung erhöhten Unterhalts hat der Beklagte ablehnend geschrieben, so daß Klage geboten ist.

Das Abänderungsbegehren des Klägers wird auf §§ 323 ZPO, 1601 ff, 1610 II BGB gestützt. Der bedürftige Kläger hat gegen den Beklagten einen Ausbildungsanspruch in der geltend gemachten Höhe. Seit der Titulierung des Kindesunterhalts im Verbundurteil vom 25. Feburar 1985 ist eine wesentliche Änderung der seinerzeit maßgebenden Verhältnisse eingetreten. Der Kläger will nach abgelegtem Abitur studieren. Er hat daher jetzt einen erheblich höheren Unterhaltsbedarf als ein Schüler.

Der beklagte Vater ist leistungsfähig und allein barunterhaltspflichtig, da der Unterhalt der Mutter nur ihren eigenen Bedarf deckt. Der Beklagte hat dem Kläger, der ihn Weihnachten 1986 zum letzten Mal besucht hat, bei diesem Besuch erzählt, daß er durch die Erweiterung seines Handelsvertreterbezirks jetzt ein monatliches Nettoeinkommen von rund 5900,– DM habe. Diese Angabe ist nach dem jetztigen Lebensstil des Beklagten durchaus glaubhaft. Der Beklagte hat denn auch in seinem Antwortbrief auf das anwaltliche Erhöhungsverlangen seine Leistungsfähigkeit nicht bestritten, sondern geschrieben: „Obwohl die Unterhaltsgewährung mir derzeit leicht fallen würde, bin ich aus erzieherischen Gründen der Ansicht, daß der Kläger sich sein Studium selbst verdienen muß."

Beweis: Vorlage der beiden Schreiben

Diese Auffassung ist unterhaltsrechtlich nicht haltbar. Bei den besonders günstigen wirtschaftlichen Verhältnissen des Beklagten ist es dem Kläger nicht zuzumuten, BAföG-Leistungen als Darlehen in Anspruch zu nehmen. Auf den vorliegenden Ausnahmefall sind daher die vom BGH in FamRZ 1985, 916 aufgestellten Grundsätze nicht übertragbar. Der nachstehenden Unterhaltsberechnung wird ohne Präjudiz für den Kläger ein bereinigtes Monatsnettoeinkommen des Beklagten von 5900,– DM zugrunde gelegt. Im Verbundurteil war von einem bereinigten monatlichen Nettoeinkommen des Beklagten von

3500,– DM ausgegangen worden. Aufgrund dieser wesentlichen Änderungen ist der monatliche Unterhaltsbedarf des Klägers aus der Düsseldorfer Tabelle nach Frankfurter Praxis bei Einstufung des Beklagten in die Einkommensgruppe 9 mit 785,– DM zuzüglich 125,– DM Volljährigenzuschlag = 910,– DM abzulesen. Hiervon sind 50,– DM Kindergeld abzusetzen, das die Mutter dem Kläger voll zuwendet, so daß sich ein monatlicher Unterhaltsanspruch des Klägers in Höhe von 860,– DM errechnet. Wenn in der Frankfurter Tabelle der angemessene Gesamtunterhaltsbedarf eines Studierenden mit monatlich 800,– DM angenommen wird, so kann an dieser pauschalierenden Bemessung nach dem Urteil des BGH vom 4. Juni 1986 in FamRZ 1987, 58, 60, nicht mehr festgehalten werden, da die nach § 1610 I BGB maßgebliche Lebensstellung auch des volljährigen Kindes sich während der Zeit seines Studiums noch nach den wirtschaftlichen Verhältnissen seiner Eltern richtet.

Rechtsanwalt/Rechtsanwältin

Schriftsatz-Muster 28

Fall einer Abänderungsklage des Unterhaltsverpflichteten

An das
Amtsgericht
– Familiengericht –
6450 Hanau/M.

Hanau, den 11. Juni 1987

In der Familiensache
... (volles Rubrum)

beantrage ich zu erkennen:

> Der gerichtliche Scheidungsfolgenvergleich der Parteien von 20. Oktober 1983 in Ziffer I – Az: 60 F 150/83, Amtsgericht Hanau – wird dahingehend abgeändert, daß die Unterhaltsverpflichtung des Klägers gegenüber dem Beklagten mit Wirkung vom 1. März 1987 entfällt.

Ich beantrage weiter,

> die Zwangsvollstreckung aus dem vorgenannten Unterhaltstitel einstweilen bis zur Entscheidung des Rechtsstreits ohne Sicherheitsleistung einzustellen.

Begründung:

Die Ehe der Parteien ist durch Urteil des Familiengerichts Hanau vom 20. Oktober 1983 rechtskräftig geschieden worden. In dem gerichtlichen Vergleich vom 20. Oktober 1983 haben die Parteien in Ziffer I für den Fall der Scheidung vereinbart, daß der Kläger der Beklagten ab 1. November 1983 eine Unterhaltsrente in Höhe von 600,– DM monatlich im voraus zahlt. Als Bemessungsgrundlage ist ein monatliches Nettoeinkommen des Klägers von 1800,– DM angegeben. Die Arbeitgeberin des Klägers, die Baufirma Fritz Müller OHG ist im Februar 1987 in Konkurs gefallen. Der Kläger ist seit dieser Zeit arbeitslos. Da ihm auf seine Anfrage von dem zuständigen Sachbearbeiter des Arbeitsamts Hanau im Februar 1987 mitgeteilt worden ist, daß er monatlich ein Arbeitslosengeld unter 1300,– DM beziehen werde, hat er die Beklagte mit Brief vom 20. Februar 1987 unter Fristsetzung zum 27. Februar 1987 aufgefordert, auf ihre Rechte aus Ziffer I des gerichtlichen Vergleichs vom 20. Oktober 1983 zu verzichten. Die Beklagte hat erst mit Anwaltsschreiben ihrer Bevollmächtigten vom 10. Juni 1987 einen Verzicht abgelehnt und unverzügliche Aufnahme der Unterhaltszahlungen gefordert, andernfalls die Zwangsvollstreckung betrieben werde. Abänderung des gerichtlichen Unterhaltsvergleichs und Einstellung der Zwangsvollstreckung sind daher geboten.

Seit Abschluß der gerichtlichen Scheidungsfolgenvereinbarung ist eine wesentliche Änderung der seinerzeit maßgeblichen Umstände eingetreten. Ab 1. März 1987 ist der Beklagte nicht mehr leistungsfähig. Der vermögenslose Beklagte verfügt seit dieser Zeit nur über ein monatliches Arbeitslosengeld von 1220,– DM.

<u>Beweis:</u> Vorlage des Bescheids des Arbeitsamts Hanau

Nach der Frankfurter Tabelle beträgt sein monatlicher Selbstbehalt gegenüber dem geschiedenen Unterhaltsberechtigten 1300,– DM. Die Unterhaltsverpflichtung des Klägers gegenüber der Beklagten ist somit seit 1. März 1987 weggefallen.

Der 55 Jahre alte Kläger hat bisher trotz intensiver Bemühungen keinen neuen Arbeitsplatz finden können. Er ist gelernter Maler und Tapezierer, war aber in den letzten 10 Jahren bei seiner in Konkurs gefallenen Arbeitgeberin als Lagerarbeiter tätig. Der Kläger ist bei seinem Alter und seiner geringen beruflichen Qualifikation vom Arbeitsamt nicht mehr zu vermitteln.

<u>Beweis:</u> Auskunft des Arbeitsamts Hanau

Der Kläger hat sich selbst in den letzten Monaten wöchentlich bei 3–4 Baufirmen und Industriebetrieben in Hanau und Umgebung um Arbeit bemüht. Er hat dort jeweils persönlich vorgesprochen. Auf allen Personalbüros ist ihm immer wieder mehr oder weniger deutlich gesagt worden, daß er bei seinem Alter und seinen geringen fachlichen Kenntnissen und Fähigkeiten keine Beschäftigungschance mehr habe.

Zum Beweis für diesen Vortrag werden die schriftlichen Aufzeichnungen des Klägers darüber vorgelegt, wann er bei welcher Firma mit welchem Verantwortlichen gesprochen hat. Im Bestreitensfall werden diese Personen als Zeugen benannt.

Die Beklagte befindet sich seit 1. März 1987 in Verzug. Ab diesem Zeitpunkt kann der Prozeßvergleich nach der Rechtsprechung des BGH in BGHZ 85, 64ff mit der Abänderungsklage abgeändert werden.

Der in entsprechender Anwendung des § 769 ZPO zulässige Einstellungsantrag rechtfertigt sich daraus, daß die Rechtsverfolgung des Klägers aussichtsreich ist. Zudem läuft der Kläger bei einer Zwangsvollstreckung Gefahr, die beigetriebenen Beträge für immer einzubüßen, da von der vermögenslosen Beklagten nichts zu erlangen ist.

Rechtsanwalt/Rechtsanwältin

(3) Die Vollstreckungsgegenklage

Die Vollstreckungsgegenklage ist ebenso wie die Abänderungsklage eine prozessuale Gestaltungsklage.[817] Beide Klagen schließen sich jedoch wegen grundlegender Unterschiede aus.[817a] Die **Unterschiede zwischen § 767 und § 323 ZPO** macht die nachstehende **Übersicht** deutlich:

Klageart	§ 767 ZPO	§ 323 ZPO
Vor welchem Gericht	ausschl. Gerichtsstand § 767 I, 802 ZPO	allg. Gerichtsstand
kann wer	der Vollstreckungsschuldner, der verurteilte Beklagte	beide Parteien
mit welchem Antrag	Die Zwangsvollstreckung aus dem Vollstreckungstitel ... (genau bezeichnen) wird ... (inwieweit angegeben) für unzulässig erklärt.	Der Unterhaltstitel ... (genau bezeichnen) wird mit Wirkung ... (bei Urteil seit Klagezustellung/bei Prozeßvergleich ab Verzug) dahin abgeändert, daß die Unterhaltsverpflichtung des ... von ... auf ... erhöht bzw. herabgesetzt wird oder entfällt.
und Streitgegenstand	gänzliche oder teilweise, endgültige oder zeitweilige Vollstreckbarkeit des Titels	der alte Anspruch
welchen Änderungsgrund	rechtsvernichtende oder rechtshemmende Einwendungen	fehlgegangene Prognose der künftigen Entwicklung der klagebegründenden Tatsachen
mit welcher Wirkung geltend machen?	Beseitigung der Vollstreckbarkeit des Titels rückwirkend	Durchbrechung der Rechtskraft bei rechtskräftigem Urteil für die Zukunft/Änderung oder Wegfall der Geschäftsgrundlage bei Prozeßvergleich auch rückwirkend ab Verzug

[817] *Rosenberg/Gaul,* § 40 II 2, S. 458 mit Nachweisen.
[817a] *Rosenberg/Schwab,* § 159 V; *Zöller/Vollkommer* § 323 Rn. 15.

Mit der Vollstreckungsgegenklage werden Erlöschungs- oder Verweigerungstatbestände geltend gemacht, wie z. B. Erfüllung, Verzicht, Kapitalabfindung, Wiederheirat oder Tod des Berechtigten (§ 1586 I BGB) bzw. Stundung oder Verjährung. Der BGH hat die Vollstreckungsgegenklage zugelassen bei der Anrechnung von Unterhaltssurrogaten auf Unterhaltsleistungen, so beispielsweise bei der Verrechnung von Kindergeld[818] oder von Renten, die der unterhaltsberechtigte geschiedene Ehegatte aufgrund des durchgeführten Versorgungsausgleichs erlangt hat.[819] Dabei ist es wichtig zu wissen, daß sich die rechtlichen Möglichkeiten der Vollstreckungsgegenklage nach Beendigung der Zwangsvollstreckung in der materiellrechtlichen Bereicherungsklage fortsetzen.[820] Das Vorbringen, der unterhaltsberechtigte Ehegatte habe seinen Unterhaltsanspruch durch ein auf Dauer angelegtes eheähnliches Verhältnis zu einem neuen Partner verwirkt, stellt nach der Auffassung des BGH eine rechtsvernichtende Einwendung dar, die mit der Vollstreckungsgegenklage geltend zu machen ist.[820a] Wird der Unterhaltsschuldner aus einem Urteil auf Trennungsunterhalt auch auf Unterhalt für die Zeit nach Scheidung der Ehe in Anspruch genommen, so kann er sich dagegen mit der Vollstreckungsgegenklage wehren.[821]

Schriftsatz-Muster 29

An das
Amtsgericht
– Familiengericht –
6450 Hanau

Hanau, den 13. Mai 1987

In der Familiensache
... (volles Rubrum)

beantrage ich zu erkennen:

> Die Zwangsvollstreckung aus dem Urteil des Amtsgerichts Hanau vom 20. Juni 1983 – 60 F 170/83 – wird für unzulässig erklärt.

Ich beantrage weiter,

> die Zwangsvollstreckung aus dem vorgenannten Vollstreckungstitel einstweilen bis zur Entscheidung des Rechtsstreits ohne Sicherheitsleistung einzustellen.

---

[818] BGHZ 70, 151, 156f = FamRZ 1978, 179.

[819] BGHZ 83, 278, 282 = FamRZ 1982, 470/471 = NJW 1982, 1147, 1148.

[820] BGHZ 83, 278, 282 = FamRZ 1982, 470/471 = NJW 1982, 1147, 1148.

[820a] BGH FamRZ 1987, 259, 261; a. A. für den Verwirkungseinwand nach § 1579 BGB OLG Frankfurt FamRZ 1988, 62, 63 und für den Einwand der fehlenden Zielstrebigkeit das Studienziel zu erreichen AG Charlottenburg DAVorm 1988, 183, 186, die die Abänderungsklage für den richtigen Rechtsbehelf halten.

[821] BGH FamRZ 1981, 242 = NJW 1981, 978.

Begründung:

Der Kläger ist durch Urteil des Amtsgerichts Hanau vom 20. Juni 1983 verurteilt worden, der Beklagten ab 1. Februar 1983 eine auf § 1361 BGB gestützte Unterhaltsrente in Höhe von 980,– DM monatlich im voraus zu zahlen.

Beweis: Beiziehung der vorgenannten Akten.

Die Ehe der Parteien ist durch rechtskräftiges Urteil des Familiengerichts Hanau vom 27. April 1987 – 60 F 120/86 – gem. § 1565 I BGB geschieden worden. Eine Folgesache Ehegattenunterhalt hat die Beklagte nicht anhängig gemacht.

Beweis: Beiziehung der vorgenannten Akten.

Der Kläger hat seine Unterhaltszahlungen an die Beklagte mit dem Ende des Monats April 1987 eingestellt. Die Beklagte hat den Kläger durch ihre Bevollmächtigten mit Anwaltsschreiben vom 11. Mai 1987 aufgefordert, binnen 3 Tagen ab Mai 1987 Unterhalt in der bisherigen Höhe zu leisten, und nach fruchtlosem Fristablauf die Zwangsvollstreckung angedroht.

Beweis: Vorlage dieses Schreiben.

Die Vollstreckungsgegenklage nach § 767 ZPO ist im Streitfall zulässig und begründet, da der während des Getrenntlebens in der Ehe bestehende Unterhaltsanspruch mit der Scheidung der Ehe erloschen ist. Ein Urteil über den Unterhaltsanspruch des getrenntlebenden Ehegatten nach § 1361 BGB umfaßt nicht auch den Unterhaltsanspruch nach Scheidung der Ehe. Zwischen dem Unterhaltsanspruch eines getrenntlebenden Ehegatten während bestehender Ehe und dem Unterhaltsanspruch des geschiedenen Ehegatten besteht nach ständiger Rechtsprechung des BGH (vgl. BGH FamRZ 1981, 242, 243) keine Identität.

Der Einstellungsantrag gem. § 769 ZPO ist schon deshalb begründet, weil die Beklagte nach eindeutiger Rechtsprechung aus dem alten Titel keine Rechte mehr herleiten kann.

Rechtsanwalt/Rechtsanwältin

---

(4) Die negative Feststellungsklage

Eine Partei, die die **Änderung einer einstweiligen Anordnung** über den Ehegattenunterhalt erreichen will, kann **wählen zwischen dem Antrag nach § 620b ZPO und der Klage im ordentlichen Verfahren.**[822] Der Unterhaltsschuldner hat daher jederzeit die Möglichkeit, den Bestand des Unterhaltsanspruchs in einem Urteilsverfahren durch negative Feststellungsklage klären zu lassen.[823] In diesem isolierten Unterhaltsrechtsstreit kann die Zwangsvollstreckung aus der einstweiligen Anordnung auch während der Anhängigkeit der Scheidungssache einstweilen eingestellt werden.[824]

---

[822] *Zöller/Philippi* § 620b Rn. 17.
[823] BGH FamRZ 1983, 355, 356 = NJW 1983, 1330.
[824] OLG Schleswig FamRZ 1986, 184 mit Nachw.

Gemäß **§ 620f ZPO** gilt eine einstweilige Anordnung über den Ehegattenunterhalt nach § 620 S. 1 Nr. 6 ZPO über den Eintritt der Rechtskraft des Scheidungsurteils hinaus bis zum Wirksamwerden einer anderweitigen Unterhaltsregelung fort. Gegenstand der einstweiligen Anordnung ist insoweit auch der nacheheliche Unterhalt, obwohl der Unterhaltsanspruch des geschiedenen Ehegatten und der des getrenntlebenden Ehegatten nicht identisch sind. Es handelt sich um eine Zweckmäßigkeitsentscheidung des Gesetzgebers, die damit begründet wird, daß die Fortgeltung der während der Ehe getroffenen vorläufigen Unterhaltsregelung dem vorübergehenden Eintritt eines regelungslosen Zustandes vorzuziehen ist. Die Vollstreckung aus der einstweiligen Anordnung ist daher auch für die Zeit nach Rechtskraft des Scheidungsurteils möglich und zulässig. Als einziger Rechtsbehelf steht dem durch die einstweilige Anordnung zu Unterhaltszahlungen verpflichteten Ehegatten die negative Feststellungsklage zur Verfügung, mit der er im ordentlichen Klageverfahren die Feststellung erreichen kann, daß dem anderen Ehegatten ein Unterhaltsanspruch – auch für die zurückliegende Zeit – nicht oder nicht in der in der einstweiligen Anordnung titulierten Höhe zusteht.[825] Nach einhelliger Meinung kann bei Erhebung einer solchen negativen Feststellungsklage die Zwangsvollstreckung aus der einstweiligen Anordnung einstweilen eingestellt werden.[826]

Schriftsatz-Muster 30

In der Familiensache
... (volles Rubrum)

beantrage ich zu erkennen:

> Es wird festgestellt, daß der Beklagten ein Unterhaltsanspruch gegen den Kläger seit dem 29. Mai 1987 nicht mehr zusteht.
>
> Ich beantrage weiter,
>
> die Zwangsvollstreckung aus dem Beschluß des Amtsgerichts – Familiengerichts – Hanau vom 18. März 1985 – EA Nr. I zu 60 F 250/85 – einstweilen bis zur Entscheidung des Rechtsstreits ohne Sicherheitsleistung einzustellen.

Begründung:

Die Ehe der Parteien ist nach langwieriger Beweisaufnahme durch Urteil des Familiengerichts Hanau vom 13. April 1987 geschieden worden. Das Urteil ist seit dem 29. Mai 1987 rechtskräftig.

Beweis: Beiziehung der Akten 60 F 250/85 Amtsgericht Hanau.

Während des Scheidungsrechtsstreits hat das Familiengericht im einstweiligen Anordnungsverfahren auf Antrag der Beklagten nach mündlicher Verhandlung

---

[825] BGH FamRZ 1983, 355, 356, 357; dazu kritisch *Braeuer*, Das Schicksal der einstweiligen Anordnung auf Ehegattenunterhalt nach der Scheidung, FamRZ 1984, 10ff.

[826] BGH FamRZ 1983, 355, 357.

am 18. März 1985 beschlossen, daß der Kläger an die Beklagte ab 1. März 1985 eine monatliche Unterhaltsrente in Höhe von 350,– DM zu zahlen hat. Dabei ist das Familiengericht von Renteneinkünften des Klägers in Höhe von 1300,– DM und von solchen der Beklagten in Höhe von 600,– DM monatlich ausgegangen. Von dem Unterschiedsbetrag in Höhe von 700,– DM hat es der Beklagten nach der Frankfurter Tabelle 50% = 350,– DM zugesprochen, da der monatliche Selbstbehalt des Unterhaltsverpflichteten gegen den getrenntlebenden Berechtigten nur 950,– DM beträgt.

Beweis: Beiziehung der Akten EA I zu 60 F 250/85.

Nach Rechtskraft des Scheidungsurteils hat der Kläger seine Unterhaltszahlungen sofort eingestellt. Die Beklagte hat ihn jedoch aufgefordert, weiter Unterhalt gem. der fortgeltenden einstweiligen Anordnung zu zahlen, andernfalls sie daraus vollstrecken werde.

Bei dieser Sachlage muß negative Feststellungsklage erhoben werden, um die Fortgeltung der einstweiligen Anordnung durch eine andere Regelung zu ersetzen. Der Kläger ist nicht mehr leistungsfähig im Sinne des Geschiedenenunterhaltsrechts. Der monatliche Selbstbehalt eines geschiedenen Ehegatten beträgt nach der Frankfurter Rechtsprechung 1300,– DM. Zwar bezieht der Kläger jetzt eine monatliche Rente von 1365,– DM, aber sein Gesundheitszustand hat sich in der letzten Zeit so verschlechtert, daß er zusätzliche krankheitsbedingte Aufwendungen hat. So muß er eine vom Arzt verordnete Diät einhalten.

Beweis: Attest des Dr. med. Stark.

Dadurch entstehen Mehrkosten, die nach der Erfahrung des Klägers monatlich rund 75,– DM ausmachen. Falls das Gericht eine Konkretisierung dieser Kosten für erforderlich hält, wird um einen Hinweis nach § 139 ZPO gebeten. Des weiteren ist der Kläger wegen seiner Gebrechlichkeit jetzt auf eine Zugehfrau für die dringendsten Einkäufe und Arbeiten im Haushalt angewiesen.

Beweis: Attest des Dr. med. Stark.

Die Kosten für diese Frau betragen im Monat 200,– DM.

Beweis: Zeugnis der Frau Gerda Schmidt, Berliner Str. 20, 6450 Hanau/M.-1.

Nach alledem kommt eine Unterschreitung des Selbstbehaltsatzes aus Billigkeitsgründen im Sinne des § 1581 BGB hier nicht in Betracht. Der Beklagten steht daher gegen den Kläger seit Rechtskraft des Scheidungsurteils kein Unterhaltsanspruch mehr zu.

Die Zwangsvollstreckung ist einstweilen einzustellen, weil die Klage in vollem Umfang begründet ist.

Rechtsanwalt/Rechtsanwältin

---

ee) Antragsfrage

Die Regel des § 253 II 2 ZPO, daß der Kläger einen **bestimmten Antrag** stellen muß, gilt auch im Unterhaltsprozeß. Die Ausnahme in § 642 ZPO – Antrag auf Leistung des Regelunterhalts – bestätigt nur diese Regel. Unbezifferte Klageanträge (Beispiel: Der Beklagte wird verurteilt, der Klägerin den angemessenen Unterhalt zu zahlen.) sind daher bei Unterhaltsklagen, die auf Zahlung gerichtet sind, unzulässig, ausgenommen es handelt sich um eine Stufenklage (§ 254 ZPO). Bei der Stufenklage ,,kann die bestimmte Angabe der Leistungen, die der Kläger beansprucht, vorbehalten werden ..." Der Anwalt hat in jedem Fall zu prüfen, ob sein Klageantrag bestimmt im Sinne des Gesetzes ist, d. h. bei einer Verurteilungsklage muß der Antrag einen vollstreckungsfähigen Inhalt haben. Der Antrag muß die ziffernmäßig bestimmte Unterhaltsrente angeben.[826a] Nicht nur der Elementarunterhalt, sondern auch der Versorgungsunterhalt ist betragsmäßig geltend zu machen.[826b]

Klagen **mehrere Unterhaltsberechtigte** (z. B. Ehefrau und Kind gegen Ehemann und Vater, mehrere Kinder gegen den Vater) in einer Klage, so muß für jeden Kläger der verlangte monatliche Betrag im Klageantrag gesondert angegeben werden. Mehrere Unterhaltsgläubiger können ihre gegen denselben Unterhaltsschuldner gerichteten Ansprüche also nicht in einer Summe geltend machen.[827] Dies gilt auch dann, wenn z. B. die Mutter Unterhalt für sich und in Prozeßstandschaft für das Kind fordert. Das Urteil wirkt aufgrund der Rechtskrafterstreckung in § 1629 III 2 BGB für und gegen das Kind. Bei unterlassener Aufgliederung der Ansprüche bleibt jedoch der Umfang der Rechtskraft häufig unklar oder er ist überhaupt nicht zu ermitteln. Die Klage ist in einem solchen Falle mangels Bestimmtheit des Klagebegehrens unzulässig. Die Kläger haben allerdings die Möglichkeit, die fehlende Aufgliederung nachzuholen,[828] worauf das Gericht nach § 139 ZPO hinweisen wird.

Verklagt der Unterhaltsberechtigte **mehrere gleichrangige Verpflichtete,** so haften sie nach § 1606 III 1 BGB als Teilschuldner und nicht als Gesamtschuldner. Der Berechtigte muß daher gegen jeden einzelnen Unterhaltsverpflichteten den Anteilsbetrag beziffern, für den dieser Verpflichtete nach seinem Leistungsvermögen haftet.

Über die Kosten und vorläufige Vollstreckbarkeit wird von Amts wegen entschieden. Unterhaltssachen werden gem. § 708 Nr. 8 ZPO ohne Sicherheitsleistung für vorläufig vollstreckbar erklärt. Das Gericht hat die Abwendungsbefugnis des Schuldners nach § 711 S. 1 ZPO auszusprechen. Der Gläubiger kann nach § 711 S. 2 ZPO i. V. m. § 710 ZPO beantragen, das Urteil ohne Sicherheitsleistung des Gläubigers für vorläufig vollstreckbar zu erklären. Sein Antrag muß vor Schluß der mündlichen Verhandlung gestellt werden; die tatsächlichen Voraussetzungen sind glaubhaft zu machen (§ 714

[826a] OLG Düsseldorf FamRZ 1978, 134; OLG Frankfurt FamRZ 1982, 1223; *Rosenberg/Schwab*, § 98 II 3a, S. 584; *Zöller/Stephan* § 253 Rn. 14.

[826b] *Lohmann* S. 130 unter Hinweis auf BGH FamRZ 1982, 887, 890 = NJW 1982, 1983, 1985 und BGH FamRZ 1983, 152, 154 = NJW 1982, 1986, 1987 für den Altersversorgungsunterhalt und OLG Köln FamRZ 1986, 577, 578 für die Krankenversicherungskosten.

[827] BGH FamRZ 1981, 541, 542 = NJW 1981, 2462.

[828] BGH FamRZ 1981, 541, 542 = NJW 1981, 2462.

ZPO). Dabei ist das Risiko der Vollstreckung aus einem vorläufig vollstreckbar erklärten Urteil zu bedenken (vgl. § 717 ZPO).

Auf keinen Fall darf der Anwalt bei Abänderungsklagen, Vollstreckungsgegenklagen und negativen Feststellungsklagen, also bei Klagen, die auf eine Reduzierung der Unterhaltsverpflichtung gerichtet sind, den **Antrag auf einstweilige Einstellung der Zwangsvollstreckung** ohne/hilfsweise gegen Sicherheitsleistung vergessen (Regreßgefahr). An der Bescheidung seines Einstellungsantrages kann der Rechtsanwalt erkennen, ob er mit der Darlegung und Glaubhaftmachung des Klagegrundes richtig oder falsch gelegen hat. Gegebenenfalls muß er ,,nachbessern" und den Antrag wiederholen.

ff) IPR-Frage

Hier wird auf die Ausführungen zum Internationalen Privatrecht im 2. Teil hingewiesen.

gg) Anspruchsfrage

Die Angabe der Anspruchsgrundlage bzw. des Rechtsgrundes der begehrten prozessualen Gestaltung oder Feststellung in der Klagebegründung zwingt den Rechtsanwalt, noch einmal zu überprüfen, ob Klageziel und Rechtsgrundlage sich decken. Mit dieser Angabe wird weiter bezweckt, das Gericht auf den vom Anwalt verfolgten gedanklichen Weg zu leiten.

hh) Tatsachenfrage

Nach § 253 II 2 ZPO muß die Klageschrift neben einem bestimmten Antrag die bestimmte Angabe des Gegenstandes und des Grundes des erhobenen Anspruchs enthalten. Klagegrund ist der konkrete Sachverhalt, aus dem der Kläger die begehrte Rechtsfolge ableitet.[829] Zur **Substantiierungspflicht** führt der BGH aus:[830] ,,Ein Sachvortrag zur Begründung eines Klageanspruchs ist dann schlüssig und damit erheblich, wenn der Kläger Tatsachen vorträgt, die in Verbindung mit einem Rechtssatz geeignet und erforderlich sind, das geltend gemachte Recht als in der Person des Klägers entstanden erscheinen zu lassen." Der Tatsachenvortrag bedarf nach der Ansicht des BGH erst dann der Ergänzung durch Zergliederung der Sachdarstellung in Einzelheiten, wenn er infolge der Einlassung des Gegners unklar wird und nicht mehr den Schluß auf die Entstehung des geltend gemachten Rechts zuläßt. Das tatsächliche Vorbringen wird zweckmäßigerweise der Struktur der Unterhaltsnorm (Grundverhältnis, Bedürftigkeit, Leistungsfähigkeit, Maß und Art des Unterhalts) folgend aufgebaut. Das Gericht kann so schnell aus der Sachdarstellung des Klägers ersehen, ob die gesetzlichen Voraussetzungen für das Bestehen des geltend gemachten Rechts vorliegen. Auf Richtigkeit und Vollständigkeit der Angaben im Schriftsatz ist zu achten. Bezugnahmen dürfen nicht dazu führen, daß sich das Gericht aus umfangreichen

---

[829] *Thomas/Putzo* § 253 Anm. 2d.
[830] BGH NJW 1984, 2888, 2889.

Schriftsätzen die wesentliche Klagebegründung heraussuchen muß.[831] Das Recht auf Taktik ist unbenommen, aber die Erfahrung spricht für den Merksatz: Trage lieber zu viel und zu früh vor, als zu wenig und zu spät! Bei Beweisangeboten müssen die Beweismittel so bestimmt wie möglich bezeichnet werden.

Hilfreich bei der Abfassung von Schriftsätzen ist es, eine Zusammenstellung der wichtigsten Grundsätze zur Darlegungs- und Beweislast im Unterhaltsprozeß zur Hand zu haben. Auf wichtige Entscheidungen ist bereits im Text hingewiesen worden. Umfassend unterrichtet wird der Rechtsanwalt im 2. Band des Handbuchs der Beweislast im Privatrecht von *Baumgärtel.*[832] Hier ist die ausgewertete Rechtsprechung und Literatur zu jeder Unterhaltsvorschrift zu finden. Instruktiv wegen der vielen behandelten Beispiele ist der Aufsatz von *Klauser* über Beweislast und Beweismaß im Unterhaltsprozeß in MDR 1982, S. 529ff.

Mit der Darlegungs- und Glaubhaftmachungslast im einstweiligen Rechtsschutz beschäftigt sich *Hirtz* in NJW 1986, S. 110ff.

Die wichtigsten **Stellungnahmen des BGH und des BVerfG zur Darlegungs- und Beweislast** ergeben sich aus der folgenden Übersicht:

– Leistungsklage

Für seine **Bedürftigkeit** trägt der **Unterhaltsgläubiger** die Darlegungs- und Beweislast.[833]

Wer Unterhalt wegen **Arbeitslosigkeit** gem. § 1573 I BGB beansprucht, muß darlegen und beweisen, welche Schritte er im einzelnen unternommen hat, um einen zumutbaren Arbeitsplatz zu finden und sich bietende Erwerbsmöglichkeiten zu nutzen. Die bloße Meldung beim Arbeitsamt genügt nicht.[834] Die Anforderungen dürfen nicht überspannt werden. Der Nachweis, daß der Anspruchsteller keine angemessene Tätigkeit zu finden vermag, ist unter Umständen schon dann als geführt anzusehen, wenn nach dem Ergebnis der tatrichterlichen Würdigung eine Beschäftigungschance praktisch nicht bestanden hat. Die Klage ist hingegen abweisungsreif, wenn feststeht oder zumindest nicht auszuschließen ist, daß bei ausreichenden Bemühungen eine reale Beschäftigungschance bestanden hätte.[835]

Die Darlegungs- und Beweislast für seine **Leistungsunfähigkeit** trägt der **Unterhaltsschuldner.** Diese Verteilung der Beweislast ist verfassungsrechtlich bedenkenfrei.[836]

---

[831] *Thomas/Putzo* § 137 Anm. 1.

[832] *Baumgärtel,* Handbuch der Beweislast im Privatrecht, unter Mitarbeit von *Laumen, Strieder;* Köln, Berlin, Bonn, München: *Heymann;* Bd. 2 BGB Sachen-, Familien- und Erbrecht, 1985.

[833] BGH FamRZ 1980, 126, 128 = NJW 1980, 393, 395; BGH FamRZ 1980, 770 = NJW 1980, 2083.

[834] BGH FamRZ 1986, 244, 246 = NJW 1986, 718.

[835] BGH FamRZ 1987, 144, 145 = NJW 1987, 898.

[836] BVerfGE 68, 256, 270 = FamRZ 1985, 143, 146 = NJW 1985, 1211, 1212.

Der **Unterhaltskläger** trägt die Beweislast **für die Gestaltung der ehelichen Lebensverhältnisse,** nach denen sich sein Unterhalt bemißt.[837] Die Darlegungs- und Beweislast dafür, daß die für die ehelichen Lebensverhältnisse maßgebenden Einkommensverhältnisse der Ehegatten seit deren Trennung eine unerwartete, vom Normalverlauf erheblich abweichende Entwicklung genommen haben, trägt im Unterhaltsprozeß der Ehegatte, der daraus Rechte herleitet.[838] Wenn ein unterhaltsberechtigtes Kind einen über den Tabellensatz hinausgehenden besonders hohen Unterhaltsbedarf geltend machen will, muß es im einzelnen darlegen, worin dieser Bedarf besteht und welche Mittel zu seiner Deckung im einzelnen erforderlich sind.[839]

Der **Unterhaltspflichtige** trägt **für die tatsächlichen Voraussetzungen des jeweiligen Ausschlußgrundes des § 1579 BGB** die Darlegungs- und Beweislast, da es sich bei dieser Vorschrift um eine rechtsvernichtende Einwendung handelt.[840]

– Abänderungsklage

Der **Kläger,** der die Abänderungsklage erhebt, trägt die Darlegungs- und Beweislast **für die wesentlichen Veränderungen** der Umstände, die für die Festsetzung der Unterhaltsrente maßgebend waren. Eine Last der beklagten Partei zum substantiierten Bestreiten besteht, wenn eine darlegungspflichtige Partei außerhalb des von ihr darzulegenden Geschehensablaufs steht und keine nähere Kenntnis der maßgebenden Tatsachen besitzt, während der Prozeßgegner sie hat und ihm nähere Angaben zumutbar sind. Diese Voraussetzungen liegen vor, wenn die vom Kläger behaupteten Tatsachen sämtlich im Wahrnehmungsbereich des Beklagten lagen und es dem Beklagten im Hinblick auf die ihm nach § 242 BGB obliegende unterhaltsrechtliche Auskunftspflicht zuzumuten ist, sich zu der gegnerischen Behauptung näher zu erklären. Das Bestreiten eines Sachvortrags ohne die nach den Umständen zumutbare Substantiierung ist nicht wirksam und zieht die Geständnisfiktion des § 138 III ZPO nach sich.[841]

ii) Rechtsfrage

Die rechtliche Qualifizierung des Sachverhalts wird von § 253 ZPO nicht gefordert. Der Anwaltsvertrag ist ein Vertrag auf Interessenwahrung. Der Rechtsanwalt muß daher auf den Gang des Verfahrens Einfluß nehmen, um die Interessen seines Mandanten wahrzunehmen. Eine wirksame Möglichkeit der Einflußnahme besteht darin, daß der Anwalt in seinem Schriftsatz auch Rechtsausführungen macht, soweit dies zur Interessenwahrnehmung möglich und zweckmäßig ist. Hat er z. B. in einem ähnlich gelagerten Fall zu einer umstrittenen Rechtsfrage ein bisher nicht veröffentlichtes Urteil der

---

[837] BGHZ 89, 108, 113 = BGH FamRZ 1984, 149, 150 = NJW 1984, 292, 293.
[838] BGH FamRZ 1983, 352, 353 = NJW 1983, 2318, 2319.
[839] BGH FamRZ 1983, 473 = NJW 1983, 1429.
[840] BGH FamRZ 1982, 463, 464 = NJW 1982, 1461, 1462; BGH FamRZ 1984, 364, 368.
[841] BGH FamRZ 1987, 259, 260.

nächsten Instanz erstritten, so wird er diese Rechtsmeinung unter Vorlage einer Fotokopie der Entscheidung schriftsätzlich verwerten.

jj) Risikofrage

Mit dieser Frage soll der Rechtsanwalt zur Folgenreflexion angehalten werden. Der Anwalt muß sich auch Gedanken über die voraussichtlichen Reaktionen der Gegenseite und des Gerichts machen. Die Risiken für den Mandanten sind so gering wie möglich zu halten. Vom Rechtsanwalt wird daher eine realistische Risikoeinschätzung erwartet. Auf Zahlung sollte bei Ungewißheit erst nach Auskunftserteilung und auf keinen Fall vor Inverzugsetzung des Gegners geklagt werden. Es ist bereits dargestellt worden, worauf es im einzelnen bei der Durchsetzung des Auskunftsanspruchs der eigenen Partei und der Inverzugsetzung des Gegners ankommt. Mit einem Antrag auf Erlaß einer einstweiligen Anordnung zur Leistung eines Prozeßkostenvorschusses nach §§ 127a, 620 S. 1 Nr. 9 ZPO oder auf Bewilligung von Prozeßkostenhilfe erreicht der Anwalt Stellungnahmen des Gegners zum Unterhaltsbegehren und Entscheidungen des Gerichts. Aus den gegnerischen Stellungnahmen und den gerichtlichen Entscheidungen kann er oft Schlüsse für seine weitere Vorgehensweise ziehen.

kk) Unterschriftsfrage

Zum Schluß darf nicht vergessen werden, daß nach § 130 Nr. 6 ZPO ein bestimmender Schriftsatz, wie z. B. die Klage, von dem Rechtsanwalt unterschrieben werden muß.[841a] Im Anwaltsprozeß sind bestimmende Schriftsätze, zu denken ist an Folgesachenanträge oder Rechtsmittel, von dem zugelassenen Anwalt zu unterzeichnen. Die Unterschrift muß im Original auf dem bei Gericht eingereichten Schriftsatz stehen. Da sicher nicht jeder Anwalt weiß, was unter einer ,,Unterschrift" zu verstehen ist, sei hier der BGH zitiert:[842] ,,Eine den Erfordernissen des § 130 Nr. 6 ZPO genügende Unterschrift setzt ein aus Buchstaben einer üblichen Schrift bestehendes Gebilde voraus, das nicht lesbar zu sein braucht. Erforderlich, aber auch genügend, ist das Vorliegen eines die Identität des Unterschreibenden ausreichend kennzeichnenden individuellen Schriftzuges, der einmalig ist, entsprechende charakteristische Merkmale aufweist und sich als Unterschrift eines Namens darstellt, und die Nachahmung durch einen beliebigen Dritten mindestens erschwert. Zur Unterschrift gehört, daß mindestens einzelne Buchstaben zu erkennen sind, weil es sonst an dem Merkmal einer Schrift überhaupt fehlt. Handzeichen, die allenfalls einen Buchstaben erkennen lassen, sowie Unterzeichnungen mit einer Buchstabenfolge, die sich als bewußte und gewollte Namensabkürzung (Paraphe) darstellt, werden demgegenüber nicht als formgültige Unterschrift anerkannt."

[841a] BGHZ 92, 251 = NJW 1985, 329.
[842] BGH NJW 1985, 1227.

ll) Rechtsverteidigung

Die Fragen, die den Rechtsanwalt bei der Angriffsplanung beschäftigen, muß auch der Rechtsanwalt beantworten, der die Rechtsverteidigung übernommen hat. Für die Verteidigung ist es wichtig, daß Punkt für Punkt auf den Angriff erwidert und nichts vergessen wird.

5. Ehewohnungs- und Hausratssachen

Die Regelung der Rechtsverhältnisse an der Ehewohnung und am Hausrat (§§ 23b I Nr. 8 GVG, 621 I Nr. 7 ZPO) kann anläßlich der Trennung oder aus Anlaß der Scheidung beantragt werden, wenn sich die Ehegatten darüber nicht einigen können. Wird die Regelung aus Anlaß der Trennung beantragt, so handelt es sich um eine isolierte Familiensache. Geht der Antrag auf Regelung für den Fall der Scheidung, so ist er als Folgesache zu behandeln.

In der Gerichtspraxis spielen folgende Fallgruppen eine Rolle: Die Benutzung der Ehewohnung bei Getrenntleben, die eigenmächtige Hausratsteilung und die endgültige Hausratsteilung für den Fall der Scheidung. Nur diese Fallgruppen werden hier exemplarisch dargestellt.

a) Die Ehewohnung bei Getrenntleben (§ 1361 b BGB)

Die Benutzung der Ehewohnung bei getrennt lebenden Ehegatten oder bei Getrenntlebensabsicht eines Ehegatten ist jetzt in § 1361 b BGB geregelt.[843] Mit dieser Vorschrift hat das Unterhaltsänderungsgesetz eine Gesetzeslücke geschlossen, die das 1. EheRG aufgewiesen hat. Bis zum Inkrafttreten des Unterhaltsänderungsgesetzes wendete ein Teil der Familiengerichte §§ 1361 a BGB, 18 a HausratsVO analog an, um eine gerichtliche Wohnungsregelung auch schon vor Anhängigkeit eines Scheidungsverfahrens zu ermöglichen. Der andere Teil der Familiengerichte lehnte die Analogie ab, so daß nur die Möglichkeiten blieben, den Erlaß einer einstweiligen Verfügung beim allgemeinen Zivilgericht zu beantragen oder eine Ehesache anhängig zu machen (Scheidungsantrag nach § 1565 II BGB oder Getrenntlebensklage). Unter dem Dach der Ehesache konnte eine einstweilige Anordnung nach §§ 620 S. 1 Nr. 7, 620 a II 1 ZPO beantragt werden.[844]

Das **Verlangen** der Überlassung der Ehewohnung oder eines Teils zur alleinigen Benutzung **setzt nach § 1361 b I 1 BGB voraus:**

– Die Ehegatten leben getrennt oder einer von ihnen will getrennt leben.
– Die Ehegatten können sich über die Benutzung der Ehewohnung nicht einigen.
– Die Benutzungsregelung ist zur Vermeidung einer schweren Härte notwendig, wobei gem. § 1361 b I 2 BGB dingliche Rechte besonders zu berücksichtigen sind.

Die ersten beiden Voraussetzungen sind leicht festzustellen. Nach dem dritten Erfordernis soll jedoch eine Wohnungszuweisung während des Ge-

---

843 Dazu *Brudermüller* FamRZ 1987, 109 ff und *Finger* NJW 1987, 1001 ff.
844 Nachweise bei *Brudermüller* FamRZ 1987, 110.

trenntlebens nur unter wesentlich engeren Voraussetzungen ermöglicht werden, als nach der Scheidung aufgrund der HausratsVO, dagegen soll die Vorschrift nicht helfen, eine Scheidung vorzubereiten oder zu erleichtern.[845] Eine Wohnstätte gehört zum lebensnotwendigen Bedarf eines jeden Menschen und damit auch jedes Ehegatten. Ihre Ganzzuweisung an einen Ehegatten kommt daher nur ausnahmsweise in Betracht. Die Möglichkeit der Aufteilung der Wohnung unter den Ehegatten ist immer vor der Alleinzuweisung an einen von ihnen zu prüfen (Grundsatz der Verhältnismäßigkcit).[846] Als eine **schwere Härte** im Sinne des § 1361 b I 1 BGB ist es anzusehen, wenn ein Ehegatte für den anderen und/oder die in der Wohnung lebenden Kinder eine unmittelbare Gefahr für Leib und Leben bildet, oder wenn der weitere Verbleib des Störers in der Ehewohnung für die Gestörten unzumutbar, unerträglich geworden ist.[847]

Es handelt sich um Fälle, in denen der Täter das Recht auf Getrenntleben nicht respektiert und sich – oft unter Alkoholeinfluß – wiederholte Aggressionen, Belästigungen, Bedrohungen, Beleidigungen, Beschimpfungen, Gewalttätigkeiten und/oder Mißhandlungen gegenüber seinem Ehegatten und/oder den Kindern zuschulden kommen läßt (Merkwort: ABGM-Fälle). Ein schwerwiegender Vorfall kann ausreichen, wenngleich hier auch an eine einmalige vielleicht gar provozierte Entgleisung gedacht werden muß. Verspricht der Täter bei einem einmaligen Vorfall in Zukunft Wohlverhalten, so wird regelmäßig nur die Aufteilung der Wohnung beschlossen werden können. Entgegen *Diederichsen*[848] wird es nach dem Wortlaut des Gesetzes und dem Willen des Gesetzgebers bei den strengen Anforderungen der bisherigen Rechtsprechung bleiben müssen.[849]

Für das Verfahren ist folgendes zu merken: Eine **Ehewohnungssache nach § 1361 b BGB ist stets isolierte Familiensache.** Nach § 18a HausratsVO sind die vorstehenden Verfahrensvorschriften, also die §§ 11 ff HausratsVO sinngemäß anzuwenden. Ist eine Ehesache nicht anhängig, so richtet sich die örtliche Zuständigkeit nach § 11 II HausratsVO. Eine Beteiligung Dritter (Vermieter) ist ausgeschlossen. Dies folgt schon daraus, daß § 18a nicht auf § 7 HausratsVO verweist.[850] Im übrigen handelt es sich um eine Benutzungsregelung für die Zeit des Getrenntlebens, des Übergangsstadiums zwischen Versöhnung und Scheidung. Daraus ergibt sich die Vorläufigkeit der Regelung.[851] Schließlich wollte der Gesetzgeber, daß eine ,,Verrechtlichung, insbesondere auch mit erkennbarer Außenwirkung, soweit wie möglich vermieden wird".[852]

---

[845] Beschlußempfehlung und Bericht des Rechtsausschusses zum Regierungsentwurf des UÄndG BT-Drucks. 10/4514 S. 22.
[846] OLG Frankfurt/M. FamRZ 1987, 159.
[847] *Brudermüller* FamRZ 1987, 114.
[848] NJW 1986, 1284.
[849] Vgl. *Zöller/Philippi* § 620 Rn. 57.
[850] *Brudermüller* FamRZ 1987, 120; *Finger* NJW 1987, 1003.
[851] *Brudermüller* FamRZ 1987, 116.
[852] BT-Drucks. 10/2888 S. 16.

Ein isoliertes Hauptsacheverfahren auf Zuteilung der Ehewohnung kann auch dann eingeleitet werden, wenn nach Anhängigkeit einer Ehesache oder Einreichung eines Prozeßkostenhilfeantrages eine einstweilige Anordnung nach §§ 620 Nr. 7, 620a II 1 ZPO erwirkt werden kann. Der Antragsteller hat die Wahl zwischen einer Entscheidung im summarischen Verfahren der einstweiligen Anordnung (§ 620a II 3 ZPO: Glaubhaftmachung) oder einer Entscheidung, die im selbständigen Verfahren nach eingehenden Ermittlungen ihrer sachlichen Voraussetzungen (§ 12 FGG) getroffen wird.[853] Die Ergebnisse der beiden Verfahren sind nicht gleichwertig. Für das Hauptsacheverfahren spricht die größere Richtigkeitsgewähr.[854] Im übrigen kann der Antragsteller die Zurückweisung seines Antrags auf eine einstweilige Anordnung nicht anfechten (§ 620c ZPO).

Im isolierten Wohnungsregelungsverfahren ist gem. §§ 18a, 13 IV HausratsVO der **Erlaß einer einstweiligen Anordnung zulässig.** Diese Möglichkeit ist gerade für die ABGM-Fälle von Bedeutung. Einstweilige Verfügungen durch das allgemeine Zivilgericht in Hausrats- und Ehewohnungssachen sind unzulässig, da diese Angelegenheiten der freiwilligen Gerichtsbarkeit zugewiesen sind. Ein Antrag auf Erlaß einer einstweiligen Verfügung wird jedoch regelmäßig in einen solchen auf Erlaß einer einstweiligen Anordnung durch den Familienrichter umgedeutet und entsprechend behandelt werden können. Häufig machen Verfahrensbevollmächtigte den Fehler, nur einen eiligen Antrag auf Erlaß einer einstweiligen Anordnung einzureichen. Einstweilige Anordnungen können aber nur im Rahmen eines anhängigen Hauptsacheverfahrens erlassen werden. **Der Antrag auf Erlaß einer einstweiligen Anordnung ist** daher **immer mit dem Antrag auf Einleitung eines entsprechenden Hauptsacheverfahrens zu verbinden.**[855] Dies bereitet keine Schwierigkeiten und kann in einem Schriftsatz geschehen (vgl. Schriftsatz-Muster 31).

Die eidesstattliche Versicherung der Partei sollte nicht in einer bloßen Bezugnahme auf den Schriftsatz bestehen, sondern die wesentlichen Vorfälle substantiiert wiedergeben. Da damit gerechnet werden muß, daß der Gegner bestreitet, gilt es, Beweise zu sichern. Als sehr geeignet zur Glaubhaftmachung haben sich Farblichtbilder der verletzten Körperteile, insbesondere in Verbindung mit ärztlichen Attesten erwiesen.

Umstritten ist die Frage, ob eine einstweilige Anordnung im isolierten Verfahren nach § 13 IV HausratsVO noch neben einer gem. §§ 620 Nr. 7, 620a II 1 ZPO möglichen einstweiligen Anordnung zulässig ist, oder ob die §§ 620ff ZPO in diesem Falle leges speciales sind. Wenn der Antragsteller die Wahlfreiheit hat, sich für ein selbständiges Ehewohnungsverfahren zu entscheiden, dann muß er in diesem Verfahren auch eine einstweilige Anordnung beantragen können.[856] Einstweilige Anordnungen nach §§ 13 IV HausratsVO sind nach hier vertretener Auffassung mit der einfachen Beschwerde

---

[853] *Zöller/Philippi* § 620 Rn. 11.
[854] BGH FamRZ 1982, 788 = NJW 1982, 2561.
[855] BGH FamRZ 1982, 1200 = NJW 1983, 47.
[856] *Finger* NJW 1987, 1003.

anfechtbar.[857] Eine Schlechterstellung des Beschwerten gegenüber der Regelung in § 620c ZPO ist nicht gerechtfertigt.

Nach § 1361b II BGB kann der weichende Ehegatte eine Vergütung für die Benutzung verlangen, soweit dies der Billigkeit entspricht. Nach hier vertretener Auffassung entspricht die Vergütung nicht der Billigkeit, wenn eine Unterhaltsregelung zwischen den Ehegatten in Betracht kommt.[858] Die Gebrauchsvorteile sind im Rahmen der Unterhaltsberechnung zu berücksichtigen.[859]

Schriftsatz-Muster 31

Rechtsanwalt Schulze — Hanau, den 22. Sept. 1986

An das
Amtsgericht
– Familiengericht –
6450 Hanau

In der Familiensache
Müller ./. Müller (volles Rubrum)

beantrage ich, in der Hauptsache und im Wege der einstweiligen Anordnung – hier wegen Dringlichkeit ohne mündliche Verhandlung – zu beschließen:

1. Der Antragstellerin wird die Ehewohnung in Hanau, Hanauer Str. 1, 1. Stockwerk rechts, bestehend aus 3 Zimmern, Küche, Bad und Flur sowie einem Kellerraum, zur alleinigen Benutzung für sie und die Kinder zugewiesen.
2. Der Antragsgegner hat die Ehewohnung mit seinen persönlichen Sachen zu räumen und mit sämtlichen Wohnungs- und Hausschlüsseln an die Antragstellerin herauszugeben.
3. Eine Räumungsfrist wird nicht gewährt.
4. Dem Antragsgegner wird nach der Herausgabe das Betreten der Ehewohnung ohne oder gegen den Willen der Antragstellerin verboten. Für jeden Fall der Zuwiderhandlung wird dem Antragsgegner ein Ordnungsgeld bis zu 1000,– DM und für den Fall, daß dieses nicht beigetrieben werden kann, eine Ordnungshaft bis zu einer Woche angedroht.

---

[857] OLG Düsseldorf FamRZ 1988, 313; *Brudermüller* FamRZ 1987, 122; *Weychardt* FamRZ 1987, 241 gegen OLG Stuttgart FamRZ 1986, 1235.

[858] Vgl. *Brudermüller* FamRZ 1987, 118/119; anders wohl *Bergerfurth*, Zur geplanten Änderung des Eherechts: Anwaltszwang – Prozeßkostenhilfe – Zuweisung der Ehewohnung, FamRZ 1985, 545, 549.

[859] BGH FamRZ 1986, 434, 436.

Für die gestellten Anträge und die Zwangsvollstreckung beantrage ich unter Beifügung der Erklärung der Antragstellerin über ihre persönlichen und wirtschaftlichen Verhältnisse,

der Antragstellerin Prozeßkostenhilfe ohne Ratenzahlung unter meiner Beiordnung zu bewilligen.

Begründung:

Das angerufene Gericht ist nach § 11 II HausratsVO zuständig. Die gestellten Anträge sind gem. §§ 1361 b I BGB, 18 a, 13 IV HausratsVO, 890 ZPO begründet.

Die Antragstellerin und der Antragsgegner sind seit 1976 verheiratet. Aus der Ehe sind zwei Kinder hervorgegangen. Der Sohn Bernhard ist jetzt 8 Jahre, die Tochter Karoline 5 Jahre alt. Die Antragstellerin ist Hausfrau. Der Antragsgegner ist Dachdecker und hat seit einem Jahr Alkoholprobleme. Unter Alkoholeinfluß wird er gewalttätig. Er hat die Antragstellerin wiederholt geschlagen und beleidigt. Wenn er seinen Rausch ausgeschlafen hat, tut ihm alles leid und er verspricht Besserung.

Die Antragstellerin hat ihm bisher geglaubt, ist jedoch immer wieder enttäuscht worden. Am 9. Sept. 1986 hatte der Antragsgegner die Antragstellerin mit den Ausdrücken „Hure“ und „Sau“ beleidigt. Am 10. Sept. 1986 hat die Antragstellerin dem Antragsgegner daher erklärt, daß sie von ihm getrennt leben will und ab sofort mit den Kindern im Schlafzimmer schläft. Der Antragsgegner hat nichts dazu gesagt und im Kinderzimmer geschlafen.

Am Freitag, den 12. Sept. 1986, ist der Antragsgegner um 21.00 Uhr angetrunken nach Hause gekommen und wollte mit der Antragstellerin zärtlich werden. Die Antragstellerin hat seine Annäherungsversuche zurückgewiesen. Daraufhin hat ihr der Antragsgegner vor den Kindern mit der Faust so auf das rechte Auge geschlagen, daß die Antragstellerin sich noch in der Nacht vom Notarzt des Städtischen Krankenhauses behandeln lassen mußte.

Beweis: Eidesstattliche Versicherung der Antragstellerin,
Farblichtbild über die Verletzung der Antragstellerin,
ärztliches Attest des behandelnden Notarztes.

Am 13. September 1986 hat der Antragsgegner die Antragstellerin unter Tränen angefleht, ihm doch noch eine allerletzte Chance zu geben, und versprochen, eine Entziehungskur zu machen und sie nicht mehr zu belästigen oder zu schlagen. Da der Sohn Bernhard, der am Vater hängt, die Mutter gebeten hat, ihn in der Wohnung zu lassen, hat sich die Antragstellerin mit einem Verbleiben des Antragsgegners in der Wohnung unter der Voraussetzung einverstanden erklärt, daß er ihren Getrenntlebenswillen respektiert. Der Antragsgegner hat dies zugesagt.

Am Freitag, den 19. September 1986, ist der Antragsgegner um 16.00 Uhr betrunken von der Arbeit gekommen. Als die Antragstellerin ihm deswegen Vorhaltungen gemacht und außerdem um Wirtschaftsgeld gebeten hat, um für sich und die Kinder einkaufen zu können, hat der Antragsgegner der Antragstellerin, als sie zur Küche ging, mit einer Tischvase zweimal schwer auf den Rücken geschlagen. Den Sohn Bernhard, der dazwischengehen wollte, hat er so geohrfeigt, daß Bernhard seitdem über Schmerzen im linken Ohr klagt. Die Antragstellerin hat bei dem Vorfall schwere Prellungen mit Blutergüssen erlitten. Das Trommelfell des Sohnes ist verletzt.

Beweis: Eidesstattliche Versicherung der Antragstellerin,
Farblichtbilder über die Rückenverletzung der Antragstellerin,
ärztliches Attest für die Antragstellerin und den Sohn Bernhard.

Der Antragsgegner stellt eine Gefahr für Leib und Leben und Gesundheit der Antragstellerin und der Kinder dar. Ein weiterer Verbleib des gewalttätigen Antragsgegners in der Ehewohnung ist der Antragstellerin und den Kindern unzumutbar. Die gestellten Anträge sind daher gerechtfertigt. Es wird gebeten, unverzüglich zu entscheiden, die Entscheidung mit der Vollstreckungsklausel zu versehen und den Unterzeichner telefonisch zu benachrichtigen, damit die Entscheidung abgeholt werden kann.

Für die Streitwertberechnung wird die monatliche Miete ohne Nebenkosten mit 400,– DM angegeben.

Rechtsanwalt

---

b) Die eigenmächtige Hausratsteilung

Die eigenmächtige Hausratsteilung ist gang und gäbe. Immer wieder hört man davon, daß Rechtsanwälte ihren Mandanten den Rat gegeben haben, alles mitzunehmen, was sie brauchen. Die Mandantschaft nimmt den Rat allzu wörtlich und nimmt alles mit. Schon mancher Ehegatte hat, von der Arbeit kommend, eine leere Wohnung vorgefunden. Es ist keine Frage, daß ein solches Verhalten rechtlich nicht zulässig ist. Der mit einer leeren Wohnung zurückgelassene Ehegatte und sein beratender Anwalt müssen die Reaktionsmöglichkeiten bedenken. Die Scheidung ist nach einer derartigen Selbstbedienung, die das endgültige Aus für die Ehe bedeutet, kein Problem. Es fragt sich jedoch, ob eine gerichtliche Entscheidung beantragt werden soll und kann. Hat der Mandant nach dem Scheitern der Ehe an dem Hausrat kein Interesse mehr, hat der Hausrat vielleicht auch nur noch einen geringen Wert und will der Mandant sich deswegen neu einrichten, so ist von einem Herausgabe- oder Rückschaffungsantrag Abstand zu nehmen. Der Mandant kann bei der Unterhaltsberechnung monatlich angemessene Beträge für notwendige Hausratsanschaffungen absetzen.

Will der Mandant zumindest einen Teil der Hausratsgegenstände zurückverlangen, so kann beim zuständigen Familiengericht der Antrag auf Erlaß einer einstweiligen Anordnung – gerichtet auf Herausgabe (wenn der Mandant nicht mehr in der Ehewohnung lebt) oder Rückschaffung (wenn er in der Ehewohnung bleiben will) genau bezeichneter Hausratsgegenstände – verbunden mit dem Antrag auf Einleitung eines selbständigen Hausratsverfahrens gestellt werden. Nach dem Wortlaut der §§ 1361 a BGB, 18 a HausratsVO fallen zwar nur Herausgabeansprüche eines Ehegatten aufgrund Alleineigentums am Hausrat und Nutzungsstreitigkeiten hinsichtlich im Miteigentum der Ehegatten stehender Hausratsgegenstände unter das Hausratsverfahren. Aber Sinn und Zweck der Regelung der §§ 1361a BGB, 18a HausratsVO sowie Gründe der Praktikabilität und der Prozeßökonomie sprechen nach der Auffassung des BGH dafür, Streitigkeiten über Rechtsverhältnisse am Hausrat bereits im Falle des Getrenntlebens der Ehegatten bei denjenigen Gerichten zu konzentrieren, die diesen mit der Ehesache aufs engste verknüpften Angelegenheiten örtlich und sachlich am nächsten stehen (Sachzusammenhang, Sachnähe, Sachkunde). Nach dem Verfahren der HausratsVO sind daher auch Streitigkeiten zu behandeln, die daraus entstehen, daß sich getrenntlebende Ehegatten über die Benutzung oder den Besitz von Hausratsgegenständen nicht einigen können. Dazu zählen die Fälle, in denen ein Ehegatte eigenmächtig Hausratsgegenstände aus der Ehewohnung an einen anderen Ort verbringt und der andere Ehegatte deswegen die Wiedereinräumung des Besitzes verlangt.[860]

Die Herausgabe der zum persönlichen Gebrauch eines Ehegatten bestimmten Sachen kann im Hausratsverfahren nicht behandelt werden.[861] Für Nicht-Hausrat ist das allgemeine Zivilgericht zuständig, es sei denn, daß die Voraussetzungen der §§ 620 Nr. 8, 620a II 1 ZPO vorliegen. Schadensersatzansprüche wegen verschwundenen Hausrats sowie wegen unrechtsmäßiger Verfügung, wegen Beschädigung oder Zerstörung von Hausratsgegenständen gehören ebenfalls vor das allgemeine Zivilgericht.[862]

c) Die endgültige Hausratsteilung

Ein streitiges Verfahren auf endgültige Hausratszuteilung anläßlich der Scheidung als Folgesache und nach der Scheidung als selbständiges Verfahren kommt selten vor, da sich die Parteien in den meisten Fällen einigen. Wird die Hausratsauseinandersetzung jedoch streitig geführt, so kann sie sehr zeitaufwendig werden. Die Parteien können sich z. B. darüber streiten, wer was in die Ehe eingebracht, wer was während der Ehe angeschafft, geerbt oder als Geschenk erhalten hat, in wessen Besitz die Gegenstände sind, wann und zu welchem Preis sie angeschafft worden sind, wie ihr heutiger Verkehrswert eingeschätzt wird. Der Anwalt muß daher von vornherein darauf achten, daß die Hauptarbeit, die in der Aufstellung eines genauen Hausratsverzeichnisses besteht, vom Mandanten zu Hause schriftlich geleistet wird. Zur Aufklärung über das Hausratsverfahren kann er dem Mandanten ein Merkblatt aushändigen, das folgendermaßen aussehen kann:

Merkblatt für Hausratsauseinandersetzung

1. Was gehört zum Hausrat?
Zum Hausrat im Sinne des § 1 HausratsVO gehören nur die beweglichen Gegenstände, die nach den Vermögens- und Lebensverhältnissen der Ehegatten für die Wohnung, die Hauswirtschaft und das Zusammenleben der Familie bestimmt sind (BGH FamRZ 1984, 144, 146 = NJW 1984, 484), also beispiels-

---

[860] FamRZ 1982, 1200 = NJW 1983, 47 = JZ 1983, 73; dazu *Walter,* Die eigenmächtige Hausratsteilung, JZ 1983, 54ff.
[861] BayObLG FamRZ 1982, 399; *Zöller/Philippi* § 621 Rn. 50.
[862] BGH FamRZ 1980, 988 = NJW 1980, 2476; *Walter* JZ 1983, 55 mit Nachweisen.

weise Wohnungseinrichtung, Geschirr, Wäsche, Rundfunk- und Fernsehgerät sowie Haustiere (Kuhnt AcP 150, 133). Ein PKW ist ausnahmsweise Hausrat, wenn das Fahrzeug nach den Vermögens- und Lebensverhältnissen der Ehegatten ganz oder überwiegend dazu bestimmt ist, gemeinsam für das eheliche und familiäre Zusammenleben (Einkaufs-, Wochenend- und Urlaubsfahrten, gemeinsame Fahrten zum Arbeitsplatz, Betreuung und Schulbesuch der Kinder u. ä.) benutzt zu werden (BayOBLG FamRZ 1982, 399). Auch Gegenstände von hohem Wert einschließlich kostbarer Kunstgegenstände gehören zum Hausrat, wenn sie ihrer Art nach als Hausratsgegenstände geeignet sind und nach dem Lebenszuschnitt der Ehegatten als solche dienen (BGH FamRZ 1984, 575 = NJW 1984, 1758). Gegenstände, die ausschließlich als Kapitalanlage oder dem Beruf eines Ehegatten dienen, scheiden von vornherein für die Hausratsteilung aus; sie unterliegen dem Zugewinnausgleich (BGH FamRZ 1984, 144 = NJW 1984, 484). Ein PKW ist daher nicht als zum Hausrat gehörig anzusehen, wenn er ganz überwiegend von einem Ehegatten für seine beruflichen Zwecke allein genutzt wird (OLG Hamm FamRZ 1983, 72). Nicht zum Hausrat gehören die zum persönlichen Gebrauch eines Ehegatten bestimmten Sachen, wie Kleidung, Schmuck, Andenken.

2. Wenn Sie sich mit dem Gegner nicht darüber einigen können, wer die Wohnungseinrichtung und den sonstigen Hausrat erhalten soll, so entscheidet der Richter nach billigem Ermessen (§§ 1, 2 HausratsVO). Das bedeutet: Der Richter ist nach herrschender Meinung an die Sachanträge der Beteiligten (wer was zugeteilt haben will) nicht gebunden (BGHZ 18, 143). Er kann Ihnen auch etwas zuteilen, was Sie nicht wollen.

Der Richter hat bei seiner Entscheidung alle Umstände des Einzelfalles, insbesondere das Wohl der Kinder, die Eigentumsverhältnisse und die Angewiesenheit auf die Weiterbenutzung der Sachen zu berücksichtigen (§§ 2, 8, 9 HausratsVO).

Gemeinsames Eigentum der Ehegatten verteilt der Richter gerecht und zweckmäßig. Das heißt, er wird wirtschaftliche Einheiten, z. B. eine Einbauküche, die kein Grundstücksbestandteil ist, sondern ausgebaut und an anderer Stelle wieder eingebaut werden kann, eine Couchgarnitur, eine Stereo-Anlage oder ein Eßservice nicht auseinanderreißen, sondern zusammenlassen.

Nach § 8 II HausratsVO wird vermutet, daß Hausrat, der während der Ehe für den gemeinsamen Haushalt angeschafft ist, gemeinsames Eigentum der Ehegatten ist, es sei denn, daß das Alleineigentum eines Ehegatten feststeht, also bewiesen ist, daß der Hausratsgegenstand besonders für einen Ehegatten angeschafft ist. In der Regel ist daher von einem gemeinsamen Eigentum der Ehegatten am Hausrat auszugehen.

Alleineigentum kann bei Erbschaft oder Schenkung von seiten eines Dritten in Betracht kommen.

Erhält ein Ehegatte mehr als der andere, so hat ihm der Richter eine Ausgleichszahlung entsprechend dem Mehrwert aufzuerlegen, wenn dies der Billigkeit entspricht. Es ist nicht erforderlich, daß ein wertmäßiger Ausgleich, welcher der Beteiligung der Ehegatten an den aufgeteilten Gegenständen vollkommen entspricht, erreicht wird (BGH FamRZ 1984, 144 = NJW 1984, 484).

3. Damit ich Ihre Interessen sachgerecht vertreten kann, stellen Sie bitte ein Verzeichnis des gesamten vorhandenen Hausrats auf. Am besten nehmen Sie sich einen Doppelbogen, den Sie in 10 Rubriken einteilen. Die Rubriken überschreiben Sie oben wie folgt:

1. Laufende Nummer
2. Genaue Bezeichnung des Hausratsgegenstandes
3. In die Ehe eingebracht von wem?
4. Während der Ehe angeschafft von wem für den gemeinsamen Haushalt oder für sich allein?
5. Während der Ehe geerbt von wem?
6. Während der Ehe geschenkt von wem an wen?
7. Im Besitz von wem?
8. Anschaffungspreis und Anschaffungsjahr?
9. Geschätzter Verkehrswert heute?
10. Zuteilung wird beantragt von wem?

Nun gehen Sie von Zimmer zu Zimmer, tragen jeden in dem Zimmer befindlichen Hausratsgegenstand unter einer für das Verfahren beizubehaltenden laufenden Nummer mit genauer Bezeichnung ein und beantworten die Fragen 3–10. Trifft eine Frage nicht zu, so machen Sie einen Strich in diese Rubrik. Sind Sie damit fertig, so überlegen Sie sich, welche Hausratsgegenstände der Gegner schon mitgenommen hat. Diese Gegenstände, ebenso verliehene oder vermietete Hausratsgegenstände, tragen Sie in der beschriebenen Weise ein. Bei den Anschaffungspreisen und Verkehrswerten sollen Sie realistisch und vorsichtig sein. Die Neigung, das, was man selbst im Besitz hat, herunterzuwerten und das, was die andere Seite besitzt, heraufzuwerten, besteht auch bei der Gegenseite. Wie die Erfahrung lehrt, heben sich unrealistische Bewertungen dadurch auf oder die Annäherung an die Wahrheit liegt in der Mitte. Bei den Zuteilungsanträgen bedenken Sie bitte, daß ein ausgewogenes Verhältnis zwischen der von Ihnen gewünschten Hausratszuteilung und dem verbleibenden Hausratsrest besteht, damit keine Ausgleichszahlungen auf Sie zukommen.

4. Überlegen Sie sich bitte, wie Ihrer Meinung nach eine gerechte Hausratsteilung unter Berücksichtigung der heutigen Verkehrswerte aussehen könnte, und wo Sie nachgeben könnten, um Zugeständnisse der Gegenseite zu erreichen. Übermitteln Sie mir bitte Ihre Vorschläge mit dem Hausratsverzeichnis.

Ich werde dann mit der Gegenseite in Ihrem Sinne verhandeln.

Da Richter in jeder Lage des Verfahrens auf eine gütliche Beilegung des Streites, also einen Vergleich bedacht sein sollen, müssen Sie bei einer streitigen Auseinandersetzung auch damit rechnen, daß Sie der Richter in dieser Hinsicht befragt.

Dieses Merkblatt ist zwar lang, aber es entlastet den Anwalt zumindest von mündlichen Erklärungen zum Verfahren und macht der Partei deutlich, welche Arbeit und welche Schwierigkeiten mit einem Hausratsverfahren verbunden sein können. Die beabsichtigte abschreckende Wirkung führt vielleicht doch noch zu einer vernünftigen Vereinbarung. Denn der hohe Zeitaufwand eines streitig durchgeführten Hausratsverfahrens, wenn z. B. Beweis über die Eigentumsverhältnisse mehrerer Gegenstände erhoben werden muß, wird von den Gebühren kaum abgedeckt. Nach Eingang des Hausratsverzeichnisses und der Vorschläge der Partei wird das Verzeichnis geprüft. Auf der Basis der Vorstellungen der Partei wird sodann der Gegenseite unter Übersendung des Hausratsverzeichnisses ein Vergleichsvorschlag unterbreitet.

Kommt ein Vergleich nicht zustande, so kann der Anwalt aus dem Hausratsverzeichnis die für dic Antragsschrift erforderlichen Angaben entnehmen. Aus der Rubrik „Zuteilung wird beantragt von wem?" liest er die Gegenstände ab, die die Partei begehrt. Hat sich die Partei an den Ratschlag der Ausgewogenheit gehalten, so kann ein Antrag nach dem Beispiel des Schriftsatz-Musters 32 gestellt werden.

Schriftsatz-Muster 32

Rechtsanwältin Schnelle | Hanau, den 20. Oktober 1986

An das
Amtsgericht
– Familiengericht –
6450 Hanau

In der Ehesache
Meier./.Meier (volles Rubrum)
Az.: . . .

mache ich hiermit die Folgesache Hausratsauseinandersetzung anhängig.

Ich beantrage, für den Fall der Scheidung zu erkennen:

Der Antragstellerin werden folgende Hausratsgegenstände zu Alleineigentum zugeteilt:

1. das Wohnzimmer, bestehend aus einer ausziehbaren Ledercouch, zwei Ledersesseln, einem Couchtisch mit Glasplatte, 1 Perserteppich Täbris 3 x 4 m und einem Bücherschrank Eiche massiv,
2. das Kinderzimmer, bestehend aus einem Kinderbett, 1 Kindertisch, 1 Kinderstuhl und 1 Kinderkleiderschrank,
3. den kleineren Kleiderschrank aus dem Schlafzimmer,
4. den Kühlschrank Marke AEG aus der Küche,
5. das Eßservice und das Kaffeeservice Marke Villeroy und Boch Alt Straßburg, jeweils 24-teilig,
6. das Silberbesteck Marke Christofle, 24-teilig,
7. von der Wäsche je 12 Bettbezüge, Kopfkissen, Bettlaken, Handtücher, Geschirrtücher, Tischdecken.

Der Antragsgegner hat an die Antragstellerin die unter Nrn. 1–7 bezeichneten Hausratsgegenstände herauszugeben.

Begründung:

Die Parteien haben sich über den Hausrat nicht einigen können. Der Antragsgegner ist der unzutreffenden Ansicht, daß ihm der ganze während der Ehe für den gemeinsamen Haushalt angeschaffte Hausrat allein gehöre, da er die Anschaffungen aus seinen Einkünften bezahlt habe. Aus § 8 II HausratsVO folgt die Unrichtigkeit seiner Auffassung.

Der Zuteilungsantrag der Antragstellerin ist mehr als maßvoll, wie sich aus dem von ihr erstellten und in Fotokopie beigefügten Hausratsverzeichnis ergibt. Die Richtigkeit und Vollständigkeit dieses Verzeichnisses hat der Antragsgegner in der vorgelegten Korrespondenz nicht bestritten. Dem Antragsgegner verbleiben danach das Schlafzimmer (ohne den kleineren Kleiderschrank), das Eßzimmer, die Stereoanlage und das Fernsehgerät aus dem Wohnzimmer, die Flurgarderobe, die Badezimmerschränke und die Küche (ohne Kühlschrank). Von dem Geschirr (es sind noch ein Eßservice und ein Kaffeeservice Marke Rosenthal Romanze und ein Silberbesteck Marke WMF vorhanden) und der Wäsche erhält er die Hälfte.

Die Antragstellerin, der nach den Jugendamtsberichten das Sorgerecht für das 5 Jahre alte gemeinschaftliche Kind Sebastian zuzusprechen sein wird, bezieht jetzt mit dem Kind eine kleinere Wohnung und kann dort nicht mehr unterbringen. Das Wohnzimmer ist für die Antragstellerin und das Kind eine geeignete Wohneinheit. Zudem braucht die Antragstellerin eine Schlafgelegenheit. Die Zuteilung des Kinderzimmers an den zukünftigen Sorgeberechtigten ist selbstverständlich. Den Kühlschrank braucht die Antragstellerin vor allen Dingen für die Kühlung der Kindernahrung. Die Küche in der neuen Wohnung ist bis auf einen Kühlschrank möbliert.

Die beantragte Anordnung der Herausgabe beruht auf § 15 HausratsVO.

Rechtsanwältin

6. Güterrechtssachen

a) Zuständigkeit

Die Zuständigkeitsfragen betreffende Kasuistik nimmt ständig zu, so daß es schwerfällt, die Übersicht zu behalten. Ein Blick in die neueste Kommentarliteratur ist immer empfehlenswert. Das Gesetz hat nicht alle vermögensrechtlichen Ansprüche der Ehegatten gegeneinander dem Familiengericht zugewiesen, sondern nur die Ansprüche aus dem ehelichen Güterrecht, die letzteren auch dann, wenn Dritte am Verfahren beteiligt sind.[863]

Die Grundlinien der Rechtsprechung lassen sich wie folgt nachziehen: Familiensachen im Sinne der §§ 23b I S. 2 Nr. 9 GVG, 621 I Nr. 8 ZPO sind nur die zivilprozessualen Streitigkeiten über Ansprüche aus dem ehelichen Güterrecht. Verfahren über die Ersetzung der Zustimmung eines Ehegatten nach §§ 1365 II, 1369 II BGB gehören zu den Angelegenheiten der freiwilli-

[863] BGH NJW 1978, 1923, 1924.

gen Gerichtsbarkeit und sind ausdrücklich dem Vormundschaftsgericht zugewiesen.[864] Die Verfahren nach §§ 1382, 1383 BGB (Stundung der Ausgleichsforderung und Übertragung von Vermögensgegenständen) betreffen zwar auch güterrechtliche Ansprüche, werden aber als Verfahren der freiwilligen Gerichtsbarkeit besonders aufgeführt, um sie von den güterrechtlichen Zivilprozessen abzugrenzen (§§ 23b I, S. 2 Nr. 10 GVG, 621 I Nr. 9, 621a I 1 ZPO).

Es sind 3 Fallgruppen auseinanderzuhalten:

Fallgruppe 1:
Ansprüche aus dem ehelichen Güterrecht ergeben sich zunächst aus den Vorschriften über das gesetzliche Güterrecht (§§ 1363ff BGB). Am häufigsten kommen die Ansprüche auf Zugewinnausgleich nach § 1378 BGB und Auskunft gem. § 1379 BGB vor, aber auch die Berechtigung aus § 1368 BGB zählt dazu.[865]

Fallgruppe 2:
Weiter gehören hierher Ansprüche aus den Vorschriften über das vertragsmäßige Güterrecht (§§ 1408ff BGB) in Verbindung mit einem Ehevertrag. Eheverträge sind Vereinbarungen, in denen die Ehegatten ihre güterrechtlichen Verhältnisse durch Änderung des bestehenden Güterstandes regeln, z. B. die Vereinbarung der Gütertrennung oder der Gütergemeinschaft. Daneben fallen unter die Gruppe 2 Ansprüche aus nach § 1408 BGB zulässigen vertraglichen Vereinbarungen der Ehegatten, in denen güterrechtliche Verhältnisse im einzelnen abweichend von einer gesetzlich vorgesehenen Ausgestaltung geregelt sind.[866] Die Regelung eines güterrechtlichen Verhältnisses liegt nur dann vor, wenn die Vereinbarung den zwischen den Ehegatten bestehenden Güterstand als solchen – wenn auch nur in bezug auf einen einzelnen Vermögensgegenstand – verändert, d. h. Rechtsfolgen auslöst, die nur durch eine Änderung des bestehenden Güterstandes ermöglicht werden können. Schuld- und sachenrechtliche Rechtsgeschäfte der Ehegatten, deren Rechtsfolgen den bestehenden Güterstand unberührt lassen, stellen keine güterrechtliche Regelung dar.[867] Daher werden beispielsweise nicht als Regelung güterrechtlicher Verhältnisse angesehen: Schenkungen unter Ehegatten,[868] Ansprüche aus Schenkungswiderruf,[869] Ausgleichsansprüche aus § 426 II BGB,[870] Streitigkeiten der Ehegatten, die im gesetzlichen Güterstand leben, aus einer Miteigentumsgemeinschaft.[871]

Fallgruppe 3:
Schließlich sind den Güterrechtssachen Ansprüche aus Vereinbarungen der Ehegatten hinzuzurechnen, durch die entweder bestehende güterrechtliche

[864] BGH FamRZ 1982, 785 = NJW 1982, 2556.
[865] BGH FamRZ 1981, 1045.
[866] BGH NJW 1978, 1923.
[867] BGH NJW 1978, 1924.
[868] BGH NJW 1978, 1924.
[869] LG Bonn FamRZ 1980, 359, 360.
[870] OLG Karlsruhe Justiz 1985, 101.
[871] BayObLG FamRZ 1981, 376.

Ansprüche nachträglich modifiziert werden oder für den Fall der Auflösung der Ehe besondere Vereinbarungen über die Auseinandersetzung der güterrechtlichen Beziehungen getroffen werden.[872] Der Streit über die Wirksamkeit und den Bestand der Vereinbarung stellt zugleich einen Streit über die zugrundeliegenden güterrechtlichen Ansprüche und Rechtsbeziehungen der Ehegatten dar.[873]

Beispiele für diese Fallgruppen und damit Familiensachen sind: Der gesetzliche Anspruch des Berechtigten auf Zugewinnausgleich wird durch einen vertraglichen Ausgleichsanspruch ersetzt.[874] Eine nicht an die gesetzlichen Voraussetzungen gebundene Unterhaltsrente wird zur Abgeltung eines Anspruchs auf Zugewinnausgleich zugesagt.[875]

Beispiele für eine Nichtfamiliensache: Die Regelung der Ausgleichspflicht unter Ehegatten läßt die güterrechtlichen Verhältnisse der Parteien unberührt und ist nicht (allein oder auch) zur Abgeltung eines geschuldeten Zugewinnausgleichs begründet worden.[876]

Letztlich aus dem Gesichtspunkt des Sachzusammenhangs (größere Sachnähe zur Materie Güterrecht und bessere Sachkenntnis der Familiengerichte) hat der BGH folgende Fallkonstellationen entschieden:

- Haben die Parteien in einer Scheidungsfolgenvereinbarung die Aufteilung der Vermögensgegenstände und die Vereinbarung ihrer wechselseitigen Beteiligung an der Tilgung der Verbindlichkeiten zur einheitlichen Auseinandersetzung sowohl der güterrechtlichen als auch der sonstigen vermögensrechtlichen Beziehung getroffen und ist eine Zuordnung bestimmter Ansprüche nur zu einem der beiden Regelungsbereiche nicht möglich, so sollen erfahrungsgemäß sämtliche vertraglich begründeten Ansprüche – zumindest auch – der Auseinandersetzung der güterrechtlichen Beziehungen dienen mit der Folge, daß der Rechtsstreit über sämtliche Ansprüche Familiensache ist.[877] Entscheidend für die Zuständigkeitsfrage ist also bei den nicht selten vorkommenden Gesamtvereinbarungen das Kriterium der Trennbarkeit.
- Wird ein einheitliches prozessuales Begehren auf verschiedene sachlichrechtliche Begründungen gestützt, von denen – für sich betrachtet – nur eine das Verfahren zur Familiensache machen würde, so haben die Familiengerichte den Zuständigkeitsvorrang.[878] Im Streitfall hatte sich die Klägerin auf die Vorschriften des niederländischen Güterrechts sowie auf § 419 BGB und die Bestimmungen des Anfechtungsgesetzes berufen. Eine Ausnahme von diesem Vorrang kann dann in Betracht kommen, wenn bereits offensichtlich ist, daß die geltendgemachte güterrechtliche Anspruchsgrundlage nicht besteht.

---

872 BGH NJW 1978, 1923.
873 BGH FamRZ 1984, 35.
874 BGH FamRZ 1980, 1106 = NJW 1981, 128.
875 BGH FamRZ 1982, 262 = NJW 1982, 941.
876 BGH FamRZ 1981, 247 = NJW 1981, 2418, 2419.
877 BGH FamRZ 1980, 878, 879 = NJW 1980, 2529.
878 BGH FamRZ 1983, 155 = NJW 1983, 1913.

b) Zugewinnausgleichsverfahren: Begriffsbestimmungen und Arbeitsschritte

Hier kann nur der gesetzliche Güterstand der Zugewinngemeinschaft dargestellt werden. Streitigkeiten dieser Materie kommen in der Praxis am häufigsten vor. Wegen der seltenen Streitfälle aus dem Bereich der Gütergemeinschaft muß auf die einschlägige Kommentarliteratur verwiesen werden.

Bei Beendigung des Güterstandes ist die Feststellung einer Ausgleichsforderung ein Bilanzierungsproblem. Ob überhaupt ein hälftig zu teilender Überschuß im Sinne des § 1378 BGB besteht, hängt von einem Zugewinn bei zumindest einem Ehegatten ab. **Zugewinn** definiert § 1373 BGB als den Betrag, um den das Endvermögen eines Ehegatten sein Anfangsvermögen übersteigt. Dies bedeutet, daß vorab bei jedem Ehegatten ermittelt und bewertet werden müssen:

- Das **Anfangsvermögen** ist nach der Definition des § 1374 BGB das Vermögen, das einem Ehegatten nach Abzug der Verbindlichkeiten bei Eintritt des Güterstandes, also bei Eheschließung gehört, wenn die Ehegatten nicht durch Ehevertrag etwas anderes vereinbart haben (§ 1363 I BGB),
- und das **Endvermögen,** definiert in § 1375 BGB als das Vermögen, das einem Ehegatten nach Abzug der Verbindlichkeiten bei der Beendigung des Güterstandes gehört, also für den Fall der Scheidung gem. § 1384 BGB zum Zeitpunkt der Rechtshängigkeit des Scheidungsantrages.

Dabei sind Zugewinn, Anfangs- und Endvermögen nur Rechnungsgrößen, keine selbständigen Vermögensmassen. Der gesetzliche Güterstand der Zugewinngemeinschaft kennt nur die Vermögensmassen des Mannes und die der Frau, die auch nach der Eheschließung getrennt bleiben (§§ 1363 II, 1364 BGB) mit der bei Beendigung des Güterstandes angeordneten Rechtsfolge eines schuldrechtlichen Ausgleichs des in der Ehe erzielten Zugewinns (§ 1378 I BGB). Der Begriff **Zugewinn** ist wörtlich zu nehmen. Es handelt sich um eine positive Rechnungsgröße, also keine rote Zahl. Verluste eines Ehegatten sind nicht auszugleichen.[879] Zugewinngemeinschaft ist keine Verlustgemeinschaft.[880]

Zugewinn kann entstehen

- weil während des Bestehens des Güterstandes weitere Vermögensgegenstände erworben worden sind (Fall 1),
- weil Vermögensgegenstände, die schon als Anfangsvermögen vorhanden waren, wertvoller geworden sind (Fall 2),
- weit der Wert des Geldes, der der Bewertung zugrunde gelegt wird, geringer geworden ist (Kaufkraftschwund, Fall 3).[881]

In den beiden ersten Fällen handelt es sich um einen real vorhandenen Vermögenszuwachs, einen echten Zugewinn. Im Falle 3 ist die Werterhöhung nur scheinbar. Der scheinbare, unechte Zugewinn beruht allein darauf, daß

---

[879] OLG München FamRZ 1976, 26.
[880] MünchKomm/*Gernhuber* § 1373 Rn. 5.
[881] Grundlegend hierzu und zum folgenden: BGHZ 61, 385ff = NJW 1974, 137ff.

Anfangs- und Endvermögen nicht mit demselben Wertmesser gemessen werden, weil die Geldeinheit D-Mark im Laufe der Zeit an Wert verloren hat. Dieser Kaufkraftverlust entspricht der in dem betreffenden Zeitraum eingetretenen Verteuerung der Güter. Um bei der Berechnung den unechten Zugewinn auszuscheiden, muß eine Umrechnung erfolgen. Als praktischen Umrechnungsfaktor sieht die Rechtsprechung den Lebenshaltungsindex an, und zwar den Gesamtindex aller privaten Haushalte.[882] Denn – so der BGH – durch einen Vergleich der für den Anfangs- und den Endstichtag geltenden Lebenshaltungsindizes läßt sich mit einer für die Bedürfnisse der Rechtspraxis ausreichenden Annäherung die Verteuerung und die darauf beruhende Geldentwertung berechnen. Der Preisindex für die Lebenshaltung wird vom Statistischen Bundesamt in Wiesbaden monatlich ermittelt und veröffentlicht. Die Indizes von Januar 1962 bis einschließlich Dezember 1979 sind in NJW 1985, 955ff, die von Januar 1980 bis einschl. Dezember 1986 in NJW 1987, 765f und die für 1987 in NJW 1988, 814 mitgeteilt.

Die Umrechnungsformel des BGH lautet:[883]

$$\text{Bereinigtes Anfangsvermögen} = \text{ermitteltes Anfangsvermögen} \times \frac{\text{Index bei Güterstandbeendigung}}{\text{Index bei Güterstandbeginn}}$$

Diese von einem Teil der Literatur bemängelte Rechtsprechung ist ohne praktikable Alternative.[884] Ohne die Indexkorrektur der Rechtsprechung würde die Berechnung nach dem nominalistischen Prinzip Mark gleich Mark zu dem Ergebnis führen, daß der ausgleichsberechtigte Ehegatte bei einem erheblich sinkenden Geldwert wirtschaftlich am Anfangsvermögen des ausgleichspflichtigen Ehegatten beteiligt wird und daß diese Beteiligung mit fortschreitender Entwertung des Geldes immer größer wird. Eine solche Bevorzugung des Gläubigers der Ausgleichsforderung widerspricht dem Sinn und Zweck der Zugewinngemeinschaft. Nach der valoristischen Auffassung des BGH sollen die §§ 1372ff nur einen echten Wertzuwachs in der Zugewinngemeinschaft ausgleichen, nicht aber das Anfangsvermögen des einen Ehegatten zugunsten des anderen vermindern. Daran wird deutlich, daß die Zugewinnausgleichsforderung eine Geldwertschuld darstellt. Bei ihr wird nicht, wie bei der Geldbetragsschuld ein bestimmter Nennbetrag, sondern eine aufgrund des Wertes von Vermögensgegenständen und Vermögenskomplexen zu ermittelnde Geldleistung geschuldet.[885]

Dabei ist stets das gesamte Anfangsvermögen umzurechnen, ohne gegenständliche Beschränlung und ohne Ausgliederung bestimmter Gegenstände.[886] Ist das Anfangsvermögen überschuldet, so entfällt die Umrechnung.[887]

---

882 Auf diese notwendige Ergänzung der Rechtsprechung weist *Gernhuber* FamRZ 1984, 1059 hin.
883 BGHZ 61, 385, 393 = NJW 1974, 137, 139.
884 So auch resignierend *Gernhuber* FamRZ 1984, 1060.
885 *Jauernig/Vollkommer,* §§ 244, 245 Anm. 2c.
886 *Gernhuber* FamRZ 1984, 1060.
887 BGH FamRZ 1984, 31 = NJW 1984, 434.

Bei der Hinzurechnung von Anfangsvermögen gem. § 1374 II BGB gilt folgende Formel:[888]

$$\text{Bereinigter Erwerbswert} = \text{ermittelter Erwerbswert} \times \frac{\text{Index bei Güterstandbeendigung}}{\text{Index Erwerbszeitpunkt.}}$$

Die **Arbeitsschritte** des Rechtsanwalts sollen an einem einfachen Fall veranschaulicht werden:

Rechtsanwalt A vertritt den Mann M. Die Parteien haben am 10. Mai 1976 die Ehe geschlossen. Der Scheidungsantrag des M ist der Frau F am 25. Februar 1985 zugestellt worden. M hat am Anfangsstichtag 10000,– DM und durch erfolgreiche Börsenspekulationen ein Endvermögen von 100000,– DM geschaffen. Das Anfangsvermögen der F war 0. Am 15. Dezember 1980 hat sie ein unbebautes Grundstück im Werte von 50000,– DM geerbt, das am Endstichtag 70000,– DM wert ist.

Schritt 1: Feststellung des Zugewinns der eigenen Partei	
Endvermögen M	100000,— DM
Anfangsvermögen M 10000,– DM, die nach der Indexformel 10000 x (140,8 : 100) zu bereinigen sind.	= 14080,— DM
Zugewinn M	= 85920,— DM.
Schritt 2: Feststellung des Zugewinns der Gegenseite	
Endvermögen F	70000,— DM
Anfangsvermögen F 0, aber in Zurechnung der Erbschaft von DM 50000,– gem. § 1374 II BGB, also Anfangsvermögen DM 50000,–, die nach der Indexformel 50000 x (140,8 : 119,3) zu bereinigen sind.	= 59010,— DM
Zugewinn F	= 10990,— DM.
Schritt 3: Feststellung des Überschusses	
Zugewinn M	85920,— DM
Zugewinn F	10990,— DM
Überschuß M	74930,— DM.
Schritt 4: Feststellung der Zugewinnausgleichsforderung	
Überschuß M 74930,– : 2 Ausgleichsforderung F.	= 37465,— DM

c) Die Hauptprobleme des Zugewinnausgleichsverfahrens in der Praxis

Wer die Zahlen hat, kann leicht rechnen. In der Praxis bereiten jedoch die Ermittlung und die Bewertung der Vermögensgegenstände und der Verbindlichkeiten zum Teil erhebliche Schwierigkeiten. Dazu kommen die Probleme der Zuwendungen unter Ehegatten und im Rahmen der Angriffs- und Verteidigungsplanung einerseits die Sicherstellung der Ausgleichsforderung und andererseits die Leistungsverweigerungsrechte.

---

[888] BGHZ 101, 65, 68 = FamRZ 1987, 791 = NJW 1987, 2814; OLG Frankfurt FamRZ 1983, 395, 396; *Schwab* FamRZ 1984, 429, 436.

aa) Die Erfassung des Anfangsvermögens und des Endvermögens (Was gehört dazu?), insbesondere die Auskunftspflicht

Wenn das BGB von Anfangsvermögen und Endvermögen spricht, so meint es die Werte der Aktivvermögen[889] (nach Abzug der Verbindlichkeiten) der Ehegatten an den Bewertungsstichtagen Eheschließung und Rechtshängigkeit des Scheidungsantrags. Bei der Berechnung des Zugewinns werden nur diese Werte saldiert, sie sind notwendige Rechnungsgrößen. Das Anfangsvermögen beträgt wenigstens 0 (§ 1374 I Halbs. 2 BGB). Das Endvermögen spielt in der Regel nur dann eine Rolle, wenn es größer als 0 ist. Die hier nicht näher darzustellende Ausnahme des § 1375 I 2 BGB darf aber nicht übersehen werden.

Um die maßgeblichen Rechnungsgrößen zu erhalten, sind alle geldwerten rechtlich geschützten Positionen jedes Ehegatten an den beiden Stichtagen zu ermitteln. Nicht zu berücksichtigen sind Rechts- und Dauerschuldverhältnisse, die Ansprüche auf künftig fällig werdende wiederkehrende Einzelleistungen – insbesondere Arbeitsentgelte oder Unterhaltszahlungen – vermitteln. Sie stellen keinen gegenwärtigen Vermögenswert dar. Ihre Einbeziehung würde künftiges Einkommen vorwegnehmen.[890]

Bei der Stoffsammlung wird zweckmäßigerweise mit dem Endvermögen der eigenen Partei angefangen. Abgesehen von der Funktion des Endvermögens als Minuend besteht zu diesem Stichtag zeitliche Nähe.

Als **Positivvermögen** sind bei den Parteien am häufigsten zu bedenken:

Bargeld, Darlehensforderungen, Girokonten, bebaute und unbebaute Grundstücke, Kostbarkeiten (Gold, Silber, Schmuck), Kraftfahrzeuge, Lebensversicherungen auf Kapitalbasis, Sparguthaben (insbesondere Bausparverträge und vermögenswirksame Leistungen), Wertpapiere aller Art. Bei den Selbständigen (Handwerker, Kaufleute, freie Berufe) kommen weiter Betriebe, Unternehmen, Beteiligungen und Praxen in Betracht.

Aber auch an so atypische Einzelfälle wie Lottogewinn,[891] Schmerzensgeld,[892] Abfindungen für Schadensersatzrente und Schmerzensgeld,[893] Wiederverheiratungsabfindung der Witwe nach § 1302 RVO[894] ist zu denken.

Negativ formuliert: Gegenstand des Endvermögens und damit des Zugewinns kann nicht sein

- was dem Anfangsvermögen hinzuzurechnen ist (§ 1374 II BGB),
- was in den Versorgungsausgleich fällt (§ 1587 III BGB),
- was als Hausrat nach der HausratsVO verteilt werden kann, wobei auch Gegenstände von hohem Wert einschl. kostbarer Kunstgegenstände zum

---

[889] BGH FamRZ 1986, 37.
[890] BGH FamRZ 1980, 39 = NJW 1980, 229; FamRZ 1981, 239 = NJW 1981, 1038.
[891] BGHZ 68, 43 = FamRZ 1977, 124.
[892] BGHZ 80, 384 = FamRZ 1981, 755.
[893] BGHZ 82, 145 = FamRZ 1982, 148.
[894] BGHZ 82, 149 = FamRZ 1982, 147.

Hausrat gehören, wenn sie ihrer Art nach als Hausratsgegenstände geeignet sind und nach dem Lebenszuschnitt der Ehegatte als solche dienen,[895]
- was die Ehegatten durch Ehevertrag (§ 1408 BGB) oder durch Scheidungsfolgenvereinbarung (§ 1378 III BGB) vom Zugewinnausgleich aufgenommen haben.

Wenn es bei längeren Ehezeiten oft auch schwerfällt, im Hinblick auf die Vermutung des § 1377 III BGB muß der Rechtsanwalt seine Partei motivieren, eine Aufstellung ihres Anfangsvermögens zu fertigen und zu belegen. Denn sonst wird vermutet, daß kein Anfangsvermögen vorhanden war und das Endvermögen der Partei ihren Zugewinn darstellt.

Auskunftsanspruch und Auskunftspflicht:

Gerade wegen dieser der eigenen Partei insoweit günstigen Vermutung des § 1377 III BGB wird vom Gegner gem. § 1379 BGB nur Auskunft über den Bestand seines Endvermögens gefordert. Ein Auskunftsanspruch hinsichtlich des Anfangsvermögens besteht nicht[896] und ist auch nicht erforderlich. Das Anfangsvermögen der Gegenpartei wird aufgrund der genannten Vermutung bis zum Nachweis des Gegenteils mit 0 angenommen.

Die Auskunftspflicht besteht bereits ab Rechtshängigkeit des Scheidungsantrages (§ 1379 II BGB). Die vorgerichtliche Aufforderung an den Gegner soll bald nach diesem Zeitpunkt ergehen. Wird die Auskunft ordnungsgemäß erteilt, so sind Zugewinn und Ausgleichsforderung berechenbar und Verhandlungen über den Ausgleich möglich. Wird das Auskunftsverlangen nicht beantwortet oder wird die Auskunft verweigert, so ist der Auskunftsanspruch mit einer auch wegen der Verjährungsunterbrechung zweckmäßigen Stufenklage (§ 254 ZPO) im Verbund geltend zu machen.

Über die Auskunftsstufe kann in diesem Fall vorab durch Teilurteil entschieden werden.[897] Strebt die Partei jedoch eine baldige Scheidung an, sollte aus taktischen Gründen die Zugewinnausgleichsklage erst nach Abschluß des Scheidungsverfahrens erhoben werden. Denn erfahrungsgemäß kann ein güterrechtliches Verfahren im Verbund die Scheidung erheblich verzögern. Es besteht zwar die Möglichkeit der Abtrennung, aber die Voraussetzungen des § 628 I Nr. 3 ZPO wird der Richter erst bejahen können, wenn eine längere Zeit verstrichen ist.

Wie muß die Auskunft beschaffen sein?

Die **Grundregel** lautet: Der Auskunftsverpflichtete muß in einer geordneten und nachprüfbaren Zusammenstellung seine dem Zugewinnausgleich unterliegenden Vermögensgegenstände und Verbindlichkeiten zum Endstichtag so angeben, daß der Auskunftsberechtige den Zugewinn und die Ausgleichsforderung berechnen kann.

---

[895] BGHZ 89, 137 = FamRZ 1984, 144 = NJW 1984, 484 = JZ 1984, 380 mit Anm. *Lange* – diese Entscheidung wird im folgenden nur noch nach der amtlichen Sammlung zitiert –; BGH FamRZ 1984, 575.
[896] OLG Karlsruhe FamRZ 1981, 458.
[897] BGH FamRZ 1979, 690 = NJW 1979, 1603.

Im einzelnen gilt folgendes:
Nach § 1379 I 1 BGB hat jeder Ehegatte gegen den anderen einen **Auskunftsanspruch hinsichtlich des Endvermögens.** Die Auskunft besteht in der Vorlage eines schriftlichen Bestandsverzeichnisses (§ 260 I BGB), in dem die Aktiva und Passiva übersichtlich zusammengestellt, insbesondere die am Stichtag zum Endvermögen gehörenden Gegenstände nach Anzahl, Art und wertbildenden Merkmalen einzeln aufgeführt sind. Wertangaben muß das der Auskunftserteilung dienende Verzeichnis nicht enthalten.[898] Nicht selten werden einzelne Angaben ,,scheibchenweise" in mehreren Schriftsätzen dargereicht. Dies genügt dem Erfordernis der übersichtlichen Zusammenstellung nicht. Beispielsweise sind als wertbildende Faktoren anzugeben: Lage, Größe, Nutzung bei Grundstücken und Hersteller, Typ, Baujahr, Kilometerstand bei Kraftfahrzeugen. Bei der Auskunft über Briefmarken- und Münzsammlungen sind die wesentlichen wertbildenden Faktoren so genau wie möglich anzugeben.[899]

Der Auskunftsanspruch umfaßt die Vorlage von Bilanzen nebst Gewinn- und Verlustrechnungen für die letzten 5 Jahre vor dem Bewertungsstichstag, wenn es für die Bewertung eines Unternehmens oder einer Unternehmensbeteiligung auf die Ertragslage ankommt.[900] Bei einer Zahnarztpraxis ist eine Einnahmen/Überschußrechnung[901] und bei einer Rechtsanwaltssozietät der Gesellschaftsvertrag[902] vorzulegen. Neben der Vorlage kann auch die Erläuterung einzelner Bilanzpositionen in Anlehnung an §§ 152, 158, 160 AktG verlangt werden. Zum Auskunftsanspruch gehört auch der **Anspruch auf detaillierte Ergänzungen** bisheriger Auskünfte, wenn sich die Auskunftsbedürftigkeit aus der bisher erteilten Auskunft ergibt.[903]

Der **Anspruch auf ergänzende Auskunft** hat Vorrang vor der Verpflichtung zur Abgabe der eidesstattlichen Versicherung, wenn den Umständen nach anzunehmen ist, daß die mangelhafte Auskunft, das in einzelnen Punkten unvollständige oder unrichtige Verzeichnis auf unverschuldeter Unkenntnis oder auf einem entschuldbaren Irrtum des Auskunftsverpflichteten beruht.[904]

Zusätzlich zum Auskunftsanspruch gibt § 1379 I 2 Halbs. 2 BGB jedem Ehegatten einen besonders geltend zu machenden **Anspruch auf Wertermittlung.** Der auf Wertermittlung in Anspruch genommene Ehegatte muß, soweit er dazu imstande ist, den Wert der Vermögensgegenstände und Verbindlichkeiten zuverlässig ermitteln und angeben sowie die erforderlichen Unterlagen vorlegen, damit der Auskunftsberechtigte Vermögensgegenstände und Verbindlichkeiten selbst bewerten kann.[905] Die mit der Erteilung der Auskunft oder mit der Wertermittlung verbundenen Kosten hat der

---

[898] BGHZ 84, 31 = FamRZ 1982, 682 = NJW 1982, 1643.
[899] Empfehlungen 6. DFGT FamRZ 1986, 130, 131 A III c.
[900] BGHZ 75, 195 = FamRZ 1980, 37 = NJW 1980, 229.
[901] OLG Koblenz FamRZ 1982, 280.
[902] OLG Hamm FamRZ 1983, 812 = NJW 1983, 1914.
[903] Empfehlungen 6. DFGT FamRZ 1986, 130, 131 A III a und b.
[904] BGHZ 89, 137, 140.
[905] BGHZ 84, 31, 32.

Ehegatte als Schuldner zu tragen, der das Bestandsverzeichnis selbst erstellen oder den Wert selbst ermitteln und angeben muß.[906]

Weiter kann der **Anspruch auf Wertfeststellung durch einen Sachverständigen** geltend gemacht werden. Dieser Antrag ist neben der rechtskräftigen Verurteilung zur Auskunft zulässig.[907] Die Bewertung durch einen Sachverständigen kann verlangt werden, wenn eine zuverlässige Bewertung durch den Inhaber des Vermögensgegenstandes selbst oder aufgrund seiner Angaben durch den Auskunftsberechtigten nicht möglich ist. In diesem Fall kann der auskunftsberechtigte Ehegatte einen Sachverständigen seines Vertrauens beauftragen mit der Folge, daß ihm als Auftraggeber dessen Kosten zur Last fallen. Der auskunftsverpflichtete Ehegatte muß die Wertermittlung durch den Sachverständigen lediglich dulden, insbesondere gestatten, daß der Gutachter die Unterlagen prüft, den Gegenstand besichtigt und das zur Bewertung Erforderliche vornimmt. Der BGH erhofft sich von dieser Lösung, daß der Auskunftsberechtigte den Anspruch nur geltend macht, wenn die Beauftragung eines Sachverständigen wirklich notwendig ist.[908]

Ist ein Auskunftsurteil ergangen und erteilt der Gegner trotzdem keine Auskunft, so ist der **Auskunftstitel nach § 888 ZPO zu vollstrecken.**[909]

Die **Verpflichtung zur Abgabe der eidesstattlichen Versicherung** besteht nach § 260 II BGB, wenn Grund zu der Annahme besteht, daß das Verzeichnis nicht mit der erforderlichen Sorgfalt aufgestellt worden ist. Die Tatsachen, die den Verdacht mangelnder Sorgfalt begründen, sind vom Antragsteller darzulegen und zu beweisen.[910] Dieser Verdacht kann auch begründet sein, wenn inhaltliche Mängel des Verzeichnisses nicht festgestellt sind. Sind die Mängel aber festgestellt, so ist die Annahme mangelnder Sorgfalt entkräftet, wenn die Unvollständigkeit oder Unrichtigkeit des Verzeichnisses nicht auf Verschulden des Auskunftspflichtigen beruht oder sein Irrtum entschuldbar ist. Der auf inhaltliche Mängel des Bestandsverzeichnisses gegründete Antrag auf Abgabe der eidesstattlichen Versicherung setzt daher neben der Unvollständigkeit oder Unrichtigkeit des Verzeichnisses den Nachweis voraus, daß sich die Unvollständigkeit oder Unrichtigkeit bei gehöriger Sorgfalt hätte vermeiden lassen.[911]

---

[906] BGHZ 84, 31, 32, 33.

[907] BGHZ 84, 31, 33.

[908] BGHZ 84, 31, 33, 36.

[909] MünchKomm/*Gernhuber* § 1379 Rn. 26.

[910] *Baumgärtel,* Handbuch der Beweislast im Privatrecht, Bd. 1 § 259 BGB Rn. 2.

[911] BGHZ 89, 137, 139, 140. Zu den unterschiedlichen Verfahren und Kostenfolgen bei freiwilliger oder erzwungener eidesstattlicher Versicherung vgl. *Palandt/Heinrichs* § 261 Anm. 6c und OLG Nürnberg DAVorm 1986, 84.

Stufenklage Zugewinnausgleich

In der Familiensache
... (volles Rubrum)

beantrage ich zu erkennen:

1. der Antragsgegner wird verurteilt, der Antragstellerin
   a) Auskunft über den Bestand seines Endvermögens am 31. Dezember 1985 (Datum der Rechtshängigkeit des Scheidungsantrags) durch Vorlage eines Vermögensverzeichnisses, in dem die Aktiva und Passiva vollständig und geordnet zusammengestellt sind, zu erteilen, und
   b) den Wert der Vermögensgegenstände und der Verbindlichkeiten am Stichtag 31. Dezember 1985 zu ermitteln und anzugeben sowie nachprüfbar zu belegen, insbesondere vorzulegen die Bilanzen nebst Gewinn- und Verlustrechnungen der Firma Franz Schmidt KG für die Jahre 1981 bis 1985 sowie die Kontoauszüge über die bestehenden Giro- und Sparkonten bei der Volksbank Hanau und der Deutschen Bank Hanau, die Rückkaufwert-Bescheinigung der Allianz Lebensversicherung, den Kaufvertrag und den KFZ-Brief des PKE Mercedes 500 zum Stichtag.
2. Der Antragsgegner wird gegebenenfalls verurteilt, die richtige und vollständige Angabe des Bestandes und des Wertes der Vermögensgegenstände und der Verbindlichkeiten an Eides statt zu versichern.
3. Der Antragsgegner wird verurteilt, der Antragstellerin den nach Auskunftserteilung und Wertangabe zu beziffernden Zugewinnausgleichsbetrag zu zahlen.

Begründung:

Die Parteien, die im gesetzlichen Güterstand gelebt haben, sind auf den am 31. Dezember 1985 zugestellten Scheidungsantrag durch Urteil des Amtsgerichts Hanau vom 26. Jan. 1987 rechtskräftig geschieden worden.

Beweis: Beiziehung der Akten 60F 1355/85 Amtsgericht Hanau.

Der Antragsgegner ist durch Anwaltsschreiben vom 13. Februar 1987 unter Fristsetzung zum 31. März 1987 aufgefordert worden, Auskunft über den Bestand seines Endvermögens zu erteilen, den Wert der Vermögensgegenstände und Verbindlichkeiten zuverlässig zu ermitteln und anzugeben sowie die genannten Unterlagen vorzulegen.

Beweis: Vorlage des Anwaltsschreibens.

Der Antragsgegner hat auf diese Aufforderung überhaupt nicht reagiert, so daß Klage geboten ist.

Die Ansprüche der Antragstellerin werden auf § 1379 BGB gestützt.

Die Antragstellerin selbst hat während der Ehezeit keinen Zugewinn erzielt. Der Antragsgegner hat nach den bisherigen Erkenntnissen der Antragstellerin einen Zugewinn gemacht. Der Antragsgegner hat zwar die Antragstellerin über seine geschäftlichen Angelegenheiten wenig unterrichtet, sie weiß aber, daß er in den letzten 5 Jahren der Ehezeit seine Firma erheblich erweitert hat, Spar- und Girokonten bei der Volksbank Hanau und der Deutschen Bank Hanau unterhält, einen Lebensversicherungsvertrag bei der Allianz Lebensversicherungs AG abgeschlossen hat und einen 1985 gekauften PKW Mercedes 500 fährt.

Da der Antragstellerin jedoch nähere Einzelheiten über die Vermögensgegenstände und Verbindlichkeiten des Antragsgegners unbekannt sind, kann sie den Zugewinn des Antragsgegners und ihre Ausgleichsforderung nicht berechnen.

Rechtsanwalt/Rechtsanwältin

Schriftsatz-Muster 34

Zwangsvollstreckung Auskunftsurteil[912]

In der Familiensache
... (volles Rubrum)

beantrage ich zu beschließen:

> Gegen den Schuldner wird zur Erzwingung der im vollstreckbaren Urteil des Amtsgerichts ... vom ... – Az: ... – erfolgten Verurteilung, nämlich ... (Tenor des Auskunftsurteils einsetzen), ein Zwangsgeld von 1000,– DM festgesetzt.

Begründung:

Der Schuldner ist durch das vorgenannte Urteil zur Auskunftserteilung verurteilt worden. Das Urteil ist ihm am ... zugestellt und am ... mit der Vollstrekkungsklausel versehen worden.

Beweis: Vorlage des Urteils mit Zustellungsvermerk und Vollstreckungsklausel.

Der Schuldner hat trotz des Anwaltsbriefs vom ... bis heute keine Auskunft erteilt, obwohl Hinderungsgründe nicht ersichtlich sind.

Beweis: Vorlage des Anwaltsbriefs.

Der Schuldner befindet sich weiter mit seiner Auskunftsverpflichtung in Verzug und muß daher durch ein empfindliches Zwangsgeld zur Erfüllung der Verpflichtung angehalten werden.

Rechtsanwalt/Rechtsanwältin

---

[912] Zu den Einzelheiten des Verfahrens siehe *Schrader/Steinert,* Zwangsvollstreckung in das bewegliche Vermögen, 6. Aufl. Rn. 510ff.

bb) Die Hinzurechnung zum Anfangsvermögen und zum Endvermögen (Was ist hinzuzurechnen?)

Während unter aa) der Normalfall geschildert worden ist, sind hier die Sonderregelungen kurz zu behandeln. Aus dem Zugewinn ist das Vermögen auszuschließen, das ein Ehegatte nach Eintritt des Güterstandes von Todes wegen oder mit Rücksicht auf ein künftiges Erbrecht, durch Schenkung oder als Ausstattung erwirbt (§ 1374 II BGB). Der Teilhabegedanke, der in der Zugewinngemeinschaft verwirklicht worden ist, trifft auf diesen Vermögenserwerb nicht zu. Denn zu diesem Erwerb hat der andere Ehegatte nichts beigetragen. Das Gesetz erreicht die Neutralisierung dieser Vermögenswerte dadurch, daß sie dem Anfangsvermögen zugeschlagen werden. Die gesetzliche Regelung ist abschließend. Eine Analogie zu § 1374 II BGB hat der BGH wiederholt abgelehnt.[913] Dem Zugewinnausgleich unterliegen jedoch die Wertsteigerungen zwischen Erwerbsstichtag und Endstichtag.[914]

Wer sich von seinem Ehegatten trennen will, wird versucht sein, sein Vermögen zu vermindern, um dessen Ausgleichsanspruch zumindest zu verkürzen. Das Gesetz durchkreuzt diese Bestrebungen mit folgender Regelung: Dem Endvermögen eines Ehegatten sind die Beträge hinzuzurechnen, um die er nach Eintritt des Güterstandes durch Übermaßschenkung, Verschwendung oder Handlungen in Benachteiligungsabsicht sein Vermögen vermindert hat (§ 1375 II BGB). Dies gilt nicht, wenn die Vermögensminderung mindestens 10 Jahre vor Beendigung des Güterstandes eingetreten ist oder wenn der andere Ehegatte mit der unentgeltlichen Zuwendung oder der Verschwendung einverstanden gewesen ist (§ 1375 III BGB).

Der Auskunftsanspruch erstreckt sich auf diese dem Endvermögen hinzuzurechnenden Beträge, wenn der Berechtigte Tatsachen vorträgt, die ein Verhalten im Sinne des § 1375 II BGB nahelegen.[915]

cc) Der Abzug der Verbindlichkeiten (Was ist abzuziehen bei aa) und bb)?)

Über die beim Anfangsvermögen und Endvermögen zu berücksichtigenden Verbindlichkeiten gibt es in der Regel keinen Streit, wenn sie belegt sind. Der BGH definiert „Verbindlichkeit" vom Wort her als Bindung im Sinne einer Belastung des gegenwärtigen Aktivvermögens. **Negative Kapitalkonten** aus Beteiligungen an Abschreibungsgesellschaften – auch als „Verlusthaftung mit künftigen Gewinnen" bezeichnet – stellen daher keine das gegenwärtige Vermögen mindernden Verbindlichkeiten im Sinne des § 1375 I 1 BGB dar.[916] Die am Stichtag bereits entstandenen, aber noch nicht fälligen **Steuerschulden** sind als Verbindlichkeiten zu berücksichtigen.[917]

---

913 BGHZ 68, 43 = FamRZ 1977, 124; BGHZ 80, 384 = FamRZ 1981, 755 = NJW 1981, 1836.

914 *Schwab* FamRZ 1984, 429, 435.

915 OLG Düsseldorf FamRZ 1982, 805.

916 BGH FamRZ 1986, 37, 38.

917 OLG Hamburg FamRZ 1983, 168; *Schwab* FamRZ 1984, 429, 432.

Streitig ist, wie die Hinzurechnung zum Anfangsvermögen nach § 1374 II BGB erfolgen muß, wenn die beim Eintritt des Güterstandes bestehenden Verbindlichkeiten das in diesem Zeitpunkt vorhandene Aktivvermögen übersteigen, also das Anfangsvermögen auf 0 angesetzt werden muß.

Dem Anfangsvermögen mit der Rechnungsgröße 0 sind die nicht ausgleichspflichtigen Zuwendungen hinzuzurechnen.[918] Die Gegenmeinung, die den nach § 1374 II BGB ausgleichsfreien Erwerb als Privilegierung versteht, will das Hinzuerworbene der negativen Wertgröße hinzurechnen, da andernfalls der Ehegatte doppelt bevorzugt würde.[919] Die Theorie von der doppelten Privilegierung ist bisher eine Begründung für ihre Ausgangsbasis schuldig geblieben, daß § 1374 II BGB als privilegierter Erwerb verstanden werden müsse. Sie setzt sich damit über den Grund des Gesetzes hinweg, daß die Erwerbsfälle des § 1374 II BGB vom Teilhabegedanken nicht gerechtfertigt und daher nicht ausgleichspflichtig sind.

dd) Bewertungsstichtage und Bewertungsgrundsätze

§ 1376 BGB bestimmt die Bewertungsstichtage für das Anfangsvermögen und das Endvermögen, für die Hinzurechnungen zum Anfangsvermögen und zum Endvermögen sowie für die Verbindlichkeiten.

Bei der Bewertung des Anfangsvermögens und des Endvermögens ist der **„wirkliche" Wert** der einzelnen Vermögensgegenstände zu ermitteln. Der Bewertung einer Eigentumswohnung kann ein Mittelwert zwischen Sachwert und Ertragswert zugrunde gelegt werden. Der „wirkliche" Wert kann mit dem Veräußerungswert zusammenfallen, wenn die Vermögensgegenstände zur Veräußerung bestimmt sind oder zur Erfüllung der Zugewinnausgleichsforderung veräußert werden müssen. Er kann aber auch höher sein als der aktuelle Veräußerungswert. Immobilien, die nicht verkauft werden sollen, dürfen nicht mit einem hypothetischen Verkaufswert angesetzt werden. Ein vorübergehender Preisrückgang beeinflußt daher den „wirklichen" Wert nicht.[920]

Bei **Grundstücken** kann die Wertschätzung nach der Verordnung über Grundsätze für die Ermittlung des Verkehrswertes von Grundstücken in der Fassung vom 15. August 1972 (Wertermittlungsverordnung BGBl. I, 1417 = Sartorius Nr. 310) erfolgen.[921] In der Wertermittlungsverordnung sind das Vergleichswertverfahren, nach dem in der Regel der Bodenwert zu ermitteln ist, das Ertragswertverfahren, das bei der Bewertung von Mietshäusern in Betracht kommt, und das für Eigenheime wichtige Sachwertverfahren verständlich beschrieben. Zur außergerichtlichen und gerichtlichen Streiterledigung müssen jedoch häufig **Sachverständige** mit der Schätzung und Ermittlung des Grundstückswertes beauftragt werden. Das Gutachten ist nur dann praktisch brauchbar, wenn seine Ansätze Punkt für Punkt nachprüfbar be-

---

[918] *Staudinger/Thiele* § 1374 Rz. 32 mit Nachweisen.
[919] *Schwab* FamRZ 1984, 429, 435.
[920] BGH FamRZ 1986, 37, 39, 40.
[921] OLG Fankfurt/M. FamRZ 1980, 576.

gründet sind. Der Rechtsanwalt muß daher jeden einzelnen Bewertungsfaktor des Sachverständigengutachtens kritisch würdigen, nicht nachvollziehbare Feststellungen beanstanden und die Ladung des Sachverständigen zum Erläuterungstermin rechtzeitig beantragen.[922]

Bei der Ermittlung des Zugewinnausgleichs ist auch der innere Wert (Geschäftswert, **Goodwill**) zu berücksichtigen, z. B. bei der Bewertung der Praxis eines Vermessungsingenieurs,[923] eines Bäckereibetriebes,[924] einer Unternehmensbeteiligung,[925] einer Zahnarztpraxis,[926] einer Druckerei[927] oder einer Anwaltspraxis.[928] Es sind dabei folgende **Feststellungen** zu treffen: Ist es üblich, ein solches Unternehmen als Ganzes zu verkaufen? Werden bei solchen Verkäufen Preise gezahlt, die nach den Vorstellungen der Vertragsparteien wesentlich über den reinen Sachwert hinausgehen? Ist es bei dem Kreis dieser Freiberufler üblich, sich wenigstens einen Teil der Alters- oder Hinterbliebenenversorgung dadurch zu verschaffen, daß ein jüngerer Kollege in die Praxis als Sozius eintritt und daß die so eingegangene Verpflichtung wertmäßig das Entgelt für die Mitbenutzung und gegebenenfalls die spätere Übernahme der reinen Sachwerte nicht unerheblich übersteigt? Bietet auch das Unternehmen der Partei die Möglichkeit, in dieser Weise genutzt zu werden, und wie hoch ist der Wert für eine solche Nutzung anzusetzen?[929]

Das Anwartschaftsrecht aus einer **Lebensversicherung** ist für die Bewertung mit dem Rückkaufswert am Stichtag als seinem gegenwärtigen Vermögenswert anzusetzen.[930]

Mit der Bewertung eines **landwirtschaftlichen Betriebes** beschäftigt sich der BGH in seinem Urteil vom 7. Mai 1986.[931] Zu beachten ist, daß § 1376 IV BGB nach dem Beschluß des BVerfG vom 16. Oktober 1984 insoweit mit Artikel 3 I in Verbindung mit Artikel 6 I GG unvereinbar ist, als ausnahmslos der Ertragswert den Bewertungsmaßstab bildet.[932]

Besondere Schwierigkeiten bereitet der Praxis die **Unternehmensbewertung.** Als in Betracht kommender wirklicher Wert, Verkehrswert, werden je nach äußerer und innerer Lage des Unternehmens genannt der Ertragswert (Summe aller zukünftigen Erträge des fortgeführten Unternehmens), der Substanzwert (Wert aller Vermögensgegenstände des fortzuführenden Unternehmens, der sich bei einer Wiederbeschaffung der einzelnen Gegenstände nach Abzug der Verbindlichkeiten ergäbe), der Geschäftswert (der über den

---

922 Vgl. zur Erläuterung des Gutachtens *Thomas/Puto* § 411 Anm. 3.
923 BGH FamRZ 1977, 38 = NJW 1977, 378.
924 BGHZ 70, 224 = FamRZ 1978, 332.
925 BGHZ 75, 195 = FamRZ 1980, 37; BGH FamRZ 1986, 1196.
926 OLG Koblenz FamRZ 1982, 280.
927 OLG Düsseldorf FamRZ 1984, 699 (sehr ausführliche lesenswerte Entscheidung!).
928 OLG Frankfurt FamRZ 1987, 485. Zur Bewertung von Anwaltspraxen vgl. auch den Bericht des BRAK-Ausschusses in BRAK-Mitt. 1986, 119ff.
929 BGH FamRZ 1977, 38, 40.
930 BGH FamRZ 1981, 239.
931 BGH FamRZ 1986, 776.
932 BVerfGE 67, 348ff. = FamRZ 1985, 256 = NJW 1985, 139.

Substanzwert hinausgehende und beispielsweise auf Namen, Qualität des Personals, Standort, Verbindungen des Unternehmens beruhende Wert), und der Liquidationswert (Wert aller Vermögensgegenstände des zu beendigenden Unternehmens, der sich bei einer Veräußerung der einzelnen Gegenstände abzüglich der Schulden erzielen ließe). *Piltz/Wissmann* meinen, daß die Unternehmensbewertung beim Zugewinnausgleich richtigerweise nur nach der Ertragswertmethode vorzunehmen sei. Begründet wird diese Auffassung damit, daß ein potentieller Käufer sich bei seinen Preisvorstellungen wesentlich an dem zu erwartenden Nutzen ausrichtet und sich infolgedessen für ein Unternehmen regelmäßig nur der Preis erzielen läßt, der dem Käufer bei Fortführung des Unternehmens eine angemessene Verzinsung des eingesetzten Kapitals verspricht.[933] Das Ertragswertverfahren erfordert jedoch eine Prognose der Zukunftserträge und des Kapitalisierungszinsfußes.[934] Zutreffend weist *Rid* daraufhin, daß das reine Ertragswertverfahren mangels sicherer Prognosemethoden die Bewertungsschwierigkeit der Praxis nicht behebe.[935] Rechtsanwalt und Richter müssen sich daher bei der Unternehmensbewertung durch Anwendung unterschiedlicher Verfahren dem wirklichen Wert annähern, zum Beispiel den Ertragswert mit dem Substanzwert kombinieren oder das eine Verfahren durch das andere korrigieren.[936] In der Regel ist dies ohne ein die genannten Verfahren berücksichtigendes Bewertungsgutachten eines erfahrenen Wirtschaftsprüfers nicht möglich. Für die Verwertung des Sachverständigengutachtens gelten die Ausführungen zur Grundstücksbewertung sinngemäß.

ee) Zuwendungen unter Ehegatten

Zuwendungen (freiwillige Leistungen ohne Gegenleistung) können **Schenkungen** sein **oder sogenannte unbenannte Zuwendungen unter Ehegatten.** Eine Schenkung setzt voraus, daß der erworbene Vermögenswert aus dem Vermögen des Zuwendenden kommt und sich beide Teile über die Unentgeltlichkeit der Zuwendung einig sind. Fehlt es an der Einigung über die Unentgeltlichkeit und sollte die Zuwendung der ehelichen Lebensgemeinschaft dienen, so handelt es sich um eine sogenannte unbenannte Zuwendung unter Ehegatten.[937] Das ist zum Beispiel der Fall, wenn Ehegatten als Miteigentümer je zur Hälfte ein Hausgrundstück erwarben, es als Familienheim benutzten, der ganze Kaufpreis durch ein von beiden Eheleuten aufgenommenes Darlehen aufgebracht wurde und die laufenden Raten für Verzinsung und Tilgung des Darlehens der Mann aus seinem Einkommen zahlte.[938]

---

[933] *Piltz/Wissmann,* Unternehmensbewertung beim Zugewinnausgleich nach Scheidung, NJW 1985, 2673, 2677, 2678.
[934] *Piltz/Wissmann,* NJW 1985, 2679.
[935] *Rid,* Nochmals: Unternehmensbewertung beim Zugewinnausgleich nach Scheidung, NJW 1986, 1317f.
[936] *Johannsen,* Vermögensrechtliche Auseinandersetzung unter Ehegatten nach Auflösung der Ehe beim Güterstand der Zugewinngemeinschaft, WM 1978, 654, 660.
[937] BGHZ 82, 227 = FamRZ 1982, 246 = NJW 1982, 1093; BGH FamRZ 1982, 778.
[938] Fall Sparkassendirektor BGHZ 82, 227.

Hier sind bei Scheidung der Ehe folgende Fragen zu beantworten:

Sind die Zuwendungen des Mannes dem Anfangsvermögen der Frau gemäß § 1374 II BGB hinzuzurechnen?
Kommt eine Anrechnung nach § 1380 BGB in Betracht?
Nach welchen Vorschriften werden die Zuwendungen des Mannes ausgeglichen?

Beim Regelfall der unbenannten Zuwendung – vom BGH auch ehebedingte Zuwendung genannt –, die nicht Schenkung ist, greift **§ 1374 II BGB nicht** ein.[939] Die Frage, ob § 1374 II BGB überhaupt Schenkungen unter Ehegatten erfaßt, hat der BGH wie zuvor das OLG Frankfurt am Main und ein Teil der Literatur dahingehend beantwortet, daß diese Vorschrift auch auf echte Schenkungen zwischen Ehegatten nicht anzuwenden ist.[940] § 1374 II BGB paßt nach seinem Sinn und Zweck nicht auf den Fall der Zuwendung eines Ehegatten an den anderen. Denn in diesem Fall hat der zuwendende Ehegatte zum Erwerb des empfangenden Ehegatten alles aus seinem Vermögen beigetragen. Diese Bestimmung ist auf Zuwendungen von dritter Seite zugeschnitten,[941] also auf Schenkungen von außen, aber nicht auf Binnenschenkungen.

§ 1380 BGB setzt voraus, daß eine Ausgleichsforderung des Zuwendungsempfängers besteht, auf die eine Zuwendung angerechnet werden kann. Für die Fälle, in denen der Zuwendungsempfänger nicht ausgleichsberechtigt ist, zum Beispiel weil er im voraus mehr erhalten hat, als sein Zugewinnausgleichsanspruch ohne die Zuwendung ausmachen würde, trifft § 1380 keine BGB Regelung. Der Zuwendende kann hier nach § 1378 I BGB einen Ausgleichsanspruch geltend machen, wenn der Zuwendungsempfänger – dank der Zuwendung – den höheren Zugewinn gemacht hat. Hat ein Ehegatte dem anderen eine Zuwendung aus seinem Anfangsvermögen gemacht, aber selbst keinen Zugewinn erzielt, so kann er nach § 1378 I BGB die Hälfte des Wertes der Zuwendung zurückverlangen.[942] Beispiel für **überhöhte Vorwegleistung** (Fall Saudi-Arabien): Die Parteien haben 1972 die Ehe geschlossen und im gesetzlichen Güterstand gelebt. Kurz danach erwarben sie als Miteigentümer je zur Hälfte ein Hausgrundstück für 200000.– DM. Den gesamten Kaufpreis bestritt der Mann aus seinem in dieser Höhe bereits vor der Eheschließung vorhandenen Vermögen, das er im wesentlichen durch seine Arbeit in Saudi-Arabien erworben hatte. Die Frau brachte kein Vermögen in die Ehe ein. Die Parteien benutzten das Haus, erwarben jedoch kein weiteres Vermögen. 1978 wurde die Ehe geschieden. Die überhöhte Vorwegleistung ist im Beispielsfall offensichtlich. In Zweifelsfällen sollte eine

---

[939] BGHZ 82, 227, 234.

[940] BGHZ 101, 65, 70 = FamRZ 1987, 791, 792 = NJW 1987, 2814; OLG Frankfurt, FamRZ 1987, 62 mit Nachweisen und zustimmender Anmerkung Netzer FamRZ 1987, 67ff.; a. A. OLG München FamRZ 1987, 67.

[941] *Reinicke/Tiedtke,* Güterrechtlicher Ausgleich bei Zuwendungen eines Ehegatten zu den anderen und Wegfall der Geschäftsgrundlage, WM 1982, 946, 950.

[942] BGHZ 82, 227, 234, 235; BGH FamRZ 1982, 778, 779. Vgl. auch *Grünewald,* Die neue Rechtsprechung und Lehre zu § 1380 BGB, NJW 1988, 109ff.

Doppelberechnung vorgenommen werden,[943] und zwar nach folgendem Muster:

In einer ersten Berechnung ist unter Anwendung des § 1380 BGB zu prüfen, ob der Zuwendungsempfänger einen Zugewinnausgleichsanspruch hat.

Endvermögen Mann	100000,— DM
Zuzüglich Wert der Zuwendung	100000,— DM
Bereinigtes Endvermögen Mann	200000,— DM
Anfangsvermögen Mann	200000,— DM
Zugewinn Mann	0
Endvermögen Frau	100000,— DM
Abzüglich Wert der Zuwendung	100000,— DM
Bereinigtes Endvermögen Frau	0
Anfangsvermögen Frau	0
Zugewinn Frau	0

Wenn der Zuwendungsempfänger – wie hier – keinen Ausgleichsanspruch hat, so ist in einer zweiten Berechnung ohne Anwendung des § 1380 BGB zu untersuchen, ob dem Zuwendenden eine Ausgleichsforderung zusteht.

Endvermögen Mann	100000,— DM
Anfangsvermögen Mann	200000,— DM
Zugewinn Mann	0
Endvermögen Frau	100000,— DM
Anfangsvermögen Frau	0
Zugewinn Frau	100000,— DM
Überschuß Frau	100000,— DM,
also Ausgleichsforderung Mann	50000.— DM.

Beispiel für die **Durchführung einer Anrechnung nach § 1380 BGB:**

Mann Anfangsvermögen 30000,– DM, Endvermögen 90000,– DM
Frau Anfangsvermögen 10000,– DM, Endvermögen 30000,– DM
Zuwendung Mann an Frau: 10000,– DM

Hinzurechnung der Zuwendung zum Endvermögen des Zuwendenden (§ 1380 II BGB):

Endvermögen Mann	90000,— DM
Zuzüglich Zuwendung	10000,— DM
Bereinigtes Endvermögen Mann	100000,— DM
Anfangsvermögen Mann	30000,— DM
Zugewinn Mann	70000,— DM

Herausrechnung der Zuwendung aus dem Endvermögen der Zuwendungsempfängerin (BGHZ 82, 235):

Endvermögen Frau	30000,— DM
Abzüglich Zuwendung	10000,— DM
Bereinigtes Endvermögen Frau	20000,— DM
Anfangsvermögen Frau	10000,— DM
Zugewinn Frau	10000,— DM

943 *Schwab,* FamRZ 1984, 528.

Überschuß Zugewinn Mann 70000,– DM – Zugewinn Frau 10000,– DM = 60000,– DM

Ausgleichsforderung Frau 60000,– DM : 2 = 30000,– DM

Anrechnung der Zuwendung auf die Ausgleichsforderung (§ 1380 I BGB):

30000,– DM – 10000,– DM = 20000,– DM als verbleibende Ausgleichsforderung der Frau.

Nach der ständigen Rechtsprechung des BGH sind unbenannte Zuwendungen nicht als echte Schenkungen anzusehen, so daß die Vorschriften über den Widerruf von Schenkungen nicht anwendbar sind. Bereicherungsrechtliche Ansprüche kommen nicht in Betracht, da durch das Scheitern der Ehe frühere Zuwendungen eines Ehegatten an den anderen ebensowenig rechtsgrundlos werden wie durch die Scheidung. Die Scheidung der Ehe vereitelt auch keinen mit der Zuwendung etwa bezweckten Erfolg. Die speziellen Vorschriften über den Zugewinnausgleich gehen im allgemeinen den aus § 242 BGB abgeleiteten Grundsätzen über den Wegfall der Geschäftsgrundlage vor. Ein Rückgriff auf die Grundsätze über den Wegfall der Geschäftsgrundlage ist als Ausnahme von dieser Regel nur gerechtfertigt, wenn es schlechthin unangemessen wäre, den Zuwendenden auf die Auseinandersetzung des Miteigentums nach §§ 749ff. BGB und auf den wertmäßigen Ausgleich nach § 1378 I BGB zu verweisen.[944]

Schriftsatz-Muster 35

(In Anlehnung an OLG Frankfurt FamRZ 1983, 395ff)

An das
Amtsgericht
– Familiengericht –
6450 Hanau am Main

Hanau, den 10. März 1983

In der Familiensache

....

(volles Rubrum)

----

beantrage ich zu erkennen:

Die Beklagte wird verurteilt, an den Kläger 124953,28 DM nebst 4% Zinsen seit Klagezustellung zu zahlen.

Begründung:

Die am 1. Juli 1958 geschlossene Ehe der Parteien, die im gesetzlichen Güterstand der Zugewinngemeinschaft gelebt haben, ist auf die am 28. Oktober 1977 zugestellte Scheidungsantragsschrift durch Urteil des Amtsgerichts Hanau vom 6. November 1981 geschieden worden. Das Urteil ist rechtskräftig.

[944] BGHZ 82, 227, 231, 233; BGH FamRZ 1982, 778, 779.

Beweis: Beiziehung der Akten 60 F 324/77.

Die Beklagte hat auf wiederholte Anforderungen des Klägers endlich im November vorigen Jahres Auskunft über ihr Endvermögen erteilt. Der Kläger hat die Beklagte mit Anwaltsschreiben vom 15. Januar 1983 unter Fristsetzung zum 28. Februar 1983 aufgefordert, den von ihm errechneten Zugewinnausgleich in Höhe von 124953,28 DM zu zahlen. Die Beklagte hat Mitte Februar 1983 eine Zugewinnausgleichszahlung mit der Begründung abgelehnt, ihr Anfangsvermögen sei durch diesem hinzuzurechnendes Vermögen so hoch, daß ihr Zugewinn den des Klägers nicht überschreite.

Beweis: Vorlage des Aufforderungsschreibens des Klägers und des Ablehnungsschreibens der Beklagten.

Klage ist daher geboten.

Aufgrund der erteilten Auskünfte ist der Zugewinnausgleichsanspruch des Klägers gemäß § 1373 ff BGB auf 124953,28 DM zu beziffern, wie sich aus nachstehender Berechnung ergibt.

1. Feststellung des Zugewinns des Klägers

Sein Endvermögen hat bei Rechtshängigkeit des Scheidungsantrags am 28. Oktober 1977 bestanden aus:

a) Sparguthaben bei der Dresdner Bank Hanau Beweis: Vorlage des Sparbuchs	50000,— DM
b) Rückkaufwert der Lebensversicherung bei der IDUNA Beweis: Vorlage des Schreibens der IDUNA Lebensvers. AG	15194,02 DM
c) Pkw Mercedes Neupreis 1975 30000,– DM, Verkehrswert am 28. Oktober 1977 Beweis: Vorlage des Kaufvertrages sowie des Kfz-Briefes und Sachverständigengutachten	20000,— DM
Aktivvermögen	85194,02 DM
Verbindlichkeiten	0
Endvermögen des Klägers	85194,02 DM
Anfangsvermögen des Klägers bei Beginn des Güterstands am 1. Juli 1958	0
Zugewinn des Klägers	85194,02 DM

2. Feststellung des Zugewinns der Beklagten

Das Endvermögen der Beklagten setzt sich zusammen aus:

a) Hausgrundstück in Hanau-Hohe-Tanne, Amselweg 25, dessen wirklicher Wert bei Beendigung des Güterstands anzusetzen ist mit Beweis: Sachverständigengutachten	300000,— DM

Der Ansicht der Beklagten, das Hausgrundstück sei höchstens 250000,– DM wert, kann nicht gefolgt werden, da sie Lage und Nutzungsmöglichkeiten des Grundstücks nicht ausreichend berücksichtigt.

b) Sparguthaben bei der Deutschen Bank Hanau zum 28. Oktober 1977	65000,— DM
Beweis: Vorlage des Sparbuchs	
c) Rückkaufwert der Lebensversicherung bei der Allianz zum Endstichtag	14329,26 DM
Beweis: Vorlage des Schreibens der Allianz Lebensvers. AG	
Aktiva	379329,26 DM
Passiva	0
Endvermögen der Beklagten	379329,26 DM

Das Anfangsvermögen der Beklagten bestand am 1. Juli 1958 in einem Sparguthaben von 10000,– DM. Dem Anfangsvermögen sind hinzuzurechnen die Geldgeschenke ihres Vaters, der ihr 1970 5800,– DM und 1973 13709,38 DM geschenkt hat. Verbindlichkeiten hatte die Beklagte weder bei Beginn des Güterstandes noch zu den genannten Erwerbstichtagen. Entgegen der Auffassung der Beklagten kann ihrem Anfangsvermögen nicht der sich auf 130000,– DM belaufende Wert des Hausgrundstückes in Hanau-Hohe-Tanne hinzugerechnet werden. Dieses Grundstück hat die Beklagte 1960 für 130000,– DM als Alleineigentümerin erworben. Den Kaufpreis hatte ihr der Kläger aus seinem Vermögen zur Verfügung gestellt, ohne daß die Parteien sich über die Unentgeltlichkeit der Zuwendung einig gewesen sind. Das Hausgrundstück sollte der ehelichen Lebensgemeinschaft der Parteien dienen und insbesondere den Wohnbedarf der Familie decken. Es handelt sich daher um eine sogenannte unbenannte Zuwendung unter Ehegatten. Bei der ehebedingten Zuwendung unter Ehegatten, die nicht Schenkung ist, ist § 1374 II BGB nicht anzuwenden (BGHZ 82, 227, 234). Derartige Zuwendungen werden nach den besonderen Vorschriften über den Ausgleich des Zugewinns ausgeglichen (BGHZ 82, 227, 233ff).

Um den unechten Zugewinn auszuscheiden, der auf dem Kaufkraftschwund des Geldes beruht, müssen jedoch die ermittelten Werte nach der Indexformel des BGH (BGHZ 61, 385, 393) und der Obergerichte (OLG Frankfurt FamRZ 1983, 395, 396) bereinigt werden. Somit errechnet sich bezogen auf den Index für 1976 = 100 folgendes reale Anfangsvermögen der Beklagten:

a) $\frac{10000{,}00 \text{ DM} \times 103{,}5 \text{ (Index 1977)}}{54{,}3 \text{ (Index 1958)}} = 19060{,}77 \text{ DM}$

b) $\frac{5800{,}00 \text{ DM} \times 103{,}5 \text{ (Index 1977)}}{71{,}5 \text{ (Index 1970)}} = 8395{,}80 \text{ DM}$

c) $\frac{13709{,}38 \text{ DM} \times 103{,}5 \text{ (Index 1977)}}{84{,}6 \text{ (Index 1973)}} = 16772{,}11 \text{ DM}$

zusammen	44228,68 DM
Endvermögen der Beklagten	379329,26 DM
Anfangsvermögen der Beklagten	44228,68 DM
Zugewinn der Beklagten	335,100,58 DM

3. Feststellung des Überschusses

Zugewinn der Beklagten	335 100,58 DM
Zugewinn des Klägers	85 194,02 DM
Überschuß der Beklagten	249,906,56 DM

4. Feststellung der Zugewinnausgleichsforderung

Von dem Überschuß in Höhe von 249 906,56 DM steht dem Kläger gemäß § 1378 I BGB die Hälfte = 124 953,28 DM als Ausgleichsforderung zu.

Der Zinsanspruch folgt aus § 291 BGB.

Rechtsanwalt/Rechtsanwältin

ff) Angriffs- und Verteidigungsplanung

Nicht selten ist folgende Anwaltsstrategie zu beobachten: Der Zugewinn der eigenen Mandantschaft wird mit Null oder zu gering angenommen und der der gegnerischen Partei überhöht. Dieses Ergebnis läßt sich zum Beispiel dadurch erreichen, daß zum einen das Anfangsvermögen der eigenen Partei zu hoch und ihr Endvermögen zu niedrig angesetzt sowie zum anderen beim Anfangsvermögen und Endvermögen des Gegners umgekehrt verfahren wird, insbesondere seine das Endvermögen mindernden Verbindlichkeiten gar nicht oder nur unvollständig berücksichtigt werden. Vor einer solchen Strategie kann nur gewarnt werden. Sie hebt sich selbst auf, wenn sich der Gegner derselben Methode bedient. Auf jeden Fall wird mit einer nach diesem Muster verfassten Klageschrift eine überhöhte Ausgleichsforderung geltend gemacht. Ein übersetzter Anspruch belastet jedoch die Partei mit unnötigen Kosten. Letztlich droht dem Rechtsanwalt sogar die Gefahr eines Regresses wegen schlechter Prozeßführung.

Die **richtige Vorgehensweise** läßt sich mit den Stichworten Ermitteln, Bewerten, Ausgleichen umreißen. Der Anwalt muß, wie zuvor beschrieben, sämtliche Vermögensgegenstände und Verbindlichkeiten der Parteien zu den Stichtagen erfassen, danach so realistisch wie möglich bewerten und schließlich die Ausgleichsforderung in der als richtig erkannten Höhe beziffern.

Zuweilen stellt sich für den Anwalt des ausgleichsberechtigten Ehegatten während des Scheidungsverfahrens das Problem, die im Falle der Scheidung entstehende **Ausgleichsforderung** vor Vermögensmanipulationen des ausgleichsverpflichteten Ehegatten zu **sichern.** Hier kann gemäß § 1389 BGB Sicherheitsleistung verlangt werden. Das Verlangen kann durch Klage auf Sicherheitsleistung[945] oder durch Antrag auf Erlaß eines Arrestes wegen des Anspruchs auf Sicherheitsleistung[946] nach Inverzugsetzung des Verpflichteten gerichtlich durchgesetzt werden. Bei dem Antrag und der gerichtlichen Entscheidung ist zu beachten, daß der Schuldner hinsichtlich der Art der Sicherheitsleistung (§§ 232ff BGB) ein Wahlrecht hat, das erst bei der nach § 887 ZPO durchzuführenden Zwangsvollstreckung auf den Gläubiger

[945] OLG Düsseldorf FamRZ 1984, 704.
[946] OLG Köln FamRZ 1983, 709; OLG Hamm FamRZ 1985, 71.

übergeht.[947] Ein Anspruch auf Sicherheitsleistung besteht auch bei erhobener Gestaltungsklage auf vorzeitigen Ausgleich des Zugewinns (§§ 1385, 1386, 1389 BGB).

Die **Rechtsverteidigung der verklagten Partei** besteht zunächst darin, die Stoffsammlung sowie die Bewertungen und Berechnungen der Klageschrift Punkt für Punkt kritisch zu prüfen. Sodann sind die abweichenden Beurteilungen so substantiiert wie möglich und nötig unter Beweisantritt vorzutragen.

Der Rechtsanwalt der in Anspruch genommenen Partei muß ferner bedenken, ob **Leistungsverweigerungsrechte nach § 273 BGB oder wegen Verjährung (§§ 1378 IV, 222 BGB) oder grobe Unbilligkeit (§ 1381 BGB)** geltend zu machen sind **oder ein Antrag auf Stundung** der Ausgleichsforderung gemäß § 1382 BGB geboten ist. Das Zurückbehaltungsrecht darf allerdings nicht dazu benutzt werden, die Auseinandersetzung zu blockieren.[948] Gemäß § 1378 IV 1 BGB verjährt die Ausgleichsforderung in drei Jahren, wobei die Frist mit dem Zeitpunkt beginnt, mit dem der Ehegatte (Zugewinnausgleichsgläubiger) erfährt, daß der Güterstand beendet ist. Der auf Ausgleich des Zugewinns in Anspruch genommene Ehegatte trägt die Beweislast für die Kenntnis des Gläubigers von der Beendigung des Güterstandes.[949]

§ 1381 BGB gibt dem Ausgleichsschuldner ein dauerndes mit der Einrede oder der negativen Feststellungsklage geltend zu machendes Leistungsverweigerungsrecht, „soweit der Ausgleich des Zugewinns nach den Umständen des Falles grob unbillig wäre." Der Gesetzgeber hat den Zugewinnausgleich aus Gründen der Klarheit und Rechtssicherheit schematisch und pauschalierend geregelt und für die Ausnahmefälle, in denen „die Gewährung des Ausgleichsanspruchs in der vom Gesetz grundsätzlich vorgesehenen Weise dem Gerechtigkeitsempfinden in unerträglicher Weise widersprechen würde", mit der Vorschrift des § 1381 I BGB eine Korrekturmöglichkeit geschaffen.[950] Diese Bestimmung dient daher nicht der Korrektur des abstrakten Gesetzes, sondern des konkreten Fallergebnisses.[951] Aus § 1381 II BGB folgt, daß grobe Unbilligkeit ein länger andauerndes schuldhaftes Verhalten des ausgleichsberechtigten Ehegatten voraussetzt, und daß das Fehlverhalten nicht nur wirtschaftlicher, sondern auch anderer Art sein kann (Argument „insbesondere"). Immer müssen die gesamten Umstände des Einzelfalles berücksichtigt werden.[952] Pflichtwidrigkeiten nicht wirtschaftlicher Art können als unerheblich angesehen werden, wenn sie sich auf das wirtschaftliche Ergebnis der Ehe nicht nachhaltig ausgewirkt haben.[953] Bei

---

947 *Palandt/Heinrichs* § 232 Anm. 1.

948 BGH FamRZ 1985, 48 = JR 1985, 319 mit zustimmender Anmerkung *Keller* JR 1985, 321f.

949 BGH FamRZ 1987, 570, 572.

950 BGH FamRZ 1973, 749 = NJW 1973, 254; BGH FamRZ 1980, 877.

951 *Finke* in BGB-RGRK Bd. IV 1. Teil 1984 § 1381 Rdnr. 6; *Staudinger/Thiele* § 1381 Rz. 2.

952 BGH FamRZ 1980, 877.

953 BGH FamRZ 1980, 877, 878; *Palandt/Diederichsen* § 1381 Anm. 2c.

der Beurteilung der Frage der groben Unbilligkeit sind auch die Einkommens- und Vermögensverhältnisse der Ehegatten und insbesondere ihre unterhaltsrechtliche Versorgungslage mitzuberücksichtigen. Da der Zugewinnausgleich auch der Sicherstellung der Ehegatten dienen soll, ist § 1381 BGB anwendbar, wenn die Erfüllung der Ausgleichsforderung die unterhaltsrechtliche Versorgungslage des Schuldners auf Dauer in Frage stellt, während die unterhaltsrechtliche Versorgungslage des Gläubigers auch bei Nichterfüllung der Ausgleichsforderung ungefährdet bleibt.[954]

Für eine Anwendung des § 1381 BGB ist kein Raum, wenn die grobe Unbilligkeit durch eine Stundung gemäß § 1382 BGB vermieden werden kann.[955] Durch das Unterhaltsänderungsgesetz ist die Stundungsmöglichkeit erweitert worden. Der Schuldner soll Vermögen nicht zur Unzeit veräußern müssen. Dies wäre zum Beispiel der Fall, wenn er Vermögensgegenstände verschleudern müßte oder sich durch die sofortige Veräußerung des Familienheims die Wohnverhältnisse oder sonstige Lebensverhältnisse gemeinschaftlicher Kinder nachhaltig verschlechtern würden. Die Stundung muß allerdings auch dem Ausgleichsgläubiger zumutbar sein. Im Rechtsstreit über die Ausgleichsforderung ist darauf zu achten, daß der Schuldner den Stundungsantrag (Hauptantrag Abweisung, Hilfsantrag Stundung) nur in diesem Verfahren stellen kann (§ 1382 V BGB).

---

[954] BGH FamRZ 1973, 749, 750 = NJW 1973, 254; OLG Frankfurt FamRZ 1983, 921.
[955] BGH FamRZ 1970, 483 = NJW 1970, 1600; *Schwab,* FamRZ 1984, 528.

4. Teil
Besondere Verfahren

I. Die Eilverfahren[955a]

Situationen, die schnelles anwaltliches und richterliches Handeln erforderlich machen, können vor einem Scheidungsverfahren **(Trennungsstadium)**, während eines solchen Verfahrens **(Scheidungsstadium)** und danach **(Nachscheidungsstadium)** auftreten. Um den richtigen, zweckmäßigen Antrag stellen zu können, muß der Anwalt wissen:

In welchem Stadium befinden sich die Parteien/Beteiligten **(Regelungsstadium)?**

Was kann im allgemeinen im Eilverfahren und was muß im konkreten Fall eilig geregelt werden **(Regelungsgegenstände)?** Welche Möglichkeiten bestehen **(Regelungsmöglichkeiten)?** Was setzt die jeweilige Regelungsmöglichkeit voraus **(Regelungsvoraussetzungen)?**

1. Einstweiliger Rechtsschutz im Trennungsstadium

a) Regelungsmöglichkeiten

1. Im Trennungsstadium (vom Beginn der Trennung bis zur Anhängigkeit der Ehesache oder Einreichung eines Antrages auf Bewilligung der Prozeßkostenhilfe für die Ehesache) ist einstweiliger Rechtsschutz in den selbständigen Familiensachen des § 621 I ZPO nach ständiger Rechtsprechung oder den im folgenden genannten Vorschriften möglich:

Kindersachen (elterliche Sorge nach § 1672 BGB, Umgang nach § 1634 IV BGB, Herausgabe des Kindes nach § 1632 BGB, hierbei wegen der zum persönlichen Gebrauch des Kindes bestimmten Sachen § 50d FGG beachten) – gemäß ständiger Rechtsprechung[956] einstweilige (vorläufige) Anordnung der 1. Instanz analog 24 III FGG oder nach dem aus Art. 19 IV GG abgeleiteten Grundsatz des effektiven Rechtsschutzes,

Unterhaltssachen nach §§ 1601 ff, 1361 BGB – einstweilige Verfügung (§§ 935, 940 ZPO) auf laufenden zeitlich begrenzten Mindestunterhalt und Arrest (§ 916 ZPO) zur Sicherung des Anspruchs auf künftigen Unterhalt,[957]

[955a] Empfehlenswert die ausführliche Darstellung von *Gießler,* Vorläufiger Rechtsschutz in Ehe-, Familien- und Kindschaftssachen, 1987 (Schriftenreihe der Neuen Juristischen Wochenschrift Heft 46).

[956] BGH FamRZ 1982, 788 = NJW 1982, 2561.

[957] *Zöller/Vollkommer* § 916 Rn. 8.

Hausrats- und Ehewohnungssachen nach §§ 1361 a, 1361 b BGB – einstweilige Anordnung (§ 13 IV HausratsVO),

Güterrechtssachen nach §§ 1385, 1386, 1389 BGB – Arrest zur Sicherung des Anspruchs auf Sicherheitsleistung,[958]

Prozeßkostenvorschuß in den Fällen des § 621 I Nrn. 4 und 5 ZPO – einstweilige Anordnung (§ 127 a ZPO),

Prozeßkostenvorschuß in den Fällen des § 621 I Nrn. 1–3, 7 und 8 ZPO – einstweilige Anordnung (621 f ZPO).

Merke: Einstweilige Anordnungen nach FGG oder ZPO setzen immer einen Hauptsacheantrag voraus.

Hier werden anhand von Beispielen nur die in der Praxis am häufigsten vorkommenden Eilfälle betreffend Regelung der elterlichen Sorge für die Dauer des Getrenntlebens der Eltern, Herausgabe des Kindes an den anderen Elternteil und Regelung des Unterhalts behandelt. Wegen des einstweiligen Rechtsschutzes hinsichtlich der Ehewohnung wird auf die Ausführungen zu den Ehewohnungs- und Hausratssachen im 3. Teil unter II. 5 a, verwiesen.

b) Fall elterlicher Sorge:

Während des nicht nur vorübergehenden Getrenntlebens in der Ehewohnung will ein Elternteil gegen den Willen des anderen Elternteils das gemeinschaftliche Kind allein in Obhut nehmen, insbesondere einen anderen Aufenthaltsort für sich und das Kind begründen.

Es kommt eine **Regelung nach § 1672 BGB als selbständige (isolierte) Familiensache in der Hauptsache** in Betracht. Steht zu befürchten, daß die Endentscheidung zu spät kommt, so ist gleichzeitig mit der Hauptsache der Erlaß einer einstweiligen Anordnung – zur Abgrenzung von der einstweiligen Anordnung nach ZPO im Verfahren der freiwilligen Gerichtsbarkeit auch vorläufige Anordnung genannt – zu beantragen.

Der Erlaß einer einstweiligen Anordnung – Anwaltszwang besteht nicht – **setzt voraus:**

Es wird vorher oder gleichzeitig mit dem Antrag auf Erlaß einer einstweiligen Anordnung ein **Hauptsacheantrag** gestellt. Ohne diesen Antrag ist der Eilantrag unzulässig. Sodann muß ein **Anordnungsgrund** gegeben sein. Das ist der Fall, wenn aufgrund glaubhaft gemachter Tatsachen ein dringendes Bedürfnis für ein unverzügliches Einschreiten besteht und die endgültige Entscheidung nicht abgewartet werden kann, weil sie zu spät käme, und eine Endentscheidung nach Art der vorläufigen Regelung wahrscheinlich ist.[959]

Schließlich ist ein **Anordnungsanspruch** darzulegen und glaubhaft zu machen. Der Anspruch des Eilantrages ist mit der Regelungsgrundlage des Hauptsacheverfahrens identisch. Der Eilantrag darf daher zum einen inhaltlich den Rahmen des Hauptsacheverfahrens nicht überschreiten und muß

---

[958] *Zöller/Vollkommer* § 916 Rn. 5.

[959] BayObLG FamRZ 1984, 934; *Bassenge/Herbst* § 24 FGG Anm. 4.

sich zum anderen wegen seiner Vorläufigkeit gemäß dem Grundsatz der Verhältnismäßigkeit in den Grenzen des Erforderlichen halten.[960]

Schriftsatz-Muster 36

An das
Amtsgericht
– Familiengericht –
6450 Hanau

6450 Hanau, den 15. Mai 1987

In der Familiensache

betreffend Regelung der elterlichen Sorge für die Dauer des Getrenntlebens der Eltern für das Kind Thomas Bonn, geb. am 9. Sept. 1977, Friedrichstr. 25, Hanau, an der beteiligt sind

1. die Antragstellerin und Kindesmutter Sylvia Bonn, geb. Kurth, Friedrichstr. 25, Hanau,
   Verfahrensbevollmächtigte: Rechtsanwältin Kluge, Hanau
2. der Antragsgegner und Kindesvater Volker Bonn, Friedrichstraße 25, Hanau,

beantrage ich, in der Hauptsache zu beschließen:

> die elterliche Sorge für das Kind Thomas, geb. am 9. September 1977, wird für die Dauer des Getrenntlebens der Eltern der Mutter übertragen.

Ich beantrage weiter im Wege der einstweiligen Anordnung wegen Dringlichkeit ohne mündliche Verhandlung,

> der Mutter das vorläufige Sorgerecht, zumindest das Aufenthaltsbestimmungsrecht für das Kind Thomas zu übertragen.

Ich beantrage schließlich,

> der Antragstellerin für die Hauptsache und das einstweilige Anordnungsverfahren Prozeßkostenhilfe ohne Zahlungsbestimmung unter meiner Beiordnung zu bewilligen.
>
> Die Erklärung über die persönlichen und wirtschaftlichen Verhältnisse der Antragstellerin ist beigefügt. Die Erfolgsaussicht ergibt sich aus der nachstehenden Begründung.

Begründung:

Die Beteiligten sind Eheleute. Aus ihrer Ehe ist das am 9. September 1977 geborene Kind Thomas hervorgegangen. Seit Anfang des Jahres 1987 leben sie in der Ehewohnung getrennt.

Der Antragsgegner ist voll berufstätig und häufig auf Dienstreisen. Die Antragstellerin, die bis zur Trennung nicht erwerbstätig war, hat Anfang des Jahres eine Teilzeitbeschäftigung in einem Woll-Lädchen gefunden und erhält dafür

---

[960] *Bassenge/Herbst* § 24 FGG Anm. 4b.

eine Nettovergütung von 400,– DM monatlich. Diese Tätigkeit übt sie vormittags aus, wenn Thomas die Schule besucht.

Am vergangenen Wochenende hat der Antragsgegner nach Rückkehr von einer Dienstreise erklärt, er halte den jetzigen Zustand nicht länger aus, er habe sich daher entschlossen, mit dem Jungen zu seinen Eltern ins Rheinland zu ziehen, und für den Umzug ab 23. Mai 1987 Urlaub genommen. Die Antragstellerin hat dem Vorhaben, den Sohn mitzunehmen, ausdrücklich widersprochen, den Antragsgegner jedoch nicht umstimmen können. Er hat ihr vielmehr am 12. Mai 1987 einen Brief geschrieben, in dem er seine Absichten bekräftigt. Es heißt darin u.a.: „Du bist als Erzieherin völlig ungeeignet. Seit Du diesen Frauentreff besuchst, denkst Du nur noch an Deine Selbstverwirklichung und nicht mehr an Deine Familie. Durch Deinen Erziehungsstil ist es dahin gekommen, daß der Junge in der Schule versagt. Du verlangst keine Leistungen von ihm und kümmerst Dich nicht um die Schularbeiten. Das muß ein Ende haben. Darum ziehe ich mit dem Jungen am 23. Mai 1987 zu meinen Eltern."

Beweis: Vorlage des Briefes.

Die Vorwürfe des Antragsgegners entbehren jeglicher Grundlage. Da der Antragsgegner im Laufe der Ehe immer rücksichtsloser seine eigenen Wege ging und die Antragstellerin auch schlug, wenn sie ihm deswegen Vorhaltungen machte, schloß sie sich im vorigen Jahr einer Frauengruppe an, die sich zweimal in der Woche jeweils dienstags und donnerstags von 16.00 – 18.00 Uhr trifft. Während dieser Zeit hat Thomas Training in seinem Fußballverein.

Beweis: Vorlage der Programme des Frauentreffs und des Fußballvereins.

Thomas war ein guter Schüler. Sein Leistungsabfall in der Schule ist auf die Ehekrise zurückzuführen, unter der er sehr leidet. Dies hat die Klassenlehrerin der Anstragstellerin, die ständig Kontakt zur Schule hält, erklärt.

Beweis: Zeugnis der Klassenlehrerin Frau Redlich.

Der Kinderarzt, den die Anstragstellerin mit Thomas aufgesucht hat, hat ihr eine ähnliche Erklärung gegeben. Wörtlich hat der Arzt gesagt: „Thomas geht es erst dann wieder besser, wenn der unerfreuliche Zustand beendet ist."

Beweis: Zeugnis des Dr. med. Winter, Hanau.

Trotz täglicher Beaufsichtigung und Hilfe bei den Schularbeiten konnte die Antragstellerin den Leistungsabfall des Sohnes nicht verhindern.

Es ist nach alledem zu begrüßen, wenn der Antragsgegner auszieht. Das Sorgerecht für Thomas muß jedoch gemäß § 1672 BGB der Mutter übertragen werden. Sie ist von der Geburt an die Hauptbezugsperson des Kindes. Die Antragstellerin ist bereit und in der Lage, das Kind zu betreuen. Der Antragsgegner hat bei seinem mit vielen Dienstreisen verbundenen Beruf weder die Möglichkeiten, den Sohn zu betreuen, noch ist er dazu geeignet. Die Antragstellerin war bereits mit Thomas auf dem Jugendamt der Stadt Hanau. Dort hat Thomas der zuständigen Sachbearbeiterin erzählt, er wolle bei der Mutter bleiben, wenn der Vater wegziehe, er habe in Hanau in der Schule und im Verein viele Freunde, während er im Rheinland außer den Großeltern väterlicherseits keinen Menschen kenne.

Beweis: Zeugnis der Sachbearbeiterin des Stadtjugendamtes Hanau, Frau Freuden.

Die Eignung der Antragstellerin, die Erhaltung der positiven Beziehungskontinuität, der ausdrücklich erklärte Wille des Kindes sowie die Bewahrung seiner vertrauten Umwelt sprechen eindeutig dafür, der Mutter das Sorgerecht für das Kind zu übertragen.

Da der Umzug für das nächste Wochenende angekündigt ist, ist auch der Erlaß der beantragten einstweiligen Anordnung gerechtfertigt. Zumindest eine Entscheidung über das Aufenthaltsbestimmungsrecht ist dringend erforderlich. Denn ohne einen solchen Beschluß kann die Antragstellerin weder ihre Rechte gegenüber dem rücksichtlosen Antragsgegner behaupten, noch von der Polizei Hilfe erlangen. Die Antragstellerin hat sich auf der Polizei erkundigt. Dort ist ihr bedeutet worden, die Polizei werde nur dann einschreiten, wenn sie einen gerichtlichen Beschluß über das Sorgerecht bzw. das Aufenthaltsbestimmungsrecht vorlege.

Beweis: Auskunft der Polizeistation Hanau.

Da ein Verbringen des Kindes an einen anderen Aufenthaltsort sein Wohl gefährden würde, kann die Endentscheidung nicht abgewartet werden. Es kommt hinzu, daß der Mutter auch in der Hauptsache mit Sicherheit das Sorgerecht übertragen wird.

Rechtsanwältin

(Auf dem Bogen der Antragsschrift)

Eidesstattliche Versicherung der Antragstellerin

Ich habe die vorstehende Antragsschrift selbst gelesen und versichere nach Belehrung über die Strafbarkeit einer falschen Versicherung an Eides Statt die Richtigkeit der darin gemachten tatsächlichen Angaben an Eides Statt, insbesondere daß der Antragsgegner nach seinen Erklärungen mit dem gemeinsamen Sohn Thomas, den ich seit der Geburt überwiegend allein betreue, gegen meinen Willen am 23. Mai 1987 zu seinen Eltern ins Rheinland ziehen will, obwohl das Kind bei mir im Hause zu bleiben wünscht.

gez. Sylvia Bonn

---

c) Fall Kindesherausgabe[961]

Die Eltern leben seit 3 Monaten getrennt. Das 6 Monate alte Kleinkind (Säugling) lebt mit Zustimmung des Vaters in der Obhut der Mutter. Hinsichtlich der Umgangsbefugnis des Vaters mit dem Kind haben die Eltern vereinbart: Die Mutter überläßt dem Vater das Kind einmal wöchentlich 2 Stunden für eine Spazierfahrt mit dem Kinderwagen im nahegelegenen Park.

---

[961] Dazu *Christian,* Die Herausgabe eines vom nichtsorgeberechtigten Elternteil oder einem Dritten entführten Kindes (In- und Auslandsfälle), DAVorm 1983, 417ff, 689ff.

Der Vater hat bisher das Kind immer pünktlich zur Mutter zurückgebracht. Heute hat er sich nicht an die Vereinbarung gehalten. Er hat das Kind nicht zurückgebracht und der Mutter am Telefon erklärt, er werde das Kind behalten und mit ihm verreisen. Die Mutter sucht sofort den Anwalt auf und bittet um Hilfe.

In diesem Fall sind, da das Sorgerecht für die Dauer des Getrenntlebens der Eltern bisher nicht geregelt ist, **zwei Hauptsacheanträge** zu stellen, und zwar **auf Übertragung der elterlichen Sorge gemäß § 1672 BGB und auf Herausgabe des Kindes nach § 1632 I, III BGB.** Denn der Herausgabeanspruch setzt das Personensorgerecht, zumindest das Aufenthaltsbestimmungsrecht des die Herausgabe verlangenden Elternteils voraus. **In jedem Hauptsacheverfahren** kann ein **Antrag auf Erlaß einer einstweiligen Anordnung** gestellt werden. Wegen der Voraussetzungen wird auf die Ausführungen unter 1b) verwiesen.

Schriftsatz-Muster 37

An das
Amtsgericht
– Familiengericht –
6450 Hanau

6450 Hanau, den 20. Mai 1987

In der Familiensache ... (volles Rubrum)

wegen Regelung der elterlichen Sorge für die Dauer des Getrenntlebens und wegen Kinderherausgabe

beantrage ich,

1. hinsichtlich des Sorgerechts in der Hauptsache und wegen Dringlichkeit ohne mündliche Verhandlung im Wege der einstweiligen Anordnung,

   die elterliche Sorge für das Kind Eva, geb. am 24. Dezember 1986, für die Dauer des Getrenntlebens der Eltern der Mutter zu übertragen, zumindest durch einstweilige Anordnung ihr das Aufenthaltsbestimmungsrecht zu übertragen,

2. hinsichtlich der Kindesherausgabe in der Hauptsache und wegen Dringlichkeit ohne mündliche Verhandlung im Wege der einstweiligen Anordnung zu beschließen:

   der Vater hat das Kind Eva, geb. am 24. Dezember 1986, der Mutter herauszugeben.

Dem Stadtjugendamt in Hanau wird in seinem vermuteten Einverständnis die zwangsweise Durchsetzung der Herausgabeanordnung übertragen (§§ 48c, 52b JWG). Das Jugendamt wird ermächtigt, gegen den Vater notfalls Gewalt gemäß § 33 II FGG anzuwenden.

Oder: Die zwangsweise Durchsetzung der Herausgabeanordnung wird dem zuständigen Gerichtsvollzieher gemäß § 33 II FGG übertragen.

Für die vorstehenden Anträge beantrage ich,

der Antragstellerin Prozeßkostenhilfe ratenfrei unter meiner Beiordnung zu bewilligen.

Die Erklärung über die persönlichen und wirtschaftlichen Verhältnisse wird nachgereicht.

Begründung:

Den Sachverhalt kurz wie im Fall schildern.

Beweis: Glaubhaftmachung durch eidesstattliche Versicherung der Antragstellerin.

Rechtsanwalt/Rechtsanwältin

Mit der Antragstellerin und dem Schriftsatz ist sodann unverzüglich das zuständige Familiengericht aufzusuchen. Da es sich um einen Säugling handelt und der Vater sich nach der glaubhaft gemachten Schilderung der Mutter nicht an die Vereinbarung gehalten hat, wird das Gericht den gestellten Eilanträgen entsprechen und das Jugendamt oder den Gerichtsvollzieher mit der Vollstreckung beauftragen.

Steht zu besorgen, daß **der andere Elternteil das Kind ins Ausland verbringt,** so darf im Zeitalter des Flugzeugs keine Zeit verloren werden. Der Rechtsanwalt muß mit seiner Mandantschaft sofort das zuständige Familiengericht aufsuchen und seine Anträge mündlich vorbringen. Ist die Entführung hinreichend glaubhaft gemacht, so besteht Anlaß für das Gericht, von Amts wegen tätig zu werden. Hält der zuständige Familienrichter die beantragte einstweilige Anordnung bezüglich der Regelung des Aufenthaltsbestimmungsrechts und der Herausgabeanordnung noch nicht für entscheidungsreif, so sollte der Anwalt darauf dringen, daß als geringstmögliche, aber bewährte Maßnahme **dem entführenden Elternteil durch Erlaß einer einstweiligen Anordnung das Verbringen des Kindes außerhalb der Grenzen der Bundesrepublik Deutschland untersagt wird.**[962] Dabei sind der entführende Elternteil und das minderjährige Kind nach Namen, Geburtstag, Geburtsort, Staatsangehörigkeit und Anschrift so genau wie möglich zu bezeichnen, auch das Land, in das das Kind verbracht werden soll, ist anzugeben. Es ist darauf zu achten, daß der Beschluß des Familiengerichts vorab sofort der Grenzschutzdirektion Koblenz, Hohenfelder Straße 16, 5400 Koblenz per Telefon 0261/3991-Vermittlung – und per Fernschreiben Telex 0862619 oder 0862860 durchgegeben und danach auf normalem Postwege die Beschlußausfertigung übersandt wird. Über das polizeiliche Informationssystem wird das **Ausreiseverbot** den Grenzübergangsstellen und Verkehrsflughäfen übermittelt.

---

[962] *Paetzold* VIII Rz. 415 in Rahm/Künkel, Handbuch des Familiengerichtsverfahrens, 2. Aufl. 1985 Köln.

d) Fall Mindestunterhalt im Wege der einstweiligen Verfügung:

Die Eltern leben getrennt, das Kind befindet sich in der Obhut der Mutter. Eine Regelung der elterlichen Sorge und des Unterhalts besteht nicht. Der Ehemann und Vater zahlt überhaupt keinen Unterhalt oder stellt seine bisherigen freiwilligen Zahlungen plötzlich ein.

Hier kommt eine einstweilige Verfügung auf Mindestunterhalt in Betracht. Die ZPO hat die einstweilige Verfügung in § 935 ZPO als Sicherungsverfügung (Sicherung eines Individualanspruchs) und in § 940 ZPO als Regelungsverfügung („Regelung eines einstweiligen Zustandes in bezug auf ein streitiges Rechtsverhältnis") ausgestaltet. Nach § 938 ZPO dürfen nur die zur Erreichung dieser Zwecke erforderlichen Maßnahmen getroffen werden. Die Rechtsprechung hat darüber hinausgehend für bestimmte Notfälle die **Leistungsverfügung,** auch Befriedigungsverfügung genannt, entwickelt.[963]

Die Leistungsverfügung auf Mindestunterhalt – Anwaltszwang besteht in der 1. Instanz nicht – **erfordert:**

Ein Antrag auf Erlaß einer einstweiligen Anordnung auf Unterhalt ist nicht zulässig. Die einstweilige Anordnung ist im Verhältnis zur einstweiligen Verfügung lex specialis.[964]

Der Antrag auf Erlaß einer einstweiligen Verfügung muß auf Unterhalt für die Zukunft gerichtet, betragsmäßig beschränkt und zeitlich befristet sein. Diese Einschränkungen erklären sich daraus, daß die Leistungsverfügung als Ausnahme von dem Verbot der vorweggenommenen Befriedigung nur für Notfälle vorgesehen ist.[965] Dabei ist die obergerichtliche Rechtsprechung hinsichtlich der Begrenzung auf zukünftigen Unterhalt zum Teil sehr streng.[966] Die Beschränkung auf den Notunterhalt und die Befristung auf einen Zeitraum von 6 Monaten[967] ist gerechtfertigt, da das Verfahren der einstweiligen Verfügung nur der kurzfristigen Beseitigung einer Notlage bis zu Erlangung eines Unterhaltstitels in einem regelmäßig nachfolgenden Hauptverfahren dienen soll.[968] Da nach den Leitlinien einiger Oberlandesgerichte (z. B. Bremen und Hamm) in klaren Fällen Unterhalt bis zur angemessenen Höhe gewährt werden kann, muß sich der Anwalt in jedem Fall informieren, welche betragsmäßige Beschränkung nach der Rechtsprechung des zuständigen Gerichts vorzunehmen ist. Eine zeitliche Begrenzung ist schon deshalb geboten, weil es Gerichte gibt, die bei unbefristeten Anträgen Mindestunterhalt nur für einen Zeitraum von 6 Monaten zusprechen und im übrigen den Antrag mit Kostenfolge zurückweisen.

Es muß als Verfügungsgrund dargelegt und glaubhaft gemacht werden, daß der Antragsteller auf die sofortige Erfüllung dringend angewiesen

---

963 *Zöller/Vollkommer* § 940 Rn. 6, 8 (Stichwort: Unterhaltsrecht).
964 BGH FamRZ 1979, 472 = NJW 1979, 1508.
965 *Zöller/Vollkommer* § 940 Rn. 8 Stichwort: Unterhaltsrecht c) bb) und cc).
966 OLG Düsseldorf FamRZ 1987, 611.
967 OLG Hamm FamRZ 1986, 696.
968 BVerfG FamRZ 1980, 872.

ist.[969] Am erforderlichen Verfügungsgrund fehlt es nach umstrittener Auffassung, wenn der Antragsteller Sozialhilfe erhält, durch die sein dringender Notbedarf gedeckt ist.[970] Hat es der Antragsteller schuldhaft unterlassen, innerhalb der zeitlichen Begrenzung seinen Anspruch im ordentlichen Klageverfahren geltend zu machen, so ist für eine weitere Leistungsverfügung mangels eines Verfügungsgrundes kein Raum.[971]

Schließlich sind die Voraussetzungen des Verfügungsanspruchs vorzutragen und glaubhaft zu machen. Die Darlegungs- und Beweislast folgt den allgemeinen Regeln. Da der Rechtsanwalt der antragstellenden Partei jedoch nicht im voraus weiß, ob das Gericht durch Beschluß ohne Anhörung des Gegners entscheidet, muß er folgendes bedenken:

Ergeben sich aus dem Vortrag Hinweise, daß dem Antragsgegner möglicherweise Einwendungen zustehen, so muß er auch die Tatsachen vorbringen und glaubhaft machen, aus denen sich ergibt, daß der Anspruch einwendungsfrei besteht.[972]

Merke: Der Antrag auf Erlaß einer einstweiligen Verfügung setzt nicht voraus, daß vorher oder gleichzeitig ein Hauptsacheprozeß anhängig gemacht wird. Wegen der zeitlichen Begrenzung der einstweiligen Verfügung muß jedoch nach ihrem Erlaß unverzüglich der Unterhaltsanspruch mit der Hauptsacheklage verfolgt werden, wobei die einstweilige Verfügung im Antrag zu berücksichtigen ist. Damit kommt der Anwalt auch einem Antrag des Gegners auf Fristsetzung zur Erhebung der Hauptsacheklage nach §§ 936, 926 ZPO zuvor.

Regreßgefahr droht dem Rechtsanwalt, der die einstweilige Verfügung nicht innerhalb 1 Monats seit Verkündung oder Zustellung an ihn vollzieht, d. h. mit der Vollstreckung beginnt (§§ 936, 929 II ZPO). Die **Vollziehungsfrist** ist als gesetzliche Frist von Amts wegen zu beachten und unverzichtbar. Sie kann nicht verlängert werden. Es handelt sich um keine Notfrist. Bei Versäumung gibt es daher keine Wiedereinsetzung in den vorigen Stand.[973] Vielfach Streit herrscht zu den Fragen, wann die Vollziehungsfrist bei der Leistungsverfügung gewahrt und ob sie bei wiederkehrenden Unterhaltsleistungen nur wegen der konkreten Unterhaltsrente oder hinsichtlich des gesamten Titels versäumt ist.[974] Der Anwalt darf daher kein Risiko eingehen. Er sollte die einstweilige Verfügung – gegebenenfalls mit der Vorpfändung nach § 845 ZPO – im Parteibetrieb zustellen und mit gleicher Post den Vollstreckungsantrag (z. B. auf Pfändungs- und Überweisungsbeschluß) bei Gericht einreichen.[974a] Durch Fristüberwachung ist sicherzustellen, daß das zuständige Vollstreckungsorgan rechtzeitig handelt.

---

969 *Zöller/Vollkommer* § 940 Rn. 6.

970 OLG Saarbrücken FamRZ 1986, 185; OLG Karlsruhe FamRZ 1988, 87; a. A. OLG Frankfurt FamRZ 1987, 1164 und OLG Koblenz FamRZ 1988, 189.

971 *Zöller/Vollkommer* § 940 Rn. 6.

972 *Thomas/Putzo* Vorbem. 4 vor § 916.

973 *Thomas/Putzo* § 929 Anm. 2a.

974 *Zöller/Vollkommer* § 929 Rn. 19 und *Thomas/Putzo* § 936 Anm. 4 jeweils mit Nachweisen.

974a OLG Koblenz FamRZ 1988, 190.

Nach Versäumung der Vollziehungsfrist kann der Antragsgegner die Aufhebung der einstweiligen Verfügung gemäß § 927 ZPO beantragen.

Schriftsatz-Muster 38

An das
Amtsgericht
– Familiengericht –
6450 Hanau

6450 Hanau, den 20. Mai 1987

In der Familiensache ... (volles Rubrum)

beantrage ich im Wege der einstweiligen Verfügung wegen Dringlichkeit ohne mündliche Verhandlung,

> den Antragsgegner zu verpflichten, der Antragstellerin für die Zeit vom 1. Juni bis einschl. 30. November 1987 folgende Unterhaltsrenten monatlich im voraus, spätestens zum 3. eines jeden Monats, zu zahlen:
>
> a) für die Antragstellerin selbst 950,– DM Unterhalt monatlich,
> b) für das Kind Martin 276,– DM Unterhalt monatlich.

Unter Vorlage der Erklärung der Antragstellerin über ihre persönlichen und wirtschaftlichen Verhältnisse beantrage ich weiter,

> ihr Prozeßkostenhilfe ohne Zahlungsbestimmung für das Verfahren unter meiner Beiordnung zu bewilligen.

Sollte das Gericht eine mündliche Verhandlung für erforderlich halten, so bitte ich, unverzüglich Verhandlungstermin unter Abkürzung aller Fristen zu bestimmen.

Begründung:

Die Parteien sind seit Mitte Mai 1987 getrenntlebende Ehegatten. Der am 12. August 1980 geborene Sohn Martin befindet sich in der Obhut der Antragstellerin. Der Antragsgegner hat zum 16. Mai 1987 die Ehewohnung verlassen, ist zu seiner Freundin gezogen und dort unter der angegebenen Anschrift zu laden. Er hat der Antragsgegnerin für sie selbst und das Kind 500,– DM und folgenden Brief hinterlassen:

„An Frau Gudrun Kühl!
Ich ziehe zur Monika und kehre nicht mehr zurück. Für Dich und Martin zahle ich letztmalig 500,– DM. Sieh' zu, wie Du zurecht kommst. Von mir hast Du nichts mehr zu erwarten.

Hanau, den 16. 5. 1987
gez. Franz Kühl"

Beweis: Vorlage des Briefes.

(Fehlt es an einer Erfüllungsverweigerung des Antragsgegners, so muß er zuvor mit der Unterhaltsleistung in Verzug gesetzt werden.)

Der von der Antragstellerin geltend gemachte Mindestunterhalt ist gemäß §§ 1361, 1601 ff, 1629 III BGB, 935, 940 ZPO begründet.

Die Antragstellerin und das Kind sind bedürftig. Sie verfügen weder über Einkommen noch über Vermögen. Die Antragstellerin kann auch keine Einkünfte erzielen, weil sie keinen Beruf erlernt hat. Abgesehen davon trifft sie nach 10-jähriger Ehe, in der sie nicht erwerbstätig war, und wegen des Alters des Kindes keine Erwerbsobliegenheit. Das zuständige Sozialamt hat Sozialhilfeleistungen mit der Begründung abgelehnt, die Antragstellerin solle den leistungsfähigen Antragsgegner in Anspruch nehmen. Der Antragsgegner ist in dem begehrten Umfange leistungsfähig. Er hat im April 1987 ein Nettoeinkommen von 3000,– DM gehabt.

Beweis: Vorlage der von der Antragstellerin gefundenen Verdienstbescheinigung des Antragsgegners.

Bei diesem Einkommen kann er den nach der Düsseldorfer Tabelle auf 276,– DM monatlich bezifferten Mindestunterhalt für das in der 2. Altersstufe befindliche Kind sowie den gemäß Frankfurter Tabelle bestehenden notwendigen monatlichen Mindestbedarf der Antragstellerin von 950,– DM ohne weiteres zahlen. Da die von Antragsgegner zurückgelassenen 500,– DM im Mai verbraucht werden und der Antragsgegner jegliche weitere Zahlung abgelehnt hat, ist der Erlaß der beantragten einstweiligen Verfügung dringend geboten, um die Notlage der Antragstellerin und des Kindes zu beheben.

Anlage: eidesstattliche Versicherung der Antragstellerin zur Glaubhaftmachung der anspruchsbegründenden Tatsachen.

Rechtsanwalt/Rechtsanwältin

---

2. Einstweiliger Rechtsschutz im Scheidungsverfahren

Während des Scheidungsverfahrens, genauer ab Anhängigkeit der Ehesache bis zur Rechtskraft des Urteils in der Ehesache (bei abgetrennten oder isoliert angefochtenen Folgesachen Kinder- und Ehegattenunterhalt bis zur Rechtskraft des Urteils in diesen Folgesachen) oder ab Einreichung eines Antrages auf Bewilligung der Prozeßkostenhilfe für die Ehesache bis zur Ablehnung des Prozeßkostenhilfegesuchs ist der **Antrag auf Erlaß einer einstweiligen Anordnung gemäß § 620ff ZPO** in der Regel der zweckmäßigste und schnellste Weg, um eine befriedigende, jederzeit abänderbare Regelung bezüglich der in § 620 S. 1 ZPO aufgeführten Gegenstände zu erreichen. Bei unbefriedigenden Ergebnissen ist zu prüfen, ob andere Regelungsmöglichkeiten bestehen, dem gewünschten Ziel näher zu kommen.

a) Regelungsgegenstände

Ein Antrag auf Erlaß einer einstweiligen Anordnung kann nur hinsichtlich der in § 620 S. 1 ZPO abschließend aufgezählten Gegenstände gestellt werden. Hinsichtlich der einzelnen Regelungsgegenstände ist folgendes zu merken:

Nr. 1: Materiell-rechtliche Grundlage für eine vorläufige **Regelung der elterlichen Sorge für ein gemeinschaftliches Kind** ist § 1672 BGB. Ein Regelungsbedürfnis besteht z. B., wenn die Eltern in der Ehewohnung getrennt leben und jeder das Kind für sich beansprucht, oder ein Elternteil ausgezogen ist und das Kind gegen den Willen des anderen mitgenommen hat, weiter: wenn eine Entscheidung über den Besuch weiterführender Schulen getroffen werden muß oder die Einwilligung in eine Operation erforderlich ist. Die elterliche Sorge kann voll oder zum Teil, beispielsweise nur das Aufenthaltsbestimmungsrecht, beantragt werden. Es empfiehlt sich, das Sorgerecht ungeteilt zu beantragen und die Teilung dem Richter zu überlassen, der nach § 620 S. 2 ZPO eine einstweilige Anordnung auch von Amts wegen erlassen kann.

Der Anwalt muß sich darüber im klaren sein und seine Partei entsprechend beraten, daß eine einstweilige Regelung die endgültige Sorgerechtsentscheidung faktisch beeinflußt (Kontinuität!), oft vorwegnimmt. Mit diesem Antrag sollte daher abgewartet und weiteres Material gesammelt werden, wenn eine positive Entscheidung derzeit nicht wahrscheinlich ist. Der Rechtsanwalt des Antragsgegners sollte darauf bestehen, daß eine vorläufige Sorgerechtsentscheidung wegen ihrer weitreichenden Wirkungen erst nach Anhörung des Kindes und des Jugendamtes aufgrund mündlicher Verhandlung getroffen wird. Hat das Gericht ohne mündliche Verhandlung entschieden, so muß der Antrag auf mündliche Verhandlung nach § 620b II ZPO gestellt werden. Erst gegen die aufgrund mündlicher Verhandlung erfolgte Regelung findet die sofortige Beschwerde nach § 620c ZPO statt.

Nr. 2: Die materiell-rechtliche Grundlage für eine einstweilige **Regelung der Umgangsbefugnis eines Elternteils mit dem Kinde** beruht auf § 1634 BGB. Hier sollte ausdrücklich beantragt werden, erst nach Anhörung des Jugendamtes aufgrund mündlicher Verhandlung zu entscheiden. Die Stellungnahme des Jugendamts, die Anhörung des Kindes, die Aussprache der Parteien und nicht zuletzt die Hinweise und Ratschläge des Gerichts haben schon viele Umgangsschwierigkeiten behoben, zumindest gemildert.

Nr. 3: Die materiell-rechtliche Anspruchsgrundlage für die **Herausgabe des Kindes an den anderen Elternteil** folgt aus § 1632 BGB. Ist die Personensorge noch nicht geregelt, so ist der Antrag auf Kindesherausgabe mit dem Sorgerechtsantrag zu verbinden. Auch in diesem Fall muß der Anwalt des Gegners wegen der weitreichenden Folgen eine Entscheidung aufgrund mündlicher Verhandlung beantragen. Vorher ist die sofortige Beschwerde nach § 620c ZPO nicht möglich.

Nr. 4: Die materiell-rechtliche Anspruchsgrundlage für die **Unterhaltspflicht gegenüber einem gemeinsamen minderjährigen Kind** sind die §§ 1601 ff BGB. Seit dem 1. April 1986 (Inkrafttreten des Unterhaltsänderungsgesetzes) kann der Elternteil, dem die Sorge für die Person des Kindes zusteht oder in dessen Obhut sich das Kind befindet, Unterhaltsansprüche des Kindes gegen den anderen Elternteil nur im eigenen Namen geltend machen (**Prozeßstandschaft,** § 1629 III 1 BGB). Die den Kindesunterhalt regelnde einstweilige Anordnung oder der in diesem Verfahren geschlossene gerichtliche Vergleich wirken für und gegen das Kind (§ 1629 III 2 BGB). Das Kind kann daher auch aus dem Titel vollstrecken. Vor dem 1. April 1986 erlangte einstweilige Anordnungen und im Anordnungsverfahren geschlossene gerichtliche Vergleiche über Kindesunterhalt wirken nur im Verhältnis der Eltern zueinander. Vollstreckungsberechtigter ist aus diesem Grunde nur der durch den Titel begünstigte Elternteil.[975] Im Gegensatz zur einstweiligen Verfügung ist die **einstweilige Anordnung auf Unterhalt weder betragsmäßig auf den Mindestunterhalt beschränkt noch zeitlich befristet.**[975a] Es kann der angemessene Unterhalt **ab Eingang des Antrages** auf Erlaß der einstweiligen Anordnung **bei Gericht,** also **nicht für die Vergangenheit** geltend gemacht werden. Für eine zeitliche Begrenzung ist wegen § 620f ZPO, der das Außerkrafttreten der einstweiligen Anordnung regelt, kein Raum. Auf **Auskunftsansprüche** nach § 1605 BGB ist Nr. 4 **nicht** anwendbar.[976]

Volljährige Kinder sind wegen der gesetzlichen Regelung auf die **einstweilige Verfügung** verwiesen.[977]

Nr. 5: Materiell-rechtliche Grundlage für eine das **Getrenntleben der Ehegatten** gestattende Anordnung ist § 1353 II BGB. Dieser Regelungsgegenstand kommt in Betracht, wenn es um den Modus des Getrenntlebens geht, überschneidet sich aber häufig mit der Nr. 7 (Benutzung der Ehewohnung und des Hausrats). Als Regelung des Getrenntlebens wird auch das **Belästigungs-, Bedrohungs- oder Mißhandlungsverbot** angesehen.[978]

Nr. 6: Die materiell-rechtliche Anspruchsgrundlage für die **Regelung des Unterhalts eines Ehegatten** stellt meist § 1361 BGB dar. Wie beim Kindesunterhalt besteht **keine betragsmäßige oder zeitliche Einschränkung.**[978a] Der angemessene Unterhalt kann **ab Antragseingang,** aber **nicht für die Vergangenheit** durchgesetzt werden.[979] **Nicht** anwendbar ist die Nr. 6 auf den **Auskunftsanspruch** nach § 1361 IV 4 BGB.[980]

Bei **Unterhaltsvergleichen** im einstweiligen Anordnungsverfahren sollte im Vergleichstext immer ausdrücklich klargestellt werden, ob sie eine einstweilige (Formulierung: Mit diesem Unterhaltsvergleich

---

975 BGH FamRZ 1983, 892 = NJW 1983, 220.
975a *Gießler,* NJW-Schriften 46, Rdnr. 552.
976 OLG Stuttgart FamRZ 1980, 1138.
977 *Thomas/Putzo* § 620 Anm. 2a) dd).
978 *Zöller/Philippi* § 620 Rn. 47.
978a *Gießler,* NJW-Schriften 46, Rdnr. 686.
979 *Zöller/Philippi* § 620 Rn. 54.
980 OLG Düsseldorf FamRZ 1983, 514.

ist der Antrag auf Erlaß der einstweiligen Anordnung erledigt.) oder eine endgültige Regelung (Formulierung: Dieser Vergleich regelt den Unterhaltsanspruch für die Dauer des Getrenntlebens und für die Zeit nach Rechtskraft der Scheidung endgültig.) enthalten. Im Zweifel ist von einer vorläufigen Regelung auszugehen.[981]

Nr. 7: Die materiell-rechtliche Grundlage für die **Benutzung der Ehewohnung** ergibt sich aus § 1361 b BGB, die für die **Benutzung des Hausrats** aus § 1361 a BGB. Eine Regelungsbefugnis ist nur gegeben, wenn der Antragsteller die Wohnung oder den Hausrat braucht und der Gegner die Überlassung verweigert. Wegen der Voraussetzungen bezüglich der **Ganzzuweisung der Ehewohnung** kann auf die Ausführungen zu den Ehewohnungssachen im 3. Teil unter II.5 a) Bezug genommen werden. Wegen der Antragsformulierung wird auf das Schriftsatz-Muster 31 verwiesen. Die **Verbindung des Zuweisungsantrages mit dem Räumungsantrag** ist notwendig, damit die einstweilige Anordnung vollstreckt werden kann. Erforderlichenfalls kann auch ein **Betretensverbot** beantragt werden.

Der Anwalt des Antragsgegners muß wieder darauf achten, daß über die Ganzzuweisung aufgrund mündlicher Verhandlung entschieden wird, damit ihm der Weg der sofortigen Beschwerde offensteht.

Hinsichtlich der **Benutzung des Hausrats** (Definition im 3. Teil unter II.5 c Punkt 1 des Merkblatts) kommt es darauf an, was der Antragsteller zur Führung seines abgesonderten Haushalts benötigt und ob die Überlassung nach den Umständen des Falles der Billigkeit entspricht. Die Eigentumsverhältnisse am Hausrat sind nicht entscheidend. **Ein Zuteilungsantrag ist stets mit einem Herausgabeantrag zu verbinden,** weil sonst die einstweilige Anordnung nicht vollstreckt werden kann. Eigenmächtigkeiten ist im Wege der einstweiligen Anordnung mit einem **Entfernungsverbot** (Dem Antragsgegner wird verboten, Hausrat aus der ehelichen Wohnung zu entfernen.) oder einem **Rückschaffungsgebot** (Dem Antragsgegner wird geboten, die eigenmächtig entfernten Gegenstände zurückzuschaffen.) zu begegnen. Auch die Anordnung einer **Abwendungsbefugnis** ist möglich.[982] Formulierungsvorschlag: Ich beantrage, dem Antragsteller im Wege der einstweiligen Anordnung zu gestatten, die Herausgabe der Hausratsgegenstände, die gemäß einstweiliger Anordnung vom .... der Antragsgegnerin zugeteilt worden sind, durch Zahlung eines Geldbetrages in Höhe von .... DM abzuwenden.

Nr. 8: Soweit es sich um die **Herausgabe oder Benutzung der zum persönlichen Gebrauch eines Ehegatten oder Kindes bestimmten Sachen** handelt, fehlt häufig die materiell-rechtliche Anspruchsgrundlage, mit der die einstweilige Anordnung begründet werden kann. Hier

---

[981] *Zöller/Philippi* § 620 Rn. 55.

[982] *Zöller/Philippi* § 620 Rn. 63 mit Nachweisen zum Entfernungsverbot und Rückschaffungsgebot sowie zur Abwendungsbefugnis.

enthält § 620 S. 1 Nr. 8 ZPO die Regelungsgrundlage.[983] Hierunter fallen z. B.[984] Ausweispapiere, Fachliteratur, Haustiere, Kleidung, Krankenschein,[985] Musikinstrumente, Schmuck, Schulbücher, Sportgeräte, Werkzeug für Beruf und Hobby,[986] Zeugnisse. Nicht zum persönlichen Gebrauch bestimmt sind Gelder, Sparbücher, Wertpapiere.[987]

Nr. 9: Materiell-rechtliche Grundlage der **Verpflichtung eines Ehegatten zur Leistung des Kostenvorschusses** für die Ehesache und die Folgesachen sowie für die einstweilige Anordnung[988] sind die §§ 1361 IV 4, 1360a IV 1 BGB. Zu den Einzelheiten wird auf die Ausführungen zum Prozeßkostenvorschuß im 1. Teil unter II.5c, sowie auf das Schriftsatz-Muster 15 verwiesen.

b) Regelungsmöglichkeiten (konkurrierende Verfahren)

Die Regelungsgegenstände des § 620 S. 1 ZPO können auch Gegenstände eines ordentlichen Verfahrens nach § 621 I ZPO sein. Die Rechtsprechung läßt zudem die Regelung von Unterhaltsansprüchen durch einstweilige Verfügung und in den Kinderverfahren betreffend Sorgerecht, Umgangsbefugnis und Kindesherausgabe den Erlaß einstweiliger (vorläufiger) Anordnungen zu. Dem Rechtsanwalt muß klar sein, ob hinsichtlich desselben Gegenstandes zwischen diesen Verfahren gewählt werden kann oder ob die einstweiligen Anordnungen nach § 620ff ZPO leges speciales gegenüber den anderen Verfahren darstellen. Klärungsbedürftig ist daher das **Verhältnis der einstweiligen Anordnung zu einem Hauptsacheverfahren als selbständige Familiensache, zur einstweiligen Verfügung und zur einstweiligen (vorläufigen) Anordnung in selbständigen FGG-Familiensachen.** Hingegen können sich einstweilige Anordnung und Folgesache, deren Gegenstand dem des Anordnungsverfahrens entspricht, zeitlich nicht überschneiden, da die einstweilige Anordnung beim Wirksamwerden der Folgesachenentscheidung nach § 620f I 1 ZPO außer Kraft tritt.

Bezüglich desselben Gegenstandes kann der Anwalt **zwischen dem Antrag auf Erlaß einer einstweiligen Anordnung und der Einleitung eines isolierten Hauptsacheverfahrens wählen.** Die Wahlfreiheit wird mit der geringeren Richtigkeitsgewähr der einstweiligen Anordnung begründet.[989] Die einstweilige Anordnung wird in einem summarischen Verfahren, in dem die Glaubhaftmachung genügt (§ 620a II 3 ZPO), erlassen. Sie ist – ausgenommen die Regelung der elterlichen Sorge für ein gemeinschaftliches Kind die Anordnung der Herausgabe des Kindes an den anderen Elternteil oder die

---

983 *Zöller/Philippi* § 620 Rn. 7.
984 *Zöller/Philippi* § 620 Rn. 64.
985 OLG Düsseldorf FamRZ 1983, 514.
986 OLG Düsseldorf FamRZ 1986, 1134.
987 OLG Hamm FamRZ 1980, 708.
988 BGH FamRZ 1981, 759.
989 *Zöller/Philippi* § 620 Rn. 10.

Ganzzuweisung der Ehewohnung – unanfechtbar (§ 620c ZPO) und von geringerer Bestandskraft als eine endgültige Entscheidung (§ 620f I 1 ZPO). Die Parteien haben jedoch einen Rechtsschutzanspruch auf einen endgültigen Titel nach Überprüfung im ordentlichen Verfahren (Rechtsgedanke aus § 926 ZPO). Auch wenn ein Verfahrensgegenstand durch einstweilige Anordnung geregelt werden kann oder geregelt worden ist, ist also ein selbständiges Hauptsacheverfahren möglich. Das ist im einzelnen entschieden für die Kindersachen (Sorgerecht, Umgangsbefugnis, Kindesherausgabe),[990] für eine Klage auf Getrenntlebendenunterhalt,[991] für Klagen auf Prozeßkostenvorschuß,[992] für die negative Feststellungsklage des Unterhaltsschuldners[993] sowie für die Regelung der Benutzung von Ehewohnung und Hausrat.[994]

Ist über die **Hauptsache** in einem anderen Verfahren schon **endgültig entschieden** worden, so ist eine **Abänderung** dieser Entscheidung **durch einstweilige Anordnung nicht möglich** (argumentum e contrario aus § 621f I 1 ZPO). Da eine endgültige Regelung nach § 620f I 1 ZPO die einstweilige Anordnung außer Kraft setzt, kann die einstweilige Anordnung nicht die endgültige Entscheidung abändern.[995] Eine im isolierten Sorgerechtsverfahren gemäß § 1672 BGB ergangene Endentscheidung kann daher nur in einem selbständigen Verfahren nach § 1696 BGB abgeändert werden, und die Erhöhung oder Reduzierung eines endgültigen Unterhaltstitels ist nur mit der Abänderungsklage nach § 323 ZPO möglich.

Das **Verhältnis der einstweiligen Anordnung zur einstweiligen Verfügung** läßt sich kurz wie folgt beschreiben: Vor Anhängigkeit einer Ehesache dürfen keine einstweiligen Anordnungen und während ihrer Anhängigkeit keine einstweiligen Verfügungen erlassen werden. Dies gilt hinsichtlich der in § 620 S. 1 aufgezählten Regelungsgegenstände, da die Vorschriften der §§ 620ff ZPO insoweit leges speciales sind.[996] Soweit für einstweilige Anordnungen danach kein Raum ist, sind einstweilige Verfügungen und Arreste zulässig.

Einstweilige Anordnungen in Ehesachen und in selbständigen FGG-Familiensachen stehen gleichrangig nebeneinander.[997] Der Anwalt kann also für seine Partei zwischen diesen Verfahren wählen, muß jedoch beim Antrag auf Erlaß einer einstweiligen Anordnung nach FGG zumindest gleichzeitig das isolierte Hauptsachverfahren einleiten.

Es bleibt daher bei dem **Ratschlag,** zunächst den zweckmäßigen und raschen Weg der einstweiligen Anordnung nach § 620ff ZPO zu beschreiten und erst bei nicht befriedigenden Ergebnissen zu prüfen, ob sich im ordentlichen Verfahren voraussichtlich ein besseres Ergebnis erzielen läßt.

---

990 BGH FamRZ 1982, 788 = NJW 1982, 2561.
991 BGH FamRZ 1983, 355 = NJW 1983, 1330.
992 BGH FamRZ 1979, 472 = NJW 1979, 1508.
993 BGH FamRZ 1983, 355, 356; *Zöller/Philippi* § 620 Rn. 13 mit Nachweisen
994 OLG Köln FamRZ 1986, 703.
995 *Zöller/Philippi* § 620 Rn. 15–18 mit Nachweisen.
996 BGH FamRZ 1979, 472 = NJW 1979, 1508; *Rosenberg/Schwab* § 169 II 6.
997 *Zöller/Philippi* § 620 Rn. 24, 27 mit Nachweisen.

c) Regelungsvoraussetzungen und Vollstreckung

Die einstweilige Anordnung setzt voraus:

Es muß ein **zulässiger und bestimmter Antrag** gestellt werden. **Zulässig** ist der Antrag nach § 620a II 1 ZPO, **sobald die Ehesache anhängig oder ein Antrag auf Bewilligung der Prozeßkostenhilfe eingereicht ist.** Dabei darf nicht vergessen werden, daß Prozeßkostenhilfe und Beiordnung für das Verfahren über die einstweilige Anordnung ausdrücklich beantragt werden müssen (§ 122 III 2, 3 Nr. 2 BRAGO). Es ist eine bestimmte Regelung zu beantragen.[998]

Weiter sind die den **Anordnungsgrund** (Regelungsbedürfnis) und den **Anordnungsanspruch** (materiell-rechtliche Regelungsgrundlage) begründenden Tatsachen vorzutragen und glaubhaft zu machen (§ 620 II 3 ZPO).

Der Anwalt muß beachten, daß für das Verfahren über die einstweilige Anordnung als Teil der Ehesache gemäß § 78 II 1 Nr. 1 ZPO **Anwaltszwang** besteht. Nur die Antragstellung ist gemäß §§ 78 III, 620a II 2 ZPO vom Anwaltszwang befreit. Diese Befreiung wird auch angenommen, solange das Verfahren schriftlich geführt wird. Der Antrag auf mündliche Verhandlung und das nachfolgende Verfahren, insbesondere die mündliche Verhandlung unterliegen dem Anwaltszwang.[999]

Die **Vollstreckung** der einstweiligen Anordnungen gemäß § 620 S. 1 Nrn. 1–3 ZPO richtet sich nach § 33 FGG, während die einstweiligen Anordnungen gemäß § 620 S. 1 Nrn. 4–9 ZPO nach den Grundsätzen der ZPO – z. B. die Anordnung eines Unterlassens gemäß § 890 ZPO – zu vollstrecken sind, wie sich aus § 794 I Nr. 3a ZPO ergibt.[1000]

---

[998] *Zöller/Philippi* § 620 Rn. 20.
[999] *Zöller/Philippi* § 620a Rn. 9; *Rosenberg/Schwab* § 169 II 4.
[1000] *Thomas/Putzo* § 620 Anm. 4f; *Rosenberg/Schwab* § 169 II 15.

An das
Amtsgericht
– Familiengericht –
6450 Hanau

6450 Hanau, den 3. April 1987

Eilige Anträge! Bitte sofort vorlegen!

In der Ehesache

der Frau Eva Jung, geb. Schulz, Beethovenstr. 44, 6450 Hanau

– Antragstellerin –

Prozeßbevollmächtigter: Rechtsanwalt Ernst, Hanau

gegen

Herrn Heinz Jung, Beethovenstr. 44, 6450 Hanau

– Antragsgegner –

beantrage ich, wegen Dringlichkeit ohne mündliche Verhandlung folgende einstweilige Anordnungen gemäß § 620 ZPO zu erlassen:

1. Die elterliche Sorge für die minderjährigen Kinder Michael, geb. am 21. März 1971, Karin, geb. am 21. Juli 1972 und Renate, geb. am 21. September 1980, wird gem. § 620 Nr. 1 ZPO auf die Antragstellerin übertragen.
2. Dem Antragsgegner wird gem. § 620 Nr. 4 ZPO aufgegeben, ab 1. Mai 1987 für die gemeinsamen minderjährigen Kinder folgende Unterhaltsrenten monatlich im voraus, spätestens am 3. eines jeden Monats, zu Händen der Antragstellerin zu zahlen:

   a) für Michael DM 568,33 Unterhalt monatlich,
   b) für Karin DM 568,33 Unterhalt monatlich,
   c) für Renate DM 483,33 Unterhalt monatlich.
3. Dem Antragsgegner wird gemäß § 620 Nr. 6 ZPO aufgegeben, ab 1. Mai 1987 an die Antragstellerin eine Unterhaltsrente in Höhe von 1284,– DM monatlich im voraus, spätestens am 3. eines Monats, zu zahlen.
4. a) Der Antragstellerin wird gem. § 620 Nr. 7 ZPO die Ehewohnung in Hanau, Beethovenstraße 44, bestehend aus 5 Zimmern, Küche, Bad und Flur sowie einem Kellerraum, zur alleinigen Benutzung für sie und die Kinder zugewiesen.

   b) Der Antragsgegner hat die Ehewohnung mit seinen persönlichen Sachen zu räumen und mit sämtlichen Wohnungs- und Hausschlüsseln an die Antragstellerin herauszugeben.

   c) Eine Räumungsfrist wird nicht gewährt.

   d) Dem Antragsgegner wird nach der Herausgabe das Betreten der Ehewohnung ohne oder gegen den Willen der Antragstellerin verboten. Für jeden Fall der Zuwiderhandlung wird dem Antragsgegner ein Ordnungsgeld bis zu 1000,– DM und für den Fall, daß dieses nicht beigetrieben werden kann, eine Ordnungshaft bis zu 1 Woche angedroht.

Ich beantrage weiter,

der Antragstellerin Prozeßkostenhilfe für die vorstehenden Anträge unter meiner Beiordnung zu bewilligen. Die Erklärung über die persönlichen und wirtschaftlichen Verhältnisse der Antragstellerin ist beigefügt.

Begründung:

Mit gleicher Gerichtspost habe ich den Antrag auf Bewilligung der Prozeßkostenhilfe für die Scheidungssache nebst Scheidungsantragsschrift eingereicht. Der Erlaß einstweiliger Anordnungen ist daher zulässig.

Die Parteien leben, wie in der Antragsschrift beschrieben, seit März 1986 getrennt, weil die Antragstellerin nach 17-jähriger Ehe den Hang des Antragsgegners zum Alkohol und zu leichten Mädchen nicht länger dulden konnte und wollte. Die Parteien haben in der ehelichen Wohnung räumlich getrennt gelebt, die Antragstellerin im Schlafzimmer, der Antragsgegner im Wohnzimmer. Ein gemeinsamer Haushalt ist nicht mehr geführt worden.

Der Antragsgegner hat der Antragstellerin für sie selbst und die Kinder 1500,– DM Wirtschaftsgeld monatlich überwiesen, wovon sie Nahrung, Kleidung, Strom und die Gebühren für Radio, Fernsehen und Telefon bestritten hat. Die Miete einschließlich Nebenkosten hat der Antragsgegner gezahlt. Der Antragsgegner hat sich bis Ende März 1987 an diese private Trennungsvereinbarung gehalten, wohl in der Hoffnung, die Antragstellerin von ihrer Scheidungsabsicht abbringen zu können. Durch den Anwaltsbrief vom 27. März 1987, in dem der Antragsgegner um Zustimmung zur einverständlichen Scheidung und zur vorgeschlagenen Scheidungsfolgenvereinbarung gebeten worden ist, hat er jedoch erkannt, daß der Scheidungswille der Antragstellerin ernsthaft ist. Der Antragsgegner hat den Brief am 30. März 1987 erhalten, ist gegen 22.00 Uhr betrunken nach Hause gekommen und hat in Gegenwart der Kinder geschrien, er lasse sich nicht scheiden, die Antragstellerin könne ruhig zum Anwalt und zum Gericht laufen, er würde sich an keine gerichtliche Entscheidung halten. Auf den Vorhalt der Antragstellerin, daß er die ihm reichlich gebotenen Chancen, sich zu bessern, durch neue Alkoholexzesse und neue Abenteuer immer wieder vertan habe, hat er ihr vor Wut mit der Faust so auf die Nase geschlagen, daß es sofort heftig geblutet hat. Die Kinder haben das Nasenbluten bei der Antragstellerin nicht zum Stillstand bringen und den tobenden Antragsgegner nicht beruhigen können. Sie haben in der Not die Polizei gerufen. Die Polizei hat den Antragsgegner zur Ausnüchterung mitgenommen und die Einweisung der Antragstellerin ins Krankenhaus veranlaßt. Dort ist ein Nasenbeinbruch festgestellt und ambulant behandelt worden.

Beweis: Zeugnis des Sohnes Michael und des Polizeihauptwachtmeisters Schiller von der Polizeidirektion Hanau sowie Attest des behandelnden Notarztes des Stadtkrankenhauses Hanau, Dr. med. Fink.

Am Abend des 1. April 1987 ist der Antragsgegner wieder betrunken nach Hause gekommen und hat im Beisein der Kinder die Antragstellerin gefragt, ob sie die Scheidung zurücknehme. Als sie dies verneint hat, hat er ihr mehrmals mit dem rechten Fuß heftig in den Unterleib getreten und dabei gebrüllt, er werde sie so lange schlagen und treten, bis sie ihre Scheidungsabsicht aufgebe. Die Antragstellerin hat durch die Tritte in den Unterleib schwere Prellungen und Blutergüsse erlitten.

Beweis: Zeugnis des Sohnes Michael und Attest des Dr. Feierabend, den die Antragstellerin am nächsten Morgen aufgesucht hat.

Der Antragsgegner hat bei dieser letzten schweren Auseinandersetzung weiter erklärt, er zahle ihr und den Kindern keinen Pfennig Unterhalt mehr; Michael solle von der Schule abgehen und eine Ausbildung beginnen, damit er eine Ausbildungsvergütung erhalte; Karin sei so hübsch, daß sie auf der Straße ihr Geld verdienen könne, er werde ihr zeigen, wie und wo das laufe; für ihren eigenen Unterhalt und den von Renate müsse die Antragstellerin putzen gehen.

Beweis: Zeugnis des Sohnes Michael.

Bei dieser Sachlage ist der Erlaß der beantragten einstweiligen Anordnungen dringend geboten. Der Antragsgegner hat durch sein Verhalten in der Vergangenheit und die geschilderten Vorfälle bewiesen, daß er als Sorgerechtsträger völlig ungeeignet ist. Es soll nicht verschwiegen werden, daß die Antragstellerin wegen des ständigen Kummers mit dem Antragsgegner in den letzten Jahren Alkoholprobleme bekommen hat. Die Antragstellerin hat jedoch den festen Willen, vom Alkohol loszukommen. Sie macht seit Anfang März 1987 auf Anraten ihres Arztes eine Therapie in einer Gruppe Anonymer Alkoholikerinnen. Der Arzt ist sich ziemlich sicher, daß die Antragstellerin ihre Alkoholprobleme in den Griff bekommt, wenn sie sich von dem Antragsgegner endgültig gelöst hat.

Beweis: Zeugnis des Dr. med. Feierabend.

Die Antragstellerin hat trotz dieser Probleme ihre Pflichten als Mutter immer ohne Beanstandungen erfüllt. Sie hat die Kinder von ihrer Geburt an betreut. Der Antragsgegner hat aus beruflichen Gründen und wegen seiner sonstigen Aktivitäten für die Familie kaum Zeit gehabt. Die Kinder sind ausgezeichnete Schüler, insbesondere Michael. Für den zukünftigen Lebensweg des Jungen wäre die Entscheidung, ihn von der Schule zu nehmen, völlig falsch. Sie entspräche nicht seinen Neigungen und Begabungen. Renate und Michael wollen bei der Mutter bleiben. Sie lehnen den Vater ab. Karin hat eine Schwäche für den großen und gutaussehenden Vater, hängt jedoch auch an den Geschwistern und der Mutter. Der Antragsgegner ist mit Sicherheit kein Vorbild für ein Mädchen in diesem Alter. Der Verbleib der Kinder bei der Mutter und in ihrer vertrauten Umwelt entspricht daher ihren Kontinuitätsinteressen, so daß die beantragte Sorgerechtsregelung begründet ist.

Die Unterhaltsansprüche für die Kinder und die Antragstellerin sind gem. §§ 1601 ff, 1361 BGB ab 1. Mai 1987 berechtigt. Für April 1987 ist das Wirtschaftsgeld bereits auf dem Konto der Antragstellerin eingegangen. Den

Dauerauftrag hat der Antragsgegner lt. Auskunft der Bank erst danach rückgängig gemacht.

Beweis: Auskunft der Volksbank Hanau.

Die Antragstellerin und die Kinder sind unterhaltsbedürftig. Sie verfügen weder über Einkünfte noch über Vermögen. Die Antragstellerin kann auch nicht auf eine Erwerbsobliegenheit verwiesen werden, da sie 3 Kinder, davon 1 Kind unter 7 Jahren, zu betreuen hat und während der Ehe keiner Berufstätigkeit nachgegangen ist (Schutzgedanke des § 1361 II BGB).Der Antragsgegner ist in dem begehrten Umfang leistungsfähig. Er hat als leitender Angestellter einer Elektrizitätsgesellschaft im Jahresdurchschnitt unter Einrechnung sämtlicher Sonderzuwendungen ein monatliches Nettoeinkommen von rd. 5850,– DM. Davon gehen monatlich ab: 150,– DM für Fahrtkosten und aufgrund einer Gehaltsabtretung an die Volksbank Hanau 1000,– DM für Kreditabtrag. Die Verbindlichkeiten gegenüber der Volksbank Hanau von derzeit noch rd. 60000,– DM stammen aus den Jahren 1975–1980, als der Antragsgegner eine selbständige Tätigkeit ausgeübt und Konkurs gemacht hat. Für die Unterhaltsberechnung ist daher von einem bereinigten Nettoeinkommen des Antragsgegners von 4700,– DM monatlich auszugehen. Bei 4 Unterhaltsberechtigten ist der monatliche Kinderunterhalt nicht aus der Einkommensgruppe 7, sondern aus der Einkommensgruppe 6 der Düsseldorfer Tabelle abzulesen, und zwar mit 440,– DM für Renate und je 525,– DM für Karin und Michael. Hierzu kommt, da der Antragsgegner das Kindergeld erhält, die Hälfte des wegen des hohen Einkommens des Antragsgegners geminderten Kindergeldes von je 43,33 DM (50 + 70 + 140 =260 : 3 = 86,66 : 2 = 43,33 DM). Für Michael und Karin können daher je 568,33 DM und für Renate 483,33 DM Unterhalt monatlich geltend gemacht werden.

Nach Abzug des Kinderunterhalts verbleiben dem Antragsgegner 3210,– DM monatlich. Davon kann die Antragstellerin als Ehegattenunterhalt nach der Frankfurter Rechtsprechung 40% = 1284,– DM monatlich beanspruchen.

Die Ganzzuweisung der Ehewohnung an die Antragstellerin für sie selbst und die Kinder ist gemäß § 1361 b I BGB gerechtfertigt. Sie ist unbedingt notwendig, um eine schwere Härte für die Antragstellerin zu vermeiden. Nach den schweren Mißhandlungen der Antragstellerin durch den Antragsgegner und seinen Drohungen ist die umittelbare Gefährdung von Leib und Leben evident. Dem Antragsgegner kann daher keine Räumungsfrist bewilligt werden. Er kann sich mit dem ihm verbleibenden Einkommen von rd. 2000,– DM auch leicht eine Unterkunft besorgen. Die Antragstellerin ist, so lange sich der Antragsgegner in der Wohnung aufhalten kann, ihres Lebens und ihrer Gesundheit nicht sicher. Der Zuweisungs- und Räumungsbeschluß ist zudem nach den durchaus ernst zu nehmenden Drohungen des Antragsgegners mit einem Betretensverbot zu bewehren, damit die Antragstellerin jederzeit auch polizeiliche Hilfe in Anspruch nehmen kann.

Es wird dringend gebeten, zumindest die einstweilige Anordnung hinsichtlich der Ehewohnung sofort ohne mündliche Verhandlung zu erlassen, da andernfalls mit einer nicht mehr wieder gutzumachenden Gesundheitsbeschädigung der Antragstellerin gerechnet werden muß.Ich bitte, die einstweilige Anordnung mit der Vollstreckungsklausel zu versehen und mich telefonisch zu benachrichtigen, damit die Entscheidung abgeholt und der Gerichtsvollzieher mit der Vollstreckung beauftragt werden kann.

Anlage: Eidesstattliche Versicherung der Antragstellerin.

Rechtsanwalt

Eidesstattliche Versicherung der Antragstellerin

Hiermit versichere ich nach Belehrung über die Strafbarkeit einer falschen Versicherung an Eides Statt die Richtigkeit nachstehender Angaben an Eides Statt:

Ich lebe in der Ehewohnung seit März 1986 von dem Antragsgegner getrennt und will mich von ihm scheiden lassen. Der Antragsgegner will mich mit Gewalt und Drohungen von meiner Scheidungsabsicht abbringen. Er hat mir deswegen am 30. März 1986 gegen 22.00 Uhr so mit der Faust auf die Nase geschlagen, daß das Nasenbein gebrochen ist und es heftig geblutet hat. Ich habe mich deswegen im Stadtkrankenhaus Hanau behandeln lassen müssen. Am 1. April 1987 hat der Antragsgegner mir mit dem rechten Fuß mehrmals heftig in den Unterleib getreten. Ich habe schwere Prellungen und Blutergüsse erlitten und den Arzt deswegen aufsuchen müssen.

Der Antragsgegner hat mit gedroht, mich weiter zu schlagen und zu treten, wenn ich meine Scheidungsabsicht nicht aufgebe.

Er hat weiter erklärt, er werde sich an keine gerichtliche Entscheidung halten und mir und den Kindern keinen Unterhalt mehr zahlen. Der Antragsgegner hat nach Abzug für Fahrtkosten und Kredit ein durchschnittliches monatliches Nettoeinkommen von rd. 4700,– DM und bezieht das Kindergeld.

Ich habe die Kinder von ihrer Geburt an betreut und erzogen. Der Antragsgegner hat sich wegen seiner beruflichen Tätigkeit und seiner Saufereien und Abenteuer kaum um die Familie gekümmert. Ich bin bereit und fähig, weiter für die Kinder zu sorgen. Auf Anraten meines Arztes habe ich mich Anfang März 1987 freiwillig in eine Therapie begeben, um meine Alkoholprobleme in den Griff zu bekommen. Dies ist mir bisher auch ganz gut gelungen.

gez. Eva Jung

Anmerkung: Die eidesstattliche Versicherung besteht häufig nur in einer Bezugnahme auf die Antragsschrift. Das ist, wenn die antragstellende Partei die Antragsschrift nicht selbst mitunterzeichnet, nicht ausreichend. Mit der eidesstattlichen Versicherung sollen nach § 294 ZPO tatsächliche Behauptungen glaubhaft gemacht werden. Dazu sind eigene ausdrückliche und nicht nur in bezug genommene Erklärungen der Parteien erforderlich. Die eidesstattliche Versicherung muß daher neben der Belehrung über die Strafbarkeit einer falschen Versicherung an Eides Statt und der Versicherung der Richtigkeit der gemachten Angaben an Eides Statt die begründenden Tatsachen kurz und klar schildern, damit auch die Verantwortlichkeit des Versichernden eindeutig feststeht.

d) Verteidigungsmöglichkeiten des Antragsgegners

Der Antragsgegner kann wie folgt verteidigt werden:

Ist die stattgebende Entscheidung ohne mündliche Verhandlung ergangen, so kann der Antrag auf mündliche Verhandlung gem. § 620b II ZPO gestellt werden.

Hat das Familiengericht den stattgebenden Beschluß aufgrund mündlicher Verhandlung erlassen, so kommt es darauf an, ob die Entscheidung nach § 620c ZPO anfechtbar ist oder nicht. Anfechtbar mit der sofortigen Beschwerde sind nach § 620c S. 1 ZPO nur die aufgrund mündlicher Verhandlung ergangene Entscheidung betreffend Regelung der elterlichen Sorge für ein gemeinschaftliches Kind, Anordnung der Herausgabe des Kindes an den anderen Elternteil oder Ganzzuweisung der Ehewohnung. Alle übrigen Entscheidungen sind gemäß § 620c S. 2 ZPO unanfechtbar.

Einen Ausgleich für die weitgehende Unanfechtbarkeit stellt der begründete Antrag auf Aufhebung oder Änderung des Beschlusses aufgrund mündlicher Verhandlung nach §§ 620b I, II, 620d S. 1 ZPO dar. Obwohl der Antrag eine Änderung der tatsächlichen Verhältnisse nicht voraussetzt,[1001] sollte er erst nach dem Sammeln weiteren Materials (Tatsachenvorbringen und Rechtsansichten) gestellt werden. Bei Ausschöpfung der sofortigen Beschwerde und des Antrages nach § 620b ZPO muß eine Klärung in einem selbständigen Hauptsacheverfahren versucht werden. So kann auf Feststellung geklagt werden, daß der aufgrund der einstweiligen Anordnung zur Unterhaltszahlung Verpflichtete Unterhalt nicht schuldet (vgl. die Ausführungen im 3. Teil S. 300/301). Geht die einstweilige Anordnung über das nach materiellem Unterhaltsrecht Geschuldete hinaus, so ist wegen der Überzahlung eine auf § 812 I 1 BGB gestützte Rückforderungsklage zu erheben.[1002] Dies empfiehlt sich im Hinblick auf § 818 IV BGB, weil die verschärfte Haftung nicht schon mit der Rechtshängigkeit der negativen Feststellungsklage eintritt.[1093] Ein Schadensersatzanspruch analog §§ 717 II, 945 ZPO wegen Vollstreckung aus einer ganz oder teilweise ungerechtfertigten einstweiligen Anordnung nach § 620 S. 1 Nr. 4 ZPO besteht nicht.[1004] Der Erfüllungseinwand kann auch gegen eine einstweilige Anordnung nach § 620 S. 1 Nr. 6 ZPO mit der Volsltreckungsklage geltend gemacht werden.[1005]

3. Einstweiliger Rechtsschutz im Nachscheidungsstadium

Im Nachscheidungsstadium, also ab Rechtskraft der Scheidung, kommt vorläufiger Rechtsschutz in den isolierten Familiensachen des § 621 I ZPO nach folgenden Bestimmungen oder ständiger Rechtsprechung in Betracht:

[1001] BGH FamRZ 1982, 788 = NJW 1982, 2561.
[1002] BGH FamRZ 1984, 767 = NJW 1984, 2095.
[1003] BGH FamRZ 1985, 368 = NJW 1985, 1074.
[1004] BGH FamRZ 1984, 767 = NJW 1984, 2095.
[1005] BGH FamRZ 1983, 355 = NJW 1983, 1330.

Kindersachen (Sorgerecht nach §§ 1671, 1696 BGB, Umgangsbefugnis nach §§ 1634, 1696 BGB, Kindesherausgabe nach § 1632 BGB) – einstweilige (vorläufige) Anordnung in ständiger Rechtsprechung,

Unterhaltssachen nach §§ 1601 ff, 1569 ff BGB – einstweilige Verfügung auf laufenden, zeitlich begrenzten Mindestunterhalt und Arrest zur Sicherung des Anspruchs auf künftigen Unterhalt. Ein Verfügungsgrund bezüglich des Geschiedenenunterhalts besteht jedoch nicht, wenn der Antragsteller es schuldhaft unterlassen hat, seinen Unterhaltsanspruch als Folgesache im Verbund geltend zu machen.[1006]

Versorgungsausgleich – einstweilige Anordnung (§ 3a IX 3, 4 VAHRG),

Hausrats- und Ehewohnungssachen nach der HausratsVO – einstweilige Anordnung (§ 13 IV HausratsVO),

Güterrechtssachen nach § 1389 BGB – Arrest zur Sicherung des Anspruchs auf Sicherheitsleistung,

Verfahren nach §§ 1382, 1383 BGB – einstweilige Anordnung (§ 53a III FGG),

Prozeßkostenvorschuß in den Fällen des § 621 I Nrn. 4 und 5 ZPO – einstweilige Anordnung (§ 127a ZPO),

Prozeßkostenvorschuß in den Fällen des § 621 I Nrn. 1–3, 6–9 ZPO – einstweilige Anordnung (§ 621f ZPO).

II. Die Rechtsmittelverfahren

1. Rechtsmittel gegen Endentscheidungen

Der Anwalt muß sich zunächst darüber im klaren sein, ob in einer Ehesache, einer Folgesache oder einer selbständigen Familiensache die Endentscheidung oder die Zwischenentscheidung (Entscheidung im einstweiligen Rechtsschutz oder sonstige familiengerichtliche Entscheidung) angefochten werden soll.

Weiter muß er die Entscheidungsmaterie als ZPO-Familiensache (Ehesachen nach § 606 I ZPO, Unterhalts- und Güterrechtsprozesse nach § 621 I Nrn. 4, 5 und 8 ZPO) oder FGG-Familiensache (Verfahren betreffend die Regelung der elterlichen Sorge und des Umgangs, die Herausgabe des Kindes, den Versorgungsausgleich, die Regelung der Rechtsverhältnisse an der Ehewohnung und am Hausrat, die Stundung der Ausgleichsforderung und die Anrechnung auf diese Forderung nach § 621 I Nrn. 1–3, 6, 7, 9 ZPO) qualifizieren. Sind diese Einordnungen getroffen, so lassen sich Rechtsmittelgericht, Hauptrechtsmittel und Anwaltszwang für die Parteien/Beteiligten – hinsichtlich des Anwaltszwangs nicht für die Drittbeteiligten – aus der nachstehenden **Übersicht** ablesen.

[1006] OLG Frankfurt FamRZ 1986, 367.

Endentscheidung der 1. Instanz AG (Familiengericht)	Rechtsmittel zur 2. Instanz OLG (Familiensenat)	Rechtsmittel zur 3. Instanz BGH
Urteil in Ehesachen (ohne Verbund)	durch OLG-Anwalt Berufung	durch BGH-Anwalt Revision
Scheidungsverbundurteil	immer durch OLG-RA	immer durch BGH-RA
a) bei Totalanfechtung	Berufung	Revision
b) bei Teilanfechtung		
aa) nur des Scheidungsausspruchs	Berufung	Revision
bb) des Scheidungsausspruchs sowie eines Teils der ZPO- und/oder FGG-Folgesachenentscheidungen	einheitlich Berufung	einheitlich Revision
cc) nur von ZPO- und FGG-Folgesachenentscheidungen	einheitlich Berufung	einheitlich Revision
dd) nur von ZPO-Folgesachenentscheidungen	Berufung	Revision
ee) nur von FGG-Folgesachenentscheidungen	befristete Beschwerde	befristete weitere Beschwerde
Urteil in selbständiger ZPO-Familiensache	durch OLG-Anwalt Berufung	durch BGH-Anwalt Revision
Beschluß in selbständigen FGG-Familiensachen	kein Anwaltszwang befristete Beschwerde	durch BGH-Anwalt befr. weitere Beschwerde

Zur Einlegung der weiteren Beschwerden gelten in Bayern die §§ 8 I, 7 II, VI EGZPO.

a) Die Rechtsmittelgerichte

Rechtsmittelgerichte sind das OLG – Senat für Familiensachen – (§ 119 I Nrn. 1 und 2 GVG) und der BGH (§ 133 GVG). Hat ausnahmsweise das Familiengericht eine Nichtfamiliensache bzw. die allgemeine Zivilprozeßabteilung des AG oder die erstinstanzliche Zivilkammer des LG eine Familiensache entschieden, so gilt seit dem 1. April 1986 (Inkrafttreten des UÄndG) für die Anfechtung die sogenannte **formelle Anknüpfung**:[1007] Der Familien-

[1007] Bis zum 1. 4. 1986 kam es nach der sog. materiellen Anknüpfung des BGH in BGHZ 72, 185 nur darauf an, ob es sich materiellrechtlich um eine Familiensache handelte, gleichgültig welches Gericht entschieden hatte.

senat des OLG ist für Berufung und Beschwerde „in den von den Familiengerichten entschiedenen Sachen" (§ 119 I Nrn. 1 und 2 GVG) ohne Rücksicht darauf zuständig, ob es sich um eine Familiensache oder Nichtfamiliensache handelt. Die Berufungskammer des LG ist für die von der allgemeinen Zivilprozeßabteilung des AG, der Zivilsenat des OLG für die von der erstinstanzlichen Zivilkammer des LG entschiedene Familiensache zuständig. Gemäß § 529 III 1 ZPO prüft das Berufungsgericht nur auf Rüge, ob eine Familiensache vorliegt. Die Rüge der Unzuständigkeit ist ausgeschlossen, wenn sie nicht bereits im ersten Rechtszug erhoben worden ist und dies nicht genügend entschuldigt wird (§ 529 III 2 ZPO). Bei fehlender oder verspäteter Rüge entscheidet der Familiensenat des OLG die Nichtfamiliensache, die Berufungskammer des LG oder der Zivilsenat des OLG die Familiensache. Bei durchgreifender Unzuständigkeitsrüge hat das Rechtsmittelgericht die Entscheidung des unzuständigen erstinstanzlichen Gerichts aufzuheben und an das zuständige Gericht erster Instanz zu verweisen.[1008] Gemäß § 621 e IV 1 ZPO gilt für das Beschwerdegericht § 529 III ZPO entsprechend. Die Konsequenzen für die 3. Instanz hat das UÄndG mit den §§ 549 II, 621 e IV 2 ZPO gezogen: Der BGH prüft als Revisionsgericht und als Gericht der weiteren Beschwerde nicht mehr, ob eine Familiensache vorliegt.

b) Die Hauptrechtsmittel

Die Hauptrechtsmittel gegen Endentscheidungen des Familiengerichts sind Berufung und befristete Beschwerde.

Die **Berufung** (§§ 511 ff ZPO) gegen die im 1. Rechtszug ergangenen Entscheidungen über Ehesachen (§ 606 I ZPO) und über Familiensachen des § 621 I Nrn. 4, 5 und 8 ZPO ist gemäß § 516 ZPO binnen einer **Notfrist von 1 Monat,** die mit der Zustellung des in vollständiger Form abgefaßten Urteils, spätestens aber mit dem Ablauf von 5 Monaten nach der Verkündung beginnt (bei den folgenden Hauptrechtsmitteln immer mit „ab Zustellung" abgekürzt), durch Einreichung der Berufungsschrift bei dem OLG einzulegen (§ 518 ZPO). Die Frist für die Berufungsbegründung beträgt 1 Monat ab Einlegung der Berufung (§ 519 II 2 ZPO). Hinsichtlich der Versäumnisurteile ist § 513 ZPO zu beachten.

Die **befristete Beschwerde** (§§ 621 e I, 629 a II ZPO) gegen die im 1. Rechtszug ergangenen Endentscheidungen über Familiensachen des § 621 I Nrn. 1–3, 6, 7 und 9 ZPO ist binnen einer **Notfrist von 1 Monat** ab Zustellung (§§ 621 e III 2, 516 ZPO) durch Einreichung der Beschwerdeschrift bei dem OLG einzulegen (§ 621 e III 1 ZPO). Die Frist für die Beschwerdebegründung beträgt 1 Monat ab Einlegung (§§ 621 e III 2, 519 II ZPO).

Die Hauptrechtsmittel gegen Endentscheidungen der Oberlandesgerichte sind Revision und befristete weitere Beschwerde.

Die **Revision** (§ 545 ff ZPO) gegen die Endurteile der OLG über Ehesachen und über Familiensachen des § 621 I Nrn. 4, 5 und 8 ZPO findet statt, **wenn**

[1008] BT-Drucks. 10/288 S. 21; *Diederichsen,* Änderungen des Verfahrensrechts nach dem Unterhaltsrechtsänderungsgesetz, NJW 1986, 1462.

das OLG sie in dem Urteil zugelassen (§§ 546 I 1, 621 d, 629 a I ZPO) **oder die Berufung als unzulässig verworfen hat** (§§ 547, 621 d, 629 a I ZPO). Die Revision ist binnen einer **Notfrist von 1 Monat** ab Zustellung (§ 552 ZPO) durch Einreichung der Revisionsschrift bei dem BGH einzulegen (§ 553 ZPO). Die Frist für die Revisionsbegründung beträgt 1 Monat ab Einlegung der Revision (§ 554 II 2 ZPO).

Die **befristete weitere Beschwerde** (§§ 621 e II, 629 a II ZPO) findet als Rechtsbeschwerde gegen Entscheidungen der OLG in den Familiensachen des § 629 I Nrn. 1–3 und 6 ZPO statt, **wenn das OLG sie durch Beschluß zugelassen** (§ 621 e II 1 ZPO) **oder die Beschwerde als unzulässig verworfen hat** (§ 621 e II 2 ZPO). Die befristete weitere Beschwerde ist binnen einer **Notfrist von 1 Monat** ab Zustellung durch Einreichung der Beschwerdeschrift bei dem BGH einzulegen (§§ 621 e III, 552 ZPO). Die Frist für die Begründung der weiteren Beschwerde beträgt 1 Monat ab Einlegung (§§ 621 III 2, 554 II ZPO).

Neben diesen Hauptrechtsmitteln sind **Anschluß-Berufung** (§§ 521–522 a ZPO), **Anschluß-Revision** (§ 556 ZPO), **Anschluß-Beschwerde**[1009] statthaft, und zwar als selbständige oder unselbständige Rechtsmittelanschließung. Die **unselbständige** Anschließung ist vom Hauptrechtsmittel abhängig und verliert daher ihre Wirkung, wenn das Hauptrechtsmittel zurückgenommen oder als unzulässig verworfen wird (vgl. § 522 I ZPO). Die **selbständige** innerhalb der Rechtsmittelfrist eingelegte Anschließung wird so angesehen, als sei sie als Hauptrechtsmittel selbständig eingelegt worden (vgl. § 522 II ZPO), kann also nach Wegfall des Hauptrechtsmittels für sich betrieben werden.

Beim **Scheidungsverbundurteil** ist zu unterscheiden, ob eine Totalanfechtung oder eine Teilanfechtung vorgenommen werden soll. Bei einer Teilanfechtung sind 5 Fallsituationen auseinander zu halten:

a) Anfechtung nur des Scheidungsausspruchs,
b) Anfechtung des Scheidungsausspruchs und eines Teils der ZPO- und/oder FGG-Folgesachenentscheidungen,
c) Anfechtung nur von ZPO- und FGG-Folgesachenentscheidungen,
d) Anfechtung nur von ZPO-Folgesachenentscheidungen,
e) Anfechtung nur von FGG-Folgesachenentscheidungen.

Aus §§ 629 a II, 621 e ZPO folgt, daß im Falle e) die Teilanfechtung durch die befristete Beschwerde und die befristete weitere Beschwerde erfolgen muß. In allen übrigen Fällen sind für die Teilanfechtung Berufung und Revision die richtigen Rechtsmittel, wie sich aus § 629 a II ZPO ebenfalls entnehmen läßt. Nach §§ 629 a I, 621 e II 1 ZPO gibt es jedoch **in den Familiensachen des § 621 I Nrn. 7 und 9 ZPO** (Regelung der Rechtsverhältnisse an der Ehewohnung und am Hausrat bzw. Verfahren nach §§ 1382, 1383 BGB), gleichgültig ob über sie als Folgesachen oder als isolierte Familiensache entschieden ist, **weder Revision noch befristete weitere Beschwerde.**

[1009] *Zöller/Philippi* § 621 e Rn. 24–26, § 629 a Rn. 26.

Die Möglichkeiten der Teilanfechtung des Verbundurteils erfordern auch eine Regelung des **Rechtskrafteintritts** hinsichtlich der nicht angefochtenen Entscheidungsteile,[1010] weil wegen des Prinzips der einheitlichen und gleichzeitigen Erledigung von Scheidung und Scheidungsfolgen (§§ 623 I 1, 629 I, 629d ZPO) ohne eine solche Regelung z. B. durch die Anfechtung eines Drittbeteiligten in einer Folgesache die Rechtskraft des Scheidungsausspruchs unzumutbar verzögert und zudem durch nachträgliche Anfechtungsmöglichkeiten Unsicherheit über den Ausgang des Verfahrens erzeugt wird. Diese vor dem 1. April 1986 bestehende mißliche Gesetzeslücke hat das UÄndG geschlossen. Der neu eingefügte **§ 629a III ZPO** sieht eine **Beschränkung der nachträglichen Anfechtungsmöglichkeiten** für diejenigen Teile der Verbundentscheidung vor, die noch nicht Gegenstand des Hauptrechtsmittels geworden sind. Dies wird dadurch erreicht, daß **Rechtsmittelerweiterung und Rechtsmittelanschließung** bezüglich der anderen im Verbund entschiedenen, aber noch nicht angefochtenen Gegenstände **zeitlich befristet** werden, und zwar bis zum Ablauf eines Monats nach Zustellung der letzten Rechtsmittelbegründung. Erfolgt innerhalb dieser Frist keine weitere Anfechtung, so werden die bis dahin nicht angefochtenen Teile des Verbundurteils rechtskräftig.[1011] Durch eine fristgerechte nachträgliche Anfechtung verlängert sich die Frist jeweils um einen weiteren Monat (§ 629a III 2, 3 ZPO). Durch diese in Zeitstufen erfolgende Abschichtung von Anfechtungsmöglichkeiten wird den Bedürfnissen der Praxis entsprechend in absehbarer Zeit der Rechtskrafteintritt für die nicht angefochtenen Teile der Verbundentscheidung erreicht.

c) Der Rechtsmittelverzicht

Im Interesse einer endgültigen Streiterledigung wird den am Verfahren beteiligten Anwälten eine Verständigung darüber empfohlen, ob in der mündlichen Verhandlung im Anschluß an die Urteilsverkündung **Rechtsmittelverzicht ohne jede Einschränkung** bezüglich des verkündeten Verbundurteils **oder nur Verzicht auf Rechtsmittel und Anschließung hinsichtlich des Scheidungsausspruchs gem. § 629a IV ZPO** erklärt werden soll. Eine Rechtsmittelverzichtserklärung darf selbstverständlich nur abgegeben werden, wenn das verkündete Urteil für die Partei günstig oder im ganzen noch hinnehmbar ist und auch in der nächsten Instanz voraussichtlich kein besseres Ergebnis zu erzielen sein wird. Daher besteht **Regreßgefahr,** wenn ein Anwalt, ohne mit der Sache vertraut zu sein, nur mal eben für eine Rechtsmittelverzichtserklärung auftritt. Der Rechtsanwalt, der zufällig vorbeikommt und um einen Auftritt für eine Rechtsmittelverzichtserklärung gebeten wird, sollte sich von der Partei, dem Gericht und dem Gegner kurz über die Sachlage unterrichten lassen und sodann die Partei über die Rechtslage

---

[1010] *Walter,* Die Änderungen des familiengerichtlichen Verfahrensrechts durch das UÄndG, JZ 1986, 360, 364.

[1011] *Sedemund-Treiber,* Änderungen des Verfahrensrechts nach dem Gesetz zur Änderung unterhaltsrechtlicher, verfahrensrechtlicher und anderer Vorschriften, FamRZ 1986, 209, 211.

beraten. Dazu gehört auch der Hinweis, daß ein Rechtsmittelverzicht, wenn er als Prozeßhandlung gegenüber dem Gericht durch einen postulationsfähigen Rechtsanwalt abgegeben worden ist, grundsätzlich unwiderruflich und nicht nach bürgerlichem Recht wegen Willensmängeln anfechtbar ist.[1012] Hält er einen Rechtsmittelverzicht für riskant und beharrt die Partei gleichwohl darauf, so kann er seinen Auftritt ablehnen oder davon abhängig machen, daß die Partei ihm schriftlich bestätigt oder zu Protokoll erklärt, daß der Rechtsanwalt trotz Beratung über die Risiken die Rechtsmittelverzichtserklärung abgeben soll. Da die Abgabe der Rechtsmittelverzichtserklärung dem **Anwaltszwang** unterliegt,[1013] kann der Hinweis auch elegant in die zu Protokoll zu erklärende Vollmacht verpackt werden. Formulierungsvorschlag: ,,Hiermit erteile ich dem Rechtsanwalt ... Prozeßvollmacht zur Abgabe einer Rechtsmittelverzichtserklärung ohne jede Einschränkung hinsichtlich des soeben verkündeten Verbundurteils. Über die Risiken des Rechtsmittelverzichts bin ich hinreichend beraten worden."

d) Der Anwaltszwang

Die Grundzüge des Anwaltszwangs in Familiensachen können wie folgt zusammengefaßt werden:

Die Ehegatten müssen sich **in Ehesachen und Folgesachen** in allen Rechtszügen durch einen bei dem Gericht zugelassenen Rechtsanwalt vertreten lassen. Drittbeteiligte in Folgesachen nur für die weitere Beschwerde vor dem BGH (§ 78 II 1 Nr. 1 ZPO).

Die Parteien und Drittbeteiligten **in selbständigen Güterrechtsstreitigkeiten** müssen sich in allen Rechtszügen durch einen bei dem Gericht zugelassenen Rechtsanwalt vertreten lassen, **in selbständigen Unterhaltsstreitigkeiten** nur vor dem OLG und dem BGH (§ 78 II 1 Nr. 2 ZPO), also auch bei Einlegung der sofortigen Beschwerde gegen den Beschluß des OLG, mit der die Berufung gegen ein im isolierten Verfahren ergangenes Unterhaltsurteils als unzulässig verworfen wurde.[1014]

Für die Beteiligten **in selbständigen FGG-Familiensachen** des § 621 I Nrn. 1–3, 6 ZPO besteht Anwaltszwang nur für die weitere Beschwerde vor dem BGH (§ 78 II 1 Nr. 3 ZPO), also nicht für die Beschwerde in selbständig durchgeführten Familiensachen der freiwilligen Gerichtsbarkeit.[1015]

Nicht dem Anwaltszwang unterliegen nach dem **Behördenprivileg** des § 78 II 3 ZPO das Jugendamt, die Träger der gesetzlichen Rentenversicherung und die Körperschaften und Verbände im Sinne dieser Vorschrift.

Es kann daher festgestellt werden, daß als Drittbeteiligte in FGG-Familiensachen nur noch der Minderjährige, der von seinem Beschwerderecht nach § 59 I FGG Gebrauch macht, und die anderen nach dem VAHRG beteiligten Versorgungsträger sich für das Verfahren der weiteren Beschwerde vor dem

---

[1012] BGH FamRZ 1985, 801, 802 = NJW 1985, 2334; BGH FamRZ 1986, 1089.
[1013] BGH FamRZ 1984, 372.
[1014] BGH FamRZ 1987, 57.
[1015] BGH FamRZ 1987, 56.

BGH durch einen dort zugelassenen Rechtsanwalt vertreten lassen müssen.[1016]

2. Rechtsmittel und Rechtsbehelfe im einstweiligen Rechtsschutz

a) Außerhalb des Scheidungsverfahrens

In selbständigen Verfahren über Familiensachen des § 621 I Nrn. 1–3, 6, 9 ZPO findet gegen Zwischenentscheidungen – dazu gehören **auch einstweilige (vorläufige) Anordnungen** – des Familiengerichts, die geeignet sind, in Rechte der Beteiligten einzugreifen, die **unbefristete Beschwerde nach § 19 I FGG** statt, über die das OLG (Familiensenat) entscheidet.[1017] Dabei ist in Verfahren nach § 621 I Nr. 9 ZPO zu beachten, daß gem. § 53 a III 2 FGG die einstweiligen Anordnungen nur mit der Endentscheidung angefochten werden können.

Die unbefristete Beschwerde nach § 19 I FGG ist nach überwiegender Meinung auch statthaft gegen die gem. §§ 1361 b BGB, 13 IV HausratsVO erlassenen **einstweiligen Anordnungen auf Ganzzuweisung der Ehewohnung.**[1018]

Wird der **Antrag auf Erlaß eines Arrestes oder einer einstweiligen Verfügung ohne mündliche Verhandlung durch Beschluß zurückgewiesen,** so ist die **Beschwerde nach § 567 I ZPO** zulässig. Sie bedarf nach umstrittener Auffassung nicht der Einlegung durch einen beim OLG zugelassenen Rechtsanwalt, weil kein Anwaltszwang besteht (§§ 78, 569 II 2 ZPO).[1019] Wird dem **Antrag ohne mündliche Verhandlung stattgegeben,** so kann der Antragsgegner **Widerspruch** einlegen (§§ 924, 936 ZPO). Hat das Familiengericht über den Antrag auf Erlaß eines Arrestes oder einer einstweiligen Verfügung aufgrund mündlicher Verhandlung durch **Endurteil** gem. § 922 I ZPO entschieden, so findet die **Berufung** statt. Die **Revision** ist nach § 545 II 1 ZPO **nicht zulässig.**

Einstweilige Anordnungen, die die Verpflichtung zur Leistung eines Prozeßkostenvorschusses/Kostenvorschusses aussprechen, sind gem. §§ 127 a II 2, 621 f II 2 ZPO jeweils in Verbindung mit § 620 c S. 2 ZPO **unanfechtbar.** Hier hilft dem Verpflichteten nur die negative Feststellungsklage mit Einstellungsantrag.

1016 *Zöller/Vollkommer* § 78 Rn. 42; *Walter* JZ 1986, 364.

1017 BGH FamRZ 1978, 886 = NJW 1979, 39.

1018 *Brudermüller* FamRZ 1987, 109, 122 mit umfassenden Nachweisen; *Weychardt,* Beschwerdefähigkeit der gem. § 13 IV HausrVO erlassenen Wohnungszuweisungsbeschlüsse, FamRZ 1987, 241, berichtet, daß sich auch die vier Frankfurter Familiensenate für die Beschwerdefähigkeit ausgesprochen haben.

1019 OLG Düsseldorf FamRZ 1987, 611; *Thomas/Putzo,* § 922 Anm. 4b); a. A. *Zöller/Vollkommer* § 922 Rn. 13.

b) Während des Scheidungsrechtsstreits im Anordnungsverfahren nach §§ 620ff ZPO

Hinsichtlich der **Verteidigungsmöglichkeiten des Antragsgegners** wird zunächst auf die Ausführungen zu den Eilverfahren unter I. 2d) verwiesen.

Dem **Antragsteller** stehen gegen ablehnende Entscheidungen nur das Verfahren nach § 620b ZPO und der Weg in das entsprechende isolierte Hauptsacheverfahren zur Verfügung. Denn die **sofortige Beschwerde** ist nicht zulässig, wenn es das Familiengericht aufgrund mündlicher Verhandlung ablehnt, die elterliche Sorge für ein gemeinschaftliches Kind zu regeln, die Herausgabe eines Kindes an den anderen Elternteil anzuordnen oder die Ehewohnung einem Ehegatten ganz zuzuweisen.[1020] Die sofortige Beschwerde wird jedoch als statthaft angesehen, wenn sich die tatsächlichen Verhältnisse wesentlich geändert haben und die Ablehnung einer anderweitigen Sorgerechtsregelung daher einer Neuregelung gleichkommt.[1021] Ausnahmen von der Unanfechtbarkeit werden weiter zugelassen, wenn das Familiengericht trotz Vorliegens der gesetzlichen Voraussetzungen eine Sachentscheidung ablehnt[1022] oder eine einstweilige Anordnung erläßt, die jeder gesetzlichen Grundlage entbehrt und inhaltlich dem Gesetz fremd ist.[1023]

Die **sofortige Beschwerde** (§§ 620c S. 1, 577 II ZPO) ist binnen einer **Notfrist von 2 Wochen,** die mit der Zustellung des Beschlusses beginnt, durch Einreichung der Beschwerdeschrift beim Familiengericht oder beim OLG als Beschwerdegericht (§§ 569 I, 577 II 2 ZPO) einzulegen und zu begründen (§ 620d S. 1 ZPO). Es besteht **Anwaltszwang.**[1024] Das OLG Frankfurt am Main hat zur Beschwerdeeinlegung folgende Leitsätze formuliert:[1025]

„Bei dem Familiengericht kann die sofortige Beschwerde auch durch einen dort oder bei dem übergeordneten Landgericht zugelassenen Rechtsanwalt eingelegt werden. Ein solcher kann auch die weiteren schriftlichen Erklärungen im Beschwerdeverfahren, namentlich die Beschwerdeerwiderung, nach § 573 II S. 1 ZPO abgeben, es sei denn, es kommt zu einer mündlichen Verhandlung vor dem OLG.

Wird die sofortige Beschwerde unmittelbar bei dem OLG eingelegt oder dort mündlich verhandelt, muß die Partei durch einen bei dem OLG zugelassenen Rechtsanwalt vertreten sein."

Wird die Beschwerde durch einen nur bei dem Familiengericht zugelassenen Rechtsanwalt beim OLG eingereicht, so ist die Beschwerdefrist nur gewahrt, wenn die Beschwerde rechtzeitig vom OLG an das Familiengericht weitergeleitet wird und dort vor Fristablauf eingeht. Denn in diesem Fall ist die Beschwerdeschrift bei dem Gericht eingegangen, bei dem sie durch den

---

[1020] Zöller/Philippi § 620c Rn. 4 mit Nachweisen.
[1021] OLG Düsseldorf FamRZ 1985, 300.
[1022] *Zöller/Philippi* § 620c Rn. 11.
[1023] BGH FamRZ 1986, 150; OLG Frankfurt FamRZ 1986, 183.
[1024] BGH FamRZ 1982, 788, 789 = NJW 1982, 2561; OLG Frankfurt FamRZ 1983, 516.
[1025] OLG Frankfurt FamRZ 1983, 516.

Rechtsanwalt formgerecht hätte eingelegt werden können, weil er dort zugelassen ist.[1026]

Schriftsatz-Muster 40

An das
Amtsgericht
– Familiengericht –
6450 Hanau

6450 Hanau, den 13. April 1987

Eilt sehr! Bitte sogleich weiterleiten!

In der Ehesache

der Frau Eva Jung, geb. Schulz, wohnhaft Beethovenstraße 44, 6450 Hanau/M.-1

– Antragstellerin und Beschwerdegegnerin –

Verfahrensbevollmächtigter: Rechtsanwalt Ernst, 6450 Hanau

gegen

Herrn Heinz Jung, wohnhaft Beethovenstraße 44,
6450 Hanau/M.-1

– Antragsgegner und Beschwerdeführer –

Verfahrensbevollmächtigter: Rechtsanwalt Dr. Klar,
6450 Hanau

lege ich in anliegender Vollmacht des Beschwerdeführers hiermit gegen den aufgrund mündlicher Verhandlung erlassenen Beschluß des Familiengerichtes Hanau vom 10. April 1987 – Az: 60 F 380/87 EA Nr. I –, zugestellt am 13. April 1987

– sofortige Beschwerde –

ein.

Ich beantrage, zu beschließen:

1. die einstweiligen Anordnungen des Familiengerichts Hanau vom 10. April 1987 auf Regelung der elterlichen Sorge für die gemeinsamen Kinder Michael, Karin und Renate sowie auf Ganzzuweisung der Ehewohnung werden aufgehoben und die Anträge der Antragstellerin werden insoweit zurückgewiesen.
2. Die Vollziehung der angefochtenen einstweiligen Anordnungen wird bis zur Entscheidung über die sofortige Beschwerde gem. § 620e ZPO ausgesetzt.

Begründung:

Das Familiengericht Hanau hat auf die Anträge der Antragstellerin vom 3. April 1987 nach mündlicher Verhandlung am 10. April 1987 die angefochtenen einst-

---

[1026] *Zöller/Philippi* § 620c Rn. 14; *Zöller/Schneider* § 569 Rn. 15.

weiligen Anordnungen erlassen. Der Beschluß ist dem Antragsgegner am 13. April 1987 zugestellt worden. Die sofortige Beschwerde ist damit gem. § 620c S. 1 ZPO zulässig. Sie ist auch begründet.

Der Antragsgegner hat bereits in der mündlichen Verhandlung, in der er nicht anwaltlich vertreten war, die wesentlichen Punkte des Vorbringens der Antragstellerin bestritten. Das Familiengericht hat in seinem Beschluß ausgeführt, dem glaubhaft gemachten Vortrag der Antragstellerin sei zu folgen, der Antragsgegner habe seine Darstellung nicht einmal glaubhaft gemacht. Die Glaubhaftmachung durch eidesstattliche Versicherung des Antragsgegners hätte auch noch in der mündlichen Verhandlung erfolgen können, wenn das Familiengericht den Antragsgegner darüber gem. § 139 ZPO aufgeklärt hätte.

Der Sachvortrag der Antragstellerin ist in den entscheidenden Punkten unrichtig. Es ist schon nicht richtig, daß die Parteien seit März 1986 getrennt leben. Den Sommerurlaub 1986 haben die Parteien mit den Kindern noch gemeinsam in Italien verlebt. Als es dort wegen der krankhaften Eifersucht der Antragstellerin wieder zu Auseinandersetzungen gekommen ist, haben die Parteien nach der Rückkehr aus dem Urlaub im August 1986 das Getrenntleben in der Ehewohnung vereinbart und hinsichtlich der finanziellen Fragen die in der Antragsschrift zutreffend wiedergegebene mündliche Abrede getroffen. Da sich die Antragstellerin während der Trennungszeit normal verhalten hat, war der Antragsgegner, der an der Ehe schon wegen der Kinder festhalten will, über den Anwaltsbrief vom 27. März 1987 sehr enttäuscht. Er gibt zu, am 30. März 1987 betrunken nach Hause gekommen zu sein und mit der Antragstellerin geschrien zu haben. Es ist jedoch völlig unwahr, daß der Antragsgegner die Antragstellerin mit der Faust auf die Nase geschlagen habe. Richtig ist vielmehr folgender Hergang:

Auch die Antragstellerin hatte getrunken, als der Antragsgegner nach Hause kam. Die Antragstellerin hat dem Antragsgegner wieder schreiend seine angeblichen Liebesabenteuer vorgehalten und hat dann mit ihren Fäusten auf ihn eingeschlagen, wie sie es immer tut, wenn sie betrunken ist und in Rage gerät. Der Antragsgegner hat sich gewehrt und bei der Rangelei ist die Antragstellerin unglücklich auf die Nase gefallen. Die Polizei hat die Antragstellerin gerufen. Die Polizei hat den Antragsgegner nicht zur Ausnüchterung, sondern zur Beruhigung der Atmosphäre mitgenommen und nach der ärztlichen Versorgung der Antragstellerin wieder entlassen. Der Antragsgegner war schon am 31. März 1987 gegen 0.50 Uhr wieder zu Hause. Alle diese Angaben können die Kinder bestätigen.

Beweis für diese Schilderung: Zeugnis der Tochter Karin.

Der Vorfall am 1. April 1987 ist ebenfalls völlig entstellt wiedergegeben worden. Der Antragsgegner hatte zu Mittag ein paar Bier getrunken und sich im Wohnzimmer auf die Couch gelegt. Die Antragstellerin ist ins Wohnzimmer gekommen und hat ihn als Säufer beschimpft. Sie hat sich in Wut geredet und ist plötzlich auf den auf der Couch liegenden Antragsgegner gesprungen und hat auf ihm herumgetrampelt. Der Antragsgegner hat sich mit Händen und Füßen gewehrt. Es ist daher durchaus möglich, daß die Antragstellerin Tritte in den Unterleib abbekommen hat. Sie hat jedoch die Auseinandersetzung angefangen. Es ist richtig, daß der Antragsgegner hierbei in seiner Verärgerung erklärt hat, er werde der Antragstellerin keinen Unterhalt zahlen. Von den Kindern war jedoch keine Rede.

Beweis für diese Darstellung: Zeugnis der Tochter Karin.

Die Behauptungen, der Sohn solle von der Schule abgehen und die Tochter auf der Straße ihr Geld verdienen, sind völlig aus der Luft gegriffen. Der Antragsgegner weiß, daß sein Sohn begabt und jeder Förderung wert ist. Seine Tochter Karin liebt er abgöttisch. Es ist traurig, daß die Antragstellerin solche schmutzigen, in nichts begründeten Vorwürfe erhebt. Die Märchen der Antragstellerin beweisen allerdings hinreichend, daß ihr Verhalten als krankhaft bezeichnet werden muß. Die Antragstellerin und erst recht die Kinder brauchen den Antragsgegner. Ohne den Antragsgegner besteht die Gefahr, daß die Antragstellerin völlig dem Alkohol verfällt und dann die Kinder nicht mehr betreuen kann. Die Kinder wären mit der kranken Antragstellerin allein gelassen vollständig überfordert.

Beweis: Zeugnis des Hausarztes Dr. med. Feierabend.

Zur Glaubhaftmachung des gesamten Vorbringens beziehe ich mich auf die anliegende eidesstattliche Versicherung des Antragsgegners.

Aufgrund des dargelegten und glaubhaft gemachten Sachverhaltes rechtfertigen sich die gestellten Anträge.

Rechtsanwalt

III. Eheaufhebung und Ehenichtigkeit

Mit Aufhebungs- und insbesondere Nichtigkeitsverfahren hat auch der fachspezifisch praktizierende Scheidungsanwalt nur selten zu tun. Dennoch soll auf die Darstellung – wenn auch nur überblickartig – nicht verzichtet werden,[1027] weil diese besonderen Verfahren eine spezielle Regreßgefahr beinhalten, die sich in Relation zur geringen Anzahl der Fälle nicht selten realisiert.

Geregelt sind die Verfahren im **EheG,** die Eheaufhebung in §§ 28ff, das Nichtigkeitsverfahren in §§ 16ff und §§ 631ff ZPO (Beteiligung der Staatsanwaltschaft), wo sich schließlich auch die subsidiäre Feststellungsklage zur Frage des Bestehens oder Nichtbestehens einer Ehe (§ 638 ZPO) findet.[1028]

Die Voraussetzungen im einzelnen ergeben sich recht deutlich aus dem Gesetz:

1027 Ausführlicher z. B. *Gernhuber 123ff und Beitzke* 56ff. Zu dem speziellen Problem der möglichen Rechtsmißbräuchlichkeit der Nichtigkeitsklage s. BGH FamRZ 1986, 879 (881).

1028 Näher hierzu *Rahm* (Wohlnick) III Rdn. 298ff und ein Beispiel bei *Kersten* 19f.

Eheaufhebung	**Ehenichtigkeit**
1. § 32: Irrtum über persönliche Eigenschaften des Partners	1. § 20: Bigamie[1029]
2. § 33: Arglistige Täuschung	2. § 21: nahe Verwandtschaft gemäß § 4
3. § 34: Drohung	3. § 21: Schwägerschaft
4. § 31: Irrtum über die Person des Partners	4. § 17: Formmangel (§ 17 Abs. 1) Heilung durch Zeitablauf
5. § 31: Irrtum über die Wirkung der Eheschließung	5. § 18: fehlende Geschäftsfähigkeit
6. § 30: Fehlende Einwilligung des gesetzl. Vertreters	6. § 18: fehlende Urteilsfähigkeit

Einzelheiten lassen sich dem Wortlaut der Vorschriften und der – nicht umfangreichen – Kommentierung entnehmen.[1030]

Sowohl Aufhebung als auch Nichtigkeit (§§ 17, 23 EheG) werden durch **Klage** geltend gemacht.[1031] Für die Aufhebungsklage gilt gemäß § 35 EheG eine **Frist** von einem Jahr, deren Beginn das Gesetz den Umständen der §§ 30ff entsprechend differenziert berechnet.

[1029] Zur Zulässigkeit der Bigamie-Klage trotz vorangegangener Scheidung BGH FamRZ 1986, 879ff.

[1030] Beispiel aus der ebenfalls wenig umfangreichen Rechtsprechung: OLG Hamm FamRZ 1984, 1015f zu §§ 32, 33 EG.

[1031] Muster bei *Rahm* (Wohlnick) III Rdnr. 253 (Nichtigkeitsklage) und 287 (Aufhebungsklage) und bei *Strohm* im Beck'schen Prozeßformularbuch II H 5.

Amtsgericht
– Familiengericht –
6000 Frankfurt am Main

Frankfurt, den 18. 2. 1985

Klage

des arbeitslosen Malers Hans-Jürgen Schmidt, Tornowstr. 20, 6000 Frankfurt am Main-Rödelheim

– Klägers –

Prozeßbevollmächtigter: RA Günther Bergmann, Frankfurt

gegen

die Hausfrau Maria Irena Schmidt, geborene Costa, Giessener Str. 82, 6000 Frankfurt am Main

– Beklagte –

Prozeßbevollmächtigter: RA Dr. Joachim Braun, Frankfurt

wegen Aufhebung der Ehe.

Namens und in Vollmacht des Klägers beantrage ich,

> die vor dem Standesbeamten in Frankfurt am 5. 5. 1982 unter der Reg.-Nr. 631/82 geschlossene Ehe der Parteien aufzuheben.

Begründung:

Der jetzt 37-jährige Kläger ist deutscher Staatsangehöriger, die jetzt 31-jährige Beklagte Spanierin.

Wie im Klageantrag angegeben, haben die Parteien am 5. 5. 1982 geheiratet.

Beweis: Heiratsurkunde – in beglaubigter Ablichtung beigefügt.

Die Beklagte ist Mutter eines mittlerweile vierjährigen Kindes, von dessen Existenz der Kläger im Zeitpunkt der Eheschließung keine Kenntnis hatte. Auch im Aufgebot ist das Kind nicht erwähnt.

Beweis: Beiziehung der Aufgebotsunterlagen beim Standesamt Frankfurt/Main Mitte.

Auch während der ersten Ehejahre war der Kläger bezüglich des Kindes völlig ahnungslos. Zwar hat er die Familie der Beklagten in Spanien – wo das Kind gegenwärtig noch wohnt – mit ihr zusammen mehrfach besucht und das Kind bei diesen Gelegenheiten auch kennengelernt. Die Tatsache, daß es sich hierbei um ein Kind der Beklagten handelt, wurde ihm jedoch bewußt verschwiegen. Von sich aus war der Kläger nicht in der Lage, diesen Umstand zu erkennen. Die in ihrem Haushalt lebende Großfamilie der Beklagten besteht aus insgesamt 24 Personen, von denen allein fünf Kinder im Alter zwischen zwei und sechs Jahren sind. Mangels ausreichender Sprachkenntnise ist der Kläger auch heute noch nicht in der Lage, diese Kinder auseinander zu halten und den betreffenden Eltern zuzuordnen.

Hinsichtlich des Kindes der Beklagten wurde er erst anläßlich der Weihnachtsfeier 1984 von der Mutter der Beklagten aufgeklärt.

Beweis im Bestreitensfalle: Zeugnis der Mutter der Beklagten, Frau Rosamaria Costa, deren ladungsfähige Anschrift gegebenenfalls nachgereicht wird.

Damit liegen die Voraussetzungen einer Aufhebung sowohl nach § 32 als auch nach § 33 EheG vor.

Die Verhaltensweise der Beklagten zeugt von einer Unwahrhaftigkeit in gerade für die eheliche Lebensgemeinschaft wesentlichen Fragen. Da aber gegenseitiges Vertrauen als tragender Bestandteil einer Ehe anzusehen ist, stellt die vorbezeichnete bewußte Irreführung einen die Aufhebung begründenden schwerwiegenden Charakterfehler der Beklagten dar.

Darüberhinaus liegt eine arglistige Täuschung im Sinne von § 33 EheG vor.

Die Beklagte wollte offensichtlich durch ihr Verhalten verhindern, daß der Kläger von einer Eheschließung Abstand nahm. Die Existenz eines Kindes ist jedoch für den Heiratsentschluß und die Gestaltung des Ehelebens ein so ausschlaggebender Faktor, daß für die Beklagte die Pflicht zur Offenbarung bestanden hätte. Dieser ist sie wissentlich nicht nachgekommen.

Diese Täuschung war schließlich auch ursächlich für die Eheschließung, da der Kläger keine Frau geheiratet hätte, die ein Kind von einem anderen Mann mit in die Ehe bringt.

Ein Antrag zur Bewilligung von Prozeßkostenhilfe ist in gesondertem Schriftsatz beigefügt.

Rechtsanwalt

Wichtig ist die gesetzliche Regelung der **Folgen** beider Verfahren. Im Falle der Aufhebung bestimmen sie sich gemäß **§ 37 EheG** nach den Vorschriften der Scheidungsfolgen. Gleiches stellt **§ 26 EheG** für die vermögensrechtlichen Folgen der Nichtigkeit fest.[1032]

Im Hinblick auf die außergewöhnlichen Situationen, die eine Aufhebungs- oder Nichtigkeitsklage begründen können, stellt dies auf den ersten Blick eine vielleicht überraschende Konzeption dar, wohl weil man unwillkürlich generell die – einseitige (!)[1033] – Bösgläubigkeit des Beklagten vor Augen hat. Tatsächlich sieht das Gesetz für solche Fälle die Möglichkeit vor, diese Folgen auszuschließen (sogenanntes **Retorsionsrecht**) – ein Umstand, der allein es ja regelmäßig rechtfertigen wird, z. B. anstelle des auch möglichen Scheidungsantrags auf Aufhebung zu klagen.

Wissen muß man aber, daß dies in beiden Verfahren innerhalb einer **Frist** von sechs Monaten nach Rechtskraft des Aufhebungs- oder Nichtigkeitsur-

---

[1032] Mit der Einschränkung des § 26 Abs. 3 EheG.
[1033] Vgl. §§ 26 Abs. 2 und 37 Abs. 2, jeweils am Ende.

teils geschehen muß **(§§ 26 Abs. II, 37 Abs. II EheG).** In beiden Fällen handelt es sich um **empfangsbedürftige Willenserklärungen** im Sinne von § 130 BGB.[1034] Der Anwalt muß diese Möglichkeit also nicht nur kennen und seinen Mandanten entsprechend beraten, sondern gegebenenfalls auch für den rechtzeitigen Zugang der Erklärung in nachweisbarer Form (Rückschein) sorgen. Zu Recht finden sich in der Literatur daher in diesem Zusammenhang deutliche Hinweise auf die oben angesprochene Regreßgefahr.

[1034] *Gernhuber* 143.

5. Teil.
Grundzüge des Gebührenrechts

Aus dem Umfang der vorliegenden Darstellung ergibt sich, daß es hier tatsächlich bei den ,,Grundzügen" bleiben muß.[1035] Der Materie entsprechend werden sowohl Gebühren- als auch Streitwertfragen ausschließlich

---

[1035] Ausgeklammert bleiben u. a. die Kostenfragen der Eheaufhebungs- und Ehenichtigkeitsverfahren. Überblick bei *Haberzettl* 152ff.

Nicht weiter erörtert wird auch das unerfreuliche Thema des Gebührenprozesses gegen den eigenen Mandanten. Informativ hierzu sind aber die zwölf Leitsätze in den Mitteilungsblättern der Rechtsanwaltskammer Frankfurt 3/85, die im folgenden auszugsweise wiedergegeben werden:

,,1. Schaffen Sie – möglichst schon bei Erteilung des Mandats – Beweismittel für das Zustandekommen des Vertrages und für seinen Umfang (Aktennotiz über das erste Gespräch, Bestätigungsschreiben, Vollmacht bzw. Vollmachten z. B. für Ehescheidung und Folgesachen).

2. Überprüfen Sie Ihre Berechnung auf Vollständigkeit (im Sinne des § 18 BRAGO) und Richtigkeit. Achten Sie insbesondere darauf, ob Ihre Kanzlei nicht etwa ,,versteckte" Gebühren übersehen hat.

3. Stellen Sie sorgfältig den Geschäftswert fest.

4. Prüfen Sie vorab, ob Sie nicht nach § 19 BRAGO vorgehen können. Nicht jede materiell-rechtliche Einwendung hindert die Kostenfestsetzung! Sie tut es dann nicht, wenn Sie ,,handgreiflich unschlüssig" oder in tatsächlicher Hinsicht nicht genügend konkretisiert ist (OLG Frankfurt 20 W 618/78).

5. Begründen Sie die Klageschrift sorgfältig, schildern Sie insbesondere das Zustandekommen des Mandats, dessen Umfang und Bedeutung nebst Art und Umfang der von Ihnen geleisteten Tätigkeit und stellen Sie es gegebenenfalls unter Beweis.

6. Denken Sie daran, daß Sie die Mittelgebühr nur erhalten, wenn es sich um ,,Sachen von durchschnittlicher Bedeutung, durchschnittlichem Umfang, durchschnittlicher Schwierigkeit und bei Vermögens- und Einkommensverhältnissen des Auftraggebers, die dem Durchschnitt der Bevölkerung entsprechen", handelt.
Wollen Sie über die Mittelgebühr hinausgehen, ist es empfehlenswert, wenn Sie ausführlich die Umstände darlegen, die dieses Vorgehen rechtfertigen (Kriterien des § 12 Abs. 1 BRAGO). Tun Sie es nicht, ist häufig weder das Gericht noch der Kammervorstand in seinem Gutachten in der Lage, Ihnen die höhere Gebühr zuzusprechen.

7. Bedenken Sie, daß Sie die Gebühr bemessen und Ihnen dabei ein Ermessensspielraum zur Verfügung steht, den das Gericht zu respektieren hat.

8. Legen Sie mit der Klage die Rechnung sowie etwaige Korrespondenz mit ihrem Mandanten über die Gebührenfrage und gegebenenfalls den Honorarschein in Fotokopie vor.

9. Bestehen Sie immer dann auf Einholung eines Gutachtens des Kammervorstands, wenn Rahmengebühren im Streit stehen und Sie nicht die Mindestgebühr berechnet haben.

aus dem familienrechtlichen Bereich anzusprechen sein, so daß die folgenden Seiten nicht als allgemeine Einführung in das anwaltliche Gebührenrecht dienen können.[1036]

I. Der Scheidungsverbund

Einleitend ist auf die Vorschrift des **§ 93a ZPO** hinzuweisen. Abgesehen von Prozeßkostenhilfeverfahren, den nicht allzu häufigen Fällen abweichender Parteivereinbarungen und seltenen anderen Ausnahmen[1037] bedeutet das, daß man das Honorar in aller Regel vom Mandanten bekommt und ihn hierauf natürlich auch vorbereiten muß. Auch wenn er an der Scheidung gar nicht interessiert ist, auch wenn seinen Auffassungen in allen Folgesachen überwiegend entsprochen wird, muß er meistens die Hälfte der Gerichtskosten und die Gebühren seines Anwaltes tragen. Die durch eine Härteklausel und eine Billigkeitsklausel möglichen Abweichungen von der Regelentscheidung kommen in der Praxis nicht oft vor[1038] – verständlich jedenfalls in den Fällen, in denen auch eine vermögensrechtliche Parteivereinbarung vorliegt, die ja durch bessere Sachkenntnis eher geeignet sein sollte, eventuell erforderlichen Ausgleich zu schaffen, unter Umständen eben auch mit einem von § 93a ZPO abweichenden Kostenregelungsvorschlag.

1. Die Gebühren

Schwierigkeiten bei der Gebührenberechnung im Verbund macht erfahrungsgemäß die Besonderheit, daß zwar ein Gesamtgegenstandswert aus der Scheidung und den Folgesachen gebildet wird (§ 7 Abs. 3 BRAGO),[1039]

---

10. Zweckmäßig legen Sie – wenn im Einzelfall hiergegen keine Bedenken bestehen sollten – nach Ergehen des Beweisbeschlusses dem Gericht Ihre Handakten vor, damit die Gebührenabteilung sie schon bei der ersten Beratung zur Hand hat. Sie beschleunigen damit die Erstellung des Gutachtens erheblich. Die Handakten sind vor allem dann beweiskräftig, wenn sie möglichst erschöpfend Gesprächs- und Telefonnotizen enthalten.
11. Sollten Sie kritische Einwendungen gegen das Gutachten erheben, geben Sie dem Kammervorstand unter Angabe seines Aktenzeichens eine Durchschrift Ihres Schriftsatzes. Auch die Gebührenabteilung irrt gelegentlich und lernt gern dazu!
12. Und zum Schluß: Sollten Sie sich über Ihren zahlungsunwilligen Mandanten geärgert haben, verbösern Sie die vermeintlich zu niedrig angesetzten Gebühren nicht. Die Bestimmung der Gebühr durch den Anwalt im Sinne des § 12 Abs. 1 BRAGO ist eine solche im Sinne des § 315 BGB. Sie ist nach herrschender Meinung ein einseitiges empfangsbedürftiges Rechts- (Gestaltungs-) Geschäft, konkretisiert den Leistungsinhalt und kann daher nicht mehr geändert werden, soweit keine allgemeinen Nichtigkeits- oder Anfechtungsgründe vorliegen (Palandt § 315 Anm. 3)."

[1036] Gesamtüberblick z. B. bei *Kunigk*.
[1037] *Haberzettl* 80f, *Lappe* (Familiensachen) Rdn 717ff.
[1038] Zu den Schwierigkeiten bei einer Quotelung *Lappe* (Famileinsachen) Rdn. 702.
[1039] Hierzu im einzelnen unter 2.

nicht alle Gebühren der §§ 31ff BRAGO[1040] aber aus dem Gesamtgegenstandswert zu entnehmen sind.

a) Prozeßgebühr

Noch recht unproblematisch ist das bei der Prozeßgebühr (§ 31 Abs. 1 Nr. 1 BRAGO). Ihr gegenständlicher Umfang bestimmt sich nach dem des Mandats. Inhaltlich ist sie zunächst weit gefaßt („Betreiben des Geschäfts einschließlich der Information"), allerdings dadurch wieder eingeschränkt, als für die ersten einleitenden Schritte nur die halbe Gebühr anfällt. Die Voraussetzungen für die volle Gebühr ergeben sich im Umkehrschluß aus **§ 32 BRAGO.**

Im Hinblick auf die Konzeption des Familienrechts, die ja etwa eine Zustimmung zum Scheidungsantrag kennt (§ 1566 Abs. 1 BGB), kann für den Antragsgegnervertreter nicht Voraussetzung sein, daß er auch widersprechende Anträge stellt. Vielmehr genügt jede Stellungnahme zum Antrag.[1041]

Abgesehen von den später zu besprechenden Besonderheiten der Scheidungsvereinbarungen ist die Prozeßgebühr im abgeschlossenen Verbundverfahren in aller Regel aus dem Gesamtgegenstandswert, d. h. für die Scheidungs- und alle Folgesachen des § 621 ZPO, angefallen.

b) Verhandlungsgebühr

Auch die Verhandlungsgebühr (§ 31 Abs. 1 Nr. 2 BRAGO) zeigt gewisse Abgrenzungsschwierigkeiten bei den einverständlichen Fällen. Unter den Gesichtspunkten der §§ 136ff ZPO, insbesondere § 137 ZPO, würde dann nach § 33 Abs. 1 Satz 1 BRAGO nur die halbe Gebühr anfallen, und das trifft auch zu auf die unterhalts- und güterrechtlichen (ZPO-) Folgesachen. Für alle anderen Gegenstände des Verbundes hebt **§ 33 Abs. 1 Nr. 3 BRAGO**[1042] diese Regelreduzierung wieder auf und läßt so in der Scheidungssache und den FGG-Folgesachen auch bei nicht streitiger Verhandlung die volle Gebühr entstehen.

Voraussetzung zumindest aber ist die „Verhandlung", die allerdings in den FGG-Folgesachen durch den Amtsermittlungsgrundsatz des § 12 FGG vom Anwalt mehr eine Anwesenheit als ein Tätigwerden verlangt. So läßt es die Rechtsprechung in den Folgesachen elterliche Sorge und Versorgungsausgleich, in denen ja ein Parteiantrag für die Entscheidung im Verbund nicht erforderlich ist, genügen, daß die eingeholten Auskünfte mit den Parteien besprochen werden.[1043] Auch das einseitige Einführen der Folgesachen in die Verhandlung wird als ausreichend angesehen.[1044]

[1040] Diese gelten im Verbund auch für die FGG-Folge-Sachen (§ 31 Abs. 3 BRAGO).

[1041] *Lappe* (Familiensachen) Rdn. 617.

[1042] *Haberzettl* 85.

[1043] *Haberzettl* 86, *Lappe* (Familiensachen) Rdn. 627, OLG Düsseldorf JurBüro 1979, 705, OLG Nürnberg JurBüro 1979 208f.

[1044] OLG Frankfurt JurBüro 1980, 1670f und OLG Düsseldorf JurBüro 1979, 1828 (1829f).

Wie die Prozeßgebühr ist auch die Verhandlungsgebühr im abgeschlossenen Verbundverfahren regelmäßig aus dem Gesamtgegenstandswert angefallen.[1045]

c) Erörterungsgebühr

Dies gilt ebenso für die durch ihre Auffangfunktion[1046] gleichgerichtete Erörterungsgebühr (§ 31 Abs. 1 Nr. 4 BRAG). Diese und die Verhandlungsgebühr sind gemäß § 31 Abs. 2 BRAGO gegeneinander aufzurechnen. Die Praxis hat z. B. in den Abrechnungsformularen der Prozeßkostenhilfe die vernüftige Konsequenz gezogen, beide Gebühren als erweiterten einheitlichen Ansatzpunkt unter der Bezeichnung „Verhandlungs-/Erörterungsgebühr" aufzuführen.

Wichtig für die später zu besprechenden Vergleiche ist schon hier darauf hinzuweisen, daß die ganz überwiegende Rechtsprechung Rechtshängigkeit des Erörterungsgegenstandes voraussetzt.[1047] Werden die Fragen im Verbund entschieden, d. h. nicht durch protokollierte oder sonstige Vereinbarung geregelt, liegt die Rechtshängigkeit ohnehin vor, so daß letztlich eine Verhandlungs-/Erörterungsgebühr aus dem Gesamtgegenstandswert anzusetzen sein wird.

d) Beweisgebühr

Anders ist es regelmäßig bei der Beweisgebühr (§ 31 Abs. 1 Nr. 3 BRAGO). Meist berechnet sie sich nicht aus dem Gesamtgegenstandswert des Verbundes, weil nicht zu allen Verfahrensgegenständen (Scheidung, Folgesachen) Beweis erhoben wurde.

Der Beweisaufnahme gleichgestellt durch den Gesetzeswortlaut ist die Parteianhörung nach § 613 ZPO, die dort inhaltlich soweit gefaßt ist, daß insoweit kaum Probleme entstehen können.[1048]

Anders ist das bei den **formellen Voraussetzungen.** Zwar verlangt die herrschende Meinung keinen ausdrücklichen Beweisbeschluß, sondern läßt es genügen, wenn der Familienrichter den Beweiszweck seiner Anhörung im Protokoll zum Ausdruck bringt.[1049] Jedoch sollte jeder Anwalt, der auf Auseinandersetzungen mit dem Kostenbeamten keinen Wert legt, darauf achten, daß der Beweiszweck zumindest in unzweifelhafter Deutlichkeit auftaucht.

Unter dem gleichen Aspekt des nicht notwendig streitigen Verfahrens wird ja auch dem „nur" zustimmenden Antraggegner Prozeßkostenhilfe bewilligt (OLG Bamberg FamRZ 1987, 500ff.).

[1045] Auch hier bleiben die Fälle der Teilregelung durch protokollierte Scheidungsvereinbarungen zunächst ausgeklammert.

[1046] Zur diesbezüglichen Problematik im Verhältnis zu § 33 BRAGO *Lappe* (Familiensachen) Rdn. 629.

[1047] Rechtsprechungsübersicht bei *Haberzettl* 92f.

[1048] Vgl. *Lappe* (Familiensachen) Rdn. 25.

[1049] Zum Stand der Meinungen *Haberzettl* 87f, dort in Rdn. 33 auch zur Anhörung nach § 141 ZPO.

Eine klare Formulierung, um die man den Familienrichter gegebenenfalls unter Hinweis auf Erfahrungen im Prozeßkostenhilfeerstattungsverfahren bitten kann, ist z. B.:

„Die Parteien sollen zum Zwecke des Beweises angehört werden."

Auch auf den inhaltlichen und zeitlichen Zusammenhang zwischen der Anhörung und dem diesbezüglichen Antrag muß der Anwalt achten, oder besser gesagt darauf, daß er sich im Protokoll wiederfindet. Geschickterweise sollte der Scheidungsantrag mündlich vor der Anhörung gestellt und unmittelbar vor dem Urteil wiederholt werden.[1050]

(„... verhandelt mit dem eingangs gestellten Scheidungsantrag ...
... stimmt weiterhin zu ...")

Nun kommt es nicht selten vor, daß sich die Parteien bei ihrer Anhörung nach § 613 ZPO auch informativ zu vom Verbund umfaßten **ZPO-Folgesachen** äußern, z. B. den durch Verbundantrag geltend gemachten Ehegattenunterhalt. Hierdurch entsteht eine Beweisgebühr in diesen Sachen und damit aus diesen Teilwerten des Gesamtverbundwertes unstreitig nicht.[1051] Vielmehr ist auch hier eine ausdrücklich zweckbezogene Beweisaufnahme bzw. ihre Anordnung erforderlich.

Die in der Rechtsprechung breit behandelten Problemfälle liegen im Bereich der **FGG-Folgesachen.** Ausgangspunkt bildet jeweils die Abgrenzung zur Sachverhaltsaufklärung nach dem Amtsermittlungsprinzip des § 12 FGG. Im wesentlichen lassen sich drei Fallgruppen unterscheiden: die Anhörung der Kinder oder Parteien in den Folgesachen elterliche Sorge und Umgangsbefugnis, die Einholung von Jugendamtsberichten in den gleichen Sachen und das Auskunftsverfahren für den Versorgungsausgleich. Für alle drei Fallgruppen kann man das Ergebnis dahin zusammenfassen, daß der überwiegende Teil der Rechtsprechung das Anfallen der Beweisgebühr verneint.[1052] All dies gilt natürlich nur dann, wenn das Gericht nicht ausdrücklich eine Beweisaufnahme etwa durch die förmliche Vernehmung der Eltern nach § 15 FGG im streitigen[1053] Sorgerechtsverfahren vornimmt. Die Meinung jedes Oberlandesgerichts zu diesen Fragen zu kennen, ist für den An-

---

[1050] OLG Bamberg JurBüro 1983, 559: „Eine Ausnahme von dem Grundsatz, daß das Entstehen der Beweisgebühr nach § 31 Abs. 1 Nr. 3 BRAGO durch die Anhörung der Ehegatten nach § 613 ZPO begrifflich voraussetzt, daß vor der Anhörung Sachanträge gestellt worden sind, ist gerechtfertigt, wenn die Sachanträge der Anhörung im gleichen Termin unmittelbar folgen, die Anhörung unzweifelhaft Beweiszwecken dient und die nochmalige Anhörung nach Antragstellung eine von den Parteien nicht zu verstehende Formalie darstellen würde."

[1051] *Haberzettl* 88.

[1052] Umfangreiche Übersicht bei *Haberzettl* 89ff und – zum Auskunftsverfahren im Rahmen des Versorgungsausgleichs – in der Anm. von *Lappe* zur Entscheidung des OLG München Rpfl 1980, 240f.

[1053] Generell auf die Differenzierung streitiger-unstreitiger Sachverhalt stellt *Haberzettl* 89ff bei allen Fallgruppen ab, was der aus § 34 Abs. 2 BRAGO zu entnehmenden Konzeption nicht ganz gerecht werden dürfte.

walt entbehrlich, aber er muß schon wissen, wie das Problem dort gehandhabt wird, wo er zu Hause ist, wenn er nicht Gebühren verschenken möchte. Ist er z. B. in Berlin tätig, kann er auch im unstreitigen Sorgerechtsverfahren eine Beweisgebühr verdienen, wenn das Gericht einen Jugendamtsbericht eingeholt und in der Entscheidung verwertet hat.[1054]

Im abgeschlossenen Verbundverfahren ohne Folgenvergleich[1055] werden – um dies bis hierher zusammen zu fassen – in der Regel drei volle Gebühren angefallen sein, die Prozeß- und die Verhandlungs-/Erörterungsgebühr aus dem Gesamtgegenstandswert, die Beweisgebühr – wenn es neben der Anhörung nach § 613 ZPO nicht zu gesonderten Beweisaufnahmen gekommen ist – nach überwiegender Rechtsprechung nur aus dem Scheidungsstreitwert.

e) Aussöhnungsgebühr

Kommt es dagegen nicht zur Scheidung, sondern wird die Ehe zwischen den Parteien fortgesetzt bzw. die Lebensgemeinschaft wieder aufgenommen, kann der Anwalt die Aussöhnungsgebühr des § 36 Abs. 2 BRAGO verdient haben, wie sich aus § 36 Abs. 1 BRAGO ergibt ein Äquivalent zu der in Ehesachen nicht anwendbaren Vergleichsgebühr nach § 23 BRAGO.[1056] Die Voraussetzungen sind aber enger als dort und ergeben sich aus der Vorschrift selbst, die von einer „Mitwirkung bei der Aussöhnung“[1057] spricht, womit nicht nur eine Mitwirkung an dem durch die Aussöhnung abgeschlossenen Verfahren gemeint sein kann.

Wichtig im konkreten Fall dürften Anfangs- und Endzeitpunkt des möglichen zeitliche Gebührenrahmens sein. Letzterer liegt unmittelbar vor Rechtskraft des Scheidungsausspruches, wobei der Fortschritt des Verfahrens bestimmt, welche sonstigen Gebühren der Anwalt abrechnen kann. Problematisch im Einzelfall wird es dagegen manchmal im Zusammenhang mit dem Anfangszeitpunkt, weil dieser in der gesetzlichen Fixierung („Hervortreten des ernstlichen Willens, ein Scheidungsverfahren anhängig zu machen“) unterschiedliche Auffassungen provoziert. Ist der Scheidungsantrag anhängig, müßte die Sache klar sein – auch hier gibt es aber Ausnahmen. Schon abstrakt kaum zu lösen sind die Fälle im Grenzbereich zwischen der allgemeinen Beratung und dem Scheidungsverfahrensvorgespräch. Sagt der zurückhaltende Mandant

---

1054 KG Rpfl 1982, 118f, insoweit in Übereinstimmung mit dem Rechtsgedanken aus § 34 Abs. 2 BRAGO.

1055 Hierzu unter f und g.

1056 Insgesamt hierzu *Mümmler* JurBüro 1981, 1457ff.

1057 Wenn *Haberzettl* 93 hieraus ableitet, die Tätigkeit des Anwaltes müßte ursächlich für die Aussöhnung gewesen sein, ist dies im Hinblick auf den Gesetzestext zu weitgehend und wäre inhaltlich ohnehin nicht nachprüfbar. Vielmehr muß es ausreichen, wenn der Anwalt Gespräche über die Wiederaufnahme der Lebensgemeinschaft geführt hat, denn damit hat er „mitgewirkt“. Ob nun dieses konkrete Gespräch erfolgreich war oder nicht, ließe sich in der Regel ebensowenig feststellen, wie vom Gesetz dieser Erfolg verlangt wird. Ausführlich zu dieser Frage *Gerold/Schmidt* Rdn. 16 zu § 36 und *Riedel/Sußbauer* (Keller) Rdn. 19 zu § 36.

„Eigentlich weiß ich noch gar nicht, ob ich mich scheiden lassen will. Bevor ich das überlege, möchte ich wissen, wie ich vielleicht später dastehe."

wird das wohl noch nicht genügen, meint er dagegen – vielleicht aus aktueller Wut –

„Jetzt ist alles aus, das lasse ich mir nicht mehr bieten. Aber sagen Sie mir erst einmal, wie ich hinterher dastehe."

läßt sich beim Vorliegen der sonstigen Voraussetzungen der Ansatz der Gebühr wohl gerade schon vertreten – wie sich zeigt, eine wenig gelungene gesetzliche Lösung, zumal wenn man bedenkt, daß die aufgezeigten unterschiedlichen Ausdrucksweisen vielleicht nur mentalitätsbedingt und nicht sachbezogen sind.

Da in diesem Stadium des Verfahrens aber ausschließlich mit dem Mandanten selbst abgerechnet werden kann, hat der Anwalt den Trost, die tatsächlichen Grundlagen der Gebühr bei Rückfragen[1058] nur ihm, nicht einem noch kritischeren Kostenbeamten erklären zu müssen.

f) Vergleichsgebühr

Von besonderer wirtschaftlicher Bedeutung für den Anwalt ist schließlich die Vergleichsgebühr (§ 23 BRAGO). In den doch zahlreichen Fällen der einverständlichen Scheidung nach § 630 ZPO, in denen man sich vielleicht arbeitsintensiv um die erforderlichen Entscheidungsvorschläge und Folgesachenregelungen bemüht hat, zieht man gerade durch die im Interesse des Mandanten liegenden vergleichsorientierten Verhandlungen die zu regelnden Fragen aus dem gebührenbegründenden Streitverfahren. Hier – und auch bei entsprechender Sachlage in sonst streitigen Verfahren – dient die Vergleichsgebühr als Regulativ, und es mag ketzerischen Überlegungen vorbehalten bleiben festzustellen, ob die Zahl der einverständlichen Scheidungen und auch der einverständlichen Folgesachenregelungen in sonst streitigen Verfahren ohne die Gebührenvorschrift des § 23 BRAGO nicht weitaus geringer wäre.

Die Vergleichsgebühr entsteht mit jeder Regelungsvereinbarung der Parteien, an der der Rechtsanwalt mitgewirkt hat: dies gilt zum einen für Einigungen im Rahmen bereits **anhängiger Familiensachen,**[1059] zum anderen für Vereinbarungen über **nicht anhängige Folgesachen,** dann auch für **nicht familienrechtliche Regelungen,** wie sie nicht selten in Scheidungsvereinbarungen „hineingepackt" werden, um auch möglichst vollständig „auseinander zu kommen", und schließlich für nur **außergerichtliche Vergleiche,** etwa in Fällen des Anwaltswechsels zwischen dem Abschluß der Scheidungsvereinbarungen mit dem Prozeßbevollmächtigten der Gegenseite und ihrer Protokollierung in der mündlichen Verhandlung.

[1058] Die sind bei dieser Gebühr gar nicht so selten, was an ihrer deutlichen programmatischen Bezeichnung liegen dürfte.

[1059] Anders als bei der gerichtlichen Vergleichsgebühr. Hierzu *Haberzettl* 111.

Im letztgenannten Fall ist zu beachten, daß die im Hinblick auf § 32 BRAGO lukrativeren **Geschäfts- und Besprechungsgebühren** (§ 118 Abs. 1 Nr. 1 und 2 BRAGO) neben der Vergleichsgebühr nur dann entstehen, wenn sich das Mandat auf eine außergerichtliche Tätigkeit beschränkt hat.[1060]

g) Differenzprozeßgebühr

Den Regelfall beim Scheidungsfolgenvergleich über nicht rechtshängige Sachen bildet dagegen die Differenzprozeßgebühr nach §§ 32 Abs. 2, 13 Abs. 3 BRAGO, durch die die Prozeßgebühr des Verbundverfahrens erhöht wird.

Der erfahrungsgemäß oft Schwierigkeiten bereitende Rechenvorgang läuft so ab, daß zur 10/10 Prozeßgebühr aus dem Gegenstandswert der rechtshängigen Sachen eine 5/10 Prozeßgebühr aus dem Gegenstandswert des Vergleiches addiert wird (Gebührenwert A). In einer zweiten Rechnung werden die beiden Gegenstandswerte (rechtshängige Sachen und Vergleich) addiert und hieraus eine 10/10 Gebühr berechnet (Gebührenwert B).

Der geringere der beiden Gebührenwerte (A, B) ist schließlich die endgültige Prozeßgebühr.

Im abgeschlossenen Verbundverfahren mit Folgenvergleich werden daher in der Regel vier Gebühren anfallen: die vorstehend berechnete Prozeßgebühr aus dem addierten Gegenstandswert der anhängigen Sachen und des Vergleichs nach § 13 Abs. 3 BRAGO, die Verhandlungs-/Erörterungsgebühr aus dem Gegenstandswert der anhängigen Sachen, die Beweisgebühr – meist nur aus dem Scheidungsstreitwert – und die Vergleichsgebühr aus dem Vergleichsgegenstandswert.[1061]

2. Die Gegenstandswerte

Anders als der korrekte Gebührenansatz ist die Gegenstandswertberechnung für den Anwalt nicht von so ausschlaggebender Bedeutung. Die Abrechnung erfolgt nach gerichtlicher Festsetzung. Und auch für die Zustellung lassen es die Gerichte in aller Regel genügen, wenn die **Antragsschrift** vom Regelgegenstandswert des § 12 Abs. 2 Satz 4 GKG (4000,– DM) ausgeht und ein dementsprechender Gerichtskostenvorschuß und Zustellungskosten eingezahlt werden. Diese Praxis ist allerdings oft nur anfangs bequem: findi-

---

1060 *Haberzettl* 114, OLG Frankfurt JurBüro 1983, 573ff (. . .setzt also voraus, daß der dem Rechtsanwalt erteilte Auftrag gerade nicht die Prozeßführung (. . .) zum Gegenstand hatte.") Die Entscheidung läßt aber im Rahmen der weiteren Begründung sachgerechterweise doch eine Differenzierung nach deutlich getrennten Gegenstandsbereichen zu, ausgehend allerdings von einer – gegebenenfalls im einzelnen zu widerlegenden – Vermutung, „nach der der Anwaltsauftrag in einer einvernehmlich durchzuführenden Ehesache grundsätzlich auch die vermögensrechtliche Auseinandersetzung (. . .) umfaßt." – Kritisch *Lappe* (Familiensachen) Rdn. 845, 858 und 866.

1061 Dieser berechnet und addiert sich wie für die entsprechenden Familiensachen im Verbundverfahren. – *Lappe* (Familiensachen) Rdn. 785.

ge Mandanten, die alles sehr genau lesen und auch lange im Gedächtnis behalten, kommen nach Verfahrensabschluß – besonders wenn sie nicht ganz zufrieden sind – auf die Idee, der mit 4000,– DM in der Antragsschrift enthaltene Gegenstandswert müsse doch sicher der richtige sein, nicht der des Streitwertbeschlusses mit 12300,– DM. Gerade die Unzufriedenen sind dann nicht ganz leicht davon zu überzeugen, daß das alles seine Richtigkeit hat, ja man sogar im Interesse des Mandanten die Vorschußkosten möglichst gering gehalten hat.

(„Ein vernünftiges Ergebnis bekommt er nicht hin, aber die Gebühren heimlich hochtreiben, das kann er.“)

Schon dieser Optik wegen, aber auch als frühzeitigen Hinweis auf das, was man von der gerichtlichen Streitwertfestsetzung erwartet, sollte man schon in der Antragsschrift realistische Zahlen nennen:

„Im Hinblick auf das sich aus Ziffer 2 des Vereinbarungsentwurfes ergebende Nettoeinkommen der Parteien gehe ich vorläufig von einem Gegenstandswert der Hauptsache in Höhe von 9900,– DM aus und zahle an Gerichtskostenvorschuß und Zustellungskosten 227,– DM ein.“

Zumindest grundlegende Kenntnisse der Streitwertberechnung empfehlen sich aber auch deswegen, weil die Gerichte von den Anwälten – meist noch in der mündlichen Verhandlung – Vorschläge erbitten, weil man wissen muß, ob es Sinn hat, den Streitwertbeschluß gegebenenfalls anzufechten (§ 25 Abs. 2 GKG) und weil man vielleicht dem Mandanten gegenüber einmal ohne Hilfe einer gerichtlichen Gegenstandswertfestsetzung abrechnen muß, etwa nach § 32 Abs. 1 BRAGO.

Die Gebühren im **Scheidungsverbund** sind gemäß § 19a GKG aus einem einheitlichen Gesamtverfahrenswert zu berechnen, der sich aus der Addition der Gegenstandswerte der Ehesache und der Folgesachen ergibt.

a) Ehesachen

Für die Wertberechnung in Ehesachen[1062] gilt § 12 Abs. 2 GKG, den man in der Reihenfolge seiner Sätze 1, 2 und 4 lesen und anwenden sollte, nicht umgekehrt. Danach richtet sich die Wertfestsetzung nach allen hierzu geeigneten individuellen Faktoren des Einzelfalles, insbesondere den Einkommens- und Vermögensverhältnissen der Parteien, aber auch der sonstigen Bedeutung des Verfahrens für die Parteien und dem Umfang der Angelegenheit.[1063] Lediglich einen der Faktoren, nämlich das **Einkommen,**[1064] konkretisiert § 12 Abs. 2 Satz 2 GKG mit dem dreifachen Nettoeinkommen beider Parteien. Alle anderen Kriterien sind auf ihre Relevanz für die Gegenstandswertberechnung gesondert zu prüfen.

Als werterhöhend bietet sich natürlich auf den ersten Blick das **Vermögen** der Parteien an, auf den zweiten Blick aber in der überwiegenden Zahl der

---

[1062] Ausführlich hierzu *Haberzettl* 37ff.

[1063] Zu den Gesichtspunkten Umfang und Bedeutung *Haberzettl* 45f.

[1064] Einzelfragen hierzu bei *Haberzettl* 37ff.

Fälle schon nicht mehr, weil die Gerichte darin einig sind, nur in außergewöhnlichem Vermögen einen werterhöhenden Faktor zu sehen. Wenn bei Scheidung einer Doppelverdiener-Ehe ein Audi 100 und ein VW-Käfer, guter Hausrat ohne z. B. wertvolle Gemälde und ein Sparbuch mit 8000,– DM zu verteilen sind, wird das auf die Wertfestsetzung der Ehesache völlig ohne Einfluß bleiben. Anders allerdings, wenn das Ehepaar in einer Eigentumswohnung gelebt hat, deren Verkehrswert 220000,– DM beträgt und deren Grundschulden nur noch mit 80000,– DM valutieren. Da es auch bei dem Wertkriterium Vermögen um Nettobeträge geht, sind hier 140000,– DM zu berücksichtigen. Natürlich erhöht sich der Gegenstandswert der Ehesache nicht um den vollen Betrag, denn in diesem Teil des Verbundes wird um diesen Gegenstand ja nicht gestritten – vielleicht taucht er der Höhe nach zur Hälfte noch bei der Zugewinnausgleichsregelung einer Scheidungsvereinbarung auf und ist dort für die Wertberechnung eher ausschlaggebend. Für die Ehesache zieht die überwiegende Zahl der Gerichte[1065] zunächst Freibeträge für die Parteien und die Kinder ab – meist 20000,– DM je Ehegatte und 10000 DM je Kind – und läßt vom Rest fünf bis zehn Prozent (insbesondere bei selbstgenutzten Immobilien, bei denen ja der Nutzungszweck im Vordergrund steht, fünf Prozent) in die Gegenstandswertberechnung einfließen. Wären in dem oben angeführten Beispiel keine Kinder vorhanden, müßte der Nettowert von 140000,– DM um Freibeträge von 40000,– DM reduziert werden. Die danach verbleibenden 100.000,– DM würden mit fünf Prozent, also 5000,– DM, den Gegenstandswert der Ehesache erhöhen.

Als wertmindernd dagegen werden überwiegend **Unterhaltsverpflichtungen** angesehen. Soweit diese gemeinsame Kinder der Parteien betreffen, nehmen die meisten Gerichte[1066] Reduzierungen um 300,– oder 400,– DM je Kind vor.

b) Folgesachen

Nach dem Wert der Scheidungssache sind die Werte der Folgesachen des § 621 ZPO zu berechnen:

Für die Regelung der **elterlichen Sorge** eines (1) Kindes wird überwiegend der Regelwert des § 12 Abs. 2 Satz 3 GKG (1500,– DM) angesetzt. Dem vielleicht unberechtigte Hoffnungen weckenden Wertrahmen des § 12 Abs. 2 Satz 4 GKG (bis 2000000,– DM) kommt dagegen wenig praktische Bedeutung zu.

Ob der Wert zu erhöhen ist, wenn die elterliche Sorge für mehrere Kinder geregelt werden muß, oder ob dies einen Streit der Parteien hierüber oder sonstigen überdurchschnittlichen Verfahrensaufwand voraussetzt, ist umstritten.[1067]

1065 Informative Zusammenstellung bei *Haberzettl* 45. Deutlich abweichend – zugunsten der Parteien – OLG Nürnberg FamRZ 1986, 194 und OLG Köln FamRZ 1987, 183f (dreimonatiger Nutzungswert in Höhe der ersparten Kaltmiete).

1066 Übersicht bei *Haberzettl* 41f. Hierzu und zu der Streitfrage, ob und in welchem Umfang Schulden zu berücksichtigen sind, OLG Düsseldorf FamRZ 1986, 706f.

1067 *Lappe* (Familiensachen) Rdn. 79 unterscheidet zwischen homogenen und hetoro-

Soweit Gerichte dies nicht generell ablehnen und vom Anwalt hierzu einen Festsetzungsvorschlag erbitten, bietet es sich an, auf die unter Umständen zwischen Parteien und Prozeßbevollmächtigten diesbezüglich geführten Vorerörterungen zu verweisen und je weiterem Kind eine Erhöhung von etwa 500,– bis 1 000,– DM anzuregen.

Ob insgesamt von den gleichen Beträgen auch bei der Wertfestsetzung für die Regelung der **Umgangsbefugnis** auszugehen ist oder hier wegen geringerer Bedeutung des Regelungsgegenstandes ein niedriger Betrag angebracht erscheint, ist in Literatur[1068] und Rechtsprechung[1069] gleichermaßen umstritten. Soweit sich die Parteien über elterliche Sorge und Umgangsbefugnis einig sind, wird man zugeben müssen, daß der wesentlichere Regelungsumfang der elterlichen Sorge auch im Wertansatz Berücksichtigung zu finden hat. Der Wert der Umgangsregelung dürfte dann mit 1 000,– DM ausreichend berücksichtigt sein. Ganz anders kann es natürlich in Streitfällen aussehen, in denen es durchaus auch geboten sein kann, den Wert der (streitigen) Umgangsregelung deutlich oberhalb des Wertes der (unstreitigen) Sorgerechtsregelung anzusetzen.

Einig ist man dagegen wieder, bei einer **Kindesherausgabe** vom Regelwert (1 500,– DM) auszugehen.[1070]

Unproblematisch ist auch die Wertberechnung der Folgesachen **Kindesunterhalt** und **Ehegattenunterhalt** durch die eindeutige Regelung in § 17 GKG: gemäß Abs. 1 ist jeweils vom Jahresbetrag auszugehen, nach Abs. 4 bleiben gleichzeitig geltend gemachte Unterhaltsrückstände – insoweit keine Folgesachen – außer Betracht.

Soweit mangels ausreichender Information eine Stufenklage erforderlich wird, ist zu beachten, daß nur die letzte Stufe – der Unterhaltsanspruch selbst – Folgesache ist und im Verbundurteil entschieden werden muß.[1071] Auskunftsanspruch und Verlangen der Offenbarungsversicherung können vorab durch Teilurteil entschieden werden, wenn sie sich nicht erledigen, wie es ja meist der Fall ist.

Die Wertberechnung für das **Versorgungsausgleichsverfahren** bestimmt sich nach § 17a GKG. Klar ablesbar sind die Gegenstandswerte für die Fälle, in denen Rentenanwartschaften begründet oder übertragen werden oder der schuldrechtliche Versorgungsausgleich durchgeführt wird: bei beiden Ausgleichsarten anzusetzen ist der Betrag der Jahresrente, beim schuldrechtlichen Versorgungsausgleich nach dortiger Festsetzung, beim Splitting oder Quasisplitting berechnet ausschließlich bezüglich der zu begründenden oder zu übertragenden Anwartschaften. Ebenfalls in beiden Fällen beträgt der Mindestwert 1 000,– DM.

---

genen Verhältnissen. Zusammenstellung der gegensätzlichen OLG-Entscheidungen bei *Haberzettl* 51.

1068 *Lappe* (Familiensachen) Rdn. 582 und 140 sowie *Haberzettl* 51.

1069 Übersicht bei *Lappe* (Familiensachen) Anm. 90 und 91 zu Rdn. 140.

1070 *Lappe* (Familiensachen) Rdn. 583, *Haberzettl* 52.

1071 Vgl. BGH FamRZ 1982, 151 f und *Haberzettl* 55 f mit weiteren Rechtsprechungsnachweisen.

Steht dagegen fest, daß keine Anwartschaften zu begründen oder auszugleichen sind, ohne daß es eines Auskunftsverfahrens oder anderer Ermittlungen bedarf, stellt das Urteil dies nur deklaratorisch fest, ohne den Gesamtverfahrenswert durch einen gesonderten Wert für den Versorgungsausgleich zu erhöhen. Wenn man so will, ist diese Feststellung „kostenlos". Es handelt sich um Fälle, in denen die Parteien einen wirksamen Ausschluß gemäß § 1408 Abs. 2 BGB vorlegen oder darlegen können, daß keiner von beiden in der Ehezeit Anwartschaften begründet hat.

Ergibt dagegen erst das vom Gericht durchgeführte Auskunftsverfahren, daß wegen gleich hoher Anwartschaften der Versorgungsausgleich nicht stattfindet, oder führt etwa eine streitige Entscheidung nach § 1587c BGB zum gleichen Ergebnis, bleibt es beim Mindeststreitwert von 1000,– DM.[1072]

Noch etwas differenzierter sind die **Vereinbarungen nach § 1587o BGB** zu behandeln. Drei Fallgestaltungen sind hier denkbar: Stellt die Vereinbarung einen wechselseitigen Verzicht dar und ist die tatsächliche Höhe der Anwartschaften nicht festgestellt, bleibt es beim Mindestwert von 1000,– DM. Sind dagegen die Anwartschaften festgestellt, bemißt sich der Wert nach § 17a GKG unter Berechnung einer hypothetischen Übertragung oder Begründung in Höhe der hälftigen Differenzbeträge. Ebenso ist es bei beiden Varianten schließlich, wenn die Vereinbarung einen einseitigen Verzicht gegen eine Abfindung vorsieht: da Gegenstand des Verfahrens ja der Versorgungsausgleich ist, berücksichtigt auch hier die Wertfestsetzung nur die ohne die Vereinbarung ausgleichspflichtigen Anwartschaften oder bleibt gegebenenfalls beim Mindestbetrag von 1000,– DM. Höhe und Form der Abfindung sind irrelevant.[1073]

Besonders „kluge" Mandanten könnten hierdurch auf die Idee kommen, ihre umfangreichen vermögensrechtlichen Auseinandersetzungen in eine „billige" Vereinbarung nach § 1587o BGB unter dem Stichwort „Abfindung für eventuelle Versorgungsausgleichsansprüche" zu packen und ihre Gebühren aus einem Gegenstandswert von 1000,– DM statt von 350000,– DM zu zahlen. Dies unterbindet die Rechtsprechung dadurch, daß sie alles aus dem Verfahrensgegenstand „Versorgungsausgleich" herausnimmt, was dem mutmaßlichen Wert des kapitalisierten Anspruchs nicht mehr entspricht. Das „Mehr" findet sich im Vergleichswert wieder.[1074] Natürlich setzen diese Feststellungen dann unter Umständen doch einige zeitaufwendige Ermittlungen voraus, die aber sicher im Interesse der Anwälte liegen.

Wird um die Rechte an der **Ehewohnung** im Verbund gestritten, ist man sich bezüglich der dogmatischen Ableitung der Wertberechnung nicht einig,[1075] dafür aber im Ergebnis, das hier allein interessieren soll: festgesetzt wird grundsätzlich der Jahresmietwert.

1072 Insgesamt hierzu *Haberzettl* 70.

1073 *Lappe* (Familiensachen) Rdn. 305, *Haberzettl* 70, a. A. OLG Saarbrücken JurBüro 1980, 1704f.

1074 OLG München JurBüro 1979, 1543 (1545f).

1075 *Haberzettl* 71f, *Lappe* (Familiensachen) Rdn. 585, OLG Karlsruhe AnwBl 1981, 404.

Beim **Hausrat** gilt der Wert der noch auseinanderzusetzenden Gegenstände, so daß bei einer teilweisen Einigung der Parteien der entsprechende Teil des Hausrats hier unberücksichtigt bleibt. Maßgeblich ist nicht der Wiederbeschaffungswert, sondern der in aller Regel weit niedrigere Verkehrswert.[1076]

Werden schließlich im Verbund **Zugewinnausgleichsansprüche** geltend gemacht,[1077] erhöhen diese den Gegenstandswert um den geforderten Ausgleichsbetrag.[1078] Wird dagegen die Durchführung des Zugewinnausgleichs nur angekündigt, ein konkreter Leistungsantrag aber nicht gestellt, wird hierfür kein Wert festgesetzt.[1079]

Wie bei den Unterhaltsansprüchen dargestellt, kann auch der Zugewinnausgleich im Verbund durch eine Stufenklage geltend gemacht werden. Auch hier muß aber nur der Leistungsausspruch im Verbundurteil ergehen.[1080]

All diese unter Umständen doch recht komplexen Zusammenhänge einzelner Gebühren und Gegenstandswerte sollte man – wie verschiedentlich schon angesprochen – gerade im Hinblick auf das nicht selten „gewichtige" Additionsergebnis dem Mandanten möglichst transparent machen. Hierfür empfiehlt sich ein nach Werten und Gebühren differenzierendes Abrechnungsformular, das zugleich eine gewisse Eigenkontrolle erleichtert und etwa wie das folgende Muster aussehen kann:

1076 OLG Frankfurt JurBüro 1979, 1700, *Lappe* (Familiensachen) Rdn. 357, *Haberzettl* 73. A. A. OLG Saarbrücken AnwBl 1981, 405 („halber Verkehrswert des Hausrats").

1077 Zu den Verfahren nach § 621 Nr. 9 ZPO (§§ 1382, 1383 BGB) s. *Lappe* (Familiensachen) Rdn. 441 ff und *Haberzettl* 78.

1078 OLG Hamm AnwBl 1985, 385 mit ablehnender Anmerkung von Chemnitz.

1079 OLG Frankfurt JurBüro 1979, 1682, *Haberzettl* 76.

1080 *Haberzettl* 77, OLG München FamRZ 1981, 481 f, OLG Hamm FamRZ 1981, 482, a. A. OLG Zweibrücken FamRZ 1980, 1142 f.

Muster 42

Günther Bergmann
Rechtsanwalt
Poststr. 4
6000 Frankfurt

Honorarabrechnung in der Familiensache ...

I. Gegenstandswerte

a) Familiensachen im Verbund (§ 623 ZPO 19 GKG)

Ehescheidung	.... DM
Versorgungsausgleich	.... DM
Sorgerecht	.... DM
....	DM
Streitwert zu 1 a	DM

b) Vergleich in nicht rechtshängigen Familiensachen

Verkehrswert	.... DM	Ehegattenunterhalt	.... DM
Kinderunterhalt	.... DM	Ehewohnung	.... DM
Hausrat	.... DM	Zugewinnausgleich	.... DM
Streitwert zu 1 b	DM		

c) Vergleich in anhängigen Verbundsachen — Streitwert zu 1 c DM

II. Gebührenrechnung

1. .../10 Geschäftsgebühr gem. § 118 I/1 BRAGO	.... DM	.... DM
2. .../10 Besprechungsgebühr gem. § 118 I/2 BRAGO	.... DM	.... DM
3. .../10 Beratungsgebühr gem. § 20 BRAGO	.... DM	.... DM
4. a. 10/10 Prozeßgebühr gem. § 31 I/1 BRAGO (Streitwert zu 1 a. .... DM)	.... DM	
4. b. 5/10 Prozeßgebühr gem. § 31 II BRAGO (Streitwert zu 1 b) .... DM)	.... DM	
gem. § 13 III BRAGO jedoch nicht mehr als eine 10/10 Proz. Geb. aus der Summe der Streitwerte zu 1 a) u. 1 b) .... DM	.... DM	.... DM
5. 10/10 Verhandlungs-/Erörterungsgebühr gem. § 31 I/2 BRAGO (Streitwert zu 1 a) DM)		.... DM
6. 10/10 Beweisgebühr gem. § 31 I/3 BRAGO (Wert d. Ehescheidung bei Anhörung) § 613 ZPO .... DM)		.... DM

7. 10/10 Vergleichsgebühr gem. § 23 BRAGO (Streitwert zu 1 b) .... DM)	.... DM
8. Aussöhnungsgebühr gem. § 36 II BRAGO	.... DM
9. Ablichtungen im VA-Verfahren	.... DM
10. Auslagenpauschale gem. § 26 BRAGO	.... DM
11. 14% Mehrwertsteuer aus .... DM	.... DM
12. Gerichtskostenvorschüsse	.... DM
./. Vorschußzahlungen	.... DM
	.... DM

Frankfurt, den ....
Rechtsanwalt

II. Die isolierten Verfahren

Ausgehend von der gebührenrechtlichen Betrachtung des Scheidungsverbundes werden im folgenden lediglich die grundlegenden Besonderheiten im Rahmen derjenigen isolierten Verfahren dargestellt, denen in der Praxis eine gewisse zahlenmäßige Relevanz zukommt.[1081]

1. Die Gebühren

Deutlicher als im Verbundverfahren wirkt sich hier die Unterscheidung zwischen sogenannten FGG- und ZPO-Sachen nach §§ 621, 621 a ZPO aus.

Denn bei den **FGG-Sachen** treten anstelle der Gebühren nach § 31 BRAGO – auch im eventuellen Beschwerdeverfahren[1082] – die nach **§ 118 BRAGO,** als Geschäfts-, Besprechungs- und Beweisaufnahmegebühr. Soweit man nicht vom Mittelwert der 7,5/10 Gebühr ausgehen möchte,[1083] bedarf es einer besonderen Begründung unter Heranziehung der in § 12 Abs. 1 BRAGO genannten Kriterien.

Daneben kann generell die Vergleichsgebühr des **§ 23 BRAGO** anfallen.

Streitig ist, ob dies auch bei der Übertragung der elterlichen Sorge möglich ist.[1084] Für die hier wichtigsten Verfahren nach **§ 1672 BGB** dürfte es sich aber ohnehin um eine theoretische Überlegung handeln. Die tatsächliche Lage der Fälle von Sorgerechtsentscheidungen während des Getrenntlebens

---

1081 Umfassendere Darstellungen finden sich bei *Lappe* (Familiensachen) Rdn. 47ff und *Haberzettl* 145ff.

1082 *Haberzettl* 160.

1083 Nach der Rechtsprechung: Regelwert. S. z. B. OLG Zweibrücken JurBüro 1982, 714f.

1084 Rechtsprechung hierzu bei *Haberzettl* 162 und *Lappe* (Familensachen) Rdn. 101 mit Anm. 75.

ist nicht eben gesättigt mit vergleichsbreiten Parteien, was ja im Hinblick auf die nach überwiegender Rechtsprechung geltenden Voraussetzungen für eine Entscheidung nach § 1672 BGB auch nur schwer vorstellbar wäre.

Entsprechende Probleme wie im Verbundverfahren treten bei der Frage der **Beweisaufnahme** nach § 118 Abs. 1 Nr. 3 BRAGO auf, die auch hier unter Hinweis auf § 12 FGG regelmäßig abgelehnt wird, wenn es zur Kindesanhörung oder Beiziehung eines Jugendamtsberichtes gekommen ist.[1085]

Wichtig noch – weil nicht selten – ist die **Anrechnungspflicht** der Geschäftsgebühr auf die Prozeßgebühr in Fällen, in denen das Verfahren nach § 1672 BGB nicht zum Abschluß kommt, weil zuvor das Scheidungsverfahren anhängig wird und die Sorgerechtsentscheidung im Verbund – mit Gebühren nach § 31 BRAGO – getroffen werden muß.[1086]

Entsprechende Fragen ergeben sich in den Verfahren zur Regelung der Umgangsbefugnis nach **§ 1634 Abs. 2 BGB** und der Herausgabe eines Kindes nach **§ 1632 BGB.**

Zusätzlich streitig – auch in der Literatur – ist die gebührenrechtliche Überlegung, ob der Anwalt nach **§ 7 Abs. 2 BRAGO** nur eine Rechnung aus einem addierten Gegenstandswert oder – natürlich lukrativer – zwei Rechnungen aus den Einzelstreitwerten stellen darf, wenn er sich sowohl um eine Entscheidung nach § 1672 BGB als auch nach § 1634 Abs. 2 BGB bemüht hat.[1087]

Gebührenmäßig anders als die sonstigen isolierten FGG-Sachen sind die isolierten Verfahren nach der **HausratsVO** geregelt. Hier bestimmt die Sondervorschrift des **§ 63 Abs. 3 BRAGO,** daß doch die Gebühren des § 31 BRAGO anfallen, allerdings nur zur Hälfte. Die Vergleichsgebühr des § 23 BRAGO kann dagegen – wenn es zur Vereinbarung kommt – in voller Höhe berechnet werden, denn § 63 Abs. 3 BRAGO reduziert ausschließlich die Gebühren des § 31 BRAGO.

Entgegen diesem Gesetzeswortlaut gilt die Reduzierung aber entsprechend für Fälle, in denen sich das Mandat auf eine außergewöhnliche Tätigkeit beschränkt, also § 118 BRAGO zur Anwendung kommt. Aus gesetzessystematischen Überlegungen beschränkt die herrschende Meinung auch diese Gebühren auf den 5/10 Satz.[1088]

2. Die Gegenstandswerte

Ebenso wie bei den Gebühren zeigen auch die Gegenstandswerte der isolierten Verfahren naturgemäß insbesondere dort Abweichungen von den für das Verbundverfahren getroffenen Feststellungen, wo die Vorschriften des FGG und dementsprechend auch der **KostO** zur Anwendung kommen.

1085 OLG Stuttgart FamRZ 1987, 406, OLG Frankfurt JurBüro 1981, 1413f. Näher hierzu *Haberzettl* 161f und *Lappe* (Familiensachen) Rdn. 97–99.

1086 *Haberzettl* 161.

1087 *Lappe* (Familiensachen) Rdn. 147, *Haberzettl* 165, OLG Köln JurBüro 1981, 1564f.

1088 *Lappe* (Familiensachen) Rdn. 382 m. w. N.

Für die **Sorgerechtsverfahren** gehen die Gerichte nach §§ 94 Abs. 1 Nr. 4, Abs. 2, 30 Abs. 2, Abs. 3 KostO regelmäßig von 5000,– DM aus, teilweise mit Erhöhungen für den Fall, daß mehrere Kinder betroffen sind.[1089] Unterschiedlich sind allerdings die Auffassungen für den quantitativ wichtigsten Fall des **§ 1672 BGB.** Da hier in aller Regel eine abschließende Sorgerechtsentscheidung im Verbundverfahren folgt, wird der Gegenstandswert überwiegend reduziert – z. T. auf den entsprechenden Verbundverfahrenswert von 1500,– DM.[1090]

Uneinheitlicher ist dagegen die Rechtsprechung zu den Gegenstandswerten für die isolierten Verfahren über die **Umgangsbefugnis.** Wenn hier auch in Übereinstimmung mit einem Teil der Literatur[1091] viele Gerichte ebenfalls den Regelwert von 5000,– DM annehmen,[1092] reduzieren andere bis auf die Hälfte, in einfachen Fällen bis auf 1000,– DM.[1093]

Auch bei der **Kindesherausgabe** richtet sich der Wert nach § 30 Abs. 2 KostO, beträgt also in der Regel 5000,– DM.[1094]

Bei den isolierten Verfahren über **Ehewohnung und Hausrat** findet § 21 Abs. 2 HausratsVO Anwendung: für den Gegenstandswert der Ehewohnung bedeutet das den Jahresmietwert, beim Hausrat ist vom Verkehrswert oder – wenn nur seine Benutzung geregelt werden soll – vom Nutzungswert auszugehen, den man in der Regel wohl mit ⅕–¼ des Verkehrswertes ansetzen kann.[1095]

Im Rahmen der **ZPO-Sachen** sind hier nur wenige Besonderheiten zu erwähnen:

So ist beim Gegenstandswert der **Unterhaltsabänderungsklage** (§ 323 ZPO) nicht etwa vom neu berechneten Unterhaltsbetrag auszugehen, sondern lediglich von der Differenz zwischen der bisher titulierten und der nun beanspruchten Rente, multipliziert mit zwölf, also vom Jahresdifferenzbetrag. Eventuell mit geltend gemachte Rückstände sind bei der Wertberechnung zu addieren (§ 17 Abs. 1, Abs. 4 GKG).

Bei der **Stufenklage** ergibt sich für den Leistungsanspruch keine Besonderheit. Auskunftsanspruch und Verlangen der Offenbarungsversicherung, die – wie oben festgestellt – auch im Rahmen des Verbundverfahrens nicht durch Verbundurteil entschieden werden müssen, sind deutlich geringer zu bemessen: beim Auskunftsanspruch geht man von ⅕–⅓ aus, für die Offenbarungsversicherung von wieder der Hälfte hiervon.[1096]

[1089] *Lappe* (Familiensachen) Rdn. 79, OLG Celle Rpfl 1979, 35 (15000,– DM).
[1090] *Lappe* (Familensachen) Rdn. 81, Rechtsprechungsübersicht bei *Haberzettl* 158.
[1091] *Haberzettl* 164f.
[1092] Z. B. OLG Bamberg JurBüro 1981, 1242.
[1093] OLG Köln JurBüro 1981, 1564, OLG Zweibrücken JurBüro 1980, 1719. Ebenso *Lappe* (Familiensachen) Rdn. 140 unter Bezugnahme auf das verfassungsrechtliche Differenzierungsgebot nach Artikel 3 GG.
[1094] *Lappe* (Familiensachen) Rdn. 170f.
[1095] *Lappe* (Familiensachen) Rdn. 356, *Haberzettl* 190.
[1096] *Haberzettl* 184f, *Lappe* (Familiensachen) Rdn. 208, LG Bayreuth JurBüro 1980, 928f.

III. Eilverfahren

Unabhängig von Art und Zeitpunkt regelt die BRAGO alle Eilverfahren als **„besondere Angelegenheit“**, für die einstweilige Verfügung nach § 40 Abs. 1, für die einstweilige Anordnung nach § 41 Abs. 1. Für den Anwalt bedeutet das, daß er gesondert abrechnen darf, d. h. auch mit gesonderter Auslagenberechnung nach § 26 BRAGO, diese aber nur einmal auch bei mehreren Anordnungsverfahren im selben Rechtszug (§ 41 Abs. 1 Satz 2 BRAGO).[1097]

Allerdings ergeht im Anordnungsverfahren regelmäßig keine gesonderte Kostenentscheidung, wenn es nicht ausnahmsweise zu keiner Hauptsacheentscheidung kommt („ewiges Ruhen“ usw.). § 93a ZPO gilt auch hier. § 96 ZPO wird durch § 620g ZPO für entsprechend anwendbar erklärt.

Für die **Gebühren** finden über § 40 Abs. 1 und § 41 Abs. 1 BRAGO die Vorschriften des § 31 BRAGO und des § 23 BRAGO Anwendung, gegebenenfalls mit der oben erörterten Differenzprozeßgebühr nach §§ 41 Abs. 2, 13 Abs. 3 BRAGO.

Für die Beweisgebühr ist zu beachten, daß sie regelmäßig schon durch die – etwa nach § 620a Abs. 3 Satz 3 ZPO erforderliche Glaubhaftmachung anfällt.[1098]

Bei den **Gegenstandswerten** ist zunächst auf die Sondervorschrift des **§ 8 Abs. 2 Satz 3 BRAGO** hinzuweisen, der für Anordnungsverfahren über elterliche Sorge, Umgangsbefugnis und Kindesherausgabe einen – natürlich modifizierbaren – Ausgangswert von 1000,– DM bestimmt. Gleiches gilt in entsprechender Anwendung nach herrschender Meinung im Falle einer Anordnung über die Gestattung des Getrenntlebens,[1099] da der hier eigentlich nach § 8 Abs. 2 Satz 2 BRAGO zur Anwendung kommende Regelgegenstandswert von 6000,– DM mit den Grenzwerten 300,– DM/1 000 000,– DM im Hinblick auf die Einstweiligkeit der Regelung zu Recht als überhöht angesehen wird.

Eine weitere Sonderwertvorschrift für Anordnungsverfahren findet sich in **§ 20 Abs. 2 GKG.** Dort ist der Wert von Unterhaltsansprüchen mit dem sechsmonatigen Betrag – also im Vergleich zum Hauptverfahren in hälftiger Höhe – festgesetzt, der einer Wohnungsnutzung mit dem dreifachen Monatsmietwert.

Für die Hausratsnutzung verweist § 20 Abs. 2 GKG auf § 3 ZPO. Die Rechtsprechung geht bei der somit erforderlichen Interessenschätzung – wie im Hauptverfahren – von ⅕–¼ des Verkehrswertes aus. Gleiches gilt, wenn die Nutzung persönlicher Gegenstände vorläufig geregelt werden soll. Ihre Herausgabe wird etwas höher bemessen: mit ¼–⅓ des Verkehrswertes.[1100]

1097 Ausführlich mit Beispiel: *Haberzettl* 123f und 133ff. S. auch *Lappe* (Gebühren) 147.

1098 *Lappe* (Familiensachen) Rdn. 967.

1099 Z. B. OLG Frankfurt Rpfl 1980, 240. S. auch *Lappe* (Familiensachen) Rdn. 973.

1100 *Haberzettl* 127, *Lappe* (Familiensachen) Rdn. 927f.

Wird schließlich Prozeßkostenvorschuß im Anordnungsverfahren geltend gemacht, entspricht der Gegenstandswert dem Leistungsanspruch.

Auch in den **Arrest- und Verfügungsverfahren** beträgt der Gegenstandswert nur einen Teil des Hauptsachewertes, wobei sich die Gerichte an der für Anordnungsverfahren deutlich werdenden gesetzlichen Konzeption in § 20 Abs. 2 GKG orientieren.[1101] So nimmt man etwa in Unterhaltsverfahren überwiegend auch hier die sechsfache Monatsrente als Gegenstandswert an.[1102]

IV. Die Prozeßkostenhilfe

Im Hinblich auf die systematische Zusammenfassung der Voraussetzungen der Prozeßkostenhilfe im 2. Teil beschränkt sich die folgende Darstellung auf einige Aspekte der praktischen Handhabung.

Die Bewilligung von Prozeßkostenhilfe richtet sich nach **§§ 114ff ZPO,** die Vergütung des Rechtsanwaltes in diesen Verfahren nach **§§ 121ff BRAGO.**[1103] Für den Anwalt liegen die ,,beiden Seiten der Medaille" zwischen den deutlich geringeren Gebühren bei Gegenstandswerten über 5000,– DM nach § 123 BRAGO und der ,,Klippe" des Vorprüfungsverfahrens nach § 114 ZPO einerseits und einem solventen Kostenschuldner – der Landesjustizkasse – andererseits. Die zahlt zwar nicht unbedingt schnell, aber – wenn man richtig abrechnet – vollständig und ohne zu murren.

Natürlich muß man den Mandanten auf diese Möglichkeit hinweisen, wenn man sie anhand der in der **Beratung** angesprochenen Zahlen für realisierbar hält.[1104] Einige Mandanten kennen dieses Verfahren gar nicht oder halten es in Ehesachen nicht für anwendbar (,,Scheidung als unterstützungsfeindlicher Luxus"). Andere – nicht wenige – wissen davon, wollen aber kein ,,Armenrecht", weil es ihnen peinlich ist, ähnlich wie für viele ein Antrag auf Sozialhilfe. Über diese Schranken kann man den betreffenden Mandanten – wenn überhaupt – nur mit äußerster Vorsicht helfen: er erlebt seinen Answalt – nicht immer zu Recht – ja als Vertreter der sozialen Gruppe, der gegenüber ihm dieses ,,Betteln um Almosen" gerade peinlich ist. Hilfreich – und davon abgesehen ohnehin in jedem Fall erforderlich – ist dann manchmal der Hinweis, daß der Staat dem Mandanten, dessen Einkommen nicht ganz gering ist, die Gebühren ja nicht abschließend schenkt, sondern nur reduziert, stundet und nach der Tabelle als Anlage 1 zu § 114 ZPO in **Raten** (über höchstens vier Jahre) wieder hereinholt.

1101 *Lappe* (Familensachen) Rdn. 1055.

1102 Z. B. OLG Hamm JurBüro 1982, 105f, a. A. OLG Düsseldorf JurBüro 1982, 285f.

1103 Übersichtliche Darstellung der im familienrechtlichen Bereich relevanten Fragen und der diesbezüglichen Rechtsprechung bei *Wax* FamRZ 1985, 10ff.

1104 Hilfreich zur Kostenkalkulation sind die entsprechenden Anlagen der weitgehend einheitlichen Durchführungsregelungen der Länder zum Prozeßkostenhilfegesetz (Kostenvoranschläge nach § 115 Abs. 3 ZPO). Für Bayern bei *Haberzettl* 218ff.

Nicht einmal bei der Gebührenreduzierung muß es endgültig bleiben: ist etwa durch die festgesetzten Raten bei der Landeskasse mehr eingegangen, als zur Kostendeckung im Prozeßkostenhilfeverfahren erforderlich ist, hat der beigeordnete Rechtsanwalt die Möglichkeit, nach **§ 124 BRAGO** die sogenannte **weitere Vergütung** zu beantragen, d. h. den Differenzbetrag zwischen Regelgebühren und den im Prozeßkostenhilfeverfahren nach § 123 BRAGO festgesetzten Gebühren. Meist gibt der Rechtspfleger einen entsprechenden Hinweis und setzt die in **§ 128 Abs. 2 BRAGO** vorgesehene Monatsfrist zur Geltendmachung, nach deren Ablauf der Anspruch auf weitere Vergütung erlischt. Zur Vermeidung von finanziellen Nachteilen durch Versehen in diesem oder jenem Bereich empfiehlt es sich aber – wie in § 124 Abs. 2 BRAGO vorgesehen –, auch die weitere Vergütung unmittelbar nach Abschluß der Instanz unaufgefordert geltend zu machen.[1105] Die neuen Vordrucke sind hierauf durch doppelte Abrechnungsspalten eingerichtet.

Für den **Zeitpunkt** des Bewilligungsantrages ist zu beachten, daß Prozeßkostenhilfe grundsätzlich für die Zukunft gewährt und auch eine – gesondert anzuordnende – Rückwirkung nur ab der Zeit möglich ist, zu der der Antrag und die notwendigen Unterlagen (Erklärung über die persönlichen und wirtschaftlichen Verhältnisse nebst Belegen) dem Gericht vorlag.[1106] Ob dies auch nach Erledigung der Hauptsache noch möglich ist, ist umstritten.[1107]

In der **Form** empfiehlt es sich schon aus Gründen der Übersichtlichkeit in den eigenen und den Prozeßakten, den Bewilligungsantrag nicht an die Hauptanträge zu „kleistern“,[1108] sondern einen gesonderten Schriftsatz zu verwenden.

1105 So auch *Haberzettl* 202.

1106 OLG Düsseldorf FamRZ 1984, 305, OLG Stuttgart FamRZ 1987, 399f.

1107 Ablehnend die Entscheidung des OLG Frankfurt FamRZ 1984, 305f („Soll zum Zeitpunkt der Entscheidung über das Prozeßkostenhilfegesuch das Verfahren in der Hauptsache nicht weiter betrieben werden (hier: Ehescheidungsverfahren nach Versöhnung der Eheleute), kann Prozeßkostenhilfe auch für die bisherigen Verfahrenskosten nicht mehr bewilligt werden.“) mit einer kurzen Anm. *Boschs,* die taktische Überlegungen zum Zeitpunkt des Bekanntgebens der Aussöhnung nahelegt. A. A. *Wax* FamRZ 1985, 15.

1108 So im Beispiel bei *Vespermann* PKH 3.

Amtsgericht
– Familiengericht –
6000 Frankfurt am Main

Frankfurt, den 02. 10. 1987

In der Familiensache
Reuter

überreiche ich anliegend für die Antragstellerin den Scheidungsantrag sowie die Erklärung über ihre persönlichen und wirtschaftlichen Verhältnisse nebst diesbezüglicher Belege und bitte, ihr

Prozeßkostenhilfe

zu bewilligen und mich als Prozeßbevollmächtigten beizuordnen.

Rechtsanwalt

Zum Umfang speziell für die hier interessierenden Familiensachen ist auf die Vorschriften der **§§ 624 Abs. 2 in Verbindung mit § 623 Abs. 3 ZPO** hinzuweisen, wonach sich die Bewilligung im Verbund auch auf diejenigen Folgesachen erstreckt, die Amtsverfahren oder – als Antragsverfahren – bereits anhängig sind.[1109] Spätere Anträge in den letztgenannten Verfahren erfordern ein gesondertes Prozeßkostenhilfegesuch,[1110] ebenso die **einstweiligen Anordnungsverfahren** (§ 122 Abs. 3 Nr. 2 BRAGO),[1111] nicht dagegen der **Scheidungsfolgenvergleich,** der als von § 624 Abs. 2 ZPO umfaßt angesehen wird.[1112]

Allgemein zum Prozeßkostenhilfeverfahren sind abschließend einige wichtige Punkte zu ergänzen:[1113]

1. Prozeßkostenhilfe für das **Prozeßkostenhilfe-Prüfungsverfahren** wird nach ganz überwiegender Rechtsprechung nicht gewährt.[1114]
2. Die Möglichkeit, von der Gegenseite **Prozeßkostenvorschuß** zu erhalten, schließt die Bewilligung von Prozeßkostenhilfe nur in insoweit zweifelsfreien und unproblematischen Fällen aus.[1115]

1109 Ausführlich hierzu *Haberzettl* 202ff.

1110 *Lappe* (Familiensachen) Rdn. 567.

1111 OLG Hamm JurBüro 1980, 1539f mit Anm. von *Mümmler, Haberzettl* 204.

1112 OLG Nürnberg JurBüro 1979, 1530 (1532).

1113 Zum Problembereich „Scheinehe“ s.o. Anm. 249.

1114 Z.B. BGH FamRZ 1985, 690 und FamRZ 1984, 997, KG FamRZ 1982, 421f. Rechtsprechungsübersicht bei *Haberzettl* 198f.

1115 OLG Köln FamRZ 1985, 1067 („Ein Anspruch auf Leistung eines Prozeßkostenvorschusses schließt die Bewilligung von Prozeßkostenhilfe nur aus, wenn er unzweifelhaft besteht und alsbald durchgesetzt werden kann.“), *Baumbach/Lauterbach (Hartmann)* Anm. 2c zu § 114. So im Ergebnis auch KG FamRZ 198 1067f und OLG Koblenz FamRZ 1986, 284 in Fällen, in denen die Gegenpartei selbst Anspruch auf Bewilligung von Prozeßkostenhilfe hatte. Informativ zum Verhält-

3. Die Beiordnung eines Verkehrsanwaltes wird dann als erforderlich angesehen, ,,wenn die Partei auswärts wohnt, eine schriftliche Information des Prozeßbevollmächtigten nicht möglich oder zumutbar ist und eine mündliche Information mit unverhältnismäßig hohen Reisekosten verbunden ist."[1116]
4. Auch der Anspruch einer Partei auf Beiordnung eines Rechtsanwalts ist begrenzt durch den Grundsatz von Treu und Glauben. So wird es beispielsweise als rechtsmißbräuchlich angesehen, wenn der die Prozeßkostenhilfe Beantragende bereits zuvor zwei anderen Anwälten nacheinander grundlos das Mandat entzogen hat.[1117]

V. Die Beiordnung nach § 625 ZPO

Der Beiordnung zum Schutz des Antragsgegners nach § 625 ZPO – sowohl von den Voraussetzungen als auch der Auswahlproblematik her eine Art Pflichtverteidigung in Familiensachen – kommt quantitativ nur geringes Gewicht zu.

Den Vergütungsanspruch regelt **§ 36a BRAGO** auf recht originelle Weise: nicht – wie unter logischen Gesichtspunkten leichter nachzuvollziehen etwa bei der Pflichtverteidigung – die Landeskasse, sondern der Antragsgegner[1118] gilt kostenmäßig als Auftraggeber.[1119] Dementsprechend sind auch die Gebühren nicht nach der Prozeßkostenhilfetabelle reduziert, sondern der Rechtsanwalt kann die Regelsätze abrechnen.

Nur wird er sie oft nicht bekommen. Aus leicht verständlichen Gründen hat man es hier manchmal mit recht unwilligen Mandanten zu tun, die zum partnerbegründeten Zwang der ungewollten Scheidung nun noch den gerichtsbegründeten, ebenfalls kostenintensiven Zwang der ungewollten Prozeßvertretung ablehnen, jedenfalls nicht freiwillig honorieren wollen. Erst für diesen Fall kommt es über § 36a Abs. 2 BRAGO – nach Inverzugsetzung des ,,Mandanten" –[1120] zur Kostenschuld des Verursachers: dem Anwalt wird der Gebührenprozeß erspart, die Landeskasse tritt in Vorlage, allerdings nur in Höhe der Prozeßkostenhilfesätze.[1121]

---

nis zwischen Prozeßkostenhilfe und Prozeßkostenvorschuß auch OLG Bamberg FamRZ 1986, 484f, insbesondere zur Möglichkeit, den Anspruch auf Prozeßkostenvorschuß gemäß § 1360a Abs. 4 BGB auch nach Beendigung des Scheidungsverfahrens noch einzuklagen, wenn der Vorschußschuldner bereits während des Verfahrens in Verzug gesetzt wurde.

1116 OLG Hamm FamRZ 1986, 374f.

1117 OLG Koblenz FamRZ 1986, 375f.

1118 Zumindest mißverständlich insoweit *Kunigk* 82.

1119 Es sei denn, die Voraussetzungen der Prozeßkostenhilfe liegen vor und der Anwalt beantragt sie nach Beiordnung.

1120 Näheres hierzu bei *Lappe* (Familiensachen) Rdn. 42.

1121 *Haberzettl* 139, *Riedel/Sußbauer (Keller)* Rdn. 7 zu § 36a.

Anhang

Düsseldorfer Tabelle (Stand 1. 1. 1985)*

(Angewandt von allen Senaten für Familiensachen des OLG Düsseldorf)

A. Kindesunterhalt

Altersstufe		bis Volldg. 6. Lbj.	v. 7. bis Volldg. 12. Lbj.	v. 13. bis Volldg. 18. Lbj. (vgl. Anm. 8)	ab Volldg. 18. Lbj. (vgl. Anm. 7, 8)
	Nichteheliche Kinder nach VO 1984	228	276	327	
Gruppe	Eheliche Kinder nach Nettoeinkommen des Unterhaltspflichtigen in DM				Bedarfskontrollbetrag in DM gem. Anmerkung 6
1	bis 1850	228	276	327	910/990
2	1850–2100	240	290	345	955/990
3	2100–2400	260	315	375	1045
4	2400–2800	295	360	425	1185
5	2800–3400	330	400	475	1320
6	3400–4000	365	440	525	1455
7	4000–4800	420	510	605	1685
8	4800–5800	480	580	685	1910
9	5800–7000	545	660	785	2185
	über 7000	nach den Umständen des Falles.			

* Im Anschluß an NJW 1982, 19 = FamRZ 1981, 1207. – Die neue Tabelle nebst Anmerkungen beruht wieder auf Koordinierungsgesprächen, die zwischen Richtern der Familiensenate der OLGe Köln, Hamm und Düsseldorf sowie Mitgliedern der Unterhaltskommission des Deutschen Familiengerichtstages e. V. stattgefunden haben.

Anmerkungen:

1. Monatliche **Unterhaltsbedarfsbeträge** nach BGB, bezogen auf einen gegenüber einem Ehegatten und zwei Kindern Unterhaltspflichtigen. Bei einer größeren/geringeren Anzahl Unterhaltsberechtigter sind **Ab- oder Zuschläge** in Höhe eines Zwischenbetrages oder durch Einstufung in eine niedrigere/höhere Gruppe angemessen. Die Zu- und Abschläge sind in der Regel durch die nächst niedrigere/höhere Gruppe begrenzt. Die Regelbegrenzung gilt nicht, wenn eine Unterhaltsverpflichtung nur gegenüber einem (1) Kind besteht. Bei überdurchschnittlicher Unterhaltslast ist Anmerkung 6 zu beachten.

2. Den Bedarfs- und Bedarfskontrollbeträgen der Gruppen 2–9 entsprechen folgende auf- und abgerundete Zuschläge auf den Basisbetrag der 1. Gruppe in %: 5, 15, 30, 45, 60, 85, 110 und 140.

3. **Berufsbedingte Aufwendungen** sind vom Einkommen abzuziehen, wobei ohne Nachweis eine Pauschale von 5% – mindestens 80,– DM, höchstens 240,– DM monatlich – des Nettoeinkommens geschätzt werden kann. Über die Pauschale hinausgehende berufsbedingte Aufwendungen sind auf konkreten Nachweis abzuziehen, soweit sie von den privaten Lebenshaltungskosten nach objektiven Merkmalen eindeutig abgrenzbar sind.

4. Berücksichtigungsfähige **Schulden** sind in der Regel vom Einkommen abzuziehen.

5. Der **notwendige Eigenbedarf (Selbstbehalt)** des nicht erwerbstätigen Unterhaltspflichtigen beträgt monatlich 910,– DM, des erwerbstätigen Unterhaltspflichtigen mindestens monatlich 990,– DM. Der **angemessene Eigenbedarf** beträgt gegenüber volljährigen Kindern in der Regel mindestens monatlich 1300,– DM.

6. Der **Bedarfskontrollbetrag** des Unterhaltspflichtigen ab Gruppe 3 ist nicht identisch mit dem Eigenbedarf. Er soll nur eine ausgewogene Verteilung des Einkommens zwischen dem Unterhaltspflichtigen und den unterhaltsberechtigten Kindern gewährleisten. Wird er unter Berücksichtigung des Ehegattenunterhalts (vgl. auch B V) unterschritten, ist der Tabellenbetrag der nächst niedrigeren Gruppe, deren Bedarfskontrollbetrag nicht unterschritten wird, oder ein Zwischenbetrag anzusetzen.

7. Bei **volljährigen Kindern,** die noch im Haushalt der Eltern oder eines Elternteils wohnen, ist in der Regel ein Zuschlag in Höhe der Differenz der 2. und 3. Altersstufe der jeweiligen Gruppe angemessen. Der angemessene Gesamtunterhaltsbedarf eines **Studierenden,** der nicht bei seinen Eltern oder einem Elternteil wohnt, beträgt in der Regel monatlich 800,– DM. Dieser Bedarfssatz kann auch für ein Kind mit eigenem Haushalt angesetzt werden.

8. Die **Ausbildungsvergütung** eines in der Berufsausbildung stehenden Kindes, das im Haushalt der Eltern oder eines Elternteils wohnt, ist vor ihrer Anrechnung in der Regel um einen ausbildungsbedingten Mehrbedarf von monatlich 145,– DM zu kürzen.

B. Ehegattenunterhalt

I. Monatliche Unterhaltsrichtsätze des nach **neuem Recht** berechtigten Ehegatten **ohne gemeinsame unterhaltsberechtigte Kinder:** Aus §§ 1361, 1569, 1578, 1581 BGB:

1. gegen einen erwerbstätigen Unterhaltspflichtigen:

a) wenn der Berechtigte kein Einkommen hat:	3/7 des anrechnungsfähigen Nettoeinkommens des Pflichtigen, nach oben begrenzt durch den vollen Unterhalt, gemessen an den zu berücksichtigenden ehelichen Verhältnissen.
b) wenn der Berechtigte ebenfalls Einkommen (z. B. Rente, Arbeitslohn, Zinsen) hat:	3/7 des Unterschiedsbetrages der anrechnungsfähigen Nettoeinkommen beider Ehegatten, wenn das des Pflichtigen höher ist, nach oben begrenzt durch den vollen Unterhalt, gemessen an den zu berücksichtigenden ehelichen Verhältnissen.

c) wenn der Berechtigte erwerbstätig ist, obwohl ihn keine Erwerbsobliegenheit trifft; gem. § 1577 II BGB.

2. gegen einen nicht erwerbstätigen Unterhaltspflichtigen (z. B. Rentner): wie zu 1a, b oder c, jedoch 50%.

II. Monatliche Unterhaltsrichtsätze des nach **bisherigem Recht** berechtigten Ehegatten **ohne gemeinsame unterhaltsberechtigte Kinder:**

1. Aus §§ 58, 59 EheG: in der Regel wie I.
2. Aus § 60 EheG: in der Regel ½ des Unterhalts zu I.
3. Aus § 61 EheG: nach Billigkeit bis zu den Sätzen I.

III. Monatliche Unterhaltsrichtsätze des berechtigten Ehegatten **mit von ihm versorgten gemeinsamen unterhaltsberechtigten minderjährigen Kindern:** Wie zu I bzw. II, jedoch wird vorab der Kinderunterhalt (Tabellenbetrag ohne Abzug von Kindergeld) vom Nettoeinkommen des Pflichtigen abgezogen.

IV. Monatlicher notwendiger Eigenbedarf **(Selbstbehalt)** gegenüber dem getrennt lebenden und dem geschiedenen Berechtigten:

1. Wenn der Unterhaltspflichtige erwerbstätig ist: 990,– DM.
2. Wenn der Unterhaltspflichtige nicht erwerbstätig ist: 910,– DM.

V. Monatlicher notwendiger Eigenbedarf **(Mindestbedarf)** des unterhaltsberechtigten Ehegatten:

1. Als Haushaltungsvorstand:
   a) falls erwerbstätig: 990,– DM.
   b) falls nicht erwerbstätig: 910,– DM.
2. Bei gemeinsamem Haushalt mit dem Unterhaltspflichtigen:
   a) falls erwerbstätig: 745,– DM,
   b) falls nicht erwerbstätig: 665,– DM.

Anmerkung zu I–III:

Hinsichtlich berufsbedingter Aufwendungen und berücksichtigungsfähiger Schulden gelten Anmerkungen A. 3 und 4 – auch für den erwerbstätigen Unterhaltsberechtigten – entsprechend. Jedoch sind diejenigen berufsbedingten Aufwendungen, die sich nicht nach objektiven Merkmalen eindeutig von den privaten Lebenshaltungskosten abgrenzen lassen, pauschal in der Differenzquote von ⅐ enthalten.

C. Mangelfälle

Reicht das Einkommen zur Deckung des notwendigen Bedarfs des Unterhaltspflichtigen und der gleichrangigen Unterhaltsberechtigten nicht aus (sog. Mangelfälle), ist die nach Abzug des notwendigen Eigenbedarfs (Selbstbehalt) des Unterhaltspflichtigen verbleibende Verteilungsmasse auf die Unterhaltsberechtigten im Verhältnis ihrer Mindestbedarfssätze (Kindesunterhalt: Gruppe 1; Ehegattenunterhalt: gemäß B V) gleichmäßig zu verteilen. Das Kindergeld ist bis zur Deckung des Mindestbedarfs in die Verteilungsmasse einzubeziehen.

Beispiel (monatlich; aus Vereinfachungsgründen ohne Kindergeld):

Bereinigtes Nettoeinkommen des Unterhaltspflichtigen (V): 2000,– DM.
Unterhaltsberechtigte: 1 nicht erwerbstätige Ehefrau (F) und 2 minderjährige Kinder K 1 und K 2 (1. und 2. Alterstufe).
Notwendiger Eigenbedarf des V: 990,– DM.
Verteilungsmasse: 2000,– DM – 990,– DM = 1010,– DM.
Notwendiger Gesamtbedarf der Unterhaltsberechtigten: 910,– DM (F) + 228,– DM (K 1) + 276,– DM (K 2) = 1414,– DM.
Unterhaltsansprüche: F = 910,– DM × 1010/1414 = 650,– DM; K 1 = 228,– DM × 1010/1414 = 163,– DM; K 2 = 276,– DM × 1010/1414 = 197,– DM (Summe: 1010,– DM = Verteilungsmasse).

Unterhaltsrechtliche Leitlinien des OLG Hamm (Stand 1. 1. 1985)

Die Leitlinien sind von Mitgliedern aller Familiensenate des OLG Hamm erarbeitet worden, um eine möglichst einheitliche Rechtsprechung im gesamten OLG-Bezirk zu erzielen. Sie stellen keine verbindliche Regeln dar – das verbietet sich schon mit Rücksicht auf die richterliche Unabhängigkeit – und sollen dazu beitragen, angemessene Lösungen zu finden, ohne aber den Spielraum einzuengen, der erforderlich ist, um den jeweiligen Besonderheiten des Einzelfalles gerecht zu werden.

Die Zahlenwerte der vorliegenden Fassung, insbesondere die Werte der Unterhaltstabelle und die Eigenbedarfswerte, gelten ab 1. 1. 1985. Sie tragen dem Umstand Rechnung, daß von diesem Zeitpunkt ab auch der Regelbedarf nichtehelicher Kinder neu festgesetzt worden ist (Zweite Verordnung über die Anpassung und Erhöhung von Unterhaltsrenten für Minderjährige vom 26. 7. 84, BGBl I, 1035). Für Unterhaltsansprüche bis zum 31. 12. 1984 sind noch die Werte der bisherigen Leitlinien anzuwenden (zuletzt Stand Januar 1982, NJW 1982, 20 = FamRZ 1981, 1209, 1211 = DAVorm 1981, 781 = NRWJMBl 1982, 7).

I. Ermittlung des anrechenbaren Einkommens

1. Auszugehen ist von dem Nettoeinkommen, d. h. vom Bruttoeinkommen abzüglich Steuern und Versorgeaufwendungen. Hierzu zählen Aufwendungen für die notwendige Krankenversicherung, Rentenversicherung und Arbeitslosenversicherung. Kapitalversicherungen sind in der Regel nicht notwendig.

2. Urlaubs- und Weihnachtsgeld sowie sonstige Zuwendungen, auch Tantiemen und Gewinnbeteiligungen sind als Einkommen anzusehen. Sie werden auf das Jahr umgelegt und voll mit den Nettobeträgen angerechnet. Höhere einmalige Zuwendungen (etwa Abfindungen und Jubiläumszuwendungen) können auf einen längeren Zeitraum umgelegt werden.

3. Überstundenvergütungen werden in der Regel im vollen Umfang dem Einkommen zugerechnet (vgl. BGH, NJW 1980, 2251 = FamRZ 1980, 984).

4. Über die Anrechenbarkeit von Auslösungen und Spesen ist nach Maßgabe des Einzelfalls zu entscheiden. Im Zweifel kann davon ausgegangen werden, daß eine Ersparnis eintritt, die mit einem Drittel der Nettobeträge zu bewerten und insoweit dem anrechenbaren Einkommen zuzurechnen ist.

5. Vermögenswirksame Leistungen vermindern das Einkommen nicht. Jedoch sind dem Pflichtigen etwaige Zusatzleistungen des Arbeitgebers für die vermögenswirksame Anlage (mit dem Nettobetrag) sowie die staatliche Sparzulage voll zu belassen.

6. Notwendige berufsbedingte Aufwendungen von Gewicht sind voll abzuziehen. Zu den berufsbedingten Aufwendungen zählen in der Regel auch Gewerkschaftsbeiträge.

7. Ausbildungsbeihilfen (Lehrlingsvergütungen) sind Einkommen und nach Kürzung um den ausbildungsbedingten Mehrbedarf (Ziff. 18 III) auf den von den Eltern zu leistenden Unterhalt anzurechnen, bei Berücksichtigung der Rechtsprechung des BGH (vgl. NJW 1981, 2462 = FamRZ 1981, 541) im Falle der Minderjährigkeit des Kindes in der Regel je zur Hälfte auf den Bar- und den Naturalunterhalt (vgl. § 1606 III S. 2 BGB), bei Volljährigkeit nach Lage des Einzelfalles.

8. Krankengeld ist wie Einkommen zu behandeln. Das gleich gilt für Unfall- und Versorgungsrenten (vgl. BGH, NJW 1981, 1313 = FamRZ 1981, 338; NJW 1982, 1593 = FamRZ 1982, 252). Besteht infolge der Krankheit oder des Unfalls ein erhöhter Bedarf, ist ein angemessener Betrag abzusetzen.

9. Blindengeld ist grundsätzlich dem Einkommen zuzurechnen, soweit es nicht durch den tatsächlichen Mehrbedarf aufgezehrt wird (zur Schwerbeschädigten- und Pflegezulage vgl. BGH, NJW 1982, 41 = FamRZ 1981, 1165; NJW 1983, 1783 = FamRZ 1983, 674).

10. Wohngeld ist unter Beachtung des Wohnkostenbedarfs als Einkommen zu berücksichtigen (vgl. BGH, NJW 1983, 684 = FamRZ 1982, 587).

11. Arbeitslosengeld ist wie Einkommen zu behandeln, Arbeitslosenhilfe jedenfalls auf seiten des Pflichtigen.

12. Sozialhilfe bleibt unberücksichtigt.

13. BAföG-Leistungen sind als Einkommen anzusehen, soweit sie nicht nur als Darlehn gewährt werden.

14. Kinderzulagen und Kinderzuschüsse zur Rente sind, wenn die Gewährung des staatlichen Kindergeldes entfällt (§ 8 BKGG), in Höhe des fiktiven Kindergeldes wie Kindergeld zu behandeln (Ziff. 15) (vgl. BGH, NJW 1981, 173 = FamRZ 1981, 28). Im übrigen sind Zuschüsse und Zulagen zur Rente, die an den Pflichtigen gezahlt werden, in der Regel als Teil seines Einkommens anzusehen. Sie sind dem Kind auszukehren, wenn und soweit sie höher sind als der nach Ziff. 18ff. errechnete Unterhalt. Das gilt auch für den Fall, daß dem Pflichtigen dadurch weniger verbleibt als der notwendige Eigenbedarf (Ziff. 20).

15. Das staatliche Kindergeld bleibt bei der Berechnung des anrechenbaren Einkommens unberücksichtigt.

Wird das Kindergeld an den Pflichtigen ausgezahlt, ist der den Kindern zu gewährende Barunterhalt (Ziff. 18ff.) um die Hälfte des Kindergeldes (nämlich um den Anteil, der dem anderen Elternteil zuzurechnen ist) zu erhöhen (vgl. BGH, NJW 1982, 1983 [1984] = FamRZ 1982, 887, 889). Bei volljährigen Kindern unterbleibt die Erhöhung, sofern nicht auch der andere Elternteil noch Unterhalt (Barunterhalt oder Naturalunterhalt) leistet. Das Kind hat auf jeden Fall einen Unterhaltsanspruch in Höhe des auf es entfallenden Kindergeldes.

Wird das Kindergeld nicht an den Pflichtigen ausgezahlt, sondern an den Elternteil, der das Kind betreut, wird das Kindergeld zur Hälfte (nämlich der Anteil, der dem pflichtigen Elternteil zuzurechnen ist) auf den Unterhaltsanspruch des Kindes angerechnet. Bei volljährigen Kindern wird es voll angerechnet, sofern nicht auch der Elternteil, bei dem es lebt, noch Unterhalt (Barunterhalt oder Naturalunterhalt) leistet.

Reicht das Einkommen des Pflichtigen zur Gewährung des Tabellenunterhalts nach der untersten Einkommensgruppe nicht aus, ist der Fehlbetrag (d. h. die Differenz zwischen dem ohne Berücksichtigung des Kindergeldes zu gewährenden Unterhalt und dem Tabellenunterhalt) mit dem Anteil des Kindergeldes, der an sich dem Pflichtigen zuzurechnen ist, wie folgt aufzufüllen: Wird dem Pflichtigen das Kindergeld ausgezahlt, tritt eine entsprechende zusätzliche Erhöhung des dem Kinde zu gewährenden Unterhalts ein. Wird das Kindergeld dem anderen Ehegatten ausgezahlt, entfällt insoweit die Anrechnung.

Kindergeld, das für mehrere gemeinschaftliche Kinder gezahlt wird, ist gleichmäßig auf die Kinder aufzuteilen. Ist das Kindergeld für ein gemeinschaftliches Kind deshalb höher, weil ein weiteres (nicht gemeinschaftliches) Kind als Zählkind berücksichtigt wird, ist von dem fiktiven Kindergeldbetrag auszugehen, der ohne Berücksichtigung dieses Zählkindes zu zahlen wäre. Umgekehrt bleibt der Zählkindvorteil unberücksichtigt, der einem Elternteil dadurch entsteht, daß ein gemeinschaftliches Kind als Zählkind für ein weiteres (nicht gemeinschaftliches) Kind berücksichtigt wird (vgl. BGH, NJW 1981, 170 = FamRZ 1981, 26; 650).

16. Waisenrente, die ein Kind nach einem Elternteil erhält (Halbwaisenrente), wird auf den Unterhaltsanspruch gegen den anderen Elternteil voll angerechnet (vgl. BGH NJW 1981, 168 [170] = FamRZ 1980, 1109 [1111].

17. Schulden können das anrechenbare Einkommen vermindern, das des geschiedenen Ehegatten und Elternteils insbesondere dann, wenn die Verbindlichkeiten noch bei intakter Ehe eingegangen sind oder ihre Begründung als Folge der Trennung unumgänglich war (z. B. Kredit für die notwendige Neueinrichtung). Die Tilgung der Schulden hat in angemessenen Raten zu erfolgen (vgl. BGH, NJW 1982, 232 = FamRZ 1982, 23; NJW 1982, 380 = FamRZ 1982, 157).

II. Kinderunterhalt

18. Der Barunterhalt minderjähriger unverheirateter Kinder bestimmt sich nach der folgenden Tabelle.

Volljährige Kinder, die noch im Haushalt eines Elternteils leben, erhalten, wenn keine besonderen Umstände vorliegen, in der Regel den Tabellenbetrag der dritten Alterstufe zuzüglich der Differenz zur zweiten Alterstufe. Der Mehrbedarf für berufsbedingte (ausbildungsbedingte) Aufwendungen eines in der Berufsausbildung oder im Erwerbsleben stehenden Kindes, das im Haushalt eines Elternteils lebt, bestimmt sich nach den Verhältnissen des Einzelfalles. Er kann, wenn hinreichende Anhaltspunkte für eine Pauschalierung bestehen, mit 145,– DM angenommen werden (vgl. dazu BGH, NJW 1981, 2462 [2463] = FamRZ 1981, 541) (zur Anrechnung der Ausbildungsbeihilfe s. Ziff. 7).

Unterhaltstabelle

Einkommensgruppen Anrechenbares Einkommen des Unterhaltspflichtigen in DM	bis Volldg. des 6. Lbj.	Alterstufen v. 7. bis Volldg. des 12. Lbj. Unterhalt in DM	v. 13. bis Volldg. des 18. Lbj.	Bedarfskontrollbetrag in DM (Ziffer 19 II)
1. bis 1850	228	276	327	910/990
2. 1850–2100	240	290	345	955/990
3. 2100–2400	260	315	375	1045
4. 2400–2800	295	360	425	1185
5. 2800–3400	330	400	475	1320
6. 3400–4000	365	440	525	1455
7. 4000–4800	420	510	605	1685
8. 4800–5800	480	580	685	1910
9. 5800–7000	545	660	785	2185
über 7000		nach den Umständen des Falles		

19. Die Tabellensätze sind auf den Fall zugeschnitten, daß der Unterhaltspflichtige einem Ehegatten und zwei Kindern Unterhalt zu gewähren hat. Bei einer größeren Anzahl von Unterhaltsberechtigten können Abschläge, bei einer geringeren Anzahl Zuschläge angemessen sein. Eine Eingruppierung in eine höhere Einkommensgruppe setzt jedoch voraus, daß dem Pflichtigen nach Abzug des Kinder- und des Ehegattenunterhalts der für die höhere Einkommensgruppe maßgebende Bedarfskontrollbetrag (Absatz 2 dieser Ziffer) verbleibt (nicht nur der notwendige Eigenbedarf nach Ziff. 20). Besteht eine Unterhaltspflicht lediglich gegenüber einem Kind (also nicht auch gegenüber einem Ehegatten und einem weiteren Kind), kann eine Höhergruppierung um mehr als nur eine Einkommensgruppe in Betracht kommen.

Der Kindesunterhalt muß in einem angemessenen Verhältnis zu dem Betrag stehen, der dem Pflichtigen nach Abzug des Kinder- und des Ehegattenunterhalts für den eigenen Bedarf verbleibt. Dieser Betrag soll den in der Tabelle bestimmten Bedarfskontrollbetrag derjenigen Gruppe nicht unterschreiten, die für den jeweiligen Kinderunterhalt maßgebend ist. Erforderlichenfalls ist der Kinderunterhalt nach einer niedrigeren Einkommensgruppe zu bestimmen.

20. Der Eigenbedarf des Pflichtigen (Selbstbehalt) einschließlich der Kosten für die Wohnung beträgt ab 1. 1. 1985 gegenüber Minderjährigen im Falle des § 1603 II BGB mindestens 910,– DM, bei Erwerbstätigkeit des Pflichtigen mindestens 990,– DM (notwendiger Eigenbedarf); gegenüber Volljährigen (§ 1603 I BGB) im Regelfall mindestens 1300,– DM (angemessener Eigenbedarf).

21. Reicht das Einkommen des Pflichtigen nach Abzug des Eigenbedarfs (Selbstbehalts) (Ziff. 20) zur Gewährung des Tabellenunterhalts nach der untersten Einkommensgruppe nicht aus, ist der Rest auf die Kinder im Verhältnis des ihnen zustehenden Tabellenunterhalts (der untersten Einkommensgruppe) aufzuteilen. Die volljährigen Kinder gehen jedoch den minderjährigen im Range nach (§ 1609 I BGB).

22. Der Naturalunterhalt i. S. des § 1606 III S. 2 BGB entspricht wertmäßig in der Regel dem vollen Barunterhalt.

23. Der sorgeberechtigte Elternteil, der in seinem Haushalt ein minderjähriges unverheiratetes Kind versorgt, braucht neben dem anderen Elternteil in der Regel keinen Barunterhalt zu leisten. Etwas anderes kann sich ergeben, wenn sein Einkommen bedeutend höher als das des anderen Elternteils ist.

24. Sind ausnahmsweise beide Elternteile zum Barunterhalt verpflichtet, hat in der Regel jeder von ihnen den allein nach seinem Einkommen zu berechnenden Unterhalt zu zahlen. Ein Abzug kann gerechtfertigt sein, wenn beide Eltern ein hohes Einkommen haben (vgl. BGH, NJW 1980, 2306 = FamRZ 1980, 994; NJW 1981, 1559 = FamRZ 1981, 543; NJW 1984, 303 = FamRZ 1984, 39).

25. Hat jeder Elternteil (mindestens) eins von mehreren gemeinsamen Kindern zu betreuen, ist vor der Berechnung des Barunterhalts, den in diesem Fall grundsätzlich beide Elternteile zu erbringen haben, von dem anzurechnenden Einkommen eines jeden von ihnen in der Regel ein angemessener Betrag für die Leistung des Naturalunterhalts abzusetzen, um eine Hilfe bei der Versorgung des Kindes etc. zu finanzieren; im Zweifel ein Betrag im Werte des Barunterhalts (vgl. Ziff. 22), den der jeweils (von dem anderen Kind) auf Barunterhalt in Anspruch genommene Elternteil dem von ihm betreuten Kind nach seinem Einkommen zu gewähren hat.

26. Der Bedarf eines Studenten beträgt bei auswärtiger Unterbringung in der Regel 800,– DM. Dieser Bedarfssatz kann auch für ein Kind mit eigenem Hausstand angesetzt werden.

III. Ehegattenunterhalt

27. Besteht Anspruch auf angemessenen Unterhalt (§§ 58 EheG, 1361, 1569 ff. BGB), sind in der Regel 3/7 des anrechenbaren Einkommens zu zahlen; die Hälfte dann, wenn der Pflichtige nicht mehr erwerbstätig ist (Rentner, Pensionär, Arbeitsloser) (vgl. BGH, FamRZ 1982, 894).

Die Kosten für die notwendige Krankenversicherung des berechtigten Ehegatten, die nicht von dritter Seite (insbesondere vom Arbeitgeber) zu tragen sind und auch nicht vom eigenen Einkommen des Berechtigten bestritten werden, sind zusätzlich zu zahlen. Bei der Berechnung des $3/7$- bzw. $1/2$-Anteils des Berechtigten sind die Kosten dieser Versicherung von dem anrechenbaren Einkommen des Pflichtigen vorweg abzuziehen (vgl. BGH, NJW 1983, 1552 = FamRZ 1983, 676).

28. Zur Frage, in welcher Weise die Kosten einer Versicherung für den Fall des Alters sowie der Berufs- und Erwerbsunfähigkeit zu berücksichtigen sind (§§ 1361 I 2, 1578 III BGB), wird auf die Rechtsprechung des BGH verwiesen (NJW 1981, 1556 = FamRZ 1981, 442; NJW 1981, 2192 = FamRZ 1981, 864; NJW 1983, 2937 = FamRZ 1983, 888).

29. Der Anspruch des geschiedenen Ehegatten wird nach oben begrenzt durch den Bedarf nach den ehelichen Lebensverhältnissen.

30. Hat der Berechtigte eigenes Einkommen, kann er $3/7$ des Unterschiedsbetrages der anrechenbaren Einkommen beider Ehegatten beanspruchen; die Hälfte dann, wenn der Pflichtige nicht erwerbstätig ist.

Für den Fall, daß einer der Ehegatten erst nach der Trennung oder Scheidung eine Erwerbstätigkeit aufgenommen hat, besteht unter den Richtern der Hammer Familiensenate angesichts der Rechtsprechung des BGH (vgl. insb. NJW 1981, 1609 [1611] = FamRZ 1981, 539; NJW 1984, 1537 = FamRZ 1984, 356, 357; NJW 1984, 1237 [1238] = FamRZ 1984, 358 [359f]) keine volle Übereinstimmung. Einhelligkeit besteht jedoch darüber, daß der Anspruch auf jeden Fall nach oben begrenzt wird durch den Bedarf nach den ehelichen Lebensverhältnissen (Ziff. 29) und daß kein Anspruch mehr besteht, wenn das eigene Einkommen diesen Bedarf deckt.

31. Betreut ein Ehegatte ein minderjähriges Kind, so bestimmt sich seine Verpflichtung zur Erwerbstätigkeit nach den Umständen des Einzelfalls (vgl. hierzu BGH, NJW 1981, 448 = FamRZ 1981, 17, m. weit. Hinw.).

Geht ein Ehegatte, der ein minderjähriges Kind betreut, einer Erwerbstätigkeit nach, so kann ihm für die Leistung des Naturalunterhalts des Kindes ein angemessener Betrag anrechnungsfrei gelassen werden, dessen Höhe sich nach den Umständen des Einzelfalls bestimmt (vgl. auch Ziff. 22 und 25) (vgl. BGH, NJW 1982, 2664 = FamRZ 1982, 779).

32. Im Fall des § 1577 II BGB kommt eine Anrechnung nicht zu erwartender Einkünfte erst in Betracht, wenn diese Einkünfte zusammen mit den sonstigen Einkünften und dem Unterhalt, der ohne die nicht zu erwartenden Einkünfte zu ermitteln ist, den vollen Unterhalt übersteigen. Der Betrag, der über die Grenze des vollen Unterhalts hinausgeht, ist nach Billigkeitsgesichtspunkten auf den Unterhalt anzurechnen, in der Regel zur Hälfte (zu § 1577 II BGB vgl. BGH, NJW 1983, 933 = FamRZ 1983, 146).

33. Der Eigenbedarf (Selbstbehalt) des Pflichtigen gegenüber dem Anspruch des Ehegatten entspricht dem notwendigen Eigenbedarf (Ziff. 20), wenn bei dem berechtigten Ehegatten Kinder leben, die ebenfalls Unterhaltsansprüche gegen den Pflichtigen haben. In anderen Fällen kann ein höherer Eigenbedarf anerkannt werden, der sich nach Billigkeitsgesichtspunkten bestimmt; ab

1. 1. 1985 wird vielfach ein Betrag von 1150,– DM in Betracht kommen (billiger Eigenbedarf).

Der Mindestbedarf des unterhaltsberechtigten Ehegatten beträgt in der Regel 910,– DM, bei Erwerbstätigkeit 990,– DM; für den Fall, daß der Ehegatte mit dem Pflichtigen zusammenlebt, in der Regel 665,– DM, bei Erwerbstätigkeit 745,– DM. Der Mindestbedarf soll in der Regel erst dann unterschritten werden, wenn dem Pflichtigen andernfalls nicht mehr der Eigenbedarf nach Absatz 1 verbleiben würde.

Ein Teil der Richter hat angesichts der Rechtsprechung des BGH (NJW 1984, 1537 = FamRZ 1984, 356) Bedenken gegen die Festlegung von Mindestbedarfssätzen für den berechtigten Ehegatten.

34. Der Anspruch auf einen Unterhaltsbeitrag nach § 60 EheG ist in der Regel halb so hoch wie der Anspruch auf den angemessenen Unterhalt. Der Eigenbedarf des Pflichtigen entspricht in diesem Fall dem angemessenen Eigenbedarf (Ziff. 20).

35. Der Anspruch aus § 61 II EheG (Billigkeitsunterhalt) kann die Höhe des angemessenen Unterhalts erreichen, ist aber in der Regel etwas niedriger.

IV. Konkurrenz von Unterhaltsansprüchen

a) Minderjährige Kinder und getrenntlebender Ehegatte (§ 1609 II 1 BGB)

36. Die Kinder erhalten den Tabellenunterhalt wie zu II (Ziff. 18 ff.), der Ehegatte die Sätze wie zu III (Ziff. 27 ff.). Bei der Berechnung des Ehegattenunterhalts ist jedoch vom anrechenbaren Einkommen des Pflichtigen vorab der volle Tabellenunterhalt der Kinder abzusetzen, und zwar ohne Berücksichtigung der erst später vorzunehmenden Erhöhung oder Anrechnung des Kindergeldes entsprechend Ziff. 15.

Hat der Pflichtige Kosten für die Krankenversicherung des Ehegatten zu zahlen (Ziff. 27 II), vermindert sich auch für die Berechnung des Kinderunterhalts das anrechenbare Einkommen des Pflichtigen um diese Kosten.

37. Für den Fall, daß das restliche Einkommen auch bei Eingruppierung der Kinder in der untersten Einkommensgruppe unter den notwendigen Mindesteigenbedarf (Ziff. 20) sinkt, ist das nach Abzug des Eigenbedarfs verbleibende Einkommen des Pflichtigen im Verhältnis folgender Einsatzbeträge auf den Ehegatten und die Kinder zu verteilen: Der Einsatzbetrag des Ehegatten entspricht dem Mindestbedarf (Ziff. 33 II); die Einsatzbeträge der Kinder entsprechen den Tabellensätzen der untersten Einkommensgruppe der jeweils in Betracht kommenden Alterstufe.

b) Minderjährige Kinder und geschiedener Ehegatte

38. Beim Anspruch des Ehegatten nach § 58 EheG empfiehlt sich – jedenfalls im Grundsatz – die gleiche Handhabung wie zu Ziff. 36 und 37, wenngleich sich das Rangverhältnis nicht nach § 1609 II S. 1 BGB, sondern nach § 59 EheG bestimmt und weniger starr ist.

39. Beim Unterhaltsanspruch des geschiedenen Ehegatten nach neuem Recht (§§ 1569ff. BGB) wird man Gleichrangigkeit anzunehmen haben, so daß ebenfalls die Leitlinien wie zu Ziff. 36 und 37 angewandt werden können.

c) Mehrere gleichrangige Ehegatten

40. Die Ehegatten (etwa die geschiedene Ehefrau und die zweite Ehefrau) erhalten grundsätzlich den gleichen Anteil. Die Verteilung erfolgt also im Verhältnis 4:3:3; ist der Pflichtige nicht erwerbstätig, im Verhältnis 1:1:1 (vgl. o. zu Ziff. 27).

41. Lebt ein Ehegatte mit dem Pflichtigen zusammen, ist mit Rücksicht auf die Ersparnis durch gemeinsame Haushaltsführung in der Regel ein Ausgleich zugunsten des anderen Ehegatten in der Weise vorzunehmen, daß sich ein Verhältnis von 4:3,3:2,7 ergibt; wenn der Pflichtige nicht erwerbstätig ist, von 3,3:3,3:2,7.

42. Hat der geschiedene Ehegatte eigenes Einkommen, kann folgende Lösung erwogen werden: Zunächst ist der Unterhalt des zweiten Ehegatten (ohne Einkommen) nach dem anrechenbaren Einkommen des Pflichtigen unter Berücksichtigung beider Ehegatten (Ehefrauen), aber ohne Berücksichtigung des Einkommens des geschiedenen Ehegatten zu berechnen. Sodann ist in einem zweiten Gang der Anspruch des geschiedenen Ehegatten nach den Leitlinien zu III (Ziff. 28ff.) zu errechnen, wobei jedoch zuvor von dem Einkommen des Pflichtigen der im ersten Gang ermittelte Unterhalt des zweiten Ehegatten vorab als Verbindlichkeit abzuziehen ist.

Wird bei dieser Berechnung der notwendige Eigenbedarf des Pflichtigen unterschritten, ist in einem dritten Gang der nach Abzug des Eigenbedarfs verbleibende Rest des Einkommens auf die beiden Ehegatten im Verhältnis der Werte aufzuteilen, die sich bei der Berechnung im zweiten Gang ergeben haben.

43. Für den Fall, daß der zweite Ehemann Einkommen hat, wird von einem Lösungsvorschlag abgesehen.

d) Mehrere gleichrangige Ehegatten und minderjährige Kinder

44. Die Kinder erhalten den Tabellenunterhalt wie zu II (Ziff. 18ff.), die Ehegatten die Anteile wie zu Ziff. 40 nach Vorwegabzug des Kinderunterhalts entsprechend Ziff. 36.

45. Für den Fall, daß bei dieser Berechnung das Einkommen des Pflichtigen nicht ausreicht (vgl. o. Ziff. 37), ist das nach Abzug des Eigenbedarfs verbleibende Einkommen im Verhältnis der Einsatzbeträge (Ziff. 37) auf die Ehegatten und Kinder zu verteilen.

e) Mehrere Ehegatten bei Vorrang des geschiedenen Ehegatten (§ 1582 BGB)

46. Hat der geschiedene Ehegatte gemäß § 1582 BGB Vorrang vor dem neuen Ehegatten, kann folgende Lösung erwogen werden: Der neue Ehegat-

te kann in der Regel erst dann berücksichtigt werden, wenn dem Verpflichteten der Eigenbedarf (Selbstbehalt) nach Ziff. 33 I verbleibt und der geschiedene Ehegatte den Mindestbedarf nach Ziff. 33 II erhält. Haben neben dem Ehegatten minderjährige unverheiratete Kinder Unterhaltsansprüche, so errechnet sich deren Unterhalt wie im Falle der Gleichrangigkeit beider Ehegatten (Ziff. 44f.). Der bei dieser Berechnung auf die beiden Ehegatten insgesamt entfallende Betrag ist wie folgt zu verteilen: Der geschiedene Ehegatte erhält den Mindestbedarf (Ziff. 33 II); sofern er ohne Berücksichtigung des neuen Ehegatten einen geringeren Betrag erhielte, nur diesen geringeren Betrag. Den Rest erhält der neue Ehegatte. Ist der Rest größer als der Betrag, den nach dieser Regelung der geschiedene Ehegatte zu erhalten hat, erfolgt die Verteilung wie im Falle der Gleichrangigkeit.

f) Berücksichtigung titulierter Ansprüche

47. Hat ein Teil der Unterhaltsberechtigten bereits einen rechtskräftigen Titel gegen den Pflichtigen erlangt, ist bei der Ermittlung der übrigen Ansprüche in der Regel der bereits titulierte Unterhalt zu berücksichtigen, auch wenn sich dadurch andere Werte als nach diesen Leitsätzen ergeben. Nur in Ausnahmefällen wird es gerechtfertigt sein, den Unterhaltspflichtigen insoweit auf eine Abänderungsklage nach § 323 ZPO zu verweisen.

V. Einstweilige Verfügung

48. Durch einstweilige Verfügung ist im Zweifel nur der Notunterhalt bis zu sechs Monaten zuzuerkennen. In klaren Fällen kann bis zur Höhe des angemessenen Unterhalts zuerkannt werden.

Die Düsseldorfer Tabelle nach Frankfurter Praxis (Stand 1. 1. 1985)

A. Kinderunterhalt

Altersstufe		bis Vollendung des 6. Lebensjahres	vom Beginn des 7. bis zur Vollendung des 12. Lebensjahres	vom Beginn des 13. bis zur Vollendung des 18. Lebensjahres
Gruppe	Eheliche Kinder nach Nettoeinkommen des Unterhaltspflichtigen in DM			
1	bis 1850	228	276	327
2	1851–2100	240	290	345
3	2101–2400	260	315	375
4	2401–2800	295	360	425
5	2801–3400	330	400	475
6	3401–4000	365	440	525
7	4001–4800	420	510	605
8	4801–5800	480	580	685
9	5801–6999	545	660	785
10	über 7000 (⅖ = 2800)	nach den besonderen, konkreten Umständen des Falles		

Anmerkungen

1. Die monatlichen **Unterhaltsbedarfsbeträge** gem. §§ 1601ff. BGB sind bezogen auf einen gegenüber einem Ehegatten und zwei Kindern Unterhaltspflichtigen. Bei einer größeren/geringeren Anzahl Unterhaltsberechtigter sind Ab- oder Zuschläge in Höhe eines Zwischenbetrages oder durch **Einstufung in eine niedrigere/höhere Gruppe** angemessen. Die Zu- und Abschläge sind in der Regel durch die nächst niedrigere/höhere Gruppe begrenzt.

2. entfällt.

3. **Berufsbedingte Aufwendungen** sind vom Einkommen des Unterhaltspflichtigen abzuziehen.

4. Berücksichtigungsfähige **Schuldtilgungs-** und Zinsleistungen sind ebenfalls vom Einkommen abzuziehen.

5. Der **notwendige Eigenbedarf** (= kleiner Selbstbehalt) des Unterhaltspflichtigen beträgt gegenüber minderjährigen Kindern monatlich 950,– DM, davon entfallen 400,– DM auf den Wohnbedarf und 550,– DM auf den übrigen Lebensbedarf.

Der **angemessene Eigenbedarf** (= großer Selbstbehalt) beträgt gegenüber volljährigen Kindern mindestens monatlich 1300,– DM, davon entfallen 500,– DM auf den Wohnbedarf und 800,– DM auf den übrigen Lebensbedarf.

6. entfällt.

7. Bei **volljährigen Kindern,** die noch im Haushalt der Eltern oder eines Elternteils wohnen, ist in der Regel ein Zuschlag in Höhe der Differenz der 2. und 3. Altersstufe der jeweiligen Gruppe angemessen (Volljährigenzuschlag).

8. Der angemessene Gesamtunterhaltsbedarf eines **Studierenden,** der nicht bei seinen Eltern oder einem Elternteil wohnt, beträgt in der Regel monatlich 800,– DM. Dieser Bedarfssatz kann auch für ein Kind mit **eigenem Haushalt** angesetzt werden.

9. Auf diese Richtsätze sind – nach Maßgabe der BGH-Rechtsprechung – das staatliche Kindergeld, Ausbildungsbeihilfen, eigenes Einkommen des Unterhaltsberechtigten ganz oder teilweise anzurechnen.

B. Ehegattenunterhalt

I. Monatliche Unterhaltsrichtsätze des nach **neuem Recht** berechtigten Ehegatten **ohne gemeinsame unterhaltsberechtigte Kinder** gem. §§ 1361, 1569 ff. BGB:

1. gegen einen erwerbstätigen Unterhaltspflichtigen:

a) wenn der Berechtigte kein Einkommen hat:	$2/5$ des anrechnungsfähigen Nettoeinkommens des Pflichtigen
b) wenn der Berechtigte ebenfalls Einkommen (z. B. Rente, Arbeitslohn, Zinsen) hat:	$2/5$ des Unterschiedsbetrages der anrechnungsfähigen Nettoeinkommen beider Ehegatten, wenn das des Pflichtigen höher ist (Differenzmethode). Wird die Arbeit erst nach der Trennung von dem Unterhaltsberechtigten aufgenommen, so ist – nach Maßgabe der BGH-Rechtsprechung – eine modifizierte Berechnung vorzunehmen (Anrechnungs-, Abzugsmethode).
c) wenn der Berechtigte arbeitet, obwohl er nicht arbeitspflichtig ist:	wie zu b) jedoch wird von dem Einkommen des Berechtigten in der Regel vorab ein Abschlag vorgenommen.

2. gegen einen nicht erwerbstätigen Unterhaltspflichtigen (z. B. Rentner): wie oben 1., jedoch in der Regel $1/2$

3. Der **2. Senat für Familiensachen des OLG Frankfurt** mit Sitz in Kassel wendet statt $2/5$ entsprechend der original Düsseldorfer Tabelle eine Quote von $3/7$ an.

II. Monatliche Unterhaltsrichtsätze des nach **bisherigem Recht** berechtigten Ehegatten **ohne gemeinsame unterhaltsberechtigte Kinder:**

1. Aus § 58 EheG von 1946:	in der Regel wie I.
2. Aus § 60 EheG:	in der Regel $1/2$ des Unterhalts zu I.
3. Aus § 61 EheG:	nach Billigkeit bis zu den Sätzen zu I.

III. Monatliche Unterhaltsrichtsätze des berechtigten Ehegatten **mit von ihm versorgten gemeinsamen unterhaltspflichtigen minderjährigen Kindern:**
Wie zu I bzw. II; jedoch wird vorab der Kindesunterhalt (Tabellenbetrag ohne Abzug von Kindergeld) vom bereinigten Nettoeinkommen des Pflichtigen abgezogen.

IV. Monatlicher **Selbstbehalt** (Eigenbedarf) des Unterhaltspflichtigen:

a) gegenüber dem getrennt lebenden Berechtigten (= kleiner Selbstbehalt)	950,– DM
b) gegenüber dem geschiedenen Berechtigten (= großer Selbstbehalt) in der Regel:	1300,– DM

Der Wohnbedarf beträgt auch hier 400,– DM bzw. 500,– DM.

V. Monatlicher **Mindestbedarf** (Eigenbedarf) des berechtigten Ehegatten:

a) notwendiger	950,– DM
b) angemessener	1300,– DM

Anmerkungen:

1. Hinsichtlich berufsbedingter Aufwendungen und berücksichtigungsfähiger Schulden gelten die Anmerkungen A 3 und 4 – auch für den erwerbstätigen Unterhaltsberechtigten – entsprechend.

2. Der **Vorsorgeunterhalt** nach §§ 1361 I 2, 1578 III BGB ist von dieser Tabelle nicht erfaßt. Wird neben dem Basis- (Elementar-) Unterhalt, der sich nach dieser Tabelle errechnet, auch der Vorsorgeunterhalt noch gesondert geltend gemacht, so ist die diesbezügliche Berechnung nach den Grundsätzen des BGH anhand der Bremer Tabelle vorzunehmen.

C. Mangelfälle

Reicht das Einkommen zur Deckung des notwendigen Bedarfs des Unterhaltspflichtigen und der gleichrangigen Unterhaltsberechtigten nicht aus (sog. Mangelfälle), so ist die nach Abzug des Eigenbedarfs (Selbstbehalt) des Unterhaltspflichtigen verbleibende Verteilungsmasse auf die Unterhaltsberechtigten entsprechend ihren **Einsatzbeträgen** (Mindestbedarfssätze beim Kinderunterhalt nach Gruppe 1, beim Ehegattenunterhalt gemäß B V) gleichmäßig zu verteilen. Das Kindergeld ist bis zur Deckung des Mindestbedarfs in die Verteilungsmasse einzubeziehen.

D. Hinweis

1. Die vorstehende Tabelle wird von dem 1., 3., 4. und 5. Senat für Familiensachen des OLG Frankfurt angewandt. Der 2. Senat für Familiensachen folgt grundsätzlich der original Düsseldorfer Tabelle; hinsichtlich des Selbstbehalts (Eigenbedarf) hat er sich mit den anderen Frankfurter Senaten auf die beiden Eckwerte 950,– DM/1300,– DM verständigt.

2. Im übrigen wird auf die Darstellung der Rechtsprechungsgrundsätze aller Senate für Familiensachen des OLG Frankfurt bei *Weychardt* u. a. in DA Vorm 1984, 81 ff., 241 ff., 337 ff., Bezug genommen.

Bremer Tabelle zur Berechnung des Altersvorsorgeunterhalts

Nach Absprache mit dem 5. Zivilsenat des OLG Bremen fortgeführt von Werner Gutdeutsch, Richter am OLG München – im Anschluß an FamRZ 1987, 242 = NJW 1987, 369 –

Stand vom 1. 1. 1988)*

Netto-bemessungsgrundlage in DM	Zuschlag in Prozent zur Berechnung der Bruttobemessungsgrundlage
1– 555	13 %
556– 575	14 %
576– 595	15 %
596– 625	16 %
626– 645	17 %
646– 675	18 %
676– 705	19 %
706– 735	20 %
736– 770	21 %
771– 810	22 %
811– 860	23 %
861– 900	24 %
901– 945	25 %
946– 990	26 %
991–1045	27 %
1046–1110	28 %
1111–1175	29 %
1176–1250	30 %
1251–1330	31 %
1331–1430	32 %
1431–1530	33 %
1531–1630	34 %
1631–1705	35 %
1706–1775	36 %
1776–1845	37 %
1846–1915	38 %
1916–1980	39 %
1981–2045	40 %
2046–2110	41 %
2111–2175	42 %
2176–2235	43 %
2236–2300	44 %
2301–2360	45 %
2361–2420	46 %
2421–2480	47 %

* Berechnet unter Berücksichtigung von Beitragssätzen von 18,70 % für die Rentenversicherung und 4,3 % für die Arbeitslosenversicherung, einer Beitragsbemessungsgrenze von 6000 DM und Lohnsteuer der Klasse I ohne Kinderfreibeträge; zur Anwendung vgl. BGH, FamRZ 1981, 442/444f. = NJW 1981, 1556/1558f.; FamRZ 1983, 888/889f. = NJW 1983, 2937/2938f.; BGH, FamRZ 1985, 471/472f. = NJW 1985, 1347 (LS.).

Netto-bemessungsgrundlage in DM	Zuschlag in Prozent zur Berechnung der Bruttobemessungsgrundlage
2481–2540	48 %
2541–2595	49 %
2596–2655	50 %
2656–2710	51 %
2711–2765	52 %
2766–2820	53 %
2821–2875	54 %
2876–2930	55 %
2931–2985	56 %
2986–3035	57 %
3036–3090	58 %
3091–3140	59 %
3141–3195	60 %
3196–3245	61 %
3246–3295	62 %
3296–3350	63 %
3351–3400	64 %
3401–3450	65 %
3451–3500	66 %
3501–3555	67 %
3556–3572	68 %
3572,50	67,94 %

Hiermit ist der höchstmögliche Einzahlungsbetrag in die gesetzliche Rentenversicherung von 1122 DM erreicht.

Vordruck für die Erklärung über die persönlichen und wirtschaftlichen Verhältnisse bei Prozeßkostenhilfe

Allgemeine Hinweise

Wozu Prozeßkostenhilfe?

Ein Rechtsstreit vor einem Gericht kostet Geld. Will ein Bürger eine Klage erheben, muß er für das Verfahren in der Regel Gerichtskosten zahlen. Schreibt das Gesetz die Vertretung durch einen Rechtsanwalt vor oder beauftragt der Bürger aus anderen Gründen einen Rechtsanwalt mit der Wahrnehmung seiner Rechte, so muß er auch dessen Kosten zahlen. Dem Bürger, der sich gegen eine Klage wehren will, können ebenfalls Kosten entstehen.

Die Prozeßkostenhilfe will den Bürgern, die diese Kosten nicht aufbringen können, die Prozeßführung ermöglichen.

Wer erhält Prozeßkostenhilfe?

Dazu schreibt das Gesetz vor:

„Eine Partei, die nach ihren persönlichen und wirtschaftlichen Verhältnissen die Kosten der Prozeßführung nicht, nur zum Teil oder nur in Raten aufbringen kann, erhält auf Antrag Prozeßkostenhilfe, wenn die beabsichtigte Rechtsverfolgung oder Rechtsverteidigung hinreichende Aussicht auf Erfolg bietet und nicht mutwillig erscheint."

Sind diese Voraussetzungen erfüllt, dann besteht ein **Anspruch auf Prozeßkostenhilfe.**

Was umfaßt die Prozeßkostenhilfe?

Durch die Bewilligung der Prozeßkostenhilfe wird die Partei von der Zahlung der Gerichts- und Anwaltskosten befreit. Soweit die Partei dazu in der Lage ist, muß sie sich allerdings an den Kosten des Prozesses beteiligen. Das Gericht ordnet dann an, welche Beträge oder welche monatlichen Raten sie an die Gerichtskasse zu zahlen hat.

Die Prozeßkostenhilfe umfaßt **nicht** die Anwaltskosten der Gegenpartei. Wer den Prozeß verliert, muß daher, auch wenn ihm Prozeßkostenhilfe bewilligt war, in der Regel die Kosten des Gegners erstatten.

Wie erhält man Prozeßkostenhilfe?

Erforderlich ist ein Antrag. In dem Antrag muß die beabsichtigte Rechtsverfolgung oder Rechtsverteidigung dargestellt werden. Dabei sind die Beweismittel anzugeben.

Dem Antrag sind außerdem eine **Erklärung über die persönlichen und wirtschaftlichen Verhältnisse** (Familienverhältnisse, Beruf, Vermögen, Einkommen und Lasten) sowie entsprechende Belege beizufügen. Für die Erklärung muß der vorliegende Vordruck benutzt werden.

Das Gericht verfügt mit der Bewilligung der Prozeßkostenhilfe über Mittel, die von allen Bürgern durch Steuern aufgebracht werden. Es muß prüfen, ob ein Anspruch auf Prozeßkostenhilfe besteht. Der Vordruck soll diese Prüfung erleichtern. Haben Sie daher bitte Verständnis dafür, daß Sie Ihre persönlichen und wirtschaftlichen Verhältnisse darlegen müssen.

Lesen Sie den Vordruck sorgfältig durch und füllen Sie ihn gewissenhaft aus. Sie finden auf der nächsten Seite Hinweise, die Ihnen die Beantwortung der Fragen erleichtern sollen. Wenn Sie beim Ausfüllen Schwierigkeiten haben, wird Ihnen das Gericht oder Ihr Rechtsanwalt behilflich sein.

Sollte der Raum im Vordruck nicht ausreichen, können Sie die Angaben auf einem besonderen Blatt machen. Bitte weisen Sie in dem betreffenden Feld auf das beigefügte Blatt hin.

Denken Sie bitte daran, die notwendigen **Belege beizufügen.** Das erübrigt Rückfragen, die das Verfahren verzögern.

Unrichtige und unvollständige Angaben können zur Aufhebung der bewilligten Prozeßkostenhilfe führen. Sie müssen dann die Kosten nachzahlen. Bewußt unrichtige oder unvollständige Angaben können auch eine Strafverfolgung nach sich ziehen.

Ausfüllhinweise

Ⓐ Sollten Sie eine **Rechtsschutzversicherung** haben, prüfen Sie bitte zuerst, ob Ihre Versicherung die Kosten übernehmen muß. Fragen Sie im Zweifelsfall bei Ihrer Versicherung nach.

Ⓑ Wenn Sie für **Angehörige** sorgen müssen, wird dies bei der Bewilligung der Prozeßkostenhilfe berücksichtigt. Deshalb liegt es in Ihrem Interesse, wenn Sie angeben, welchen Personen Sie Unterhalt gewähren und ob diese eigene Einkünfte haben. Bitte füllen Sie die letzte Spalte nur dann aus, wenn Sie den Unterhalt ausschließlich durch Geldzahlungen leisten.

Ⓒ Bitte fügen Sie zur Glaubhaftmachung Ihrer Angaben **Belege** bei.

Einkünfte aus nichtselbständiger Arbeit sind zum Beispiel Lohn oder Gehalt. Anzugeben sind die Einkünfte im letzten Monat vor der Antragstellung. Bitte fügen Sie bei:

1. die **letzte Lohn- oder Gehaltsabrechnung des Arbeitgebers;**
2. falls vorhanden, den **letzten Bescheid des Finanzamts über einen Lohnsteuerjahresausgleich oder die Einkommensteuer,** sonst die **Lohnsteuerbescheinigung des Arbeitgebers, aus der die Brutto- und Nettobezüge des Vorjahrs ersichtlich sind.**

Werbungskosten bis 47 DM monatlich brauchen Sie nicht zu belegen.

Haben Sie oder Ihr Ehegatte **Einkünfte aus selbständiger Arbeit,** aus Gewerbebetrieb oder aus Land- oder Forstwirtschaft, erläutern Sie diese bitte auf einem besonderen Blatt und tragen Sie im Vordruck als Monatsbetrag der Einkünfte **ein Zwölftel des** voraussichtlichen **Jahresgewinns** ein. Fügen Sie bitte den letzten Bescheid über den durch das Finanzamt festgestellten Gewinn bei.

Bei **Einkünften aus Vermietung und Verpachtung** und aus **Kapitalvermögen** in der Spalte „Monatsbetrag in DM" bitte **ein Zwölftel der** voraussichtlichen **Jahreseinnahmen** eintragen. Der Nutzungswert der Wohnung im eigenen Haus ist nicht anzugeben. Bitte geben Sie die mit der Erzielung des Einkommens verbundenen notwendigen Ausgaben unter [4] Werbungskosten an.

Wenn Sie eine **besondere Belastung** geltend machen, geben Sie bitte den Monatsbetrag an, der von Ihren Einkünften abgesetzt werden soll. Erläutern Sie Ihre Angabe bitte auf einem besonderen Blatt.

Im Einzelfall können auch hohe **Ratenverpflichtungen** eine besondere Belastung sein. Bitte geben Sie an, wofür, seit wann und bis wann die Ratenverpflichtung besteht.

Besonders hohe **Mietkosten** (ohne Heizung, Strom, Gas, Wasser) oder besonders hohe **Zahlungsverpflichtungen für das Familienheim** können ebenfalls im Einzelfall vom Gericht als eine besondere Belastung anerkannt werden. Bitte geben Sie diese Zahlungen vorsorglich an, wenn sie ein Fünftel Ihres monatlichen Nettoeinkommens übersteigen.

Ⓓ Prozeßkostenhilfe kann auch dann bewilligt werden, wenn zwar **Vermögenswerte** vorhanden sind, diese aber zur Sicherung einer angemessenen Lebensgrundlage (Ausbildung, Berufsausübung, Wohnung, Hausstand) oder einer angemessenen Vorsorge dienen. Derartige Vermögenswerte, die Sie aber – abgesehen von den im Vordruck vorgesehenen Ausnahmen – angeben müssen, sind zum Beispiel:

Gegenstände, die für die Berufsausbildung oder die Berufsausübung benötigt werden;

ein kleines Hausgrundstück (Familienheim);

ein angemessener Hausrat;

kleinere Barbeträge oder Geldwerte; Beträge bis insgesamt 4 000 DM für den Antragsteller zuzüglich 400 DM für jede Person, der er Unterhalt gewährt, sind in der Regel als ein solcher kleinerer Barbetrag oder Geldwert anzusehen.

Sollte der Einsatz oder die Verwertung eines (anderen) Vermögensgegenstandes für Sie und Ihre Familie eine Härte bedeuten, erläutern Sie dies bitte auf einem besonderen Blatt.

Ⓔ Bitte fügen Sie zur Glaubhaftmachung Ihrer Angaben Belege bei.

Erklärung über die persönlichen und wirtschaftlichen Verhältnisse

– Anlage zum Antrag auf Bewilligung der Prozeßkostenhilfe –

Antragsteller (Name, Vorname, ggf. Geburtsname)	Beruf	Geburtsjahr	Verheiratet?
Anschrift (Straße, Hausnummer, Postleitzahl, Wohnort)	Telefonisch tagsüber erreichbar unter Nr.		

Ⓐ Besteht eine Rechtsschutzversicherung?

☐ Nein ☐ Ja. Sie tritt aber im vorliegenden Fall nicht ein. Den Versicherungsschein füge ich bei.

Bezieht der Antragsteller vom Sozialamt laufende Leistungen zum Lebensunterhalt?

☐ Nein ☐ Ja. Den letzten Bewilligungsbescheid füge ich bei. [In diesem Fall brauchen Sie den Vordruck unter Ⓑ bis Ⓔ nicht auszufüllen]

Ⓑ

Angehörige, denen der Antragsteller Unterhalt gewährt Name, Vorname (Anschrift nur, wenn abweichend von der des Antragstellers)	Geburtsjahr	Familienverhältnis (z. B. Ehegatte, Kind, Schwiegermutter)	Hat der Angehörige eigene Einkünfte?	Wenn Unterhalt ausschließlich durch Zahlung gewährt wird: Monatsbetrag in DM
1			Nein ☐ Ja, DM mtl. netto	
2			Nein ☐ Ja, DM mtl. netto	
3			Nein ☐ Ja, DM mtl. netto	
4			Nein ☐ Ja, DM mtl. netto	
5			Nein ☐ Ja, DM mtl. netto	

Ⓒ

	Antragsteller		Ehegatte	
Welche **Einkünfte** (brutto) haben der Antragsteller und sein Ehegatte im Monat?	Einkünfte aus	Monatsbetrag in DM	Einkünfte aus	Monatsbetrag in DM
	nichtselbständiger Arbeit? ☐ Nein ☐ Ja		nichtselbständiger Arbeit? ☐ Nein ☐ Ja	
	selbständiger Arbeit? ☐ Nein ☐ Ja		selbständiger Arbeit? ☐ Nein ☐ Ja	
	Vermietung und Verpachtung? ☐ Nein ☐ Ja		Vermietung und Verpachtung? ☐ Nein ☐ Ja	
	Kapitalvermögen? ☐ Nein ☐ Ja		Kapitalvermögen? ☐ Nein ☐ Ja	
	Unterhaltsleistungen? ☐ Nein ☐ Ja		Unterhaltsleistungen? ☐ Nein ☐ Ja	
	Einkünfte anderer Art? ☐ Nein ☐ Ja		Einkünfte anderer Art? ☐ Nein ☐ Ja	
Einkünfte anderer Art bitte kurz bezeichnen z. B.: *Rente* *Kindergeld* *Wohngeld* *Arbeitslosengeld* *Krankengeld* *Ausbildungsfördg.*				
Abzüge Bitte kurz bezeichnen z. B.: 1 *Lohnsteuer* 2 *Pflichtbeiträge* 3 *Lebensversich.* 4 *Fahrt zur Arbeit*	1 Steuern auf die Einkünfte		1 Steuern auf die Einkünfte	
	2 Sozialversicherungsbeiträge		2 Sozialversicherungsbeiträge	
	3 Sonstige Versicherung		3 Sonstige Versicherung	
	4 Werbungskosten		4 Werbungskosten	
Besondere Belastungen Bitte kurz bezeichnen z. B.: *Körperbehinderung des/der …* *Hohe Unterhaltsleistungen für …*				

D **Vermögen des Antragstellers und seines Ehegatten**		Verkehrswert, Betrag in DM
Ist **Grundvermögen** (z. B. Grundstück, Familienheim, Wohnungseigentum, Erbbaurecht) vorhanden? ☐ Nein ☐ Ja	Kurze Bezeichnung nach Lage, Größe, Nutzungsart, Jahr der Bezugsfertigkeit. Bitte Feuerversicherungsschein beifügen	
Sind **Bausparguthaben** vorhanden? ☐ Nein ☐ Ja Ist das Guthaben auszahlbar? ☐ Nein ☐ Ja	Bezeichnung der Bausparkasse. Falls Guthaben auszahlbar, bitte angeben, ob es alsbald für ein Familienheim des Antragstellers verwendet wird	
Sind **Bank-** oder **Sparguthaben** u. dgl. vorhanden? ☐ Nein ☐ Ja	Bezeichnung der Bank, Sparkasse oder des sonstigen Kreditinstituts	
Sind **Wertpapiere** vorhanden? ☐ Nein ☐ Ja	Bezeichnung der Wertpapiere	
Sind (von Hausrat, Kleidung, Berufsbedarf, soweit nicht Luxus, abgesehen) **sonstige Vermögenswerte** einschl. Bargeld oder Wertgegenstände vorhanden? ☐ Nein ☐ Ja	Bezeichnung des Gegenstandes	

E **Verbindlichkeiten** (Bitte nur ausfüllen, wenn Vermögenswerte angegeben sind)		Betrag der Restschuld in DM
Darlehnsschulden **für die Beschaffung oder die Erhaltung des Familienheims des Antragstellers**	Bezeichnung des Gläubigers/Kreditinstituts	
Anschaffungsdarlehn oder dgl. **für einen oben angegebenen Vermögenswert**	Bezeichnung des Gläubigers/Kreditinstituts und des Gegenstandes	
Sonstige Verbindlichkeiten	Bezeichnung des Gläubigers/Kreditinstituts und des Verwendungszwecks	

Ich versichere hiermit, daß meine Angaben vollständig und wahr sind.

Zahl der Anlagen: ....

Aufgenommen:

Ort, Datum

....

(Unterschrift des Antragstellers/ges. Vertreters) (Unterschrift, Amtsbezeichnung)

Fragebogen zum Versorgungsausgleich

Amtsgericht -Familiengericht-
Geschäftsnummer

Fragebogen zum Versorgungsausgleich in der Ehesache

Ehezeit

	Tag	Monat	Jahr	
Beginn				vom Familiengericht auszufüllen
Ende				

Angaben zur Person

Bitte nicht ausfüllen!

Bitte beachten Sie:
Mit Schreibmaschine oder in Blockschrift (Kugelschreiber/Tinte) ausfüllen!

Zutreffendes bitte ankreuzen! X

① Name	② Vorname (Rufname)
③ Geburtsname	④ Früher geführte Namen verw. ☐ gesch. ☐ adopt. ☐
⑤ Geburtsdatum	⑥ Geschlecht ☐ männlich 1 ☐ weiblich 2 ⑦ Staatsangehörigkeit
⑧ Geburtsort	

Bitte nicht ausfüllen!

Anschrift

⑩ Postleitzahl	Wohnort (gegebenenfalls mit Postort)
⑪ Straße und Hausnummer	

A. Renten oder Rentenanwartschaften aus den gesetzlichen Rentenversicherungen

1. Angaben zur Versicherungsnummer

⑫ Wurde Ihnen bereits eine Versicherungsnummer vergeben?

☐ nein ☐ ja Vers.-Tr. ☐ Versicherungsnummer

2. Bisheriges Versicherungsverhältnis/Rentenbezug

a) Wurden Beitrags-, Ersatz- oder Ausfallzeiten in den gesetzlichen Rentenversicherungen zurückgelegt?

☐ nein ☐ ja

Falls ja, auch während der Ehezeit?

☐ nein ☐ ja

b) Zu welchem Versicherungszweig wurden zuletzt (sei es vor oder während der Ehe) Beiträge entrichtet?

☐ zur Rentenversicherung der Arbeiter (ggf. Seekasse, Bundesbahn-Vers.-Anst.Abt.A) ☐ zur Rentenversicherung der Angestellten ☐ zur knappschaftlichen Rentenversicherung

c) Haben Sie vom zuständigen Versicherungsträger bereits eine Darstellung Ihres Versicherungsverlaufs erhalten, in dem sämtliche für die Rentenversicherung erheblichen Zeiten (Beitragszeiten, Ersatzzeiten, Ausfallzeiten) enthalten sind?

☐ ja

☐ nein

Falls nein: Ich beantrage, mein Konto zu klären. (Bitte ausgefüllten Antrag auf Kontenklärung einschließlich der entsprechenden Beweismittel beifügen. Der maßgebende Vordruck ist bei Versicherungsämtern, Auskunfts- und Beratungsstellen sowie bei Versichertenältesten erhältlich, die auch bei der Beantwortung von Fragen behilflich sind. Bitte die Beweismittel nicht im Original, sondern nur in gemäß § 42 BeurkG beglaubigter Fotokopie/Abschrift vorlegen.)

d) Wird aus der deutschen gesetzlichen Rentenversicherung eine Versicherungsrente bezogen oder wurde eine solche beantragt?

☐ nein ☐ ja Bitte Rentenbescheid in Fotokopie beifügen.

Versicherungs-Nr./Rentenzeichen	Versicherungsanstalt

e) Sind von Ihnen Kinder in den ersten 12 Kalendermonaten nach dem Monat der Geburt erzogen worden?

☐ nein ☐ ja

Falls ja: Sind einem Ehegatten bereits vom Versicherungsträger Kindererziehungszeiten anerkannt worden, ist nichts zu veranlassen, anderenfalls siehe „Erläuterungen zum Ausfüllen der ersten Seite des Fragebogens zum Versorgungsausgleich" unter e).

3. Laufende Beitragsleistungen

Wurden auf Grund eines Beschäftigungsverhältnisses Beiträge zur gesetzlichen Rentenversicherung entrichtet?

a) Im Kalenderjahr vor dem Ende der Ehezeit

☐ nein ☐ ja

b) Im Kalenderjahr, in welches das Ende der Ehezeit fällt

☐ nein ☐ ja

Falls eine der Fragen mit ja beantwortet wird, ist eine Bescheinigung Ihres Arbeitgebers nach anliegendem Vordruck über das beitragspflichtige Bruttoarbeitsentgelt beizufügen.
Bei Wechsel des Arbeitgebers oder Unterbrechung der Beschäftigung (z. B. wegen Krankheit oder Arbeitslosigkeit) in den o.a. Zeiträumen sind entsprechende Teilbescheinigungen einzureichen.

Name, Vorname

Geschäftsnummer des Familiengerichts

B. Versorgung aus öffentlich-rechtlichen Dienstverhältnissen
oder aus einem Arbeitsverhältnis mit Anspruch auf Versorgung nach beamtenrechtlichen Vorschriften oder Grundsätzen

1. Hatten Sie zum Ende der Ehezeit aus einem oder mehreren öffentlich-rechtlichen oder privatrechtlichen Arbeitsverhältnissen eine Anwartschaft oder einen Anspruch auf Versorgung nach beamtenrechtlichen Vorschriften oder Grundsätzen?

Name und Anschrift der Beschäftigungsbehörde/n

☐ nein ☐ ja, bei a)

Besoldungsstelle Personal-Nr.

b)

Besoldungsstelle Personal-Nr.

2. Wird Ihnen auf Grund der vorgenannten Dienst- oder Arbeitsverhältnisse bereits eine Versorgung gewährt?

☐ nein ☐ ja, von

Versorgungs-Nr.

Bitte Versorgungsbescheid in Fotokopie beifügen. a)

Versorgungs-Nr.

b)

3. Bestehen Ansprüche auf Nachversicherung aus einer derzeitigen oder aus einer früheren Tätigkeit als Beamter, Soldat oder einem ähnlichen Dienstverhältnis?

☐ nein ☐ ja wenn ja: Welche Dienststelle hat die Nachversicherung vorzunehmen?

Name, Anschrift Personal-Nr.

4. Haben Sie vor Ihrer Übernahme in das Beamtenverhältnis eine versicherungspflichtige Tätigkeit als Arbeiter oder Angestellter ausgeübt?

☐ nein ☐ ja wenn ja: bitte auch Abschnitt A ausfüllen.

C.[1] Zusatzversorgung des öffentlichen Dienstes
(Bund, Länder, Kommunen, Bahn, Post, kirchlicher Bereich)

1. a) Sind oder waren Sie bei einem Arbeitgeber des öffentlichen Dienstes oder bei einem sonstigen Arbeitgeber beschäftigt, der einer Zusatzversorgungseinrichtung des öffentlichen Dienstes angeschlossen ist?

Name und Anschrift der Zusatzversorgungseinrichtung

☐ nein ☐ ja, bei:

Geb.-Datum d.Vers. Vers.-Nr.

Name und Anschrift des Arbeitgebers

b) Besteht auf Grund einer Beschäftigung bei einem Arbeitgeber des öffentlichen Dienstes eine Anwartschaft oder Aussicht auf eine Leistung der zusätzlichen Alters- und Hinterbliebenenversorgung, die nicht auf einer Versicherung bei einer Zusatzversorgungseinrichtung des öffentlichen Dienstes beruht?

Name und Anschrift des Arbeitgebers

☐ nein ☐ ja

2. Werden oder wurden solche Bezüge gezahlt?

☐ nein ☐ ja, von:

Vers.-Nr.

Bitte Versorgungsbescheid in Fotokopie beifügen. a)

Vers.-Nr.

b)

Name, Vorname

Geschäftsnummer des Familiengerichts

C.[2] Betriebliche Altersversorgung

1. Sind oder waren Sie in einem Betrieb beschäftigt, der eine betriebliche Altersversorgung zugesagt hat?

a) Hat der derzeitige Arbeitgeber eine Altersversorgung zugesagt?

wenn ja: Name und Anschrift des Arbeitgebers und Personal-Nr.

☐ nein ☐ ja

Beginn des Arbeitsverhältnisses

b) Hat ein früherer Arbeitgeber eine Altersversorgung zugesagt?

wenn ja: Name und Anschrift der früheren Arbeitgeber und Personal-Nr.

☐ nein ☐ ja aa)

Beschäftigungsverhältnis von...bis...

bb)

Beschäftigungsverhältnis von...bis...

c) Bekommen Sie bereits Leistungen der betrieblichen Altersversorgung?

wenn ja: Bezeichnung und Anschrift der für die Versorgung zuständigen Stellen

☐ nein ☐ ja

Bitte Versorgungsbescheid in Fotokopie beifügen.

2. Sind Sie durch Ihren Arbeitgeber in einem selbständigen Versorgungswerk? (z. B. Pensionskassen, Unterstützungskassen, Pensionsversicherungsvereine)

wenn ja: Bezeichnung und Anschrift des selbständigen Versorgungswerks

☐ nein ☐ ja

3. Hat Ihr Arbeitgeber für Sie eine Direktversicherung bei einer Lebensversicherung abgeschlossen?

☐ nein ☐ ja wenn ja: Einzelheiten bitte umseitig unter Abschnitt E angeben.

4. Falls Sie keine der vorhergehenden Fragen beantworten können, bei welchen Arbeitgebern waren Sie beschäftigt und wie lange? Die Angabe der Beschäftigungszeiten in Monaten genügt.

Name und Anschrift des Arbeitgebers	Zeitdauer

Name, Vorname

Geschäftsnummer des Familiengerichts

D. **Renten und Anwartschaften aus einer berufsständischen Versorgungseinrichtung**

z.B. Versorgungswerke der Ärzte, Zahnärzte, Tierärzte, Apotheker, Notare und landwirtschaftliche Alterskasse

1. Haben Sie eine Anwartschaft oder Aussicht auf Leistung aus einer Versorgungseinrichtung eines freien Berufs? Bestand oder besteht Mitgliedschaft bei einer landwirtschaftlichen Alterskasse?

Name u.Anschrift sowie Geschäfts.-Nr. der Versorgungseinrichtung bzw.Mitglieds.-Nr. der landwirtsch.Alterkasse

☐ nein ☐ ja bei:

2. Art der Versorgung ☐ Altersrente ab Vollendung des Lebensjahres ☐ Rente wegen Berufs- oder Erwerbsunfähigkeit

3. Wird Ihnen bereits eine Versorgung gewährt?

☐ nein

☐ ja ☐ Altersrente ☐ Rente wegen Berufs- oder Erwerbsunfähigkeit

Bitte Versorgungsbescheid in Fotokopie beifügen.

E. **Renten und Rentenanwartschaften auf Grund eines Lebensversicherungsvertrages**

1. Haben Sie eine Anwartschaft oder Aussicht auf Rentenleistungen aus einer privaten Versicherung? (Bei mehreren Verträgen bitte Anlage verwenden!)

Name u. Anschrift des Vers.-Unternehmens sowie Vers.-Nr. des Vertrages

☐ nein ☐ ja bei:

2. Art der Versorgung ☐ Altersrenten, Leibrenten oder Pensionsversicherung. Beginn der Rente im Alter von Jahren.

☐ Versicherung wegen Berufs-, Erwerbs-, Dienstunfähigkeit oder Invalidität

3. Beziehen Sie aus dem genannten Vertrag bereits eine Rente?

☐ nein

☐ ja, wegen ☐ Erreichens der Altersgrenze ☐ Berufs-,Erwerbs-,Dienstunfähigkeit oder Invalidität

Bitte Rentenbescheid in Fotokopie beifügen.

4. Weitere Angaben zum Versicherungsvertrag:

Versicherungsnehmer	Versicherte Person	Beitragszahler
Bezugsberechtigter	Ist das Bezugsrecht widerruflich?	☐ nein ☐ ja

F. **Sonstige Anwartschaften auf Altersversorgung oder wegen Berufs- oder Erwerbsunfähigkeit**

1. Haben Sie sonstige Anwartschaften oder Ansprüche außer den unter Buchst.A - E genannten (z.B. Ansprüche auf ausländische Versorgungen, Abgeordnetenversorgung etc)?

Name, Anschrift u. Geschäfts.-Nr. der Versorgungseinrichtung

☐ nein ☐ ja bei:

2. Art der Versorgung ☐ Altersrente ab Vollendung des Lebensjahres ☐ Rente wegen Berufs- oder Erwerbsunfähigkeit

3. Wird Ihnen bereits eine Versorgung gewährt?

☐ nein

☐ ja ☐ Altersrente ☐ Rente wegen Berufs- oder Erwerbsunfähigkeit

Bitte Versorgungsbescheid in Fotokopie beifügen.

G. **Falls Sie alle Fragen zu A bis F mit nein bzw. nicht beantwortet haben, schreiben Sie bitte hier Ihren Lebenslauf nieder oder fügen Sie ihn bitte als Anlage bei. Geben Sie insbesondere an, in welcher Weise Sie für Ihr Alter vorgesorgt haben.**

Zu Abschnitt A sind ein Vordruck für die Entgeltsbescheinigung sowie ein Merkblatt beigefügt, das zur richtigen Beantwortung der Fragen beitragen soll.

Ich versichere, daß ich die Angaben in diesem Fragebogen nach bestem Wissen und Gewissen richtig und vollständig gemacht habe.

Mit der Weitergabe dieses Vordrucks an die unter A bis F bezeichneten Versorgungsträger zur Einholung von Auskünften über die für mich bestehenden Anwartschaften bin ich einverstanden.

Datum Unterschrift

Vordruck zur Kostenberechnung bei Beiordnung

(Stempel des Rechtsanwalts, PS- und Bankkonten)

	05 04 – 536 02	19	

In dem Rechtsstreit

Kläger [1])

An das

☐ Amtsgericht

☐ Landgericht

☐ Oberlandesgericht

Geschäftsnummer

gegen

Beklagter [1])

beantrage ich, die nachstehenden Gebühren und Auslagen festzusetzen.

☐ Ich versichere, daß die Auslagen unter Nr. 6a während meiner Beiordnung entstanden sind.

Vorschüsse und sonstige Zahlungen (§ 129 BRAGO) habe ich erhalten [2]). ☐ nicht ☐ in Höhe von DM

Aus der Staatskasse habe ich Vorschüsse (§ 127 BRAGO) erhalten. ☐ nicht ☐ in Höhe von DM

Gebühren für die Beratungshilfe (§ 132 BRAGO) habe ich erhalten. ☐ nicht ☐ in Höhe von DM

☐ Ich versichere, daß sich der Antragsgegner mit der Zahlung der Vergütung in Verzug (§ 36 a BRAGO) befindet.

☐ Weitere Begründung auf besonderem Blatt (zweifach).

Datum, Unterschrift des Rechtsanwalts

Kostenberechnung (nach BRAGO)

(Urschrift)

	Gegenstandswert in DM	Vergütung nach §§ 121, 123 DM	Regelvergütung §§ 11, 124 DM	festzusetzen auf DM
1. Prozeßgebühr (§ 31 Abs. 1 Nr. 1)				
2. Verhandlungs-/Erörterungsgebühr (§ 31 Abs. 1 Nr. 2 bzw. Nr 4)				
3. Beweisgebühr (§ 31 Abs. 1 Nr. 3)				
4. Vergleichsgebühr (§ 23)				
5. Prozeßgebühr (§ 32 Abs. 2) – § 13 Abs. 3 ist beachtet –				
6. Postgebühren (§ 26) a) Einzelberechnung				
b) Pauschsatz				
7.				
8.				
Summe				
9. Erhobene Umsatzsteuer (§ 25 Abs. 2) hierzu				
Summe				
Davon ab Vorschüsse und sonstige Zahlungen (ggf. soweit anzurechnen, §§ 129, 132 Abs. 2)				
Zu zahlender Betrag				
Anspruch auf weitere Vergütung nach Maßgabe des § 124 bis zur Höhe von				

Auszahlungsanordnung

(Urschrift)

DM	In Buchstaben: Deutsche Mark

sind nach umstehender Festsetzung zu zahlen und wie oben angegeben zu buchen. Durchschrift der Auszahlungsanordnung ist zu den Sachakten genommen. Frühere Auszahlungsanordnung:

Die Wiedereinziehung von dem ☐ ist veranlaßt. ☐ wird nach Rechtskraft veranlaßt.

☐ unterbleibt wegen Unvermögens des Schuldners.

Ort und Datum

Unterschrift und Amtsbezeichnung

Sachlich und rechnerisch richtig.

An die
Landesjustizkasse

6000 Frankfurt am Main

(Eingangsstempel der LJK)

(Zahlungsbeweis)

Betrag erhalten:

Datum

Unterschrift

☐ Amtsgericht ☐ Landgericht ☐ Oberlandesgericht

Datum ______

______

Festsetzung

(Durchschrift)

Die dem u. g. RA aus der Landeskasse zu zahlende ☐ Vergütung ☐ weitere Vergütung nach § 124 BRAGO wird

festgesetzt auf ______ DM ______ in Buchstaben: Deutsche Mark

Klagegrund [3]: ______ Dem ______ ist

mit Beschluß vom ______ Prozeßkostenhilfe (Pkh) ☐ mit Zahlungsbestimmung ☐ ohne Zahlungsbestimmung für die ☐ ___Instanz

☐ Zwangsvollstreckung mit Wirkung vom ______ bewilligt und der u. g. RA beigeordnet worden.

☐ Dieser hat versichert, daß sich der Antragsgegner mit der Zahlung der Vergütung in Verzug (§ 36 a BRAGO) befindet.

Es ist am ______

☐ Endurteil ☐ verfahrenbeendender Beschluß ☐ Versäumnisurteil [4] ☐ Anerkenntnisurteil [4] ergangen.

☐ ein Vergleich geschlossen ☐ die Bewilligung der Pkh aufgehoben worden.

☐ die Klage ☐ der Antrag ☐ die Berufung zurückgenommen worden.

☐ Der Rechtsstreit ruht seit dem ______

Ausgang des Rechtsstreits im Kostenpunkt: ______

☐ Die Notwendigkeit der Reise am ______ ist durch gerichtlichen Beschluß vom ______ festgestellt worden.

☐ Dem Prozeßgegner ☐ Dem Streitgenossen ist Pkh ☐ mit Zahlungsbestimmung ☐ ohne Zahlungsbestimmung ☐ nicht bewilligt. ☐ bewilligt.

☐ Berechnung der Vergütung nach § 124 BRAGO [5]:

☐ Das vorgenannte Urteil ist rechtskräftig ☐ Das Verfahren ist in sonstiger Weise beendet seit ______

Von der Partei und dem Gegner wurden insgesamt eingezogen: ______ DM

☐ Die von der Partei zu zahlenden Beträge sind beglichen.

☐ Die Zwangsvollstreckung in das bewegliche Vermögen der Partei ☐ ist erfolglos geblieben. ☐ erscheint aussichtslos.

Gesamtbetrag der Kosten und Ansprüche nach § 122 Abs. 1 Nr. 1 ZPO: ______ DM

Für eine weitere Vergütung nach § 124 BRAGO stehen somit zur Verfügung: ______ DM

Der Rechtsanwalt kann nach umseitiger Berechnung gem. § 124 BRAGO noch beanspruchen: ______ DM

Als weitere Vergütung können somit festgesetzt werden [6]: ______ DM

Begründung für Absetzungen:

______ als Urkundsbeamter der Geschäftsstelle

Unterschrift und Amtsbezeichnung

Anmerkungen:

1) Name, Beruf und Wohnort der Parteien (auch der Streitgenossen) - ohne Prozeßbev. - Bei zweitinstanzlichen Sachen ist außerdem die Parteirolle in der Berufungsinstanz (z. B. Berufungskläger, Berufungsbeklagter) anzugeben.

2) Angabe aller Zahlungen der Partei oder eines Dritten; es ist zweckmäßig, eine Nichtanrechnung kurz zu begründen.

3) Z. B. »Kauf«, »Unterhalt«, »Ehescheidung«; allgemeine Angaben wie »Forderung« genügen nicht.

4) Ist gleichwohl die volle Verhandlungsgebühr festgesetzt, so ist die Zulässigkeit neben dem Ansatz kurz zu begründen, z. B. »streitig verh.«.

5) Nur ausfüllen bei Festsetzung einer weiteren Vergütung nach § 124 BRAGO

6) Waren mehrere RAe beigeordnet, ist § 124 Abs. 4 BRAGO zu beachten.

Die abgedruckten Formulare sind in der hessischen Justiz in Gebrauch.

Sachregister

B

R

S

T

U

Günther

Strafverteidigung

Eine Einführung mit Schriftsatz-Mustern

Von Dr. Karl-Adolf Günther, Rechtsanwalt

1982. XIX, 164 Seiten. Kartoniert DM 28,–
ISBN 3-8006-0952-5

In dieser leichtverständlich geschriebenen Einführung in die Strafverteidigung werden all diejenigen Bereiche angesprochen, mit denen jeder Strafverteidiger über kurz oder lang konfrontiert wird. Dabei werden in **drei Teilen folgende Themen** behandelt:

- Fragen der Berufswahl und Vorbereitung,
- Vorschläge für Organisations- und Arbeitsmethoden sowie
- Einzelheiten der verschiedenen Strafverfahrensabschnitte.

56 in den Text eingearbeitete **Schriftsatz-Muster** geben konkrete Beispiele, die – etwa durch Begründungsvorträge – über reine Aufbau- und Formhilfen deutlich hinausgehen. Dabei hat der Verfasser auch hier den Praxisbezug dadurch gewahrt, daß keiner der Schriftsätze konstruiert ist; **alle Muster** wurden sowohl der Form wie auch dem Inhalt nach in **Strafverfahren tatsächlich verwandt.**

Die Darstellung ist in erster Linie für „lernende" Strafverteidiger konzipiert, d. h. einmal für **Referendare** und **junge Rechtsanwälte,** die sich auf Strafverfahren spezialisieren wollen, zum anderen für selten strafrechtlich tätig werdende Anwälte, die sich jedoch aus konkretem Anlaß einen Überblick verschaffen müssen.

Verlag Vahlen München

Köhler

Handbuch des Unterhaltsrechts

Verwandten-, Kindes- und Ehegattenunterhalt (Trennungs- und Geschiedenenunterhalt) nebst Unterhaltstabellen (Düsseldorfer Tabelle, Hammer Leitlinien, Bremer Tabelle zum Vorsorgeunterhalt) unter Einschluß des Unterhaltsänderungsgesetzes 1986

Von Wolfgang Köhler, Vors. Richter am Landgericht a. D.

7., völlig neubearbeitete Auflage. 1987
XXIII, 348 Seiten. Gebunden DM 58,–
ISBN 3-8006-1211-9

Perfektionierung

Das Unterhaltsänderungsgesetz 1986 war Anlaß für die 7. Auflage des bewährten Handbuchs. Das Unterhaltsrecht, vor allem durch die **Rechtsprechung des Bundesgerichtshofs** geprägt, ist in seiner Entwicklung damit vorläufig abgeschlossen. Auch die Berechnung des Unterhalts nach Tabellen ist in letzter Zeit perfektioniert worden. Dieser „Tabellenunterhalt" beherrscht die Unterhaltspraxis und wurde deshalb in den Mittelpunkt des Handbuchs gestellt. Die schematische Methode hat viele praktische Vorteile, vor allem wegen ihrer Übersichtlichkeit, Einheitlichkeit und weiten Verbreitung. Das Werk macht jedoch auch auf bestimmte Fehlerquellen aufmerksam, die bei einer undifferenzierten Anwendung der Tabellen leicht übersehen werden.

Tabellen

Wiedergegeben sind neben der eigenen Tabelle des Verfassers im Anhang die **Düsseldorfer Tabelle** nebst Anmerkungen, ferner die mit besonderer Sorgfalt ausgearbeiteten und in der Praxis verbreiteten **Hammer Leitlinien** im vollständigen Wortlaut sowie zur Berechnung des Vorsorgeunterhalts die **Bremer Tabelle.**

Verständlichkeit

Die Obergerichte verfeinern das Unterhaltsrecht ständig. Doch sollte größte Fallgerechtigkeit keine Frage von Rechenkünsten und komplizierten Unterhaltsformeln sein. Deshalb ist die Darstellung leichtverständlich geschrieben, bleibt aber umfassend und ganz **auf die Praxis zugeschnitten.**

Zum Autor

Der Verfasser verfügt als langjähriger Richter über große praktische Erfahrungen in Unterhaltsprozessen. Er gibt mit seinem Handbuch Leitlinien an die Hand, um Unterhaltsstreitigkeiten möglichst zu vermeiden oder wenigstens schon im vorgerichtlichen Stadium auszuräumen.

Verlag Vahlen München